Susanne Willems

Der entsiedelte Jude

Susanne Willems

Der entsiedelte Jude

Albert Speers Wohnungsmarktpolitik für den Berliner Hauptstadtbau

Das Neue Berlin

Die Erstausgabe, erschienen 2002 in der Edition Hentrich, Berlin, als Band 10 der Publikationen der Gedenk- und Bildungsstätte Haus der Wannsee-Konferenz, herausgegeben von Norbert Kampe, Wolfgang Scheffler und Gerhard Schoenberner, nachgewiesen in der Deutschen Nationalbibliografie, http://d-nb.info/96523696X.

Von Susanne Willems ist auch erschienen: „Auschwitz. Die Geschichte des Vernichtungslagers", 256 S., mit zahlr. Abb., edition ost, 2017, ISBN 978-3-360-01866-3

Titelmotiv: Gleis 17 des Bahnhofs Grunewald, von wo aus die Massendeportationen ab 18. Oktober 1941 Berlin verließen, deren Opfer die von den Wohnungsräumungen der „III. Aktion" des Generalbauinspektors Speer betroffenen Berliner Juden waren. Das 1998 eröffnete Mahnmal der Deutschen Bahn entwarfen Nicolaus Hirsch, Wolfgang Lorch und Andrea Wandel.

ISBN 978-3-360-01332-3

2., durchgesehene Auflage

Umschlaggestaltung: Verlag, Peter Tiefmann
unter Verwendung eines Fotos von Susanne Willems
Printed in EU

Die Bücher des Verlags Das Neue Berlin
erscheinen in der Eulenspiegel Verlagsgruppe.

www.eulenspiegel.com

Inhalt

Der entsiedelte Jude

Mehr als 50.500 Berliner Juden wurden ab Mitte Oktober 1941 in die Ghettos und Vernichtungslager deportiert; von dort gelang es nur wenigen, dem Mord zu entkommen. Die Massendeportationen waren der letzte Akt der Zerstörung jüdischer Existenz in Berlin. Die Studie zu Albert Speers Wohnungsmarktpolitik für den Berliner Hauptstadtbau ist eine Analyse der politischen Verhältnisse in Berlin, die bis zur Deportation für die Verelendung eines Drittels der jüdischen Bevölkerung in Deutschland[1] ausschlaggebend waren.

Seit Kriegsbeginn saßen etwa 200.000 nach dem Novemberpogrom 1938 nicht mehr ins Ausland geflüchtete Juden in Deutschland fest.[2] Die jüdische Bevölkerung wurde einem Deklassierungsprozeß unterworfen, der kein Menschenrecht unangetastet ließ und ihr nach und nach alle zur Lebenserhaltung notwendigen Mittel entzog. Juden existierten als chancenlose Unterschicht, „entrechtet und verarmt, dezimiert und überaltert, von Familienangehörigen getrennt und vom Ausland abgeschnitten, zur Zwangsarbeit verpflichtet und in ‚Judenhäusern' zusammengepfercht, unterernährt und erschöpft, in der Bewegungsfreiheit eingeschränkt und durch einen handtellergroßen Stern markiert".[3] Die Erinnerung an diese gewaltsame Veränderung der Lebensverhältnisse der Juden bis zum Beginn der Massendeportationen ist mit mehr als 130.000 aus Deutschland deportierten und ermordeten Opfern[4] ausgelöscht und im Gedächtnis der überlebenden Zeugen des Horrors der folgenden Verbrechen des Völkermords verblaßt.

Ihre fortschreitende Entrechtung als Berufstätige deklassierte Juden seit 1933 und rief deren Verarmung hervor. Der Zwangsarbeitseinsatz der Juden ab 1938[5] trug als Vorläufer der Politik der Vernichtung durch Arbeit bereits

---

1 Als Juden in Berlin verfolgte Deutsche 1933 lt. Volkszählung 160.564, am 17.5.39 lt. Volkszählung 82.475, am 1.6.1941 lt. Bericht der Reichsvereinigung der Juden in Deutschland 73.988. Vgl. Wolf Gruner, Judenverfolgung in Berlin 1933–1945. Eine Chronologie der Behördenmaßnahmen in der Reichshauptstadt, Berlin 1996, S. 94.

2 Als Juden in Deutschland verfolgte Deutsche 1933 lt. Volkszählung 499.682, am 17.5.39 lt. Volkszählung 218.007, am 1.5.1941 lt. Bericht der Reichsvereinigung der Juden in Deutschland 168.972.

3 Konrad Kwiet, Nach dem Pogrom: Stufen der Ausgrenzung, in: Die Juden in Deutschland 1933–1945. Leben unter nationalsozialistischer Herrschaft, hrsg. von Wolfgang Benz unter Mitarbeit von Volker Dahm, Konrad Kwiet, Günter Plum, Clemens Vollnhals und Juliane Wetzel, München 1988, S. 545–659, 545.

4 Ino Arndt und Heinz Boberach, Deutsches Reich, in: Dimension des Völkermords. Die Zahl der jüdischen Opfer des Nationalsozialismus, hrsg. von Wolfgang Benz, München 1991, S. 23–65.

5 Wolf Gruner, Der Geschlossene Arbeitseinsatz deutscher Juden. Zur Zwangsarbeit als

Züge der Sklavenarbeit in den Ghettos und Konzentrationslagern. Arbeit war „aller Würde entkleidet, sie hatte keinen menschlichen, sondern allein einen funktionellen Wert und durfte darum ohne jede Rücksicht gebraucht und verbraucht werden. Der einzelne Arbeitende, für den es, zumindest während der ersten Kriegsjahre, in den Menschenspeichern der Lager reichlich Ersatz gab, durfte in kürzester Zeit verschlissen und dem Untergang durch Hunger, Mißhandlung und Krankheit oder schließlich durch individuelle Gewalttat und mechanische Vernichtung überliefert werden."[6] Staat und Wirtschaft verweigerten das Recht auf Arbeit, doch ob des Arbeitskräftemangels erhielt sich ein rudimentäres ökonomisches Interesse an der Arbeit von Juden, was deren Chance verlängern konnte, der Vernichtung zu entgehen und das Ende der faschistischen Herrschaft zu erleben.

Thema dieses Buchs ist die systematische Verelendung der Juden als Wohnende. Die Mißachtung des Rechts auf Wohnung ist stets eine direkte existentielle Bedrohung, die allenfalls durch ein politisches, selten jedoch durch ein ökonomisches Interesse anderer abgewendet wird. Die Behauptung, diese oder jene durch eine öffentliche Feinderklärung gebrandmarkte Gruppe nehme der Mehrheitsbevölkerung Wohnungen weg, gehört zu den Stereotypen fremdenfeindlicher und rassistischer Argumentation. In der Nazizeit gaben die Machthaber der „Lösung der Wohnungsfrage" den politischen Stellenwert der „Sicherung des ewigen Bestandes unseres Volkes"[7]. Derlei popularisierte Rassismen hatten die durchsichtige Funktion, Unrecht legitim erscheinen zu lassen: Geschäfts- und Wohngrundstücke im Eigentum von Juden wurden ebenso wie deren Wohnungen Objekte privater Bereicherung, behördlich vermittelter Begünstigung und staatlich organisierten Raubs.

Die Verelendung der Wohnverhältnisse der Juden und deren Konzentration oder Ghettoisierung – in Häusern, Wohnungen oder Barackenlagern – war eine Etappe auf dem Weg zur Deportation. Im Protokoll der Wannsee-Konferenz am 20. Januar 1942 wurden die Deportationen deutscher und tschechischer Juden, die seit drei Monaten stattfanden, als vorrangig einge-

---

Element der Verfolgung 1938–1943, Berlin 1997. Dieter Maier, Arbeitseinsatz und Deportation. Die Mitwirkung der Arbeitsverwaltung bei der nationalsozialistischen Judenverfolgung in den Jahren 1938–1945, Berlin 1994.

6 H. G. Adler, Der verwaltete Mensch. Studien zur Deportation der Juden aus Deutschland, Tübingen 1974, S. 208.

7 Die Wohnungsfrage. Neubearbeitung von Anfang Oktober 1940, hrsg. vom Arbeitswissenschaftlichen Institut der Deutschen Arbeitsfront, S. 3 (LC), in: Sozialstrategien der Deutschen Arbeitsfront, hrsg. von Hamburger Stiftung für Sozialgeschichte des 20. Jahrhunderts, München u.a. 1988, Teil B / Abt. 2a, V, Nr. 13, fiche 5/07, Bl. 526–589, 533.

stuft, und zwar „allein schon aus Gründen der Wohnungsfrage und sonstigen sozial-politischen Notwendigkeiten".[8] Mit Wohnungsmangel und kriegswirtschaftlichem Raumbedarf wurde offiziell auch die Deportation der etwa zwölfhundert Stettiner Juden in den Distrikt Lublin und die Ausweisung und Vertreibung von fast sechshundert Juden aus dem Regierungsbezirk Schneidemühl im Februar 1940 begründet.[9] Für die geplante Ansiedlung sogenannter Volksdeutscher in den eingegliederten Gebieten Polens seit der Jahreswende 1939/40 wurde jüdische und polnische Bevölkerung deportiert. Wo immer Deutsche fortan ihre Besatzungsmacht etablierten, besetzten sie Grundstücke, Gebäude und Wohnungen, verdrängten oder vertrieben sie die einheimische Bevölkerung, mordeten auf der Stelle oder verschleppten die Überfallenen in Ghettos und Lager.

Bis zu den Massendeportationen aus Deutschland gab es in den Städten, Landkreisen und Gemeinden keine einheitliche Politik gegen Juden als Wohnende.[10] Die kommunalpolitischen Hintergründe der variantenreichen Maßnahmen, Juden aus ihren Häusern und Wohnungen zu verdrängen, beleuchten bisher nur einzelne Untersuchungen. Für die Verhältnisse in Wien seit dem Anschluß Österreichs 1938 belegte Gerhard Botz 1975, daß die Vertreibung der Juden den Ruin kommunaler Wohnungsbaupolitik kompensieren sollte.[11] Marlis Buchholz klärte 1987 mit ihrer Studie zu den hannoverschen „Judenhäusern", daß die Stadtverwaltung eigene wohnungspolitische Ziele verfolgte, als sie den Vorschlag der Gauleitung vom März

---

8 Protokoll der Besprechung am 20.1.42 in Berlin, Am Großen Wannsee Nr. 56/58, über die Endlösung der Judenfrage, S. 8, zit. nach Faksimile der in den Akten des Auswärtigen Amts überlieferten 16. von 30 Ausfertigungen, in: Documents of the persecution of Dutch Jewry 1940–1945, Hrsg. Joods Historisch Museum Amsterdam, 1979, S. 13–28. Nach diesem Faksimile wiedergegeben in: Pätzold, Kurt und Erika Schwarz, Tagesordnung: Judenmord. Die Wannsee-Konferenz am 20. Januar 1942. Eine Dokumentation zur Organisation der „Endlösung", Berlin 1992, Dokument 24, S. 102–112. Faksimile desselben Konferenz-Protokolls in: Longerich, Peter, Die Wannsee-Konferenz vom 20. Januar 1942: Planung und Beginn des Genozids an den europäischen Juden, Berlin 1998.

9 H. G. Adler, Der verwaltete Mensch, a.a.O., S. 140. Die jeweils überlieferte Begründung weist Heydrich bzw. das RSHA als Quelle aus. Götz Aly, „Endlösung". Völkerverschiebung und der Mord an den europäischen Juden, Frankfurt/M. 1995, spezifiziert diesen als kriegswirtschaftlich bezeichneten Bedarf als den für die Unterbringung sogenannter Volksdeutscher, deren „Rücksiedlung" das RSHA durchführte, das auch für die Judendeportationen verantwortlich war.

10 Kwiet, Nach dem Pogrom: Stufen der Ausgrenzung, a.a.O., S. 631–651, gibt einen Überblick über die regional höchst unterschiedlichen Entwicklungen.

11 Gerhard Botz, Wohnungspolitik und Judendeportation in Wien 1938 bis 1945. Zur Funktion des Antisemitismus als Ersatz nationalsozialistischer Sozialpolitik, Wien und Salzburg 1975.

1941 aufgriff, Hannovers Juden in ein Barackenlager am Stadtrand zu pferchen, und Anfang September 1941 schlagartig tausend Juden in wenigen Häusern und Gemeindegrundstücken konzentrierte. Vom Bau des Barackenlagers sah die Kommune erst im November 1941 ab, als der Termin der ersten Massendeportation aus Hannover feststand.[12] Die Akten der Reichsvereinigung der Juden in Deutschland enthalten Berichte über kommunale Wohnungsräumungen und Umsiedlungen im Jahr 1941. Im April wurden Juden in den Landkreisen Jülich und Erkelenz aus ihren Wohnorten verbannt und außerhalb festgesetzt. Ab Mai stieß die Kölner Stadtverwaltung Juden in die Wohnungslosigkeit, die Jüdische Kultusvereinigung mußte Alte und Junge in bestehende und eigens gebildete Altersheime aufnehmen; ab August bereitete die Stadt Umquartierungen aller Kölner Juden nach Müngersdorf in das verfallene Fort V und ein in der Nähe liegendes Barackenlager vor. Im Juli 1941 veranlaßte der Arisierungsbeauftragte der Gauleitung die Abdrängung der Münchener Juden in ein Kloster in Berg am Laim und ab August in das Barackenlager Milbertshofen. Gleichfalls ab Juli verloren Breslauer Juden ihren Wohnraum durch städtische Beschlagnahme und wurden in ein Anstaltsgebäude in Tormersdorf verfrachtet. In anderen Städten und Gemeinden wurden Juden exmittiert und in Heimen, Gemeindegebäuden und Privathäusern oder in Wohnungen anderer Juden zusammengedrängt. In Hamburg versuchten die Sozialbehörden die durch Kriegszerstörungen noch wachsende Wohnungsnot mit den durch innerstädtische Konzentration und Deportation verfügbar werdenden Wohnungen von Juden einzudämmen.[13]

Wie die antijüdische Wohnungspolitik der Kommunen sind auch die örtlichen Formen des Zwangsarbeitseinsatzes und die Entstehung lokaler Arbeits- und Wohnlager bisher kaum erforscht.[14] Wahrscheinlich fungierte

---

12 Marlis Buchholz, Die hannoverschen Judenhäuser. Zur Situation der Juden in der Zeit der Ghettoisierung und Verfolgung 1941 bis 1945, Hildesheim 1987.

13 Der Hamburger Weg zur Endlösung der Judenfrage. Eine Dokumentation (von Karl Heinz Roth), in: Heilen und Vernichten im Mustergau Hamburg. Bevölkerungs- und Gesundheitspolitik im Dritten Reich, hrsg. von Angelika Ebbinghaus, Heidrun Kaupen-Haas, Karl Heinz Roth, Hamburg 1984, S. 54–79, 68. Sonja Meersmann, Wohnraumversorgung und Bevölkerungspolitik in Hamburg während des Nationalsozialismus. Am Beispiel der jüdischen Bevölkerung Hamburgs (Diplomarbeit an der HWP Hamburg, 1989). Angela Schwarz, Von den Wohnstiften zu den „Judenhäusern", in: Kein abgeschlossenes Kapitel: Hamburg im „Dritten Reich", hrsg. von Angelika Ebbinghaus und Karsten Linne, Hamburg 1997, S. 232–247.

14 Joachim Meynert und Arno Klönne, Hrsg., Verdrängte Geschichte. Verfolgung und Vernichtung in Ostwestfalen 1933–1945, Bielefeld 1986. Jörn Richter, Die antijüdische Wohnungspolitik der faschistischen Stadtverwaltung in Chemnitz von 1939 bis 1945, in: Nachrichtenblatt des Verbandes der Jüdischen Gemeinden in der Deutschen Demokra-

der Deutsche Gemeindetag in der antijüdischen Wohnungspolitik als Mittler zwischen Reichsministerien und Kommunen, um die ungesetzliche kommunale Politik nach übergeordneten Interessen zu regulieren.[15] Das antijüdische Gesetz über Mietverhältnisse mit Juden vom April 1939 war auf die kommunale Steuerung der erwarteten Vermieterkündigungen gegen Juden zugeschnitten; es hatte weder den Vertragsschluß zwischen Juden und Nichtjuden untersagt noch die behördliche Auflösung von Mietverträgen mit Juden legalisiert.[16] Unter mißbräuchlicher Berufung auf das Reichsleistungsgesetz deklarierten Kommunen 1941 Exmittierungen von Juden als Maßnahmen der Katastrophenvorsorge für Ausgebombte, und zwar auch dann, wenn sie Private begünstigten oder kommunale Wohnungspolitik betrieben. Welche öffentlichen oder privaten Interessen mit der Vertreibung der Juden aus ihren Häusern und Wohnungen in den Städten und Gemeinden vorrangig verwirklicht wurden, läßt sich nur vor dem Hintergrund der jeweiligen kommunalpolitischen Verhältnisse klären.

Meine Studie zu Albert Speers Wohnungsmarktpolitik für den Berliner Hauptstadtbau arbeitet die besonderen Bedingungen und Etappen des Deklassierungsprozesses heraus, dem Berliner Juden als Wohnende seit dem Novemberpogrom 1938 unterworfen wurden. Von den weniger als 170.000 bis 1941 in Deutschland verbliebenen Juden waren fast 74.000 in Berlin Speers Wohnungsmarktpolitik ausgesetzt. Solange die kommunalpolitischen Verhältnisse in Berlin nicht erforscht waren, konnten Historiker annehmen, daß sich lokale und regionale Protagonisten der Judendeportationen zu Lieferanten legitimierender „Nützlichkeitsbezüge“ machten.[17] Für meinen

---

tischen Republik, Dresden, September 1989, S. 10ff. Wolf Gruner, Die Arbeitslager für den Zwangseinsatz deutscher und nichtdeutscher Juden im Dritten Reich, in: Gedenkstättenrundbrief der Stiftung Topographie des Terrors Nr. 78–81, Berlin 1997/98.

15 Wolf Gruner, Der Deutsche Gemeindetag und die Koordinierung der antijüdischen Kommunalpolitik im NS-Staat. Zum Marktverbot jüdischer Händler und der „Verwertung jüdischen Eigentums“, in: Archiv für Kommunalwissenschaften, 2. Halbjahresband 37, 1998, S. 261–291. Ders., Die Entwicklung der Judenverfolgung im NS-Staat und der Beitrag der deutschen Kommunen und Gemeinden zur wechselseitigen Dynamisierung von zentraler und lokaler Politik 1933 bis 1941, in: Vierteljahrshefte für Zeitgeschichte, 48. Jg., Heft 1/2000, S. 75–126.

16 Uwe Dietrich Adam, Judenpolitik im Dritten Reich, Düsseldorf 1972, S. 218–221.

17 Ulrich Herbert, Vernichtungspolitik. Neue Antworten und Fragen zur Geschichte des „Holocaust“, in: Nationalsozialistische Vernichtungspolitik 1939–1945. Neue Forschungen und Kontroversen, hrsg. von Ulrich Herbert, Frankfurt/M. 1998, S. 9–66. Herbert räumt ein, daß eine Intervention des Hamburger Gauleiters bei Hitler zu dessen Deportationsbefürwortung Mitte September 1941 beigetragen haben kann. Peter Witte, Zwei Entscheidungen in der „Endlösung der Judenfrage“: Deportationen nach Łódź und Vernichtung in Chełmno, in: Theresienstädter Studien und Dokumente 1995, S. 38–68.

Forschungsweg erwies sich die Frage nach den öffentlichen und privaten, wirtschaftlichen und beruflichen, nicht primär weltanschaulich geprägten Interessen, die mit der antijüdischen Politik des Regimes korrespondierten, als höchst produktiv, um die nachträglich mit der rassistischen Politik verbundenen von eben jenen Interessen zu unterscheiden, die diese Politik verwirklichen sollte.

Das Buch ist die überarbeitete und erweiterte Fassung der 1999 an der Ruhr-Universität Bochum akzeptierten Dissertation zu Stadtmodernisierung, Wohnungsmarkt und Judenverfolgung in Berlin 1938 bis 1943. Für Interesse, Geduld und kundigen Rat danke ich Prof. Dr. Hans Mommsen, der meine Forschung an allem Anfang inspiriert hat, und Prof. Dr. Dietmar Petzina, der sie als Vertrauensdozent der Hans-Böckler-Stiftung begleitet hat, den Mitarbeiterinnen und Mitarbeitern in den Archiven und Kolleginnen und Kollegen in der historischen Forschung, die mein 1988 konzipiertes Vorhaben in unterschiedlichen Phasen beraten haben, und den Freundinnen und Freunden, die den wissenschaftlichen Ertrag und die politische Relevanz dieser Arbeit über Jahre mit mir diskutiert haben.

Die Untersuchung basiert auf der Auswertung der archivalischen Hinterlassenschaft der Behörde des Generalbauinspektors für die Reichshauptstadt und dessen Durchführungsstelle für die Neugestaltung.[18] Für den Verlauf des Berliner Arisierungsgeschäfts habe ich die einschlägigen Akten des Stadtpräsidenten[19], für die kommunale Politik die wenigen städtischen Akten herangezogen, einzelne des Hauptplanungsamts[20] und die Schadensmeldungen der Hauptluftschutzstelle[21]. Von der Reichsvereinigung der Juden in Deutschland[22] habe ich die Wohnungsfragen, Grundstücke und Finanzen betreffenden Vorstandsakten und die Akten der Fürsorgeabteilung ausgewertet. Zur Rekonstruktion der Wohnungsräumaktionen des Generalbauinspektors gegen Berliner Juden und deren Abgrenzung voneinander dienten die Reste von dessen Statistiken, Karteien und Listen in Kombination mit den aus der Registratur des Oberfinanzpräsidenten überlieferten Deportationsakten: Transportlisten, Straßenlisten und Abrechnungslisten.

---

18 Im Bundesarchiv Berlin-Lichterfelde unter der Bestandssignatur 4606 zusammengeführte Bestände aus dem Bundesarchiv Koblenz (BAK): Bestände R 120 (neu: 4606 / alt R 120) und R 3 Anhang und aus dem Bundesarchiv Potsdam (BAP): Bestand 46.06 (neu: 4606). Landesarchiv Berlin (LA Bln) Bestand Pr.Br.Rep. 107.

19 Landesarchiv Berlin (LA Bln) Bestand Pr.Br.Rep. 57.

20 Stadtarchiv Berlin im Landesarchiv (STA) Bestand Rep. 09 (neu: LA Bln B Rep. 09).

21 Stadtarchiv Berlin im Landesarchiv (STA) Bestand Rep. 01/02 (neu: LA Bln B Rep. 01-02).

22 Bundesarchiv Potsdam (BAP) Bestand 75 C Re 1, der inzwischen in das Bundesarchiv Berlin-Lichterfelde übernommen worden ist.

Die Ergebnisse habe ich anhand personenbezogener Einzelakten der Vermögensverwertung überprüft.[23] Mit Hilfe der Unterlagen des Berliner Gestapo-Prozesses[24] und einzelner Strafverfahrensakten aus der Zeit der Berliner Deportationen[25] ließ sich das Verfahren aufdecken, nach dem auf Betreiben der Neugestaltungsbehörde Juden in Berlin zur Deportation durch die Gestapo erfaßt wurden. Dank der Zweifel von Prof. Dr. Hans Mommsen an Aspekten dieses Forschungsergebnisses und ermutigender Kritik von Prof. Dr. Wolfgang Scheffler habe ich, gestützt auf Nachrecherchen in den Archiven, das gesamte Quellenmaterial einer Revision unterzogen. Dr. Norbert Kampe danke ich für die Aufnahme der auch von der Hans-Böckler-Stiftung und der Ruhr-Universität Bochum geförderten Publikation in die Schriftenreihe der Gedenk- und Bildungsstätte Haus der Wannsee-Konferenz. Die aufgrund vollständig herangezogener Strafverfahrensakten, einer größeren Auswahl von Einzelakten zur Verwertung des Vermögens Deportierter sowie durch wiedergelesene und neueste Forschungsliteratur gewonnenen Erkenntnisse verlangten, die Darstellung gegenüber der Dissertationsschrift insbesondere im fünften, sechsten und siebten Kapitel zu präzisieren, den Umfang aller Wohnungsräumaktionen gegen Berliner Juden und deren Stellenwert für die Deportationsplanungen zu bestimmen und das Buch mit einem Fazit zu den Gründen der Beteiligung Albert Speers und seiner Vertreter im Amt an verbrecherischer Politik abzuschließen.

Matthias Schmidt, der die nicht gefälschte zeitgenössische Chronik der Dienststellen Speers in die historische Forschung eingebracht hat, attackierte 1982 Speers Nachkriegslegende, von den Verbrechen an den Juden nichts gewußt zu haben, belegte Speers Kenntnis von den Berliner Deportationen und dessen Nutznießerschaft an deren Wohnungen. Da Schmidt offizielle Maßnahmen gegen Juden als die „ureigenste Domäne der SS" ansah, bescheinigte er Speer, als Generalbauinspektor „Exekutionsorgan antisemitischer Politik des NS-Staates" gewesen zu sein.[26] Johann Friedrich Geist

23 Landesarchiv Berlin (LA Bln) Bestand Rep. 92 (neu: A Rep. 092).

24 Archiv des Landgerichts Berlin (LG Berlin) Staatsanwaltschaft beim Landgericht, Archiv 2267 (Verfahren gegen Bovensiepen und andere).

25 Landesarchiv Berlin (LA Bln) Rep. 58, Staatsanwaltschaft, Acc. 4005 (neu: A Rep. 358-02).

26 Matthias Schmidt, Albert Speer. Das Ende eines Mythos. Speers wahre Rolle im Dritten Reich, Bern und München 1982. Speer-Chronik für das Jahr 1941, Aufzeichnungen des Studienfreunds und Mitarbeiters Speers, Dr. Rudolf Wolters, als Kopie aus Akten des Britischen Geheimdiensts im Landesarchiv Berlin (LA Bln Pr.Br.Rep. 107, 53a); Chronik der Dienststellen des Generalbauinspektors Speer, in der unverkürzten, originalen Version Bestandteil des Nachlasses Rudolf Wolters (BAK Nl 318, 1 bis 6), der nach dem Krieg zur Vereitelung von Strafverfolgung eine gefälschte Fassung angefertigt hatte.

und Klaus Kürvers dokumentierten 1989, von der zeitgeschichtlichen Forschung unbeachtet, in der architekturhistorischen Darstellung zum Berliner Mietshaus erstmals ihren brisanten Fund in Akten des Generalbauinspektors. Unter dem Titel „Tatort Berlin, Pariser Platz“, Speers Dienstsitz in der Akademie der Künste, belegten sie 1995, daß Speer Mitte September 1938 Berliner Juden aus ihren Wohnungen vertreiben wollte. Mit Beweisen der Bereicherung nach dem Novemberpogrom und Indizien für die systematische Räumung und Verwertung der Wohnungen Berliner Juden durch die Neugestaltungsbehörde 1941 und 1942 legten sie einen Zusammenhang zwischen Wohnungsräumungen gegen Berliner Juden und deren Deportation nahe.[27]

Zwei geschichtliche Entwicklungen konstituieren das System der Verelendung, dem Berliner Juden als Wohnende ausgesetzt waren: die der Neugestaltung Berlins unter Speer als Generalbauinspektor für die Reichshauptstadt[28] und die der Judenverfolgung. Der Berliner Stadtumbau und die Judenverfolgung nahmen ihren Anfang unabhängig voneinander; weder bestimmte die Stadtmodernisierung den Ausgang der Judenverfolgung, noch setzte diese dem Berliner Hauptstadtbau ein Ende. Speers Wohnungsmarktpolitik war das Bindeglied zwischen Stadtumbau und Judenverfolgung. Zu allen Zeiten provozieren Vorhaben der Stadtmodernisierung Verdrängungsprozesse, die tendenziell gewaltsam sind, von der Festlegung von Investitionszonen, Grundstücksaufkäufen, Nutzungsänderungen, Kreditsperren und Entmietungen ausgelöst werden und wie Leerstand, Verfall und Abriß der Einrichtung von Baustellen vorausgehen. Daß diese für Projekte der Stadtmodernisierung typischen Verdrängungspotentiale im Wohnungsmarkt nach Belieben und Interesse steuerbar sind, nutzte Speer, als er 1938 die Politik der Neugestaltung Berlins mit der Politik der Judenverfolgung verknüpfte. Speers Behörde griff die öffentliche Feinderklärung gegen Juden wie selbstverständlich auf, entwickelte antijüdische Maßnahmen und eskalierte die Judenverfolgung in Berlin. Speers Politik gegen Juden als Mieter und Hauseigentümer war Teil seiner Politik für den Berliner Hauptstadtbau.

---

27 Johann Friedrich Geist und Klaus Kürvers, Tatort Berlin, Pariser Platz. Die Zerstörung und „Entjudung“ Berlins, in: Jörn Düwel, Werner Durth, Niels Gutschow und Jochem Schneider, 1945. Krieg, Zerstörung, Aufbau. Architektur und Stadtplanung 1940–1960. Mit einem Vorwort von Walter Jens, Berlin 1995, S. 55–118. Geist und Kürvers, Das Berliner Mietshaus, Bd. 1, 1740–1862, Bd. 2, 1862–1945, Bd. 3, 1945–1989, München 1980, 1984 und 1989, Bd. 3, S. 47–73.

28 Hans J. Reichhardt und Wolfgang Schäche, Von Berlin nach Germania. Über die Zerstörungen der Reichshauptstadt durch Albert Speers Neugestaltungsplanungen, Berlin 1984, 5. Auflage 1990. Vgl. die völlig überarbeitete und erweiterte Neuauflage 1998.

Die Darstellung des historischen Geschehens in Berlin ist in drei Teile gegliedert, die die Ergebnisse der Analyse im Modell eines ersten, zweiten und dritten Wohnungsmarkts wiedergeben. Die Separierung von Wohnungsmärkten nach rassistischen Kriterien war die reichsweit einheitliche Maßgabe für die Politik gegen Juden als Mieter und Hauseigentümer, die ab September 1938 unter Federführung des Reichsjustizministeriums beraten wurde. An den im Januar 1939 mit dem Gesetzentwurf über Mietverhältnisse mit Juden abgeschlossenen Ressortsverhandlungen, die zur Aufhebung des Mieterschutzes der Juden begonnen hatten und mit der Zerstörung der Rechtsgleichheit und der Vertragsfreiheit im Mietrecht endeten, war der Generalbauinspektor maßgebend beteiligt. An den statistisch ermittelbaren markttypischen Bewegungen in den rassistisch konstruierten Wohnungsmärkten läßt sich der durch den Berliner Stadtumbau einschließlich des hauptstädtischen Arisierungsgeschäfts erzeugte Verdrängungsprozeß im Grundstücks- und Wohnungsmarkt ablesen, der die Verelendung der Juden als Wohnende bewirkte.

Ausgehend von einer Skizze des städtebaulichen Auftrags wird im ersten Kapitel das Amt des Generalbauinspektors für die Reichshauptstadt vorgestellt. Wie entwickelte sich diese Behörde seit 1937 organisatorisch, personell und finanziell? Wie verhielt sich diese mit Haushaltsmitteln der Reichskanzlei ausgestattete Sonderbehörde, die binnen kurzem das Stadtplanungs- und Baugeschehen in Berlin dominierte, zur städtischen Finanz- und Bauverwaltung, und wie wandelte sich ihre Planungs- und Bautätigkeit bis zum Kriegsende? Im zweiten Kapitel wird die Durchführung der Neugestaltung 1937/38 untersucht, deren Planungsdaten von Anfang an in einem krassen Mißverhältnis zur Kapazität des Berliner Arbeits- und Baumarkts standen. Das Angebot des ersten Wohnungsmarkts, die im sogenannten freien Wohnungsmarkt vermietbaren Altbau- und Neubauwohnungen, reichte keinesfalls aus, um den geplanten Wohnungsverlust durch Abriß auszugleichen. Im Sommer 1938 war das daraus resultierende Desaster der Neugestaltung allen Akteuren des Berliner Hauptstadtumbaus bekannt, das den Teil Eins der Studie abschließt.

Als Speer wahrnahm, daß sich die Neugestaltung weder plangemäß noch rechtskonform würde durchführen lassen, verknüpfte er den Berliner Hauptstadtbau – aus freien Stücken und ohne je ein judenfeindliches Wort zu verlieren – mit der Judenverfolgung. Die Altbauwohnungen von Juden erklärte der Generalbauinspektor samt und sonders zur Wohnungsreserve für Abrißmieter in einem zweiten Wohnungsmarkt. Die Steuerungsmechanismen, die Speers Behörde für diesen sogenannten „Abrißwohnungsmarkt“ entwarf, brachen jedes Recht, um das Angebot dem jeweils aktuellen Bedarf an Ersatzwohnungen anzupassen, Juden kontrolliert zu exmittieren und deren Wohnungen ausschließlich an die eigene Klientel zu vermitteln. Weil der Generalbauinspektor weder einen geheimen zweiten Auftrag zur Judenverfolgung hatte noch die Vorbereitung der Neugestaltung jemals aufgab, lassen Planung, Durchführung und Ergebnis den Stellenwert jeder seiner Maßnahmen gegen Berliner Juden für die Durchsetzung des Berlin-Umbaus erkennen. Im dritten und vierten Kapitel werden die Konzeptionen antijüdischer Wohnungsmarktpolitik und deren Durchführung dargelegt. Weil Speer seine antijüdische Politik Wochen vor dem Novemberpogrom initiierte, ist von Interesse, welche Vorkehrungen er traf, um seine Politik für die Neugestaltung den durch Flucht und Vertreibung der Juden veränderten Bedingungen des Wohnungsmarkts anzupassen und seinen Anspruch auf die Wohnungen und Häuser Berliner Juden gegenüber wohnungspolitischen Ambitionen der Gauleitung und Konkurrenten im Arisierungsgeschäft zu behaupten. Auf die im letzten Vorkriegsjahr konzipierte Wohnungsmarktpolitik, die im ersten Abschnitt des Teils Zwei behandelt wird, griff der Generalbauinspektor bei der Vorbereitung der Nachkriegsneugestaltung seit 1940 zurück, die Gegenstand des zweiten Abschnitts ist.

Bei Kriegsende sollte möglichst weitgehende Abriß- und Baufreiheit bestehen, damit der Hauptstadtbau ohne Verzug stattfinden könnte. Die finanziellen, organisatorischen und administrativen Maßnahmen, die der Generalbauinspektor im Jahr 1940 mit entscheidender Beteiligung des übergelaufenen Berliner Stadtkämmerers Karl Maria Hettlage traf, um die Räumungen in Abrißvierteln während des Kriegs politisch durchzusetzen, werden im fünften Kapitel dargestellt. Bedingung dieser städtebaulichen Friedensplanung war, daß keine Juden mehr in Berlin wohnen würden. Das planerische Instrument zur Vorbereitung der Nachkriegsneugestaltung war der Räumungsplan für die Abrißbereiche, an dem der Räumungsumfang für die Neugestaltung ablesbar ist. Die Termine der Räumung waren zugleich die des Abrißbeginns, die Speers Behörde unter Angabe des Bedarfs an Arbeitskräften und Baumaterial in ihre Bauplanung übernahm. Daß Speer gemäß Räumungsplan vom 30. Mai 1940 abreißen und neubauen wollte, beweist auch der erst jetzt aufgefundene Bauplan aus dem Jahr 1940. Die Wohnungsräumungen gegen Berliner Juden, die der Generalbauinspektor sämtlich im Jahr 1941 einleitete und von der Berliner Gestapo mit den Massendeportationen bis März 1943 zu Ende führen ließ, werden im sechsten Kapitel rekonstruiert. Der Umfang der Speerschen Aktionen der Wohnungsräumungen gegen Berliner Juden entsprach jeweils dem statistisch ermittelten Ersatzwohnungsbedarf von Mietern, die ihre in dem zuletzt am 1. Juni 1941 revidierten Räumungsplan aufgeführten Wohnungen in Abrißhäusern aufgeben sollten. Wessen Wohnung der Generalbauinspektor ab Januar 1941 zur Anmietung anbot oder im Mai 1941 sofort zu räumen verlangte, der wurde in Berlin wohnungslos. Bewohner der Wohnungen, die der Generalbauinspektor ab August 1941 zur Räumung auflistete, waren mehr als zehntausend Berliner Juden, die bis Januar 1942 Opfer der ersten bis zehnten Deportation aus Berlin nach Łódź, Minsk, Kowno und Riga und auch noch der Berliner Deportationen im März und April 1942 in die Nähe von Lublin und nach Warschau wurden. Speers Wohnungsräumungen gegen Berliner Juden schloß die Berliner Stapoleitstelle im März 1943 mit den Deportationen der „Straßenaktion" und der „Fabrikaktion" ab.

Die Neugestaltungsräumungen des Generalbauinspektors trieben seit Februar 1941 Berliner Juden in die Wohnungslosigkeit. Sie waren auf Obdach im dritten Wohnungsmarkt angewiesen, den es nach der Vorstellung Speers seit 1938 nur auf Zeit gab, zur Einquartierung der wohnungslos gemachten, aber noch nicht ausgewanderten, abgeschobenen oder deportierten Berliner Juden im sogenannten „Schachtelraum". Die Auswirkungen des Räumbetriebs der Neugestaltungsbehörde auf die Wohnungs- und Heimfürsorge in der Zwangsgemeinschaft[29] Berliner Juden sind Thema des siebten Kapitels. Während die Anforderungen an die existenzbewahrende jüdische Selbsthilfe stiegen, verlangte das Reichssicherheitshauptamt rigorose Kostensenkung in den Einrichtungen der Reichsvereinigung der Juden. In dem Leben vernichtenden System der Verelendung klammerte sich die zu Handlangerdiensten an der Zerstörung jüdischer Existenz gezwungene Selbsthilfe zuletzt an die Fiktion des Wohnens, von der die Studie zu Albert Speers Wohnungsmarktpolitik für den Berliner Hauptstadtbau im abschließenden Teil Drei handelt.

Vom Architekten Speer ist kaum ein steinernes Zeugnis erhalten. Die hinterlassenen Ruinen seines Bauens und seines Kriegs sind abgetragen, die von Speers Wohnungsmarktpolitik bereiteten Brachflächen haben Kommerz und Politik repräsentativ besetzt. Zwischen Lehrter Bahnhof und Bahnhof Papestraße, vom Spreebogen bis zum Potsdamer Platz wird die Hauptstadt in neuem Glanz in Szene gesetzt. Einen Teil der sozialen Kosten des über die Nachkriegszeit aufgehaltenen Berliner Hauptstadtbauens haben Berlins Juden mit ihrer Existenz bezahlt. Heutige Mieter des Luisenblocks, einer Zeile sozialistischen Wohnungsneubaus der achtziger Jahre, kämpften diesmal mit Erfolg um ihre Wohnungen, die die Ausschreibung für die Bebauung des Spreebogens getreu der Speerschen Planung abermals zum Abriß freigegeben hatte. Das Recht auf Wohnung, auf das kein Mensch verzichten kann und über das Speer sich einst bedenkenlos und mit aller verbrecherischen

---

29 Zum Begriff der Zwangsgemeinschaft H. G. Adler, Theresienstadt 1941–1945. Das Antlitz einer Zwangsgemeinschaft. Geschichte. Soziologie. Psychologie, Tübingen 1955, 2., verbesserte und ergänzte Auflage 1960.

staatlichen Gewalt hinwegsetzte, harrt bis heute der Anerkennung durch die innerstaatliche Rechtsordnung. Die Annullation des Rechts auf Wohnung stand am Anfang der Speerschen Wohnungsmarktpolitik für den Berliner Hauptstadtbau. „Die Sprache des Dritten Reiches", schrieb Victor Klemperer 1947, ließ „der distanzierenden Vorsilbe ent einigen Zuwachs zuteil werden". Die Formulierung, die Klemperers Sammlung der Lingua Tertii Imperii hinzuzufügen wäre und die diesem Buch den Titel gibt, ist auf einem hektographierten Formularvordruck der Städtischen Pfandleihanstalt, die Hausrat und Mobiliar deportierter Juden zugunsten der Staatskasse versetzte, überliefert.[30] „Der entsiedelte Jude" bringt den Ausgang der Wohnungsmarktpolitik Albert Speers für den Berliner Hauptstadtbau auf einen Begriff, der zu den 1945 mit der Befreiung vom Faschismus plötzlich verstummten Ausdrücken gehört: „er ist versunken mit der Lage, die ihn erzeugte, er wird später einmal Zeugnis von ihr ablegen wie eine Versteinerung".[31]

Städtische Pfandleihanstalt
Abtl. IV
Berliner Stadtbank, Girokasse 9,
Konto-Nr. 1940
Fernruf: 52 00 21 Apparat 29

Berlin W 8, den
Jägerstr.64.

An

B e r l i n

Betr. Wohnung:
Entsiedelter Jude:
Nummer der Liste:

Wir haben Ihr Schreiben - Ihren Antrag vom dem Herrn Bezirksbürgermeister des Verwaltungsbezirks der Reichshauptstadt Berlin, Finanzverwaltung, Berlin , dem Herrn Oberfinanzpräsidenten Berlin, Berlin C 2, Münzstr.12, zur weiteren Behandlung - Entscheidung - übersandt. Sie werden - von dieser Behörde weitere Nachrichten erhalten - gebeten -, sich mit dieser Behörde ins Benehmen zu setzen.

Möbel und anderer Hausrat, der dem Vermieterpfandrecht unterliegt, werden nur dann freigegeben, wenn der Hauswirt oder sein legitimierter Vertreter schriftlich auf sein Vermieterpfand=recht verzichtet. Die Unterschrift dieser Erklärung ist in beglaubigter Form abzugeben.

Ein Ausdruck des Verbrechens im bürokratischen Alltag Ende 1941

30 LA Bln Rep. 92 Nr. 685–702 (OFP, Abrechnungslisten). Der Große Duden, 12. neubearbeitete und erweiterte Auflage Leipzig 1941, S. 148, führt jenes Tätigkeitswort „entsiedeln".

31 Victor Klemperer, LTI, (Originalausgabe Berlin 1947) Neuausgabe nach der 3. Auflage Halle 1957, Leipzig 1970, S. 7.

TEIL EINS

Das Scheitern der Neugestaltung im ersten Wohnungsmarkt

I Selbstbeauftragung und Geschäft: der Generalbauinspektor für die Reichshauptstadt

Das Amt eines Generalbauinspektors für die Reichshauptstadt schuf Hitler Anfang 1937, um dem Architekten Albert Speer die Möglichkeit zu geben, die Stadtmodernisierung als „neuen Gesamtbauplan" mit allen Mitteln staatlicher Gewalt durchzusetzen. Obwohl der Berliner Hauptstadtbau seit Jahrzehnten in städtischer Regie lag, hatte Speer 1936 auf Hitlers Wunsch mit Planungen zur Neugestaltung begonnen.[32] Bis zu Speers Ernennung hatte Hitler Jahr für Jahr mit Vertretern der Stadtverwaltung und der Reichsbahn über den Stadtumbau beraten und persönliche Vorstellungen von einzelnen Bauwerken entwickelt.[33] Berlin sollte zur „europäischen Hauptstadt" umgebaut werden. Nun erhielt Speer mit dem Erlaß vom 30. Januar 1937 als GBI den exklusiven Auftrag zur „planvollen Gestaltung des Stadtbildes" und die Befugnis, „die zur Erreichung dieses Zwecks nötigen Maßnahmen und Anordnungen zu treffen".[34]

Ziele der Neugestaltung waren die Verbindung des Flughafens im Tempelhofer Feld mit der Fernbahn, der Ausbau der vorhandenen Hauptverkehrsstraße in Ost-West-Richtung und die Anlage einer Verkehrsachse in Nord-Süd-Richtung, die, wie die Avus, an den im Bau befindlichen Autobahnring angebunden werden sollten. Die innerstädtischen Kopfbahnhöfe sollten aufgegeben werden und alle Züge künftig über einen nördlichen oder südlichen Durchgangsbahnhof verkehren. Ein erweitertes Stadt- und Ringbahnsystem sollte die an der Peripherie innerhalb des Autobahnrings entstehenden Wohnsiedlungen mit einem am Kreuzungspunkt der beiden Straßenachsen gedachten, mit Repräsentationsbauten staatlicher und wirtschaftlicher Macht zu besetzenden Zentrum verbinden.

Die geplanten Großbauten im Spreebogen und an der Nord-Süd-Achse sind als „Reichshauptstadtmonumentalisierung"[35] oder „städtebauliche Megalomanie" seit Jahrzehnten vehement kritisiert worden, auch vom Memoi-

---

32 Albert Speer, Erinnerungen, Frankfurt/M. und Berlin 1969, S. 87, nennt den Sommer 1936. Speer schrieb am 16.4.37 an den Chef der Reichskanzlei, die Vergütung bis 1.3.37 betreffend, etwa ein Jahr sei an den Plänen gearbeitet worden, Faksimile nach Akten der Reichskanzlei in Reichhardt und Schäche, Von Berlin nach Germania, a.a.O., Dokument 2, S. 39.

33 Wolfgang Schäche, Architektur und Städtebau in Berlin zwischen 1933 und 1945. Planen und Bauen unter der Ägide der Stadtverwaltung, Berlin 1991, Anhang, S. 521, Dokumente 1 bis 5.

34 RGBl. I 1937, S. 103 (Erlaß über einen Generalbauinspektor für die Reichshauptstadt).

35 Harald Bodenschatz, Platz frei für das neue Berlin! Geschichte der Stadterneuerung in der „größten Mietskasernenstadt der Welt" seit 1871, Berlin 1987.

renschreiber Speer[36]. Die „Große Halle“ zur Versammlung von 250.000 Menschen, deren Vorplatz die begradigte Spree verborgen hätte, und der Triumphbogen „für das unbesiegte Heer des Weltkrieges“[37], unter dem das Pariser Vorbild luftig Platz gefunden hätte, sind die bekanntesten Bauvorhaben. Aber auch die Bahnhöfe, Straßenzüge, Platzanlagen und Randbebauungen, die Gebäude der Hochschulstadt und des Regierungsviertels scheinen auf dem Reißbrett mit dem Stadion als kleinster möglicher Einheit entworfen worden zu sein.[38]

Das Scheitern der Neugestaltung Berlins wird gewöhnlich allein dem Krieg angelastet: Ein städtebauliches Resultat blieb aus. Statt des 1937 projektierten Neubaus von rund 650.000 Wohnungen[39] zerstörte der Krieg rund 500.000 Wohnungen, ein Drittel des Berliner Bestands.[40] Das offenkundige Scheitern der Neugestaltung durch Krieg und Kriegszerstörung hat bislang darüber hinwegsehen lassen, daß die Speerschen Planungen mit den verfügbaren Ressourcen nicht zu verwirklichen waren, sondern einer Expansion bedurft hätten, die nur um den Preis von Krieg zu haben war.

Das gesamte Hochbauvolumen im Berliner Stadtgebiet betrug bis 1937 kaum mehr als eine halbe Milliarde Reichsmark.[41] Allein die Realisierung der „Großen Halle“ im Spreebogen verlangte die Verdopplung der bisherigen Kapazität des Berliner Baumarkts, das gesamte Neugestaltungsvorhaben setzte voraus, daß sich die Bautätigkeit über zwei bis drei Jahrzehnte hätte vervielfachen lassen.[42] Nach Berechnungen des GBI von Ende 1938 hätten

---

36 Speer, Erinnerungen, a.a.O., „Gebaute Megalomanie“ ist der Titel des 5. Kapitels.

37 Schäche, a.a.O., Anhang, S. 521, Dokument 4 (Äußerung Hitlers lt. Nds. Stadt zur Besprechung am 29.3.34).

38 Zur Kritik der Architektur vgl. Reichardt und Schäche, a.a.O.; Dieter Münk, Die Organisation des Raumes im Nationalsozialismus. Eine soziologische Untersuchung ideologisch fundierter Leitbilder in Architektur, Städtebau und Raumplanung des Dritten Reiches, Bonn 1993.

39 BAP 46.06 Nr. 58, Bl. 147ff. (Protokoll der Besprechung GBI, OBM, Reichsheimstättenamt, GSW am 5.10.37). Stadtbaudirektor Petrick legte zur Besprechung am 11.11.37 einen Übersichtsplan für die Neuerrichtung von 650.000 Wohnungen vor, BAP 46.06 Nr. 862, Bl. 17-25 (Nds. zur Besprechung OBM, GBI am 11.11.37).

40 Laurenz Demps, Die Luftangriffe auf Berlin. Ein dokumentarischer Bericht, Teil I-III, in: Jahrbuch des Märkischen Museums, Berlin/DDR, IV/1978, S. 27–68, VIII/1982, S. 7–44, IX/1983, S. 19–48, Teil III, Tabelle 8, Verlust an Wohnungen durch den Krieg (nach Berlin in Zahlen 1946/1947, Berlin 1949, S. 185), S. 43.

41 LA Bln STA Rep. 09 Nr. 31367 (Unterlagen zu Punkt 1 der Tagesordnung der Aufsichtsratssitzung der Gemeinnützigen Siedlungs- und Wohnungsbaugesellschaft (GSW) am 25.4.38, Bl. 4, Angaben zum Hochbauvolumen 1928–1937 im Wirtschaftsbezirk Brandenburg, davon geschätzt 60–65 % in Berlin).

42 BAP 46.06 Nr. 60, Bl. 199 (GBI, Protokoll Nr. 5, Besprechung GBI, RWM, Voraus-

sich die Zuteilungen kontingentierter Baustoffe an Holz verdoppeln, an Eisen verfünffachen, an Zement verzehnfachen müssen.[43] Um den Bedarf an verschiedenen Steinarten zu decken, kaufte der GBI zunächst die gesamte Berliner und brandenburgische Produktion auf.[44] Auch die Konzentrationslager produzierten für den GBI, der sich darüber hinaus während des Kriegs der Fertigung in den besetzten Ländern bediente und auch langfristige Lieferverträge mit neutralen Staaten schloß.[45] Direkt an Berliner Neugestaltungsbaustellen sollten gegenüber 12.000 Arbeitern Ende 1938 und 39.000 Arbeitern im Juli 1940 künftig 182.500 Arbeiter beschäftigt werden.[46]

Um alle Baustoffreserven abzuschöpfen, arbeitete Speer – als Hitlers Architekt der Reichsparteitagsbauten in Nürnberg[47] und als GBI – eng mit der SS zusammen. Den Entscheidungen der SS zur Errichtung von Konzentrationslagern in Flossenbürg und Mauthausen 1938 gingen Konsultationen

---

sichtlicher Umfang der künftigen Berliner Bautätigkeit, (u) Neikes, v. 1.6.38). Ebenda Nr. 865, Bl. 21–24 (Aufstellung über die Bau- und Geländekosten, o.D., vermutlich 1938, ohne Rbahn, Wehrmacht und Straßenland, geschätzt 1,275.9 Mrd RM). Reichhardt und Schäche, a.a.O., S. 68 (Angaben nach Speer, Erinnerungen, a.a.O., S. 172f. nur für die Bauten im Spreebogen, Königsplatz, 5 Mrd RM). Eine Analyse der finanziellen Implikationen der Speerschen Planung liegt bisher nicht vor.

43 BAP 46.06 Nr. 385 (Schriftwechsel GBI, RWM zur Beschaffung ausreichenden Bau - materials seit 12/37 bis 12/40 und 1941). Ebenda Nr. 865, Bl. 26f. (Übersicht GBI, Generalbauleitung, zum Mangel an Ressourcen zum Jahresbeginn 1939 und zur Vervielfachung des Bedarfs im Laufe des Jahrs 1939, ansteigend bis zum Spitzenbedarf im Jahr 1941, Ds., nicht gez., v. 10.11.38).

44 BAP 46.06 Nr. 60, Bl. 170ff., 167ff. (GBI, Protokolle Nr. 22 und 23 der GBI, RWM bzw. GBI, RWM, Fachgruppen des Baustoffgroßhandels und der Ziegelindustrie).

45 Einen Überblick gibt Hermann Kaienburg, „Vernichtung durch Arbeit". Der Fall Neuengamme, Bonn 1990, S. 90-118. Nachweise bei Reichhardt und Schäche, a.a.O., sowie in den Akten BAK R 120/Anhang (GBI Abwicklung).

46 BAP 46.06 Nr. 865, Bl. 26f. (Übersicht GBI, Generalbauleitung, Mangel an Ressourcen, Ds., nicht gez., v. 10.11.38). Der Bedarf an Arbeitern wurde in die Angaben zum jeweiligen Bedarf an Zehntausenden Tonnen und Kubikmetern Baumaterial eingereiht. BAP 46.06 Nr. 706 (GBI, Vermerk zum Bericht des GBBau v. 8.6.40, v. 18.6.40). Der GBBau bezifferte das Tagwerk eines Arbeiters auf 20 RM, der GBI hingegen auf 45 RM, nach Arbeitszeitverlängerung auf 55 RM, so daß die eigene Bauplanung erfüllbar erschien. Reichhardt und Schäche, a.a.O., S. 70 (nach LA Bln Pr.Br.Rep. 107 Nr. 70, Aufstellung des GBI über den Bauarbeiterbedarf im „1. Nachkriegsjahr" von Juli 1940, Steigerung von 39.000 auf 182.500 Arbeitskräfte, ebenda Nr. 167, Planungsübersicht zum Material- und Arbeitskräftebedarf v. 10.7.40).

47 Die Aufträge des für die Nürnberger Bauten gegründeten Zweckverbands Reichsparteitag Nürnberg vergab Walter Brugmann, Leiter des Nürnberger Hochbauamts. Speer berief Brugmann als Chef der Generalbauleitung nach Berlin und integrierte die Angelegenheiten des Zweckverbands in das Hauptamt III des GBI, Organisationsplan, Stand: 15.12.40, Reichhardt und Schäche, a.a.O., S. 42f.

mit dem GBI über Qualität und Ausbeutung der dortigen Natursteinvorkommen voraus. Auch Gefangene der Konzentrationslager Sachsenhausen, Buchenwald, Neuengamme, Natzweiler und Groß-Rosen schufteten unter Leben vernichtenden Bedingungen für die Steinanforderungen des GBI. Die 1938 gegründeten SS-eigenen Deutschen Erd- und Steinwerke GmbH, DEST, betrieben die Steinbrüche, Ziegeleien und Steinbearbeitungsanlagen. Den Aufbau des Klinkerwerks Oranienburg kreditierte der GBI am 1. Juli 1938 vertraglich mit 9,5 Millionen Reichsmark, die mit Steinlieferungen aus den Sachsenhausener KZ-Betrieben in den folgenden zehn Jahren zu verrechnen waren. Im Mai 1940 erhielt die DEST vom GBI weitere 5 Millionen Reichsmark Kredit. Der GBI wurde Bauherr der seit August 1940 geplanten Lagerplätze und Werkstätten für die Steinbearbeitung, Oranienburg II. Seit 1941 setzte die SS mehrere tausend Gefangene des KZ Sachsenhausen als „Kommando Speer“ zum Aufbau und Betrieb dieser Steinbearbeitungsanlagen des GBI ein.[48] Bei der Reorganisation der Konzentrationslager und der Gründung der DEST 1938 spekulierte die SS auf den sicheren Absatz aus Aufträgen der Neugestaltungsagenturen für die Speerschen Planungen in Berlin und Nürnberg.[49]

Im Rahmen der Berliner Neugestaltungsplanung legte die Stadt 1937 ein Wohnungsbauprogramm auf, das den bekannten Wohnungsmangel, einen zwischen 1933 und 1938 von 100.000 auf 190.000 Wohnungen anwachsenden Fehlbestand[50], beheben, den jährlichen Neubedarf an Wohnungen decken und den Wegfall von Wohnungen durch Hausabbrüche für die Neugestaltung ausgleichen sollte. In diesem auf 20 bis 30 Jahre ausgelegten Wohnungsbauprogramm sollten jährlich abgerundet mindestens

---

48 Der Vertrag zu Oranienburg II beinhaltete den Einsatz von Gefangenen des KZ Sachsenhausen. Die KZ-Betriebe Oranienburg II errichtete die DEST „im Auftrage und für Rechnung des durch den Generalbauinspektor für die Reichshauptstadt vertretenen Deutschen Reiches“, Reichhardt und Schäche, a.a.O., S. 93 (Faksimile, Vereinbarung zwischen dem Deutschen Reich, vertreten durch den GBI, und dem RfSS durch das SS-WVHA, zugleich handelnd für die Deutsche Erd- und Steinwerke GmbH, (u) Hettlage und Oswald Pohl, v. 3.10.42, nach LA Bln Pr.Br.Rep. 107 Nr. 123).

49 Paul B. Jaskot, Architecture of Oppression. The SS, Forced Labor and the Nazi Monumental Building Economy, London und New York 2000. Jaskot betont mehrfach, daß die Neugestaltungsbauvorhaben von der KZ-Produktion der SS-eigenen DEST nie abhängig waren, die SS aber den Bedarf aus Speers Planungen als sicheren Absatz einkalkulieren konnte. Jedoch machte der vereinbarte jährliche Lieferumfang des Klinkerwerks Sachsenhausen an den GBI mehr als 25 % des für 1938 berechneten Steinbedarfs an Berliner Baustellen aus.

50 LA Bln STA Rep. 09 Nr. 32354 (Verwaltungsbericht des Amtes für Siedlungs- und Wohnungswesen vom 31. März 1937). LA Bln STA Rep. 09 Nr. 31367 (Unterlagen zu Punkt 1 der Tagesordnung der Aufsichtsratssitzung der GSW am 25.4.38).

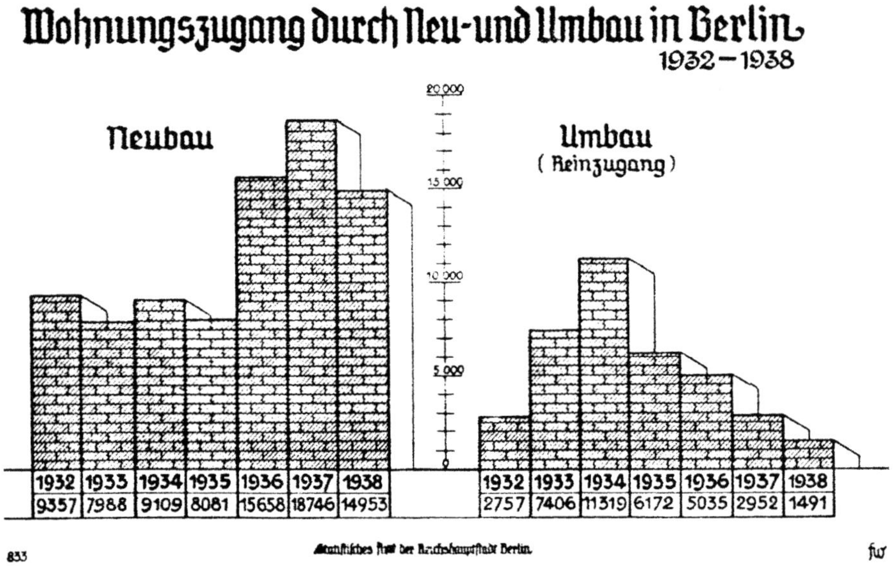

Neugestaltungspropaganda:
die Erstellung von jährlich 30.000 bis 40.000 Neubauwohnungen ab 1938

22.400 bis 34.000 Neubauwohnungen entstehen. Die Berliner Bauwirtschaft hätte nicht nur die höchsten Wohnungsproduktionsziffern am Ende der Weimarer Republik wieder erreichen, sondern diese auch dauerhaft überschreiten müssen. Doch bereits die Präsidialkabinette hatten den Rückgang des Wohnungsbaus eingeleitet[51], und dieser ließ sich seit 1933 nur durch Wohnungsteilungen kaschieren, die annähernd 50 Prozent des Wohnungszugangs in Berlin ausmachten.[52] Den Umfang der Hausabbrüche für die

51 So wurden die Einnahmen aus Hauszinssteuern zum Etatausgleich statt zur Förderung des Wohnungsbaus verwendet. Michael Ruck, Die öffentliche Wohnungsbaufinanzierung in der Weimarer Republik. Zielsetzungen, Ergebnisse, Probleme, in: Axel Schildt und Arnold Sywottek, Hrsg., Massenwohnung und Eigenheim. Wohnungsbau und Wohnen in der Großstadt seit dem Ersten Weltkrieg, Frankfurt 1988, S. 150–200, und Hans-Joachim Hinz, Mieterschutz und Wohnungsbau am Beginn der Weltwirtschaftskrise. Zur staatlichen Wohnungspolitik der Weimarer Republik 1929/30, in: Zeitschrift für Geschichtswissenschaft, 39. Jg., 1991, Heft 3, S. 231–249.

52 Reinzugang an Wohnungen nach Angaben des Statistischen Reichsamts in den Jahren *1927* 19.801, *1929* 24.429, *1931* 31.374, *1932* 11.989, davon durch Neubau 9.557, *1933* 15.180, davon Neubau 7.988, *1934* 19.637, Neubau 9.109, *1935* 13.443, Neubau 8.081, *1936* 19.804, Neubau 15.658. Wohnungsteilungen wurden in eigens für SA-Klientel

Neugestaltung Berlins ließ Speer nur wenn unbedingt nötig und dann stets zurückhaltend schätzen. Von Oktober 1940 ist die Angabe erhalten, etwa 100.000 bis 130.000 Wohnungen wären innerhalb von zehn Jahren abzureißen.[53] Auf Speers Wunsch kleingerechnet[54] auf einen Verlust von nie mehr als jährlich einem Prozent des Wohnungsbestands, hatte der 1937 für die Neugestaltung projektierte Abriß dennoch das Volumen des gesamten Berliner Wohnungsneubaus der vorangegangenen zehn Jahre.

Im Laufe des Jahrs 1937 erwies sich die Bestellung eines Generalbauinspektors für die Reichshauptstadt als unzureichend, um den innerstädtischen Grunderwerb für den geplanten Berlin-Umbau zu bewerkstelligen und Nutzungsbeschränkungen in Bereichen künftiger Neugestaltung entschädi-gungslos zu verhängen. Mit dem Reichsarbeitsministerium kam es wiederholt zu Konflikten um die Anwendbarkeit geltenden Rechts.[55] Als das Ministerium im Mai 1937 darauf bestand, als gesetzliche Genehmigungsbehörde an der Berlin-Planung beteiligt zu bleiben, verwahrte sich Speer dagegen mit der Arroganz eines Kanzlergünstlings: Er könnte „unter keinen Umständen anerkennen", daß er „über Pläne, die er mit dem Führer bereits durchgesprochen hat und also vom Führer genehmigt sind, in Diskussion über die Genehmigungsfähigkeit mit dem Arbeitsministerium eintrete".[56]

---

aufgelegten Arbeitsbeschaffungsmaßnahmen durchgeführt. Vgl. Klaus Scheel, Ziele und Ergebnisse der faschistischen Wohnungsbaupolitik in Berlin 1933–1939, in: Bulletin des Arbeitskreises „Zweiter Weltkrieg", hrsg. i.A. des Direktors des Zentralinstituts für Geschichte der Akademie der Wissenschaften der DDR, Nr. 1–2, Berlin/DDR 1987, S. 5–59.

53 LA Bln Pr.Br.Rep. 107 Nr. 379 (Protokoll der Besprechung GBI, Rbahn am 28.10.40), desgl. als Ds. ebenda Nr. 224 und als Abs. BAK R 120 Nr. 1975, Bl. 134ff. BAP 46.06 Nr. 865, Bl. 2 (Ds., Vermerk, gez. Clahes, für Speer v. 15.4.41 auf Anfrage Speers v. 28.2.41) enthält die Zahl von 53.624 abzureißenden Wohnungen in den bis Kriegsbeginn angeordneten 77 Neugestaltungsbereichen. Entwurf v. 1.4.41, noch ohne das Gebiet Südstadt mit ca. 1.480 Abbrüchen, dokumentiert in Reichardt und Schäche, a.a.O., S. 110, dort nach LA Bln Pr.Br.Rep. 107 Nr. 231.

54 BAP 46.06 Nr. 865, Bl. 13 (Aktenvermerk, GBI Stephan, Notiz zum Auftrag Speers, v. 28.7.40).

55 LA Bln Pr.Br.Rep. 107 Nr. 311/1 (Nds. OBM, Besprechung GBI, OBM, betr. Wirtschaftsplan der Stadt Berlin, am 4.3.37).

56 BAP 46.06 Nr. 58, Bl. 288-291 (Protokoll Nr. 10, GBI, Besprechung mit RAM, MinRat Scholz, am 10.5.37). Speer sicherte zu, „wenn die Pläne der Öffentlichkeit mitgeteilt worden sind", diese dem RAM und dem PreußMinFin wegen der baupolizeilichen Genehmigung zu unterbreiten. Bei weiterer Besprechung über den Flächennutzungsplan der Stadt kündigte Speer an, er wolle, um tradierte Genehmigungsverfahren zu umgehen, „eine Bauaufsichtsbehörde schaffen, die von der Baupolizei getrennt werden soll", BAP 46.06 Nr. 58 Bl. 206f. (Protokoll der Besprechung GBI, RAM, OBM am 14.6.37).

Mit dem Gesetz über die Neugestaltung deutscher Städte vom 4. Oktober 1937,[57] das Speer zuletzt am 30. September mit dem Arbeitsministerium als „Enteignungsgesetz" verhandelt hatte,[58] wurden alle Streitfragen im Sinne des GBI geklärt. Am 5. November 1937 wurde der GBI als erster Beauftragter mit den gesetzlichen Befugnissen des Neugestaltungsgesetzes ausgestattet.[59] Nach Anordnung eines Bereichs der Neugestaltung[60] unterlagen alle Grundstücke oder Parzellen in den vom GBI jeweils genau zu bezeichnenden Gebieten den Verfügungsbeschränkungen und dem vereinfachten Enteignungsverfahren des Neugestaltungsgesetzes.

Erst der Kompetenzzuwachs kraft des Neugestaltungsgesetzes gab Speer die rechtliche Handhabe, das gigantische hauptstädtische Umbauprojekt kurzfristig in Gang zu setzen. Die ursprüngliche Beauftragung als GBI war auf genau zu umreißende Bereiche beschränkt gewesen, die Speer allerdings als sogenanntes Interessengebiet auf die halbe Stadt ausdehnte.[61] Dort unterstanden alle öffentlichen und privaten Bauvorhaben der Kontrolle und Einflußnahme des GBI. Um Verbände und Konzerne mit repräsentativen Bauvorhaben an die Nord-Süd-Achse zu ziehen, nahm sich Speer als GBI darüber hinaus das Recht, Großprojekten im Stadtgebiet Bauplätze zuzuweisen und Grundstückseigentum zu übertragen.[62] Die erweiterten Enteignungsbefugnisse des Neugestaltungsgesetzes, die grundsätzlich bei der höheren Verwaltungsbehörde, in Berlin beim Polizeipräsidenten, verblieben, galten ausschließlich für Flächenbedarf im Rahmen der Neugestaltung, den der GBI durch Bereichsanordnungen definierte. Die Anordnung eines Bereichs kündigte Eigentumswechsel, Räumung und Abriß an, deren Termine der GBI gleichfalls anberaumte.[63]

---

57 RGBl. I 1937, S. 1054 (Gesetz über die Neugestaltung deutscher Städte v. 4.10.37).

58 BAP 46.06 Nr. 58, Bl. 158 (Protokoll der Besprechung GBI, RAM am 30.9.37).

59 RGBl. I 1937, S. 1162 (VO über die Neugestaltung der Reichshauptstadt Berlin v. 5.11.37).

60 RMBl. 1937, S. 645, Nr. 45, v. 13.11.37 (1. AO über die Neugestaltung der Reichshauptstadt Berlin v. 4.11.37). Ebenda Veröffentlichung aller Bereichsanordnungen des GBI, zuletzt RMBl. 1942, S. 87, Nr. 11 v. 13.3.42 (109. AO v. 7.3.42), jeweils bezugnehmend auf § 1 (2) Neugestaltungsgesetz v. 4.10.37 i.V.m. § 2 VO Neugestaltung Berlin v. 5.11.37.

61 Schäche, Architektur und Städtebau in Berlin, a.a.O., S. 138 (Interessengebietsplan des GBI v. 1.8.38, LA Bln Kartensammlung Acc. 1394 Nr. 11).

62 RGBl. I 1938, S. 35 (1. AVO des Erlasses über einen GBI v. 20.1.38, Bauten von min. 50.000 m^3 betreffend).

63 Die mit Grundstücken, Parzellen oder Umgrenzungen genau bezeichneten Bereiche waren von ganz unterschiedlichem Umfang. Der Aufwand für die Freilegung variierte entsprechend der bisherigen Nutzung, von brachliegenden Parzellen, Straßenland, Grün-

Unter Umgehung des für den Städte- und Wohnungsbau zuständigen Reichsarbeitsministeriums zog der GBI bislang staatliche oder kommunale Befugnisse der Planung, Genehmigung und Durchführung an sich. Hitler unmittelbar unterstellt und aus dem Etat der Reichskanzlei finanziert, war der GBI ein Sonderbeauftragter, dessen Neugestaltungsbehörde eine der für das Regime typischen Sonderbehörden: „Die nat.-soz. Regierung führt damit eine ihr eigentümliche Form der Verwaltungsorganisation auch in die Gemeindeverwaltung ein [...], um besonders wichtige und schwierige politische oder Verwaltungsprobleme schnell und zielsicher zu lösen".[64] In der Speerschen Sonderbehörde für den Hauptstadt-Umbau trug diese „eigentümliche Verwaltungsorganisation" moderne Züge: Die Ämter Speers sind ein frühes Beispiel für die Privatisierung öffentlicher Aufgaben und für den Aufbau privatwirtschaftlich tätiger Verwaltungseinheiten – Merkmale, die seit den neunziger Jahren unter dem Begriff ‚public-private-partnership' als Modelle zukunftsfähiger öffentlicher Verwaltung gelten. Die für eine NS-Sonderbehörde typische Machtfülle verdeckt zudem Strukturen institutionalisierter Korruption. Die das NS-Regime typisierende absolute Macht der Exekutive resultierte aus der Loslösung der Bürokratie von Gewaltenteilung und öffentlicher Kontrolle. Speers Berliner Architektur- und Bauimperium markiert darüber hinaus den Auftakt zur Auflösung öffentlicher Verwaltung.

Die Etablierung der Speerschen Ämter seit 1937 schränkte die kommunale Mitwirkung am städtischen Baugeschehen ein. Die Berliner Verwaltung unter dem Staatskommissar und späteren Oberbürgermeister Dr. Julius Lippert hatte selbst auf die seit September 1933 von Hitler in Aussicht gestellte jährliche finanzielle Förderung der städtebaulichen Entwicklung Berlins spekuliert[65] und Ende 1934 die Reichskanzlei um Bereitstellung von 60 Millionen Reichsmark ersucht[66], die eine über 20 Jahre laufende Berlin-Förderung von 1,2 Milliarden Reichsmark einleiten sollte. Doch mit der Bestellung Speers zum GBI und zum Beauftragten für die Neugestaltung reduzierte sich die Beteiligung der Stadtverwaltung am städtischen Umbau auf den erforderlichen Grunderwerb und auf mittelbare Neugestaltungsmaßnahmen. Zu diesen zählten der Ersatzwohnungsbau, der Ausbau von Straßen, Wasserwegen und Bahntrassen der Berliner Verkehrsbetriebe, die

---

flächen oder Reichsbahngelände über Kleingärtenanlagen bis zu innerstädtischen Wohnvierteln.

64 LA Bln Pr.Br.Rep. 107 Nr. 239/10 (Abs. Auszug Reichsverwaltungsblatt Nr. 7, Verwaltungsprobleme der Grosstadt, v. 18.2.39).

65 Schäche, Architektur und Städtebau, a.a.O.

66 LA Bln STA Rep. 09 Nr. 31750, Bl. 75 (Abs., OBM, gez. Dr. Sahm, an StS und Chef der Reichskanzlei, Dr. Lammers, v. 14.12.34).

Anlage von Grünflächen und das Bereitstellen von Ersatzgelände für Kleingärten. Seit 1938 wurden in Berlin nur noch etwa ein Dutzend Ersatzbauten für Konzernverwaltungen realisiert, die wegen der Neugestaltung aus innerstädtischen Bereichen weichen mußten. Der Schwund städtischen Bauens ging mit der Anpassung an das hauptstädtische Neugestaltungsprojekt einher, die von der Berliner Verwaltungsspitze zu Lasten bezirklicher Mitwirkung durchgesetzt wurde.

Bereits Ende 1936 ließ der Berliner Oberbürgermeister die acht bezirklichen gemeinnützigen Wohnungsbaugesellschaften zu einer städtischen Gesellschaft zusammenlegen, der Gemeinnützigen Siedlungs- und Wohnungsbaugesellschaft, GSW. Die Berliner Wohnungsfürsorgegesellschaft löste sich zugunsten der Wohnungsbaukredit-Anstalt auf.[67] Den innerhalb der GSW erhaltenen gebliebenen Bezirksabteilungen wurde auf Vorschlag des Stadtbaudirektors Dr. Gerhard Petrick im Dezember 1937 nachträglich die Zuständigkeit für die Bauplanung entzogen. Einer Planung in Übereinstimmung mit dem GBI war es nach Petricks Auffassung nicht dienlich, „wenn sieben verschiedene Bezirksabteilungen mit ihren unterschiedlichen technisch-fachlichen Einstellungen die Planungsarbeit der anzusetzenden Privatarchitekten leiten sollen.[...] Der einheitlichen Willenslenkung durch die Dienststellen des Generalbauinspektors und durch mein Stadtplanungsamt [...] kann nur eine straff zentral zusammengefasste, nach einheitlichen Gesichtspunkten ausgerichtete Planungsarbeit in der Gesellschaft entsprechen, wenn ein Erfolg nicht von vornherein [...] durch verzögernden Streit über widersprechende Ansichten in Frage gestellt werden soll."[68] Auch die Auftragsvergabe an Architekten wurde unter dem Vorwand zentralisiert, durch eine „schärfere Auswahl unter diesen [...] architektonisch einwandfreie Lösungen der Bauaufgaben" zu gewährleisten.[69] Im Januar 1939 übernahm Stadtbaudirektor Petrick die Geschäftsführung der GSW. Die personelle Verflechtung zwischen der städtischen Wohnungsbaugesellschaft und dem GBI, der durch zwei leitende Mitarbeiter, Willi Clahes seit 1939 und Dr. Gerhard Fränk seit 1940, im Aufsichtsrat der GSW vertreten war, charakterisiert die Bedeutung des städtischen Ersatzwohnungsbaus in der Gesamtplanung des GBI.[70]

---

67 LA Bln STA Rep. 09 Nr. 31405 (Satzungsentwurf von Juli 1936 und Entschließung des OBM v. 1.12.36).

68 LA Bln STA Rep. 09 Nr. 31406 (durch letzte Korrektur gestrichene Passagen im Entwurf der Weisung des OBM an den Aufsichtsrat der GSW v. 7.12.37).

69 LA Bln STA Rep. 09 Nr. 31406 (Vorlagen für die Ratsherren der Reichshauptstadt Berlin, 1937, Nr. 18, 315. Dringlichkeitsvorlage, StaPla II A 1).

70 LA Bln STA Rep. 09 Nr. 31367 und 31368 (Protokolle der Aufsichtsratssitzungen der

Für den zur Neugestaltung in großem Umfang erforderlichen Grunderwerb schlug der Berliner Stadtkämmerer Prof. Dr. Karl Maria Hettlage vor, einen „Reichsgrunderwerbsstock" einzurichten, der außerhalb des städtischen Etats und der Haushaltsrechnung geführt werden sollte. Im September 1937 – vor Einführung des Neugestaltungsgesetzes – versicherte Hettlage der Reichskanzlei: „Eine Mitwirkung der sonstigen Gemeindeorgane findet nicht statt."[71] Bis Ende 1938 erwarb die Stadt Berlin etwa eintausend Grundstücke im Wert von rund 200 Millionen Reichsmark.[72] Die Grundstückskäufe für die Neugestaltung – einschließlich der von der Reichsbahn selbständig beschafften Flächen – machten allein nach der Zahl der Eigentumswechsel weit mehr als ein Zehntel und nach den umgesetzten Werten vermutlich einen weit größeren Teil des seit 1936 auf die Hälfte geschrumpften Berliner Grundstücksgeschäfts aus. Nur ein Viertel des Grunderwerbs der Stadt diente eigenen Bauvorhaben im Rahmen der Neugestaltung. Soweit die Stadt Auftragsgeschäfte im Namen des Reichs erledigte, erstattete das Reichsfinanzministerium die städtischen Auslagen.[73]

Das aus der Neugestaltungsplanung des GBI resultierende Auftragsgeschäft der Stadt im Grunderwerb und die städtischen Aufgaben im Hoch- und Tiefbau verlagerten das finanziell expandierende Engagement der Stadt Berlin in städtische Unternehmen und außerordentliche Etats.[74] Dem folgte ein Transfer leitender Kommunalbeamter zum GBI. Den Anfang machte der Berliner Stadtkämmerer Hettlage, der 1939 aus dem städtischen Dienst ausschied[75] und offiziell zum 1. April 1940 als Vertreter Speers in die Neugestaltungsbehörde eintrat. Der Berliner Stadtbaudirektor Petrick blieb

---

GSW seit 1939 und seit 1941).

71 BAP 46.06 Nr. 349, Bl. 275f. (Denkschrift OBM, HLieg, o.D., verhandelt am 22.11.37). LA Bln Pr.Br.Rep. 107 Nr. 405 (Angebot OBM, vertreten durch Stadtkämmerer Hettlage, Besprechung in der Reichskanzlei am 23.9.37).

72 BAK R 120 Nr. 124, Bl. 8-13 (Bericht OBM, HLieg, (u) Dr. Müller-Wielandt, Mitwirkung bei der Neugestaltung in den Jahren 1937/38, S. 2f., v. 23.12.38). Damit waren etwa zwei Drittel des aus bis dahin 77 Bereichsanordnungen der Stadt obliegenden Grundstückserwerbs getätigt.

73 BAP 46.06 Nr. 59 Bl. 199f. (Protokoll GBI, Besprechung Reichskanzlei, RFM, OBM, GBI am 2.2.38); Berliner Lokal-Anzeiger, Bericht zum Etat 1939, v. 5.5.39. Das Auftragsgeschäft wurde über einen städtischen Sonderhaushalt abgewickelt, in den seit 1939 ein jährlichen Abschlag des RFM von 70 Mio RM einzustellen war.

74 Der Berliner Etat 1939 betrug rund 1 Mrd RM, davon 127,3 Mio RM für eigene Vorhaben der Stadt im Rahmen der Neugestaltung, Berliner Lokal-Anzeiger, Bericht v. 5.5.39. Die Haushaltspläne und der Sonderhaushaltsplan der Stadt Berlin für 1937, 1938 und 1939 sind erhalten, BAK R 120 Nr. 705.

75 Berliner Lokal-Anzeiger, Bericht v. 5.5.39.

Prof. Dr. Hettlage scheidet aus

Verabschiedung von den Ratsherren

Stadtkämmerer Prof. Dr. Hettlage scheidet in diesem Monat aus der Berliner Stadtverwaltung aus und tritt als Vorstandsmitglied in die Commerz- und Privatbank ein.

Prof. Dr. Hetlage hat diesen Entschluß in der Ratsherrensitzung am gestrigen Donnerstag bekanntgegeben und sich dabei gleichzeitig von den Ratsherren der Reichshauptstadt verabschiedet. Bürgermeister Steeg sprach dem Stadtkämmerer am Schluß der Haushaltsberatungen seinen Dank aus für die der Reichshauptstadt geleisteten Dienste, wobei er der Hoffnung Ausdruck gab, daß Dr. Hettlage, der das Amt des Stadtkämmerers rund vier Jahre lang innegehabt hat, seine wertvollen Dienste auch weiterhin der Stadtverwaltung zur Verfügung stellt.

★

Prof. Dr. Hettlage hat das Finanzwesen der Reichshauptstadt Berlin seit 1934 mit Erfolg geleitet. Seine Ernennung zum Stadtkämmerer erfolgte im November jenes Jahres, nachdem er das Amt schon einige Zeit kommissarisch verwaltet hatte. Er ist 1903 in Essen (Ruhr) geboren und nach Abschluß seines Studiums als Referendar und vorübergehender Beschäftigung beim Auswärtigen Amt 1925 in den preußischen Staatsdienst eingetreten. Seit 1931 war er Beigeordneter und Finanzdezernent des Deutschen Gemeindetages. Von dort kam er zur Berliner Stadtverwaltung. Im Jahre 1936 wurde er auch zum nichtbeamteten außerordentlichen Professor des Staats- und Verwaltungsrechts ernannt. Um die gesunde Entwicklung der Finanzen der Reichshauptstadt hat er sich große Verdienste erworben.

Aus dem Leben eines Karrieristen:
1930 geschäftsführend im Deutschen Gemeindetag und 1932 Zentrumsabgeordneter im preußischen Landtag brachte es Hettlage – bis 1945 Speer-Vertreter – im Bundesfinanzministerium 1959 und 1967 zum Staatssekretär und hielt ab 1949 wieder Professuren für Rechts- und Finanzwissenschaften; Aufsichtsrat mult., Großes Bundesverdienstkreuz 1967

Leiter des Stadtplanungsamts und Geschäftsführer der Berliner Wohnungsbaugesellschaft GSW, als er zum Professor und im Februar 1941, nunmehr in drei für die Stadtplanung bestimmenden Positionen, beim GBI zum Leiter einer eigens für ihn eingerichteten Abteilung avancierte. Dort war er indessen nicht für die Berlin-Planung, sondern für die Planungsangelegenheiten aller anderen Neugestaltungs- und sogenannten Gauhauptstädte zuständig.[76] Im Jahr 1941 machte auch Magistratsrat Werner Pohl vom städtischen Hauptliegenschaftsamt beim GBI Karriere. Neben Stadtbaudirektor Petrick gehörten Beigeordneter Adalbert Pfeil und Stadtbaurat Dr. Pade 1941 zu den Empfängern monatlicher Honorare des GBI. So verstanden es mehrere leitende Beamte der Stadtverwaltung durchaus, den schwindenden städtischen Einfluß auf das Baugeschehen in Berlin durch ihren Wechsel in den Speerschen Apparat der Stadtmodernisierung zu ihrem persönlichen Vorteil zu kompensieren.

In die Neugestaltungsbehörde übernommen zu werden, war finanziell attraktiv. Bei übertariflicher Bezahlung, 13. Monatsgehalt als Weihnachts-

76 BAK NL 318 Nr. 1, Bl. 13 (Chronik der Dienststellen Speers, S. 11, 2/41). BAP 46.06 Nr. 364 (Geschäftsverteilungsplan des Hauptamts II v. 19.6.41).

gratifikation[77] und Zulagen nach den Bestimmungen der Ministerialzulage[78] blieben auch die Rechte aus einem bisherigen Beamtenstatus gewahrt.[79] Pflichtgemäß beanstandete der Reichsfinanzminister die generelle übertarifliche Bezahlung und behielt sich Einzelfallprüfungen vor. Doch davon unbeeindruckt verlangte Speer Anfang 1940, die Dienstbezüge in seinen Ämtern – entgegen den Vorschriften des Reichsbesoldungsrechts und der Tarifordnungen – in sein Ermessen zu stellen, wofür sich die Reichskanzlei verwenden und erforderlichenfalls ein entsprechendes Dekret Hitlers an den Reichsfinanzminister veranlassen wollte.[80]

Die seit 1937 nacheinander entstandenen Ämter Speers wurden erst Mitte 1940 unter zentraler Leitung des GBI in drei Hauptämter gegliedert.[81] Nach seiner Ernennung zum GBI erweiterte Speer seinen Planungsstab zur „Dienststelle" des GBI. Dieses spätere Hauptamt I, Planungsstelle, war für alle Planungsangelegenheiten zuständig, ordnete bis 1942 mehr als einhundert Bereiche der Neugestaltung an und setzte die jeweiligen Räumungstermine fest. Als Memoirenschreiber nannte Speer seine Dienststelle nicht Behörde, sondern – deutlich untertreibend und ohne die für den GBI charakteristische amtliche Machtfülle zu erwähnen – ein „Forschungsinstitut".[82] Die Dienststelle des GBI versorgte freiberuflich tätige Architekten, Bildhauer und Modellbauer, für die kein öffentlicher Auftrag groß genug sein konnte, da sich die Vergütung von Architektenleistungen nach der Bausumme richtete. Die Dienststelle Speer vereinte behördliche und private Tätigkeit unter einem Dach. Als GBI war Speer, im Rang eines Staatssekretärs der Reichsregierung mit 1.500 Reichsmark monatlich besoldet, Leiter einer Reichsbehörde, in deren Auftrag der Architekt Speer sich für die Dienststelle des GBI gegen Honorar nebenberuflich betätigte. Nicht nur Architekten und Künstler mit monatlichen oder einmaligen Bezügen zwischen 2.000 und 10.000 Reichsmark[83], auch andere wurden mit freien Honoraren

77 BAP 46.06 Nr. 476, Bl. 309 (Speer an Lammers, betr. Weihnachtsgratifikation, v. 3.12.37). Die Nachforderung für Betriebsmittel schließt mit der Bitte um baldige Nachricht, falls es Schwierigkeiten gebe, „damit ich den Führer bitten kann, diese zu beseitigen".

78 BAK R 120 Nr. 3961 (Abs., Ds., Reichskanzlei, gez. Lammers, an GBI v. 5.1.40).

79 BAP 46.06 Nr. 370, Bl. 176f. (Lammers an GBI v. 24.10.37, nebst Leitsätzen; Abs. in BAK R 120 Nr. 3961).

80 BAP 46.06 Nr. 370, Bl. 97ff. (Vermerk zur Besprechung in der Reichskanzlei, Lammers, Killy, Speer, Hettlage, Fränk, am 12.4.40).

81 BAK R 120 Nr. 3962d (Schaubild zur Behördenstruktur nach der Geschäftsordnung des GBI v. 12.11.40); aus anderer Quelle in: Reichhardt und Schäche, a.a.O., Dokument 4, S. 42f.

82 Speer, Erinnerungen, a.a.O., S. 90.

83 BAP 46.06 Nr. 3437 (Ds., Ausgangsschreiben, ca. 1941).

bedacht. Mitarbeiter der städtischen und der staatlichen Verwaltung bezogen per Dauerauftrag monatliche Honorare oder empfingen einmalige Vergütungen von mehreren Tausend Reichsmark. Spendabel gab sich der GBI gegenüber einem Mitarbeiter der staatlichen Verwaltung Anfang Januar 1942, der „für geleistete Dienste im Jahr 1941 anlässlich des Weihnachtsfestes" 1.000 Reichsmark erhielt.[84]

Seit 1937 wurde die Tätigkeit des GBI aus dem Reichshaushalt finanziert. Im Haushaltsplan der Reichskanzlei standen dafür die seit Jahren angekündigten 60 Millionen Reichsmark bereit.[85] Unmittelbar von der Reichskanzlei wurden bis 1940 an Planungskosten mehr als 56 Millionen Reichsmark für Honorare, Gutachten und Wettbewerbe ausgezahlt.[86] Zahlungsanordnungen hatte sich Speer zunächst persönlich vorbehalten.[87] Als im Auftrag des GBI tätiger Architekt, Büro Speer, bezog Speer bis Februar 1943 monatliche Abschläge für Planungsleistungen in Höhe von 60.000 Reichsmark.[88] Für die Gestaltung des Berliner Stadtbilds konnte Speer – unabhängig von den Bauherren – aus dem Fonds der Reichskanzlei zusätzliche Architektenhonorare für die Planung von Großbauten zahlen.[89]

Die Dienststelle des GBI war einerseits zweifelsfrei eine Behörde, die andererseits als Agentur für die Auftragsvergabe an das Berliner Architekturmonopol Speer und Konsorten fungierte. Dank der „eigentümlichen Form der Verwaltungsorganisation" der Speerschen Sonderbehörde entwickelte

84 BAK R 120 Nr. 1211 (Kassenanweisungen, Allgemeine Gutachten und Honorare).

85 Einzelplan I (Reichskanzlei), Kapitel 7 (seit 1938 Kapitel 8), Titel 1 und 2 (seit 1940 Titel a und b) „Für Gestaltung des Stadtbildes der Reichshauptstadt Berlin". BAP 46.06 Nr. 370, Bl. 176f. (Lammers an GBI v. 24.10.37, nebst Leitsätzen der Reichskanzlei für die Bewirtschaftung der Mittel des Neugestaltungsfonds), Abs. in BAK R 120 Nr. 3961. Die Akten der Reichskanzlei (12 Bde. Haushaltsangelegenheiten) sind nicht zusätzlich herangezogen worden. Die nachfolgenden Angaben beruhen auf den Sachakten des GBI zu Haushalt und Finanzen in dem aus Koblenz und Potsdam zusammengeführten Bestand des Bundesarchivs.

86 BAP 46.06 Nr. 370, Bl. 72 (Notiz Hettlage für Speer v. 5.10.40) gibt 122 Mio RM als zur Verfügung stehende Ausgabenreste aus den Haushaltsjahren 1937 bis 1939 sowie weitere 60 Mio RM für 1940 an.

87 BAK R 120 Nr. 3961 (Speer an den Präsidenten der DfSt v. 24.11.38). Die mitgeteilte Abweichung von Ziff. Ib der Geschäftsanweisung für die DfSt bezog sich auf Honorare, Wettbewerbe sowie die Personal- und Sachkosten der für die Planung zuständigen Dienststelle.

88 Reichardt und Schäche, a.a.O., S. 68 (Aktennotiz Speer v. 1.6.44, ohne Nachweis).

89 BAP 46.06 Nr. 476, Bl. 320f. (Speer an Lammers v. 6.10.37). Als Großbauten galten solche von wenigstens 50.000 m^3 umbautem Raum und einem Bauwert von mindestens 2 Mio RM.

sich die Dienststelle, seit 1940 das Hauptamt I des GBI, Planungsstelle, zu einem Zentrum institutionalisierter Korruption.

Statt einzelne Referenten für die Neugestaltung in den verschiedenen Behörden des Reichs, des Lands und der Stadt zu berufen,[90] hatte Speer sich Anfang 1938 entschieden, eine eigene, ihm weisungsgebundene „Durchführungsstelle für die Neugestaltung der Reichshauptstadt“ zu gründen.[91] Mitte Juni 1938 als „Verwaltungsstelle des Reiches“ errichtet, war diese wie der GBI befugt, sich aller anderen Behörden zu bedienen.[92] Der Durchführungsstelle unter Leitung des früheren Dresdner Oberbürgermeisters Dr. Ernst Zörner übertrug Speer allgemein „die Regelung der bei der Durchführung der Neugestaltung Berlins auftretenden wirtschaftlichen, technischen, finanziellen und sozialen Fragen“.[93] Sie bearbeitete alle mit der Umsetzung der Neugestaltung verbundenen Rechtsfragen und verwaltete den aus einer Umlage der Neugestaltungsbauträger gespeisten Härtefonds.[94] Dem GBI war die Durchführungsstelle für die termingerechte Räumung der Grundstücke und für die rechtzeitige Bereitstellung von Ersatzräumen verantwortlich und blieb deshalb bei Neugestaltungsmaßnahmen auf die Mitwirkung der städtischen Verwaltung angewiesen. Die Durchführungsstelle existierte bis Oktober 1940. Im Zuge der Reorganisation der Ämter Speers wurden die meisten Abteilungen in das Hauptamt II des GBI, Verwaltung und Wirtschaft, unter Leitung Hettlages eingegliedert. Die Auflösung der Durchführungsstelle signalisierte nicht das Ende der Neugestaltung, sondern deren Fortführung während des Kriegs.[95]

---

90 Der Erlaß über einen GBI v. 30.1.37 gab die Möglichkeit, „einen Teil seiner Aufgaben durch die Bestellung eines Referenten in einem anderen Ministerium erledigen zu lassen“, so die Einschätzung von Dr. Schmidt-Leonhardt, MinRat im RJM, BAP 46.06 Nr. 58, Bl. 323f. (Bericht zur Besprechung im RMinProp am 10.3.37, (p) Behrendt, v. 10.3.37).

91 BAP 46.06 Nr. 370, Bl. 169 (Speer an Lammers v. 25.2.38). Der designierte Präsident Zörner sollte zum 1.4.38 seinen Dienst zunächst in der Dienststelle Speers antreten (Ds. desgl., nach BAP 46.06 Nr. 3436).

92 RGBl. I 1938, S. 635 (Zweite Verordnung zur Ausführung des Erlasses über einen GBI für die Reichshauptstadt v. 16.6.38).

93 BAP 46.06 Nr. 366 (Anweisung zur Regelung des Geschäftsbetriebes der DfSt für die Neugestaltung der Reichshauptstadt, gez. Speer, v. 6.7.38).

94 BAP 46.06 Nr. 500 (Speer an OBM, HLieg, v. 7.7.38). Die Umlage entsprach 1% der Gestellungskosten des jeweiligen Grundstücks.

95 RGBl. I 1940, S. 1387, Erlaß über einen GBI, v. 18.10.40; Erlaß des GBI über die Zusammenarbeit mit dem OBM der Reichshauptstadt v. 28.6.40 und Durchführungsvorschriften des OBM v. 15.8.40, sowie dessen Anweisung zur Regelung des inneren Geschäftsverkehrs v. 26.8.40, veröffentlicht in: Dienstblatt OBM I/1940, Nr. 139, v. 21.8.40 bzw. VI–VIII AT/1940, Nr. 133, v. 4.9.40.

Zu Beginn des Jahrs 1940 – die Bautätigkeit war zu Kriegsbeginn stillgelegt worden[96] – kündigte die Reichskanzlei die kriegsbedingte Kürzung aller Mittel für die Neugestaltung an. Speer intervenierte und berief sich auf das besondere Interesse Hitlers am hauptstädtischen Umbau.[97] Nach einem vom GBI vorsichtshalber entworfenen „Führerentscheid" dürften trotz des allgemeinen Vorrangs kriegswichtiger Verwaltungsaufgaben Vorbereitungsarbeiten für die Neugestaltung keine Unterbrechung erfahren.[98] Doch es gelang Speer, sich die Mittel für das Haushaltsjahr 1940 ohne den vorgefertigten „Führerentscheid" zu beschaffen, indem er der Reichskanzlei mitteilte, Hitler habe ihm gegenüber mehrfach zum Ausdruck gebracht, „dass auch während der gegenwärtigen Kriegszeit die Planung der Neugestaltungsmassnahmen besonders gefördert werden soll". Da er sich sowohl organisatorisch als auch planerisch so einzurichten hätte, „dass mit der praktischen Durchführung der Neugestaltung unverzüglich nach Beendigung des Krieges begonnen werden kann", wäre er, Speer, „gezwungen, sogar die [...] bereits festgesetzten Personal- und Sachkosten auch im kommenden Haushaltsjahr noch zu erhöhen".[99]

Im Februar 1940 ließ Speer seinen Vertreter Dr. Gerhard Fränk in der Reichskanzlei über die Höhe der umstrittenen Mittelzuweisungen, die beim GBI übliche übertarifliche Besoldung und die bevorstehende Organisationsänderung verhandeln.[100] Fränk stand der eben erst aus städtischem Dienst ausgeschiedene Kämmerer Hettlage zur Seite, der zuletzt für den Berliner Etat von rund einer Milliarde Reichsmark im Jahr 1939 verantwortlich gezeichnet hatte und 1938 in den Vorstand der Commerzbank aufgestiegen war.[101] Der lange vereinbarte Wechsel Hettlages in die Neugestaltungs-

96 BAP 46.06 Nr. 499 (Hinweis auf Stillegungsanordnung für Bauten v. 31.8.39). LA Bln Pr.Br.Rep. 107 Nr. 276/5 (RdVerf. OBM, HLieg, über die Stillegung von Ankaufs- und Räumungstätigkeiten, (u) Pohl, v. 7.9.39).

97 BAK R 120 Nr. 3961 (Abs., GBI, gez. Speer, an RMin und Chef der Reichskanzlei v. 23.1.40, bezugnehmend auf dessen Schreiben v. 13.2.40).

98 BAP 46.06 Nr. 369, Bl. 8 (Entwurf o.D., in der Akte zwischen Schriftstücken von 9/39 und 7/40).

99 BAK R 120 Nr. 3961 (Abs., gez. Speer, an RMin und Chef der Reichskanzlei, bezugnehmend auf dessen Schreiben v. 13.2.40, v. 23.2.40).

100 BAP 46.06 Nr. 370, Bl. 104ff. (Nds. GBI, Dr. Fränk, zur Besprechung mit Dr. Killy und Prof. Hettlage am 29.2.40, Hettlage überreicht am 1.3.40), vgl. BAK R 120 Nr. 120, Beiakte, Bl. 1 und LA Bln Pr.Br.Rep. 107 Nr. 54 (Vermerk, Dr. Fränk, zu vorgenanntem und nachfolgendem Gespräch mit zusätzlicher Beteiligung Lammers' und Speers am 12.4.40, v. 13.4.40). BAP 46.06 Nr. 370, Bl. 97ff. (Vermerk zur Besprechung in der Reichskanzlei am 12.4.40).

101 Berliner Lokal-Anzeiger, Bericht v. 5.5.39. Ebenda ein Bericht über Hettlages Wechsel zur Commerz- und Privatbank und sein Ausscheiden aus städtischen Diensten.

E n t w u r f 8

Der Führer und Reichskanzler Berlin, den

An den

Generalbauinspektor für die Reichshauptstadt,
Herrn Professor Albert S p e e r

B e r l i n W. 8

Pariser Platz 4.

Die Neugestaltung der Reichshauptstadt betrachte ich nach der Beendigung des Krieges als eine meiner wichtigsten Aufgaben. Unbeschadet des allgemeinen Vorrangs der kriegswichtigen Verwaltungsaufgaben bitte ich, dafür besorgt zu sein, dass die vorbereitenden Arbeiten zur Neugestaltung der Reichshauptstadt durch den Krieg keine Unterbrechung erfahren.

Ich bitte Sie, alle dazu erforderlichen Massnahmen zu treffen und die anderen beteiligten Stellen entsprechend zu unterrichten.

behörde gab Speer gegenüber der Reichskanzlei und dem Reichsfinanzminister freie Hand in allen Etat- und Finanzierungsangelegenheiten der Neugestaltung. Hettlage erreichte, daß der Neugestaltungsfonds von der allgemeinen Kürzung der Haushaltsmittel während des Kriegs ausgenommen blieb, indem er vorschlug, die 60 Millionen Reichsmark des jährlich aufzulegenden Neugestaltungsfonds vom Reichsfinanzminister nur buchmäßig ausweisen, kassenmäßig aber erst nach Kriegsende vollständig bereitstellen zu lassen.[102]

Die eigenständige Bewirtschaftung von Mitteln aus dem Reichshaushalt, die Hettlage für das Haushaltsjahr 1940 erhandelte, erweiterte das finanzielle Geschäftsgebaren des GBI. Die Sach- und Personalkosten seines

---

102 BAP 46.06 Nr. 370, Bl. 104ff. (Nds. Fränk, Hettlage überreicht am 1.3.40, zur Besprechung in der Reichskanzlei am 29.2.40, Teilnehmer Killy, Hettlage, Fränk, v. 29.2.40) und BAP 46.06 Nr. 370, Bl. 95f., 97ff. (Nds. bzw. Vermerk zur Besprechung in der Reichskanzlei am 12.4.40, Teilnehmer Lammers, Killy, Speer, Hettlage, Fränk, desgl. BAK R 120 Nr. 679 und LA Bln Pr.Br.Rep. 107 Nr. 54, Vermerk Fränk v. 13.4.40) sowie BAK R 120 Nr. 3961 (Abs., Reichskanzlei, gez. Lammers, an GBI v. 4.7.40 mit Rückwirkung zum 1.4.40).

ordentlichen Etats belasteten mit weniger als zwei Millionen Reichsmark den jährlichen Neugestaltungsfonds der Reichskanzlei nur geringfügig[103], obgleich Speers Ämter kontinuierlich wuchsen. Allein der Personalbestand der Durchführungsstelle wurde von 59 Mitarbeitern im September 1938 noch bis Dezember auf 93 erhöht, die Dienststelle beschäftigte zum Jahresende 83 Mitarbeiter.[104] Die beide Stellen ablösenden Hauptämter des GBI expandierten bis Ende 1941 auf mindestens 625 Mitarbeiter.[105] Am Ende des Jahrs 1942 waren in den drei Hauptämtern 1.400 Arbeiter und Angestellte unter Vertrag, 202 in der Planungsstelle, 746 im Hauptamt Verwaltung und Wirtschaft und 452 in der Generalbauleitung.[106] Von diesen finanzierte der GBI letztlich noch etwa 300 Mitarbeiter aus eigenen Haushaltsmitteln.[107] Da die Reichskanzlei, in deren Auftrag bisher die Stadt Berlin den Grunderwerb für die Neugestaltung getätigt hatte, auch diese Rechte dem GBI direkt übertrug, legte sie ausdrücklich fest, daß dem GBI „Grundstücksüberlassungen an führende Persönlichkeiten von Staat und Partei (Dotationen) nur nach Genehmigung durch den Führer“ gestattet sein sollten.[108]

Für die Finanzierung der Neugestaltungsbauten hatten die jeweiligen Bauträger – Reichsministerien, Reichsbahn, staatliche Behörden, Partei und Konzerne sowie die Stadt Berlin – selbst aufzukommen. Die dem Generalbauinspektor oder der Stadt Berlin erwachsenen Kosten für Planung und Gestellung der Baugrundstücke hatten sie anteilig zu übernehmen. Auch die nach jährlichen Bestandsaufnahmen über den tatsächlichen Arbeitsanfall

103 Bis 1940 summierten diese sich auf rund 1,5 Mio RM, errechnet aus einzelnen Betriebsmittelanforderungen 1937 von 25 auf 30 TRM steigend, BAP 46.06 Nr. 476; Plan 1938 in Höhe von 485 TRM bei monatlichen Betriebsmittelanforderungen von 40 TRM, 1939 von 695,4 TRM, BAK R 120 Nr. 2742; weitere Angaben in BAK R 120 Nr. 728, Bd. 1. Auch seit 1940 blieb der Anteil gering, BAK R 120 Nr. 3961 (Plan 1942 von 1.923,3 TRM, Plan 1943 von 1.850 TRM bei jeweils 300 Mitarbeitern). BAK R 120 Nr. 3944a (Plan 1945 von 1.700 TRM).

104 LA Bln Pr.Br.Rep. 107 Nr. 61, Bl. 1-7 (Verwaltungsbericht der DfSt, Entwurf, (u) Hille, (p) Zörner, v. 30.9.38). BAK R 120 Nr. 2742 (Haushaltsplan 1939, Stand: 31.12.38, und Unterlagen zum Haushaltsplan 1939, Zahl der nicht beamteten Kräfte zum 31.12.38: 56). Reichhardt und Schäche,Von Berlin nach Germania, a.a.O., S. 37, Gesamtzahl der Mitarbeiter Ende 1938 in beiden Ämtern, dort ohne weiteren Beleg.

105 BAP 46.06 Nr. 361, Bl. 47-56 (Umfassendes Fernsprech-Teilnehmerverzeichnis v. 8.12.41, Hauptamt I mit 112, II mit 315, III mit 200 Teilnehmern, ohne Baustab Speer).

106 BAK R 120 Nr. 10, Bl. 365ff. (Gliederung der Dienststellen und Personalstärke am 31.12.42), einschließlich der 30, 153 und 23 festangestellten Arbeiter in den Hauptämtern I, II und III des GBI.

107 BAK R 120 Nr. 3961 (Haushaltspläne für 1942 und 1943).

108 BAP 46.06 Nr. 370, Bl. 97ff. (Vermerk zur Besprechung in der Reichskanzlei am 12.4.40).

festgesetzten administrativen Kosten des GBI legte Hettlage ab 1940 prozentual auf die Bauträger um.[109] Außerdem konnte der GBI die in Haushalts- oder Wirtschaftsplänen von Bauträgern ausgewiesenen Mittel für Neugestaltungsprojekte zur direkten Bewirtschaftung anfordern.[110]

Noch als Memoirenschreiber hat Speer die Wiederaufnahme der Arbeiten an der Neugestaltung Berlins während des Kriegs aus Hitlers Euphorie angesichts des Einzugs deutscher Truppen in Paris Ende Juni 1940 abgeleitet. Hitler hätte ihn aufgefordert, einen diesbezüglichen „Führererlaß" zu verfassen, und diesen bei Unterschrift eigenhändig auf den „25. Juni 1940", den Tag des Waffenstillstands, zurückdatiert.[111] Speer nutzte die Gelegenheit, einen „Führererlaß" aufsetzen zu können, um Hitlers grundsätzliches Interesse an der Neugestaltung Berlins, das „den ihm durch die Größe unseres Sieges zukommenden Ausdruck als Hauptstadt eines starken neuen Reiches" erhalten sollte, mit seiner spezifischen Interessenlage Ende Juni 1940 in Berlin zu verbinden. Neben der Privilegierung der Neugestaltung der Städte München, Linz, Hamburg und Nürnberg löste der Erlaß den noch akuten Streit zwischen Hettlage als Präsident der Durchführungsstelle des GBI und dem Berliner Oberbürgermeister Dr. Julius Lippert per Diktat: „Alle Dienststellen des Reiches, der Länder und der Städte sowie die Partei haben dem Generalbauinspektor für die Reichshauptstadt bei der Durchführung seiner Aufgaben jede geforderte Unterstützung zu gewähren."[112] Bei Bekanntwerden irritierte der Erlaß die kontinuierlich für die Neugestaltung arbeitende Berliner Stadtverwaltung dermaßen, daß Speer sich am 10. September 1940 veranlaßt sah, dem Berliner kommissarischen Oberbürgermeister Ludwig Steeg mitzuteilen, der Erlaß besäße, „abgesehen von den von mir mit Einverständnis des Führers zu bezeichnenden Ausnahmen, keine Wirkung" und sollte „während des Krieges nur die besondere Dringlichkeit der Vorbereitung dieser Maßnahmen klarstellen".[113]

---

109 BAK R 120 Nr. 730 (Anweisung Hettlage). Nach BAK R 120 Nr. 3961 wurde die Umlage für das Jahr 1942 auf 45 % und für 1943 auf 48 % des betrieblichen Aufwands des GBI festgesetzt.

110 RGBl. I 1940, S. 1387 (Erlaß über einen GBI für die Reichshauptstadt v. 18.10.40, § 2) sowie bereits BAP 46.06 Nr. 370, Bl. 97ff. (Vermerk zur Besprechung am 12.4.40).

111 Faksimile in: Reichhardt und Schäche, Von Berlin nach Germania, a.a.O., S. 32, Abb. 26, ohne Nachweis. So zuletzt auch die Wiedergabe in: Gitta Sereny, Das Ringen mit der Wahrheit. Albert Speer und das deutsche Trauma, München 1995.

112 Faksimile in: Reichhardt und Schäche, Von Berlin nach Germania, a.a.O., S. 32, Abb. 26, ohne Nachweis. Zuarbeit auf Anforderung des GBI zu verlangen, richtete sich gezielt gegen Lippert, denn für die Neugestaltung Münchens und Hamburgs war Speer gar nicht zuständig.

113 BAP 46.06 Nr. 501 (Ds., gez. Speer, an BM Steeg, v. 10.9.40). Offenbar hielten sich

Nach seinem Amtsantritt hatte Hettlage der Speerschen Neugestaltungsbehörde nicht nur erstmals eine Geschäftsordnung gegeben, sondern auch deren Zusammenarbeit mit der Stadt Berlin, die bislang in zahlreichen Sitzungen mit den Leitern der beteiligten städtischen Ämter, dem Hauptliegenschaftsamt und dem Hauptplanungsamt, abgesprochen wurde, per Erlaß festgelegt.[114] Weniger wegen des fixierten Ausmaßes der Zusammenarbeit als wegen der zwingend anweisenden Form des Erlasses wollte sich der Berliner Oberbürgermeister mit Hettlages Vorgehen nicht abfinden. Lippert beklagte eine „Bevormundung der reichshauptstädtischen Verwaltung“ und entschloß sich, als Oberbürgermeister und Stadtpräsident zurückzutreten.[115] Zu Lipperts Empörung wird beigetragen haben, daß Hettlage die Vorlage des städtischen Haushaltsplanentwurfs verlangte, die „lediglich“ dazu diene, wie es im Erlaß heißt, sich „ein Bild über den Umfang des alljährlichen Beitrages der Stadt Berlin zur Neugestaltung der Reichshauptstadt und über die eigenen baulichen Maßnahmen der Stadt zu verschaffen“. Es wird den Oberbürgermeister gerade nicht beruhigt haben, daß sein bisheriger Stadtkämmerer ergänzend dekretierte: „Es ist nicht beabsichtigt, dabei etwa in eine kritische Erörterung städtischer Finanzangelegenheiten einzutreten, wenn sie die Neugestaltung der Reichshauptstadt nicht berühren. Soweit dies der Fall ist, behalte ich mir vor, den Entwurf des Haushaltsplanes mit dem Oberbürgermeister zu erörtern.“[116]

Der Erlaß des GBI über die Zusammenarbeit mit der Stadt behandelte die Neugestaltung als die „wichtigste Bauaufgabe des Reiches nach Kriegsende“ und hob die Differenzierung zwischen unmittelbaren und mittelbaren Neugestaltungsaufgaben auf. Der Ersatzwohnungsbau und alle Bauprojekte infolge der Planung des GBI, also wesentliche Vorhaben städtischen Bauens in Berlin überhaupt, wurden Teil der Neugestaltung, was für deren Finan-

---

Gauleiter als Beauftragte des Führers für städtebauliche Maßnahmen durch das bekannt gewordene Interesse Hitlers an der Neugestaltung nach dem Krieg für befugt, ihrerseits Ressourcen entsprechend einzusetzen, denn Speer empfahl bezugnehmend auf eine Unterredung mit Hitler am Vorabend dem „lieben Pg. Bormann“ bei Übersendung vorgenannten Schreibens, ein ähnliches Schreiben an die Gauleiter zu richten, ebenda.

114 Dienstblatt OBM, Teil I, I/139 Zusammenarbeit mit dem Generalbauinspektor v. 15.8.40, darin: Erlaß des GBI über die Zusammenarbeit mit dem OBM v. 28.6.40 sowie Durchführungsvorschriften des OBM v. 15.8.40, zit. nach LA Bln Pr.Br.Rep. 107 Nr. 238.

115 Schäche, a.a.O., S. 521, Dokument 17 (Schriftwechsel GBI, OBM 1.6.40–16.7.40, nach Akten der Reichskanzlei, BAK R 42 II). Speer hat sich mehrfach gegen den Vorwurf, die Absetzung Lipperts betrieben zu haben, verwahrt.

116 Erlaß des GBI über die Zusammenarbeit mit dem OBM v. 28.6.40, Dienstblatt OBM, a.a.O.

zierung perspektivisch nur von Vorteil sein konnte. Auch die zurückhaltendste öffentliche Kritik, die anfänglich gegen den GBI als andere Bauvorhaben in der Stadt behindernde Instanz laut wurde, verstummte. Wahrscheinlich war Lipperts Rücktritt ein Reflex darauf, daß die Dominanz der Neugestaltungsbehörde in den Gelder bewegenden, einst kommunal beeinflußten und staatlich beaufsichtigten politischen Handlungsbereichen der Hauptstadtplanung, der Liegenschaftsverwaltung und des Berliner Baugeschehens ihn um den mit der Verwaltungsreform 1939 erhofften Machtzuwachs in seiner Doppelfunktion als Oberbürgermeister und Stadtpräsident brachte.

Die 1938 eingerichtete Durchführungsstelle des GBI wie seit 1940 dessen Hauptamt II, Verwaltung und Wirtschaft, waren nach Aufgaben und Gestalt im Speerschen Neugestaltungsapparat am deutlichsten der tradierten Behördenorganisation verhaftet. Der zur Durchsetzung der Neugestaltung erforderliche Dirigismus im Berliner Grundstücks- und Wohnungsmarkt nahm hier die Form der bürokratischen Bearbeitung und Entscheidung von Rechtsfragen an. Maßnahmen zur Durchführung der Neugestaltung delegierte die Behörde regelmäßig an die städtische Verwaltung, falls solche nicht besonderer Beschleunigung bedurften oder der Grundlage geltenden Rechts entbehrten. Bei der Reorganisation der Ämter Speers im Jahr 1940 gliederte Hettlage die in der Durchführungsstelle entstandene Generalbauleitung aus, sie bildete seither das Hauptamt III des GBI. Als kommerziell aktive Verwaltungseinheit kann die Generalbauleitung als modernste Facette der Speerschen Sonderbehörde für die Neugestaltung Berlins gelten, auch wenn der rechtliche Charakter der im Bauimperium Speer entstandenen Baugruppen bislang nicht eindeutig geklärt ist.[117] Neben den Baugruppen etablierte der GBI jenseits traditioneller Verwaltungsorganisation noch zwei andere Sondereinrichtungen, die Speers Vertreter Hettlage unterstanden: Die Transportstandarte Speer, der Fuhrpark des GBI, firmierte nach Kriegsbeginn als Einheit der paramilitärischen Parteiformation Nationalsozialistisches Kraftfahrerkorps. Die Transportflotte Speer GmbH, die Steinlieferungen zur Bearbeitung durch Gefangene des KZ Sachsenhausen nach Oranienburg und

117 In diesem Zusammenhang läßt ein Hinweis auf eine private Steuerschuld des Baugruppenleiters Piepenburg im Jahr 1945 von rund 0,75 Mio RM erstaunen (Magistrat der Stadt Berlin, Abt. für Finanz- und Steuerwesen, Oberfinanzpräsidium an FA Zehlendorf, – S 1230 – St IV Bt/Breker und Andere – betr. Meldung der Steuerrückstände von führenden Personen und Nutznießern des Nazi-Systems auf Grund der Rdvfg. vom 6. Juni 1945, v. 16.7.45, in: Berlin 1945. Eine Dokumentation, hrsg. von Reinhard Rürup, Berlin 1995, S. 162, Abbildung 181). Der Steuerrückstand Arno Brekers, der zu Speers bevorzugten Auftragsempfängern zählte, ist dort mit rund 0,25 Mio RM verzeichnet.

zur Verarbeitung an Neugestaltungsbaustellen nach Berlin schiffte, gehörte dem GBI als Alleingesellschafter.[118]

Seit dem zweiten Kriegsjahr machte eine Reihe kriegswichtiger Sonderaufgaben einen Großteil der Tätigkeit des GBI aus: der Rüstungsbau, der Luftschutzraumbau, die Fliegerschädenbeseitigung und der Einsatz von Baugruppen für die Organisation Todt.[119] Im November 1939 übernahm Speer die Leitung der Rüstungsbauten der Luftwaffe, im Juli 1941 die der Industriegroßbauten des „Göring-Programms". Einzelne Aufträge der Heeresleitung und der Kriegsmarine kamen hinzu. Zu Beginn des dritten Kriegsjahrs waren die im Baustab Speer zusammengefaßten Baugruppen des GBI an 1.352 Bauvorhaben der Luftwaffe und des U-Boot-Programms und an 83 großen Werksneubauten eingesetzt. Am 27. Dezember 1941 ließ Speer sich von Hitler mit „Einsatzaufgaben im Osten" beauftragen. In territorialer Arbeitsteilung mit der Organisation Todt transferierte Speer ab Mitte Januar 1942 Neugestaltungsbaugruppen als „Baustab Speer – Ostbau" mit 30.000 Arbeitern an Großbauprojekte in die besetzte Sowjetunion.[120]

Einen Eindruck vom Umfang der wirtschaftlichen Tätigkeit des GBI vermitteln die Jahresabschlüsse der Speerschen Neugestaltungsbehörde. Zu Beginn des Jahrs 1941 wurden in zehn Baugruppen des Baustabs Speer, die in den Bauabteilungen des Hauptamts III, Generalbauleitung des GBI, organisiert waren, weit mehr als einhundertzwanzigtausend Arbeiter an kriegswichtigen Bauvorhaben eingesetzt, davon 90.000 im Rüstungsbauprogramm

118 BAK R 120 Nr. 10, Bl. 346ff. (Organisationsübersicht, o.D., Anlage zu Speers Ermächtigung der Hauptamts- und Hauptabteilungsleiter, bis auf Widerruf die Geschäfte ihres Arbeitsgebiets selbständig zu führen, Angelegenheiten von außergewöhnlicher Bedeutung auch künftig vorzulegen oder vorzutragen, v. 26.2.42, ebenda Bl. 345). Beide Einrichtungen führte der Organisationsplan außerhalb der Hauptämter unter der Ziffer IV Sondereinrichtungen. Im Organisationsplan, Stand: 15.12.40, ist die NSKK – Transportstandarte Speer dem Hauptamt II zugeordnet. Die Organisationsübersicht, o.D. (v. 26.2.42), nennt als „militärischen Chef" Brigadeführer Will Nagel, persönlicher Referent Speers. Die Errichtung der Transportflotte Speer wurde seit Mitte 1940 vorbereitet, GmbH-Vertrag v. 23.8.41, Jaskot, Architecture of Oppression, a.a.O., S. 98, 172, dort nach LA Bln Pr.Br.Rep. 107 Nr. 141/5.

119 BAK R 120 Nr. 10, Bl. 346ff. (Organisationsübersicht, o.D., Anlage zu Speers Ermächtigung der Hauptamts- und Hauptabteilungsleiter, v. 26.2.42, ebenda Bl. 345). Diese Aufträge erscheinen im Organisationsplan außerhalb der Hauptämter unter der Ziffer V Sonderaufgaben, die Übersicht über die Gliederung der Dienststellen des GBI, Stand: 31.12.42, integriert diese als Abteilungen in das Hauptamt III, Generalbauleitung, ebenda, Bl. 365ff.

120 Dietrich Eichholtz, Geschichte der deutschen Kriegswirtschaft 1939–1945, Band II, Berlin/DDR, S. 57f.

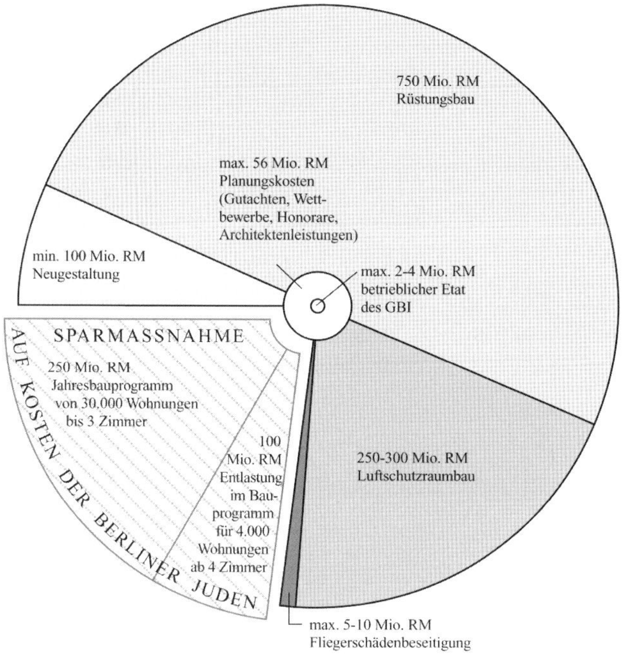

Die Leistungsfähigkeit des GBI im Bausektor während des Kriegs als jährliche Kapazität für die Neugestaltung nach Kriegsende

der Luftwaffe und 30.000 im Bunkerbau in Berlin.[121] Der GBI trat seit Sommer 1940 aus den Reichsmitteln des Neugestaltungsfonds für die Kosten der Beseitigung von Fliegerschäden in Berlin in Vorleistung,[122] die Erstattung aus Mitteln des Reichsleistungsgesetzes wickelte er mit dem Berliner Quartier- und Wehrleistungsamt direkt ab. Die mit der Beseitigung von Bombenschäden beauftragte Baugruppe erwirtschaftete im Rechnungsjahr 1941 außerhalb dieser Aufgabe durch umfangreiche Leistungen für fremde Rechnung mehr als fünfzehn Millionen Reichsmark.[123] Das Berliner Arbeits-

121 BAP 46.06 Nr. 370, Bl. 64f. (Speer an Chef der Wehrmachtsadjutantur, Oberst Schmidt, wegen Beibehaltung der bisherigen U.K.-Stellungen, v. 26.1.41). Höchststand im Rüstungsbau am 1.10.41 mit 98.000 Arbeitern, davon ca. zwei Drittel an Rüstungsbauten für die Industrie im Auftrag der Luftwaffe, Eichholtz, Geschichte der deutschen Kriegswirtschaft, Bd. II, a.a.O., S. 57.

122 BAP 46.06 Nr. 501 (Ds., GBI, gez. Speer, an OBM Steeg, eine „ausdrückliche Weisung des Führers“ betreffend, eine rasche Beseitigung von Schäden nach Luftangriffen nicht an bürokratischen Hemmnissen scheitern zu lassen, v. 29.9.40).

123 BAK R 120 Nr. 741 (Baugruppe Piepenburg-Kühnell, Abrechnung für 4/41 bis 3/42 v. 4.5.42, 15.689.924,75 RM, davon mehr als 13 Mio RM für Werksteinbeschaffung und

amt hatte dem GBI im März 1942 zu garantieren, daß bei Bedarf 400 jüdische Arbeitskräfte zur Fliegerschädenbeseitigung sofort bereitstünden.[124] Im Bereich der Bauleitung „Große Halle" wurde allein im Rechnungsjahr 1941 nur für den Luftschutzraumbau rund eine viertel Milliarde Reichsmark für fremde Rechnung kontiert, die Ausgaben für Baudurchführungen der Neugestaltung betrugen hingegen nur rund einhundert Millionen Reichsmark.[125]

Die Aufträge im Bausektor wurden über den Haushalt des GBI abgewickelt oder vorfinanziert. In den Jahren 1942 und 1943 standen auf den Lohn- und Gehaltslisten des GBI mehr als zweitausend Arbeiter und Angestellte. Von den über anderthalbtausend im Jahr 1942 im Luftschutzraumbau Beschäftigten des GBI waren allein 640 Lohnempfänger zur Verwaltung von Arbeiterlagern eingesetzt.[126] Im Rechnungsjahr 1941 betrugen die zunächst aus den Neugestaltungsmitteln beglichenen Sach- und Personalkosten für Sonderaufgaben 2,417 Millionen Reichsmark, erreichten im folgenden Jahr mit 9,8 Millionen Reichsmark den Höchststand und waren im Haushaltsplan für das Jahr 1945 noch mit 7,35 Millionen Reichsmark veranschlagt. Aus einem außerordentlichen Kriegshaushalt flossen zusätzliche Mittel für den Luftschutzraumbau und für die Planung des Wiederaufbaus bombengeschädigter Städte in den betrieblichen Etat des GBI. Den Aufwand für die Wiederaufbauplanung setzte der GBI mit 1,4 Millionen Reichsmark für Personalkosten und 60.000 Reichsmark für Sachkosten an.[127]

Im Bereich seines Hauptamts III hatte der GBI im zweiten Kriegsjahr einen Apparat aufgebaut, der ihn für die Ausführung der Neugestaltung im ersten Nachkriegsjahr bestens rüstete: Bei einem minimalen betrieblichen

---

1,35 Mio RM für den Umschlaghafen Fürstenberg/Oder).

124 BAP 46.06 Nr. 677, Bl. 149f. (Ds., GBI, (p), an den Präsidenten des Arbeitsamts Berlin v. 27.3.42 bzw. an den des Landesarbeitsamts v. 4.4.42). Nach einer Zusicherung des Berliner Arbeitsamts, dem GBI jederzeit 400 jüdische Arbeitskräfte stellen zu können, sollte im April die Abgabe aller beim GBI in der Fliegerschädenbeseitigung bereits eingesetzten Juden an das Landesarbeitsamt für die städtische Müllabfuhr stattfinden. Dem GBI war zu garantieren, daß ihm nach Luftangriffen die erforderlichen Arbeitskräfte gestellt würden, egal, ob die „Ihnen zur Verfügung gestellten Juden" oder andere Kräfte.

125 BAK R 120 Nr. 729, Bl. 87-94 (Bauleitung „Große Halle", Jahresabschluß 1941 v. 24.6.42. Für fremde Rechnung aus Konto 21/9 „LS.-Führerprogramm – Sonderaktion Luftschutzraumbau" 253.156.414,05 RM. Für Vorhaben des GBI aus Einzelplan I Kapitel 8b 101.530.373,36 RM).

126 BAK R 120 Nr. 3961 (Unterlagen Haushaltsplan 1942 und 1943).

127 BAK R 120 Nr. 3961 (Verwendung 1941 lt. Vermerk, (u) Flügel, v. 14.5.42; Plan 1942 und 1943). BAK R 120 Nr. 3944a (Plan 1944 und 1945).

Aufwand von höchstens zwei bis vier Millionen Reichsmark[128] finanzierte der GBI kriegswichtige Aufgaben in der fünf- bis zehnfachen Höhe vor. Nach Akten des GBI ist das Bauwertvolumen für 1941 trotz der niedrigen Kalkulation durch den Einsatz von Zwangsarbeitern mit wenigstens einer Milliarde Reichsmark zu beziffern.[129] Die Kapazität für die Neugestaltung Berlins, „die wichtigste Bauaufgabe nach Kriegsende", verschaffte sich der GBI durch Kriegsaufträge. Unter Einbeziehung des städtischen Wohnungsbauprogramms im Rahmen der Neugestaltung mit einem Volumen von 250 bis 350 Millionen Reichsmark belegt die wirtschaftliche Tätigkeit des GBI mit einem Jahresumsatz von rund anderthalb Milliarden Reichsmark die Leistungsfähigkeit der Speerschen Sonderbehörde im Bausektor.

Durch Erlaß Hitlers vom 11. Oktober 1943 erhielt Speer als Generalbauinspektor offiziell den zusätzlichen umfassenden Auftrag für die „Vorbereitung des Wiederaufbaues bombengeschädigter Städte", der das Reichsarbeitsministerium reichsweit aus der Zuständigkeit für städtebauliche Angelegenheiten verdrängte und den gesamten Städtebau erstmals staatlichem Dirigismus unterwarf.[130] Die Architekten, Ingenieure und Finanzexperten eigneten sich im Speerschen Wiederaufbaustab die für ihre Nachkriegskarrieren nützliche Expertise an, während ihr Förderer Speer, seit Februar 1942 auch Rüstungsminister, gemeinsam mit Hettlage, seinem „Berater in Etatangelegenheiten"[131], die Verlängerung des Kriegs betrieb und damit die Zerstörung der deutschen Städte im Bombenkrieg provozierte, eine tabula rasa für den Wiederaufbau.[132] Im letzten Kriegsjahr ließen die Vertreter Speers noch unter dem Betreff „Entstaatlichung von Fahrzeugen und

---

128 Angaben für das Rechnungsjahr 1941 fehlen; ein errechnetes Maximum liegt bei 3,828 Mio RM.

129 Geschätzt nach den Arbeitskräfteangaben v. 26.2.41 von 30.000 im Bunkerbau Berlin, was im Rechnungsjahr 1941 mit 250 Mio RM zu Buche schlug. Unterstellt, daß mit 90.000 Arbeitskräften im Rüstungsbau auch das Dreifache an Baukosten entstanden ist, ergibt sich ein Bauwert von wenigstens 1 Mrd RM. Nach BAP 46.06 Nr. 370, Bl. 64f. (Speer an Wehrmachtsadjutantur) und BAK R 120 Nr. 729 (Bauleitung „Große Halle" Jahresabschluß 1941). Kosten der Bauvorhaben des Baustabs Speer zwischen 9/39 und 9/42 lt. Eintragungen in der Speer-Chronik insgesamt 1,802 Mrd. RM, Eichholtz, Geschichte der deutschen Kriegswirtschaft, Band II, a.a.O., S. 57.

130 RGBl. I 1943, S. 575 (Erlaß über die Vorbereitung des Wiederaufbaues bombengeschädigter Städte v. 11.10.43).

131 Speer, Erinnerungen, a.a.O., S. 155. Das Reichsministerium für Bewaffnung und Munition wurde zum 2.9.43 in Reichsministerium für Rüstung und Kriegsproduktion umbenannt.

132 Zur Tätigkeit des Arbeitsstabs Wiederaufbauplanung im Geschäftsbereich des GBI: Werner Durth und Niels Gutschow, Träume in Trümmern. Stadtplanung 1940–1950, München 1993.

Anlagen"[133] die aus Reichsmitteln finanzierte Ausstattung der fast autark gewordenen Planungs- und Bauunternehmung des GBI an ihre zukünftigen Kontraktoren verscherbeln und erwarteten die Nachkriegszeit, nicht ohne sich Ende März 1945 die Gehälter für drei Monate im Voraus anzuweisen.[134]

Seine unternehmerischen Erfolge erzielte das am Tropf des Reichshaushalts genährte Architektur- und Bauimperium Speers trotz des Scheiterns der projektierten Neugestaltung Berlins.

II Die Durchführung der Neugestaltung bis zu deren Blockade

Noch ehe Krieg und Kriegszerstörung das Scheitern der Neugestaltung besiegelten, wurden die Akteure des Hauptstadtumbaus im Jahr 1938 mit der Unzulänglichkeit ihrer städtebaulichen Gesamtplanung konfrontiert. Die architektonische Planung der binnen 20 bis 30 Jahren zu realisierenden Neugestaltung Berlins hatte die gegebenen Kapazitäten der Bauwirtschaft und des Wohnungsmarkts ignoriert. Die Mängel der Gesamtplanung prägten auch die Teilplanungen der Durchführungsphase seit der ersten Anordnung eines Neugestaltungsbereichs Anfang November 1937.[135] Im ersten Halbjahr 1938 mehrten sich von Monat zu Monat die Anzeichen dafür, daß die Neugestaltung nicht durchführbar sein würde. Die auf Hochtouren laufende Aufrüstung verschärfte das Mißverhältnis zwischen Planung und Realisierbarkeit, denn die Bauausführungen der Neugestaltung und des Berliner Wohnungsbauprogramms konkurrierten mit kriegsvorbereitenden Aufträgen der Rüstungsindustrie und der Bauwirtschaft um begrenzte Ressourcen. Anfang September 1938 war allen Beteiligten bewußt, daß die Durchführung der Neugestaltung vorerst blockiert war.[136]

Das Tempo und den Umfang der administrativen Vorarbeiten für die Neugestaltung bestimmte die für alle Planungsfragen zuständige Dienststelle des GBI. Wie die Planung fand auch die Durchführung der Neugestaltung unter Ausschluß der Öffentlichkeit statt: Ende Januar 1938 erschien erstmals eine Darstellung Speers über Bauvorhaben in den Tageszeitungen, doch über die amtlichen Bereichsanordnungen des GBI, die eingeplanten

---

133 LA Bln Pr.Br.Rep. 107 Nr. 144/2 (Hettlage an Transportkorps Speer in Kreuzbruch v. 3.10.44).

134 BAK R 120 Nr. 2962d (RMinRuK, gez. i.A. Bohr, v. 27.3.45). Löhne wurden nur für 2 Monate im Voraus angewiesen.

135 RMBl. 1937, S. 645 (1. AO über die Neugestaltung der Reichhauptstadt Berlin v. 4.11.37).

136 BAP 46.06 Nr. 3441 sowie LA Bln Pr.Br.Rep. 107 Nr. 233 (Nds., (u) Neikes, Besprechung GBI, Stadt zur Lage des Wohnungsbaus am 7.9.38, v. 8.9.38).

Abrißgebiete, wurde nicht berichtet.[137] Von bevorstehenden Bereichsanordnungen sollten lediglich dort betroffene Behörden, Unternehmen und Parteigliederungen vertraulich vorinformiert werden, damit sie sich rechtzeitig um Ersatzräume kümmerten.[138] Der städtischen Verwaltung, die die große Zahl der räumungspflichtig werdenden Wohnungsmieter betreute, verblieben nur wenige Monate zwischen einer Bereichsanordnung und dem gleichfalls vom GBI festgelegten Abrißtermin: „Die gesetzten, vielfach kurzen Fristen zwingen dazu, ganze Stadtviertel in wenigen Monaten anzukaufen und von Mietern und Pächtern freizumachen."[139] Bis März 1938 hatte der GBI den Abbruch von etwa 13.000 Wohnungen beschlossen[140] und erhöhte durch weitere Bereichsanordnungen noch im ersten Halbjahr die Zahl der im laufenden Jahr abzureißenden Wohnungen zunächst auf 15.200[141] und dann auf 17.000.[142]

Die Kapazität des Berliner Wohnungsmarkts, des ersten Wohnungsmarkts, in dem die Neugestaltung im Jahr 1938 scheiterte, war schon erschöpft, als mit den Räumungen begonnen wurde. Die Stadt verzeichnete 1938 einen Wohnungsfehlbestand, der sich seit 1933 von 100.000[143] auf 190.000[144] Wohnungen nahezu verdoppelt hatte. Die Zahl vermietbarer Wohnungen, der statistische Indikator eines Wohnungsmarkts, hatte sich seit 1932 von Jahr zu Jahr halbiert und betrug 1938 noch knapp 3.000, das waren an vermietbaren Wohnungen nur noch etwa 0,2 Prozent statt der als normal geltenden 3 Prozent des Bestands von rund 1,45 Millionen Wohnungen in Berlin.[145] Mehr als fünf Jahre verfehlter Wohnungsbaupolitik hatten den „freien Wohnungsmarkt" in Berlin leergefegt.

---

137 Albert Speer, Das Programm für die Neugestaltung Berlins, veröffentlicht in: Deutsches Nachrichtenbüro, Berlin, v. 27.1.38, Nr. 124, zit. nach Schäche, a.a.O., S. 521, Dokument 15. In Berliner Lokalzeitungen finden sich nur Mitteilungen über die Aufhebung von Friedhöfen.

138 LA Bln Pr.Br.Rep. 107 Nr. 276/1 (Speer v. 14.12.37, betr. Abbrüche zum 1.5.39). Der GBI sagte regelmäßig zu, für etwaige Ersatzneubauten Eisen zur Verfügung zu stellen.

139 BAK R 120 Nr. 124, Bl. 8-13 (Bericht über die Mitwirkung des Hauptliegenschaftsamtes bei der Neugestaltung der Reichshauptstadt in den Jahren 1937/38, (u) Müller-Wielandt, v. 23.12.38).

140 LA Bln STA Rep. 09 Nr. 31367 (Unterlagen zu Punkt 1 der Tagesordnung der Aufsichtsratssitzung der GSW am 25.4.38).

141 BAP 46.06 Nr. 59ff. (Protokoll der Besprechung GBI, OBM am 3.5.38).

142 LA Bln Pr.Br.Rep. 107 Nr. 233 (Nds. zur Besprechung GBI, OBM am 7.9.38 v. 8.9.38).

143 LA Bln STA Rep. 09 Nr. 32354 (Verwaltungsbericht des Amtes für Siedlungs- und Wohnungswesen vom 31. März 1937).

144 LA Bln STA Rep. 09 Nr. 31367 (Unterlagen Aufsichtsratssitzung der GSW am 25.4.38).

145 Berliner Lokal-Anzeiger, Nr. 112, 1. Beiblatt, v. 11.5.39 (Bericht über die Leerwohnungszählung zum Stichtag 10.10.38).

1. Leerstehende Wohnungen 1934 bis 1938

Zahl der Wohnräume einschl. Küche	Leerstehende Wohnungen am 10. Oktober jedes Jahres									
	Zahl					in vH. des Wohnungsbestandes				
	1934	1935	1936	1937	1938	1934	1935	1936	1937	1938
1 . . .	2 348	2 038	918	680	483	4.3	3.7	1.7	1.2	0.9
2 . . .	4 270	3 076	2 208	1 536	849	1.2	0.8	0.6	0.4	0.2
3 . . .	6 016	3 165	2 263	1 321	780	1.2	0.6	0.4	0.2	0.1
4 . . .	5 734	2 265	1 300	574	333	2.6	1.0	0.6	0.2	0.1
5 . . .	4 018	1 529	826	332	219	3.4	1.3	0.7	0.3	0.2
6 . . .	2 692	1 154	715	236	146	4.4	1.9	1.1	0.5	0.2
7 u. mehr	4 419	1 619	1 195	506	245	5.9	2 9	2.2	0.9	0.4
Zus.	28 497	14 846	9 425	5 185	3 056	2.1	1.1	0.7	0.4	0.2

Berlins Leerwohnungen

Die Zählung vom 10. Oktober 1938

Das Berliner Wohnungsproblem wird durch die letzte statistische Erhebung neu beleuchtet: am Stichtag der letzten Zählung, am 10. Oktober 1938, gab es in Berlin nur noch 3055 leerstehende Wohnungen, was gegenüber dem Vorjahre einen Rückgang um fast die Hälfte bedeutet.

Es galt vor dem Kriege in Berlin als durchaus normal, wenn von dem gesamten Wohnungsbestand etwa 3 v. H. zur freien Auswahl wohnungssuchender Bewerber standen. Bei der Vorliebe des Berliners für häufigen Wohnungswechsel und dank dem ständigen Ansteigen der Bevölkerungsziffer kam trotz erhöhter Bautätigkeit immer ein Ausgleich zustande. Am 10. Oktober v. J. betrug der Anteil nur noch 0,2 v. H., also ein Fünfzehntel des üblichen Vorkriegssatzes. Dabei ist aber noch zu berücksichtigen, daß eine große Zahl der Leerwohnungen am Stichtag bereits wieder vermietet war, und überdies waren zahlreiche Wohnungen wegen ihres mangelhaften baulichen Zustandes praktisch nicht mehr bezugsfähig. Ein Vergleich mag die Entwicklung der letzten Jahre aufzeigen: am 10. Oktober 1934 gab es in der Reichshauptstadt 28 497 Leerwohnungen, und vier Jahre später weniger als ein Neuntel dieser Zahl. Daß die Stadt Berlin energisch bemüht ist, diesen klaffenden Unterschied zwischen Angebot und Nachfrage zu mildern, beweisen die umfangreichen Wohnungsbauvorhaben, die ihrer Vollendung entgegengehen oder demnächst in Angriff genommen werden.

Speer setzte die Räumungen 1938 in Gang – obwohl der hauptstädtische Wohnungsmarkt leergefegt war und trotz der Verdopplung des Wohnungsmangels in Berlin seit 1933

Die Vergrößerung des Wohnungsbestands durch Neubau war unabdingbare Voraussetzung der geplanten Räumungen. Das bestätigte sich bei den frühesten Bereichsräumungen im Februar 1938 im Verwaltungsbezirk Tiergarten. Der Bezirksbürgermeister schilderte, daß – trotz Prämienzahlungen für pünktlichen Auszug – wenige Wochen vor dem Abrißtermin von 82 räumungspflichtigen Mietparteien erst 65 passende Ersatzräume gefunden hätten. Kleinwohnungen wären in Berlin nicht mehr zu haben, und der Wohnungsneubau deckte nicht den Bedarf, klagte der Bezirksbürgermeister: „Mit Wohnungen, die erst zum Juli bezugsfertig werden, kann ich nichts anfangen, wenn der Block zum 31.3.1938 geräumt sein soll. Auch sind die von der städtischen Wohnungsbaugesellschaft angebotenen Wohnungen keine Ersatzobjekte für die hier in Abgang kommenden Wohnungen. Einmal liegen die Mietpreise wesentlich höher, alsdann werden große Anforderungen an die Qualifikation der Mieter gestellt – keine Mietreste, Bereithaltung eines Viertels des Einkommens zur Deckung des Mietzinses usw. – denen die Mieter des hier erörterten Baublocks in nur wenigen Ausnahmefällen gerecht zu werden vermögen." Vorausschauend fügte der Bezirksbürgermeister hinzu: „Wenn sich diese Schwierigkeiten nun schon bei dem ersten Baublock gezeigt haben, um wieviel mehr werden sie bei der Erweiterung des Abrißgeländes auftreten."[146]

Der GBI hielt die städtische Verwaltung an, Räumungsverfügungen erst dann zuzustellen, wenn „für die betroffenen Mieter Ersatzwohnungen in dem bisherigen Umfang bereitgestellt" waren.[147] Die Stadt forderte ein Einspruchsrecht gegen die vom GBI gesetzten Abbruchtermine, wenn, wie im Bezirk Tiergarten, nach einer Bereichsanordnung die städtische Prüfung vor Ort ergab, daß eine fristgerechte Räumung der Grundstücke unmöglich sein würde.[148] Doch Speer, persönlich an der Festsetzung von Räumungsterminen interessiert,[149] lehnte es ab, ein geregeltes Verfahren zu vereinbaren, das seine Planungsbefugnis für den Hauptstadtumbau eingeschränkt hätte.

Im Sommer 1938 stagnierte die Neugestaltung wegen des seit 1937 fehlgeplanten Ersatzwohnungsbaus und des graduellen Niedergangs des städtischen Wohnungsbaus im Jahr 1938. Das Desaster des Berliner Bau-

146 LA Bln Pr.Br.Rep. 107 Nr. 276/2 (Abs., BezBM an OBM v. 24.2.38). Das Schreiben schließt mit dem Vorschlag, vorhandene Baulücken in den Stadtteilen zu schließen.

147 LA Bln Pr.Br.Rep. 107 Nr. 233 (Ds., Protokoll der Besprechung GBI, Stadt, Rbahn am 20.12.37). LA Bln Pr.Br.Rep. 107 Nr. 276/1 (GBI, Dr. Neikes, an Rbahn, Ergänzung zum Schreiben an Grundstückseigentümer, v. 2.2.38).

148 LA Bln Pr.Br.Rep. 107 Nr. 276/2 (OBM, StaPla II D, gez. Steeg, an GBI v. 30.3.38).

149 LA Bln Pr.Br.Rep. 107 Nr. 234 (Terminkalender Speer, regelmäßige Beratungen zu Räumungsterminen mit seiner Dienststelle, Fränk, Kayser).

programms erörterten die Beteiligten am 7. September 1938. Ein Vertreter der Neugestaltungsbehörde stellte fest, noch im Mai 1938 „habe man mit dem Neubau von 30000 Wohnungen in 38 gegenüber 17000 Abrissen gerechnet, so dass nach Deckung aller Abrissfälle noch 13000 Wohnungen für die Linderung der allgemeinen Wohnungsnot übrig geblieben wären. Jetzt aber stelle die GSW von dem Programm 38 nur 4350 Neubauwohnungen bis Ende 38 fertig. Einschliesslich der von Privaten bis Ende 38 fertig zu stellenden Neubauwohnungen ergeben sich etwa 8000 Neubauwohnungen gegenüber allein 17000 Abrissen." Die vom GBI angekündigte Verschiebung aller Abbruchtermine um wenigstens sechs Monate verhalf dem Wohnungsneubau jedoch zu keinem Aufschwung, da es an den nötigen Ressourcen mangelte. Der Vertreter der städtischen Wohnungsbaugesellschaft empörte sich, „die GSW brauche zur Fertigstellung ihrer Bauten Zement, Ziegelsteine und Arbeiter. Theoretische Räumungstermine hätten für die Durchführung der Räumung und die Beseitigung der Wohnungsnot gar keinen Wert."[150]

Obgleich seit März 1937 die Größenordnung künftiger Wohnungsproduktion, die die Gesamtplanung der Neugestaltung Berlins über 20 bis 30 Jahre erforderte, mit 22.400 bis 34.000 jährlich neu zu erbauenden Wohnungen bekannt war, wurden weder vom GBI noch von der Stadt oder deren Wohnungsbaugesellschaft GSW im Jahr 1938 entsprechende Wohnungsbauplanungen betrieben. Die Protokolle der Besprechungen der Vertreter des GBI mit denen der städtischen Ämter und der GSW im März und Oktober 1937 sowie im Februar und Mai 1938 zeugen von einem oberflächlichen und verantwortungslosen Umgang aller Beteiligten mit den Fakten.

Die höchsten Berliner Wohnungsproduktionsziffern verzeichnen die städtischen Statistiken[151] für die Jahre 1929 bis 1931 mit einem durchschnittlichen Zuwachs von 33.000 Neubauwohnungen im Jahr. In den vier folgenden Jahren, 1932 bis 1935, sank der jährliche Neubauwohnungszugang um fast drei Viertel auf durchschnittlich unter 8.700 Wohnungen ab. Nach der Verdopplung der Berliner Produktion auf rund 15.650 und 18.750 Wohnungen in den Jahren 1936 und 1937 bleibt unerklärlich, auf welcher Grundlage die Stadt Anfang Oktober 1937 den Neubau von 30.000 bis 40.000 Wohnungen im Jahr 1938 zuzusagen wagte.[152] Der Leiter des städti-

150 BAP 46.06 Nr. 3441 sowie LA Bln Pr.Br.Rep. 107 Nr. 233 (Nds., (u) Neikes, Besprechung GBI, Stadt zur Lage des Wohnungsbaus am 7.9.38, v. 8.9.38).

151 LA Bln STA Rep. 09 Nr. 31367 (Protokolle der Sitzungen des Aufsichtsrats der GSW, Einladungen und Anlagen).

152 BAP 46.06 Nr. 58, Bl. 147ff. (Protokoll der Besprechung GBI, Stadt, Reichsheimstättenamt, GSW am 5.10.38).

schen Planungsamts, Dr. Werner Müller, hielt zwei Tage nach der Beratung mit dem GBI fest, es müsse einstweilen „mit einem Jahresbauvolumen von 15 000 Wohnungen als ausserordentliches Bauprogramm neben einem laufenden Bauprogramm etwa in der gleichen Höhe gerechnet werden“.[153] Zur Sicherung möglichst hoher Eisenkontingente gaben Vertreter des GBI und des städtischen Planungsamts an, das Berliner Wohnungsbauprogramm des Jahrs 1938 umfasse 30.000 Wohneinheiten.[154] Doch die GSW legte nur das Bauprogramm des Vorjahrs wieder auf, worüber es Anfang Februar 1938 zwischen den Vertretern der Stadt und dem GBI zum Eklat gekommen war[155]: Die Stadt hielt ihren Anteil am Bauprogramm 1938 für erfüllt, weil die städtische Baugesellschaft ihre Leistung von 12.000 auf 15.000 Wohnungen zu erhöhen vorhatte. Speer bestand hingegen darauf, die Stadt müßte den gesamten von ihm für die Neugestaltung geforderten Neubau von 15.000 Ersatzwohnungen im Jahr 1938 zusätzlich realisieren. Speer rechnete mit einem Bauprogramm von wenigstens 38.000 Wohnungen. Binnen zwei Tagen revidierte die Stadt ihre Planung für das laufende Jahr und kündigte leichtfertig ein Bauprogramm von 30.000 Wohnungen an, womit nach Auffassung des Arbeitsamts auch die Höchstkapazität des Berliner Baumarkts ausgeschöpft wäre.[156] In ihrer modifizierten Rechnung ging die Stadt von 15.000 eigenen Neubauwohnungen aus, addierte als unveränderten Beitrag anderer gemeinnütziger Baugesellschaften 4.000 Wohnungen und unterstellte als übrigen Zuwachs gegenüber dem Vorjahr von 7.000 auf 11.000 gesteigerte Baufertigstellungen privater Bauherren.[157]

Mitte Mai 1938 entwarf Stadtbaudirektor Dr. Gerhard Petrick ein optimistisches Bild für das laufende Jahr: Den Zugang von fast 23.000 Wohnungen mit Baubeginn vor Mai 1938 hielt er für gesichert und – allerdings unter der Voraussetzung einer „reibungslosen Materialbeschaffung und einer günstigen Wetterlage“ – die Fertigstellung von insgesamt

---

153 LA Bln STA Rep. 09 Nr. 31415 (OBM, ausgefertigt Dr. Werner Müller, an Reichsversicherungsamt v. 7.10.37). BAP 46.06 Nr. 59, Bl. 201-204 (Protokoll der Besprechung GBI, Stadt, betr. Wohnungsbaufinanzierung, am 2.2.38).

154 LA Bln Pr.Br.Rep. 107 Nr. 314/1, 1. Teil (Abs., Nds. OBM, StaPla VII, gez. Petrick, über ein Ferngespräch mit dem GBI am 19.2.38, v. 19.2.38).

155 BAP 46.06 Nr. 59, Bl. 201-204 (Protokoll der Besprechung GBI, Stadt, betr. Wohnungsbaufinanzierung, am 2.2.38).

156 BAP 46.06 Nr. 59, Bl. 187f. (Vermerk GBI, Stephan, zur Besprechung GBI, Stadt am 3.3.38).

157 BAP 46.06 Nr. 59, Bl. 195f. (Protokoll, Dr. Neikes, Besprechung GBI, Stadt, betr. Wohnungsbaufinanzierung, am 3.2.38). LA Bln Pr.Br.Rep 107 Nr. 314/1, 2. Teil (Abs., Vermerk GBI, nicht gez., Stand des Wohnungsbauprogramms 1938, Ergebnis der Besprechung mit Vertretern der Stadt am 4.2.38, v. 7.2.38).

32.545 Wohnungen für möglich.[158] Aufgrund der Angaben des Stadtbaudirektors nahm auch der GBI am 21. Mai 1938 an, „daß in diesem Jahr ca. 30.000 Wohnungen erstellt werden können".[159] Tatsächlich wurden im Jahr 1938 in Berlin keine 15.000 Neubauwohnungen errichtet. Während der Beitrag der privaten Bauherrn mit rund 7.000 und der der nicht-städtischen Baugesellschaften mit etwa 4.000 Wohnungen jeweils dem des Vorjahrs entsprach, erreichte die GSW mit 5.915 erstellten Wohnungen nicht einmal die Hälfte ihrer Vorjahrsleistung. Insgesamt wurden in Berlin 14.935 Wohnungen neugebaut, 2.247 entstanden durch Umbau.[160]

Der Zusammenbruch des Berliner Wohnungsbauprogramms im Jahr 1938 mit knapp 17.200 Wohnungen ist dem Ausfall des städtischen Wohnungsbaus zuzurechnen. Die GSW stellte bis auf 200 Wohnungen, die zum Mai-Programm 1938 gehörten, mit 5.915 Wohnungen lediglich Bauvorhaben des Vorjahrs fertig.[161] Im Jahr 1939 fiel der städtische Beitrag zur Berliner Wohnungsproduktion mit etwa 4.500 Einheiten, wiederum aus dem noch an die zehntausend Wohnungen zählenden Überhang von 1937 und dem Mai-Programm 1938, noch weiter hinter die Planungsvorgaben von jährlich 30.000 Neubauwohnungen zurück.[162] Der städtische Wohnungsbau scheiterte im Jahr 1938 an denselben Planungsfehlern wie die städtebauliche Neugestaltung insgesamt: Der GBI hatte ungeachtet gegebener Kapazitäten und verfügbarer Ressourcen geplant. Zwar klärte der Berliner Stadtkämmerer Karl Maria Hettlage mit Unterstützung des GBI im Vorbeigehen die Finanzierung für das in den Tagen nach dem Eklat Anfang Februar 1938 eiligst revidierte Berliner Wohnungsbauprogramm.[163] Doch mit Finanzierungszusagen allein, die Hettlage in zwei Besprechungen beim Reichsfinanzministerium[164] und beim Reichsarbeitsministerium[165] einholte, war die

158 LA Bln Pr.Br.Rep. 107 Nr. 314/1, 1. Teil (OBM, gez. Petrick, an GBI, betr. Übersicht über den derzeitigen Stand der Wohnungsbautätigkeit in Berlin, v. 12.5.38).

159 LA Bln Pr.Br.Rep. 107 Nr. 314/1, 1. Teil (Vermerk, nicht gez., für Herrn Speer v. 21.5.38).

160 Statistik des Deutschen Reiches 1938, hrsg. vom Statistischen Reichsamt, II. 7. Der Reinzugang betrug 15.751 Wohnungen, durch Neubau waren 14.953, durch Umbau 2.247 Wohnungen entstanden.

161 LA Bln STA Rep. 09 Nr. 31416 (Vermerk HLieg für HPla v. 1.10.38, übersandt am 11.10.38, Übersicht über Fertigstellungen und Bezugstermine für Bauvorhaben der GSW aus 1937 und 1938).

162 Statistik des Deutschen Reichs 1940, V.C.a. und Vierteljahreshefte zur Statistik des Deutschen Reichs, hrsg. vom Statistischen Reichsamt, 48. Jg., 1. bis 3. Heft. Bis 1.9.39 wurden in Berlin 13.259 Wohnungen erstellt, davon 940 durch Umbau.

163 BAP 46.06 Nr. 59, Bl. 201-204 (Protokoll der Besprechung GBI, Stadt am 2.2.38).

164 BAP 46.06 Nr. 59, Bl. 192ff. (Protokoll der Besprechung GBI, Stadt, RFM, StS

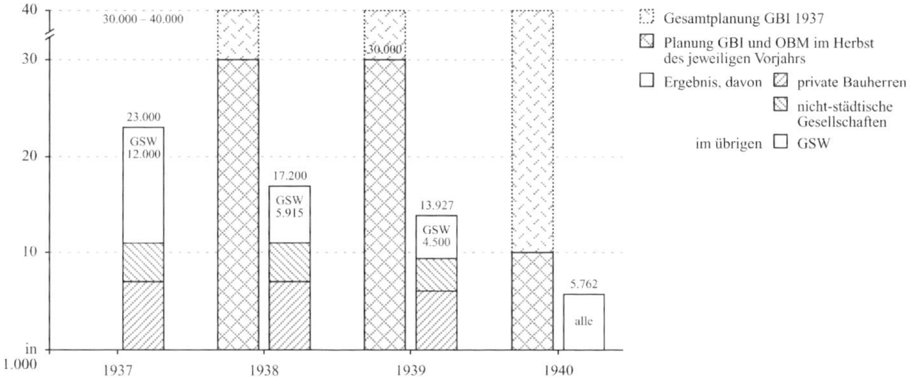

Wohnungsbau in Berlin 1937 bis 1940: Planung und Ergebnisse im Vergleich

Fehlplanung nicht zu korrigieren. Der Niedergang des städtischen Wohnungsbaus resultierte aus den Kriegsvorbereitungen, derentwegen der GSW weder Arbeiter für ihre Baustellen noch Baumaterialien in dem für den regulären und den Ersatzwohnungsbau erforderlichen Umfang zur Verfügung standen.

Für die Belieferung und Ausstattung der Baustellen des städtischen Wohnungsbaus interessierte sich der GBI erst, nachdem die GSW am 27. Mai 1938 mitgeteilt hatte, daß sie nach dem derzeitigen Bauzustand die nächsten Fertigstellungstermine für Tausende Neubauwohnungen, die als Ersatz für Mieter aus Abbruchbereichen der Neugestaltung eingeplant waren, nicht würde einhalten können. Aus dem Mai-Programm 1938 waren 14 Bauvorhaben mit 4.783 Wohneinheiten gar nicht begonnen worden, weil der GSW die Techniker für die Durchführungsplanung fehlten und die

Reinhardt, betr. Wohnungsbaufinanzierung, am 3.2.38).

165 BAP 46.06 Nr. 59, Bl. 176f. (Protokoll, Neikes, Besprechung RAM, RFM, Stadt, GBI, betr. Wohnungsbaufinanzierung, am 4.2.38). Hettlage schlug vor, auf die Verzinsung öffentlicher Darlehen weitgehend zu verzichten, um die Herstellungskosten der 30.000 Wohnungen um 20 % zu senken, und den Rückfluß aus Hauszinssteuermitteln um 10 Mio RM zu erhöhen, woraufhin das RAM ad hoc zusagte, aus einem Sonderetat 10 Mio RM aufzubringen und damit auch das noch offene Drittel der Finanzierungslücke zu schließen. Am 5.5.38 bestätigte Hettlage, „dass die Finanzierung für die von der G.S.W. errichteten Wohnbauten bei einem Bedarf von etwa 170 Millionen im wesentlichen gesichert sei", BAP 46.06 Nr. 59, Bl. 27f. (Protokoll der Besprechung GBI, Stadt, RAM am 5.5.38). Am 27.6.38 legte der OBM dem RAM eine Zusammenstellung über die Finanzierung des Bauprogramms 1938 und 1939 aus öffentlichen Mitteln in Höhe von 86,5 Mio RM mit einer Unterdeckung von 44 Mio RM vor, die auch für 1939 aus einem Sonderetat aufgebracht werden sollten, LA Bln Pr.Br.Rep. 107 Nr. 314/1, 1. Teil (OBM an RAM v. 27.6.38).

Baustellen weder mit Steinen noch mit Holz beliefert wurden.[166] Am 8. Juni 1938 legte das Stadtplanungsamt dem GBI dar, daß von den im Jahr 1938 für räumungspflichtige Mieter aus Neugestaltungsbereichen eingeplanten 7.300 Ersatzwohnungen überhaupt nur 1.170 vor Jahresende fertiggestellt werden könnten. Für 5.287 Wohnungen ließ sich der Bezugstermin 1. Oktober 1938 nicht einhalten. Bei 3.004 dieser Ersatzwohnungen rechnete die GSW mit einer Verzögerung bis zum 1. April 1939, woraufhin Speer intervenierte und deren Bauabschluß bis spätestens 15. Januar 1939 verlangte.[167]

Wenige Wochen nach dem optimistischen Bericht des Berliner Stadtbaudirektors Petrick über 23.000 angeblich gesicherte und 32.545 mögliche Neubauwohnungen trafen die Zahlen der GSW ein, die bis Jahresende vielleicht 5.000 von 15.000 Wohnungsneubauten der GSW erwarten ließen. Daß sich der Steinbedarf für das Berliner Wohnungsbauprogramm 1938 von 30.000 Wohnungen aus vorhandener Produktion nicht decken ließ, war seit Anfang April 1938 bekannt.[168] Für den Gesamtbedarf von 450 Millionen Steinen konnten Lieferverträge nur über 109 Millionen Steine abgeschlossen werden. Die täglichen Lieferungen nach Berlin erfüllten an Kalksandsteinen zwei Drittel, an Hintermauerungssteinen die Hälfte des Benötigten. Ab August 1938 stellte der GBI der Stadt Steinlieferungen in Aussicht, die den Steinmangel im städtischen Wohnungsbau auf 15 bis 10 Prozent reduzieren sollten. Mit diesen Zusatzlieferungen rechnete der GBI, nachdem er eigene Eisen- und Stahlkontingente an die Brandenburgischen Kalksandsteinfabriken mit der Auflage abgetreten hatte, die Produktion auszuweiten und die gesamte Mehrerzeugung an Berliner Bauvorhaben zu liefern.[169]

---

166 LA Bln Pr.Br.Rep. 107 Nr. 314/1, 1. Teil (Abs., GSW an GBI, Übersicht Bauvorhaben, Stichtag 1.5.38, bezugnehmend auf eine Besprechung am 25.5.38, v. 27.5.38).

167 LA Bln Pr.Br.Rep. 107 Nr. 314/1, 1. Teil (OBM an GBI, Aufstellung über Bauvorhaben der GSW mit wesentlich verschobenen Bezugsterminen, v. 8.6.38). BAP 46.06 Nr. 494, Bl. 799ff. (Ds., GBI an OBM, StaPla, betr. Ersatzwohnungsbau für die aus Anlass der Neugestaltung der Reichshauptstadt wohnungslos werdenden Mieter, v. 8.6.38 auf OBM, StaPla, v. 8.6.38, eing. 10.6.38). Es handelte sich u.a. um den ersten und zweiten Bauabschnitt im Ersatzwohnungsbau Schöneberger Südgelände mit 900 und 1.470 Wohnungen.

168 LA Bln Pr.Br.Rep. 107 Nr. 233 (Vermerk zur Besprechung GBI, Gemeinnützige Baugesellschaften, Verkaufsstelle Brandenburgische Kalksandsteinfabriken am 8.4.38).

169 BAP 46.06 Nr. 494, Bl. 799ff. (Ds., GBI an OBM, StaPla, betr. Ersatzwohnungsbau für die aus Anlaß der Neugestaltung der Reichshauptstadt wohnungslos werden Mieter, auf OBM, StaPla, v. 8.6.38, eing. 10.6.38, v. 8.6.38). LA Bln Pr.Br.Rep. 107 Nr. 314/1, 1. Teil (Abs., GBI, i.A. gez., o.D., an die Verkaufsstelle Brandenburgischer Kalksandsteinfabriken, Steigerung Ihrer Erzeugung, bezugnehmend auf Besprechungen, zuletzt am 27.5.38).

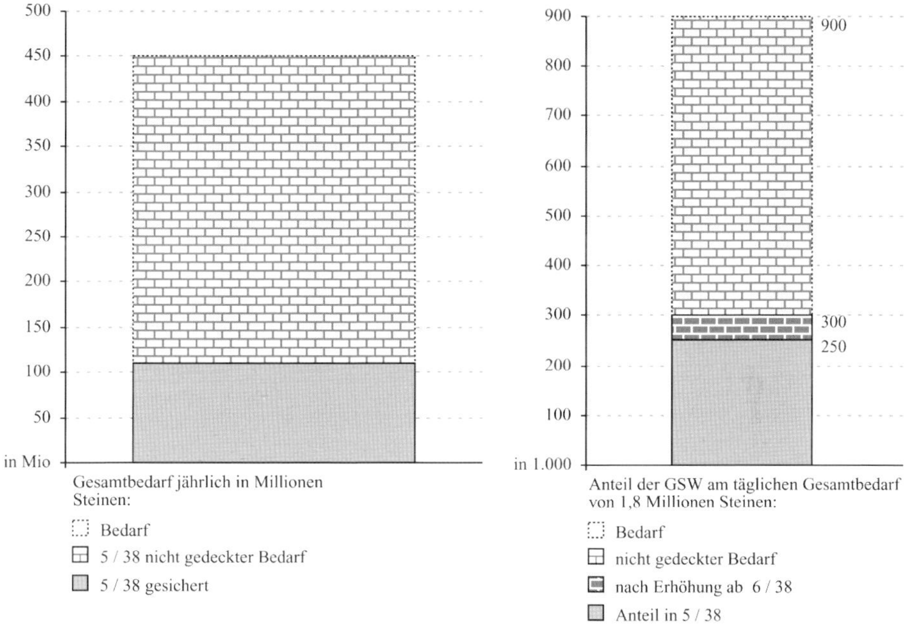

Mangel und Bedarf an Steinen für das Bauprogramm von 30.000 Wohnungen im Jahr 1938 in Berlin

Die Verhandlungen mit Vertretern des Reichswirtschaftsministeriums, der Baustoffindustrie und des Großhandels führte Speer in Anwesenheit von Vertretern der Stadt und der GSW am 8. und 9. Juni 1938 nicht mehr mit dem Ziel, den weitgehend brachliegenden Berliner Wohnungsbau im Jahr 1938 wieder anzukurbeln.[170] Vielmehr nutzte Speer die Gelegenheit, anstelle des in Mangelsituationen üblichen Kontingentierungsverfahrens bei der staatlichen Verwaltung eine „Treuhandstelle" für die Verteilung der Produktion im Berlin-brandenburgischen Wirtschaftsgebiet zu installieren.

Die von Speer in grundsätzlicher Übereinstimmung mit dem Reichswirtschaftsministerium erwünschte Treuhandstelle sollte unter Leitung und nach Weisungen des GBI arbeiten. Per Genehmigungsverfahren und Kontrahierungszwang sollte die gesamte Steinproduktion an die für die Neugestaltung wichtigen Bauprojekte geliefert werden, „wobei die Vordringlichkeit gewisser Bauvorhaben der Wehrmacht usw. durchaus berücksichtigt werden

170 BAP 46.06 Nr. 60 Bl. 170ff., 167ff., 164ff., 154–157, 159ff. (Protokolle Nr. 22, 23, 24, 27, 29 der Besprechungen GBI, RWM, Stadt, GSW, Reichsbahnbaudirektion, Fachgruppen des Baustoffgroßhandels und der Ziegelindustrie, zur Belieferung der Reichshauptstadt mit Mauersteinen, am 8. und 9.6.38).

könnte".[171] Vertreter der der Treuhandstelle anzuschließenden Unternehmen der Erzeugung von und des Handels mit Baustoffen sollten gemeinsam mit denen des Reichswirtschaftsministeriums und des GBI einen Verwaltungs- oder Aufsichtsrat bilden. Den Unternehmen der Branche wurden Eisenzuteilungen und Kredite des Reichs für ihre bei garantierter Gesamtabnahme durch den GBI risikolose Produktionsausweitung zugesagt. Die Vertreter der Wirtschaft ersuchten das Reichswirtschaftsministerium, die Errichtung der Treuhandstelle anzuordnen, da „auf der Grundlage des freiwilligen Zusammenschlusses sehr viel Zeit nutzlos vergehen würde".[172] Speer erwirkte zum 17. Juli 1939 einen „Führerentscheid", um den Ausbau der Hartgesteinbetriebe einzuleiten. Die Behörden hatten alle benötigten Materialien und Arbeitskräfte bereitzustellen. Der GBI sicherte den beteiligten Firmen zu, zehn Jahre lang deren gesamte Werksteinproduktion abzunehmen; Lieferungen an sonstige Kunden wurden hingegen genehmigungspflichtig.[173]

Bei den anderen nicht minder knappen kontingentierten Baumaterialien, die im Übergang vom ersten zum zweiten Quartal 1939 an den Baustellen der Neugestaltung und des städtischen Wohnungsbaus nur zu Bruchteilen vorhanden waren,[174] blieb dem GBI lediglich die Kontrolle und Verwaltung des Mangels zugunsten seiner Bauvorhaben. Gleichfalls zum 17. Juli gelang es Speer, einen „Führerentscheid" zu erwirken, der den GBI ermächtigte, Bauvorhaben öffentlicher und privater Träger auf das dringendst notwendige Maß zu beschränken und jeden Baubeginn im Raum Berlin, innerhalb des

---

171 BAP 46.06 Nr. 60, Bl. 170ff. (Speer lt. Protokoll Nr. 22 der Besprechung am 8.6.38).

172 BAP 46.06, Nr. 60, Bl.167ff. (Protokoll Nr. 23 der Besprechung am 8.6.38).

173 BAP 46.06 Nr. 369, Bl. 10 (Ds., AO, gez. Adolf Hitler, v. 17.7.39). Dem GBI waren „im Rahmen der ihm allgemein übertragenen Vollmachten" auch Enteignungen ausdrücklich erlaubt. Möglicherweise entstand damit zwecks Produktionsausweitung der Prototyp einer Mittlerstelle für Kreditbeschaffung und öffentliche Aufträge, die langfristig die private Bau- und Baustoffindustrie mit der KZ-Produktion verzahnte.

174 BAP 46.06 Nr. 865, Bl. 26f. (Ds. von Ds., DfSt, Generalbauleitung, nicht gez., Übersicht über den monatlichen Materialbedarf – jenseits des Steinbedarfs – für die Neugestaltung und den Berliner Wohnungsbau mit 30.000 Wohnungen jährlich zum 1.1.39, zum 1.4.39, Eisen betr. zum 1.6.39, ansteigend „bis zur Spitze 1941", v. 10.11.38). Der Bedarf an Arbeitern wurde in die Angaben zum jeweiligen Bedarf an Zehntausenden Tonnen und Kubikmetern Baumaterial eingereiht, im einzelnen: Eisen ab 1.1.39 zugesichert 24.000 t, ab 1.7.39 erforderlich 69.000 t, ansteigend bis 1941 90.000 t; Arbeiter Bestand 11/38 12.000, ab 1.4.39 erforderlich 45.000, bis 1941 75.000; Zement vorhanden 11/38 9.000 t, ab 1.4.39 erforderlich 43.000 t, bis 1941 90.000 t; Holz gesichert 11/38 15.000 m^3, ab 1.4.39 erforderlich 25.000 m^3, bis 1941 35.000 m^3. Die eingeplante kontinuierliche Steigerung des Materialverbrauchs und des Arbeitereinsatzes verlangte gegenüber den für Beginn des Jahres 1939 zugesicherten Ressourcen binnen zwei Jahren deren Verdopplung bis Verzehnfachung.

Reichsautobahn-Rings, bis zum 31. Dezember 1941 auszusetzen.[175] Neugestaltungsbauvorhaben würden entsprechend vorgezogen und unter Vermeidung von Dienstverpflichtungen durchgeführt.

Speers erweiterte Befugnis bedurfte des Einvernehmens mit Dr. Fritz Todt als Generalbevollmächtigtem für die Regelung des Bauwesens, umfaßte aber nicht die Bauvorhaben der Wehrmacht und der Reichsbahn. Als Generalinspekteur für das deutsche Straßenwesen wollte Todt sich in seinem Bereich dem Speerschen Verfahren anschließen. Doch die Wehrmacht verweigerte Listen ihrer Bauvorhaben zur Entscheidung von Dringlichkeitsprioritäten. Sie hegte auch keine Bedenken gegen umfangreiche Dienstverpflichtungen von Bauarbeitern für Wehrmachtsbauten aller Art, beispielsweise auch nicht für „die Wohnung eines Generals, die für staatspolitisch dringlich erklärt wurde", wie Todt beanstandete. Die Reichsbahn legte zwar die geforderte Liste der Bauvorhaben vor, behauptete aber, ihre Bauten wären samt und sonders staatspolitisch wichtig, ihnen käme eine Schlüsselstellung zu, „denn wenn die Reichsbahn nicht in der Lage ist, Baustoffe, Maschinen und Militär in ausreichendem Masse zu befördern, würde sich diese Tatsache zwangsläufig auf alle anderen Träger von Bauvorhaben auswirken".[176]

Die Verhandlungen am 8. und 9. Juni 1938 drehten sich neben den Materialfragen um „die bekannten Schwierigkeiten in den Fragen des Lohnes, des Preises und der Bereitstellung der Arbeitskräfte". Speer versprach, mit dem Präsidenten der Reichsanstalt für Arbeitslosenvermittlung und Arbeitslosenversicherung, Dr. Friedrich Syrup, um höhere Zuweisungen von Arbeitern für die Ziegelproduktion und den städtischen Wohnungsbau zu verhandeln. Von Anfang an waren die Neugestaltungsbaustellen auf auswärtige Arbeiter angewiesen, die die Reichsbahn in „mustergültigen Wohnbaracken" unterbrachte[177], während der GBI Unterkunftslager errichtete, die er den beteiligten Baufirmen übergab[178]. Der Heimstättenbau zur „Sesshaftmachung" von Arbeitern im Baugewerbe galt als Alternative zu Zwangsmaßnahmen. Das Reichswirtschaftsministerium riet von Verordnungen ab, die Arbeiter zwangsweise an eine bestimmte Arbeitsstelle bänden, da, „ab-

---

175 BAP 46.06 Nr. 369, Bl. 9 (Ds., gez. Hitler, v. 17.7.39).

176 BAP 46.06 Nr. 63, Bl. 29ff. (Protokoll Nr. 613, (p) Fränk, zur Besprechung, Vorsitz Dr. Todt, Generalinspekteur für das deutsche Straßenwesen, mit Vertretern des RMin Verkehr und der Wehrmachtsteile, betr. Zurückstellung von Bauvorhaben, v. 4.8.39, vorgelegt am 9.8.39).

177 BAP 46.06 Nr. 60, Bl. 170ff. (Protokoll Nr. 27 der Besprechung am 9.6.38).

178 LA Bln Pr.Br.Rep. 107 Nr. 61, Bl. 95-111, 95ff. (DfSt, Verwaltungsbericht für Februar 1939, v. 3.3.39).

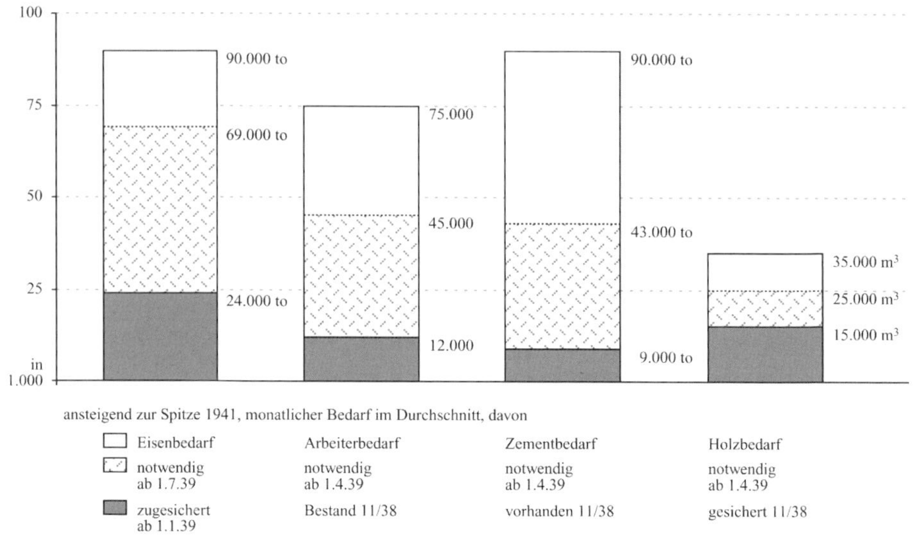

Mangel und Vervielfachung des Bedarfs an Ressourcen für die Bauvorhaben der Neugestaltung in Berlin einschließlich des Wohnungsbauprogramms mit 30.000 Wohnungen 1939 bis 1941

gesehen von dem anrüchigen Begriff: ‚Zwangsarbeiter'" solche erfahrungsgemäß unterlaufen würden.[179] Im Frühjahr 1939 schickte Speer seinen Abteilungsleiter Rönneburg eigens nach Prag, um die vom Präsidenten des Reichsarbeitsamts grundsätzlich zugesagten tschechischen Ingenieure, Techniker und Arbeiter für Berliner Abbruchfirmen anzuwerben. An Neugestaltungsbaustellen fehlten Arbeitskräfte zu Tausenden, doch die 10.000 bis 15.000 tschechischen Arbeiter eines „Abschlußtransportes", so der Präsident des Landesarbeitsamts, sollten nicht an Baustellen der Neugestaltung eingesetzt werden, was Speer mit dem Vermerk „widerspricht d. Zusage v. Syrup" beanstandete.[180]

Weder die materielle noch die personelle Ausstattung der Baustellen des Berliner Wohnungsbaus ließ sich im Jahr 1938 verbessern. Der GBI verlangte, im Wohnungsbau vorhandene Ressourcen zu konzentrieren, und

179 BAP 46.06 Nr. 60, Bl. 170ff. (Protokoll Nr. 22 der Besprechung am 8.6.38).

180 BAP 46.06 Nr. 3438 (Ds., Präsident der DfSt, Zörner, an den Stv. des Präsidenten der Reichsanstalt für Arbeitsvermittlung und Arbeitslosenversicherung, Rechner, v. 4/39; Nachricht des Arbeitsamts Berlin v. 5/39; Aktenvermerk, Zörner, v. 4.5.39; Aktennotiz, Zörner, v. 9.5.39, Speer vorgelegt am 22.5.39).

machte der GSW den Vorwurf, durch die gleichmäßige Verteilung von Materiallieferungen auf mehrere Baustellen die Fertigstellung einzelner Bauten zu verzögern.[181] Speer weigerte sich seinerseits, eine Reihenfolge der Bauvorhaben des GBI festzulegen.[182] Niemand wollte durch Stillegung einzelner Baustellen den Abzug von Bauarbeitern durch das Arbeitsamt riskieren und damit im Kontingentsystem eigene Planungs- und Baukapazitäten gefährden. Zwar hatte Speer noch 1938 innerhalb der Neugestaltungsbehörde ein von ihm selbst kontrolliertes internes Verteilverfahren von Arbeitern und Baustoffen an die Baustellen des GBI eingeführt[183]; doch erst Mitte Juli 1939 gelang es ihm – im Vorgriff auf den angekündigten „Führerentscheid" – Arbeitsämter, Baupolizei, Stadt, GSW und andere gemeinnützige Wohnungsbaugesellschaften sowie die Verbände des Bauhandwerks zur Mitwirkung an einem System der zentralen Auftrags- und Arbeitskräftezuweisung zu bringen. Das Melde- und Verteilverfahren, mit dessen Umsetzung Speer städtische Beamte beauftragte, sollte Dienstverpflichtungen vermeiden und die Arbeiter an den vom GBI als „staatspolitisch wichtig" erachteten Baustellen des Wohnungsbaus, der Reichsbahn sowie des Tief- und Hochbaus der Neugestaltung konzentrieren. Für Neugestaltungsbaustellen waren Dringlichkeitslisten anzufertigen, so daß der GBI bei deren Vorlage umgehend partielle Bausperren für nicht dringliche Bauten anordnen konnte.[184] Einwände gegen Speers Verfahren, die die Reichsinnung des Baugewerbes vortrug, welche schon um des Prestiges der Branche willen auf Vertragsfreiheit beharrte, wies der GBI zurück: Gerade Speer wollte die Beschäftigung im Baugewerbe sichern, die Mitwirkung der Unternehmen wäre keine Frage des Prestiges, sondern der Existenz. Anderenfalls müßten die Firmen mit dem Abzug der Arbeiter durch Dienstverpflichtung rechnen.[185]

---

181 BAP 46.06 Nr. 494, Bl. 799ff. (Ds., GBI an OBM, StaPla, betr. Ersatzwohnungsbau für die aus Anlass der Neugestaltung der Reichshauptstadt wohnungslos werdenden Mieter, v. 8.6.38).

182 BAP 46.06 Nr. 60, Bl. 114 (Protokoll Nr. 47 der Besprechung GBI, Rbahn am 29.7.38). Die nicht datierte, am 30.8.38 Speer vorgelegte Aufteilung der Bauvorhaben des GBI in Liste I, II und III wird die Dringlichkeit und Reihenfolge geklärt haben, existierte in nur 4 Exemplaren, war vertraulich und nur für den internen Dienstgebrauch bestimmt, BAP 46.06 Nr. 3438.

183 BAP 46.06 Nr. 366 (Ds., 14. Auftrag, gez. Speer, v. 28.11.38).

184 BAP 46.06 Nr. 705, Bl. 11-16 (Abs., Aktenvermerk, gez. Rönneburg, zur Besprechung bei Speer über Arbeitereinsatzfragen am 13.7.39, v. 14.7.39). BAP 46.06 Nr. 63, Bl. 45f. (Protokoll Nr. 602, Fränk, zur Besprechung GBI, OBM, betr. Arbeitereinsatz, v. 17.7.39, vorgelegt am 20.7.39). BAP 46.06 Nr. 705, Bl. 1-5 (Protokoll, (u) Rönneburg, zur Besprechung betr. Regelung des Arbeitseinsatzes beim Wohnungsbau am 18.7.39, v. 19.7.39).

185 BAP 46.06 Nr. 705, Bl. 6-10 (Ds., Protokoll, (u) Rönneburg, zur Besprechung betr.

Die wegen des akuten Mangels an Baumaterial und Arbeitskräften im Wohnungsbau Anfang Juni 1938 aufgenommenen Verhandlungen hatte Speer fortgesetzt, um sich binnen Jahresfrist eine auf „Führerentscheid" gegründete Schlüsselposition im Berliner Baugeschehen zu verschaffen, ohne indessen den Niedergang des Wohnungsbaus aufzuhalten. Zum 1. Juni 1938 errichtete Speer die Durchführungsstelle für die Neugestaltung der Reichshauptstadt.[186] Sie sollte sämtliche Defizite der allgemeinen Neugestaltungsplanung auf administrativem Wege beheben. Speer entledigte sich am 23. Juni 1938 aller Probleme durch Delegation: Den Präsidenten der Durchführungsstelle, Dr. Ernst Zörner, beauftragte Speer, „dafür Sorge zu tragen, dass in der Zeit vom 1.1.1939 bis 1.1.1940 und fortlaufend jährlich mindestens 30 000 Wohnungseinheiten bezugsfertig errichtet werden". Zusätzlich wies Speer seine Verwaltungsstelle an, „für die Beseitigung der diesem Ziel entgegenstehenden Widerstände zu sorgen",[187] so als ließe sich der Wohnungsbau per Verwaltungsakt aus der Konkurrenz mit der alle erforderlichen Ressourcen bindenden Aufrüstung herauslösen.

Die Beratung am 7. September 1938 zur Lage des städtischen Wohnungsbaus, dessen Desaster alle Beteiligten kommentierten, leitete Zörner mit einem Hinweis auf die Schwierigkeiten ein, „die im Wohnungsbau neuerdings durch den Bedarf für die Befestigungsarbeiten im Westen [...] entstanden sind". Der GBI hielt es für ausgeschlossen, Kontingentkürzungen im Wohnungsbau rückgängig zu machen und mehr als sein eigenes Kontingent zu retten. Aus der zunächst angekündigten Vierteljahrespause zugunsten von Bauvorhaben der Wehrmacht ab August 1938 wäre durch zusätzlich eingeschobene Bauten des Vierjahresplans ein halbes Jahr geworden. Der GBI rechnete mit einem andauernden Stillstand an den Wohnungsbaustellen bis zum 1. April 1939.[188]

Der Niedergang des städtischen Wohnungsbaus und damit der Ausfall des Ersatzwohnungsbaus für die Neugestaltung führten dazu, daß die Räumungstermine in den Abbruchbereichen nicht eingehalten werden konnten und infolgedessen auch die Abrißplanung der Dienststelle des GBI hinfällig wurde. Die Verzögerung von Räumungen und Freilegungen der Abbruch-

---

Bauhandwerk und Arbeitereinsatz, DfSt, Clahes, Filmbau 'Riefenstahl', Dr. Schöne, Reichsinnungsverband des Baugewerbes, Dr. Reime, am 17.7.39, v. 17.7.39).

186 RGBl. I 1938, S. 635 (Zweite Verordnung zur Ausführung des Erlasses über einen GBI für die Reichshauptstadt v. 16.6.38).

187 BAP 46.06 Nr. 366 (Ds., 2. Auftrag: Erstellung von Wohnungen, gez. Speer, an Präsident der DfSt v. 23.6.38).

188 BAP 46.06 Nr. 3441 sowie LA Bln Pr.Br.Rep. 107 Nr. 233 (Nds., (u) Neikes, Besprechung GBI, Stadt zur Lage des Wohnungsbaus am 7.9.38, v. 8.9.38).

grundstücke zog jeweils die Verschiebung des Baubeginns der geplanten Neugestaltungsbauvorhaben nach sich. Deshalb hatte der GBI im Februar 1938 Verlängerungen von Räumungsfristen noch abgelehnt und auch der Stadtverwaltung keine Mitsprache bei deren Terminierung zugestanden. Keinesfalls sollte öffentlich wahrgenommen werden, daß die Neugestaltung Berlins – unter den gegebenen Bedingungen des Wohnungsmarkts – nicht nach Plan zu verwirklichen war.

Im Bezirk Tempelhof ließen sich empörte Mieter, die gegen kurzfristige Räumungen für Bauvorhaben des Luftfahrtministeriums protestierten, auch in öffentlichen Versammlungen nicht beschwichtigen.[189] Dr. Werner Müller, der Leiter des städtischen Hauptplanungsamts, das für die Entmietungen zuständig war, verlangte Anfang Juni 1938 vom GBI eine schriftliche Zusicherung, daß der Räumungstermin um mehrere Monate verschoben würde. Schließlich erklärte sich Göring, als Reichsluftfahrtminister Bauträger, dessen Mitarbeiter, sekundiert vom Architekten Professor Ernst Sagebiel, noch im Mai 1938 auf zügige Räumung gedrängt hatten, mit der Verlängerung der Räumungsfristen einverstanden.[190]

In den Bezirken Tiergarten, Neukölln und Charlottenburg wurden seit Anfang Juni 1938 die Grundstücksräumungen für Bauvorhaben der Konzerne AEG, Maggi und Werner AG am geplanten „Runden Platz“, für die Reichsbahn und für den Wohnungsbau der GSW wegen späterer Fertigstellungstermine der städtischen Ersatzwohnungen um zwei bis drei Monate verschoben.[191] In Räumungsbereichen der Bezirke Charlottenburg und Spandau liefen Gerüchte um, die Abbrüche für die geplante Hochschulstadt würden um fünf bis zehn Jahre verschoben. Speer, der es grundsätzlich mißbilligte Räumungen, die Voraussetzung allen Neugestaltungsbauens, zu vertagen, forderte die Stadt auf, gegenüber den Mietern klarzustellen, daß sie spätestens zum Februar 1940 räumen müßten.[192]

Im Juli und August 1938 erwies sich in allen Räumungsgebieten die

---

189 LA Bln Pr.Br.Rep. 107 Nr. 277/7 (Protokoll der Besprechung Stadt, GBI, RLM am 10.5.38).

190 BAP 46.06 Nr. 60, Bl. 192-198 (Protokoll Nr. 6 der Besprechung GBI, Stadt, RAM betr. Stand des Wohnungsbaus am 1.6.38). LA Bln Pr.Br.Rep. 107 Nr. 314/1, 1. Teil (OBM, gez. i.A. Dr. Müller, an GBI v. 2.6.38). Eine Verschiebung des Räumungstermins 1.10.38 auf 1.7.39 wurde vor Festsetzung auf 1.5.39 erwogen.

191 LA Bln Pr.Br.Rep. 107 Nr. 314/1, 1. Teil (OBM an GBI betr. Ersatzwohnungsbau für die aus Anlass der Neugestaltung der Reichshauptstadt wohnungslos werdenden Mieter v. 8.6.38). BAP 46.06 Nr. 494, Bl. 694 (Ds., GBI an OBM, StaPla, betr. Verlängerung Räumungstermin, hier Werner AG, v. 12.7.38).

192 LA Bln Pr.Br.Rep. 107 Nr. 276/1 (Ds., GBI, gez. Speer, an OBM v. 2.8.38). Der Räumungstermin war auf den 1.9.39 festgesetzt.

Unhaltbarkeit der vom GBI festgesetzten Fristen. Die Räumungen stagnierten, Fristverlängerungen wurden unausweichlich.[193] Nach der Beratung zur Lage des Wohnungsbaus am 7. September 1938 setzte der GBI alle Räumungen für Wohnhausabbrüche im laufenden Jahr aus. Einzig die Bewohner eines Dauerlaubengeländes sollten für den Ersatzwohnungsbau der GSW in Charlottenburg-Nord weichen, um die für den 20. April 1939 geplante Grundsteinlegung zu ermöglichen. Der GBI verschob 31 von 35 Räumungsterminen, die zumeist für das letzte Quartal 1938 und das zweite Quartal 1939 vorgesehen waren und sich zu Beginn des letzten Quartals 1939 häuften.[194] Damit hatte der GBI die Neugestaltungsräumungen Mitte September 1938 im wesentlichen für ein Jahr ausgesetzt und hielt auch die Veröffentlichung weiterer Bereichsanordnungen zurück.[195] Speer entschied gleichzeitig, als wollte er sich eigene Zweifel an der Realisierbarkeit der Neugestaltung austreiben, jedes entmietete und leergezogene Gebäude sofort abreißen zu lassen.[196]

Im Interesse aufwendigen Planens und Modellbauens wurde beim GBI verdrängt, was seit Jahresbeginn 1938 in den einzelnen Räumungsgebieten offen zutage trat: Bereits im ersten Jahr ihrer Durchführung entpuppte sich die Neugestaltung Berlins als ein mißlingendes Projekt. Der Berliner Wohnungsmarkt konnte die von der Neugestaltung erzeugte zusätzliche Nachfrage nicht befriedigen: So hatten bis September 1938 in einem Neuköllner Abbruchgebiet der Reichsbahn von 2.300 räumungspflichtigen Mietern nur 35 ohne städtische Vermittlung eine Wohnung gefunden.[197] Zwanzig Haushalte aus einem Lichtenberger Neugestaltungsbereich mußten sich, damit die Räumung zum 1. Juli 1938 abgeschlossen werden konnte, mit ihrer Unterbringung in Neuköllner Abrißhäusern abfinden.[198] Nach Schätzung der

193 BAP 46.06 Nr. 3452 (Räumungstermine für Abrißgrundstücke, Lfzt. 5/38 bis 1/39; Festlegungen und Verschiebungen, Ds., ca. 90 Bl., gez. Fränk).

194 LA Bln Pr.Br.Rep. 107 Nr. 276/5 (Nds., GBI, (u) Fränk, Besprechung GBI, OBM am 16.9.38, nebst 1. und 2. Nachtrag betr. 20. AO, Bauvorhaben I.G.-Farben für Agfa, Räumung von 17 Grundstücken, vom 1.4.39 auf 1.10.39 verlegt, war zum 1.7.39 vorzuziehen, v. 19.9.38).

195 RMBl. 1938 (16. Bereichsanordnung v. 2.4.38, 17. AO v. 8.6.38 bis 27. AO v. 15.9.38, 28. AO v. 24.10.38 bis 36. AO v. 7.12.38).

196 LA Bln Pr.Br.Rep. 107 Nr. 276/5 (Nds., (u) Fränk, Besprechung GBI, OBM am 16.9.38, v. 19.9.38).

197 BAP 46.06 Nr. 3441 sowie LA Bln Pr.Br.Rep. 107 Nr. 233 (Nds., (u) Neikes, Besprechung GBI, Stadt zur Lage des Wohnungsbaus am 7.9.38, v. 8.9.38). Die Räumungsfrist war vom 1.7.38 auf den 1.10.38 verlängert.

198 LA Bln Pr.Br.Rep. 107 Nr. 276/5 (Nds., (u) Fränk, Besprechung GBI, OBM am 16.9.38, v. 19.9.38).

Neugestaltungsbehörde wurden etwa eintausend Wohnungen in Büroräume umgewandelt und damit dem Berliner Wohnungsmarkt im Jahr 1938 zusätzlich entzogen.[199] Mit einem den Neugestaltungsräumungen adäquaten Zugang aus dem städtischen Wohnungsbau war seit Juni 1938 ein weiteres Jahr lang nicht zu rechnen. Mit den Räumungen und Wohnhausabrissen unterlief die Neugestaltung nicht nur jedwede Linderung des Wohnungsmangels, vielmehr verschärfte sie die Wohnungsnot.[200] Weil der Ersatzraumbedarf von Mietern aus Neugestaltungsbereichen Vorrang hatte, entging auch der NSV, der Nationalsozialistischen Volkswohlfahrt, im Jahr 1938 das übliche Kontingent von 20 Prozent der städtischen Neubauwohnungen zur Vermittlung an bedürftige Wohnungssuchende.[201]

Zu Beginn des Jahrs 1937 hatte Speer noch eine Ahnung von den Auswirkungen des projektierten Stadtumbaus auf den Berliner Wohnungsmarkt zugelassen.[202] Für die Ausarbeitung des Berliner Wohnungsbauprogramms hatte er verlangt, den Ersatzwohnungsbau mit einem gegenüber dem geplanten Neugestaltungsabbruch um 50 Prozent größeren Volumen aufzunehmen. Angesichts des Desasters des städtischen Wohnungsbaus verständigten sich Vertreter des GBI und der Stadt Berlin zwischen dem 7. und 16. September 1938, Fertigstellungen in einzelnen Bauabschnitten oder Bauvorhaben des Ersatzwohnungsbaus nicht mehr abzuwarten, sondern den gesamten städtischen Wohnungsbau als Auffangbecken für Neugestaltungsräumungen zu nutzen. Seit Anfang Oktober 1938 verplanten sie jede Neubauwohnung der GSW für Mieter aus Räumungsgebieten.[203] Darüber hinaus verhandelte der GBI auch mit allen anderen Bauträgern über Kontingente von Ersatzwohnungen in ihren Neubauten. Diese Möglichkeit hatte das Reichswirtschaftsministerium eröffnet, das nach einer generellen Beleihungssperre im August 1938 Ausnahmen für die Auszahlung von Hypotheken durch die Geldinstitute an eine Freigabebescheinigung des GBI gebunden hatte.[204]

---

199 LA Bln Pr.Br.Rep. 107 Nr. 314/1, 1. Teil (Vermerk, nicht gez., für Herrn Speer, v. 21.5.38). Nach Straßennamen der begehrten Grundstücke alphabetisch sortiert sind 17 Aktenbände aus der Rabt. des GBI erhalten, LA Bln Pr.Br.Rep. 107 Nr. 210 bis 226.

200 BAP 46.06 Nr. 59 Bl. 30ff. (Protokoll, Neikes, Besprechung GBI, Stadt am 3.5.38). Dr. Neikes, Leiter Rabt., stellte lapidar fest, man werde 1938 zur Linderung der Wohnungsnot kaum nennenswerte Erfolge erzielen können.

201 BAP 46.06 Nr. 59, Bl. 66-69 (Protokoll der Besprechung GBI, Stadt, NSV am 1.4.38).

202 LA Bln Pr.Br.Rep. 107 Nr. 311/1 (Nds. OBM, zur Besprechung GBI, Speer, OBM, am 4.3.37, übersandt an GBI am 16.3.37).

203 LA Bln Pr.Br.Rep. 107 Nr. 276/5 (Abs., OBM, gez. Pfeil, an GBI, Bericht betr. Verschiebung der Räumungstermine aus Anlass der auf dem Baumarkt aufgetretenen Schwierigkeiten, 12 S., v. 5.10.38).

204 LA Bln Pr.Br.Rep. 107 Nr. 278/4 (interne Vorlage GBI, Abt. II/4, v. 7.8.42). BAP 46.06

Trotz der Verschiebung aller Wohnungsabrisse in das Jahr 1939 konnte die GSW den Ersatzwohnungsbedarf nicht decken. Die Planungsrevisionen im zweiten Halbjahr 1938 brachten auch für die kommenden Jahre 1939 und 1940 die projektierte Neugestaltung nicht mit den Kapazitäten des Berliner Wohnungsbaus in Übereinstimmung. Der GBI unterstellte aber, der seit Juni 1938 absehbare Ausfall von zwei Dritteln des GSW-Wohnungsbaus würde sich im Jahr 1939 aufholen lassen und erlauben, die Neugestaltung in dem für das erste Jahr geplanten Umfang und Tempo nachzuholen. Die GSW hingegen machte Anfang Oktober 1938 ihre Angaben über den Fortgang der Bauprogramme 1937 und 1938 unter dem Vorbehalt, „dass am 1.11. die Baustellen wieder voll mit Arbeitskräften besetzt sind und die Materialbelieferung keinerlei weitere Stockungen erfährt“.[205] Am 5. Oktober 1938 stellte Baustadtrat Adalbert Pfeil den Ersatzwohnungsbedarf den erwarteten Baufertigstellungen der GSW gegenüber. Da das jeweilige Neubauaufkommen und der quartalsweise Wohnungsbedarf nur „ohne große Spitzen in Einklang gebracht werden konnte“, bat Pfeil den GBI um Mitteilung, ob die Räumungstermine aufrechterhalten würden oder nicht.[206]
Bis zum 1. August 1939 rechnete das Stadtplanungsamt mit 12.302 bezugsfertigen Neubauwohnungen der GSW. Bis zum 1. Oktober 1939 sollten in Neugestaltungsbereichen 10.565 Mieter räumen, weitere 3.734 bis zum 1. April 1940. Zu Fertigstellungsterminen ihrer Bauvorhaben nach dem 1. Oktober 1939 vermochte die GSW ein Jahr zuvor keine Angaben zu machen.[207] Tatsächlich stellte die GSW im Jahr 1939 nur 4.500 Neubau-

---

Nr. 366 (Abs., Erlaß des RWM an Wirtschaftsgruppen der Geldinstitute und Reichsgruppe Versicherungen, bezugnehmend auf Geheimerlaß v. 12.8.38, – IV 66/38g –, v. 12.10.38). Neben Ersatzwohnungsbauten waren Ausnahmen zulässig für Wohnungsbauvorhaben der Wehrmacht, von Vierjahresplanbetrieben und für Landarbeiter.

205 LA Bln STA Rep. 09 Nr. 31416 (Vermerk HLieg für HPla v. 1.10.38, übersandt am 11.10.38, Übersicht über Fertigstellungen und Bezugstermine für Bauvorhaben der GSW aus 1937 und 1938).

206 LA Bln Pr.Br.Rep. 107 Nr. 276/5 (Abs., OBM, gez. Pfeil, an GBI, Bericht betr. Verschiebung der Räumungstermine aus Anlass der auf dem Baumarkt aufgetretenen Schwierigkeiten, 12 S., v. 5.10.38).

207 LA Bln Pr.Br.Rep. 107 Nr. 276/5 (Abs., OBM an GBI v. 5.10.38). Die vorgesehenen Räumungen sind den erwarteten Baufertigstellungen quartalsweise gegenübergestellt: Räumungsplanung bis 1.4.39 über 4.733 Wohnungen bei 6.587 Baufertigstellungen, von denen 1.700 bis 2.000 seit 15.10.38 der Reichsbahn als Ersatz zugeteilt waren. Die Deckung des Bedarfs wurde – bei Ergänzung aus privaten Bauvorhaben – als gesichert bezeichnet. Räumungsplanung bis 1.7.39 über 2.734 Wohnungen gegenüber 2.774 erwarteten Fertigstellungen. Auch hier galt Bedarfsdeckung als gesichert. Räumungsplanung zum 1.10.39 über 3.098 Wohnungen bei 2.941 erwarteten Fertigstellungen. Die Bedarfsdeckung galt als gefährdet. Für den Zeitraum der Räumungsplanung zum 1.4.40

wohnungen bezugsfertig her, was absehbar war. Seit September 1938 hatte niemand ernstlich damit gerechnet, daß die Baustellen des städtischen Wohnungsbaus vor dem 1. April 1939 wieder besetzt würden.[208] Auch falls im Oktober 1938 beim GBI darauf spekuliert wurde, die militärische Aggression gegen die Tschechoslowakei würde das Arbeitskräftepotential erweitern, blieb das Dauerproblem des Baustoffmangels.[209] Weder die Neugestaltungsbehörde noch die städtischen Ämter brachten ihre Planungen in Einklang mit den realen Verhältnissen. In ihrer Gesamtheit sind die Planzahlen von GBI und Kommune nur als Indizien für groben Dilettantismus und äußerste Verantwortungslosigkeit zu lesen. Sie mißachteten die materiellen Bedingungen, um die Speer so teure Fiktion künstlich aufrechtzuerhalten, die Neugestaltung wäre zu verwirklichen.

Der Neugestaltung standen auch Häuser mit geräumigen Wohnungen im Weg, die schwer zu entmieten waren, was in sämtlichen Abbruchgebieten abschließende Räumungen verhinderte. Für Mieter von Wohnungen mit wenigstens vier Zimmern, sogenannten Großwohnungen, gab es keinen gleichwertigen Ersatz. Der aktuelle Mangel spiegelte die Erschöpfung des Berliner Wohnungsmarkts zum Auftakt der Neugestaltungsräumungen. Ein Zugang adäquater Neubauwohnungen war vor dem zweiten Halbjahr 1939 ausgeschlossen, weil die staatliche Wohnungspolitik auf die finanzielle Förderung des Kleinwohnungsbaus zugeschnitten war.

In grober Fehleinschätzung des Berliner Wohnungsangebots war Speer noch zu Beginn des Jahrs 1938 der Auffassung, nur Großwohnungsmieter „aus leistungsschwachen Schichten" benötigten eine behördliche Hilfestellung bei der Suche nach Ersatzwohnungen.[210] Diese Ansicht gab Speer ebenso preis wie seine Prognose, ein entsprechend umfangreiches und preisgünstiges Angebot von Neubauwohnungen der GSW genügte der Wohnungsnachfrage in Räumungsgebieten, weil dem größeren Teil der 2.000 Großwohnungsmieter ein Wechsel in eine kleinere Wohnung gelegen

---

über 3.734 und weitere 506 Wohnungen bis zum 1.10.40 waren keine Angaben über Bezugsfertigkeit von Neubauwohnungen der GSW möglich.

208 BAP 46.06 Nr. 3441 sowie LA Bln Pr.Br.Rep. 107 Nr. 233 (Nds., (u) Neikes, Besprechung GBI, Stadt zur Lage des Wohnungsbaus am 7.9.38, v. 8.9.38), Wortlaut zum Stillstand wegen Wehrmachts- und Vierjahresplan-Bauten: „So sei aus dem Viertel- ein halbes Jahr geworden (1.8.38 bis 1.2.39). Jetzt müsse man schon mit 8 Monaten rechnen, also bis 1.4.39." LA Bln Pr.Br.Rep. 107 Nr. 276/1 (Ds., GBI, gez. Speer, an OBM, Mitteilung betr. Unterbesetzung und Materialverknappung im Wohnungsbau wegen Wehrmachtsbauten bis 1.11.38, v. 2.8.38).

209 LA Bln Pr.Br.Rep. 107 Nr. 276/5 (Abs., Bericht OBM, gez. Pfeil, an GBI v. 5.10.38).

210 BAP 46.06 Nr. 59, Bl. 201-204 (Protokoll der Besprechung GBI, Stadt am 2.2.38).

käme.[211] Allerdings hielt Speer es zur gleichen Zeit bereits für ausgeschlossen, die Mieter von 1.175 Großwohnungen, die für Reichsbahnausbauten entlang der Ringbahntrasse zwischen den Bahnhöfen Halensee und Wilmersdorf abgebrochen werden sollten, im Jahr 1938 angemessen unterzubringen. Mit dem Präsidenten der Reichsbahnbaudirektion verabredete er die Zurückstellung der Räumungen bis Mitte 1939.[212] Anfang Juni 1938 kritisierte Speer dann offen die Praxis des Reichsluftfahrtministeriums, Mietern am Tempelhofer Feld gegen Entschädigung zu kündigen: „Selbst wenn man im freien Markt eine Anzahl von Grosswohnungen finde, dürfe man diese nicht für die Räumungsmieter in Anspruch nehmen, da man sonst den freien Wohnungsmarkt ganz sperren würde.“[213]

Ein etwaiger Zugang an Neubauwohnungen mit mehr als vier Zimmern hätte den Bedarf der Mieter aus Räumungsgebieten zwar gedeckt, aber die Neugestaltung verteuert: mangels öffentlicher Förderung hätten die Neubaumieten erheblich über den Mietpreisen in Altbauten gelegen, und die Mietpreisdifferenz hätte langfristig aus Neugestaltungsetats ausgeglichen werden müssen. Im September 1938 waren sich die Vertreter der Stadt und des GBI einig, daß gleichwertiger Ersatz durch Neubau nicht nur für 60 Prozent, wie Speer im Mai entschieden hatte, sondern für mindestens 80 Prozent der Mieter von inzwischen mehr als 2.500 abzureißenden Großwohnungen zu schaffen wäre. Diese Schätzung beruhte wiederum auf der Spekulation, daß zwar nicht 800, aber doch immerhin etwa 500 Großwohnungsmieter ihren aktuellen Wohnungswunsch auf andere Weise realisieren wollten und könnten.[214]

Mit Verschiebungen von Räumungsvorhaben und Verlängerungen festgesetzter Räumungsfristen reagierte der GBI auf die Begrenzungen des Berliner Wohnungsmarkts. Seit Mai 1938 war die Neugestaltungsbehörde wiederholt mit dem Problem konfrontiert, daß Räumungen einzelner Bereiche auch stagnierten, weil 67,[215] 160,[216] 125, 40 und 29[217] Mietern von

---

211 BAP 46.06, Nr. 59, Bl. 105f. (Protokoll der Besprechung GBI, Stadt, (u) Neikes, am 8.3.38). Die Vorbereitung des Wohnungsbauprogramms 1938 sollte noch entsprechend geändert werden: Die Zahl der Wohnungen mit dreieinhalb Zimmern war von 205 auf 1.500 zu erhöhen. Unabhängig davon sollten auch Einzimmerwohnungen als Ersatzwohnungen gebaut werden.

212 BAP 46.06, Nr. 59, Bl. 111f. (Protokoll der Besprechung GBI, Stadt, (p) Stephan, am 8.3.38).

213 BAP 46.06 Nr. 60, Bl. 181f. (Protokoll Nr. 15, (u) Neikes, Besprechung Speer, Kube, Neikes, RLM, Prof. Sagebiel, betr. vom RLM in Tempelhof ausgesprochene Kündigungen von Grosswohnungen, v. 7.6.38).

214 LA Bln Pr.Br.Rep. 107 Nr. 233 (Nds. zur Besprechung GBI, Stadt am 7.9.38 v. 8.9.38).

215 BAP 46.06 Nr. 59, Bl. 4ff. (Protokoll der Besprechung GBI, Stadt, RLM am 18.5.38).

Großwohnungen kein gleichwertiger Ersatz angeboten werden konnte. Das Berliner Wohnungsbauprogramm 1938 war auch insofern eine Fehlplanung, als es für Neugestaltungsabrisse von Großwohnungen keinen passablen Ersatz vorsah. Um das Neubauprogramm nachträglich zu korrigieren, verhandelten der GBI und die Stadt Berlin seit März 1938 mit dem Reichsarbeitsministerium, anderen zu beteiligenden Ressorts und den Bauträgern der Neugestaltung. Ziel der Verhandlungen, an denen Speer sich nach Möglichkeit beteiligte, war die Änderung der bisherigen staatlichen Wohnungsbaupolitik und deren rechtlicher und finanzieller Ausgestaltung, um Neubauwohnungen von mehr als vier Zimmern verbilligt anbieten zu können. Erst ein Jahr später erreichte Speer im Rahmen der Gesetzgebung für die Neugestaltung deutscher Städte eine generelle Privilegierung des Ersatzwohnungsbaus[218] und bekam eine Handhabe, Bauträger der Neugestaltung Berlins, wenn nötig, zu dessen Restfinanzierung heranzuziehen[219].

Im Jahr 1938 scheiterten die Versuche Speers, die Reichsministerien als beteiligte Ressorts oder als Bauträger der Neugestaltung für eine öffentliche Finanzierung des Großwohnungsbaus zu gewinnen. Gemeinsam mit der Stadt Berlin unterbreitete der GBI den Reichsministerien ein Bündel von Vorschlägen, die den Kapitalmangel der Wohnungsbauträger ausgleichen sollten.[220] Für 2.500 im Juli und 1.500 im Herbst 1938 zu beginnende Neubauten mit durchschnittlichen Herstellungskosten von 25.000 Reichsmark je Großwohnung war ein Kapital von 100 Millionen Reichsmark von-

216 LA Bln Pr.Br.Rep. 107 Nr. 277/1 (Vermerk, DfSt, (u) Dr. Dickmann, zur Besprechung Reichsbahnbaudirektion, DfSt, am 22.7.38, v. 25.7.38).

217 BAP 46.06 Nr. 3441 sowie LA Bln Pr.Br.Rep. 107 Nr. 233 (Nds., (u) Neikes, Besprechung GBI, Stadt zur Lage des Wohnungsbaus am 7.9.38, v. 8.9.38).

218 RGBl. I 1938, S. 953 (Gesetz über Reichsbürgschaften für Wohnungsbauten aus Anlaß der Neugestaltung deutscher Städte v. 25.7.38). Daß es sich um Ersatzwohnungsbauten handelte und die Bauvorhaben selbst mit der Neugestaltungsplanung vereinbar waren, hatte der jeweilige Beauftragte für die Durchführung der Neugestaltung zu bestätigen, BAK R 2 Nr. 19434, RAM Erlaß IVa 3 Nr. 2295/38 v. 4.8.38, zit. n. AdPkz Nr. 23105, Bl. 103 13144f. Ein folgender Erlaß des RAM verlangte, als stünde ein Bauboom bevor, die Begrenzung der Reichsbürgschaften auf Ersatzwohnungsbauten, BAK R 2 Nr. 19435, RAM Erlaß IVa 3 Nr. 2295/66 v. 17.3.39, zit. nach AdPkz Nr. 23105, Bl. 103 13146ff.

219 RGBl. I 1939, S. 1336 (3. VO zur Ausführung des Erlasses über einen GBI für die Reichshauptstadt v. 1.8.39). Die Sicherung eines Darlehens des Bauträgers der Neugestaltung zur Deckung von bis zu 25 % der Kosten des Ersatzwohnungsbaus bei Abriß von Großwohnungen im jeweiligen Räumungsbereich war gem. § 6 der 3. AVO im Grundbuch durch letztstellige Eintragung bei höchstens 4 % iger Verzinsung zu sichern.

220 LA Bln Pr.Br.Rep. 107 Nr. 314/1, 1. Teil (Abs., Vermerk Neikes für Speer, bezugnehmend auf dessen Rückfragen zum Protokoll der Besprechung am 10.5.38, v. 20.5.38).

nöten. Über das vorgeschriebene Eigenkapital von zehn Prozent der Bausumme verfügten weder die GSW noch die nicht-städtischen Gesellschaften als mögliche Bauherren und Eigentümer. Der GBI schlug vor, das von den Baugesellschaften aufzubringende Eigenkapital wenigstens zur Hälfte durch Reichsmittel zu ersetzen, die direkt oder von der Berliner Wohnungsbaukreditanstalt gezahlt würden. Das Maßnahmenpaket des GBI wich auch im Übrigen von bisherigen Grundsätzen der Wohnungsbauförderung ab und umfaßte die Übernahme von Bürgschaften durch das Reich[221], die Verwendung von Hauszinssteuermitteln[222] für den Bau von Großwohnungen und dessen Steuerbefreiung, damit die Gemeinnützigkeit der Baugesellschaften nicht gefährdet würde[223]. Die Vorschläge des GBI und der Stadt Berlin liefen auf eine zusätzliche Spitzenfinanzierung für den Berliner Wohnungsbau durch das Reich in Höhe von fünf Millionen Reichsmark im Jahr 1938 hinaus.[224]

Mitte Mai 1938 stimmte das Reichsarbeitsministerium allen Vorschlägen des GBI und der Stadt Berlin zu, die die Finanzierung des Baus von Großwohnungen als Ersatz für Neugestaltungsabrisse erleichtern sollten.[225] Anfang Juni stellte das Ministerium die zusätzlichen Reichsmittel in Aussicht; klärungsbedürftig schien nur noch, ob bis zur Auszahlung durch das Reichsfinanzministerium im Haushaltsjahr 1939 der GBI oder die Stadt kurzfristig in Vorleistung träte.[226] Das Ministerium erwartete die Zustimmung der anderen Ressorts, und der GBI sah den Bau von 2.500 Groß-

221 BAK R 2 Nr. 19434 (Entwurf Gesetz über Reichsbürgschaften für Wohnhausbauten aus Anlaß der Neugestaltung deutscher Städte, vom RAM an RFM, RWM, Stv.d.F. übersandt am 6.4.38 mit der Bitte um Zustimmung, bei Eilbedürftigkeit lt. Mitteilung des GBI für die Bauvorhaben in Berlin, zit. nach AdPkz Nr. 23105, Bl. 103 13134-39).

222 BAP 46.06 Nr. 60, Bl. 218ff. (Protokoll Nr. 1 der Besprechung GBI, Stadt, GSW, RAM am 19.5.38). Das RAM befürwortete die Anerkennung des Großwohnungsersatzbaus als gemeinnützig.

223 BAK R 2 Nr. 19434 (Abs., Vermerk RFM v. 28.6.38 zur Besprechung RAM, RFM, RWM, RMdI, Stv.d.F., GBI, Stadt am 28.6.38). RMdI und RFM verlangten alternativ die Gründung einer neuen Baugesellschaft mit städtischem Kapital, die steuerpflichtig würde, der aber auch Großwohnungsbau mit öffentlicher Förderung gestattet wäre. Der Vorschlag des RWM, der GSW die Durchführung übergangsweise für die zum 1.7.38 in Auftrag zu gebenden 2.500 Großwohnungen zu gestatten, bedurfte wegen des Vorbehalts der Steuerpflichtigkeit dieser Bauten durch RFM und RMdI noch weiterer Beratung.

224 BAP 46.06 Nr. 60, Bl. 192-198 (Protokoll Nr. 6 der Besprechung GBI, Stadt, RAM am 1.6.38).

225 BAP 46.06 Nr. 60, Bl. 218ff. (Protokoll Nr. 1 der Besprechung GBI, Stadt, GSW, RAM am 19.5.38).

226 BAP 46.06 Nr. 60, Bl. 192-198 (Protokoll Nr. 6 der Besprechung GBI, Stadt, RAM am 1.6.38).

wohnungen ab Juli 1938 als gesichert an.[227] Während die Vertreter des GBI auch nach einer Beratung mit den beteiligten Reichsministerien am 22. Juni 1938 an ihrer optimistischen Einschätzung festhielten[228], registrierte der Vertreter des einladenden Reichsarbeitsministeriums, daß alle Ministerien die geforderte zusätzliche Finanzierung eines um Großwohnungen erweiterten Berliner Bauprogramms für 1938 ablehnten. Ausschlaggebend war die Weigerung des Reichsfinanzministeriums, eine Beleihung von Neubauten zuzulassen, die – wegen des hohen Baukostenindexes – deren Wert offensichtlich übersteigen würde.[229]

Im Jahr 1938 scheiterte auch ein zweiter Versuch des GBI, fehlendes Kapital für den Ersatzwohnungsbau aufzubringen, weil die zu beteiligenden Reichsministerien ihre Zustimmung verweigerten. Als das Reichsluftfahrtministerium sich Mitte Mai 1938 darauf einließ, 150.000 Reichsmark, zehn Prozent der Herstellungskosten von 60 Großwohnungen, leihweise als Eigenkapitalersatz bereitzustellen, um die Räumungen am Tempelhofer Feld zu beschleunigen, ermunterte das den GBI, diesen Handel – Darlehen für den Ersatzwohnungsbau gegen zügige Räumungen in Abbruchbereichen – zu legalisieren.[230] Anfang Juni 1938 fügte der GBI in den dritten Entwurf einer Ausführungsverordnung, die die vollständige Übernahme der Kosten für Neugestaltungsbauten durch die jeweiligen Bauträger vorsah und die Stadt Berlin mit den Kosten für Straßen, Plätze und Anlagen belastete, einen neuen Paragraphen ein: „Der Generalbauinspektor kann bestimmen, dass der Träger des Neubaues für die zu beseitigenden Wohn-, Büro- und Gewerberäume entsprechenden Ersatz beschafft."[231] Alle Ressorts lehnten eine

---

227 LA Bln Pr.Br.Rep. 107 Nr. 314/1, 1. Teil (Abs., OBM an RAM v. 25.5.38, übersandt mit Einladungsschreiben RAM v. 15.6.38 zur Sitzung am 22.6.38). Ebenda Vermerke GBI, Neikes, über Ferngespräche mit RMdI und RFM v. 11. und 13.6.38.

228 LA Bln Pr.Br.Rep. 107 Nr. 314/1, 1. Teil (Vermerk GBI, (u) Fränk, zum Ergebnis der Sitzung im RAM am 22.6.38 v. 29.6.38).

229 LA Bln Pr.Br.Rep. 107 Nr. 314/1, 1. Teil (Nds. RAM über die Besprechung RAM, RFM, RMdI, GBI, Stadt, GSW am 22.6.38, übersandt am 29.6.38).

230 BAP 46.06 Nr. 59, Bl. 4ff. (Protokoll der Besprechung GBI, Stadt, RLM am 18.5.38). Am 13.6.38 hatte Speer dem RLM noch „in aller Form" erklärt, daß die Räumung frühestens zum 1.7.39 in Frage käme, BAP 46.06 Nr. 494, Bl. 804 (Ds., GBI an OBM v. 13.6.38). Nach Zusage des Darlehens vom RLM verlangte er von der Stadt die Bezugsfertigkeit der Ersatzbauten mit Großwohnungen zum 1.5.39, ebenda Bl. 758 (Ds., GBI an OBM v. 27.6.38).

231 BAP 46.06 Nr. 501 (Abs., RFM, Schnellbrief, gez. i.V. Reinhardt, an Chef der Reichskanzlei, auf Schreiben v. 29.8.38, Abs. vom RFM an alle anderen Ressorts, v. 10.9.38). 1. Entwurf einer 3. VO zur Ausführung des Erlasses über einen GBI von der Reichskanzlei dem RFM übersandt am 8.10.37, desgl. 2. Entwurf der 3. AVO mit

solche Verteilung der Berliner Neugestaltungskosten ab. Auch die vom GBI im August 1938 vorgelegte Fassung, die gegen diesbezügliche Entscheidungen des GBI eine Berufungsmöglichkeit bei der Reichskanzlei einräumte,[232] stieß auf den grundsätzlichen Widerspruch des Reichsfinanzministeriums.[233]

In einer der Besprechungen zur Finanzierung des zusätzlichen Ersatzwohnungsbaus hatte Speer gedroht, „wenn die Frage der Finanzierung und Durchführung des Baues der Grosswohnungen jetzt nicht gelöst werde, würde er die zum Abriss kommenden Grosswohnungen zu den vorgesehenen Terminen abreissen lassen und die Verantwortung für die Folgen den beteiligten Ministerien zuschieben".[234] Zum Abschluß der Erörterung des Desasters von Wohnungsbau und Neugestaltung am 7. September 1938 gab sich Speers Mitarbeiter Dr. Gerhard Fränk noch zuversichtlich, daß die zusätzliche Spitzenfinanzierung für den Ersatzwohnungsbau zu erlangen wäre, und schloß die Sitzung mit der Bemerkung, es bliebe bloß noch die Kostenverteilungsverordnung abzuwarten. Das Schreiben des Staatssekretärs im Reichsfinanzministerium, das dessen grundsätzliche Ablehnung auch dieser Kostenverteilungsverordnung ankündigte, datiert vom 10. September 1938. Ein Baubeginn für Großwohnungen im Herbstprogramm der GSW war folglich ausgeschlossen.

Die Neugestaltung Berlins war an den Grenzen und Strukturen des Berliner Wohnungsmarkts und am Niedergang des städtischen Wohnungsbaus bereits gescheitert, als auch Speers später Versuch fehlschlug, die Finanzierung des Großwohnungsneubaus zu sichern. Die am 7. September 1938 der Stadt Berlin zugesagte langfristige Verschiebung von Räumungen und die Verlängerung der Räumungsfristen brachten die im Jahr 1939 vorgesehenen zehntausend Räumungen für die Neugestaltung mit der Berliner Wohnungsproduktion nicht in Übereinstimmung. Für die Mieter von Hunderten Großwohnungen in Räumungsbereichen gab es keinerlei Ersatzangebot. Die Durchführung der Neugestaltung stand auf absehbare Zeit still.

Die in allen Reichsministerien bekannte Niederlage des GBI in den monatelang geführten Ressortsverhandlungen um die Finanzierung von

---

Schreiben – Rk. 6258 b – v. 1.4.38 an RFM und der zitierte 3. Entwurf der 3. AVO mit Schreiben – Rk. 11867 b – v. 10.6.38 an RFM.

232 Vgl. BAP 46.06 Nr. 476, Bl. 187f. (Ds., GBI, (p) Fränk, an Reichskanzlei, z.Hd. Dr. Killy, bezugnehmend auf mehrere Besprechungen, v. 5.8.38).

233 BAP 46.06 Nr. 501 (Abs., RFM, Schnellbrief, gez. i.V. Reinhardt, an Chef der Reichskanzlei, auf Schreiben v. 29.8.38, Abs. vom RFM an alle anderen Ressorts, v. 10.9.38). Das RFM schloß sich den bereits vom RMinPost und RMinVerkehr erhobenen Einwänden an.

234 BAP 46.06 Nr. 60, Bl. 192-198 (Protokoll Nr. 6 der Besprechung GBI, Stadt, RAM am 1.6.38).

Großwohnungen im Ersatzwohnungsbauprogramm verstärkte das Ärgernis, daß einem zahlenmäßig kleinen Problem große Bedeutung zukam, weil es den gesamten Räumungsprozeß in den Neugestaltungsbereichen blockierte. An der kleinen Zahl durfte das große Ganze nicht scheitern. Deshalb entschied Speer, die Neugestaltungsräumungen fortzusetzen, ohne ein passendes Wohnungsangebot oder den Wohnungsneubau abzuwarten. Nachdem im ersten Jahr der Durchführung der Neugestaltung alle Varianten dirigistischer Intervention im Wohnungsmarkt und beim Wohnungsbau versagt hatten, verwarf Speer im September 1938 die konventionellen Koordinaten der Stadtmodernisierung.

Das Scheitern der prestigeträchtigen und – für Speer, seinen Mitarbeiterstab und seine Klientel an Architekten, Modellbauern und Künstlern – schon als bloßes Vorhaben einträglichen Neugestaltung Berlins durfte keinesfalls publik werden. Speer setzte alles daran, die Realisierbarkeit der Neugestaltung unter Beweis zu stellen. Um den Einstieg in den nicht bezahlbaren Umbau Berlins zu erzwingen, strebte Speer an, sich Ersatzwohnungen aus dem Bestand an bewohnten Wohnungen zu verschaffen. Das Kriterium der Segmentierung des Berliner Wohnungsbestands überließ Speer nicht den Mechanismen des Markts. Um einen zweiten Wohnungsmarkt zu separieren, zog Speer im September 1938 eine rassistische Trennlinie und ließ seither die Vorbereitung seines gescheiterten Projekts auf Kosten der Berliner Juden betreiben – mit aller Gewalt.

TEIL ZWEI

Das Erzwingen der Neugestaltung im zweiten Wohnungsmarkt

Erster Abschnitt

Die Deblockade der Neugestaltung kraft Flucht und Vertreibung der Berliner Juden 1938/39

III Der Griff nach dem Wohnraum von Juden

Im ersten Wohnungsmarkt war die Neugestaltung Berlins gescheitert, als Speer Mitte September 1938 den Zugriff auf den Wohnraum von Juden einleitete. Bereits im ersten Jahr der Durchführung der Neugestaltung hatte sich erwiesen, daß der Berliner Wohnungsmarkt den zusätzlichen Wohnungsbedarf nicht decken konnte, den die Grundstücksräumungen in den Neugestaltungsbereichen erzeugten. Ein nennenswertes Angebot vermietbarer Wohnungen gab der Berliner Wohnungsmarkt nicht her. Aus dem Niedergang des städtischen Wohnungsbaus resultierte der Ausfall des Ersatzwohnungsbaus für die Neugestaltung. Den Wohnungsmangel in Berlin fortschreibend und verschärfend, setzten die Akteure der Neugestaltung sämtliche Neubauwohnungen der städtischen Wohnungsbaugesellschaft als Ersatzräume für Mieter ein, die Abbruchhäuser räumen mußten. Dennoch genügte der städtische Wohnungsbau – auch nach langfristiger Verschiebung von Räumungsterminen und der Verlängerung von Räumungsfristen im September 1938 – nicht einmal rechnerisch dem Ersatzbedarf der Neugestaltung im Laufe der Jahre 1939 und 1940. Zunächst unberücksichtigt gebliebene Großwohnungen konnten auch nicht nachträglich in das Ersatzwohnungsbauprogramm aufgenommen werden, weil die Finanzierung solcher Wohnungen aus zusätzlichen Reichsmitteln unterblieb. Nach der Pleite des städtischen Wohnungsbaus im Jahr 1938 war auch 1939 kein Erfolg zu erwarten. Die Bauvorhaben der Wehrmacht und des Vierjahresplans genossen Vorrang vor denen des Wohnungsbaus, der seit August 1938 weitgehend brach lag, so daß das Herbstprogramm 1938 und das Vorbereitungsprogramm 1939 gefährdet waren.

Mit dem Projekt „Judensiedlung“ überspielte und vertuschte Speer die Niederlage in den Ressortsverhandlungen um die Finanzierung des Großwohnungsersatzbaus im Bauprogramm 1938/39, die der Reichsfinanzminister mit seiner Ablehnung Anfang September 1938 besiegelt hatte. Ziel des Projekts „Judensiedlung“ war es, einen spezifischen Mangel an Neubauwohnungen durch Aneignung bewohnter Altbauwohnungen zu beheben. Folglich war der Wohnungsbestand zu segmentieren und die bedarfsabhängige Kündbarkeit der Mieter zu regeln, um deren Wohnungen zwangsweise dem Markt vermietbarer Leerwohnungen zuzuführen. Zwangsweise entmietete Wohnungen wurden nicht im ersten Wohnungsmarkt zur freihändigen Vermietung angeboten, sondern gingen in einen separaten zweiten Wohnungsmarkt ein, in dem der GBI die alleinige Kontrolle über deren Wiedervermietung ausübte. Mietberechtigt wurde, wer in einem der Neugestaltungsbereiche räumungspflichtig war. Die Erfassung der aus dem Bestand zu segmentierenden Wohnungen und die Aufhebung der Vertragsfreiheit im Mietrecht waren Voraussetzungen der Konstituierung dieses zweiten Wohnungsmarkts. Als Varianten, die zwangsweise gekündigten Mieter unterzubringen, waren seit September 1938 Neubaublocks am Stadtrand, Ghettos, Barackenlager, Wohnungen im Hauseigentum von Juden und die Auffassung, die wohnungslos gemachten Mieter sich selbst zu überlassen, in Ressortsberatungen beim Reichsjustizminister im Gespräch. Nach dem Novemberpogrom, noch bevor zur Flucht getriebene Juden ihre Wohnungen zu Tausenden aufgaben, gelang es Speer, die Konkurrenz um die Kontrolle des zweiten Wohnungsmarkts zugunsten der Berliner Neugestaltung zu entscheiden.

1. *Das Projekt „Judensiedlung"*

Die Lage des Wohnungsbaus hatten Vertreter des GBI, der Stadtverwaltung und der städtischen Wohnungsbaugesellschaft GSW zuletzt am 7. September 1938 beraten und sich – angesichts des Desasters des Wohnungsbauprogramms 1938 und der erforderlichen langfristigen Verschiebung aller Räumungsvorhaben in den Neugestaltungsbereichen – auf den 28. September 1938 vertagt.[235] Nachdem der Staatssekretär im Reichsfinanzministerium am 10. September 1938 die Spitzenfinanzierung von Großwohnungen im Ersatzwohnungsbauprogramm abgelehnt hatte,[236] lud der GBI die Vertreter der Stadt Berlin zu vorgezogener Sitzung am 14. September 1938.[237] Speer beteiligte sich diesmal selbst an der Beratung und trug vor, wie der Mangel an Großwohnungen, der in allen Räumungsgebieten die Freilegung der Neugestaltungsgrundstücke aufhielt, langfristig zu beheben wäre: „Hinsichtlich des Baues von Mittel- und Grosswohnungen entwickelte Prof. Speer einen Vorschlag, der darauf abzielt, die erforderlichen Grosswohnungen durch zwangsweise Ausmietung von Juden freizumachen. Es

235 BAP 46.06 Nr. 3441 sowie LA Bln Pr.Br.Rep. 107 Nr. 233 (Nds. GBI, (u) Neikes, Besprechung GBI, Stadt, GSW zur Lage des Wohnungsbaus am 7.9.38, v. 8.9.38).

236 BAP 46.06 Nr. 501 (Abs., RFM, Schnellbrief, gez. i.V. Reinhardt, an Chef der Reichskanzlei, auf Schreiben v. 29.8.38, v. 10.9.38).

237 LA Bln Pr.Br.Rep. 107 Nr. 234 (Terminkalender Speer, Eintragung des Termins 14.9.38, 16 Uhr, Thema: Wohnungsbau).

würde dann erforderlich sein, statt der 2500 Grosswohnungen schätzungsweise 2700 Kleinwohnungen zu schaffen."[238]

Speer konzipierte das Projekt „Judensiedlung" als Antwort auf die Ablehnung, Großwohnungen aus Reichsmitteln zu fördern. Deshalb bewegten sich seine Überlegungen innerhalb der Systematik der öffentlichen Finanzierung des Wohnungsbaus. Die Juden, deren innerstädtische Wohnungen von vier und mehr Zimmern den spezifischen Wohnungsverlust durch Neugestaltungsabrisse passend zu ersetzen schienen, sollten Mietern aus Abbruchbereichen Platz machen und vom GBI zwangsweise in Wohnungen von zwei bis zweieinhalb Zimmern in Neubaublocks der GSW am Stadtrand umgesetzt werden. Die finanzielle Begründung, mit der Speer seinen Vorschlag einführte, blieb Grundlage seines Werbens um Zustimmung bei den Reichsministerien in den folgenden Wochen und Monaten. Speer stellte die Gestellungskosten von 2.500 Großwohnungen denen von 2.700 Kleinwohnungen gegenüber und gab die Differenz als wirtschaftliche Ersparnis von rund 40 Millionen Reichsmark aus.

Die Vorarbeiten in der Neugestaltungsbehörde galten der Differenzierung der finanziellen Seite des Projekts als dem stärksten Argument für künftige Verhandlungen. Durch Verringerung der Zahl neu zu bauender Kleinwohnungen von 2.700 auf 2.500 ließ sich die sogenannte Ersparnis noch von rund 40 auf 45 Millionen Reichsmark erhöhen. Die mehrfach überarbeitete Vorlage vom 10. November 1938 hob den spezifischen Bedarf hervor, den das Projekt „Judensiedlung" decken sollte, und betonte die Wirtschaftlichkeit des Modells. Die zusammengetragenen Planungsdaten illustrieren das Kalkül des GBI.[239-241]

---

238 BAP 46.06 Nr. 157, Bl. 209-212 (Abs., Protokoll StaPla VII, gez. Dr. Petrick, v. 15.9.38 zur Besprechung am 14.9.38, übersandt an GBI 20.9.38, dort hs. rot „vertraulich!" gekennzeichnet, Unterstreichung im Dokument, zitierte Passage beim GBI hs. grün am linken Rand markiert). Ein Protokoll des GBI über diese Sitzung ließ sich nicht auffinden, lt. Eintragung im Terminkalender Speer sollte Dipl.-Ing. Hoffmann von der Durchführungsstelle Protokoll führen, LA Bln Pr.Br.Rep. 107 Nr. 234 (Terminkalender Speer, zum Termin 14.9.38, 16 Uhr).

239 bis 241 BAP 46.06 Nr. 865, Bl. 30 (nicht datierter Entwurf, hier abgebildet die hs. korrigierte Fassung. Zitierter Vorentwurf ebenda, Bl. 44f., Endfassung v. 10.11.38, nicht gez., ebenda, Bl. 29,28). Lt. Vorentwurf sollten für die Südachse 7.000 Wohnungen 1938/39 und 30.000 im Jahr 1939/40 abgebrochen werden und die Hausabbrüche für den innerstädtischen Reichsbahnausbau sämtlich im Jahr 1939/40 stattfinden. In der Endfassung v. 10.11.38 verzichteten die Neugestalter des GBI auf den Hinweis, daß weitere Abrisse für den Bau der Nord- und Ostachse und der Ringe in noch nicht festgestelltem Ausmaß geplant waren.

XYXVI 030

Wohnungsbau

vorgesehen 1938/39	30 000
fertig	10 200
Überhang	~~20 000~~
vorgesehen 1939/40	30 000
fertig	...

Wohnungsverlust durch Abbruch insgesamt:

bis 1950 allein für Südachse	37 000
für Reichsbahn etwa	25 000
	62 000

(ohne Nord- und Ostachse; diese noch nicht festgestellt,)

davon bis 31.12.1938	2 000
bis 31.12.1939	12 100
bis 31.12.1940	10 800

davon Grosswohnungen insgesamt:

1938/39	2 000
1939/40	2 500
Vorhandene Juden-~~Gross~~Wohnungen insges.	40 000
davon Gross-Wohnungen	25 000

Ersparnis bei Ersatz der Grosswohnungen von 1939/40 durch Entmietung von Juden-Grosswohnungen.

Gesamt-Aufwand	2 500 Kleinwohng.à 9 000	=	22,5 Mill.
Gesamt-Aufwand	2 500 Grosswohng.à 27 000	=	67,5 Mill.
Ersparnis		=	45 Mill.

an öffentlichen Hypotheken:

Kleinwohnungen 70% v.22,5 Mill.	=	15,750 Mill.
Grosswohnungen 70% v.67,5 Mill.	=	46,250 Mill.
Ersparnis	=	ca.30 Mill.

Ersparnis durch Raub – die Kalkulation für das Projekt „Judensiedlung“

Doch diese Aufstellung genügte den Anforderungen des GBI noch nicht. Angaben über den Verbrauch an Eisen und Stahl je Wohnungseinheit in Tonnen fehlten, die tags darauf nachgereicht wurden:
„Bei dem zur Zeit in Übung befindlichen Verhältnis der Wohnungsgrößen zueinander bei dem gemeinnützigen Ersatzwohnungsbau werden (aus dem Durchschitt von 10.000 Wohnungen berechnet) je Wohnung 0,8 to Stahl und Eisen verbraucht.

Für eine Großwohnung in der durchschnittlich beabsichtigten Größe für den Ersatzbau kann mit 1,3 to je Wohnung gerechnet werden. (5 Zimmer)
Das würde bedeuten:

Großwohnungen	1,3 x 2.500	= 3.250 to
Kleinwohnungen	0,8 x 2.500	= 2.000 to
mithin Ersparnis an Stahl und Eisen		= 1.250 to“[242]

Demnach ließen sich 2.500 Kleinwohnungen gegenüber ebenso vielen Großwohnungen bei einem um 1.250 Tonnen geringeren Verbrauch an Eisen und Stahl errichten. Die berechnete Ersparnis an kontingentiertem Baumaterial bezog sich ebenso wie die als Ersparnis ausgewiesenen 45 Millionen Reichsmark auf die Gesamtherstellungskosten, die auch die rein rechnerische Minderbelastung von 30 Millionen Reichsmark an öffentlichen Hypotheken enthielten. Alle diese nominellen Einsparungen bezogen sich auf einen fiktiven Aufwand: Die Baustellen des Wohnungsbaus lagen wegen Materialmangels und des Abzugs von Arbeitern weitgehend still. Für das reguläre und das Ersatzwohnungsbauprogramm 1938/39 waren 44 Millionen der insgesamt beantragten 86,5 Millionen Reichsmark aus Reichsmitteln noch nicht bewilligt.[243] Außerdem war die Auszahlung bereits bestellter Hypotheken zugunsten der Finanzierung der Kriegswirtschaft seit August 1938 grundsätzlich gesperrt. Und weder die gemeinnützigen Wohnungsbaugesellschaften noch die Wohnungsbaukreditanstalt in Berlin verfügten über Investitionskapital, wie die zurückliegenden Verhandlungen zum Ersatzbau von Großwohnungen demonstriert hatten.

Das Berliner Wohnungsbauprogramm 1938/39 hätte für Speers Projekt „Judensiedlung“ um 2.500 Kleinwohnungen erweitert werden müssen und

242 BAP 46.06 Nr. 865, Bl. 25 (Vermerk GBI – III/B. – für Dr. Fränk, (p) Fränk 14.11., v. 11.11.38).

243 LA Bln Pr.Br.Rep. 107 Nr. 214/1, 1. Teil (Abs., OBM, StaPla V A, gez. i.V. Pfeil, an RAM, betr. Antrag auf Erweiterung der Auslaufgrenze für Hauszinssteuerdarlehen, Besprechung im RAM am 22.6.38, nebst Übersendungsschreiben an GBI v. 27.5.38, v. 27.6.38). Ebenda (Nds. RAM, zur Besprechung RAM, RFM, RMdI, GBI, OBM, GSW betr. Wohnungsbauprogramm der Stadt Berlin für 1938 am 22.6.38, nebst Übersendungsschreiben, (u) MinRat Prof. Dr. Schmidt, v. 29.6.38).

bei regulärer Spitzenfinanzierung zusätzliche 5,25 Millionen Reichsmark erfordert – und damit etwas mehr, als Speer für denselben Zweck, die Bereitstellung von Großwohnungen als Ersatz für Mieter aus Abrißbereichen der Neugestaltung, soeben verweigert worden war.[244] Der Berliner Baustadtrat Adalbert Pfeil war offenbar nicht sonderlich überzeugt von Speers Projekt „Judensiedlung“. Als Pfeil Anfang Oktober 1938 den Bericht über Fertigstellungstermine im Wohnungsbau der GSW und den jeweiligen Bedarf an Ersatzwohnungen ab Januar 1939 vorlegte, machte er den GBI auf die Konkurrenz zwischen Neubaublocks des Projekts „Judensiedlung“ und dem als Ersatz für Neugestaltungsabrisse eingeplanten Wohnungsbau der GSW aufmerksam: „Sollte die Aktion grössere Ausmasse annehmen, ist zu befürchten, dass auf der einen Seite wohl Grosswohnungen für die Befriedigung des Grosswohnungsbedarfs gewonnen werden – vielleicht sogar mehr als erforderlich sind –, andererseits aber Kleinwohnungen in solcher Anzahl zur Verfügung gestellt werden müssten, dass dadurch wiederum Verschiebung von Räumungsterminen notwendig wird“.[245]

Speer und sein Vertreter Dr. Gerhard Fränk, von den eigenen Modellrechnungen eingenommen, widmeten sich seit Mitte September persönlich der Verwirklichung des Projekts „Judensiedlung“. Als Alternative zum – nicht finanzierbaren – Neubau von Ersatzgroßwohnungen schien Speers Projekt einen Ausweg aus der Sackgasse zu versprechen, in die die Neugestaltung in allen Räumungsbereichen geraten war. Zweifelhaft bleibt allerdings, ob Speer den Juden, denen er die Wohnung nehmen wollte, die Mietberechtigung für eine – wenn auch kleinere – Neubauwohnung ernstlich zugestehen wollte. Zwar lieferte der GBI das eine oder andere Argument nach, um den zusätzlichen Neubau von 2.500 Kleinwohnungen akzeptabel zu machen,[246] doch die Bereitstellung von Neubauwohnungen für gekündigte jüdische Mieter war – angesichts der Stagnation des Wohnungsbaus – nur modellhaft vorgesehen. Jedenfalls bevorzugte Speer, wie er am 7. November

244 LA Bln Pr.Br.Rep. 107 Nr. 214/1, 1. Teil (Nds. RAM, zur Besprechung RAM, RFM, RMdI, GBI, OBM, GSW betr. Wohnungsbauprogramm der Stadt Berlin für 1938 am 22.6.38, nebst Übersendungsschreiben, (u) MinRat Prof. Dr. Schmidt, v. 29.6.38). Erforderliche Spitzenfinanzierung analog zur ausgehandelten Finanzierung des Wohnungsbaus gemeinnütziger Träger im Jahr 1939 mit 1.500 RM aus Hauszinssteuer- rükflüssen und – beantragten – 600 RM Sonderfondsmittel je Wohneinheit.

245 LA Bln Pr.Br.Rep. 107 Nr. 276/5 (Abs., Bericht OBM, gez. Pfeil, an GBI v. 5.10.38, S. 11).

246 So Speers Vorschlag, bei der Festsetzung des Mietzinses für Juden die Mietpreisbindung, die wegen der öffentlichen Förderung vorgeschrieben war, außer Kraft zu setzen, BAP 46.06 Nr. 157, Bl. 149, 150ff. (Ds., GBI, gez. Speer, an RWM, nebst Übersendungsschreiben an Staatsrat Schmeer, v. 11.11.38).

1938 gegenüber dem Reichsjustizministerium darlegte, die geschlossene Unterbringung der aus Großwohnungen herauszusetzenden Berliner Juden. „Dieser Wohnblock wird an einer Stelle errichtet, die nicht zentral, sondern zunächst von den übrigen Wohngebieten isoliert gelegen, jedoch in der Gesamtplanung so angelegt ist, daß später – sofern die Auswanderung der Juden weiter um sich greift – deutsche Volksgenossen aufgenommen werden können."[247]

In Speers Modellrechnung korrelierte die vorgebliche Ersparnis der öffentlichen Hand mit dem Ausmaß der Deklassierung der Juden. Jede Verstärkung des fiskalischen Arguments der Sparmaßnahme regte mithin an, Juden in die Wohnungslosigkeit abzudrängen oder zur Auswanderung zu zwingen. Das Recht von Juden auf Wohnung war in Speers Projekt „Judensiedlung" variabel und ohne Nachteil für die Neugestaltung verzichtbar. Ziel des Speerschen Projekts „Judensiedlung" und deshalb nicht verzichtbar war der Zugriff auf große Wohnungen des Berliner Altbaubestands. Als „begrüssenswerte Erleichterung" gegenüber jedem Neubau hatte Speer bereits bei der Einführung seines Projekts am 14. September 1938 hervorgehoben, „dass die durch Freimachung gewonnenen Grosswohnungen sowohl hinsichtlich der Raumgrösse als auch hinsichtlich der Mieten den Erfordernissen einer Unterbringung von Abrissmietern sehr viel näher kommen".[248]

Drei Hindernisse versperrten dem GBI den Zugriff auf große Altbauwohnungen, die Juden in Berlin bewohnten. Erstens galt der Kündigungsschutz für alle privaten Mieter. Zweitens konnten Vermieter von Dritten weder zur Kündigung ihres Mieters noch zum Abschluß eines Mietvertrags mit bestimmten Interessenten gezwungen werden. Und drittens existierten keine Erhebungen über den Wohnraum von Juden in Berlin. Das den GBI interessierende Segment des Wohnungsbestands war nicht durch Anschriften nachweisbar, die jeweiligen Mietvertragspartner blieben anonym.

Alle diese Hindernisse versuchte Speer ab Mitte September 1938 zu beseitigen und veranlaßte zuerst die Erfassung der von Juden bewohnten großen Wohnungen. Die Berliner Gauleitung erhielt noch am 16. September 1938 über das Reichsarbeitsministerium eine erste Aufforderung, die Zahl der von Juden bewohnten größeren Wohnungen, deren Lage und die jeweilige Miethöhe festzustellen. Die Gauleitung erfuhr vom Ministerium zu Speers Vorhaben: Wegen der Schwierigkeiten, „die sich im Zuge der Umgestaltung

---

247 BAP 46.06 Nr. 157, Bl. 177f. (Ds., GBI, gez. Speer, an RJM, z.Hd. Min.Dir. Dr. Volkmar, persönlich, vertraulich, v. 7.11.38).

248 BAP 46.06 Nr. 157, Bl. 209-212 (Abs., Protokoll StaPla VII, gez. Dr. Petrick, zur Besprechung am 14.9.38, zitierte Passage beim GBI hs. grün am linken Rand markiert, v. 15.9.38).

der Reichshauptstadt für die Schaffung grösserer Ersatzwohnungen ergeben haben", müssten „jüdische Mieter grösserer Wohnungen veranlaßt werden, in kleinere Neubauwohnungen, die im Rahmen der Umgestaltung errichtet werden, umzuziehen". Das Ministerium bat zugleich um vertrauliche Behandlung des Vorhabens, über das noch keine Entscheidung herbeigeführt wäre. Insbesondere die Dienststellen der Partei sollten über den Grund der Erhebung nichts erfahren.[249] Die Gauleitung gab den Vorgang an den Polizeipräsidenten ab, da die Partei nicht in der Lage wäre, „Feststellungen in dem vom Reichsarbeitsminister gewünschten Ausmaß über das Privatleben der Juden zu treffen". Der stellvertretende Gauleiter schlug vor, die Erhebung von städtischen Ämtern gelegentlich der Personenstandsaufnahme zur Vorbereitung der Volkszählung durchführen zu lassen.[250]

Der GBI lud daraufhin Vertreter des Hauptplanungsamts und des Statistischen Amts der Stadt Berlin, des Polizeipräsidiums, der Gauleitung und der Deutschen Arbeitsfront zur Beratung am 27. September 1938. Es stellte sich heraus, daß keine der vorhandenen amtlichen Erhebungen für die Zwecke des GBI tauglich war. Die Wählerkartei der Stadt enthielt zwar die Namen und Adressen der etwa 160.000 nicht mehr wahlberechtigten Juden, doch ein Rückschluß auf die von den etwa 50.000 jüdischen Haushalten angemieteten Wohnungen war den städtischen Ämtern nicht möglich. Ohnehin hielten sie sich wegen der Personenstandsaufnahme bereits für überlastet. NSDAP und NSV bereiteten sich auf Krieg vor und durften „auf ausdrücklichen Befehl des Gauleiters wegen vordringlicher Aufgaben für den A-Fall auch nicht die geringste Mehrbelastung aufnehmen". Der Vertreter des Polizeipräsidiums schützte dringliche Arbeiten der Polizeireviere vor und merkte an, daß „diesen im übrigen auch Material in dem gewünschten Umfang nicht zur Verfügung steht". Hingegen hatte die DAF, die Deutsche Arbeitsfront, ohnehin schon den gesamten Grundbesitz jüdischer Bürger in Berlin erfaßt und sah sich „durch die dafür aufgestellte Organisation in der Lage, in kürzester Frist auch das für den Generalbauinspektor benötigte Material zu sammeln" und diese Erhebungen anhand eines Vordrucks binnen zwei Wochen abzuschließen. Der GBI schlug vor, die Ermittlungen auf jene Wohngegenden zu konzentrieren, in denen Fränk die begehrten Großwohnungen jüdischer Mieter vermutete: Charlottenburg, Halensee, Wilmersdorf, Schöneberg und Friedenau.[251] Noch vor Monatsende begann die Erfassungsaktion in den sechs westlichen Bezirken Tiergarten,

---

249 BAP 46.06 Nr. 157, Bl. 217 (Ds., RAM, gez. i.A. Dr. Knoll, an stv. Gauleiter v. 16.9.38).

250 BAP 46.06 Nr. 157, Bl. 208 (NSDAP, stv. Gauleiter, an GBI, den „Lieber Parteigenosse Speer!", o.D., vorgelegt am 24.9.38).

251 BAP 46.06 Nr. 60, Bl. 9f. (Protokoll Nr. 97 der Besprechung am 27.9.38, Vertraulich!).

Charlottenburg, Wilmersdorf, Schöneberg, Steglitz und Zehlendorf. Informationsblätter und Pressemitteilungen der DAF forderten Vermieter auf, genaueste Angaben über Lage, Ausstattung und Mietzins von Wohnungen jüdischer Mieter zu machen und deren Namen und Beruf mitzuteilen. Meldefrist für die von der DAF angeforderten Daten, die unter dem Vorwand gesammelt wurden, im Rahmen der Neugestaltung das Verhältnis von Klein- und Großwohnungen in einzelnen Bezirken festzustellen, war der 8. Oktober 1938. Die Mitteilung für die lokalen Zeitungen trug die Überschrift: „Deutsche Hauseigentümer der westlichen Bezirke Berlins haben jüdische Wohnräume anzugeben."[252]

Dem Zugriff auf Großwohnungen von Juden in den bevorzugten Wohngegenden der westlichen Stadtbezirke war Speer durch die Erhebung der DAF einen wesentlichen Schritt näher gekommen, als er am 6. Oktober 1938 bei seinem Freund Rudolf Schmeer, dem Ministerialdirektor und Staatsrat im Reichs- und Preußischen Wirtschaftsministerium, um Unterstützung für das Projekt „Judensiedlung" warb. Zwei Monate später empfahl Göring den Interessenten an Maßnahmen gegen Juden den verkürzten Dienstweg zu Schmeer: „Also da braucht man doch nur anzufragen, und nicht mal bei mir, sondern einfach beim Reichswirtschaftsministerium, bei Herrn Schmeer, dann ist das in fünf Minuten erledigt."[253] Speer unterbreitete Schmeer vertraulich seinen Plan, mit dem er „einen Betrag von etwa 40 Millionen der öffentlichen Hand ersparen" könnte. Die Aussichten auf „Entzug des Mieterschutzes für Juden überhaupt" beurteilte Speer nach einer ersten Ressortsberatung beim Reichsjustizminister skeptisch: „Ob insbesondere in Berlin, wo etwa 50.000 jüdische Haushaltungen vorhanden sind, diese Aktion schon so rechtzeitig durchgeführt werden kann, dass diese jüdischen Wohnungen als Ersatzräume für dic abgebrochenen Häuser dienen können, möchte ich bezweifeln, da vorläufig die Frage der Unterbringung der Juden

---

Original ebenda Nr. 157, Bl. 203f. Ebenda, Bl. 195ff. (Abs., Nds. OBM, gez. Dr. Müller, Vertraulich!, v. 29.9.38), der Schlußsatz: „Erfaßt werden vorläufig nur voll-jüdische Familien."

252 BAP 46.06 Nr. 157, Bl. 188ff. (Abs., DAF, gez. Spiller, Abt. Haus und Heim, Fachgruppe Haus- und Grundstückswesen, an StaPla, Stadtrat Pfeil, v. 30.9.38 nebst Übersendungsschreiben an GBI v. 6.10.38). Die Veröffentlichung ließ sich in den im Dortmunder Zeitungsarchiv zugänglichen Ausgaben des Berliner Lokal-Anzeigers und des Berliner Tageblatts nicht nachweisen.

253 Protokoll der Besprechung mit den Gauleitern, Oberpräsidenten und Reichsstatthaltern über die Judenfrage am 6. Dezember 1938, vormittags 11 Uhr im großen Sitzungssaal des Reichsluftfahrtministeriums, dok. in: Susanne Heim und Götz Aly, Staatliche Ordnung und „organische Lösung". Die Rede Hermann Görings „über die Judenfrage" vom 6. Dezember 1938, in: Jahrbuch für Antisemitismusforschung 2, 1993, S. 378–404, 400.

noch nicht geklärt ist.“ Daher beabsichtigte Speer, für sein Projekt vorab „eine gesetzliche Regelung dahin zu erwirken, dass die Möglichkeit besteht, den jüdischen Mietern von Grosswohnungen zu kündigen“.[254]

Von allen Vertretern der Stadt, der GSW, der Gauleitung und der Reichsministerien verlangte Speer vertrauliche Behandlung seiner Absichten, solange er „die Auffassung des Führers noch nicht erkundet“ hatte.[255] Als Speer am 7. November 1938 dem Reichsjustizminister schrieb, konnte er sich jedoch schon darauf berufen, „dass der Führer und Reichskanzler mit meinen Gedanken, die ich ihm zum Vortrag gebracht habe, sich bereits einverstanden erklärt hat“. Speer wollte sein Projekt „Judensiedlung“ unverzüglich umsetzen und keine zweite Ressortsverhandlung beim Reichsjustizminister abwarten: „Da offenbar die restlose Beseitigung des Mieterschutzes bei Juden insbesondere für die Grosstädte mit Rücksicht auf die zurzeit bestehende Unmöglichkeit einer anderweitigen Unterbringung auf Schwierigkeiten stösst, schlage ich unabhängig hiervon für Berlin eine schrittweise Inangriffnahme dieses Problems vor und rege an, mit der Entmietung von Grosswohnungen zu beginnen.“[256] Am 8. November 1938 nahm der Berliner Stadtbaudirektor Petrick den Auftrag des GBI entgegen, „die Planung der Judensiedlung bei Buch sofort zu beginnen und den Bau so zu fördern, daß bis Oktober 1939 mindestens 1500 Wohnungen bezugsfertig sind“.[257]

Vom 9. auf den 10. November 1938 waren die Berliner Juden der offenen Gewalt des Pogroms ausgesetzt. Nach den Brandschatzungen der Synagogen plünderten Nazis Geschäfte und Wohnungen von Juden und erpreßten deren Vermögen. Die Gestapo verhaftete Tausende Berliner Juden und verschleppte sie in das KZ Sachsenhausen. Auf Verlangen der Reichsregierung wurde entlassen, wer sich zur Ausreise verpflichtete, die – wenn überhaupt – nur noch mit erheblichem Vermögensverlust zu erkaufen war.

Der Novemberpogrom gefährdete den von Speer seit Mitte September 1938 vorbereiteten Zugriff auf die 2.500 bis 3.000 großen Wohnungen von Berliner Juden, denn auch alle anderen Interessenten am Vermögen von Juden verlangten einen Anteil an der Beute des Terrors. Dadurch drohte die

---

254 BAP 46.06 Nr. 157, Bl. 191ff. (Ds., GBI, gez. Speer, an Schmeer im RWM, Vertraulich!, „Lieber S c h m e e r !“, v. 6.10.38).

255 BAP 46.06 Nr. 157, Bl. 209-212 (Abs., Protokoll OBM, StaPla VII, gez. Dr. Petrick, v. 15.9.38 zur Besprechung am 14.9.38).

256 BAP 46.06 Nr. 157, Bl. 177f. (Ds., GBI, gez. Speer, an RJM, z.Hd. MinDir Dr. Volkmar, Persönlich!, Vertraulich!, bezugnehmend auf Besprechung und fernmündliche Rücksprache mit Dr. Fränk, v. 7.11.38).

257 BAP 46.06 Nr. 157, Bl. 127 (Abs., Auszug Ziffer 6 der Nds., gez. Dr. Petrick, Besprechung GBI, Stadt am 8.11.38 v. 14.11.38).

Neugestaltung Berlins in die Kritik zu geraten, weil sie trotz der in Berlin herrschenden Wohnungsnot den gesamten städtischen Wohnungsneubau absorbierte. Die Konkurrenz zwischen dem GBI und der Berliner Gauleitung um Wohnungen von Berliner Juden eskalierte im Laufe des Monats November. Der Leiter des städtischen Hauptplanungsamts blieb nach dem Pogrom skeptisch: „Inwieweit es im Hinblick auf die jüngsten Ereignisse gelingen wird, die jüdischen Wohnungen für Neugestaltungszwecke nutzbar zu machen, bleibt zunächst abzuwarten."[258]

Nach dem Pogrom ließ Speer keinen Tag verstreichen und präsentierte nach telefonischer Rücksprache mit dem „lieben Schmeer" am 11. November 1938 sein Projekt „Judensiedlung" dem Reichswirtschaftsminister offiziell. Nach den eben erst fertiggestellten Berechnungen bezifferte Speer die Ersparnis für die öffentliche Hand auf 45 Millionen Reichsmark, die Differenz des Bauwerts von 2.500 Groß- und Kleinwohnungen. Dann meldete Speer seinen Anspruch auf wenigstens 10.000 bis 12.000 Großwohnungen jüdischer Mieter an, die er auf gleiche Weise für die Neugestaltung Berlins verwerten wollte. Den Reichswirtschaftsminister bat Speer um Stellungnahme, „ob über die zunächst beabsichtigten 2 500 Wohnungen hinaus der Bau weiterer Wohneinheiten bis zur Gesamtzahl von 15 000 für gleiche Zwecke in den späteren Jahren in Angriff genommen werden kann, da ich nach dem gegenwärtigen Stand der Planung mit einer Inanspruchnahme von etwa 10 000 bis 12 000 Grosswohnungen im Gebiet der Reichshauptstadt rechne".[259]

Am 18. November 1938 reichte Fränk weitere Wünsche des GBI nach, unter anderem sollte eine Verordnung ergehen, „nach welcher diejenigen Wohnungen, die durch die Judenaktion frei werden, dem Generalbauinspektor als Ersatzräume für die Abrissmieter zur Verfügung gestellt werden."[260] Acht Tage nach dem Pogrom hatte der GBI vor allem im Sinn, der Vertreibung der Juden aus Berlin einen Nutzen für die Neugestaltung abzugewinnen und über alle von Juden aufgegebenen Wohnungen zu verfügen.

---

258 BAP 46.06 Nr. 157, Bl. 140f. (OBM, Pla II D, (u) i.A. Dr. Müller, an GBI, z.Hd. Dr. Fränk, v. 30.11.38).

259 BAP 46.06 Nr. 157, Bl. 149, 150ff. (Ds., GBI, gez. Speer, an RWM, z.Hd. Schmeer, v. 11.11.38, durch Boten abgetragen am 12.11.38, nebst Ds. Übersendungsschreiben, gez. Speer, v. 11.11.38: „Lieber Schmeer, als Anlage [...] offizielles Schreiben an den Herrn Reichswirtschaftsminister über die heute telefonisch besprochenen Fragen und wäre Dir dankbar, wenn Du die Sache möglichst schnell bejahen würdest").

260 BAP 46.06 Nr. 61, Bl. 17 sowie LA Bln Pr.Br.Rep. 107 Nr. 233 (Ds., Protokoll Nr. 239 der Besprechung GBI, Fränk, RWM, MinRat Krüger, betr. Mieterschutz der Juden, am 18.11.38, vorgelegt 23.11.38 bzw. Umlauf v. 23.11.38). Original in BAP 46.06 Nr. 157, Bl. 164. Die beiden anderen Vorschläge betrafen ein Genehmigungserfordernis für Grundstücksgeschäfte mit Juden und ein Vorkaufsrecht des GBI.

Seit Oktober 1938 hatte die DAF – vom GBI veranlaßt – vermutlich weit mehr als 10.000 Wohnungen von Juden in Berlin erfaßt,[261] darunter 8.000 Großwohnungen, und von den Adressen wahrscheinlich auch während des Pogroms Gebrauch gemacht. Am 19. November ließ Goebbels das Gauheimstättenamt der DAF anweisen, von den 8.000 als „beschlagnahmt" und „jüdisch" gemeldeten Großwohnungen „2500 dem Generalbauinspektor Prof. Speer zur freien und alleinigen Verfügung zu überlassen."[262] Das Gauheimstättenamt der DAF plante als Initiative gegen den Wohnungsmangel, die übrigen 5.500 von Juden bis zu deren Verhaftung bewohnten großen Wohnungen zu unterteilen, um – als wohnungspolitischen Erfolg – wenigstens 11.000 kleinere Wohnungen zur Neuvermietung anbieten zu können. Vertreter der Gauleitung und der DAF profilierten sich als Kritiker der städtischen Wohnungsbaupolitik, deren Schwierigkeiten Baustadtrat Pfeil mit dem Sonderbedarf für die Neugestaltung zu erklären versuchte.[263]

Am 21. November 1938 intervenierte Speer eiligst über Schmeer beim Reichswirtschaftsminister gegen die vom Gauheimstättenamt der DAF beabsichtigte Verwertung der begehrten Großwohnungen. Speer verlangte für die Bereichsräumungen nicht wie bisher zum 1. Oktober, sondern bereits zum 1. April 1939 etwa 2.500 große Wohnungen von Juden, da durch „die rasche Entwicklung der Judenfrage" in den nächsten Monaten in Berlin zahlreiche „jüdische Gross- und Mittelwohnungen" frei würden. Speer hegte offenbar nicht mehr die Absicht, für „zunächst 2500 von Juden bewohnte Grosswohnungen", die er für Abrißmieter beanspruchte, 2.500 Kleinwohnungen als Ersatz bauen zu lassen. Diesmal machte Speer eine andere Rechnung auf: „Falls ich für 2500 Grosswohnungen Ersatz durch Neubau beschaffen müsste, wäre pro Wohneinheit mindestens RM 27 000.– gegen RM 9 000.– für eine einwandfreie Kleinwohnung aufzubringen. Ich kann daher also, wenn ich 2500 Grosswohnungen zur Verfügung gestellt bekäme, 7500

261 BAP 46.06 Nr. 157, Bl. 140f. (OBM, Pla II D, (u) i.A. Dr. Müller, an GBI, z.Hd. Dr. Fränk, v. 30.11.38). Dem OBM hatte die DAF Meldungen über 2.067 Wohnungen im Bezirk Charlottenburg, 3.060 in Wilmersdorf und erst 17 in Zehlendorf vorgelegt. Dem besonderen Bedarf des GBI entsprachen die 3.238 gemeldeten Wohnungen mit vier und mehr Zimmern. Die Unterlagen über die anderen Bezirke wollte die DAF beschleunigt zuleiten.

262 BAP 46.06 Nr. 157, Bl. 162f. (Ds., Gauleiter und Beauftragter der NSDAP, Adjutant, gez. Hanke, an Gauheimstättenamt v. 19.11.38, übersandt vom persönlichen Referenten des StS im RMinProp am 21.11.38).

263 BAP 46.06 Nr. 61, Bl. 7f. (Abs., Protokoll Nr. 246, betr. Ratsherrensitzung am 24.11.38, 17 Uhr, gez. Behrendt, v. 26.11.38). Demnach vermutete BM Steeg hinter den Angriffen die Gauleitung, namentlich den Leiter des Gauheimstättenamts der DAF, Wagner, „der vielleicht die Bestrebung habe, eine Art Wohnungsbauinspektor zu werden".

Kleinwohnungen neu erstellen." Speer interessierte sich ausschließlich für die großen Altbauwohnungen jüdischer Mieter, die nach Ausstattung, Mietpreis und Lage den einzig adäquaten Ersatz für Mieter großer Wohnungen in Räumungsgebieten, etwa des Tiergartenviertels, hergäben. Speer verlangte ausdrücklich, daß ihm von „den insgesamt zur Verfügung stehenden jüdischen Wohnungen" die erste Wahl der 2.500 Großwohnungen vorbehalten bliebe.[264]

Außerdem lud Speer Goebbels und den Berliner Oberbürgermeister Dr. Julius Lippert zur Besprechung am 21. November 1938 über den Berliner Wohnungsbau.[265] Speer avancierte zur stillen Nummer Eins unter den versammelten Hehlern des Pogroms und der Vertreibung. Der Gauleiter und Propagandaminister konnte als wohnungspolitische Initiative nur ein Sofortprogramm gegen das Wohnungselend in Berlin verkünden. Vor einer Parteiversammlung am 22. November 1938 im Gebäude der früheren Kroll-Oper erklärte Goebbels, als gäbe es keine Interessenkollision zwischen Neugestaltung, Wohnungsbau und Behebung der Wohnungsnot, „daß das Wohnungsproblem in Berlin jetzt mit nationalsozialistischer Gründlichkeit einer endgültigen Lösung entgegengeführt werden soll", und „daß Berlin nicht nur im äußeren Bild zur wahren Hauptstadt einer Weltmacht umgeformt, sondern daß jetzt auch der Bau der fehlenden Wohnungen nachdrücklich gefördert werden soll. Inzwischen sollen auch die Elendswohnungen, in denen noch ein Teil der ärmsten Bevölkerung vorläufig leben muß, durch eine großzügige Sofortaktion in einen menschenwürdigen Zustand gebracht werden."[266]

Um die „Sofortaktion" gegen das Wohnungselend gemeinsam propagandistisch aufzuwerten, verabredeten Goebbels, Lippert und Speers Präsident Dr. Ernst Zörner für den 28. November 1938 eine „völlig überraschende" Besichtigungstour, für die das städtische Hauptplanungsamt eine detaillierte Fahrtroute mit bunt markierten Vorschlägen für Wohnungsbesichtigungen in den Bezirken Mitte, Wedding, Kreuzberg und Friedrichshain ausarbeitete.[267] Die Propagandatour sollte den individuellen Zugriff auf Wohnungen von Juden per Faustrecht – wie in Wien als Teil der Ausschrei-

---

264 BAP 46.06 Nr. 157, Bl. 165-170, 167f. (Ds., Abs., GBI, gez. Speer, an RWM, z.Hd. Schmeer, „Eilt sehr!", v. 21.11.38).

265 LA Bln Pr.Br.Rep. 107 Nr. 234 (Terminkalender Speer, Eintragung für 21.11.38, 12.30 Uhr, Teilnehmer auch Zörner und Clahes; nachmittags, 16 Uhr, kurzfristig angesetzter Termin im RFM).

266 Angriff am Abend v. 28.11.38; Berliner Beobachter (tägliches Beiblatt zum Völkischen Beobachter), S. 1, Nr. 333, v. 29.11.38; Berliner Lokal-Anzeiger, 1. Beiblatt, Nr. 286, v. 29.11.38.

tungen gegen Juden seit März 1938 tausendfach praktiziert – ausschließen und vom Bankrott städtischer Wohnungsbaupolitik im Zeichen der Neugestaltung ablenken. Die Stadt versuchte bei der Gelegenheit, den Propagandaminister für die Sonderforderungen zur Finanzierung der Berliner Wohnungsbauprogramme zu gewinnen.[268] Andernfalls würde „die Durchführung des Wohnungsbaues in dem erforderlichen Umfange und damit die Fortführung der Neugestaltung der Reichshauptstadt und auch die Einleitung von Massnahmen zur Verbesserung der Wohnverhältnisse in den Altstadtvierteln unmöglich".[269]

Am Tage der Propagandatour ihrer Chefs berieten Vertreter der NSV und der Stadt über die Sanierung von 3.000 und die Renovierung von 10.000 von der NSV zu benennenden Notwohnungen in Kellern und Dachgeschossen. Die Finanzierung der „Sofortaktion" erleichterte der Gauleiter aus Juden geraubtem Vermögen. Goebbels und Lippert hatten vereinbart: „Die Instandsetzungskosten werden auf rd. 1.000.000,– RM berechnet, von denen 500.000,– RM aus dem beschlagnahmten Judenvermögen, 250.000,– von den Vermietern und je 125.000,– RM von der NSV. und von der Stadt aufgebracht werden sollen. In der Belastung der Vermieter sind insbesondere die Beteiligungen jüdischer Vermieter und der Verwaltungsgesellschaften vorgesehen, von denen die Instandsetzungen ohne Zuschüsse ausgeführt werden sollen."[270]

In den Tagen nach der Beratung mit Goebbels und Lippert am 21. November 1938 bis zur propagandistischen Inszenierung der „Sofortaktion"

---

267 LA Bln STA Rep. 09 Nr. 28891 nebst Beiakte (Sanierung von Elendswohnungen, „Dr.-Goebbels-Sofortprogramm", 1 Karte mit Eintragung Fahrtroute Goebbels am 28.11.38, Markierung der Grundstücke und Reihenfolge für Wohnungsbesichtigungen entsprechend hs. Aufstellung und Ergänzungen, v. 13. oder 23.11.38, bis 24.11.38 Pfeil vorzulegen). Der Bezirk Friedrichshain war in der Nazizeit in „Horst-Wessel" umbenannt.

268 Verhandlungen schwebten noch über 4 Anträge der Stadt: Erhöhung der Reichsbürgschaft für die 2. Hypothek von 1.500 RM auf 2.100 RM je Wohnung, Reduzierung des geforderten Eigenkapitalanteils von 10 % auf 5 %, Erhöhung des Berliner Anteils an Rückflüssen aus früherem Hauszinssteueraufkommen von 13 auf 23 Mio RM 1938/39 und 44 Mio RM 1939/40 sowie Aufhebung der Beleihungssperre über den Ersatzwohnungsbau hinaus für den gesamten Wohnungsbau.

269 LA Bln STA Rep. 09 Nr. 28891 nebst Beiakte (Sanierung von Elendswohnungen, „Dr.-Goebbels-Sofortprogramm", hier: Ausarbeitung OBM, Pla V A, MOBR. Comnick, o.D., unter Bezugnahme auf kürzliche Besprechung, vermutlich nach dem 21.11.38), im Nachgang zu OBM, HPla, gez. Pfeil, betr. Wohnungsverhältnisse in Berlin, an RMinProp, v. 8.11.38, La Bln Pr.Br.Rep. 57 Nr. 1175, zit. nach Scheel, Ziele und Ergebnisse der faschistischen Wohnungsbaupolitik, a.a.O., Anm. 18.

270 LA Bln STA Rep. 09 Nr. 28891 (Abs. für MOBR. Comnick, HPla, von Pla II B 2, Bericht zur Besprechung mit Gauleitung NSV, Müller und Reimann, HPla Comnick

gegen das Wohnungselend, für die Speers Präsident Zörner sich mit Goebbels und Lippert am 28. November 1938 im offenen Kabrio durch Berliner Arbeiterquartiere rollen ließ, vergrößerte Speer seinen Anteil an der Beute des Terrors gegen die Berliner Juden. Der GBI hatte sich bei seinem Projekt „Judensiedlung" nicht dafür interessiert, ob die Wohnungen, die Juden bewohnten, im Hauseigentum von Juden lagen oder nicht. Wichtig war Speer nur, dass er über große Altbauwohnungen in guter Wohnlage verfügte. Im Anschluss an zwei Ressortsberatungen entschied das Reichsjustizministerium, Kündigungen gegen Juden zuzulassen und den Kommunen deren „Zusammenballung in Häusern, die bis zuletzt Juden gehört haben", zu empfehlen. Dadurch würde auch vermieden, „daß für Juden Wohnraum neu erstellt oder Wohnraum in Anspruch genommen werden muß, der bisher nicht von Juden benutzt wurde".[271]

Der Pogrom und die staatliche Enteignungs- und Vertreibungspolitik zwangen Juden zur Aufgabe der vom GBI begehrten Wohnungen. Das Reichsjustizministerium signalisierte, daß kein Aufwand für die Unterbringung exmittierter Juden getrieben werden sollte. Um das Ziel seines Projekts „Judensiedlung" zu erreichen, fehlte Speer nur noch die Garantie, die Verwendung der von Juden aufgegebenen Wohnungen zu kontrollieren. Am 23. November 1938, nach erneuter Rücksprache mit Schmeer und Ministerialrat Alf Krüger, legte der GBI dem neuen Judenreferenten im Reichswirtschaftsministerium, Oberregierungsrat D. Hermann Gotthardt, seine jüngsten Eingaben an den Wirtschaftsminister vor.[272]

Am 28. November traf beim GBI das Schreiben ein, das Speers Sieg im Endspurt um den Zugriff auf Wohnungen von Berliner Juden besiegelte. Als

---

u.a., am 28.11.38, o.D. 11/38). Lt. hs. Vermerken v. 6.3. und 13.4.39 ebenda waren von den bis Anfang 4/39 von der NSV gemeldeten 20.448 renovierungsbedürftigen Notwohnungen 4.121 fertiggestellt und weitere 5.734 Wohnungen in Arbeit. Die veranschlagten Kosten betrugen mehr als 1,5 Mio RM und die zur Verfügung stehenden Mittel wurden bei durchschnittlichen Reparaturkosten von 75,– bis 100,– RM je Wohnung für gerade ausreichend gehalten. Aufschluß darüber, wie viele Wohnungen letztlich instandgesetzt wurden und woher die zusätzlichen Mittel von rd. 500.000 RM kamen, gibt die Akte nicht.

271 BAP 46.06 Nr. 157, Bl. 156ff. (RJM, IVb^{2} 2123, Einladung zur Ressortsbesprechung am 26.11.38, 10 Uhr, mit der Bitte, Vertreter für abschließende Stellungnahme zu entsenden, Anlage Entwurf einer VO über Mietverhältnisse mit Juden aufgrund der VO über Kündigungsschutz in Miet- und Pachträumen v. 28.8.37, v. 21.11.38).

272 BAP 46.06 Nr. 157, Bl. 166, 167f., 169f. (Ds., GBI, (p) i.A. Fränk, an RWM, z.Hd. ORegRat Dr. Gotthardt, nebst 2 Anlagen, Ds., Abs., GBI, gez. Speer, an RWM, z.Hd. Schmeer, „Eilt sehr!", v. 21.11.38, betr. Zurückweisung beabsichtigter Unterteilung von Großwohnungen bzw. Vorkaufsrecht des OBM i.A. des GBI bei Kaufverträgen über Grundstücke von Juden, das bei Kauf durch das Reich, das Land Preußen oder die NSDAP und deren Gliederungen nicht ausgeübt werden sollte, v. 23.11.38).

Beauftragter für den Vierjahresplan hatte Göring am 26. November 1938 mit Schreiben an den Reichswirtschaftsminister verfügt: „In den Vorschriften über die Arisierung der Grundstücke und über die Entfernung der Juden aus Wohnungen, Läden, Speichern usw. arischer Vermieter ist für Berlin vorzusehen, dass dem Generalbauinspektor für die Reichshauptstadt ein Vorkaufsrecht bezw. die Entscheidung über die erste Neuvermietung oder Neuverpachtung eingeräumt wird."[273] Zwar blieb dem GBI damit die Verwertung von großen Wohnungen, die Juden im Hauseigentum von Juden gemietet hatten, vorenthalten, doch die Verfügung des GBI erstreckte sich – ungeachtet der Wohnungsgrößen – auf alle Wohnungen, die Juden bei nichtjüdischen Vermietern würden aufgeben müssen.

Dieser Erlaß Görings, als Freibrief von zweithöchster Stelle im Staat, erlaubte es Speer, weiteren Verhandlungen der Ressorts beim Reichsjustizminister gelassen entgegenzusehen. Speer konnte sich gegen alle Interessenten am Wohnraum von Berliner Juden durchsetzen, weil er seine Ansprüche lange vor dem Novemberpogrom angemeldet und für sein Projekt „Judensiedlung" seit Mitte September 1938 in jeder Phase Rechnungen aufzumachen gewußt hatte, die sein Anliegen, die Neugestaltung zu deblockieren, als Sparmaßnahme ausgaben.

Als der Erlaß Görings vom 26. November 1938 das zweimonatige Werben Speers für sein Projekt „Judensiedlung" mit Erfolg krönte und alle Hindernisse genommen waren, die Mitte September 1938 den Zugriff auf Wohnungen von Juden versperrt hatten, verständigte Fränk den Berliner Baustadtrat Pfeil, der knapp drei Wochen zuvor erteilte Auftrag für Planung und Bau der „Judensiedlung" in Buch bei Berlin hätte „durch die inzwischen eingeleiteten gesetzlichen Massnahmen betr. Aufhebung des Mieterschutzes für Juden" seine Erledigung gefunden.[274]

---

273 BAP 46.06 Nr. 157, Bl. 144 (Ds. für GBI, Göring, St.M.Dev. 8099, an RWM, Abs. an RMdI, RJM und GBI, v. 26.11.38, eingegangen 28.11.38, (p) Fränk). Ebenda Bl. 145, 146 und LA Bln Pr.Br.Rep. 107 Nr. 310/1 (Abs. des GBI, Göring-Erlaß v. 26.11.38). Dem Erlaß Görings war die nochmalige Vorlage der Schreiben Speers an den RWM seit 18.11.38 bei ORegRat Gotthardt, Referent für Maßnahmen gegen Juden in der Abteilung Krügers im RWM, am 23.11.38 vorausgegangen.

274 BAP 46.06 Nr. 494, Bl. 244 sowie ebenda Nr. 157, Bl. 126f. (Ds., GBI, (p) Fränk, an OBM, Stadtrat Pfeil, v. 28.11.38, abgegangen 30.11.38). In den monatlichen Verwaltungsberichten des GBI lief das Projekt bis 2/39 unter dem Betreff „Baublocks für bisherige jüdische Grosswohnungsinhaber". Denkbar ist, daß es sich bei den Neubaublocks in Berlin-Buch von Anfang an um ein Wohnungsbauversuchsvorhaben handelte, das Speer durch außerplanmäßige Finanzierung kurzfristig realisieren wollte. Ein solches war in Berlin-Buch unter architektonischer Leitung von Prof. Dr. Ernst Neufert geplant.

144

Generalfeldmarschall
Ministerpräsident ~~Generaloberst~~ Göring
Beauftragter für den Vierjahresplan

Berlin W 8, den 26. November 1938
Leipziger Str. 3.

St. M. Dev. 8099.

28 NOV. 1938

Jn den Vorschriften über die Arisierung der Grundstücke und über die Entfernung der Juden aus Wohnungen, Läden, Speichern usw. arischer Vermieter ist für Berlin vorzusehen, daß dem Generalbauinspektor für die Reichshauptstadt ein Vorkaufsrecht bezw. die Entscheidung über die erste Neuvermietung oder Neuverpachtung eingeräumt wird. Abschrift hiervon haben der Reichsminister des Jnnern, Reichsjustizminister und der Generalbauinspektor für die Reichshauptstadt erhalten.

gez. G ö r i n g .

An den Herrn Reichswirtschaftsminister.

Abschrift übersende ich zur gefälligen Kenntnis.

gez. Göring

Beglaubigt
Vetter
Polizei-Büroassistent

An

a) den Herrn Reichsminister des Jnnern,
b) den Herrn Reichsjustizminister,
c) den Herrn Generalbauinspektor
für die Reichshauptstadt.

Görings Freibrief für Speers Beute aus dem Novemberpogrom 1938

2. *„Die Judenwohnfrage": Zur rechtlichen Konstruktion des zweiten und dritten Wohnungsmarkts*

Sein Debüt als Initiator einer Juden entrechtenden Politik gab der GBI als nachträglich geladener Interessent am 22. September 1938 in der ersten Ressortsberatung beim Reichsjustizminister zum „Mieterschutz der Juden".[275] Dem Justizminister machte die Uneinheitlichkeit der Rechtsprechung zu schaffen: Seit Sommer 1938 mehrten Richter neben gesetzeskonformen Urteilen zu Mietaufhebungs- und Kündigungsschutzklagen die Zahl der politisch opportun erscheinenden Urteile, die Kündigungen gegen Juden billigten.[276] Das Ministerium folgte der richterlichen Rechtsbeugung und erhob – in Analogie zur propagandistischen Behauptung der „Volksgemeinschaft" – eine mit Juden nicht mögliche „Hausgemeinschaft" zum konstitutiven Element eines Mietverhältnisses.[277] Bei Entzug des Mieterschutzes erwartete das Justizministerium eine Kündigungswelle gegen Juden und bat die anderen Ressorts um Beratung wegen der Folgen. Die binnen kürzester Frist wohnungslosen Juden müßten die Kommunen sogleich wieder unterbringen, denn zur Wahrung der öffentlichen Sicherheit und Ordnung waren sie verpflichtet, Obdachlosigkeit zu vermeiden.[278]

Zur Geltung des gesetzlichen Mieterschutzes für Juden protokollierte Speers Vertreter Fränk von der Beratung am 22. September 1938 nur, daß „von allen Vertretern der beteiligten Ressorts bejaht" wurde, es wäre „der Zeitpunkt gekommen, nunmehr auch auf diesem Gebiet gegen die Juden

---

275 BAP 46.06 Nr. 157, Bl. 217 (Ds., RAM, gez. Dr. Knoll, an stv. Gauleiter Berlin, v. 16.9.38, abs. an RJM, z.Hd. StA Rexroth, mit der Bitte, Vertreter des GBI einzuladen). Ebenda Bl. 213f. (Schnellbrief RJM, IVb^{2} 1382, an GBI v. 19.9.38, nebst Abs. Schnellbrief RJM, IVb^{2} 1382, an Stv.d.F., RMdI, RAM, RJM, Einladung zum 22.9.38, v. 14.9.38, hs. Vermerk Speers „an Fränk, Clahes!").

276 BAK R 22 Nr. 1921 enthält 15 rechtskräftige Urteile zu Räumungsklagen gegen Juden aus dem Jahr 1938.

277 Gerichte und RJM bezogen sich auf § 7 des „Deutschen Einheitsmietvertrags" von 1934: „Vermieter und Mieter versprechen, im Haus sowohl untereinander wie mit den übrigen Mietern im Sinne einer vertrauensvollen Hausgemeinschaft zusammenzuleben und zu diesem Zweck jede gegenseitige Rücksicht zu üben." Amtlich veröffentlicht in Deutsche Justiz 1934, S. 304, §§ 1–16, §7, Nr. 1, zit. nach Bürgerliches Gesetzbuch, Kurz-Kommentar, hrsg. von Otto Palandt, München und Berlin 1939, S. 501–506, 503.

278 BAP 46.06 Nr. 157 Bl. 214 (Abs., Schnellbrief RJM, IVb^{2} 1382, an Stv.d.F., RMdI, RAM, RJM, Einladung zum 22.9.38, v. 14.9.38). Seit 1936 zahlreiche Anfragen der Gerichte, ob Vermieter und Mieter eines Hauses die polizeiliche Beschlagnahme geräumter Wohnungen und die Wiederunterbringung gerade räumungspflichtig gewordener Mieter dulden müßten, BAK R 22 Nr. 1924 sowie zur weiteren Entwicklung und Beratung ebenda Nr. 1922.

vorzugehen".[279] Die Erwägungen der Vertreter des Reichsinnenministers und des „Stellvertreters des Führers" stützten die diskriminierende Politik, Juden von der übrigen Bevölkerung zu separieren. Beide Ressorts hatten ihre internen Überlegungen, ob es ökonomisch und sozialpolitisch von Nutzen wäre, Juden in Ghettos oder Barackenlager zu zwingen, noch nicht abgeschlossen. Falls Juden infolge der Aufhebung des Mieterschutzes obdachlos würden, wollte das Innenministerium die Kommunen vor jeder Mehrbelastung, insbesondere durch Wohnungsneubau, schützen. Der Vertreter der NSDAP hatte hingegen keine Bedenken, „zunächst zu versuchen, die Juden sich selbst zu überlassen, um anderweitig unterzukommen. Gegebenenfalls würde er vorschlagen, zur Unterbringung der obdachlosen Juden Baracken durch die Gemeinde errichten zu lassen."

Motiv des Speerschen Projekts „Judensiedlung" war es keineswegs, irgendwen vor einer mit Juden angeblich nicht zumutbaren Hausgemeinschaft zu bewahren, sondern jene Juden zum Wohnungswechsel zu zwingen, die geräumige Wohnungen bewohnten, „um diese denjenigen Mietern aus Abrissgebieten zukommen zu lassen, die bisher Grosswohnungen inne hatten". Im Kreis der Ressortsvertreter wies Fränk auf den Modellcharakter des Speerschen Projekts für andere Neugestaltungsstädte hin. Der Kleinwohnungsneubau für die zu exmittierenden Juden würde für die öffentliche Hand „eine Ersparnis von etwa 40 Millionen RM bedeuten", denn es wäre „im wesentlichen die Gemeinde zur Errichtung der Ersatzwohnungen verpflichtet". Was Ministerialrat Dr. Scheffler soeben als zusätzliche Belastung der Gemeinden im Falle der Obdachlosigkeit jüdischer Haushalte hatte verhindert wissen wollen, erschien im Rechenexempel des GBI für die Neugestaltung als Ersparnis: der Wohnungsneubau. Fränk paßte das Speersche Projekt „Judensiedlung" jedoch ad hoc auch den Erwartungen der versammelten Experten einer Juden separierenden Politik an und fügte hinzu: „Ob man auch für die Juden in den Grosstädten wie Berlin, Frankfurt usw. Barackenbauten errichtet, sei noch zu erwägen. Wegen der Vordringlichkeit für die Berliner Verhältnisse sei beabsichtigt, diese jüdischen Grosswohnungsinhaber in einem noch zu bestimmenden – vielleicht abseits gelegenen – Teil Berlins in Neubauwohnungen unterzubringen."[280]

Der erste Entwurf einer Verordnung des Reichsjustizministers, vorgelegt zur zweiten Ressortsberatung am Morgen des 10. November 1938,

---

279 BAP 46.06 Nr. 60, Bl. 26, 26f. (Protokoll Nr. 92 der Besprechung im RJM, mit RMdI, RAM, RWM, Stv.d.F., GBI, Dr. Fränk). Original ebenda Nr. 157, Bl. 205ff. Das Protokoll wurde Speer am 26.9.38 vorgelegt, lt. einer von 2 Ds., (p) Fränk, ebenda, Nr. 702.

280 Ebenda.

etablierte ein jedem nicht-jüdischen Vermieter zustehendes und nur an die gesetzliche Kündigungsfrist[281] gebundenes Kündigungsrecht gegen Juden.[282] Jude zu sein oder als Jude zu gelten, wertete das Justizministerium als erhebliche Belästigung des Vermieters oder der übrigen Hausbewohner wie einen der gesetzlichen Kündigungsgründe.[283] Damit folgte das Ministerium den seit 1935 in den Zeitschriften der Verbände der Wohnungswirtschaft und der Haus- und Grundbesitzervereine propagierten Forderungen[284] und der opportunistischen Urteilsfindung der Gerichte. Die Verordnung sollte am 1. Januar 1939 in Kraft treten und – bis der Reichsinnenminister sich für Ghettos oder Barackenlager entschieden hätte – nur in kleinen Gemeinden gelten.[285]

---

281 § 565 BGB i.V.m. dem Gesetz über die Auflockerung der Kündigungstermine bei Mietverhältnissen über Wohnräume v. 24.3.38 (RGBl. I, S. 306) legte die gesetzliche Kündigungsfrist auf den 1. Werktag einer Woche zum Wochenende bei wöchentlicher Zahlung, auf den 15. eines Monats zum Monatsende bei monatlicher Zahlung und auf den 3. Werktag eines Monats zum Ende des übernächsten Monats bei allen anderen Mietverträgen fest.

282 BAP 46.06 Nr. 157, Bl. 174 (RJM, IVb^{2} 1984, Einladung zur zweiten kleinen Ressortsbesprechung am 10.11.38, 10 Uhr, nachdem zum 15.10.38 erbetene abschließende Stellungnahmen mehrerer Ressorts ausgeblieben waren, v. 8.11.38), vorab als Brieftelegramm, ebenda Bl. 175f. Das RJM hielt die Beratung wegen der Angriffe der Nazipresse auf gesetzgemäß urteilende Richter für dringlich, Bezug Artikel in „Das Schwarze Korps" v. 3.11.38. Ebenda Bl. 172f. (Entwurf einer 3. VO zur Ausführung der VO über Kündigungsschutz für Miet- und Pachträume, aufgrund des Artikel I der VO v. 28.8.37, RGBl. I, S. 917).

283 Gesetz über Mieterschutz und Mieteinigungsämter v. 1.6.23, MSchG (RGBl. I, S. 353, Neufassung v. 30.6.26, RGBl. I, S. 347), vielfach geändert durch Bekanntmachungen, Gesetze und Verordnungen (RGBl. I 1930, S. 598, RGBl. I 1931, S. 699, RGBl. I, 1933 S. 235, 760, 787, RGBl. I 1936, S. 378, RGBl. I 1937, S. 917, 1325). Die anderen gesetzlichen Kündigungsgründe waren die Gefährdung des Mietraums oder des Gebäudes, die unbefugte Gebrauchsüberlassung der Mietsache an Dritte, Zahlungsverzug, Eigenbedarf des Hauseigentümers oder die Weigerung, behördlich genehmigte Mieterhöhungen anzuerkennen.

284 LA Bln STA Rep. 09 Nr. 31419 (Juden als Mieter) zur Politik der städtischen Wohnungsgesellschaften in Berlin 1935–1939. Karl Christian Führer, Mit Juden unter einem Dach? Zur Vorgeschichte des nationalsozialistischen Gesetzes über Mietverhältnisse mit Juden, in: 1999. Zeitschrift für Sozialgeschichte des 20. und 21. Jahrhunderts, 7. Jg., Januar 1992, Heft 1, S. 51–61.

285 Der RMdI sollte den Zeitpunkt der Ausdehnung des zunächst auf Gemeinden mit höchstens 2000 Einwohnern (Ortsklasse D der Reichsbesoldungsordnung) beschränkten Geltungsbereichs im Einvernehmen mit den anderen Ressorts bestimmen. Die VO-Befugnis des RJM ergab sich aus der VO über Kündigungsschutz für Miet- und Pachträume, gez. Göring, v. 28.8.37, RGBl. I, S. 917, aufgrund der DfVO zum Vierjahresplan v. 18.10.36, RGBl. I, S. 887.

Dieser früheste Entwurf einer Verordnung zur Diskriminierung von Juden im Mietrecht kombinierte das uneingeschränkte Kündigungsrecht mit einer Sonderbestimmung für Berlin, die ein zweckgebundenes Kündigungsrecht für die Neugestaltung etablierte:

„(1) In Berlin kann der Vermieter ein Mietverhältnis über Räume unter Einhaltung der gesetzlichen Kündigungsfrist kündigen, wenn der Mieter oder sein Ehegatte Jude im Sinne des § 5 der 1. VO zum Reichsbürgergesetz vom 14.11.1935 (RGBl. I S. 1333) ist und bei der Kündigung nachgewiesen wird, daß die Räume zur Unterbringung von Personen benötigt werden, die ihre bisherige Unterkunft aus Anlaß der Neugestaltung der Reichshauptstadt aufzugeben gezwungen sind. Für diesen Nachweis genügt eine Bescheinigung der zuständigen Dienststelle des Generalbauinspektors für die Reichshauptstadt.

(2) Gegenüber einer Kündigung, die den Voraussetzungen des Abs. 1 entspricht, kann sich der Mieter auf die Vorschriften des Mieterschutzgesetzes oder auf vertragliche Vereinbarungen über die Beendigung des Mietverhältnisses nicht berufen.“[286]

Die zitierte Vorschrift hätte dem GBI den Zugriff auf alle Wohnungen von Juden in Berlin verschafft, und zwar durch Einschränkung des vom Justizministerium vorgeschlagenen generellen Kündigungsrechts gegen Juden. Kündigungen wären in Berlin nur zulässig, wenn die Wohnungen von Juden dem aktuellen Ersatzraumbedarf der Neugestaltung entsprächen. Weil der GBI sich für passende Altbauwohnungen interessierte, stünde das zweckgebundene Kündigungsrecht gegen Juden jedem, auch einem jüdischen Hauseigentümer zu. Diese Sonderregelung für Berlin hätte der Neugestaltungsbehörde zugleich den Weg eröffnet, in das freie Vermietungsrecht jedes Eigentümers, der Juden kündigen wollte, einzugreifen und die nachfolgende Vermietung an einen räumungspflichtigen Mieter aus Abbruchbereichen der Neugestaltung zu verlangen. Soweit kein spezifischer Bedarf im Rahmen der Neugestaltung befriedigt würde, sollten indessen sowohl der gesetzliche Mieterschutz als auch einzelvertragliche Vereinbarungen zwischen den Mietvertragsparteien weiterhin für Juden Bestand haben. Die Regelung dieses ersten Entwurfs einer Verordnung zum Mieterschutz von Juden war für die Durchführung der Neugestaltung wie maßgeschneidert, weil durch die gezielte Freigabe von Kündigungen gegen Juden jeder

286 BAP 46.06 Nr. 157, Bl. 172f. (Entwurf einer 3. VO zur Ausführung der VO über Kündigungsschutz für Miet- und Pachträume, aufgrund des Artikel I der VO v. 28.8.37, RGBl. I, S. 917, hier § 3). Der Entwurf wurde vom GBI dem Leiter des HPla wunschgemäß abschriftlich übersandt, ebenda Bl. 171 (Ds., GBI, (p) Dr. Fränk, an OBM, z.Hd. Dr. Werner Müller, Persönlich!, Vertraulich!, v. 12.11.38).

Engpaß im Wohnungsneubau oder im Angebot vermietbarer Altbauwohnungen zu überwinden wäre.

Die Teilnehmer der zweiten Ressortsberatung beim Reichsjustizminister wiesen am 10. November 1938 den Verordnungsentwurf allerdings zurück, weil sie es nicht für praktikabel hielten, Juden – außerhalb Berlins – generell den Mieterschutz zu entziehen, die Diskriminierung aber zunächst nur in kleinen Gemeinden zu praktizieren, in größeren Kommunen und Großstädten hingegen erst dann zuzulassen, wenn die Obdachlosigkeit exmittierter Juden den Kommunen kein Problem mehr bereitete. Mit dem nächsten Entwurf einer Verordnung des Justizministers boten Ministerialrat Dr. Erich Volkmar und Staatsanwalt Ernst Ludwig Rexroth am 21. November 1938 das gesamte Instrumentarium zur Aufhebung der Vertragsfreiheit im Mietrecht auf.[287] Weil der Regelungsbereich sich nun jenseits der Aufhebung des Mieterschutzes auf die Auflösung von Mietverhältnissen mit Juden erstreckte und das Eigentumsrecht nicht-jüdischer Beteiligter – strafbewehrt – beeinträchtigte, wurde dieser Verordnungsentwurf bereits zur ersten Beratung am 2. Dezember 1938 in einen Gesetzentwurf umgewandelt.[288] Diesem folgten noch zwei weitere Entwurfsfassungen,[289] doch der materiell-rechtliche Kern des Entwurfs vom 21. November 1938 bestimmte auch das im Januar 1939 abschließend beratene „Gesetz über Mietverhältnisse mit Juden", ein Schubladengesetz, das erst Anfang Mai 1939 veröffentlicht wurde, nachdem sich auch die Reichsbehörden im Arisierungsgeschäft eingedeckt hatten.[290]

---

287 BAP 46.06 Nr. 157, Bl. 156ff. (RJM, IVb^{2} 2123, Einladung zur dritten und erweiterten Ressortsbesprechung an Stv.d.F. München und Berlin, Behörde VjPlan, RMdI, Dr. Schiedermaier und Dr. Scheffler, RfSS im RMdI, RAM, RWM, RMinProp, GBI, Stadtpräsident Berlin, OBM, Deutscher Gemeindetag, Dr. von Schmeling, mit der Bitte, Vertreter für abschließende Stellungnahme zu entsenden, am 26.11.38, 10 Uhr, nebst Anlage Entwurf VO, v. 21.11.38).

288 BAP 46.06 Nr. 157, Bl. 131f., 133-136 (1. Entwurf Gesetz über Mietverhältnisse mit Juden nebst Entwurf amtlicher Begründung, RJM, IVb^{2} 2199, o.D., lt. RWM, III Jd. 9644/38, gez. i.A. Krüger, an GBI v. 15.12.38, ebenda Bl. 109 Tischvorlage zur Ressortsberatung am 2.12.38). Die vom RJM, IVb^{2} 2123, am 21.11.38 für den 26.11.38 eingeladene Ressortsberatung wurde auf Wunsch des RMdI vom RJM, IVb^{2} 2156, am 25.11.38 verschoben auf den 2.12.38, ebenda Bl. 147.

289 BAP 46.06 Nr. 157, Bl. 78ff., 81-84 (2. Entwurf GMietV mit Juden nebst Entwurf amtlicher Begründung, Anlage zu RJM, IVb^{2} 2290, o.D., vorgelegt zwischen dem 15. und 21.12.38, da RWM am 15.12.38 noch nicht bekannt, lt. ebenda Bl. 109, RWM an GBI v. 15.12.38, und lt. ebenda Bl. 63ff., Abs., Übersendungsschreiben zu Abs. Gesetzentwurf GBI, Fränk, an DfSt, Clahes und Dickmann, und an OBM, Müller, v. 21.12.38). Ebenda Bl. 35-42 (Ds., 3. Entwurf GMietV mit Juden, o.D., vorgelegt zwischen dem 15. und 23.1.39).

Das Justizministerium übernahm das Prinzip des Speerschen Projekts „Judensiedlung", beim erzwungenen Wohnungswechsel von Juden deren künftigen Wohnraum so zu verkleinern, daß ein wohnungspolitisch nutzbarer Zugewinn an vermietbaren Wohnungen anfiele. Deshalb erlaubte die Neuregelung die Auflösung von Mietverträgen mit Juden durch eine – nur an die gesetzliche Frist gebundene – Kündigung des nicht-jüdischen Vertragspartners, der Vermieter oder Mieter eines Juden war. Die Auflösung von Mietverträgen zwischen Juden wurde hingegen erschwert, deren Abschluß erleichtert. Wollten Mieter andere Juden als Untermieter aufnehmen, bedurfte es in Häusern von Juden nicht der Zustimmung des Vermieters. Die kommunalen Behörden konnten Einquartierungen im Hauseigentum von Juden vornehmen und Zwangsverträge für Miet- und Untermietverhältnisse festsetzen. Jede Neuvermietung und jede Kündigung eines jüdischen Hauseigentümers, gleich, ob der Mieter Jude war oder nicht, bedurfte der Genehmigung der Gemeindebehörde.[291] Versagte die Kommune die Genehmigung für die Auflösung von Miet- und Untermietverträgen zwischen Juden, so waren diese auch unter Berufung auf die gesetzlichen Gründe nicht kündbar. Die Verfügung der Kommune über die Wohnverhältnisse von Juden, deren „Zusammenballung in Häusern, die bis zuletzt Juden gehört haben",[292] mußte auch ein nicht-jüdischer Nacheigentümer hinnehmen,[293] es sei denn, die Behörde verzichtete darauf, die Räume mit wohnungslosen Juden zu belegen. Vorrang vor dem Belegungsrecht der Kommune hatte nur der Eigenbedarf des Nacheigentümers.[294]

Die Kontrolle über den Wohnraum im Hauseigentum von Juden erlangte die Kommune über das Genehmigungserfordernis bei Veränderung von Mietverhältnissen zwischen Juden. Von jeder Kündigung gegen einen jüdischen Mieter und damit vom Freiwerden einer Wohnung in nicht-

---

290 RGBl. I 1939, S. 864, Nr. 84 v. 4.5.39 (Gesetz über Mietverhältnisse mit Juden v. 30.4.39).

291 BAP 46.06 Nr. 157, Bl. 143 (Schnellbrief RJM, IVb2 2165, v. 26.11.38).

292 BAP 46.06 Nr. 157, Bl. 156ff. (RJM, IVb^{2} 2123, Einladung zur Ressortsbesprechung am 26.11.38, v. 21.11.38). Nach der Ressortsberatung am 2.12.38 und seit dem 2. Ent-wurf GMietV v. 15./21.12.38 nebst Entwurf amtlicher Begründung wurde auf die Belegungsrichtzahl von 3 Personen je Wohnraum verzichtet.

293 BAP 46.06 Nr. 157, Bl. 156ff. (RJM, IVb^{2} 2123, Einladung zur Ressortsbesprechung am 26.11.38, Anlage Entwurf VO Mietverhältnisse mit Juden v. 21.11.38). Nach der Ressortsberatung am 2.12.38 und seit dem 2. Entwurf GMietV v. 15./21.12.38 nebst Entwurf amtlicher Begründung galt dies auch für jeden weiteren Verfügungswechsel.

294 BAP 46.06 Nr. 157, Bl. 78ff., 81-84 (2. Entwurf GMietV mit Juden nebst Entwurf amtlicher Begründung, Anlage zu RJM, IVb^{2} 2290, o.D., v. 15./21.12.38). Ergänzung nach der Beratung am 2.12.38 und seit dem 2. Entwurf GMietV.

jüdischem Hauseigentum erfuhr die Kommune, weil die Räumungspflicht des gekündigten Juden von einer Bescheinigung der Behörde abhing, daß dessen Unterbringung gesichert wäre. Erst die Möglichkeit, daß ein nichtjüdischer Mieter seinem jüdischen Vermieter vorzeitig kündigte, eröffnete der Kommune einen wohnungspolitischen Handlungsraum als Teil der staatlichen Verfolgungspolitik, Juden von der übrigen Bevölkerung zu separieren. Eine solche Wohnungskündigung war Fiktion. Denn ohne sichere Aussicht auf eine günstigere Wohnung wird niemand seine Wohnung aufgegeben haben, nur weil der Hauseigentümer Jude war.[295] Das vorgebliche Ziel einer wohnräumlichen Trennung von Juden und Nichtjuden legitimierte die Kommunen, die Mietverhältnisse mit Juden zu eruieren und alle Wohnungen, die Juden gemietet hatten oder deren Eigentümer Juden waren, als ein für kommunale Wohnungspolitik beliebig verwertbares Segment des Wohnungsbestands zu behandeln.[296]

Der leitende Ministerialbeamte Volkmar war offensichtlich zufrieden mit dem in der Woche nach dem Novemberpogrom entwickelten Regelungswerk, das den Kommunen aufzeigte, wie kommunale Wohnungsmärkte durch ein künftiges Angebot vermietbarer Wohnungen von Juden zu beleben waren und wie sich die Separierung der Juden durch deren Pauperisierung als Hauseigentümer und Wohnende erreichen ließ: „Durch diese Regelung wird vermieden, daß für die Unterbringung von Juden öffentliche Mittel in Anspruch genommen werden müssen. Es wird ferner vermieden", was Speer von den Verhandlungen seines Juristen Fränk überzeugte, „daß für Juden Wohnraum neu erstellt oder Wohnraum in Anspruch genommen werden muß, der bisher nicht von Juden benutzt wurde".[297] Der Aufwand des Speerschen Projekts „Judensiedlung", den Juden, die aus großen Wohnungen verdrängt würden, eine Siedlung kleiner Wohnungen neu zu bauen, ließ sich einsparen.[298] Mit dem Nachfolgemodell, wohnungslose Juden in „Judenhäusern" zusammenzudrängen, konnten die Kommunen eine Wohnungsreserve einkalkulieren, denn, so Volkmar, es würde „allmählich aller von Juden in

295 Es kam hinzu, daß Mieter gar nicht in Erfahrung bringen konnten, ob ihr Vermieter Jude war oder nicht, und sie folglich auch nicht wußten, ob ihnen das Recht zur vorzeitigen Kündigung zustand. Vgl. BAP 46.06 Nr. 157, Bl. 137ff., s. Anmerkung 302.

296 BAP 46.06 Nr. 157, Bl. 78ff., 81-84 (2. Entwurf GMietV mit Juden nebst Entwurf amtlicher Begründung, Anlage zu RJM, IVb^{2} 2290, o.D., v. 15./21.12.38). Ergänzung nach der Beratung am 2.12.38 und seit dem 2. Entwurf GMietV.

297 BAP 46.06 Nr. 157, Bl. 156ff. (RJM, IVb^{2} 2123, Einladung zur Ressortsbesprechung am 26.11.38, v. 21.11.38).

298 BAP 46.06 Nr. 157, Bl. 165-170, 167f. (Ds., Abs., GBI, gez. Speer, an RWM, z.Hd. Schmeer, „Eilt sehr!", v. 21.11.38).

nichtjüdischen Häusern bisher besetzte Wohnraum frei werden".[299] Mit dem Hauseigentum von Juden stünde den Kommunen „für die Unterbringung räumungspflichtiger Juden ein von Anfang an bestimmter Wohnungsvorrat dauernd zur Verfügung", und es würde ihnen zugleich ermöglicht, „den Wohnungswechsel in jüdischen Häusern zu überwachen".[300] Die Variante des Justizministeriums, Juden zu verarmen und zu separieren, paßte zu den andauernden Erwägungen im Innenministerium, Ghettos oder Barackenlager zu errichten, und behinderte keine kommunale Initiative: „Eine Unterbringung in anderer Weise ist durch die vorgeschlagene Regelung nicht ausgeschlossen."[301]

Aus der Stellungnahme zum ministeriellen Verordnungsentwurf von Regierungsrat Dr. Albert Scholl, Arisierungsexperte beim Berliner Stadtpräsidenten, geht hervor, daß der wohnungspolitische Gewinn der Kommunen als Kehrseite des Wohnungselends, in das die jüdische Bevölkerung durch Umquartierung in „Judenhäuser" gestoßen werden sollte, erkannt und gewünscht wurde. Zugunsten wohnungspolitischer Initiativen der Kommune regte Scholl an, nicht-jüdischen Vermietern den Neuabschluß von Mietverträgen mit Juden zu untersagen. Darüber hinaus sollte die zuständige kommunale Behörde den nicht-jüdischen Vertragspartner zur Kündigung anhalten, etwa „wenn ein dringendes Bedürfnis an der Erlangung des Mietraumes für arische Mieter besteht", oder „um den notwendigen Raum zur Unterbringung von Juden zu beschaffen". Außerdem verlangte Scholl die anfangs nicht vorgesehene Anzeigepflicht des Vermieters mit allen Angaben zur Wohnung eines gekündigten Juden, was jede Neuvermietung behördlich zu beeinflussen gestattete.[302]

Alle Veränderungen des Verordnungsentwurfs vom 21. November 1938 waren entweder formaler Art[303], oder sie galten der Erleichterung des kommunalen Zugriffs auf Wohnungen von Juden: Untermietverhältnisse

---

299 BAP 46.06 Nr. 157, Bl. 156ff. (RJM, IVb^2 2123, Einladung zur Ressortsbesprechung am 26.11.38, v. 21.11.38).

300 BAP 46.06 Nr. 157, Bl. 143 (Schnellbrief RJM, IVb^2 2165, v. 26.11.38).

301 BAP 46.06 Nr. 157, Bl. 156ff. (RJM, IVb^2 2123, Einladung zur Ressortsbesprechung am 26.11.38, v. 21.11.38).

302 BAP 46.06 Nr. 157, Bl. 137ff. (Abs. der Stellungnahme des Stadtpräsidenten zum Entwurf VO Mietverhältnisse mit Juden v. 21.11.38, Ergänzung v. 26.11.38, Stadtpräsident, Allgemeine Abt., I 3A 3416/38, gez. Dr. Lippert, an RJM, z.Hd. StA Rexroth, Berichterstatter RegRat Dr. Scholl, für Termin 2.12.38, v. 1.12.38, an GBI, o. re. (p) Fränk 1.12.38). Scholl wollte die Erteilung der Bescheinigung, daß der gekündigte Jude anderweitig untergebracht werden konnte, die Voraussetzung von dessen Räumungspflichtigkeit war, von dieser Meldung abhängig machen.

303 Behandlung von anhängigen Gerichtsverfahren; Gebühren; Freistellung der Kommunen

zwischen Juden, gleich ob im Hauseigentum von Juden oder nicht, zu fördern; die Belegungsgrenze von drei Personen je Wohnraum bei behördlichen Einquartierungen aufzugeben; über Grundstücke aus dem Eigentum von Juden auch nach mehrfachem Wechsel von Nacheigentümern als „Judenhäuser" zu verfügen und bei der Kommunalbehörde eine allgemeine und strafbewehrte Anmeldepflicht für alle Wohnungen und das gesamte Hauseigentum von Juden einzuführen.

Zwei Regelungsbereiche des zweiten Gesetzentwurfs von Mitte Dezember 1938 waren neu aufgenommen: Die Diskriminierung von Juden fremder Staatsangehörigkeit war in jedem Einzelfall dem Reichsjustizminister vorzulegen und von dessen Genehmigung abhängig. Die Rechtsstellung von Juden mit nicht-jüdischen Angehörigen und Verwandten wurde wie üblich unter dem Aspekt geregelt, daß die Diskriminierung weder einen nicht-jüdischen Ehemann noch nicht-jüdische Kinder treffen dürfte. War zunächst nur deren Kündigung und eine anschließende behördliche Unterbringung in „Judenhäusern" untersagt, schützte der dritte Gesetzentwurf vom Januar 1939 auch deren Hauseigentum vor kommunaler Nutzung und vorzeitigen Kündigungen nicht-jüdischer Mieter und entsprach insoweit einem Erlaß Görings vom 28. Dezember 1938, der auf die Vermögensübertragung von Juden an den nicht-jüdischen Ehemann oder die nicht-jüdischen Kinder spekulierte.[304]

Der dritte Gesetzentwurf von Januar 1939 wurde gegenüber allen Vorläufern wegen einer weiteren Vorgabe des Göring-Erlasses zur Stellung von Juden im Mietrecht verändert. Göring ließ den Reichs- und Landesbehörden „als einzige Richtlinie", gestützt auf „die Willensmeinung des Führers in diesen Fragen", mitteilen: „Der Mieterschutz für Juden ist generell nicht aufzuheben." Das Reichsjustizministerium ging daraufhin tagelang davon aus, die Gesetzesinitiative sollte nicht weiterverfolgt werden, fand dann aber einen rechtstechnischen Trick, der dem Wortlaut des Hitlerschen Wunsches – bildhaft übersetzt: dem Wasserglas, das zugleich halb voll und halb leer ist – entsprach: Statt der Aufhebung des Mieterschutzes regelte der Paragraph Eins des dritten Entwurfs, wie der des Gesetzes vom 30. April 1939, die Lockerung des Mieterschutzes. Nicht erst die Räumungspflichtigkeit eines gekündigten jüdischen Mieters war davon abhängig, daß dessen an-

---

von Ersatzansprüchen, weil diese Aufgaben in dringendem öffentlichen Interesse wahrnahmen; VO-Ermächtigung des RJM und RAM im Einvernehmen mit dem RMdI.

304 Erlaß, gez. Göring, vom 28.12.38, an Reichsministerien und oberste Landesbehörden, dok. in: Herrschaftsalltag im Dritten Reich. Studien und Texte, hrsg. von Hans Mommsen und Susanne Willems, Düsseldorf 1988, S. 440f.

schließende Unterbringung gesichert war, sondern der Vermieter, der einem Juden kündigen wollte, hatte die behördliche Bescheinigung darüber als Voraussetzung der Kündigung einzuholen. Materiell-rechtlich war diese Umstellung unerheblich, brachte aber der wohnungspolitisch ambitionierten Kommune wiederum zwei Vorteile: Sie erhielt frühzeitig von eventuell neuvermietbaren Wohnungen Kenntnis und konnte mit kündigungsbereiten Eigentümern über die Wiedervermietung verhandeln. Wollten gekündigte Juden eine Räumungsfrist durchsetzen, waren sie auf eine behördliche Bescheinigung angewiesen, daß ihre anschließende Unterbringung nicht möglich war – ein Behördengang, den jeder vermieden haben wird, der einer Einquartierung entgehen und sich behördlicher Kontrolle entziehen wollte.

Der dritte und letzte Entwurf des Gesetzes über Mietverhältnisse mit Juden lag zwischen dem 15. und 23. Januar 1938 vor, dessen Endfassung befand sich seither bei den Ministerien im Umlauf.[305] Göring, dessen Vertreter aus der Vierjahresplanbehörde seit Ende November 1938 an der Entstehung des Gesetzes mitgewirkt hatten, leitete am 28. Dezember 1938 per Erlaß die Umsetzung der Regelungen über Mietverhältnisse mit Juden ein, um das Inkrafttreten des Gesetzes verzögern zu können. Der Erlaß band die staatlichen Aufsichtsbehörden an das Verdrängungsprinzip des kommenden Gesetzes, und die Maßnahmen der Kommunen gegen Juden sollten die jüdische Bevölkerung in Wohnungen und Häusern von Juden dezentral zusammenpferchen. Das Gesetz sollte allerdings erst dann in Kraft treten, wenn die Liquidation des Immobilienvermögens von Juden so weit fortgeschritten sein würde, daß der gesetzlich vorgesehene Eingriff der Kommune in das Eigentumsrecht an Grundstücken von Juden, den auch der Nacheigentümer entschädigungslos hinnehmen mußte, das Immobiliengeschäft und dessen Preisniveau nicht mehr beeinträchtigen konnte.

Als Fränk Anfang Januar 1939 telefonisch aus dem Reichsjustizministerium die dortige Interpretation des Göring-Erlasses vom 28. Dezember 1938 entgegennahm, hielt auch er den Gesetzentwurf über Mietverhältnisse

305 BAP 46.06 Nr. 157, Bl. 35-42, 34 (Ds., 3. Entwurf GMietV mit Juden, o.D., als Anlage des Übersendungsschreibens OBM, HPla, Dr. Müller, an GBI, z.Hd. Dr. Fränk, den zur Einsichtnahme überlassenen Gesetzentwurf zurückreichend, v. 23.1.38). LA Bln Pr.Br.Rep. 107 Nr. 61, Bl. 73 (GBI, DfSt, Bericht der Rabt., (p) Dr. Dickmann, v. 28.1.39). BAP 46.06 Nr. 157, Bl. 26ff. (Ds., OBM, gez. i.V. Pfeil, an RJM, z.Hd. StA Rexroth, v. 31.1.39, Anlage Entwurf AO über die Anmeldung von Räumen in Gebäuden jüdischer Eigentümer aufgrund § 12 GMietV mit Juden, nebst Übersendungsschreiben an GBI). Der Entwurf der AO des OBM v. 31.1.39 bestätigt auch durch die Nummer des Bezugsparagraphen und die Begriffsbestimmung, daß – bis auf eine spätere sprachliche Kürzung – vor Ende Januar 1939 die Endfassung des GMietV mit Juden vorlag.

mit Juden für gegenstandslos.[306] Ein zweites Mal – wie nach dem Novemberpogrom durch die wohnungspolitischen Ambitionen der Berliner Gauleitung – schien der sicher geglaubte Zugriff auf die seit Mitte September 1938 begehrten Wohnungen von Juden gefährdet. Im Januar 1939 machte die Durchführungsstelle für die Neugestaltung auf Entscheidung Speers für alle Fälle mißverständlicher und wechselnder Nachrichten aus der Reichsregierung, wie die weitere staatliche Einflußnahme auf die Verarmung und Vertreibung der Juden seit dem Novemberpogrom vonstatten gehen sollte, passende Regelungsvorschläge, um „immerhin eine gewisse Lenkung in der Judenwohnfrage vornehmen" zu können.[307]

Der weitestgehende Entwurf einer Verordnung, die durch Aufhebung des Mieterschutzes von Juden in bestimmten Gebieten Berlins deren Kündigung bedarfsabhängig ermöglichen sollte,[308] stützte sich auf die Ermächtigung des Reichsarbeitsministers durch das Neugestaltungsgesetz, „außerhalb dieses Gesetzes bestehende Vorschriften, die der Durchführung der städtebaulichen Maßnahmen entgegenstehen würden", für nicht anwendbar zu erklären.[309] Am 25. Januar 1939 entschied sich der GBI in einer Ressortsberatung jedoch für eine Verordnung, die lediglich zur Meldung freiwerdender Wohnungen von Juden verpflichtete und deren Neuvermietung durch den nicht-jüdischen Hauseigentümer der Genehmigung des GBI unterwarf.[310]

---

306 BAP 46.06 Nr. 157, Bl. 60 (Vermerk, (u) Dr. Fränk, v. 3.1.39). Ebenda Bl. 62 (Entwurf AO des GBI über die Neuvermietung und Neuverpachtung von Räumen aufgrund des § 13 GMietV mit Juden, v. 30.12.38). Der Entwurf trägt außer dem hs. zdA-Vermerk, (p) Fränk, keine weiteren Bearbeitungsvermerke, d.h. zwischen dem 30.12.38 und dem 3.1.39 erhielt der GBI die Mitteilung aus dem RJM.

307 BAP 46.06 Nr. 157, Bl. 56-59 (Vermerk, (u) Dr. Dickmann, zum 1. VO-Entwurf, für Dr. Fränk, v. 4.1.39), hier hs. Randbemerkung, (p) Dr. Fränk, Bl. 57.

308 BAP 46.06 Nr. 157, Bl. 43ff. (Schnellbrief RAM v. 23.1.39, Anlage Entwurf 5. VO).

309 RGBl. I 1937, S. 1054 (Gesetz über die Neugestaltung deutscher Städte, § 14 (2), v. 4.10.37). Zwei VO-Entwürfe der DfSt vor dem 4. und 6.1. bezogen sich auf §§ 14 (2) und 15 des Gesetzes, BAP 46.06 Nr. 494, Bl. 170 (Ds., GBI, (p) Fränk, an OBM, HPla, z.Hd. Dr. Müller, v. 3.1.39 zur Abs. des Entwurfs einer 4. VO über die Neugestaltung der Reichshauptstadt), BAP 46.06 Nr. 157, Bl. 54f. (Entwurf, o.D., der 4. VO), ebenda Bl. 51ff. (Ds., gez. Speer, an RAM, z.Hd. MinRat Dr. Ebel, abgegangen 7.1.39 durch Boten, v. 6.1.39, Anlagen 2. VO-Entwurf und Göring-Erlaß v. 26.11.38).

310 BAP 46.06 Nr. 157, Bl. 46ff. (Schnellbrief RAM, Einladung zur Ressortsbesprechung am 17.1.39, Anlage 3. Entwurf einer 5. VO aufgrund § 15 Neugestaltungsgesetz, v. 14.1.39). Die Zählung wurde spätestens am 11.1.39 von der 4. auf eine 5. VO verändert, nachdem in anderer Sache die Veröffentlichung einer 4. VO abschließend vorbereitet war, BAP 46.06 Nr. 494, Bl. 139 (Ds., GBI, (p) Fränk, Übersendungsschreiben an OBM, HPla, z.Hd. Dr. Müller, betr. 5. VO). BAP 46.06 Nr. 157, Bl. 46ff. (Schnellbrief RAM v. 14.1.39, Einladung zum 17.1.39, hs. Vermerk Dr. Fränk „abgesagt!"); die Sitzung wurde abgesagt, da mehrere Sachbearbeiter am 17.1.39 verhindert waren.

Verordnung über die Neugestaltung der Reichshauptstadt Berlin und der Hauptstadt der Bewegung München*).

Vom 8. Februar 1939.

Auf Grund des Gesetzes über die Neugestaltung deutscher Städte vom 4. Oktober 1937 (Reichsgesetzbl. I S. 1054) § 15 wird für die Reichshauptstadt Berlin und die Hauptstadt der Bewegung München zur Durchführung und Ergänzung dieses Gesetzes im Einvernehmen mit den beteiligten Reichsministern verordnet:

§ 1

(1) Räume, die aus einem Mietverhältnis zwischen einem nichtjüdischen Vermieter und einem Juden frei geworden sind oder frei werden, hat der Vermieter unverzüglich zu melden.

(2) Die Meldung ist in Berlin an den Präsidenten der Durchführungsstelle für die Neugestaltung der Reichshauptstadt, in München an den Oberbürgermeister der Hauptstadt der Bewegung zu erstatten. Sie ist getrennt nach Wohn-, Gewerbe- und Büroräumen auf besonderen Vordrucken vorzunehmen, die bei der Gemeindebehörde (Wohnungsamt) anzufordern sind.

§ 2

(1) Die erstmalige Wiedervermietung der frei gewordenen oder frei werdenden Räume bedarf der Genehmigung. Diese erteilt in Berlin der Präsident der Durchführungsstelle für die Neugestaltung der Reichshauptstadt, in München der Oberbürgermeister der Hauptstadt der Bewegung.

(2) Die Genehmigung ist auch dann erforderlich, wenn durch die Neubesetzung die bisherige Nutzungsart geändert wird.

(3) Die Genehmigung kann auch allgemein für bestimmte Personenkreise oder Gebiete erteilt werden.

(4) Die Gültigkeit von Mietverträgen wird durch den Mangel der vorgeschriebenen Genehmigung nicht berührt.

§ 3

(1) Die Meldung (§ 1) und Genehmigung (§ 2) ist nicht erforderlich bei Räumen,

1. die bei Inkrafttreten dieser Verordnung bereits wiedervermietet waren,
2. die bisher auf Grund eines Untermietverhältnisses überlassen waren,
3. hinsichtlich deren das Mietverhältnis gemäß § 4 oder § 4a des Mieterschutzgesetzes aufgehoben worden ist,
4. die zur Weiterführung eines bisher jüdischen Gewerbebetriebs dienen, dessen Entjudung in die Wege geleitet ist, sofern die Genehmigung zur Veräußerung nach § 1 der Anordnung auf Grund der Verordnung über die Anmeldung des Vermögens von Juden vom 26. April 1938 (Reichsgesetzbl. I S. 415) bei der zuständigen höheren Verwaltungsbehörde beantragt ist.

(2) Die Ausnahme des Abs. 1 Nr. 4 entfällt, wenn die beantragte Genehmigung rechtskräftig abgelehnt wird.

§ 4

Die Vorschriften der §§ 1 bis 3 gelten bei Pacht- oder sonstigen Raumüberlassungsverhältnissen entsprechend.

§ 5

(1) Wer Jude ist, bestimmt sich nach § 5 der Ersten Verordnung zum Reichsbürgergesetz vom 14. November 1935 (Reichsgesetzbl. I S. 1333).

(2) Im Sinne dieser Verordnung gilt ein Raumüberlassungsvertrag als mit einem Juden abgeschlossen auch dann, wenn er mit der nichtjüdischen Ehefrau eines Juden abgeschlossen war.

(3) Einem Juden steht ein jüdisches Unternehmen im Sinne des Artikels I der Dritten Verordnung zum Reichsbürgergesetz vom 14. Juni 1938 (Reichsgesetzbl. I S. 627) gleich.

§ 6

Wer vorsätzlich oder fahrlässig die vorgeschriebene Meldung nicht oder nicht unverzüglich erstattet oder einem anderen den Besitz an Räumen ohne die erforderliche Genehmigung überläßt, wird mit Geldstrafe bestraft.

§ 7

Die zur Durchführung dieser Verordnung notwendigen Anordnungen erlassen in Berlin der Präsident der Durchführungsstelle für die Neugestaltung der Reichshauptstadt, in München der Oberbürgermeister der Hauptstadt der Bewegung.

§ 8

Diese Verordnung tritt mit dem 13. Februar 1939 in Kraft.

Berlin, den 8. Februar 1939.

Der Reichsarbeitsminister

Franz Seldte

*) Betrifft nicht das Land Österreich und die sudetendeutschen Gebiete.

Neugestaltungsverordnung zur Erfassung und Zuteilung aller von Juden bei Nichtjuden aufgegebenen Wohnungen

Diese Verordnung, die am 13. Februar 1939 in Kraft trat, war auf das – inzwischen umgeschriebene und aus ökonomischen Gründen verzögert zu veröffentlichende – Gesetz über Mietverhältnisse mit Juden abgestimmt.[311] Vorläufig genügte dieser Vorgriff den Interessen des GBI, auf den er zugleich nicht verzichten konnte, wollte er nicht ein unwiederbringliches Kontingent ersatzgeeigneter Altbauwohnungen für die Neugestaltung verlieren.

Mitte September 1938 hatte das Reichsjustizministerium den Mieterschutz von Juden aufheben wollen, um den individuellen Zugewinn von Hauseigentümern, die Juden rechtswidrig kündigten, zu legalisieren und damit die Justiz von gesetzeskonformer Rechtsprechung, derentwegen Richter von der Nazipresse angegriffen wurden, zu entlasten.[312] Im Laufe der Ressortsberatungen rückte an die Stelle des individuellen Vorteils aus Kündigungen gegen Juden der Zugewinn für kommunale Wohnungspolitik, was mit der Ausweitung der Regelungen auf Mietverhältnisse mit Juden einherging.

Die seit Anfang Dezember 1938 im Justizministerium fortgeschriebenen Begründungen der Gesetzesinitiative verstärkten die wohnungspolitische Perspektive der Kommunen: Erst „die künftig zu erwartende Vermehrung des Wohnraums oder die Verminderung der Zahl der jüdischen Haushaltungen in Folge von Auswanderungen" würde die Kommunen in den Stand setzen, auf die Inanspruchnahme des Hauseigentums von Juden zu verzichten.[313] Die ministeriellen Erlasse bei Einführung des Gesetzes Anfang Mai 1939 legten den wohnungspolitischen Auftrag an die Kommunen fest: Juden würden ihre „Wohnungen in nichtjüdischen Häusern [...] aufgeben müssen, um sie zur Aufnahme wohnungssuchender deutscher Volksgenossen frei zu machen", denen die Kommune „Aussichten auf einen Wohnungswechsel zu eröffnen" hatte.[314] Durch „Unterbringung mehrerer jüdischer Familien in bisher von Juden bewohnten größeren Wohnungen" könnte „der den Juden zur Verfügung zu stellende Raum entsprechend eingeengt werden", und zwar so weit, wie es „die örtlichen Verhältnisse erforderlich erscheinen lassen".[315]

---

311 RGBl. I 1939, S. 159 (VO über die Neugestaltung der Reichshauptstadt Berlin und der Hauptstadt der Bewegung München, v. 8.2.39).

312 BAP 46.06 Nr. 157, Bl. 174 (RJM, IVb[2] 1984, Einladung zur zweiten kleinen Ressortsbesprechung am 10.11.38, v. 8.11.38). Das RJM nahm Bezug auf einen Artikel in der Zeitschrift „Das Schwarze Korps" v. 3.11.38.

313 BAP 46.06 Nr. 157, Bl. 78ff., 81-84 (2. Entwurf GMietV mit Juden nebst Entwurf amtlicher Begründung, Anlage zu RJM, IVb[2] 2290, o.D., v. 15./21.12.38).

314 Reichs- und Staatsanzeiger Nr. 102 v. 5.5.39, S. 2 (Amtliche Begründung zum GMietV, veröffentlicht vom RJM), zit. nach hekt. Abs., BAP 46.06 Nr. 3443, Bl. 132-141.

315 BAP 46.06 Nr. 3443, Bl. 127-131 (RAM, IVb1 Nr. 5015/11/39, und RMdI, I e 40 XIV/39/5012, Gemeinsamer Erlaß zur Durchführung des GMietV v. 4.5.39).

Was die örtlichen Verhältnisse in Berlin erforderten, entschied der GBI mit der weiteren Durchführung der Neugestaltung, bevor kommunale Behörden eine wohnungspolitische Initiative entwickeln konnten. Eine Spezialvorschrift stellte dem GBI seit Anfang Dezember 1938 den Zugriff auf alle Wohnungen, die Juden in Berlin gemietet oder vermietet hatten, in Aussicht: Sobald Räume aus Miet- oder Pachtverhältnissen mit Juden frei würden, fiel deren Neuvermietung oder Neuverpachtung unter die Kontrolle des GBI. Versäumten Eigentümer die Anzeige wiedervermietbarer Räume oder schlossen genehmigungslose Überlassungsverträge, drohte ihnen eine Geldstrafe.[316] Der GBI erhielt – im Rahmen einer Gesetzgebung gegen Juden – die Verfügung über das größtmögliche Segment des Berliner Bestands an Wohnungen, Gewerbe- und Büroraum, das Ersatz für jedwede Neugestaltungsabrisse geboten hätte.

Die Gesetzentwürfe erstreckten die Verwertungsbefugnis des GBI auf allen von Juden genutzten Raum und deren gesamtes Hauseigentum in Berlin. Im Vergleich zu den Rechten der Kommune aus demselben Gesetz erhielt der GBI im Interesse der Neugestaltung Berlins[317] erweiterte Eingriffsrechte. Sie beeinträchtigten das freie Vermietungsrecht jedes Eigentümers, ob Jude oder nicht, der Juden Räume überlassen hatte. Die Kontrolle des GBI über Neuvermietungen im Hauseigentum von Juden hatte Vorrang vor der ansonsten der Kommune eingeräumten Befugnis, Vertragsabschlüsse zu genehmigen, Räume zu belegen oder auf die Nutzung eines Hausgrundstücks aus dem Eigentum von Juden zu verzichten. Bei der Kommune verblieb mit dem Recht, im Hauseigentum von Juden Zwangsmietverträge festzusetzen und Vermieterkündigungen gegen Juden zu verhindern, die Aufgabe, das Wohnungselend unter Juden in Berlin zu verwalten. Inwieweit der GBI von dem aus Mietverhältnissen mit Juden freiwerdenden Raum für Zwecke der Neugestaltung Gebrauch machte, bestimmte den Umfang des für die Kommune zur Vermeidung von Obdachlosigkeit wohnungsloser Juden noch verfügbaren Raums.

---

316 BAP 46.06 Nr. 157, Bl. 131f., 133-136 (1. Entwurf Gesetz über Mietverhältnisse mit Juden nebst Entwurf amtlicher Begründung, RJM, IVb^2 2199, o.D., § 11, vorgelegt am 2.12.38). Ebenda Bl. 78ff., 81-84 (§ 13 des 2. Entwurfs GMietV mit Juden nebst Entwurf amtlicher Begründung, Anlage zu RJM, IVb^2 2290, o.D., § 13, v. 15./21.12.38). Ebenda Bl. 35-42 (Ds., 3. Entwurf GMietV mit Juden, o.D., § 13, v. 15./23.1.39). Diesbezügliche Bestimmungen des GBI bedurften des Einvernehmens mit RJM und RAM. Die Gültigkeit von Raumüberlassungsverträgen war vom Mangel der Genehmigung nicht berührt, ebenda § 11 (2) bzw. § 13 (2).

317 Seit dem 2. Entwurf GMietV mit Juden, a.a.O., v. 15./21.12.38 Geltung derselben Befugnisse auch für den Generalbaurat bzw. den Oberbürgermeister bei der Neugestaltung Münchens als „Hauptstadt der Bewegung“.

Der in den interministeriellen Beratungen unter maßgeblicher Beteiligung des GBI eingeschlagene Weg zu einer Gesetzgebung über Mietverhältnisse mit Juden führte zur rechtlichen Konstruktion von Wohnungsmärkten, die vom ersten sogenannten freien Wohnungsmarkt abgetrennt dem kommunalen Einfluß oder in Berlin der Kontrolle des GBI unterlagen. Die von Juden bewohnten Wohnungen und das Hauseigentum von Juden waren das Segment des Berliner Altbaubestands, aus dem Wohnungen nicht freihändig vermietbar waren, sondern deren Verwendung der GBI in einem separaten zweiten Wohnungsmarkt kontrollierte. Der nach Entscheidung des GBI nicht für Zwecke der Neugestaltung einzusetzende und im Hauseigentum von Juden liegende Rest bildete in Berlin den dritten Wohnungsmarkt zur Einquartierung wohnungsloser Juden. In der Berliner Neugestaltungsbehörde hieß der zweite Wohnungsmarkt „Abrißwohnungsmarkt“,[318] der von diesem abhängige dritte Wohnungsmarkt „Schachtelraum“.[319]

Ausgehend von dem Speerschen Projekt „Judensiedlung“ kam das Justizministerium innerhalb weniger Monate mit dem Gesetz über Mietverhältnisse den Interessen des Innenministeriums und des GBI an der Verelendung der Wohnverhältnisse der jüdischen Bevölkerung in Deutschland entgegen und eröffnete den Kommunen ein – auch städtebaulich nutzbares – wohnungspolitisches Handlungsfeld. Die juristischen Normierungsversuche erweiterten das Segment des Berliner Altbaubestands für Zwecke des GBI auf das größtmögliche, das im Rahmen Juden entrechtender Gesetzgebung definierbar war. Angetreten zu den Ressortsverhandlungen, um für das Projekt „Judensiedlung“ den Zugriff auf eine Anzahl Wohnungen bestimmter Größe, die Juden in Berlin bewohnten, zu legalisieren, erhielt Speers Vertreter Fränk gleich im ersten Anlauf den Zuschlag für alle Räume, die Juden in Berlin gemietet oder gepachtet hatten. Dann stellten die folgenden Gesetzentwürfe dem GBI in Aussicht, zusätzlich allen von Juden vermieteten, verpachteten oder selbst genutzten Raum für die Neugestaltung Berlins einzusetzen.

Unter den Instrumentarien zur künftigen Bewirtschaftung des von Juden gemieteten oder gepachteten Raums und deren Hauseigentums diente die allgemeine Anmeldepflicht gegenüber der Kommune zur Erfassung des gesamten Segments des Altbaubestands. Die übrigen Instrumentarien – Anzeigepflichten, Genehmigungserfordernisse und Vertragssetzungsbefug-

318 BAK R 120 Nr. 2856 (Abs., Ds., DfSt, Protokoll der Besprechung mit OBM, Wirtschaftskammer, Bund der Berliner Haus- und Grundbesitzervereine, Reichsbahnbaudirektion und OKH am 5.7.40, v. 5.7.40).

319 BAK R 120 Nr. 1976 (Ds., GBI, II/4-00/Hl/Er., nicht gez., an Herrn RMin Speer v. 15.4.42).

nisse – waren marktbezogen. Mit der Erfassung des vermietbaren Zugangs und der Bewilligung des Abgangs von Räumen garantierten sie die Kontrolle der juristisch konstruierten und politisch aktivierten separaten Märkte. Nur der Vorrang des Eigenbedarfs eines Nacheigentümers oder der Verzicht der Kommune auf die Kontrolle der Mietverhältnisse in Häusern aus dem Eigentum von Juden vermochten das kommunal nutzbare Raumkontingent des Altbaubestands zu verkleinern. Weil die Rechte der Kommunen in das Eigentumsrecht jedes Nacheigentümers eingriffen, konnte die Gesetzgebung sowohl die laufende Übernahme oder Liquidation der Betriebe stören, die zu führen Juden seit dem 1. Januar 1939 untersagt war, als auch die Preise im privaten Immobiliengeschäft drücken oder die Liquidation des Grundvermögens aus dem Eigentum von Juden überhaupt verhindern. Auch unter dem Aspekt der Finanzierung der Zwangsauswanderung stellte die Reichsregierung die Veröffentlichung des Gesetzes über Mietverhältnisse mit Juden bis zu dem für den kriegswirtschaftlichen Einsatz des Vermögens von Juden geeigneten Zeitpunkt zurück.[320]

Seit September 1938 ließen die ministerialen Experten in allen Entwürfen eine gesetzgeberische Lücke und spekulierten auf freiwillige Vermieterkündigungen gegen Juden, die Bewegung in die separierten Wohnungsmärkte bringen würden. Die Urheber des wohnungsmarktpolitischen Projekts kalkulierten die Wirkung von Hetzkampagnen gegen Juden ein und konnten sich seit dem Novemberpogrom auf die Wirkung des Terrors verlassen. In Berlin konstituierte sich der zweite Wohnungsmarkt nicht, wie anfangs konzipiert, weil Hauseigentümer Juden kündigten, sondern weil Berliner Juden unter dem Druck der staatlichen Vertreibungspolitik ihre Wohnungen zu Tausenden aufgaben, um ihre Flucht aus Deutschland vorzubereiten. „Und das ist ja schließlich die gute Seite der letzten Vorgänge, daß die ganze Auswanderungsfrage akut geworden ist, daß die Völker sehen: Der Jude

---

320 RGBl. I 1938, S. 414 (VO über die Anmeldung des Vermögens von Juden, aufgrund der DfVO Vierjahresplan v. 18.10.36, RGBl. I, S. 887, v. 26.4.38), ebenda S. 415 (AO, zur VO Vermögensanmeldung v. 26.4.38, v. 26.4.38), ebenda S. 1579 (VO über eine Sühneleistung der Juden deutscher Staatsangehörigkeit v. 12.11.38), ebenda S. 1580 (VO zur Ausschaltung der Juden aus dem deutschen Wirtschaftsleben v. 12.11.38), ebenda S. 1581 (VO zur Wiederherstellung des Straßenbildes bei jüdischen Gewerbebetrieben v. 12.11.38), ebenda S. 1638 (DfVO Sühneleistung der Juden, aufgrund der drei vorzitierten Verordnungen v. 12.11.38, v. 21.11.38), ebenda S. 1642, 1902 (DfVO und 2. DfAO, zur VO Ausschaltung der Juden aus dem Wirtschaftsleben v. 12.11.38, v. 23.11.38 bzw. 14.12.38), ebenda S. 1668 (2. AO, zur VO Vermögensanmeldung v. 26.4.38, v. 24.11.38), ebenda S. 1709 (VO über den Einsatz des jüdischen Vermögens v. 3.12.38), RMBliV. 1939 S. 266 (1. DfErl., RWM zugleich im Namen der anderen Ressorts, zur VO Einsatz des jüdischen Vermögens v. 3.12.38, v. 6.2.39).

kann nicht in Deutschland wohnen",[321] was nicht nur Göring zu schätzen wußte. Der Novemberpogrom, der den Zugriff des GBI auf die Wohnungen von Berliner Juden zunächst zu vereiteln drohte, erlaubte es Speer, als Initiator einer Juden entrechtenden Politik in die unauffällige Rolle des gelegentlichen Nutznießers der Vertreibung zurückzutreten.

IV Die Verwertung des Wohnraums von Juden

Die Räumungen in den Neugestaltungsbereichen stagnierten seit September 1938. Erst nachdem der GBI sich im Januar 1939 den rechtlichen Zugriff auf Wohnungen von Juden gesichert hatte, wurden die Räumungen wiederaufgenommen. Nach der revidierten Planung waren im Jahr 1939 für Wohnungsmieter und Bewohner von Dauerlauben in Räumungsgebieten an die 16.000 Ersatzwohnungen bereitzustellen. Diesem zusätzlichen Wohnungsbedarf stand zum Jahresende 1939 lediglich ein Zugang von etwa 4.500 Neubauwohnungen der städtischen Wohnungsbaugesellschaft GSW gegenüber. Weder die Räumungsvorhaben der Reichsbahn, derentwegen rund 8.400 Haushalte weichen sollten, die seit 1938 zu Tausenden vertragliche Optionen auf künftige Neubauwohnungen der GSW hatten, noch die übrigen rund 7.600 Haushalte betreffenden Neugestaltungsräumungen ließen sich auch nur annähernd im geplanten Umfang durchführen.

Seit dem Novemberpogrom flüchteten Monat für Monat dreitausend Berliner Juden. Sie ließen monatlich bis zu tausend vermietbare Wohnungen zurück. Den allgemeinen Wohnungsmarkt hätten diese Wohnungen nicht nennenswert entlastet, sie vermehrten den im Oktober 1938 niedrigsten Leerwohnungsbestand allenfalls um fünfzig Prozent, von statistischen 0,2 auf 0,3 Prozent des Berliner Wohnungsbestands. Erst in dem vom freien Markt abgetrennten zweiten Wohnungsmarkt, dem sogenannten Abrißwohnungsmarkt, wurde der Leerstand der von Juden zur Vorbereitung ihrer Flucht aufgegebenen Wohnungen ein bedeutsames Kontingent. Woche für Woche fielen dem GBI Hunderte Wohnungen zu, deren Verwendung als Ersatzwohnungen die Durchführungsstelle für die Neugestaltung seit Februar 1939 kontrollierte.

Voraussetzung der Neugestaltungsräumungen im Jahr 1939 war der Terror des Novemberpogroms. Mit Umfang und Tempo der Vertreibung der Berliner Juden konnten die Räumungen der Neugestaltungsbehörde jedoch

321 Protokoll der Besprechung mit den Gauleitern, Oberpräsidenten und Reichsstatthaltern über die Judenfrage am 6. Dezember 1938, vormittags 11 Uhr im großen Sitzungssaal des Reichsluftfahrtministeriums, dok. in: Heim und Aly, Staatliche Ordnung und „organische Lösung", a.a.O., 385.

nicht mithalten. Trotz Räumungsverpflichtung und exklusivem Ersatzwohnungsangebot ließen sich die Mieter in Abbruchvierteln nicht plangemäß zum Wohnungswechsel bewegen. Das seit Jahresbeginn ausreichende Angebot an Altbauwohnungen ging dem GBI zum größeren Teil verloren, weil es nicht gelang, Mieter aus Neugestaltungsbereichen rechtzeitig vor dem Wiedervermietungstermin umzusetzen, und jeder vom GBI verlängerte Leerstand eine Ersatzforderung des Vermieters in Höhe des etwaigen Mietausfalls provoziert hätte.

Die Konzeption, „judenreine Gebiete" zu bestimmen und je nach Bedarf auszuweiten, sollte das Angebot vermietbarer Wohnungen im zweiten Wohnungsmarkt mit der vom GBI aktivierten Nachfrage nach Ersatzwohnungen in Übereinstimmung bringen. Bei Abschluß der Verhandlung des Gesetzes über Mietverhältnisse mit Juden im Januar 1939 hatte der GBI das größtmögliche Segment des Altbaubestands in Aussicht, über das er als Ersatz für Neugestaltungsabbrüche verfügen wollte. Der zügige Aufkauf des Hauseigentums von Juden seit dem Novemberpogrom drohte dieses Segment der Altbauwohnungen von Juden unwiderruflich zu verkleinern. Mit der Festlegung „judenreiner Gebiete" versuchte die Durchführungsstelle den Zugriff dennoch und auch gegen Eigenbedarfsnutzungen durch Nacheigentümer zu sichern.

Bis zur vorübergehenden Stillegung der Neugestaltungsarbeiten zu Kriegsbeginn hatte die Neugestaltungsbehörde alle Instrumente und Verfahrensweisen ausgebildet, um den zweiten Wohnungsmarkt intern zu kontrollieren und externe Einflüsse zu steuern. Alle künftig greifbaren Wohnungen aus Mietverhältnissen mit Juden, „jüdische Wohnungen" oder „Judenwohnungen", sollten ausnahmslos für die Neugestaltung verwertet werden. Ziel des GBI blieb es, auch ohne adäquaten Ersatzwohnungsbau den Einstieg in die Neugestaltung zu demonstrieren und deren Scheitern weiterhin zu kaschieren.

1. *Die „Aktion Judenwohnungen"*

Ende Januar 1939 richtete sich die Neugestaltungsbehörde auf die Verwertung der aufgegebenen Wohnungen vertriebener Berliner Juden ein. Eigens für die „Erfassung und Vermietung jüdischer Wohnungen, Gewerbe- und Industrie-Räume" wurde am 24. Januar 1939 in der Rechtsabteilung der Durchführungsstelle das Referat II/4 eingerichtet, das der Danziger Senator a.D. Paul Batzer leitete.[322] Am 26. Januar 1939 folgte eine Besprechung

322 BAP 46.06 Nr. 3440 sowie LA Bln Pr.Br.Rep. 107 Nr. 61, Bl. 75-88 (Verwaltungsbericht für Januar 1939 v. 1.2.39, lt. Ausfertigung im BAP Speer vorgelegt am 3.3.39). Datum der Anordnung des Referats II/4 in der DfSt lt. Verwaltungsbericht für Februar 1939 v. 3.3.39, LA Bln ebenda Bl. 95-111.

Speers mit dem Präsidenten seiner Durchführungsstelle, Dr. Ernst Zörner, dessen Vizepräsidenten Willi Clahes und Dr. Gerhard Fränk, den Abteilungsleitern und dem neuen Referatsleiter Batzer sowie dem Leiter des städtischen Hauptplanungsamts, Dr. Werner Müller, zum Thema „Judenwohnungen".[323] Mit Blick auf die kommende Neugestaltungsverordnung strukturierte der GBI das Verfahren zur Verwertung der von Juden aufgegebenen Miet- und Pachträume. Der Durchführungsstelle oblag die Kontrolle des künftig verfügbaren Kontingents an geeignetem Ersatzraum. Die Zuweisung von Nachmietern aus den Neugestaltungsbereichen delegierte der GBI an die zuständigen Betreuungsstellen. Der Bund der Berliner Haus- und Grundbesitzervereine unterstützte räumungspflichtige Büroraummieter und Eigentümer bei der Suche nach Ersatzgrundstücken. Die wirtschaftliche Beratungsstelle und die Industrie-Abteilung der Wirtschaftskammer für Brandenburg und Berlin vermittelten Gewerbetreibende in Arisierungsgeschäfte. Als Entmietungsträger wiesen die bezirklichen Wohnungsämter und die Reichsbahnbaudirektion Räumungspflichtigen angemessene Ersatzwohnungen nach.[324]

Aufgrund der am 13. Februar in Kraft getretenen Neugestaltungsverordnung vom 8. Februar 1939 erfaßte das Referat II/4 freie oder frei werdende Wohnungen und gewerblich genutzte Räume, die Juden bei nichtjüdischen Vermietern aufgegeben hatten.[325] Die mit der Neugestaltungsverordnung etablierte Anzeigepflicht der Hauseigentümer war unverzichtbare Voraussetzung dieser Erfassung, denn freiwillig waren Hauseigentümer nicht bereit, vermietbare Wohnungen zu melden und ausschließlich Mietinteressenten aus Neugestaltungsbereichen anzubieten.[326] Die Durch-

---

323 LA Bln Pr.Br.Rep. 107 Nr. 234 (Terminkalender Speer, Vormerkung seit 23.1.39 für Donnerstag, 26.1.39, 15.30 Uhr).

324 BAP 46.06 Nr. 3442, Bl. 19ff., 22-28 (Ds., DfSt, II/4, nicht gez., Autor Paul Batzer, Entwurf für die Arbeitsdurchführung nebst Anlagen 1 bis 7, (p) o.D. Zörner, Clahes, lt. Postverteilstempel von allen Abteilungsleitern des GBI ges., Speer vorgelegt am 1.3.39, v. 2.2.39). Übereinstimmend die Regelungen in den späteren Anweisungen, LA Bln Pr.Br.Rep. 107 Nr. 235/6 (Entwurf einer DfAO des GBI, Abt. II/3, Anlage zu GBI, (p) Dr. Dickmann, an RAM, v. 8.2.39) und BAP 46.06 Nr. 157, Bl. 4-10 (Rds. OBM, Pla VI C, gez. Pfeil, an BezBM der Verwaltungsbezirke 1–20 v. 9.2.39).

325 RGBl. I, 1939 S. 159 (VO über die Neugestaltung der Reichshauptstadt Berlin und der Hauptstadt der Bewegung München v. 8.2.39).

326 Lediglich 3 Meldungen gingen bis 2.12.38 auf die Aufforderung des Bundes der Berliner Haus- und Grundbesitzervereine v. 23./26.10.38 ein, mit Praxisräumen verbundene Wohnungen, die Juden wegen Berufsverbots als Anwälte aufgeben würden, anzuzeigen, damit Abrißmieter vermittelt werden könnten. RGBl. I 1938, S. 1403, 1439 (5. VO zum RbürgG v. 27.9.38). BAP 46.06 Nr. 157, Bl. 186 sowie 187 (Vermerk GBI, (p) bzw. (u) Dr. Fränk, über Rücksprache mit HPla, Dr. Müller, v. 17.10.38). Ebenda Bl.

führungsanordnung vom 8. Februar 1939 definierte den zur Anmietung meldepflichtiger Wohnungen und anderer Räume berechtigten Personenkreis. Die Durchführungsstelle bediente sich dabei eines seit dem Ersten Weltkrieg zulässigen, in Berlin aber nicht gebräuchlichen Instruments der Wohnungsbewirtschaftung: des Mietberechtigungsscheins. Die erforderliche Genehmigung galt mit Vertragsabschluß als erteilt, wenn die meldepflichtige Wohnung einem Mieter überlassen wurde, „der seine bisherige Wohnung infolge der Neugestaltung der Reichshauptstadt aufgeben muß und der im Besitz eines Mietberechtigungsscheins ist".[327]

Die Anzeigepflicht und die Beschränkung des Vermietungsrechts waren Eingriffe des GBI in das Eigentumsrecht des Hauseigentümers, der Juden vertraglich Räume überlassen hatte, die durch kein Gesetz gedeckt waren.[328] Ihre bindende Wirkung entfaltete die Neugestaltungsverordnung vom 8. Februar 1939 im wesentlichen kraft des reibungslosen Ablaufs des Verfahrens. Weil das Fehlen der vorgeschriebenen Genehmigung die Gültigkeit geschlossener Raumüberlassungsverträge nicht berührte, war beiderseits der Rechtsweg, der an Schadensersatzansprüche hätte geknüpft werden müssen, gewöhnlich ausgeschlossen.[329] Die angedrohte, in der Höhe offene Geldstrafe veranlaßte den nicht liquiden Hauseigentümer, die Melde- und Ver-

---

179f. (OBM, HPla, gez. i.V. Pfeil, an GBI v. 31.10.38). Der im Einvernehmen mit GBI und HPla erstellte Appell wurde veröffentlicht: „Das Grundeigentum" v. 23.10.38. Ebenda Bl. 122f. (Umdruckschreiben an die Eigentümer v. 26.10.38). RGBl. I 1938, S. 1545 (6. VO zum RbürgG v. 31.10.38). LA Bln Pr.Br.Rep. 107 Nr. 278/4 (Abs., OBM, Hpla, Pla II D, gez. i.A. Dr. Müller, an Bund der Berliner Haus- und Grundbesitzervereine, z.K. an GBI, v. 14.11.38). BAP 46.06 Nr. 157, Bl. 121, 125 (Abs., OBM, HPla II D, gez. i.A. Dr. Müller, an GBI v. 2.12.38).

327 RMBl. 1939, S. 138, 3. DfAO zur Neugestaltung der Reichshauptstadt v. 8.2.39, § 1, gem. § 2 entsprechende Geltung für andere Raumüberlassungsverträge. Zunächst durch nachträglichen Stempelaufdruck: „Dieser Schein gilt nur für Arier", schloß der GBI räumungspflichtige Juden von der Zuteilung einer Ersatzwohnung aus.

328 LA Bln Pr.Br.Rep. 107 Nr. 235/6 (Entwurf einer DfAO des GBI, Abt. II/3, nicht gez., o.D., Anlage zu GBI, (p) Dr. Dickmann, an RAM, hs. Vermerk, (p) Dickmann, „Durch fernmündl. mit RegRat Goldammer erledigt.", v. 8.2.39). Die Rabt. der DfSt wollte auf das Neugestaltungsgesetz ausdrücklich Bezug nehmen, sah nach Rücksprache mit dem RAM allerdings davon ab.

329 BAP 46.06 Nr. 157, Bl. 24f. (Stv.d.F., Nr. 63/39, gez. Karl Fiehler, Stellungnahme zum VO-Entwurf, an RAM, MinRat Dr. Heilmann, v. 2.2.39), plädierte für die Unwirksamkeit genehmigungsloser Verträge, was Fränk mit dem hs. Vermerk, li. Rand, „Nein!" kommentierte. Ebenda Bl. 56-59 (Begründung zum 1. Entwurf einer VO, (u) Dickmann, v. 4.1.39) die Erklärung der Neugestaltungsjuristen: „Das Vorliegen der Genehmigung zur rechtlichen Voraussetzung für die Gültigkeit abgeschlossener Verträge zu machen, erscheint mir gleichfalls recht bedenklich, weil sich daraus bald erhebliche rechtliche und wirtschaftliche Schwierigkeiten ergeben könnten."

mietungsvorschriften zu erfüllen. Im übrigen lud die vorsätzlich lückenhafte und unspezifische Regelung zum Handel und dazu ein, willkürlich außergesetzlichen Druck walten zu lassen.

Die Durchführungsstelle kontrollierte zunächst nur den Zu- und Abgang meldepflichtiger Räume.[330] Das Referat II/4 nahm die Meldungen der Hauseigentümer entgegen, stellte nach Bezirken und Nutzungsarten getrennte Listen zusammen, aktualisierte diese wöchentlich und reichte sie an die jeweiligen Betreuungsstellen weiter. Während sich die Durchführungsstelle bei gewerblich genutzten Räumen nach Vorentscheidung der Verbände die Genehmigung in jedem Einzelfall vorbehielt, galt diese bei der Vermietung von Wohnungen an Inhaber von Mietberechtigungsscheinen generell als erteilt. Von den bezirklichen Wohnungsämtern oder der Reichsbahnbaudirektion mit Wohnungsliste und nicht übertragbarem Mietberechtigungsschein ausgestattet, sollten räumungspflichtige Mieter aus Neugestaltungsbereichen sich eine passende Wohnung aussuchen. Die erforderliche Genehmigung für die erste Wiedervermietung erlangten die Vermieter dadurch, daß sie die als „Nur vom Vermieter der bisherigen Judenwohnung auszufüllen“ gekennzeichnete Anlage des vorgelegten Mietberechtigungsscheins binnen drei Tagen nach Vertragsschluß – deutlich lesbar ausgefüllt und pünktlich – an das bezirkliche Wohnungsamt zurücksandten. Den bezirklichen Wohnungsämtern half der Mietberechtigungsschein nebst Anlage, „die Übersicht über die Räumung der Häuser und die Unterbringung der Mieter im Rahmen der Neugestaltung zu gewährleisten“.[331] Zur Aktualisierung der Wohnungsliste hatten die Wohnungsämter dem Referat II/4 telefonisch zu melden, welche Wohnungen von Abrißmietern angemietet worden waren. Mit Wohnungsliste und Mietberechtigungsschein erfaßte die Neugestaltungsbehörde das momentane Ersatzwohnungsangebot nach Anzahl, Anschrift, Lage im Haus, Größe, Ausstattung, Mietzins, Vormieter und Eigentümer.

330 BAP 46.06 Nr. 157, Bl. 124 (GBI, (p) Dr. Dickmann, an RAM, v. 8.2.39), dazu Zusammenstellung von Formularen LA Bln Pr.Br.Rep. 107 Nr. 235/6, darin Meldekarten von 2/36. BAP 46.06 Nr. 157, Bl. 3-17, 14 (Formular für die Anmeldung von Wohnräumen gem. VO v. 8.2.39). Die Meldung nach der Neugestaltungsverordnung v. 8.2.39 ersetzte die Meldung nach Polizeiverordnung i.d.F. v. 29.7.37. Ebenda Bl. 14-17 (OBM, Pla VI C, gez. Pfeil, an BezBM der Verwaltungsbezirke 1–20, v. 9.2.39, nebst u.a. Anlage der Formularmuster für Meldung nach Raumarten).

331 BAP 46.06 Nr. 157, Bl. 4-20, 19, 20 (Formbrief der Bezirksbürgermeister an die Mieter und Muster des MbS als Anlage zu OBM, Pla VI C, gez. Pfeil, an BezBM der Verwaltungsbezirke 1 – 20, v. 9.2.39). Der Schein entspricht dem 2. Entwurf der Rabt. der DfSt, LA Bln Pr.Br.Rep. 107 Nr. 235/6 (Anlage zu GBI, DfSt, (p) Dr. Dickmann, an RAM, v. 8.2.39). Ein Original des MbS aufgrund der VO v. 8.2.39 ließ sich bislang nicht auffinden.

Der Präsident
der Durchführungsstelle
für die
Neugestaltung der Reichshauptstadt
Abt. II/4

Berlin, den 1939

Ich bestätige die Meldung der Wohnung

Straße: .... Nr.: .... Stock: ....

Größe: .... (Zimmer) Verwaltungsbezirk: ....

Merkblatt für den Hauseigentümer

Gemäß Verordnung vom 8. 2. 1939 RGBl. Nr. 21 sind mit Wirkung vom 13. 2. 1939 sämtliche freien bzw. freiwerdenden jüdischen Wohnungen vom nichtjüdischen Hauswirt sofort dem Präsidenten der Durchführungsstelle für die Neugestaltung der Reichshauptstadt, Berlin NW 7, Pariser Platz 6, zu melden.

Der **Hausbesitzer** (Vermieter) hat dabei folgendes zu beachten:

1. **Sofortige Meldung,** sobald **Räumungstermin** bekannt ist. Angaben wie „unbestimmt", „vielleicht" usw. sind zu unterlassen. Zur geregelten Bearbeitung ist eine Frist von mindestens 3 bis 4 Wochen notwendig.
2. **Deutliche und leserliche Schrift** auf den vorgeschriebenen Formularen, die beim Wohnungsamt des zuständigen Bezirksamtes erhältlich sind.

(Wohnungen	rosa Formular)
(Laden- und Ausstellungsräume	blau Formular)
(Büro- und Großhandelsräume	gelb Formular)
(Industrieräume	grün Formular)

3. Als **Verwaltungsbezirk** ist der Bezirk, in dem die zu vermietende Wohnung liegt und nicht wie vorgekommmen, in dem der Hausbesitzer wohnt, zu melden.
4. **Abrißmieter** haben sich durch einen **Mietberechtigungsschein** oder durch eine **Bescheinigung der Durchführungsstelle** auszuweisen.
5. Kommt ein Mietvertrag zustande, ist die Anlage am Mietberechtigungsschein umgehend, **deutlich ausgefüllt,** dem Präsidenten der Durchführungsstelle für die Neugestaltung der Reichshauptstadt zuzusenden.
6. Es ist leider vorgekommen, daß Hausbesitzer bei der Wiedervermietung sich grobe Verstöße gegen die Preisstopverordnung haben zuschulden kommen lassen.

Ich mache darauf aufmerksam, daß die Instandsetzungspflicht, welche entweder dem Vermieter oder dem jüdischen Vormieter obliegt, nicht auf den Abrißmieter übertragbar ist, d. h. die Wohnung ist in einem bewohnbaren Zustand zu übergeben.

Betreffs Mietpreis erwähne ich, daß bei Wohnungen, die dem Mieterschutz unterliegen, nur die gesetzliche Miete, bei Wohnungen, die dem Mieterschutz nicht unterliegen, nur die Miete und Lasten, die der Vormieter getragen hat, anzusetzen sind. Eine Erhöhung derselben darf nur mit Genehmigung der Preisbildungsstelle für Mieten erfolgen. Hiervon entbindet nicht ein etwa gestellter Antrag!

Absichtliche **Abweisung** und **Hinhaltung** eines **Abrißmieters ohne berechtigten Grund** ist ein Verstoß gegen die Verordnung vom 8. 2. 1939. Eine Genehmigung zur freien Vermietung wird in solchen Fällen **ohne Rücksicht auf das Freiwerden der Wohnung bis zur gerichtlichen Entscheidung zurückgehalten.**

Ein Abrißmieter, der sich durch einen Mietberechtigungsschein ausweist, ist jedem anderen Mieter vorzuziehen. Auch ein schon gestellter Antrag um Freigabe, Tausch oder Vermietung der Wohnung an einen anderen Volksgenossen entbindet nicht von dieser Pflicht.

I. A.

Instrumente gegen die Vertragsfreiheit: Erfassung ...

Stempelaufdruck
des
Entmietungsträgers

Mietberechtigungsschein.

Der Mieter .... Berlin ....

Strasse .... Nr. .... muss die von ihm zurzeit innegehabte Wohnung infolge der Neugestaltung der Reichshauptstadt räumen. Er ist auf Grund dieses Scheines berechtigt, sich um eine der gemäss § 1 der Verordnung über die Neugestaltung der Reichshauptstadt Berlin und der Hauptstadt der Bewegung München vom ..8.. Februar 1939 dem Präsidenten der Durchführungsstelle für die Neugestaltung der Reichshauptstadt gemeldeten Wohnungen zu bewerben.

Die nach § 2 der Verordnung erforderliche Genehmigung für die erstmalige Wiedervermietung der Wohnung gilt als erteilt, wenn ein Mietvertrag zwischen dem Vermieter der bisher von Juden innegehabten Wohnung und dem durch diesen Mietberechtigungsschein ausgewiesenen Mieter zustande gekommen ist. Der Mieter hat diesen Schein beim Zustandekommen eines Mietvertrages an den Vermieter abzugeben. Der Vermieter ist verpflichtet, den untenstehenden Abschnitt sorgfältig auszufüllen und binnen 3 Tagen an die darauf bezeichnete Stelle zurückzusenden.

Um die Übersicht über die Räumung der Häuser und die Unterbringung der Mieter im Rahmen der Neugestaltung zu gewährleisten, wird besonderer Wert auf deutlich lesbare Schrift und pünktliche Übersendung des Abschnittes gelegt.

Dieser Schein ist nicht übertragbar!

____
(Unterschrift)

- -

Anlage Berlin, am ....1939.

Nur vom Vermieter der bisherigen Judenwohnung auszufüllen.

Stempelaufdruck
des
Entmietungsträgers

Bereich ....

Der Mieter .... Berlin ....

Strasse .... Nr. ...... hat in dem Hause

Berlin .... Nr. ...... eine .... Zimmerwohnung zum .... gemietet.

____
(Unterschrift).

... und kontrollierte Vermietung für den Umbau der Stadt

Die bei den bezirklichen Wohnungsämtern bereitliegenden amtlichen Vordrucke für das Meldeverfahren beim Präsidenten der Durchführungsstelle für die Neugestaltung fragten nicht nach dem Grund des angezeigten Freiwerdens von Juden bewohnter Wohnungen, dessen Rechtmäßigkeit für den GBI unerheblich war. Neben dem Regelfall der Wohnungskündigung von Juden, die ihre absehbare oder erhoffte Auswanderung vorbereiteten, wird es – nach Aktenlage nicht quantifizierbar – Vermieterkündigungen gegen Juden gegeben haben. Obwohl solche gesetzlich nicht zulässig waren, werden Juden unter dem terroristischen Druck der Vertreibung, den Wohnungsbesichtigungen von Mietinteressenten verstärkten, vertragswidrige Kündigungen hingenommen haben. Gerade die Kündigung der Wohnung, gegen die eine Kündigungsschutzklage wegen gesetzwidriger Rechtsprechung keine Abhilfe versprach, wird Fluchtentscheidungen bestärkt haben. Der Vertreibungsterror gegen Berliner Juden führte deren Wohnungen als vermietbare dem vom GBI kontrollierten zweiten Wohnungsmarkt zu.

Als überraschend groß bezeichnete die Rechtsabteilung der Neugestaltungsbehörde die Zahl der seit dem 13. Februar 1939 gemeldeten, in nichtjüdischem Hauseigentum gekündigten, freien oder frei werdenden Räume jüdischer Mieter und Pächter: Neben 310 gewerblich genutzten Räumen standen dem GBI zum 24. Februar 1939 für seine Zwecke bereits 560 zusätzliche Wohnungen zur Verfügung.[332] Bis zum 23. März stieg die Zahl der von Juden aufgegebenen Wohnungen auf 1.576.[333] Am 14. Juni 1939 notierte Batzer, 3.000 „Judenwohnungen" wären seit Bestehen des Referats II/4 „terminmässig bearbeitet" worden,[334] und bis zum 22. Juni 1939 waren mindestens 3.400 Wohnungen jüdischer Mieter der Durchführungsstelle für die Neugestaltung als vermietbar gemeldet. Im Juli und August 1939 zeigten Hauseigentümer wenigstens tausend weitere Wohnungen von Juden als frei werdend an. In den 18 Wochen vom 16. Februar bis zum 22. Juni 1939 waren es durchschnittlich 180 neu gemeldete Wohnungen, die das Referat II/4 den in Neugestaltungsbereichen Räumungspflichtigen offerierte. Mit den elf Ausgaben des Wohnungsnachweises zwischen dem 22. Juni und 31. August 1939 pries die Neugestaltungsbehörde wöchentlich zwischen vierhundert und siebenhundert Wohnungen an.[335] Schon Ende Februar 1939

---

332 LA Bln Pr.Br.Rep. 107 Nr. 61, Bl. 95-111, 103 (Verwaltungsbericht der DfSt für Februar 1939 v. 3.3.39 mit der zum 24.2.39 erstellten Statistik des Referats II/4).

333 LA Bln Pr.Br.Rep. 107 Nr. 61, Bl. 113-127, 120 (Verwaltungsbericht der DfSt für März 1939 v. „13.3.39").

334 BAK R 120 Nr. 1976 (Vermerk, Entwurf, (u) Batzer, v. 14.6.39).

335 BAP 46.06 Nr. 3444, 3445 (Wohnungslisten Nr. 1–18, Nr. 6 fehlt, v. 16.2. bis 13.6.39). BAP 46.06 Nr. 3443 (Wohnungsnachweise Nr. 1–11 v. 22.6. bis 31.8.39). Die exakte

hatte die Durchführungsstelle aufgrund der unerwartet hohen Zahl von Meldungen vermietbarer Wohnungen kalkuliert, daß ein wesentlicher Teil der Mieter aus den Räumungsgebieten der Neugestaltung untergebracht werden könnte.[336]

Doch das Vermittlungsergebnis der bezirklichen Wohnungsämter blieb weit hinter der Erwartung des GBI zurück: Von den 1.576 bis zum 23. März 1939 insgesamt gemeldeten Wohnungen mußte der Präsident der Durchführungsstelle zu den Wiedervermietungsterminen 1. März und 1. April 1.157 Wohnungen freigeben. Im Februar und März vermittelten die bezirklichen Wohnungsämter überhaupt nur 189 Wohnungen, davon 53 an Mieter aus Räumungsgebieten der Neugestaltung. Als von der Neugestaltung mittelbar betroffen galten 100 Nachmieter, die dem städtischen Wohnungsbau oder von bebauten Ersatzgrundstücken weichen mußten. Weitere 36 Wohnungen erhielten Wohnungssuchende, die städtische Ämter als „soziale Fälle“ betreuten.[337] Die bezirklichen Wohnungsämter hatten seit dem 13. Februar nur etwa 300 Mietberechtigungsscheine ausgegeben,[338] obgleich bis zu zweitausend Wohnungsmieter in Kürze räumen mußten. Die Neugestaltungsbehörde hatte für den 1. Juli und 1. Oktober 1939 Räumungen angesetzt, um das „verhältnismässig grosse Aufkommen an freigemeldeten Wohnungen, insbesondere an Mittel- und Grosswohnungen, möglichst restlos ausnutzen zu können“.[339] Wegen Unregelmäßigkeiten bei der Ausgabe von Mietberechtigungsscheinen verlangte die Durchführungsstelle vom städtischen Hauptplanungsamt, welches der SS-Verfügungstruppe für deren Wohnungsfürsorge 20 Blankos überlassen hatte, am 9. März 1939 eine umfassende

Zahl der seit dem 22.6.39 gemeldeten und angebotenen Wohnungen jüdischer Mieter ließe sich wegen der nicht bekannten vertraglichen Kündigungsfristen und der jeweiligen Wiedervermietungstermine nur durch Auswertung der Wohnungs- und Mieterangaben in den vollständig erhaltenen Wohnungsnachweisen feststellen. Möglicherweise wurden bis 1.9.39 noch mehrere tausend Wohnungen von Juden als vermietbar gemeldet.

336 LA Bln Pr.Br.Rep. 107 Nr. 61, Bl. 92ff., 93f. (Bericht Rabt. v. 24.2.39).

337 LA Bln Pr.Br.Rep. 107 Nr. 61, Bl. 113-127, 121 (Verwaltungsbericht der DfSt für März 1939 v. „13.3.39“). Wohnungen, die 10 Tage vor dem Wiedervermietungstermin nicht an MbS-Inhaber vermietet waren, wurden, um Ersatzansprüche auszuschließen, freigegeben. Wohnungen mit einem für den wöchentlichen Wohnungsnachweis für Abrißmieter zu kurzfristigen Räumungstermin kamen für „dringliche Unterbringungsfälle“ der Bezirksämter in Frage. Eine Bescheinigung des HPla wies die Wohnungssuchenden gegenüber dem Vermieter als Mietberechtigte aus. BAP 46.06 Nr. 3443, Bl. 150ff. (OBM, HPla, Pla VI C, i.A. gez. Dr. Müller, an BezBM v. 3.3.39).

338 BAK R 120 Nr. 1976 (Bericht Batzer für Otto Schmidt betr. Stand der Arbeiten der Abteilung II/4 zum Termin 17.4.1939, Schätzung, v. 19.4.39).

339 BAP 46.06 Nr. 3443, Bl. 150ff. (OBM, HPla, Pla VI C, an BezBM v. 3.3.39).

zahlenmäßige und namentliche Aufstellung über ausgegebene Mietberechtigungsscheine und „bisher ermietete Wohnungen aus der Judenaktion".[340] Von den etwa 300 ausgegebenen Mietberechtigungsscheinen waren Ende März 1939 noch 161 in der Hand von räumungspflichtigen Mietern.[341]

Weil in den vier Wochen seit Geltung der Meldepflicht 90 Prozent der vermietbaren Wohnungen von Juden für die Neugestaltung verlorengingen und die bezirklichen Wohnungsämter überhaupt nur drei Prozent der gemeldeten Wohnungen an räumungspflichtige Mieter aus Abbruchbereichen vermittelt hatten, zentralisierte der GBI zum 1. April 1939 das gesamte Vergabesystem als „Aktion Judenwohnungen" beim Referat II/4 der Durchführungsstelle. Die Neugestaltungsbehörde wollte innerhalb des separierten Wohnungsmarkts kurzfristig die Nachfrage nach Ersatzwohnungen mit dem Angebot vermietbarer Wohnungen abstimmen.[342]

Um die Nachfrage nach vermietbaren Wohnungen von Juden dem Angebot entsprechend zu steigern, übernahm das Referat II/4 von den Wohnungsämtern der Bezirke die Adressen aller bereits in Neugestaltungsbereichen räumungspflichtigen Mieter und zusätzlich die Anschriften derer, die im Laufe des Jahrs 1939 und zu den Räumungsterminen 1. Februar und 1. April 1940 räumungspflichtig würden. Seit Anfang April 1939 vermehrte das Referat II/4 die Zahl der in Umlauf gesetzten Mietberechtigungsscheine von übriggebliebenen 161 in der Hand von Abbruchmietern auf 1.020 in nur

340 BAP 46.06 Nr. 3442, Bl. 11f. (DfSt, (u) Zörner, II/4-C/G. auf OBM, Pla VI C v. 31.3.39, v. 11.5.39 nimmt Bezug auf diesbezügliche Aufforderung mit Schreiben v. 9.3.39). BAP 46.06 Nr. 3443, Bl. 147f. (OBM, Pla VI C 1, an GBI, z.Hd. Dr. Fränk, v. 9.3.39, übersandt z.K. RdVfg. OBM, HPla, Pla VI C a, gez. Dr. Müller, an BezBM v. 9.3.39). Außerdem duldete die Reichsbahnbaudirektion die Übertragung von MbS, und die Reichspostdirektion versorgte Wohnungssuchende mit Wohnungslisten des GBI und eigenen Mietberechtigungsausweisen. BAP 46.06 Nr. 3443, Bl. 146 (Vermerk, DfSt, II/4, (u) Paul Batzer, Erfahrungen über den bisherigen Arbeitsablauf der Abteilung II/4, v. 14.3.39).

341 BAK R 120 Nr. 3905g, Bl. 01-011 (DfSt, II/4, General-Liste Mietberechtigungsscheine für Abrißmieter, Lfzt. 1939–1942). Diese weist 161 nicht numerierte MbS nach, Vertragsabschlüsse zwischen 28.3. und 16.8.39, mit 2 Ausnahmen im Jahr 1941. Auch rechnerisch muß die Zahl der ausgegebenen MbS einschließlich des „Mißbrauchs" unter 400 (371) und zuzüglich der von der DfSt seit 13.2. und vor 1.4.39 direkt ausgestellten 45 MbS (Nachweis übereinstimmend in den zit. Vermerken des Referats II/4 v. 19., 25. u. 27.4. sowie 6.5. in BAK R 120 Nr. 1976) bei insgesamt höchstens 416 gelegen haben.

342 BAP 46.06 Nr. 3443, Bl. 143ff. (Vermerk, DfSt, II/4, (u) Paul Batzer, Vollständiger Arbeitsvorgang, v. 14.3.39). BAP 46.06 Nr. 3442, Bl. 13ff. (Ds., Vermerk über Besprechung zur „Zusammenarbeit der Abteilung II/4 mit dem Hauptplanungsamt betreffend Judenwohnungen" am 15.3.39, (u) Paul Batzer, Umlauf, ges. von allen Abteilungsleitern des GBI, v. 20.3.39).

drei Wochen, 1.180 bis Ende April, 1.366 bis zum 6. Mai 1939 und 1.597 bis zum 22. Mai 1939.[343] Bis Ende August 1939 hatte das Referat II/4 etwa 2.550 Mietberechtigungsscheine an Mieter in Neugestaltungsbereichen verteilt. Der GBI numerierte die Mietberechtigungsscheine fortlaufend und führte diese bis zur Anmietung einer Ersatzwohnung in einer Generalliste.[344] Den Versand der Wohnungsliste koppelte das Referat II/4 an die Ausgabe der numerierten Mietberechtigungsscheine. Die Vermieter hatten unmittelbar nach Vertragsschluß mit einem Abbruchmieter den Abschnitt des Mietberechtigungsscheins mit den Angaben zur Wohnung und deren Nachmieter dem Referat II/4 zur Aktualisierung der Wohnungsliste einzusenden,[345] so daß Veränderungen des Wohnungsangebots im zweiten Wohnungsmarkt sofort registriert wurden.

Um „Druck auf die Abrißmieter auszuüben, damit sie zum bestimmten Räumungstermin eine der angebotenen Wohnungen mieten",[346] hatte das Referat II/4 die Deckblätter der Wohnungslisten wie amtliche Anordnungen gestaltet. Nach den umfangreichen Freigaben von nicht rechtzeitig angemieteten Wohnungen zum 1. April 1939 wies die fällige Sammelliste jeden der räumungspflichtigen und mit einem Mietberechtigungsschein ausgestatteten Abrißmieter darauf hin, daß „er nicht damit rechnen kann, anderweitig ein derart grosses Angebot von Wohnungen zur Auswahl bereitgestellt zu erhalten".[347] Am 22. Juni warnte die Durchführungsstelle, daß der Räumungstermin 1. Juli 1939 keinesfalls verlängert würde.[348] Im August 1939 wurden die Mieter aus Abrißvierteln ausdrücklich aufgefordert, angebotene Wohnungen vorzeitig zu mieten. Auf Antrag bei den bezirklichen Wohnungsämtern oder bei der Reichsbahnbaudirektion konn-

343 BAK R 120 Nr. 1976 (3 Vermerke, DfSt, II/4: (u) Otto Schmidt, Meldung v. 25.4.39, Schmidt v. 27.4.39, (p) Schmidt v. 6.5.39). LA Bln Pr.Br.Rep. 107 Nr. 223 (Schreiben eines gewerblichen Abrißmieters an DfSt, o.D.: „Da wir eine jüdische Wohnung in Aussicht hatten, baten wir Sie um einen Mietberechtigungsschein, den wir auch am 22.5.39 unter der Nummer 1597 erhielten."

344 BAK R 120 Nr. 3905g Bl. 1-120 (DfSt, II/4, General-Liste MbS für Abrißmieter, lfd. Nr. 5 – 3.000, davon max. 2.550 vergeben, die seit dem 11.4.39 eingelöst wurden).

345 BAP 46.06 Nr. 3443, Bl. 150ff. (Umdruckverfügung OBM, HPla, Pla IV C, gez. i.A. Dr. Müller, an BezBM v. 3.3.39).

346 BAP 46.06 Nr. 3442, Bl. 13ff. (Ds., Vermerk zur Besprechung am 15.3.39, (u) Paul Batzer, Umlauf, ges. von allen Abteilungsleitern des GBI, v. 20.3.39).

347 BAP 46.06 Nr. 3443, Bl. 150ff. (Umdruckverfügung OBM, HPla, Pla IV C, gez. i.A. Dr. Müller, an BezBM v. 3.3.39). Die Wohnungsliste Nr. 6, etwa 8–10 Tage vor Monatsende als Sammelliste erschienen, die etwa 322 noch anmietbare Wohnungen nachwies, ist nicht in der Sammelakte BAP 46.06 Nr. 3444 erhalten.

348 BAP 46.06 Nr. 3443, Bl. 97 (Titelblatt Wohnungsnachweis Nr. 1 v. 22.6.39).

ten sie von doppelten Mietzahlungen entlastet werden. Die mit Mietberechtigungsscheinen und dem seit Ende Juni 1939 wöchentlich aktualisierten Wohnungsnachweis auf Wohnungssuche geschickten Mieter aus Abbruchvierteln wurden zudem verpflichtet, Hauseigentümer anzuzeigen, die das Vergabeverfahren behinderten.[349] Der Tausch von Wohnungen, mit dem der Abrißmieter „jegliche weitere Fürsorge" verlöre, bedurfte eines Antrags beim Leiter des Referats II/4 der Durchführungsstelle. Den Nachdruck und die Weitergabe von Wohnungsnachweisen und Mietberechtigungsscheinen untersagte die Neugestaltungsbehörde ausdrücklich.[350]

Daß Vermieter von Juden, die ihre Wohnungen aufgaben, lieber freihändig als an behördlich zugewiesene Wohnungssuchende vermieteten, rügte die Neugestaltungsbehörde Anfang April 1939 als „das ungesetzliche Verhalten der Hausbesitzer". Solche Vermieter wollten „die Vergebung der Wohnungen von der Übernahme der Instandsetzungskosten abhängig machen, worauf allerdings die Abrissmieter in der Regel auf Grund ihrer finanziellen Verhältnisse nicht eingehen können".[351] Seit Ende Juni 1939 erhielten auch die Hauseigentümer die Wohnungsnachweise des Referats II/4 und damit die amtlichen Belehrungen des Referatsleiters. Batzer warnte davor, von Nachmietern Instandsetzungsaufwendungen zu verlangen, die dem Eigentümer oder dem Vormieter oblagen, oder die Miete entgegen der Preisstop-Verordnung zu erhöhen. Um zu verhindern, daß Hauseigentümer Wohnungen verspätet meldeten, genehmigungslos neuvermieteten, sich weigerten, an Mietberechtigte des GBI zu vermieten, oder diese hinzuhalten versuchten, um die Wohnung über den Freigabetermin für einen anderen Nachmieter zurückzuhalten, kündigte Batzer an, die Genehmigung zur Wiedervermietung einer meldepflichtigen Wohnung bis zur gerichtlichen Entscheidung aufzuschieben.[352] Schließlich drohte Batzer den Hausbesitzern, wegen solcher Versäumnisse und Verstöße, die das reibungslose Wohnungsvergabesystem störten, künftig Geldstrafen gemäß der Neugestaltungsverordnung vom 8. Februar 1939 zu verhängen.[353]

---

349 BAP 46.06 Nr. 3443, Bl. 89, 71, 51 (Titelblätter Wohnungsnachweise Nr. 2 v. 29.6.39, Nr. 4 v. 13.7.39, Nr. 5 v. 20.7.39). Die nachträgliche Klarstellung, „Anonyme Schreiben werden nicht berücksichtigt." ebenda Bl. 11, 1 (Titelblatt Wohnungsnachweis Nr. 10 v. 31.8.39).

350 BAP 46.06 Nr. 3443, Bl. 41, 31, 21 (Titelblätter Wohnungsnachweise Nr. 7 v. 3.8.39, Nr. 8 v. 10.8.39, Nr. 9 v. 17.8.39).

351 LA Bln Pr.Br.Rep. 107 Nr. 61, Bl. 113-127, 121 (Verwaltungsbericht der DfSt für März 1939 v. „13.3.39").

352 BAP 46.06 Nr. 3443, Bl. 89, 80. 71, 61, 51 (Titelblätter Wohnungsnachweise Nr. 2 v. 29.6.39, Nr. 3 v. 6.7.39, Nr. 4 v. 13.7.39, Nr. 5 v. 20.7.39, Nr. 6 v. 27.7.39).

353 BAP 46.06 Nr. 3443, Bl. 11 (Titelblatt Wohnungsnachweis Nr. 10 v. 24.8.39). Die

Das Referat II/4 der Durchführungsstelle antwortete mit diesen Maßregeln auf den Unwillen der Mieter in Abrißvierteln ihre Wohnung zu wechseln, und den der Vermieter, die an Juden vermietet hatten, auf die freie Verfügung über Wohnungen in ihrem Hauseigentum zu verzichten. Um den Wohnungswechsel zu beschleunigen, ließ Referatsleiter Batzer sich am 11. Mai 1939 von Zörner und Clahes ermächtigen, Abrißmietern zur Deckung außergewöhnlich hoher Instandsetzungskosten Beihilfen bis zur Höhe des dreifachen Mietzinses zu zahlen. Außerdem sollten besonders geeignete Wohnungen bei Erstattung des Mietausfalls an den Eigentümer über den Wiedervermietungstermin hinaus als Ersatz bereitgehalten werden, was Batzer als „Beschlagnahme" bezeichnete.[354]

Die seit Jahresbeginn Monat für Monat zur Vermietung stehenden Wohnungen von Juden waren als Ersatzwohnungen für Neugestaltungsabrisse nur dann vollständig zu verwerten, wenn kurzfristig eine zum wachsenden Wohnungsangebot passende Nachfrage erzeugt würde. Diese produzierte der GBI durch Anordnung weiterer 19 Neugestaltungsbereiche bis Ende April[355] und zusätzlicher 22 bis Ende August 1939[356]. Den Räumungstermin für die im Sommer 1939 angeordneten Bereiche legte der GBI generell auf den 1. April 1940.[357] Als Verwalterin der Neugestaltungsgrundstücke, die sie den Bauträgern erst nach der Freilegung übergab, stellte die Stadt die Räumungsaufforderungen zu und hatte solche auf Verlangen des GBI vorzuziehen, soweit der Ersatzraumbedarf in Räumungsgebieten aus dem Angebot vermietbarer Wohnungen von Juden sofort gedeckt werden konnte.[358] Deshalb erhielten im Sommer 1939 Mieter großer Wohnungen in

Höhe der Geldstrafe nach § 6 VO v. 8.2.39 war unbestimmt.

354 BAK R 120 Nr. 10, Bl. 225 (Aktenvermerk, (u) Paul Batzer, zur Besprechung mit Zörner und Clahes am 11.5.39, 18 Uhr, Thema: Weitere Maßnahmen bei der Verwertung von Judenwohnungen für Abrißmieter, v. 12.5.39).

355 RMBl. 1939 (37. Bereichsanordnung v. 11.1.39 bis 55. AO v. 29.4.39).

356 RMBl. 1939 (56. AO v. 26.5.39 bis 77. AO v. 29.8.39).

357 BAP 46.06 Nr. 496, Bl. 546-226 (Ds., GBI (p) Fränk bzw. (u) Bohr, an OBM, HPla, Lfzt. 15.6. – 26.9.39). Mieter erhielten die Räumungsaufforderung seither mindestens 6 Monate vor dem Räumungstermin, damit sie die Wohnungen von Juden anmieteten, BAP 46.06 Nr. 3443, Bl. 150ff. (OBM, Hpla Pla VI C, gez. Dr. Werner Müller, an BezBM v. 3.3.39). LA Bln Pr.Br.Rep. 107 Nr. 61, Bl. 92ff. (DfSt, II/1, (p) Dr. Dickmann, Bericht der Rechtsabteilung v. 24.2.39).

358 BAK R 120 Nr. 1976 (3 zit. Vermerke DfSt, II/4, Schmidt, v. 25.4., 27.4. und 6.5.39 übereinstimmend). Ebenda der früheste Vermerk von Batzer v. 19.4.39 beziffert als räumungspflichtig zum 1.10.39 nur 1.268 Mieter ggb. 1.848 Mietern in späteren Aufstellungen. BAK R 120 Nr. 3065 (Verzeichnis der noch nicht mit Ersatzwohnungen versorgten Abrißmieter nach Bereichen 1–45 und Grundstücken außerhalb der Bereiche, übersandt OBM, HPla, an DfSt am 1.6.39 lt. Nachmeldung v. 15.8.39). In der Aufstel-

Neugestaltungsbereichen Räumungsaufforderungen, obgleich die Räumungen ansonsten zurückgestellt blieben.[359] Annähernd die Hälfte der seit Juni 1939 in Abrißhäusern zu räumenden Wohnungen waren Großwohnungen, deren Mieter das Referat II/4 aufforderte, auch vorzeitig eine der Wohnungen von Juden auszuwählen. Das angebliche Räumungserfordernis unterstrich der GBI durch die vorgezogene Genehmigung des Abbruchs, und zwar „weil die Mieter Inhaber von Großwohnungen sind und die zur Verfügung stehenden Wohnungen vergriffen sein werden".[360]

Räumungsaufforderungen ergingen willkürlich: Der GBI ordnete Neugestaltungsbereiche unabhängig von planerischem Bedarf und baulicher Vorbereitung an, setzte Räumungstermine fest und genehmigte Hausabbrüche. Diese gezielten Detailentscheidungen des GBI hatten lediglich noch den einen sachlichen Grund, daß sich ein mittelfristiger Ersatzwohnungsbedarf nur durch das kurzfristig und einmalig verfügbare Kontingent der von Juden aufgegebenen Wohnungen decken ließ. Folgerichtig übertrug die Planungsstelle des GBI im Juni 1939 der Rechtsabteilung der Durchführungsstelle die Befugnis, festgesetzte Räumungstermine nachträglich zu verändern, weil auch „die Beschaffung von Ersatzraum und die damit zusammenhängenden Fragen von der Durchführungsstelle erledigt werden".[361]

Mitte Juli 1939 zog der GBI Bilanz: „Die terminmässige Räumung der Bereiche hängt ausschliesslich von der rechtzeitigen Bereitstellung des Ersatzraumes ab. [...] Durch die Erfassung der von Juden geräumten Wohnungen in Altbauten ist eine spürbare Entlastung eingetreten und nur dadurch die bisherige Räumung einzelner Bereiche zu erklären."[362] Der GBI hatte den Fortgang der Neugestaltungsräumungen mit der Verfolgung der Juden verknüpft, vermochte aber mit der eskalierenden Verarmung und Vertreibung der Berliner Juden nicht Schritt zu halten: Bis Kriegsbeginn ging der Neugestaltung mindestens die Hälfte der vermietbaren Wohnungen von Juden verloren.[363]

---

lung über insgesamt 1.971 bis zum 1.4.40 räumungspflichtige Abrißmieter, die noch keine Ersatzwohnungen hatten, sind 28 Mieter als Juden gestrichen.

359 Bereiche der 5. AO, Reichsbahnausbauten in Neukölln, und der 10. AO, Ersatzwohnungsbau der GSW in Charlottenburg-Nord, mit jeweils mehr als 2.000 nicht zur Räumung aufgeforderten Kleinwohnungsmietern bzw. Dauerlaubenbewohnern.

360 LA Bln Pr.Br.Rep. 107 Nr. 220 (Anfrage Rbahn an GBI betr. Oehlertstr. 20 / Doellestr. 36 v. 10.6.39. Ds., Genehmigung DfSt, (p) Dickmann, v.14.6.39).

361 LA Bln Pr.Br.Rep. 107 Nr. 276/5 (Vermerk DfSt, II/1, Dr. Dickmann, betr. Räumungstermine, v. 22.6.39).

362 LA Bln Pr.Br.Rep. 107 Nr. 276/5 und BAK R 120 Nr. 1975, Bl. 117-121 (DfSt, II-1, (p) Dr. Dickmann, Unterlagen für den Führer-Bericht. Schwierigkeiten bei der Räumung und Freimachung der Bereiche, v. 19.7.39).

363 Schätzungsweise wurde jede 2. bis 5. gemeldete Wohnung an Mietberechtigte vermit-

Im Vergleich zu den städtischen Ämtern war das Referat II/4 in der Durchführungsstelle des GBI, das seit Ende Januar 1939 die aus der Vertreibung der Juden entstehende Pfründe verwertete, erfolgreich. Der Zentralisierung der Kontrollinstrumente des zweiten Wohnungsmarkts, des Wohnungsnachweises und des Mietberechtigungsscheins, folgte die Ausweitung der Räumungen und, abhängig vom Angebot vermietbarer Wohnungen von Juden, die Beschleunigung von Teilräumungen. Im April 1939 gelang es, statt nur drei von hundert immerhin bis zu zwei Drittel der von Juden aufgegebenen Wohnungen an Mieter in Räumungsgebieten zu vermitteln. Seit April 1939 hatten von den räumungspflichtigen Mietern etwa 2.550 einen Mietberechtigungsschein erhalten, und mehr als 1.500 mieteten bis September 1939 ersatzweise eine der Wohnungen von Juden an.[364]

Mit höchstens 3.000 zur Räumung bis zum 1. April 1940 aufgeforderten Mietern[365] und höchstens 1.800 in die 4.400 gemeldeten Ersatzwohnungen vermittelten Mietern bis September 1939 blieb die Neugestaltungsbehörde dennoch weit hinter den Vorgaben des zuletzt im September 1938 revidier-

---

telt. Exakter lassen sich die Größenordnungen nur bei vollständiger und vergleichender Auswertung zugleich personen-, wohnungs-, eigentümer-, verwalter- und nachmieterbezogener Daten ermitteln aus BAK R 120 Nr. 3905g, Bl. 01-011, Bl. 1-120 (DfSt, II/4, General-Listen Mietberechtigungsscheine für Abrißmieter) und BAP 46.06 Nr. 3443, 3444, 3445 (Wohnungsnachweise und Wohnungslisten). Zusätzlich wurden von der DfSt des GBI nachgewiesene Wohnungen von Juden auch den von der Reichsbahnbaudirektion unmittelbar umgesetzten Bereichsmietern zugewiesen, vorzugsweise Mietern von Großwohnungen.

364 BAK R 120 Nr. 1976 (Aufstellung GBI, II/4, Umsiedlungsabteilung, Mietzner, v. 28.9.42). Die Gesamtzahl der aus Neugestaltungsbereichen Umgesetzten ist dort mit 1.750 bis 1.10.39 geschätzt. Die angegebene Aufteilung von 1.000 von der Stadt und 750 vom GBI umgesiedelten Mietern trifft nicht zu. Nach bisheriger Auswertung der Akten der DfSt haben die bezirklichen Wohnungsämter von Februar bis April 1939 genau 53 und höchstens weiteren 161 Bereichsmietern Ersatzwohnungen vermittelt, während das Referat II/4 der DfSt des GBI seit April 1939 vermutlich mehr als 1.500 Abrißmieter untergebracht hat, mehr als die Hälfte der von der DfSt bis September 1939 zu MbS-Inhabern gemachten 2.500 bis zum 1.4.40 räumungspflichtigen Wohnungssuchenden aus Neugestaltungsbereichen. Eine exakte Zahl ließe sich wiederum nur durch umfassende Auswertung der General-Listen ausgegebener MbS (BAK R 120 Nr. 3905g) ermitteln.

365 Davon mehrere hundert Mieter in Bereichen, die erst 1939 angeordnet wurden und deren Räumung angefangen und zum Teil bis 1.9.39 vollendet wurde, Räumungsgebiete der 27. AO für O.K.M., Israelitischer Friedhof Spandau, 28. AO für Fa. Hahn & Kolb, 29. AO für Erweiterung Zellengefängnis Moabit, 32. AO für Kassenärztliche Vereinigung, Ärztehaus, Charlottenburg, 33. AO Durchbruch Voßstraße, 34. AO RLM für Luftfahrtkontor GmbH, Weißensee, 35. AO für Fa. Schwartzkopff, Zehlendorf und Steglitz, 37. AO für Transocean GmbH, Tiergarten, und 45. AO für OBM, Straßenbau in Spandau.

ten Räumungsplans zurück, der im Jahr 1939 rund 16.000 Räumungen vorsah, davon 8.400 für Bauvorhaben der Reichsbahn und 7.600 für die übrige Neugestaltung.[366] Das Vermietungssystem für Altbauwohnungen von Juden verschaffte dem GBI für die Neugestaltung eine kurzfristige Entlastung in dem Engpaß großer Ersatzwohnungen und demonstrative Erfolge durch vorgezogene Räumungen kleinerer Bereichsgebiete, um die vermeintliche Realisierbarkeit der Neugestaltung unter Beweis zu stellen.

Als absehbar wurde, daß auch bei Ausschöpfung aller dirigistischen Mittel, um die Nachfrage von Abrißmietern nach Ersatzwohnungen dem Angebot anzupassen, sich nicht alle vermietbaren Altbauwohnungen von Juden für die Neugestaltung verwerten ließen, entschied sich die Neugestaltungsbehörde, künftig auch das Wohnungsangebot im zweiten Wohnungsmarkt zu steuern.

2. *Konkurrenten wider Willen: Büroraumnutzer und Generalbauinspektor im Arisierungsgeschäft*

Zu Beginn der Neugestaltungsräumungen im Jahr 1938 fehlten nicht nur Ersatzwohnungen, sondern auch gewerblich nutzbare Räume, insbesondere größere Ausstellungs- und Verkaufsflächen. Die anfängliche Erwartung des GBI, die Mehrzahl der Gewerbetreibenden würde Geschäfte von Juden übernehmen, erfüllte sich nach Auskünften der beteiligten Wirtschaftskammer für Brandenburg und Berlin nicht. Die behauptete Sättigung einzelner Branchen konnte den Standortwechsel ebenso verhindern wie im Arisierungsgeschäft die Liquidation erzwingen.[367] Nachdem Juden zum Jahresende 1938 ihre Unternehmen abstoßen mußten, wurde etwa im Berliner Einzelhandel überhaupt nur jeder fünfte Betrieb weitergeführt, alle übrigen Geschäfte von Juden wurden liquidiert.[368]

---

366 LA Bln Pr.Br.Rep. 107 Nr. 276/5 (OBM, Pla II D, an GBI betr. Verschiebung der Räumungstermine aus Anlass der auf dem Baumarkt aufgetretenen Schwierigkeiten v. 5.10.38). BAP 46.06 Nr. 157, Bl. 18 (Aufstellung der Mieter und Laubenbewohner, die ihre Wohnungen aus Neugestaltungsgründen bis zum 1.7.1939 räumen müssen, o.D., vermutlich Anlage zu OBM, HPla, an BezBM v. 9.2.39). BAK R 120 Nr. 1976 (4 Vermerke DfSt, II/4 v. 19.4., 25.4., 27.4. und 6.5.39). BAK R 120 Nr. 3065 (OBM, HPla, an DfSt, Verzeichnis der noch nicht mit Ersatzwohnungen versorgten Abrißmieter, übersandt am 1.6.39). Zusätzlich Räumungen von Kleingartenanlagen mit sog. Dauerlaubenbewohnern (10/38: 1.050, 2/39: 1.211), denen gleichfalls Ersatzwohnungen zustanden.

367 LA Bln Pr.Br.Rep. 107 Nr. 212 (Abs., Präsident DfSt an RWM betr. Grundstücksankäufe durch Behörden in der Berliner Innenstadt, v. 9.1.39).

368 Wolf Gruner, Die Reichshauptstadt und die Verfolgung der Berliner Juden 1933–1945, in: Jüdische Geschichte in Berlin. Essays und Studien, hrsg. von Reinhard Rürup, Berlin 1995, S. 229–266, 239.

Die Durchführungsstelle für die Neugestaltung beklagte im Jahr 1939 neben der bekannten Wohnungsnot in Berlin auch eine Gewerberaumnot: als die finanzkräftigsten Bieter absorbierten Behörden, Verbände und Konzerne zur Deckung ihres wachsenden Büroraumbedarfs Gewerberäume und Altbauwohnungen. Wegen dieser Büroraumnot, die den vorhandenen Mangel an Ersatzwohnungen und Gewerberaum noch verschärfte, sah sich die Neugestaltungsbehörde Ende Juni 1939 genötigt, „in der Ersatzraumfrage [...] eine baldige Lösung zu finden, wenn nicht überhaupt die Räumung der Bereiche in Frage gestellt werden soll".[369]

Während Wohnungsmieter aus Räumungsgebieten durch einmaligen Wohnungswechsel endgültig untergebracht und Gewerbetreibende bei Standortwechsel, Betriebsübernahme oder Geschäftsaufgabe abschließend versorgt waren, erforderte jede Räumung eines Verwaltungsgebäudes von Behörden, Verbänden und Konzernen zumindest für die Zeit bis zur Fertigstellung eines Ersatz- oder Neubaus im Rahmen der Neugestaltung Ausweichquartiere für deren Büros. Der Ersatzraumbedarf für Verwaltungen, die der Neugestaltung weichen mußten, war wegen der Ausweichunterbringung während der Bauzeit des Ersatzgebäudes oder des Neugestaltungsbaus doppelt zu veranschlagen. Für diesen durch die Neugestaltung erzeugten zusätzlichen Büroraumbedarf wollte die Stadt Berlin anfangs allenfalls Barackenbauten zulassen.[370] Doch Behörden und Konzernverwaltungen mieteten oder kauften stattdessen innerstädtische Wohngrundstücke.

Die Stadt vermochte die Umwandlungen von gewerblichen Räumen und Wohnungen in Büroräume nicht zu verhindern, obwohl Umnutzungen seit November 1936 einer Genehmigung bedurften.[371] Diese zu kurz greifende städtische Kontrolle beruhte auf einer Verordnung im Rahmen der Durchführungsvorschriften des Vierjahresplans, die die Stadt verpflichtete, Umwandlungsanträge von Einrichtungen des Reichs, der Länder, der NSDAP und anderer öffentlicher Körperschaften ohne Prüfung und auflagenfrei zu genehmigen. Der GBI etablierte deshalb Ende Juni 1938 ein eigenes Genehmigungserfordernis für Umwandlungen und Abbrüche von Wohnungen.[372] Dieses betraf zwar nur Projekte öffentlicher Bauträger und der NSDAP, doch mittels eines mit der Stadt vereinbarten Vorlageverfahrens

---

369 LA Bln Pr.Br.Rep. 107 Nr. 61, Bl. 132f. (DfSt, II/1, (p) Dickmann, Verwaltungsbericht der Rabt. v. 28.6.39).

370 BAP 46.06 Nr. 59, Bl. 105f., 111f. (Protokolle der Besprechung GBI, Stadt am 8.3.38).

371 Deutscher Reichsanzeiger und Preußischer Staatsanzeiger Nr. 263 v. 10.11.36 (2. VO über das Verbot der Umwandlung von Wohnungen in Räume anderer Art v. 6.11.36).

372 RMBl. 1938, S. 388 (2. DfAO v. 24.6.38).

machte der GBI auch die Anträge von Behörden, Verbänden und Privaten von seiner Zustimmung abhängig.[373]

Mit dem Versuch, der Ausbreitung von Behörden, Verbänden und Konzernen in den bevorzugten Wohngegenden des Berliner Westens entgegenzuwirken, stemmte der GBI sich gegen den Trend, der zugleich Voraussetzung und Ziel der Neugestaltung Berlins war: die Expansion der Staat und Wirtschaft repräsentierenden Einrichtungen. Die Verknappung des Wohnungsangebots und die Verminderung des Wohnungsbestands ließen sich auch durch die einander ergänzenden Genehmigungserfordernisse von Stadt und GBI nicht aufhalten. Im Monatsdurchschnitt wurden 120 Wohnungen in Büros umgewandelt, und im ersten Quartal 1939 stieg die Zahl der Genehmigungen auf monatlich 250. Von November 1936 bis Mitte Juli 1939 gingen insgesamt 4.249 Wohnungen durch Zweckentfremdung verloren. Rückblickend hielt der GBI nur 170 dieser Umnutzungen für vertretbar. Demnach wurden nur vier Prozent der Genehmigungen Nutzern aus Abbruchbereichen erteilt, während private und öffentliche Einrichtungen, insbesondere die Wehrmacht, Rüstungskonzerne und die NSDAP, für ihre expandierenden Verwaltungen mehrere tausend Wohnungen okkupierten.[374]

Die Stadt Berlin und die Neugestaltungsbehörde erteilten Umwandlungsgenehmigungen nur noch gegen eine Umwandlungsabgabe[375] und unter der Auflage, daß auch vor Eigenbedarfskündigungen die Unterbringung der bisherigen Mieter oder Pächter zu belegen war. Seit März 1939 bemühte sich der GBI um ein zwingendes Genehmigungsverfahren, das alle Umwandlungen der zentralen Kontrolle der Neugestaltungsbehörde unterwürfe.[376]

---

373 LA Bln Pr.Br.Rep. 107 Nr. 235/2 (Nds. zur Besprechung DfSt, Stadt am 14.7.38, übersandt OBM an Präsidenten der DfSt am 22.7.38). Ebenda Nr. 235/3 (Abs., GBI, Verfahrensgrundsätze bei der Bearbeitung der DfAOs, gez. Dr. Dickmann, v. 21.7.38 und Nds. StaPla zur Besprechung am 23.8.38).

374 BAK R 120 Nr. 1976 (Aufstellung nach Anforderung GBI bei OBM v. 29.3.39). Wegen Stadtsanierungsmaßnahmen wurden städtischerseits 44 Wohnungsumwandlungen genehmigt. Im Mai 1939 nannte die Presse einzelne Firmen namentlich, die am Kurfürstendamm und in Halensee durch Umbau ganzer Stockwerke Wohnungen in Büroraum umwandelten, LA Bln Pr.Br.Rep. 107 Nr. 235/4, Bl. 28 (Vermerk GBI, Krocker, Pressebericht, v. 11.5.39). Bis zum 14.7.39 wurden weitere 496 Wohnungen umgewandelt, LA Bln Pr.Br.Rep. 107 Nr. 235/2, ab Bl. 56 (Vermerk GBI, zu telefonischer Mitteilung HPla, v. 28.7.41).

375 Mieter und Eigentümer aus Räumungsbereichen der Neugestaltung mußten nur die Hälfte der üblichen Gebühr bezahlen, lt. Absprache GBI mit OBM, LA Bln Pr.Br.Rep. 107 Nr. 235/2 (Ds. GBI, (p) Clahes, an OBM HPla, Pfeil, betr. Zweckentfremdungsgebühr, v. 22.7.41).

376 BAP 46.06 Nr. 3441 (Ds., Präsident DfSt, (p) Zörner, Clahes, an StS Körner, Vierjahresplanbehörde, v. 27.4.39). Ebenda verschiedene Abs. Entwurf 5. VO über die Neugestal-

Dabei ging es dem GBI weniger um den Schutz vorhandener Wohnräume und deren Mietern als um eine Übereinstimmung zwischen der Durchführung der Neugestaltung und der des Vierjahresplans. An sich bedauerte der GBI, daß jedes Umwandlungsverbot von Wohnungen „eine gewisse Erstarrung mit sich bringt, die mitunter bei den durch die Neugestaltung bedingten Umsiedlungen störend und hinderlich wirkt".[377]

Die Neugestaltungsbehörde behandelte Umwandlungsanträge zugunsten der aus Abrißbereichen verdrängten Interessenten und Bauträger der Neugestaltung. Je nach Interessenlage des GBI förderte dessen Behörde durch Zuteilung von Mietberechtigungsscheinen über vermietbare Wohnungen von Juden auch die Umsetzung gekündigter Mieter oder Pächter. Ablehnungen unter Verweis auf die Wohnungsnot trafen im zweiten Quartal 1939 unterschiedslos auch Reichsministerien, öffentliche Einrichtungen und den „Reichsführer SS".[378] Während Dienststellen der Wehrmacht bis in das Jahr 1939 überhaupt nicht gewußt haben wollten, daß Wohnungsumwandlungen in Berlin genehmigungsabhängig waren,[379] stellte das Reichsfinanzministerium grundsätzlich in Frage, ob die Eingriffe des GBI in Eigentümerrechte zulässig wären. Bereits im August 1938 hatte das Ministerium die Genehmigungspraxis des GBI beanstandet, weil durch dessen Auflagen etwa bei Kauf aus Zwangsversteigerung Rechte des Erwerbers verloren gingen: „Bei dieser Sachlage, die hinsichtlich der bereits abgeschlossenen Kaufverträge zu noch nicht übersehbaren Folgen führen wird, wird in der Folgezeit der Ankauf von Grundstücken zur Unterbringung von Dienststellen zwecklos werden, wenn die rechtzeitige Freimachung nicht gewährleistet werden

tung der Reichshauptstadt. Der Bitte um Rückstellung des Änderungsvorhabens, ebenda (Ds., Präsident DfSt, (p) Zörner, an RAM, z.Hd. MinRat Ebel, v. 15.2.39), folgte eine Kritik an der Auflagenfreiheit einer städtischen Genehmigung für Behörden zur Umwandlung bzw. Nutzung von Wohnungen im Eigenbedarf und Kündigung bisheriger Mieter, und dem RAM sollte „demnächst" – d.h. nach Absprache mit der Vierjahresplanbehörde – ein „näherer Vorschlag" zugehen, ebenda (Präsident DfSt, (p) Zörner, an RAM v. 8.5.39). Ebenda (DfSt an VjPlan v. 27.4.39 und an RAM v. 31.5.39, jeweils nebst Anlage Entwurf 5. VO über die Neugestaltung, zu zeichnen vom RAM).

377 LA Bln Pr.Br.Rep. 107 Nr. 235/4 (DfSt, (p) Dr. Dickmann, an OBM Breslau, Verwaltungsstelle für die Neugestaltung, v. 1.6.39 auf OBM Breslau an Präsident DfSt v. 22.5.39, ebenda).

378 LA Bln Pr.Br.Rep. 107 Nr. 210–226. Hunderte Einzelfälle von Umwandlungsanträgen 1938/39, soweit genehmigt, i.d.R. unter der Auflage, die zu kündigenden nichtjüdischen Mieter anderweitig unterzubringen, bei Ersatzraumsuchenden aus Abbruchbereichen der Neugestaltung auch mit der Zusage, den andernorts verdrängten Mietern Mietberechtigungsscheine auszustellen. Ablehnungen wegen Wohnungsknappheit auch in BAP 46.06 Nr. 3441 vom Juni und Juli 1939.

379 LA Bln Pr.Br.Rep. 107 Nr. 235/2 (Bericht OBM an Präsident DfSt v. 28.2.39).

kann. Die notwendige Folge würde sein, dass Bereichsgrundstücke nicht fristgemäss freigemacht werden können."[380]

In den Verhandlungen der Neugestaltungsbehörde um eine zentralisierte Kontrolle aller Umwandlungen von Wohnungen und Gewerberäumen in Büros stieß der GBI bei den zu beteiligenden Reichsministerien und der Wehrmacht auf heftigen Widerspruch. Vizepräsident Clahes empfahl den Reichsbehörden die enge Kooperation mit der Durchführungsstelle, weil ohnehin „der größte Teil der neugebauten Wohnungen und Geschäftsräume in Berlin ebenso wie ein großer Teil der Alt-Wohnungen ihrer Verfügung unterliegt".[381] Hingegen wollte ein Vertreter des Oberkommandos des Heeres die am 21. Juli 1939 in einer Ressortsbesprechung verhandelte Frage einer Raumlenkung durch den GBI zum Anlaß nehmen, „beim Führer eine Entscheidung darüber herbeizuführen, ob der Ausbau der Wehrmacht, oder die Neugestaltung Berlins vorzugehen habe".[382] Die Verhandlungen blieben bis zum Kriegsbeginn ohne Ergebnis.

Seit August 1938 verzichteten Stadt und Neugestaltungsbehörde darauf, bei Umnutzungen als Voraussetzung der Kündigung zu verlangen, daß auch Mietern oder Pächtern, die Juden waren, neues Quartier gestellt würde.[383] Dies erleichterte den öffentlichen und privaten Interessenten die Zweckentfremdung von Wohnungen und Gewerberäumen. Die gutachterlich beteiligte Wirtschaftskammer stellte zu einem Antrag des Oberfinanzpräsidenten, der Ersatzräume für das Finanzamt Börse im Bezirk Mitte suchte, im August 1938 unter Verweis auf das „Reichsbezugsquellenverzeichnis" der Deutschen Arbeitsfront fest, weil vier der sieben gewerblichen Mieter jüdisch wären und ein Mieter verbleiben könnte, wäre die Umwandlung unbedenklich, „da für die Umsiedlung lediglich zwei arische Unternehmen in Frage kommen".[384] Berliner Hotels und Pensionen, die durch den Expan-

---

380 BAP 46.06 Nr. 501 (Abs., RFM, Schnellbrief, gez. i.V. Reinhardt, an Reichskanzlei, auf Schreiben v. 29.8.38, Abs. an alle anderen Ressorts, v. 10.9.38). Die kritisierten Auflagen erteilte der GBI aufgrund der 2. DfAO v. 24.6.38.

381 BAP 46.06 Nr. 3441 (GBI, DfSt, Protokoll, gez. Dr. Dickmann, zur Besprechung mit Vertretern von RAM, Generalbaurat München, OKW, OKH, OKM, OKL, Reichsschatzmeister NSDAP, RfSS und Chef der deutschen Polizei, Reichsarbeitsdienst, betr. Raumlenkung, hier Entwurf 5. VO zur Neugestaltung, am 21.7.39, v. 24.7.39, Übersendungsschreiben v. 25.7.39).

382 BAP 46.06 Nr. 3441 (Protokoll, DfSt, zur Besprechung DfSt, RAM, Generalbaurat München, OKW, OKH, OKL, OKM, Reichsschatzmeister NSDAP, RfSS und Chef der deutschen Polizei, Reichsarbeitsdienst am 21.7.39, f.d.R. (u) Dr. Dickmann, v. 24.7.39).

383 LA Bln Pr.Br.Rep. 107 Nr. 221 (als frühester Nachweis Vorgang Siegmundshof 10, Luftgaukommando III, OBM an DfSt v. 12.8.38).

384 LA Bln Pr.Br.Rep. 107 Nr. 220 (Wirtschaftskammer an DfSt v. 17.8.38).

sionsdrang der Verwaltungen gefährdet waren, schützte kein Genehmigungserfordernis. Die DAF intervenierte, solche Nutzungsänderungen in der Branche nur zuzulassen, um Betriebe von Juden zu liquidieren.[385] Die Bürointeressenten wiederum bevorzugten ihrerseits den preislich vorteilhaften Erwerb von Berliner Wohngrundstücken im Arisierungsgeschäft und spekulierten auf auflagenfreie Umwandlungsgenehmigungen, wenn die von Eigenbedarfskündigungen betroffenen Mieter Juden waren.

Seit der GBI entschlossen war, den kurzfristigen Ersatzraumbedarf der Neugestaltung durch Altbauwohnungen von Juden und im Hauseigentum von Juden zu decken, gerieten Behörden, Verbände und Konzerne in eine Interessenkollision mit der Neugestaltungsbehörde. Der GBI verweigerte die Umwandlungsgenehmigung erstmals im Oktober 1938, als sich die Berliner Verwaltung des Volkswagenwerks für „drei in Charlottenburg in der Schlüterstraße 40/42 liegende Häuser" interessierte, „die sich in nichtarischen Händen befinden und 59 Mieter, zum größten Teil Juden, beherbergen", wie es im Protokoll des GBI über die Vorsprache der vom Volkswagenwerk beauftragten Architekten heißt.[386] Weder das Volkswagenwerk noch die wenige Monate später für eigene Zwecke interessierte DAF, erst das Reichsfinanzministerium erhielt die Umwandlungsgenehmigung des GBI und erwarb die Grundstücke in der Zwangsversteigerung.[387]

Mit der extensiven Handhabung der Umwandlungsgenehmigung zu Lasten öffentlicher und privater Erwerber von Wohngrundstücken im Arisierungsgeschäft eignete sich der GBI de facto die dauerhafte Verfügung über das Hauseigentum von Juden an, die der Neugestaltungsbehörde in den Verhandlungen über das Gesetz über Mietverhältnisse mit Juden bis Januar 1939 zugesagt war. Bis dahin hatte der GBI hinnehmen müssen, daß das Ende November 1938 von Göring garantierte Vorkaufsrecht im Arisierungsgeschäft letztlich nicht galt, wenn Einrichtungen des Reichs, der Länder oder der NSDAP Grundstücke von Juden erwarben.[388] Das Gesetz über Mietverhältnisse mit Juden, das die Verwendung des Hauseigentums von Juden

385 LA Bln Pr.Br.Rep. 107 Nr. 235/5 (Vermerk über Besprechung GBI, Stadt, RWM, Wirtschaftsgruppe „Beherbergungsgewerbe" am 23.8.38 v. 30.8.38; DAF an DfSt v. 28.10.38).

386 LA Bln Pr.Br.Rep. 107 Nr. 233 (Protokoll GBI v. 5.10.38).

387 LA Bln Pr.Br.Rep. 107 Nr. 221 (Akte Schlüterstraße 40/42). LA Bln Pr.Br.Rep. 107 Nr. 233, Bl. 157 (Protokoll, (p) Zörner, zur Vorsprache der Architekten Dr. Böning und Bechler im Auftrag der Berliner Verwaltung des Volkswagenwerks am 5.10.38).

388 BAP 46.06 Nr. 157, Bl. 144 (Ds. für GBI, Erlaß Göring, St.M.Dev. 8099, an RWM, Abs. an RMdI, RJM und GBI, v. 26.11.38, eingegangen 28.11.38).BAP 46.06 Nr. 158, Bl. 35-42, Bl. 33f. (Entwurf der VO, vor dem 28.11.38, 2. Entwurf der VO nach Ressortsbesprechung am 29.11.38 mit dem das Vorkaufsrecht des § 10 einschränkenden Absatz 3 nebst Übersendungsschreiben RWM, Krüger, v. 1.12.38).

durch den Nacheigentümer einschränkte, wurde im Januar 1939 abschließend verhandelt und lag zur Veröffentlichung bereit. In Kraft gesetzt wurde es erst im Mai 1939, nachdem die beteiligten Reichsministerien ihren Berliner Raumbedarf im Arisierungsgeschäft gedeckt hatten.

Trotz staatlicher Lenkungsversuche fand jedenfalls in Berlin der Aufkauf von Grundstücken aus dem Eigentum von Juden weder am Ende der Gesamtarisierung statt, wie Göring dies zum Jahresende 1938 dekretiert hatte, noch waren private Käufer vom – kriegswirtschaftlich unnützen – Immobilienkauf abzuhalten. Seit dem Novemberpogrom 1938 setzten sich in Berlin „die Kräfte des freien Markts" durch. Trotz der Neugestaltungskäufe war der Berliner Grundstückshandel seit 1936 rückläufig gewesen. Seit dem Novemberpogrom florierte das Arisierungsgeschäft kraft offener Gewalt, räuberischer Erpressung, Verschleppung in Konzentrationslager und Zwangsauswanderung. Der Immobilienhandel boomte: Innerhalb eines Dreivierteljahrs war der Aufkauf jüdischen Grundvermögens abgeschlossen.

In Berlin sank die Zahl der Grundstückswechsel von 17.540 im Rechnungsjahr 1936 auf 15.398 im Jahr 1937.[389] Von Januar bis Juli 1938 fiel sie im Monatsdurchschnitt gegenüber dem Vorjahr von 1.400 auf weniger als 850, darunter nur noch etwa 400 bebaute Grundstücke.[390] Allein die seit dem Novemberpogrom aus dem Eigentum von Juden gekauften Grundstücke verdoppelten den monatlichen Umsatz: Im Januar 1939 lagen dem Hauptvermessungsamt aus den innerstädtischen Bezirken Mitte, Tiergarten, Wedding, Prenzlauer Berg, Friedrichshain und Kreuzberg bereits 924 Kaufverträge zur Genehmigung vor, während bei den bezirklichen Preisbildungsstellen weitere 1.153 Verträge eingegangen waren, davon fast 800 in den Verwaltungsbezirken Steglitz, Wilmersdorf, Schöneberg, Zehlendorf und Charlottenburg.[391] Bis zum 1. März 1939 registrierten die städtischen Ämter

389 BAP 46.06 Nr. 157, Bl. 161 (Vermerk, Stadtpräsident, Preisbildungsstelle, (p) Sch, RegRat Dr. Albert Scholl, v. 24.11.38). Das zwölfmonatige Rechnungsjahr schließt das 1. Quartal des folgenden Kalenderjahres ein.

390 Berliner Tageblatt Nr. 477/478, Grosse Ausgabe, Zentralmarkt für Grundstücke, Bauten, Hypotheken, Geld, v. 9.10.38. Da in der Zeitung Zahlen des „freihändigen Verkaufs" genannt wurden und eine rechnerische Verknüpfung mit den Zahlen aus dem Amt des Stadtpräsidenten möglicherweise ein unrichtiges Bild ergibt, hier zum Vergleich die auf die Rechnungsjahre 1936 und 1937 bezogenen Grundstückswechsel im Monatsdurchschnitt: 1.461 (1936), 1.282 (1937).

391 LA Bln Pr.Br.Rep. 57 Nr. 477, Bl. 62 (Stadtpräsident, Preisbildungsstelle, Dr. Scholl, Aufstellung v. 21.1.39 für Verhandlungen über die personelle Ausstattung der bezirklichen Preisbildungsstellen). Zur Tätigkeit der Wilmersdorfer Preisbildungsstelle Monika Schmidt, „Arisierungspolitik" des Bezirksamtes, in: Karl-Heinz Metzger u.a., Kommunalverwaltung unterm Hakenkreuz. Berlin Wilmersdorf 1933–1945, hrsg. vom Bezirksamt Wilmersdorf von Berlin, Berlin 1992, S. 169–228.

mit insgesamt 4.310 genehmigungsbedürftigen Vertragsabschlüssen erneut eine Verdopplung der Grundstückswechsel.[392] Bis Ende Juni 1939 stieg die Zahl der zur Genehmigung den städtischen Ämtern vorgelegten Kaufverträge auf 6.308, wobei zuletzt allein aus den sechs Innenstadtbezirken wöchentlich einhundert Genehmigungsanträge eingingen.[393]

Unmittelbar nach dem Novemberpogrom hatte das Amt des Berliner Stadtpräsidenten die Zahl der Grundstücke von Juden in Berlin ermittelt: Demnach schrumpfte deren Zahl von Jahresbeginn 1933 bis Oktober 1937 von 13.051 auf 7.207. „Wenn die Arisierung des jüdischen Grundbesitzes in vorstehender Weise anhält, müßte sie", schloß der Arisierungsexperte Dr. Adalbert Scholl am 24. November 1938, „in 7 Jahren vollendet sein".[394] Tatsächlich wurden – nach korrigierten Angaben der Hauptsteuerverwaltung vom 23. März 1939 – die 7.344 Grundstücke aus dem Eigentum von Juden[395]

---

392 LA Bln Pr.Br.Rep. 57 Nr. 477, Bl. 137 (hs. Aufstellung, vermutlich Mitschrift, Einladung zur Besprechung in der Handakte Dr. Scholl ebenda Bl. 136). Von den 4.130 Verträgen betrafen rund 2.000 Grundstücke in den 6 Innenstadtbezirken.

393 LA Bln Pr.Br.Rep. 57 Nr. 477, nicht pag. (hs, Vermerk, (p) i.A. Dr. Scholl, zur Besprechung mit Vertretern des Hauptvermessungsamts sowie den bezirklichen Preisbildungsstellen Schöneberg, Wilmersdorf, Zehlendorf und Charlottenburg am 27.6.39, v. 2.8.39). Die Zahl der vorgelegten Kaufverträge betrug bis Ende März 4.671 und bis Ende Mai 5.806, ebenda Bl. 187ff., 187 (Vermerk, (u) Dr. Scholl, zur Besprechung am 5.4.39, lt. RdErl. v. 28.3.39 berichtet, v. 18.4.39) und ebenda, nicht pag. (hs. Aufstellung, vermutlich Mitschrift Besprechung am 24.5.39, Einladung ebenda).

394 BAP 46.06 Nr. 157, Bl. 161 (Vermerk, (p) Dr. Scholl, v. 24.11.38).

395 LA Bln Pr.Br.Rep. 57 Nr. 477, Bl. 177f. (Aufstellung, o.D., dem Stadtpräsidenten, Preisbildungsstelle, mit Schreiben v. 23.3.39 übersandt). Von den Grundstücken im Eigentum inländischer Juden waren 6.691 bebaut und 653 unbebaut. Wiederum etwa die Hälfte lag in den 6 Innenstadtbezirken. Neben 5.152 Mietshäusern, 814 Eigenheimen und 354 Geschäftshäusern zählten dazu 371 Grundstücke, die als „sonstiger gewerblich bebauter Grundbesitz" ausgewiesen sind. Letztgenannte Grundstücke waren wahrscheinlich Bestandteil von Betriebsvermögen und folglich Teil von Betriebsvermögen im Rahmen der „Arisierung", über deren Genehmigung in Berlin nicht städtische Behörden, sondern weiterhin der Polizeipräsident als staatliche Aufsichtsbehörde entschied, RGBl. I 1939, S. 37 (DfVO zur VO über den Einsatz jüdischen Vermögens v. 16.1.39). Die Ermittlung der Eigentumsverhältnisse an Grundstücken bereitete den Ämtern Schwierigkeiten: Zu einer früheren, nicht datierten, sowohl in Akten des GBI, BAP 46.06 Nr. 157, Bl. 113, dort Anlage zu Bl. 110 (Schnellbrief Stadtpräsident, gez. Dr. Lippert, an 4 Hauptämter und je 2 Exemplare an BezBm, z.K. an GBI v. 15.12.38) als auch im Bestand Stadtpräsident, als Original in der vorzitierten Handakte Dr. Scholl, Bl. 28, und andernorts (vgl. Abbildung in: Monika Schmidt, „Arisierungspolitik", a.a.O., S. 173) erhaltenen Aufstellung aus divergierenden Angaben des Katasteramts und der Steuerverwaltung hieß es im Übersendungsschreiben: „Wenn sich auch in den genannten Zahlen noch gewisse Verschiebungen ergeben werden, so werden doch die Angaben im großen Ganzen stimmen."

nach dem Novemberpogrom innerhalb eines Dreivierteljahrs aufgekauft. Die Zahl der Vertragsabschlüsse im Arisierungsgeschäft übertraf im ersten Quartal 1939 Monat für Monat den bisherigen Jahresdurchschnitt. Mit 6.308 Verträgen bis Ende Juni 1939 und vermutlich noch mehreren hundert in den Monaten Juli und August 1939 müssen bis zum Kriegsbeginn Kaufverträge über fast alle Grundstücke von Juden in Berlin abgeschlossen worden sein. Da die Mehrzahl wegen noch ausstehender Genehmigung als „schwebend unwirksam“ galt, sind Geschwindigkeit und Volumen des Aufkaufs des Immobilienvermögens von Juden der amtlichen Statistik über Grundstückswechsel nicht zu entnehmen.

Zwar ist der jeweilige finanzielle Vorteil von Käufern im Arisierungsgeschäft nicht ohne Weiteres zu beziffern, doch lässt sich die rechtliche Nutznießerschaft am Grundstückswechsel aus dem Eigentum von Juden für Berlin aufgrund der differenzierten Genehmigungs- und Beteiligungsverfahren bestimmen. Durch Ausübung des Vorkaufsrechts für Zwecke der Neugestaltung konnte die Stadt Berlin nur in Verträge von privaten Käufern eintreten, nicht aber in solche, an denen das Reich, die Länder oder die NSDAP beteiligt waren.[396] Die Grundstücksgeschäfte privater Käufer bedurften zudem der Befürwortung der NSDAP.[397] Vor der städtischen Entscheidung, ob das Vorkaufsrecht ausgeübt werden sollte, unterbreitete das Hauptliegenschaftsamt dem GBI zwischen dem 21. Februar und dem 25. Juli 1939 Aufstellungen über 3.741 Grundstücke. Dessen Dienststelle, die diese Aufstellungen als „Judenlisten“ führte, beriet mit der Stadt die Vorkaufswünsche des GBI in „Judenverhandlungen“.[398] Dem Gauwirtschaftsberater der NSDAP hatten bis Mitte Oktober 1939 insgesamt 3.153 Kaufverträge Privater vorgelegen.[399] Die Zahl der für den GBI aus dem Eigentum

396 RGBl. I 1938, S. 1709, VO des RWM und RMdI über den Einsatz jüdischen Vermögens v. 3.12.38, § 10.

397 RMBliV. 1939, S. 266–275, 1. DfErl. des RWM zur VO zum Einsatz jüdischen Vermögens v. 3.12.38 v. 6.2.39, Abschnitt V, Absatz 3.

398 BAP 46.06 Nr. 3448 (betr. Ausübung des Vorkaufsrechts bzw. Vorbietrechts d.d. OBM für Neugestaltungszwecke nach Entscheidung des GBI). In den Listen sind ca. 40 Grundstücke in der Zwangsversteigerung aufgeführt, die möglicherweise nicht alle Eigentum von Juden waren. Die Bezeichnung „Judenverhandlung“ aus Vermerk Schelkes, rot unterstrichen (vermutlich Bohr), v. 16.6.39, ebenda, Bl. 73. Vgl. auch Protokolle Nr. 327 und 398, GBI, Bohr, zu Besprechungen betr. Ausübung des Vorkaufsrechts am 10.1. und 26.1.39, BAP 46.06 Nr. 62, Bl. 154ff., 77.

399 LA Bln Pr.Br.Rep. 57 Nr. 477 (Gauwirtschaftsberater, gez. Hofmann, an Stadtpräsident, vermutlich z.Hd. RegRat Dr. Scholl, Mittmonatsmeldung Oktober 1939, v. 16.10.39). Von diesen 3.153 Vorgängen waren zum Berichtszeitpunkt 1.567 von den Preisstellen bzw. dem Hauptvermessungsamt abschließend entschieden. Für 1.166 Verträge lagen zumindest dem Gauwirtschaftsberater noch keine endgültigen Entscheidungen der

von Juden durch Ausübung des Vorkaufsrechts erworbenen Grundstücke läßt sich mit mindestens 588 beziffern, das macht – ungeachtet der Grundstückswerte – annähernd zehn Prozent des Arisierungsgeschäfts aus.[400]

Nachdem allein bei den städtischen Ämtern 6.308 Kaufverträge über Grundstücke von Juden eingegangen waren, muß die Zahl der Erwerbe durch das Reich, die Länder und die NSDAP bei mindestens 2.567 gelegen haben, ein Anteil von etwa 40 Prozent am Grundstücksgeschäft mit Juden. Noch im Jahr 1939 sind private Käufer Eigentümer von 1.567 Immobilien und damit jedes vierten im Arisierungsgeschäft erworbenen Grundstücks in Berlin geworden. Die übrigen Grundstücksveräußerungen an private Käufer hatten die bezirklichen Preisstellen oder das Hauptvermessungsamt noch nicht endgültig entschieden. Falls die Genehmigungsanträge auch im ersten und zweiten Kriegsjahr unerledigt blieben, gingen diese 1.586 Grundstücke spätestens nach der Deportation der Eigentümer seit Oktober 1941 kostenlos in das Eigentum des Reichs über.[401]

Die Beteiligung des GBI am Grunderwerb im Arisierungsgeschäft im ersten Halbjahr 1939 entsprach zahlenmäßig dem bis Ende 1938 insgesamt mit gleichfalls etwa 600 Grundstücken für die Neugestaltung getätigten Erwerb von Bereichsgrundstücken.[402] Die Grundstücke, die der GBI im Jahr

---

städtischen Behörden vor, und zu 420 Kaufverträgen stand auch die Stellungnahme des Gauwirtschaftsberaters noch aus.

400 Die Akte BAP 46.06 Nr. 3448 enthält zwar die fortlaufend numerierten Listen bis zur Nr. 35 v. 25.7.39. Nicht erkennbar ist jedoch, ob auch noch im Monat August 1939 wie bislang durchschnittlich wöchentlich 100 Grundstücke gemeldet wurden. War dies der Fall, müßte ein Anteil des GBI von max. 20 % des Grundstücksgeschäfts mit Juden angenommen werden. Tatsächlich wurde am 25.5.39 bereits zwischen GBI, Rbahn und HLieg über von Privaten angekaufte Grundstücke, die unter lfd. Nr.n 3.013–3.128 nachgewiesen waren, verhandelt, BAP 46.06, Nr. 63, Bl. 127ff. (Protokoll Nr. 581, GBI, Bohr, zur Besprechung am 25.5.39). Bis Ende Juni 1939 hatte das HLieg 120 Vorkaufsfälle erledigt, BAP 46.06 Nr. 3448, Bl. 82, 84ff. (Bericht OBM an GBI v. 27.6.39 nebst Liste der Grundstücke).

401 Damit erhöhte sich abschließend der Anteil des Reichs, der Länder und der NSDAP am Arisierungsgeschäft auf etwa 65 %. Allerdings ist eine Prüfung am Aktenbestand LA Bln Pr.Br.Rep. 57 (Stadtpräsident von Berlin) geboten. Möglicherweise genügt es zu prüfen, ob und ggf. wie die vorhandenen Vorgänge, lt. Findbuch solche über Grundstücke in jüdischem Eigentum, nach über 1.160 evt. gelegentlich mehrere Grundstücke einschließenden Anschriften bezeichnet, in der Regel abgeschlossen worden sind. Dem GBI wurden vom OBM mit Listen Nr. 1–18 in der Zeit v. 11.9.42 – 13.5.43 noch 313 Grundstücke zwecks Entscheidung über den Ankauf für Zwecke der Neugestaltung nachgewiesen, BAP 46.06 Nr. 3448. Wahrscheinlich waren dies andere als die seit 1939 als „schwebend unwirksam“ verkauft geltenden Grundstücke jüdischer Eigentümer, solche, die zweifelsfrei gem. 11. VO zum RBürgG v. 25.11.41 an das Reich gefallen waren.

402 BAK R 120 Nr. 124, Bl. 8-13 (Bericht über die Mitwirkung des HLieg bei der Neu-

1939 aus dem Eigentum von Juden durch Vorkauf von der Stadt erwerben ließ, lagen außerhalb der Neugestaltungsbereiche, denn im Areal einer Bereichsanordnung wäre der freie Grundstückshandel gesetzlich unterbunden gewesen[403]: Alle Eigentümer mußten ihre Grundstücke ohnehin der Stadt anbieten.[404] Obgleich der GBI grundsätzlich kein Interesse am vorzeitigen Erwerb von Bereichsgrundstücken hatte,[405] ist es nicht auszuschließen, daß die Neugestaltungsbehörde im Jahr 1939 Bereichsanordnungen vorzog, um dortige Eigentümer an dem seit dem Novemberpogrom beschleunigten Grundstücksverkauf im Arisierungsgeschäft partizipieren zu lassen. Jedenfalls prüfte der GBI die Frage, ob die Stadt das Vorkaufsrecht ausüben sollte, auch hinsichtlich solcher Einzelfälle, in denen der Ersatzgrundstücksbedarf von Eigentümern in Abbruchvierteln schwer zu befriedigen war.[406]

---

gestaltung 1937/38, (u) Dr. Müller-Wielandt, v. 23.12.38). Von den mehr als 1.000 in den Bereichen liegenden und noch zu erwerbenden Grundstücken hatte die Stadt treuhänderisch etwa 60 % angekauft, deren Kosten sich auf 200 Mio RM summierten.

403 BAP 46.06 Nr. 500 (Ds., GBI, II/Dr., (p) Fränk, an OBM, HLieg, v. 12.12.38). Nach fernmündlicher Unterredung verlangte der GBI die Bezeichnung aller Kaufverträge bei Grundstücken, die der OBM nicht nach § 10 VO Einsatz jüdischen Vermögens v. 3.12.38 erwarb, die aber – außerhalb bislang angeordneter Bereiche – im Interessenplan des GBI lagen. Bis zum 21.2.39 wurden dem GBI getrennt nach „LISTE I", im Interessengebiet des GBI, und „LISTE II", außerhalb dess., 400 bzw. 381 Grundstücke nachgewiesen. Danach entfiel die Aufteilung zwischen den etwa wöchentlich übersandten Listen. Zur Ausdehnung des Interessengebiets des GBI: Reichhardt und Schäche, a.a.O., S. 47, der auf einen Interessengebietsplan des GBI v. 1.8.38 verweist, der etwa die Hälfte des Berliner Stadtgebiets umfaßt, nach LA Bln Kartensammlung, Acc. 1394, Nr. 11.

404 Vgl. LA Bln Pr.Br.Rep. 107 Nr. 276/5 (OBM, Lieg. III, 8 S/55, gez. Dr. Müller-Wielandt, an Präsident der DfSt, v. 29.6.39 nebst Anlage eines per Einschreiben abgegangenen Vordrucks an die Grundstückseigentümer des 55. Bereichs, AO v. 29.4.39, RMBl. v. 12.5.39).

405 LA Bln Pr.Br.Rep. 107 Nr. 293/2 (Schriftwechsel OBM, DfSt, mit einem Eigentümer im Gebiet der geplanten Nord-Süd-Achse). Dieser hatte im September 1938 in Steglitz ein Mietshaus aus jüdischem Eigentum gekauft und war daher auf Mittel aus dem Verkauf seines Eigenheimgrundstücks in Mariendorf angewiesen. Clahes beschied am 15.12.38: „Eine Häufung solcher Fälle würde die Finanzgebarung der Stadt über den Haufen werfen." Am 26.1.39 schrieb der mittelfristig von der Neugestaltung betroffene Eigentümer zunehmend erbost: „Jeder Volksgenosse hält es für seine nationale Pflicht, dazu beizutragen, den Berl. Grundbesitz endlich zu entjuden. Aus Ihren Ausführungen muss ich aber entnehmen, dass Sie mir bei dem Kauf eines solchen Objektes die grössten Schwierigkeiten in den Weg legen, denn Sie stehen ja auf dem Standpunkt, dass ich nur die Konjunktur ausnutzen will".

406 BAP 46.06 Nr. 3448, Bl. 73 (Vermerk GBI, Schelkes, für Bohr, betr. das Kaufinteresse eines von der Neugestaltung verdrängten Eigentümers an einem Grundstück, das dem GBI zur Entscheidung über evt. Vorkauf nachgewiesen war, v. 16.6.39).

Die Stadt Berlin und der GBI beanstandeten übereinstimmend die Vorschriften zum Einsatz jüdischen Vermögens, weil diese den zügigen Erwerb der für Zwecke der Neugestaltung geeigneten Grundstücke von Juden erschwerten. Nicht nur war die behördliche Genehmigung des Kaufvertrags erforderlich, weil Juden nur noch eingeschränkt über ihr Vermögen verfügen durften, auch war ungewiß, welcher behördlich akzeptierte Kaufpreis der endgültige sein würde. Die städtischen Ämter hatten jeden einzelnen Vertrag zu prüfen und dabei die dinglichen Rechte Dritter an der Immobilie, insbesondere von Banken und Kreditinstituten, wie ein öffentliches Interesse dadurch zu schützen, daß Kaufpreise, die unterhalb der realen Belastung des Grundstücks lagen, von Amts wegen hochzusetzen waren.[407] Zudem war der Einheitswert als vertraglicher Mindestwert eines Grundstücks anzusetzen, was die im Arisierungsgeschäft Spekulierenden als „eine sehr starke Belastung“ monierten, „da in der Innenstadt der Einheitswert bei normalen Verkäufen kaum erreicht worden ist, bei Zwangsversteigerungen die Zuschläge zum Teil mit 50 % des Einheitswertes erteilt wurden“[408] und „vorher der Jude seine Grundstücke abgestossen hat zu jedem nur annehmbaren Preise“.[409] Von der Ausgleichsabgabe,[410] die die Preisstellen in Höhe des – am mittleren Verkehrswert eines Grundstücks geschätzten – sogenannten Entjudungsgewinns zugunsten der Reichskasse erhoben, wurde auch die Stadt Berlin nicht befreit, wenngleich Stadtkämmerer Professor Karl Maria Hettlage gegenüber dem Reichswirtschaftsministerium argumentierte, die Mitwirkung der Stadt und aller Bauträger an der Neugestaltung geschehe „nicht im eigenen Interesse, sondern im Interesse der Volksgemeinschaft“.[411]

---

407 BAP 46.06 Nr. 157, Bl. 112 (Schnellbrief, Streng Vertraulich!, Göring als Reichskommissar für die Preisbildung – RfPr. IV-250-10337. –, gez. i.V. Dr. Flottmann, RdErl. Nr. 146/38 v. 13.12.38). Der Erlaß verlangte von allen örtlichen Preisbildungsstellen die Aussetzung aller Vertragsgenehmigungen nach dem Stichtag 9.11.38, weil i.d.R. Juden seither genötigt waren, zu Bedingungen des Käufers zu verkaufen.

408 BAP 46.06 Nr. 62, Bl. 38f. (Protokoll Nr. 423, GBI, Bohr, zur Besprechung im HLieg am 25.2.39). Folglich hätten seither Verkäufer nachträglich die Heraufsetzung von Kaufpreisen verlangt: „Wenn man Juden diese Zugeständnisse mache, müsse man das ihnen gegenüber erst recht tun.“ Käufer versuchten nachträgliche Anhebungen des Kaufpreises durch die Preisstellen und nachfristige Vorkäufe anzufechten. Das HLieg rechnete noch Ende Juni mit landgerichtlichen Ungültigkeitserklärungen für Ausübungen des Vorkaufsrechts für die Neugestaltung. Der Bestand von etwa 30 Prozent der Vorkaufsfälle soll gefährdet gewesen sein und damit zugleich der günstige Erwerb. Gerichtsakten zu Anfechtungen von Grundstückswechseln im Vergleich zum und im Arisierungsgeschäft sind bisher nicht beachtet worden.

409 BAP 46.06 Nr. 63, Bl. 75f. (Protokoll Nr. 581, GBI, Bohr, zur Besprechung am 22.6.39).

410 RGBl. I 1938, S. 1709 (VO über den Einsatz jüdischen Vermögens, § 15).

411 BAP 46.06 Nr. 158, Bl. 13, Bl. 14f., Bl. 12, (Begleitschreiben OBM, Hettlage, an GBI,

Der GBI wahrte seine Interessen dennoch und wahrscheinlich letztlich effektiver kraft eines rechtswidrigen Verfahrens, das Obermagistratsrat Pohl vom Hauptliegenschaftsamt den städtischen Preisstellen nahelegte: Bei Interesse des GBI an einem aus dem Eigentum von Juden an Private verkauften Grundstück sollte die behördliche Genehmigung des Kaufvertrags versagt werden. Und wenn die Stadt Berlin den Vorkauf nicht unverzüglich tätigte, so Pohl, „dann muß das Grundstück eben jüdisch bleiben und wir können es erst später arisieren“.[412]

Die Eigentumswechsel im Arisierungsgeschäft im ersten Halbjahr 1939 drohten Tausende Eigenbedarfskündigungen nach sich zu ziehen, wann immer Behörden, die NSDAP, Verbände oder Konzerne Mietshäuser aus dem Eigentum von Juden aufkauften und diese für die eigene Wohnungsfürsorge oder für ihre Verwaltungen nutzen wollten. Diese der Neugestaltung nicht nützliche Verdrängung von Wohnungsmietern konnte der GBI auch bei extensiver Auslegung seiner Genehmigungsbefugnis für Zweckentfremdungen von Wohnungen nicht verhindern.

Im Juni 1939 wollte die Neugestaltungsbehörde den Bürorauminteressenten in Berlin entgegenkommen, um sie vom Kauf „in den ausgesprochenen Wohngegenden, in denen der jüdische Grundbesitz jetzt abgestossen wird“, abzuhalten.[413] In Gegenden, in denen die Zweckentfremdung von Wohnraum vertretbar erschien, sollte der Kauf von Wohnhäusern außerhalb der Neugestaltung durch Bereichsanordnung unterstützt werden. Vom Wittenbergplatz bis zur Friedrichstraße sollten sich „amtliche und halbamtliche Stellen“ und Konzernverwaltungen südlich des Landwehrkanals, des Pots-

---

Fränk, mit der Bitte um Unterstützung für Eingabe OBM, i.V. Stadtkämmerer Prof. Dr. Hettlage, an RWM v. 10.12.38, die mit Schreiben GBI, Speer, an RWM, „Lieber Schmeer“, v. 13.12.38 erfolgte). BAP 46.06 Nr. 158, Bl. 2 (GBI an RWM mit erneuter Bitte um Entscheidung v. 11.5.39). Ebenda, Bl. 11, 9, 7f., 4, 3 (ergebnislos gebliebene frühere Bemühungen im Januar und Februar 39). Das Argument, bei Anwendbarkeit des § 15 der VO v. 3.12.38 sei die Ausübung des Vorkaufsrechts unmöglich, da § 60 Deutsche Gemeindeordnung Kommunen die Gewißheit über den Kaufpreis vorschreibe, blieb aus Sicht des RWM gegenüber dessen Interesse an Einnahmen aus Ausgleichsabgaben und an stabil hohen Grundstückspreisen nachrangig, LA Bln Pr.Br.Rep. 107 Nr. 477, Bl. 111f. (OBM, HLieg, Müller-Wielandt, an GBI v. 11.2.39).

412 Zit. nach Monika Schmidt, „Arisierungspolitik“, a.a.O., S. 190 (Protokoll der Sitzung am 25.4.39 beim Referenten des Stadtpräsidenten, Dr. Scholl, in LA Bln Pr.Br.Rep. 57 Acc. 1501 Nr. 1228). Das von OMagRat Pohl vorgeschlagene Verfahren, wie grundsätzlich der Vorkauf durch den GBI, lag auch im Interesse des privaten Käufers, wenn das Grundstück in einem späteren Abbruchgebiet lag, weil dieses keine Wertsteigerung erfahren würde.

413 LA Bln Pr.Br.Rep. 107 Nr. 235/4, Bl. 40f. (Ds., Vermerk für Speer, DfSt, Rabt., (u) Dickmann, v. 14.6.39).

damer Platzes und der Leipziger Straße bis zur Kleist- und Bülowstraße ausbreiten dürfen; der GBI wollte behördlichen und kommerziellen Büroraumnutzern nicht nur mit mißbräuchlichen Bereichserklärungen, sondern auch mit Wohnungen von Juden behilflich sein: „Die Straßen selbst sind keine sehr erfreulichen Wohnstraßen und es wäre kein Schaden, wenn die Mieter in schönere Gegenden umgesiedelt werden könnten."[414]

Doch Büroraüminteressenten kauften im Arisierungsgeschäft auch Villengrundstücke in Grunewald, Schmargendorf, Dahlem, Nikolassee und Wannsee und verwendeten sie als Büros. Deshalb hielt es der GBI „zur Erhaltung der guten Wohngegenden" Anfang Juli 1939 für zweckmäßig, „eine Anweisung an das Hauptplanungsamt zu geben, dass grundsätzlich die Errichtung von grösseren Büros in bestimmten Gegenden verboten wird".[415] Die Ausweisung des Kurfürstendamms und dessen Nebenstraßen als erstes Wohnschutzgebiet entwickelte sich seit Oktober 1938 aus der Ablehnungspraxis der Neugestaltungsbehörde zu den vorgelegten Umwandlungsanträgen für Wohngrundstücke, die aus dem Eigentum von Juden zum Verkauf standen.[416] Weil es keine rechtliche Handhabe gab, Umwandlungsgenehmigungen in einzelnen Stadtgebieten generell zu versagen, erbat Zörner, der Präsident der Durchführungsstelle, von Speer Anfang Juni 1939 dessen „ausdrückliche Ermächtigung, Ihrer Entscheidung gegenüber den einzelnen Behördendienststellen und der Wirtschaft mit Nachdruck Geltung zu verschaffen", und vermerkte: „mündlich volles Einverständnis von Prof. Speer erklärt".[417] Dem an der Schlüterstraße 45 interessierten Luftgaukommando III teilte die Neugestaltungsbehörde wenige Tage später mit: „Es entspricht einer ausdrücklichen Anordnung des Generalbauinspektors, Herrn Professor Speer, dass einer weiteren Zweckentfremdung von Wohngrundstücken in dieser Gegend mit allen Mitteln Einhalt geboten werden soll."[418]

---

414 LA Bln Pr.Br.Rep. 107 Nr. 278/4 (Ds., DfSt, (p) Dr. Dickmann, betr. Ersatzraumfragen, v. 26.6.39).

415 LA Bln Pr.Br.Rep. 107 Nr. 235/4, Bl. 44 (Vermerk Bohr, Herrn Speer, v. 6.7.39).

416 LA Bln Pr.Br.Rep. 107 Nr. 221 (Akte Schlüterstraße 40/42). Ebenda Nr. 235/4, Bl. 30f., 59f. (betr. Schlüterstraße 40/42). BAP 46.06 Nr. 3441 (Versagung der Genehmigung zur Umwandlung Schlüterstraße 44 v. 3.6. u. 12.6.39; zu Schlüterstraße 45 v. 12.6. wie bereits am 16.5.39; zu Meinekestraße 22 v. 15.6.39).

417 LA Bln Pr.Br.Rep. 107 Nr. 235/4, Bl. 30f. (Vermerk für Speer, Ds. (p) Dickmann, Orig. (u) Clahes v. 2.6.39 nebst hs. Vermerk auf Orig. bzw. Ds., Zörner bzw. Dickmann). Entsprechende Unterrichtung der DAF, Abt. Haus und Heim, am 18.8.39 auf deren Beanstandung von Wohnungsleerstand in der Nähe des Kurfürstendamms, der für dringenden Büroraumbedarf genutzt werden könnte v. 16.8.39, ebenda Bl. 59f.

418 BAP 46.06 Nr. 3441 (Ds., (p) Zörner, an Luftgaukommando III, auf dessen Schreiben v. 3.6.39, betr. Schlüterstraße 45, wie bereits am 16.5.39 keine Genehmigung, v. 12.6.39).

Unter dem Vorwand, gute Wohngegenden im Westen Berlins schützen zu wollen, erklärte die Neugestaltungsbehörde der eigenen Ablehnungspraxis folgend solche zu Umwandlungssperrgebieten. Damit arrondierte der GBI Ansiedlungsgebiete für Mieter und Eigentümer aus Räumungsbereichen. In einem frühen Vermerk der Rechtsabteilung für Speer vom 14. Juni 1939 heißt es dazu: „Bei der Bearbeitung dieser Fragen erscheint mir vor allem wichtig, zu einer Abgrenzung der einzelnen Gebiete zu gelangen, die als Wohngebiete geschützt werden sollen. Nach den bisherigen Erfahrungen decken sich diese Gebiete im wesentlichen mit den Bezirken, die nach Ihrer Entscheidung von Juden freigemacht werden sollen."[419]

Am 12. August 1939 schlug die Rechtsabteilung vor, drei Gebiete, in denen grundsätzlich keine Umwandlung von Wohnungen in Büros oder gewerbliche Flächen mehr genehmigt werden sollte, zu Wohnschutzgebieten zu erklären: den Kurfürstendamm und dessen Nebenstraßen, den Berliner Westen und das Tiergartenviertel. Ausdrücklich markierte die Rechtsabteilung den „Berliner Westen" mit den Stadtgebieten Westend, Grunewald, Schmargendorf, Dahlem, Zehlendorf, Schlachtensee, Nikolassee und Wannsee als Areale, „die bereits nach den vorliegenden Plänen des Generalbauinspektors nicht mit Juden besetzt und in Zukunft von Juden geräumt werden sollen". Das Quartier Kurfürstendamm samt Nebenstraßen und das Tiergartenviertel wurden in dem Vermerk vom 12. August hingegen straßenweise genau aufgeführt. Als viertes Wohnschutzgebiet erwog die Durchführungsstelle das „Bayernviertel" zu behandeln. Am 14. August 1939 gab die Rechtsabteilung den entsprechenden Plan im Hause in Auftrag und bat darum, diesen nebst Vermerk vom 12. August umgehend Speer zur Entscheidung vorzulegen. Vizepräsident Clahes wollte Speer anschauliches Kartenmaterial unterbreiten und ließ die Vorlage am 14. August „zurückstellen bis Zeichnung vorliegt".[420] Die Pläne, entweder vor Kriegsbeginn nicht mehr erstellt oder im Haus abhanden gekommen, waren im Juli 1940 in der Behörde nicht mehr auffindbar und wurden erneut angefertigt.[421] Vier

419 LA Bln Pr.Br.Rep. 107 Nr. 235/4, Bl. 39ff. (Vermerk DfSt, Dr. Dickmann, für Speer über Präsident Zörner, v. 14.6.39).

420 LA Bln Pr.Br.Rep. 107 Nr. 235/4, Bl. 56ff. (Vermerk DfSt, Dr. Dickmann, betr. Wohnschutzgebiete in der Reichshauptstadt, v. 12.8.39 als Anlage zu Vermerk DfSt, (u) Breyer, für Kossmann, mit hs. Vermerk, (p) Clahes, v. 14.8.39 und hs. Vermerk, (u) Gauß, v. 20.7.40). Vgl. ebenda Bl. 52f. (Schreiben DfSt, gez. Dr. Dickmann, an OBM, HPla, v. 1.8.39). Dieses bezeichnet „vorläufig und vorbehaltlich einer endgültigen Festlegung durch den Herrn Generalbauinspektor" eben dieselbe Umgrenzung des „geplanten Wohnschutzgebietes" am Kurfürstendamm.

421 LA Bln Pr.Br.Rep. 107 Nr. 235/4, Bl. 56 (Vermerk DfSt, (u) Breyer, für Kossmann, mit hs. Vermerk, (p) Clahes, v. 14.8.39 und hs. Vermerk, (u) Gauß, v. 20.7.40). Clahes

Plankartenauszüge der Plankammer des GBI sind überliefert, die exakt die in dem Vermerk der Rechtsabteilung zu Wohnschutzgebieten vom 12. August 1939 bezeichneten Straßenzüge umgrenzen. Alle vier Pläne tragen den Titel „Judenreine Gebiete".[422]

3. *Die Regulierung des zweiten Wohnungsmarkts durch „judenreine Gebiete"*

Im Sommer 1939 kombinierte die Neugestaltungsbehörde die Wohnschutzgebiete oder Umwandlungssperrgebiete mit Gebieten, in denen Juden – nach Inkrafttreten des Gesetzes über Mietverhältnisse mit Juden – gekündigt werden sollte. Beide wurden zu „judenreinen Gebieten" verschmolzen, die eine doppelte Funktion hatten. Noch im Sommer 1939 hielt der GBI deren Dekretierung zu Umwandlungssperrgebieten für ausreichend, um die bevorzugten Wohngegenden des Berliner Westens gegen den Immobilienaufkauf von Behörden, Verbänden und Konzernen abzuschirmen. Obgleich die Vorschriften zum Einsatz des jüdischen Vermögens die Interessen der Neugestaltung als nachrangig gegenüber denen des Vierjahresplans behandelten, setzte der GBI alles daran, das Arisierungsgeschäft in diesen Gebieten nachträglich zugunsten der Neugestaltung zu beeinflussen. Umwandlungsgenehmigungen untersagte er generell, um Zweckentfremdungen von Wohnungen als Büroraum zu unterbinden. Nachdem ein Teil der begehrten Altbauwohnungen und Wohngrundstücke von Juden für die Neugestaltung verloren gegangen war, weil die Reichsbehörden als Arisierungskäufer für ihre Verwaltungen in Berlin das Inkrafttreten des Gesetzes über Mietver-

---

Mitarbeiter notierte am 20.7.40: „Plan über Umwandlungs-Sperrgebiet wurde, da vorgenannter nicht aufzufinden war, neu gefertigt + befindet sich im Büroschrank von Herrn V.-Präsident Clahes."

422 BAP 46.06 Nr. KS 3560, Bl. 1-4 (4 Karten, Stempel: Generalbauinspektor, Berlin W 8, Pariser Pl. 4, – Plankammer –, Stempel: Nur für den Dienstgebrauch, Maßstab: 1 : 4.000, Titel: Judenreine Gebiete, schwarz-weiß, schwarz umgrenzte Gebiete; Bl. 1, Berliner Westen, mit Gatow, Kladow, Wannsee, Nikolassee, Schlachtensee, Zehlendorf, Dahlem, Grunewald, Ausstellungsgelände, Westend, Reichssportfeld, Abriß o. li.: „[Judenreine] Gebiete", Rs. hs. Aufschrift DfSt, hellblauer Kopierstift, vermutlich Gauß im Büro Clahes, „[Jud]en-Wohnsperrgebiete"; Bl. 2, Bayerisches Viertel, Verwaltungsbezirke Wilmersdorf und Schöneberg, umgrenzt durch Kaiserallee, Wex-, Martin-Luther- und Motzstraße; Bl. 3, Kurfürstendamm und Nebenstraßen, Verwaltungsbezirke Charlottenburg und Wilmersdorf, umgrenzt durch S-Bahn, Mommsen-, Dahlmann-, Albrecht-Achilles-, Paulsborner, Xantener, Pariser, Ludwigkirch- und Meierottostraße, Kaiserallee, Ranke-, Lietzenburger, Meineke- und Fasanenstraße; Bl. 4, Tiergarten- und Hansaviertel, Verwaltungsbezirk Tiergarten, umgrenzt durch S-Bahn, Landwehrkanal, Bendler- und Tiergartenstraße, Hofjägerallee, Altonaer Straße und Brückenallee, Abriß und li. „[1 : 4]000"). Abbildung von Bl. 2ff. in: Geist und Kürvers, Tatort Berlin, Pariser Platz, a.a.O., S. 95ff.

hältnisse mit Juden um entscheidende drei Monate verzögert hatten, wollte der GBI den Juden noch verbliebenen Wohnraum möglichst weitgehend für die Neugestaltung verwerten. Deshalb lag ihm gerade nicht daran, Juden in den „judenreinen Gebieten" beschleunigt aus ihren Wohnungen zu vertreiben, sondern – im Gegenteil – deren Kündigung durch den Hauseigentümer nur entsprechend dem jeweils aktuellen Ersatzraumbedarf zuzulassen.

„Judenreine Gebiete" sind in den Akten des GBI erstmals am 17. Mai 1939 erwähnt, und zwar als die „vom Generalbauinspekteur angeordneten Bezirke, die völlig judenfrei zu machen sind".[423] Deren Konstruktion war jedoch schon in den Vorarbeiten für Speers Projekt „Judensiedlung" angelegt. Im September 1938 hatte der GBI auf große Altbauwohnungen von Juden als Ersatz für Neugestaltungsabrisse spekuliert und die DAF Wohnungen von Juden in westlichen Berliner Bezirken erfassen lassen.[424] Als im Januar 1939 die Gesetzgebung über Mietverhältnisse mit Juden vorübergehend gescheitert schien, hatte der GBI eine Neugestaltungsverordnung vorgeschlagen, mit der dennoch „der Mieterschutz für von Juden gemietete Mittel- und Grosswohnungen in den von dem Generalbauinspektor für die Reichshauptstadt bestimmten Gebieten aufgehoben werden" sollte.[425] Die schließlich vom GBI zu „judenreinen Gebieten" erklärten bevorzugten Berliner Wohngegenden arrondierten die Wohnungen, die den zweiten Wohnungsmarkt erweitern sollten. Die Verteilung des Grundeigentums von Juden im Stadtgebiet und die Wohnverhältnisse der Berliner Juden waren offensichtlich ausschlaggebende Kriterien für die Auswahl der

---

423 BAP 46.06 Nr. 3442, Bl. 9f. (Ds., Aktenvermerk, (u) Paul Batzer, ges. (u) Clahes, Stempel „vorgelegt am:" o.D., über die Besprechung am 17.5.39).

424 BAP 46.06 Nr. 60, Bl. 9f. (Protokoll Nr. 97 der Besprechung am 27.9.38, Vertraulich!). Original ebenda Nr. 157, Bl. 203f. Ebenda, Bl. 195ff. (Abs., Nds. OBM, gez. Dr. Müller, Vertraulich!, v. 29.9.38). Auf Veranlassung des GBI umfaßte die Erhebung der DAF die Wohngegenden Charlottenburg, Halensee, Wilmersdorf, Schöneberg und Friedenau, weil dort die begehrten Großwohnungen von Juden vermutet wurden. Die DAF leitete die Erfassung in den Verwaltungsbezirken, Tiergarten, Charlottenburg, Wilmersdorf, Schöneberg, Steglitz und Zehlendorf ein, ebenda Bl. 188ff. (Abs., DAF, gez. Spiller, Abt. Haus und Heim, Fachgruppe Haus- und Grundstückswesen, an StaPla, Stadtrat Pfeil, v. 30.9.38 nebst Übersendungsschreiben an GBI v. 6.10.38). Einzelmeldungen legte die DAF der Stadtverwaltung für den GBI zunächst nur über mehr als 5.000 Wohnungen jüdischer Mieter in Charlottenburg und Wilmersdorf vor, ebenda Bl. 140f. (OBM, Pla II D, (u) i.A. Dr. Müller, an GBI, z.Hd. Dr. Fränk, v. 30.11.38).

425 BAP 46.06 Nr. 157, Bl. 43ff. (Schnellbrief RAM v. 23.1.39, Anlage Entwurf 5. VO). Der Entwurf einer solchen VO im Rahmen der Gesetzgebung zur Neugestaltung deutscher Städte wurde wegen des am 25.1.39 abschließend verhandelten GMietV und der Verwertungsmöglichkeit von Wohnungen, die Juden seit dem Novemberpogrom aufgegeben hatten, fallengelassen.

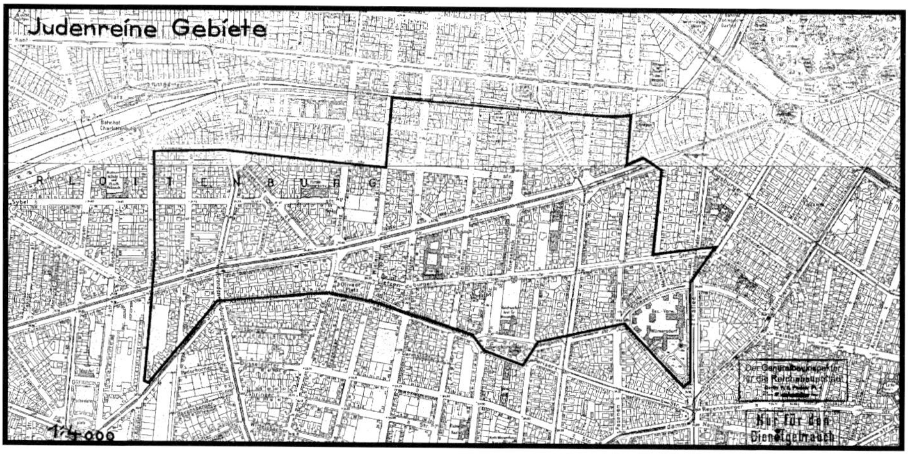

Kurfürstendamm und Nebenstraßen in Charlottenburg und Wilmersdorf

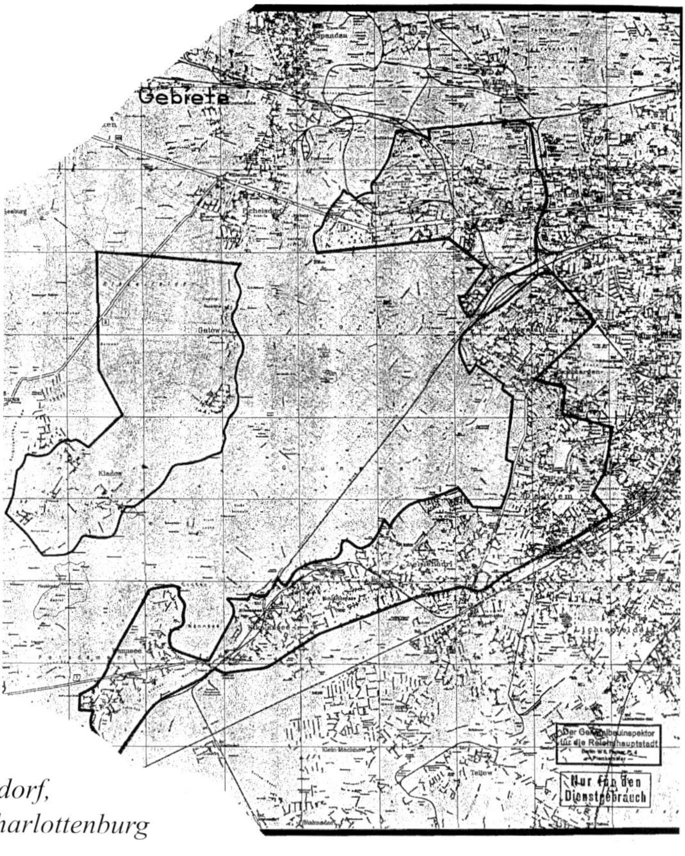

Berliner Westen
an Havel und
Forst Grunewald
in Spandau, Zehlendorf,
Wilmersdorf und Charlottenburg

Rassistische Stadtplanung 1939: Ansiedlungsgebiete für Mieter ...

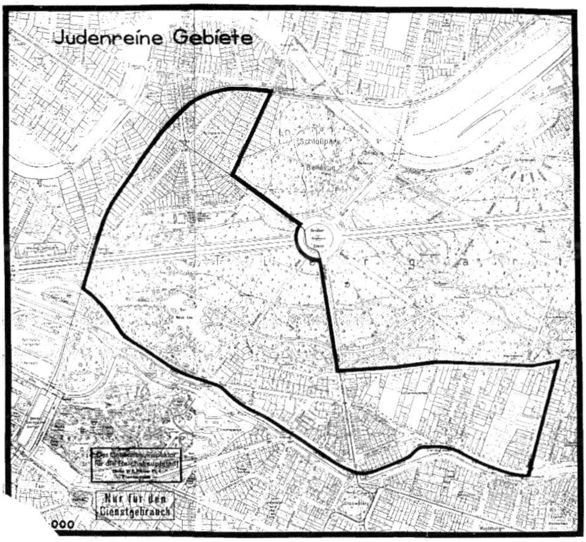

Tiergarten- und Hansaviertel in Tiergarten

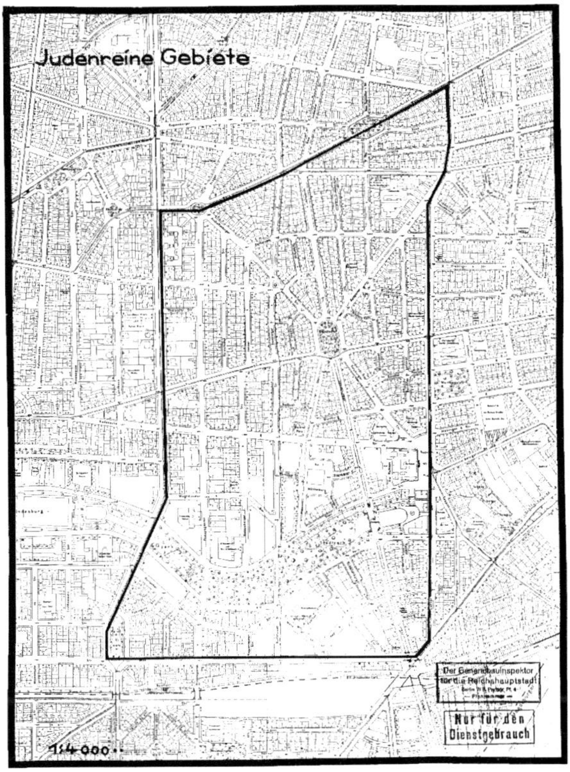

Bayerisches Viertel
in Wilmersdorf
und Schöneberg

... deren Wohnhäuser Speers Agentur des Stadtumbaus zum Abriß freigab.

864 Reichsgesetzblatt, Jahrgang 1939, Teil I

Gesetz über Mietverhältnisse mit Juden.
Vom 30. April 1939.

Die Reichsregierung hat das folgende Gesetz beschlossen, das hiermit verkündet wird:

§ 1

Lockerung des Mieterschutzes

Ein Jude kann sich auf den gesetzlichen Mieterschutz nicht berufen, wenn der Vermieter bei der Kündigung durch eine Bescheinigung der Gemeindebehörde nachweist, daß für die Zeit nach der Beendigung des Mietverhältnisses die anderweitige Unterbringung des Mieters sichergestellt ist. Dies gilt nicht, wenn auch der Vermieter Jude ist.

§ 2

Vorzeitige Kündigung

Ein Mietvertrag kann, wenn nur ein Vertragsteil Jude ist, von dem anderen jederzeit mit der gesetzlichen Frist gekündigt werden, auch wenn der Vertrag auf bestimmte Zeit geschlossen oder eine längere als die gesetzliche Kündigungsfrist vereinbart ist. Der Vermieter kann jedoch für einen früheren als den vertraglich zulässigen Termin nur kündigen, wenn er bei der Kündigung durch eine Bescheinigung der Gemeindebehörde nachweist, daß für die Zeit nach der Beendigung des Mietverhältnisses die anderweitige Unterbringung des Mieters sichergestellt ist.

§ 3

Untermieter

Juden dürfen Untermietverträge nur mit Juden abschließen. Die Erlaubnis des Vermieters ist nicht erforderlich, wenn dieser auch Jude ist.

§ 4

Unterbringung

(1) Ein Jude hat in Wohnräumen, die er als Eigentümer oder auf Grund eines Nutzungsrechts innehat oder die er von einem Juden gemietet hat, auf Verlangen der Gemeindebehörde Juden als Mieter oder Untermieter aufzunehmen. Wird der Abschluß eines entsprechenden Vertrags verweigert, so kann die Gemeindebehörde bestimmen, daß ein Vertrag mit dem von ihr festgesetzten Inhalt als vereinbart gilt. Die Höhe der Vergütung für die Überlassung der Räume und eines etwaigen Untermietzuschlags bestimmt die Gemeindebehörde, sofern sie nicht selbst Preisbehörde ist, im Einvernehmen mit der zuständigen Preisbehörde.

(2) Für die Festsetzung von Mietverträgen und Untermietverträgen kann die Gemeinde Gebühren erheben.

(3) Ein nach Abs. 1 begründetes Miet- oder Untermietverhältnis darf der Vermieter oder Untervermieter nur mit Genehmigung der Gemeindebehörde kündigen.

§ 5

Neuvermietung

Juden dürfen leerstehende oder frei werdende Räume nur mit Genehmigung der Gemeindebehörde neu vermieten. Die Vorschriften des § 4 finden auf diese Räume entsprechend Anwendung.

§ 6

Einfluß des Wegfalls der Verwaltungsbefugnis

Soweit die Anwendung der §§ 1 bis 5 davon abhängt, daß der Vermieter Jude ist, gilt der Grundstückseigentümer oder der Nutzungsberechtigte auch dann als Vermieter, wenn er infolge des Wegfalls seiner Verwaltungsbefugnis den Mietvertrag nicht selbst abgeschlossen hat oder abschließen kann.

§ 7

Mischehen

Hängt die Anwendung dieses Gesetzes davon ab, daß der Vermieter oder der Mieter Jude ist, so gilt für den Fall einer Mischehe des Vermieters oder Mieters folgendes:

1. Die Vorschriften sind nicht anzuwenden, wenn die Frau Jüdin ist. Das gleiche gilt, wenn Abkömmlinge aus der Ehe vorhanden sind, auch wenn die Ehe nicht mehr besteht.
2. Ist der Mann Jude und sind Abkömmlinge aus der Ehe nicht vorhanden, so sind die Vorschriften ohne Rücksicht darauf anzuwenden, ob der Mann oder die Frau Vermieter oder Mieter ist.
3. Abkömmlinge, die als Juden gelten, bleiben außer Betracht.

§ 8

Wechsel des Verfügungsrechts

(1) Geht das Verfügungsrecht (Eigentum oder Nutzungsrecht) über ein Grundstück nach Inkrafttreten dieses Gesetzes von einem Juden auf einen Nichtjuden über, so bleiben die Vorschriften dieses Gesetzes in gleicher Weise wie vor dem Übergang anwendbar, jedoch ist eine vorzeitige Kündigung (§ 2) ausgeschlossen. Dies gilt auch bei einem weiteren Wechsel des Verfügungsrechts.

(2) Die Vorschrift des Abs. 1 erstreckt sich nicht auf Räume, die der Verfügungsberechtigte selbst benutzen will oder auf deren Inanspruchnahme die Gemeindebehörde verzichtet hat. Zum Nachweis des Verzichts genügt eine Bescheinigung der Gemeindebehörde.

§ 9

Räumungsfrist

(1) Wird ein Jude auf Grund der Vorschriften dieses Gesetzes zur Räumung verurteilt, so darf ihm eine Räumungsfrist nur dann bewilligt werden, wenn er durch eine Bescheinigung der Gemeindebehörde nachweist, daß seiner anderweitigen Unterbringung Hindernisse entgegenstehen, oder wenn die sofortige Räumung ohne ernstliche Schädigung der Gesundheit eines Betroffenen nicht durchführbar ist. Die Räumungsfrist kann unter den gleichen Voraussetzungen verlängert werden.

(2) Die Vorschrift im Abs. 1 ist, soweit der Räumungspflichtige nicht selbst gekündigt hat, entsprechend anzuwenden, wenn die Verpflichtung zur Räu-

Das antijüdische Mietgesetz von April 1939

mung nicht durch Urteil ausgesprochen ist oder die Voraussetzungen für die Bewilligung einer Räumungsfrist erst nach der Verkündung des Urteils eintreten. Über die Bewilligung der Frist entscheidet auf Antrag des Räumungspflichtigen das für die Räumungsklage zuständige Amtsgericht. Wird eine Frist bewilligt und liegt ein vollstreckbares Räumungsurteil nicht vor, so ist in der Entscheidung zugleich auszusprechen, daß die Räume nach Ablauf der Frist herauszugeben sind; diese Entscheidung steht einem vollstreckbaren Räumungsurteil gleich.

(3) Gegen die Entscheidung, durch die die Bewilligung einer Räumungsfrist abgelehnt wird, findet die sofortige Beschwerde auch dann statt, wenn ein Urteil nur wegen Versagung der Räumungsfrist angefochten wird.

(4) Bis zur Herausgabe der Räume haben die bisherigen Vertragsteile die gleichen Rechte und Pflichten wie vor der Beendigung des Mietverhältnisses.

(5) Im Verfahren gemäß Abs. 2 werden die gleichen Gerichts- und Rechtsanwaltsgebühren erhoben wie im Verfahren über Anträge auf vorläufige Einstellung der Zwangsvollstreckung. Für die Bemessung des Streitwerts gilt § 10 Abs. 1 des Gerichtskostengesetzes entsprechend.

§ 10

Begriffsbestimmung

(1) Wer Jude ist, bestimmt sich nach § 5 der Ersten Verordnung zum Reichsbürgergesetz vom 14. November 1935 (Reichsgesetzbl. I S. 1333).

(2) Einem Juden steht außer bei der Anwendung des § 9 ein jüdisches Unternehmen im Sinne des Artikels I der Dritten Verordnung zum Reichsbürgergesetz vom 14. Juni 1938 (Reichsgesetzbl. I S. 627) gleich. Als Wechsel des Verfügungsrechts im Sinne des § 8 ist auch der Wegfall der Voraussetzungen anzusehen, unter denen ein Unternehmen als jüdisch gilt.

§ 11

Behandlung anhängiger Mietaufhebungsklagen

(1) Ist beim Inkrafttreten dieses Gesetzes gegen einen Juden oder den Ehegatten eines Juden ein Mietaufhebungsstreit anhängig, so hat das Gericht auf Antrag des Klägers das Verfahren auszusetzen, um ihm die Kündigung nach den Vorschriften dieses Gesetzes zu ermöglichen. Kündigt der Kläger das Mietverhältnis, so kann er die Aufnahme des Verfahrens beantragen und von der Aufhebungsklage zur Räumungsklage übergehen. Erledigt sich der Rechtsstreit dadurch, daß der Mieter auszieht oder den Räumungsanspruch anerkennt, so sind die durch den Aufhebungsstreit entstandenen Gerichtskosten niederzuschlagen; die außergerichtlichen Kosten hat der Mieter zu tragen.

(2) Nimmt der Kläger die Aufhebungsklage zurück, so sind die Gerichtskosten niederzuschlagen und die außergerichtlichen Kosten gegeneinander aufzuheben.

§ 12

Allgemeine Anmeldepflicht

(1) Die Gemeindebehörde kann Anordnungen über die Anmeldung von Räumen erlassen, die an Juden vermietet sind oder die für die Unterbringung von Juden nach den Vorschriften dieses Gesetzes in Anspruch genommen werden können.

(2) Wer vorsätzlich oder fahrlässig die vorgeschriebene Anmeldung nicht oder nicht rechtzeitig bewirkt, wird mit Geldstrafe bis zu 150 Reichsmark oder mit Haft bestraft.

§ 13

Ausschluß von Ersatzansprüchen

Aus Anordnungen der Gemeindebehörde, die auf den Vorschriften dieses Gesetzes beruhen, können Ersatzansprüche gegen die Gemeinde nicht hergeleitet werden.

§ 14

Vorbehalt, Ermächtigung

(1) Die Inkraftsetzung dieses Gesetzes im Lande Österreich und in den sudetendeutschen Gebieten bleibt vorbehalten.

(2) Der Reichsminister der Justiz und der Reichsarbeitsminister werden ermächtigt, im Einvernehmen mit dem Reichsminister des Innern Vorschriften zur Durchführung und Ergänzung dieses Gesetzes sowie zur Einführung entsprechender Bestimmungen im Lande Österreich und in den sudetendeutschen Gebieten zu erlassen.

Berlin, den 30. April 1939.

Der Führer und Reichskanzler
Adolf Hitler

Der Reichsminister der Justiz
Dr. Gürtner

Der Reichsarbeitsminister
In Vertretung
Dr. Krohn

Der Stellvertreter des Führers
R. Heß

Der Reichsminister des Innern
Frick

Die Verelendung der Juden als Wohnende steuerten ab Mai 1939 die Kommunen

Gebiete im Berliner Westen: Neben dem Bezirk Mitte waren es die Verwaltungsbezirke Tiergarten, Wilmersdorf und Charlottenburg, in denen die meisten Juden gehörenden Grundstücke lagen; über Grundstücke in diesen und den Bezirken Schöneberg und Zehlendorf wurden seit dem Novemberpogrom 1938 bis Mitte April 1939 die meisten Kaufverträge geschlossen.[426] Außerhalb des Bezirks Mitte lebte in den vier Verwaltungsbezirken Tiergarten, Charlottenburg, Wilmersdorf und Schöneberg absolut und prozentual die größte jüdische Wohnbevölkerung, auf deren Zuhause Speer seit September 1938 seinen räuberischen Blick gerichtet hatte.[427]

Die „judenreinen Gebiete" dienten als Ansiedlungsgebiete für räumungspflichtige Mieter aus Abbruchbereichen, die der GBI berechtigte, Wohnungen von Juden zu mieten. Die Stadtverwaltung orientierte die Umsetzung des am 5. Mai 1939 veröffentlichten Gesetzes über Mietverhältnisse mit Juden[428] an den Interessen des GBI im Berliner Grundstücks- und Wohnungsmarkt. Zusätzlich spannte der GBI die Berliner Gauleitung der NSDAP ein, um die im Gesetz über Mietverhältnisse belassene Lücke zu schließen. Das Gesetz war zwar geeignet, eine Kündigungswelle gegen Juden zu steuern, weil jede Vermieterkündigung davon abhing, daß die Kommune vorab die anderweitige Unterbringung zu kündigender Juden bestätigte, doch es bot keine Handhabe, Hauseigentümer zur Kündigung ihrer Mieter zu zwingen. Deshalb sollte „der arische Hausbesitzer durch die Partei kündigungsreif gemacht" werden.[429]

Am 17. Mai 1939 trafen sich Fränk als Vertreter des GBI und Präsident Zörner, Vizepräsident Clahes sowie Referent Batzer aus der Durchführungsstelle mit dem Gaupropagandaleiter der NSDAP, Wächter, um die von Batzer entwickelte „Aktion zur zwangsmässigen Räumung der Judenwohnungen in arischem Hausbesitz" zu beraten.[430] Sobald der Bedarf an Ersatz-

---

426 LA Bln Pr.Br.Rep. 57 Nr. 477, Bl. 177f. (Aufstellung, o.D., dem Stadtpräsidenten, Preisbildungsstelle, mit Schreiben v. 23.3.39 übersandt), Anzahl der Grundstücke von Juden nach Nutzungsart gegliedert; ebenda Bl. 187ff., 187 (Vermerk, (u) Dr. Scholl, zur Besprechung am 5.4.39, lt. RdErl. v. 28.3.39 berichtet, v. 18.4.39), Zahl der zur Prüfung vorliegenden Kaufverträge von Privaten.

427 Nach Ergebnissen der Volkszählung v. 16.6.33, Statistik des Deutschen Reiches, Bd. 451, Heft 3, bearbeitet im Statistischen Reichsamt, Berlin 1936, S. 45.

428 RGBl. I 1939, S. 864 (GMietV v. 30.4.39). Grundstücke galten – auch nach jedem späteren Eigentümerwechsel – als Eigentum von Juden, wenn sie am 5. Mai 1939 Eigentum von Juden waren.

429 BAP 46.06 Nr. 3443, Bl. 142 (Orig., Aktenvermerk, (u) Paul Batzer, in Vorbereitung der Besprechung, zdA (p) Dr. Fränk 26.5., v. 17.5.39).

430 BAP 46.06 Nr. 3443, Bl. 142 (Orig., Aktenvermerk, (u) Paul Batzer, in Vorbereitung der Besprechung, zdA (p) Dr. Fränk 26.5., v. 17.5.39). BAP 46.06 Nr. 3442, Bl. 9f.

wohnungen für die Neugestaltung „den durch Abwanderung und freiwillige Räumung anfallenden Wohnraum“ überstieg, sollten die Ortsgruppenleiter der NSDAP Hauseigentümer in den „judenreinen Gebieten“ unter Druck setzen, um die „Kündigung der notwendigen Judenwohnungen durch den Hauswirt“ zu bewirken. Nach Einschätzung Batzers sträubte sich „ein grosser Teil der Hauswirte [...] nicht nur innerlich gegen diese verlangten Kündigungen“, sondern es fehlte ihnen auch jegliches Interesse, ihren Mietern zu kündigen, „da die heute in Deutschland in arischem Hausbesitz vorhandenen Juden aus politischen Gründen die ruhigsten und bescheidensten Mieter sind und den Hausbesitzer – besonders durch Reparatur- und Schönheitslasten – nicht belästigen“.[431]

Einerseits schaltete die Neugestaltungsbehörde die Gauleitung der NSDAP ein, damit jüdischen Mietern überhaupt und beizeiten gekündigt würde. Andererseits kam es ihr darauf an, „die ganze Aktion in aller Ruhe und planmässig erfolgen zu lassen, damit nach Feststellung der noch vorhandenen Judenwohnungen in arischem Besitz eine für die Neugestaltungszwecke nutzbare Auswertung der vorhandenen Judenwohnungen erfolgen kann“.[432] Weil allein die Rede von „judenreinen Gebieten“ die Erwartung privilegierter Wohnungszuteilung an Klientel der NSDAP erneuern würde, sagte Gaupropagandaleiter Wächter in der Beratung am 17. Mai 1939 zu, Batzer zu einer Unterweisung der Kreis- und Ortsgruppenleiter der NSDAP hinzuzuziehen, um „die Interessen der Durchführungsstelle zu vertreten und in Form eines Vortrages die notwendigen Erklärungen zu geben“, denn die Kündigungsaktion sollte nur „auf Weisung und Anforderung des Präsidenten der Durchführungsstelle vor sich gehen“. Allenfalls die „aus dieser Aktion anlaufenden Grosswohnungen, die nicht zur Deckung des Bedarfs für Abrissmieter benötigt werden“, sollten „– auch wenn sie sich in jüdischem Besitz befinden – von Parteigenossen bezogen werden“.[433]

(Ds., Aktenvermerk, (u) Paul Batzer, ges. (u) Clahes, Stempel „vorgelegt am:“ o.D., über die Besprechung, v. 17.5.39). BAK R 120 Nr. 1976 (Ds., Ausgangsschreiben, i.A., nicht gez., o.D., 3 S., S. 1 fehlt), wahrscheinlich Schreiben DfSt an OBM, HPla, im Anschluß an die Besprechung GBI, DfSt, Gaupropagandaleiter am 17.5.39.

431 BAP 46.06 Nr. 3443, Bl. 142 (Orig., Aktenvermerk, (u) Paul Batzer, in Vorbereitung der Besprechung, zdA (p) Dr. Fränk 26.5., v. 17.5.39).

432 BAP 46.06 Nr. 3443, Bl. 142 (Orig., Aktenvermerk, (u) Paul Batzer, in Vorbereitung der Besprechung, zdA (p) Dr. Fränk 26.5., v. 17.5.39).

433 BAP 46.06 Nr. 3442, Bl. 9f. (Ds., Aktenvermerk, (u) Paul Batzer, ges. (u) Clahes, Stempel „vorgelegt am:“ o.D., über die Besprechung, v. 17.5.39), allerdings unter dem Vorbehalt: „Hierzu ist Einverständnis des Führers durch den Generalbauinspekteur Prof. Speer notwendig.“

Neues Mietgesetz für Juden in Kraft

Völlige Trennung von deutschen Hausgemeinschaften das Ziel – Weitgehende Behördenmitwirkung

Berlin, 4. Mai

Die lang erwartete Entscheidung über die Behandlung der Juden in ihrer Rechtsstellung als Mieter und Vermieter ist gefallen. Die Reichsregierung hat ein Gesetz über Mietverhältnisse mit Juden erlassen, das im „Reichsgesetzblatt" vom 4. Mai 1939 verkündet und bereits am selben Tage in Kraft getreten ist. Mit diesem Gesetz, dem grundsätzliche Bedeutung zukommt, ist die rechtliche Grundlage für die Lösung der Hausgemeinschaft mit Juden geschaffen.

Zwei leitende Gesichtspunkte beherrschen das neue Gesetz. Da zwischen deutschen Volksgenossen und Juden eine Hausgemeinschaft nicht bestehen kann, ist die Möglichkeit geschaffen, Juden auch gegen ihren Willen aus deutschen Wohnstätten zu entfernen. Andererseits läßt es sich nicht rechtfertigen, daß die Juden im Verhältnis zu ihrer Bevölkerungszahl übermäßig viel Wohnraum für sich in Anspruch nehmen, während noch immer viele deutsche Volksgenossen mit ihren Familien ohne Unterkunft sind oder sich mit einem unzureichenden Unterkommen begnügen müssen. Daraus ergibt sich die Notwendigkeit, diejenigen Juden, die aus deutschen Wohnstätten entfernt werden müssen und die von der Möglichkeit der Auswanderung keinen Gebrauch machen wollen oder können, in jüdischen Häusern unterzubringen, um auf diese Weise den den Juden in diesen Häusern — zum Teil besonders reichlich — zur Verfügung stehenden Raum durch Aufnahme weiterer jüdischer Familien auszunutzen.

Um Störungen der öffentlichen Sicherheit zu vermeiden und um zu gewährleisten, daß sich die Ausscheidung der Juden aus den deutschen Wohnstätten reibungslos vollzieht, ist eine weitgehende behördliche Mitwirkung bei der Durchführung des Gesetzes vorgesehen. Das Gesetz sieht deshalb auch davon ab, den gesetzlichen Mieterschutz für Juden allgemein aufzuheben. Dieser Schutz fällt vielmehr erst dann weg, wenn durch eine Bescheinigung der Gemeindebehörde nachgewiesen ist, daß die anderweitige Unterbringung des jüdischen Mieters sichergestellt ist. Ein Jude, der in einem jüdischen Haus zur Miete wohnt, behält dagegen den Mieterschutz uneingeschränkt. In gleicher Weise bleiben langfristige Mietverträge zwischen Juden unangetastet, während ein Nichtjude, der einen solchen Vertrag mit einem Juden abgeschlossen hat, jederzeit unter Einhaltung der gesetzlichen Frist kündigen kann, wobei jedoch die Kündigung gegenüber dem jüdischen Mieter wiederum erst zulässig ist, wenn die Sicherstellung seiner anderweitigen Unterbringung durch eine Bescheinigung der Gemeindebehörde nachgewiesen ist.

Um die Zusammenführung der Juden in jüdischen Häusern zu fördern, ist die Untervermietung an Juden weitgehend erleichtert. Das Gesetz verlangt, daß künftig Juden Untermietverträge nur noch mit Juden abschließen, und gestattet darüber hinaus den Abschluß solcher Verträge ohne die Erlaubnis des Vermieters, wenn dieser auch Jude ist.

Andererseits erhält die Gemeindebehörde weitgehende Befugnisse, die es ihr ermöglichen, die Unterbringung räumungspflichtiger Juden planmäßig durchzuführen. Außer der Befugnis zum zwangsweisen Abschluß von Mietverträgen und Untermietverträgen zwischen Juden steht der Gemeindebehörde das Recht zu, die Anmeldung solcher Räume zu verlangen, die an Juden vermietet sind oder für die Unterbringung von Juden in Frage kommen. Von Bedeutung ist ferner, daß jüdische Vermieter oder Untervermieter Verträge, die auf Verlangen der Gemeindebehörde geschlossen sind, nur mit deren Genehmigung kündigen können, während eine solche Genehmigung bei freiwillig zwischen Juden abgeschlossenen Verträgen nicht erforderlich ist. Um die Zusammenführung der Juden in jüdischen Häusern zu beschleunigen, ist schließlich die Neuvermietung von Wohnungen in solchen Häusern von einer Genehmigung der Gemeinde abhängig gemacht.

Weil ein Jude seine Wohnung in einem nichtjüdischen Haus regelmäßig erst zu räumen braucht, wenn seine anderweitige Unterbringung sichergestellt ist, soll ihm eine Räumungsfrist grundsätzlich nicht bewilligt werden. Eine solche Frist kommt nur in Frage, wenn sich der anderweitigen Unterbringung nachträglich Hindernisse entgegenstellen oder wenn die sofortige Räumung ohne ernstliche Schädigung der Gesundheit eines Betroffenen nicht durchführbar ist. Hierfür ist zur Vermeidung unnötiger Prozesse ein selbständiges Verfahren vor dem Amtsgericht vorgesehen.

Die Bestimmungen für Mischehen

Eine besondere Behandlung erfahren die Juden, die in einer Mischehe leben. Das Gesetz ist in gleicher Weise wie bei einer rein jüdischen Ehe dann anzuwenden, wenn in der Mischehe der Mann Jude ist und nicht Abkömmlinge aus der Ehe vorhanden sind. In solchen Fällen macht es auch keinen Unterschied, ob der jüdische Ehemann oder die nichtjüdische Ehefrau Vermieter oder Mieter ist. Ist dagegen allein die Ehefrau Jüdin, der Ehemann aber deutschblütig oder Mischling zweiten Grades, so findet das Gesetz keine Anwendung, gleichgültig ob Abkömmlinge aus der Ehe vorhanden sind oder nicht. Darüber hinaus schließt das Vorhandensein von Abkömmlingen, die nicht Juden sind, die Anwendung des Gesetzes immer aus, also auch dann, wenn die Ehe nicht mehr besteht.

Im übrigen enthält das Gesetz Bestimmungen über die Behandlung anhängiger Mietaufhebungsklagen und über den Ausschluß von Ersatzansprüchen gegenüber der Gemeinde.

Das Gesetz gilt auch im Memelland. Die Einführung in Oesterreich und in den sudetendeutschen Gebieten erfolgt im Verordnungswege.

Die praktische Durchführung des Gesetzes liegt in der Hand der Gemeinden. Sie haben in Zusammenarbeit mit dem örtlichen Hoheitsträger der Partei dafür Sorge zu tragen, daß die Lösung der Mietverhältnisse mit Juden und die Unterbringung der räumungspflichtigen Juden planmäßig und ohne Störung vor sich geht. Hierfür werden ihnen durch eine besondere Anordnung des Reichsarbeitsministers und des Reichsministers des Innern Richtlinien erteilt.

Da der Wegfall des Mieterschutzes für Juden von einer Mitwirkung der Gemeindebehörde abhängt, empfiehlt es sich, in allen Fällen, in denen die Kündigung gegen einen jüdischen Mieter ausgesprochen werden soll, von voreiligen Schritten abzusehen und zunächst mit der Gemeindebehörde Fühlung zu nehmen, gegebenenfalls eine weitere Unterbringung durch die Gemeindebehörde abzuwarten. Es wäre auch verfehlt, wenn Volksgenossen, die bisher in jüdischen Häusern zu wohnen gezwungen waren, nunmehr sofort ihre Wohnungen kündigen würden, aus Besorgnis, die Gemeindebehörde werde das Haus alsbald zur Unterbringung von Juden in Anspruch nehmen. Diese Volksgenossen können in ihren bisherigen Wohnungen verbleiben und es ist ihnen zu raten, von Kündigungen abzusehen, solange nicht Maßnahmen der Gemeindebehörde Anlaß dazu geben.

Berliner Lokal-Anzeiger vom 5. Mai 1939

Öffentliche Erörterung der rassistischen Wohnungsmarktpolitik

Jüdische Mieter anmelden

Durchführung des Gesetzes vom 30. April in Berlin

Eine Anordnung des Oberbürgermeisters der Reichshauptstadt vom 19. Mai, die im Amtsblatt der Reichshauptstadt Berlin veröffentlicht werden wird, regelt die Frage der Anmeldung von Räumen auf Grund des Gesetzes über Mietverhältnisse mit Juden vom 30. April d. J., ein Gesetz, das den Mieterschutz für Juden aufhebt und unter gewissen Voraussetzungen die freie Kündigung solcher Mietverhältnisse vorsieht. Es ist zu erwarten, daß auch die Kündigungsverordnung des Reichskommissars für die Preisbildung vom 19. April, die eine Kündigung bereits mieterschutzfreier Räume an gewisse Voraussetzungen knüpft, auf jüdische Mieter keine Anwendung finden wird. Die neue Anordnung des Oberbürgermeisters besagt im wesentlichen folgendes:

Alle jüdischen Hauseigentümer haben bis zum 10. Juni 1939 dem zuständigen Bezirksbürgermeister (Wohnungsamt) den gegenwärtigen Bestand aller Räume anzuzeigen. Werden künftig Räume frei oder ändert sich die Benutzung, so ist dies ebenfalls anzuzeigen. Alle Anzeigen sind an das Wohnungsamt zu richten, in dessen Bezirk die Räume liegen. Die Anzeigepflicht besteht auch, wenn das Haus mehreren Personen gehört und nur einer dieser Miteigentümer Jude ist. (Wer Jude ist, bestimmt sich nach § 5 der Ersten Verordnung zum Reichsbürgergesetz vom 14. November 1935, Reichsgesetzblatt Teil I 1935, Seite 1333.) Die Anordnung bringt ein Verbot der Neuvermietung für jüdische Vermieter: Juden dürfen leerstehende oder freiwerdende Räume nur mit schriftlicher Genehmigung des Bezirksbürgermeisters (Wohnungsamt) vermieten.

Alle Anzeigepflichten beziehen sich sowohl auf Wohnräume wie auf reine Geschäftsräume und auf gemischte Räume (Geschäftsräume, die mit einer Wohnung verbunden sind).

Hängt die Anwendung der Anordnung davon ab, daß der Vermieter oder der Mieter Jude ist, so gilt für den Fall einer Mischehe des Vermieters oder Mieters folgendes: Die Vorschriften sind nicht anzuwenden, wenn die Frau Jüdin ist. Das gleiche gilt, wenn Abkömmlinge aus der Ehe vorhanden sind, auch wenn die Ehe nicht mehr besteht. Ist dagegen der Mann Jude und sind Abkömmlinge aus der Ehe nicht vorhanden, so sind die Vorschriften ohne Rücksicht darauf anzuwenden, ob der Mann oder die Frau Vermieter oder Mieter ist. Abkömmlinge, die als Juden gelten, bleiben außer Betracht.

Besteht das Verfügungsrecht (nämlich das Eigentums- oder Nutzungsrecht) eines Juden an einem Grundstück nach dem 5. Mai 1939 nicht mehr, so sind die Vorschriften dennoch anzuwenden. Dies gilt auch bei einem weiteren Wechsel des Verfügungsrechts. Es kommt also darauf an, ob ein Grundstück am 5. Mai 1939 noch einem Juden (oder einem jüdischen Unternehmen) gehört hat.

Räumung von Wohnungen

Besonders wichtig ist die Anzeigepflicht für Räume aller Art in Gebäuden, die nicht Juden gehören: Wohnen Juden in Gebäuden, die am 5. Mai 1939 nicht im Eigentum oder Nutzungsrecht eines Juden standen, so haben die Eigentümer dieser Häuser und die Wohnungsinhaber dem zuständigen Bezirkswohnungsamt die an Juden vermieteten Räume ebenfalls bis zum 10. Juni 1939 anzuzeigen. Dies gilt sowohl für Juden, die Hauptmieter sind (dann ist der Hauseigentümer als Vermieter der Anzeigepflichtige), wie auch für Juden, die Untermieter sind (dann ist der Wohnungsinhaber, der Räume untervermietet hat, anzeigepflichtig). Vorsätzliche oder fahrlässige Zuwiderhandlungen werden bestraft.

Alle jüdischen Mieter, die in einem Hause wohnen, das nicht einem Juden gehört, müssen damit rechnen, daß sie in nächster Zeit ihre Wohnung zu räumen haben. Diesen jüdischen Mietern wird von der Nachrichtenstelle der Reichshauptstadt Berlin geraten, sich schon jetzt freiwillig um eine Wohnung als Mieter oder Untermieter in einem Hause zu bemühen, das einem Juden gehört und das bereits überwiegend von Juden bewohnt wird, um eine behördliche zwangsweise Unterbringung zu vermeiden.

Jedoch wird davor gewarnt, in die Stadtgebiete Potsdamer Straße, Lützowplatz, Tiergartenviertel, Hansaviertel, Kleiststraße, Tauentzienstraße, Kurfürstendamm und Bayrisches Viertel umzuziehen.

Auskünfte über alle Fragen erteilen die Bezirkswohnungsämter, bei denen auch die amtlichen Anmeldevordrucke zu erhalten sind.

Berliner Lokal-Anzeiger vom 25. Mai 1939

Ab 10. Juni 1939 waren alle in Berlin von Juden gemieteten und vermieteten Räume erfaßt – soweit Vermieter die rassistische Meldevorschrift bei den bezirklichen Wohnungsämtern befolgten

Während Batzers Referat II/4 eruierte, zu welchen Terminen Mieter aus den Räumungsbereichen welchen Ersatzraumbedarf hatten, leitete die Stadtverwaltung aufgrund des Gesetzes über Mietverhältnisse mit Juden eine Erhebung aller Daten der von Juden gemieteten und der im Eigentum von Juden stehenden Räume ein.[434] Anhand der bis zum 10. Juni 1939 von den Hauseigentümern, bei Untermietverhältnissen auch von den Mietern, abzuliefernden Meldungen legten die bezirklichen Wohnungsämter nach Straßen und Häusern sortierte Karteien über Wohnungen im Hauseigentum von Juden an. Die Anzeigen über Geschäftsräume reichten die Bezirksämter an den Bund der Berliner Haus- und Grundbesitzervereine und an die Wirtschaftskammer für Brandenburg und Berlin weiter. Die Neugestaltungsbehörde erhielt die Meldungen nicht-jüdischer Hauseigentümer über die an Juden vermieteten Wohnungen ohne weitere Bearbeitung. Künftige Veränderungen der Mietverhältnisse waren den Bezirksämtern auf entsprechenden Vordrucken innerhalb von drei Tagen anzuzeigen. Um vor einer Umgehung der Meldepflicht abzuschrecken, wurde eine Versäumnisstrafe von 150 Reichsmark angedroht.

Die Neugestaltungsbehörde plante die „Anlage der Judenkartei in arischem Besitz", um die mit dem jeweiligen Ersatzwohnungsbedarf von Abrißmietern korrespondierenden Wohnungen von Juden nach Verwaltungsbezirken, Wohnungsgröße und Mietpreis in die Wohnungslisten aufzunehmen. Die Neugestaltungsbehörde verfügte über alle wohnungs- und personenbezogenen Angaben zu jüdischen Mietern und Untermietern in nicht-jüdischem Hauseigentum. Die bezirklichen Wohnungsämter verwendeten die Kartei der Wohnungen im Hauseigentum von Juden, um gekündigte Juden bevorzugt in Häuser, die „bereits überwiegend von Juden bewohnt" wurden, als Mieter oder Untermieter einzuweisen. Die Wohnungsämter waren befugt, Zwangsmietverträge festzusetzen. Im übrigen bedurften alle Verfügungen des jüdischen Eigentümers und jedes Nacheigentümers einer Genehmigung. Die Wohnungsämter kontrollierten die Mietverhältnisse im Hauseigentum von Juden in ihren Stadtbezirken.

Zur Durchführung des Gesetzes über Mietverhältnisse mit Juden veröffentlichte der Berliner Oberbürgermeister seine Anordnung vom 19. Mai 1939 und eine Pressenotiz, die Berliner Juden nahelegte, ihre Wohnungen freiwillig aufzugeben, über die der GBI aufgrund der Neugestaltungsverordnung vom 8. Februar 1939 dann zugunsten mietberechtigter Abbruchmieter aus Räumungsbereichen verfügte.

434 BAP 46.06 Nr. 3443, Bl. 124ff. (OBM, Pla VI A1, i.V. gez. Steeg, AO über die Anmeldung von Räumen jüdischer Mieter v. 19.5.39), ebenda Bl. 119-123 (OBM, Pressenotiz zur Durchführung des GMietV mit Juden, die vorgenannte AO einschließt), ebenda Bl. 113-118 (OBM, Pla VI A1, i.V. gez. Steeg, RdVfg. an BezBM v. 19.5.39).

„Welche Mieter müssen ihre Wohnung räumen?
Alle jüdischen Mieter, die in einem Gebäude wohnen, das nicht einem Juden gehört, müssen damit rechnen, daß sie in nächster Zeit ihre Wohnung zu räumen haben. Diesen jüdischen Mietern wird geraten, sich schon jetzt freiwillig um eine Wohnung als Mieter oder Untermieter zu bemühen in einem Hause, das einem Juden gehört und das bereits überwiegend von Juden bewohnt wird, um eine behördliche zwangsweise Unterbringung zu vermeiden. Jedoch wird davor gewarnt, in die Stadtgebiete Potsdamer Straße, Lützowplatz, Tiergartenviertel, Hansaviertel, Kleiststraße, Tauentzienstraße, Kurfürstendamm und Bayerisches Viertel umzuziehen.“[435]

Wie die Planungen des GBI entbehrten auch diese städtischen Vorgaben der gesetzlichen Grundlagen: Weder durften Hauseigentümer zur Kündigung ihrer Mieter gezwungen werden, noch gab das Gesetz über Mietverhältnisse eine Handhabe, Juden zu veranlassen, ihre Wohnung zu kündigen. Ein nichtjüdischer Eigentümer konnte nicht davon abgehalten werden, an einen Juden zu vermieten. Untermietverträge konnten Juden in dessen Hauseigentum ohne behördliche Kontrolle schließen. Der Zuzug wohnungsloser Juden in die genannten Straßen und Stadtgebiete ließ sich nur verhindern, wenn der wohnungsgebende Eigentümer Jude war und das bezirkliche Wohnungsamt die Genehmigung des Mietvertrags verweigerte. Die angestrebte Steuerung der Miet- und Wohnverhältnisse der Berliner Juden war nur durch außergesetzlichen Druck auf die Beteiligten und eine entsprechende und unangreifbare Verwaltungspraxis zu erreichen.

Die „judenreinen Gebiete“ wurden nie öffentlich bekanntgemacht. Über die am 25. Mai 1939 in Berliner Tageszeitungen erschienene warnende Pressenotiz des Oberbürgermeisters hinaus blieben Festlegung und Handhabung der „judenreinen Gebiete“ Angelegenheiten interner Verwaltungsabsprachen nach Maßgabe der Neugestaltungsbehörde. Ende Mai 1939 lagen dem Referat II/4 die in der Plankammer des GBI als Karten im Maßstab 1 : 4.000 gefertigten „bestellten Pläne (jüdische Sperrbezirke)“ vor; Kopien dieser Pläne wurden der Stadtverwaltung und der Gauleitung zur Verfügung gestellt.[436] Nur mittels der „judenreinen Gebiete“ konnte der GBI überhaupt Einfluß auf die Miet- und Wohnverhältnisse der Berliner Juden nehmen;

---

435 BAP 46.06 Nr. 157, Bl. 119-123, 123 (Abs., hekt., Pressenotiz zur DfAO des OBM, i.V. gez. Steeg, zum GMietV v. 30.4.39, v. 19.5.39); vgl. Berliner Lokal-Anzeiger Nr. 124, 1. Beiblatt, von Donnerstag, 25.5.39.

436 BAP 46.06 Nr. 3443, Bl. 103f. (DfSt, II/4, hs. bzw. ms. Vermerk (u) Mietzner, v. 31.5.39 und 5.6.39, jeweils am Tage als erledigt gekennzeichnet). Das Referat II/4 hatte „3 Satz je 20 Stück“ bestellt. Ein Satz dieser 1939 gezeichneten Pläne ist im Bestand des Tiefbauamts im Landesarchiv Berlin, Kartensammlung, und weist die Gebiete in Zehlendorf, Charlottenburg und Tiergarten aus, nicht aber das Bayerische Viertel in Wilmersdorf und Schöneberg.

denn das Gesetz über Mietverhältnisse mit Juden, ohne jede Sondervorschrift für die Neugestaltung Berlins, räumte dem GBI kein diesbezügliches Recht ein. Nur dessen Recht aus der Neugestaltungsverordnung vom 8. Februar 1939, freie oder frei werdende Wohnungen von Juden in Häusern nicht-jüdischer Eigentümer mit Mietern aus Räumungsbereichen zu besetzen, hatte nach wie vor Bestand.

Die Mitwirkung der Berliner Gauleitung, „auf Weisung und Anforderung" des GBI Hauseigentümer in den „judenreinen Gebieten" zur Kündigung ihrer jüdischen Mieter zu bewegen, verschaffte sich der GBI durch die propagandistisch attraktive Konzeption „judenreiner Gebiete" und die Zusage, ihr einen nicht benötigten Rest der Wohnungen zu überlassen. Gleichzeitig beteiligte der GBI die Stadtverwaltung: vor jeder Kündigung hatte sie die gesetzlich verlangte Bestätigung der anschließenden Unterbringung als „Einweisungsschein für Untermieter" auszustellen.[437] Die „judenreinen Gebiete" diktierten den städtischen Ämtern, in welchen Stadtgebieten und Straßen eine behördliche Einquartierung wohnungslos gemachter Juden unterbleiben mußte. Dieser Maßgabe hatten die bezirklichen Wohnungsämter von Anfang an „ihre ganze Aufmerksamkeit zuzuwenden, damit Fehlbesetzungen mit Juden ausgeschlossen bleiben".[438]

Seit Mitte Juni 1939 bereitete die Neugestaltungsbehörde die Ausweitung ihres Zugriffs auf ein noch größeres Kontingent an Wohnungen von Juden vor. Referatsleiter Batzer legte die „Wohnraumbeschaffung für Abrißmieter" am 14. Juni 1939 behördenintern dar.[439] Weil es auch der Durchführungsstelle nicht gelang, Mieter aus Räumungsbereichen der Neugestaltung rechtzeitig vor dem Wiedervermietungstermin zur Anmietung aller von Juden aufgegebenen Wohnungen zu drängen, ließ Batzer sich beauftragen, nicht nur in Einzelfällen, sondern generell „die in nicht-jüdischem Hausbesitz freiwerdenden Judenwohnungen" gegen Mietentschädigung für Abrißmieter zu reservieren. Darüber hinaus riet Batzer seinen Vorgesetzten, „über den vorhandenen Bestand an Judenwohnungen in arischem Besitz auch auf den jüdischen Grundbesitz" zurückzugreifen, sobald nach vollzogener städtischer Erfassung „der noch in arischem und jüdischem Besitz wohnenden Judenfamilien [...] genaue Unterlagen über den vorhandenen jüdischen Wohnraum" zur Hand wären. Dafür kämen zunächst nur die „judenreinen Gebiete" in Frage.

---

437 BAP 46.06 Nr. 3443, Bl. 142 (Orig., Aktenvermerk, (u) Paul Batzer, zdA (p) Fränk 26.5., v. 17.5.39).

438 BAP 46.06 Nr. 157, Bl. 113-118, 115 (hekt., OBM, i.V. gez. Steeg, Pla VI A1., RdVfg. an BezBM, Wohnungsämter, v. 19.5.39).

439 BAK R 120 Nr. 1976 (Vermerk, Entwurf, II/4, Ba./Sk., Batzer, nicht gez., v. 14.6.39).

Batzer begründete seine Überlegung, „ob diese Wohnungen nicht gleich den Judenwohnungen im nicht-jüdischen Besitz nicht auch von uns erfaßt und für Abrißmieter verwandt werden sollten", ausführlich: „Wir erhalten dadurch nicht nur ein größeres Kontingent an verfügbaren Wohnungen, sondern halten länger aus und haben die Entjudung dieser – vom Generalbauinspektor festgesetzten Gebiete – fest in der Hand. Nach statistischer Erfassung dieser Gebiete durch die Stadtverwaltung dürfte eine genaue Übersicht möglich sein. Die Zusammendrängung der Juden in den anderen Gebieten ist dann klar zu übersehen und eine Erweiterung der freizumachenden Bezirke nach Verbrauch der Judenwohnungen kann dann planmäßig und erfolgreich durchgeführt werden. Hand in Hand müßte die Arisierung des jüdischen Grundbesitzes – vornehmlich in den zu entjudenden Bezirken – vor sich gehen."[440]

Als die Rechtsabteilung der Durchführungsstelle gegenüber der Stadtverwaltung das Verfahren festlegte, mit dem zunächst innerhalb der „judenreinen Gebiete" alle von Juden bewohnten Wohnungen für den Neugestaltungsbedarf reserviert werden sollten, berücksichtigte sie die doppelte Funktion der „judenreinen Gebiete" als Ansiedlungsgebiete für Mieter aus Räumungsbereichen der Neugestaltung und als Umwandlungssperrgebiete. Abweichend von den Vorstellungen des Referatsleiters Batzer entschied sich die Rechtsabteilung gegen bedarfsabhängig zu erweiternde „judenreine Gebiete". Sie plädierte hingegen dafür, „daß gleich bei Beginn dieser Aktion in weitgehendstem Maße diese Gebiete bezeichnet werden müssen, damit möglichst Änderungen für die Zukunft ausgeschlossen bleiben und unnötige Arbeit vermieden wird".[441] Innerhalb der „judenreinen Gebiete" wollte die Neugestaltungsbehörde alle Wohnungen von Juden, gleich in wessen Hauseigentum, an Mieter aus Räumungsbereichen vermitteln. Weil dafür die im Referat II/4 bearbeitete Kartei der „Judenwohnungen in arischem Besitz" nicht ausreichte, verlangte die Neugestaltungsbehörde auch die Herausgabe des von der Stadt erhobenen Materials über „Judenwohnungen in jüdischem Besitz", und zwar getrennt nach Verwaltungsbezirken und „judenreinen Gebieten".[442]

---

440 BAK R 120 Nr. 1976 (Vermerk, Entwurf, II/4, Ba./Sk., Batzer, nicht gez., v. 14.6.39), zit. bei Schreibfehlerkorrektur und Auslassung der Absätze nach jedem Satz.

441 BAK R 120 Nr. 1976 (Ds., Ausgangsschreiben, i.A., nicht gez., o.D., 3 S., S. 1 fehlt, wahrscheinlich Schreiben DfSt, Rabt., Dr. Dickmann, an OBM, HPla, aus der Zeit zwischen 14.6. und 31.8.39, vermutlich 7/39).

442 BAK R 120 Nr. 1976 (Ds., Ausgangsschreiben, i.A., nicht gez., o.D., 3 S., S. 1 fehlt, wahrscheinlich Schreiben DfSt, Rabt., Dr. Dickmann, an OBM, HPla, aus der Zeit zwischen 14.6. und 31.8.39, vermutlich 7/39), Wortlaut für diese „judenreinen Gebiete" hier „judenfreie Bezirke", variierende Bezeichnung derselben üblich auch als „von

Eine planvolle Kündigungsaktion des GBI gegen Juden in den „judenreinen Gebieten" konnte erst beginnen, nachdem die städtische Erfassung abgeschlossen war und die Karteien in der Neugestaltungsbehörde koordiniert waren. Vorab verlangte die Durchführungsstelle eine Klarstellung, „wie groß der Wohnraum sein darf, der den entmieteten Juden zur Verfügung gestellt wird", und regte an, daß „in der ersten Zeit mindestens zwei Judenfamilien in einer Wohnung untergebracht werden, da ja sonst kein Überangebot an freien Wohnungen für Abrißmieter zur Verfügung stände und die Aktion erfolglos bliebe".[443]

In den zu Umwandlungssperrgebieten erklärten „judenreinen Gebieten" erteilte die Rechtsabteilung der Durchführungsstelle keine Umwandlungsgenehmigungen und reservierte alle Wohnungen für Abrißmieter. Die Kartei über „Judenwohnungen in jüdischem Besitz" nützte der Neugestaltungsbehörde, um bei der Entscheidung über Umwandlungsanträge außerhalb der „judenreinen Gebiete" den Ersatzanspruch nicht-jüdischer Mieter zu berücksichtigen und eventuell die Räumung mit Mietberechtigungsscheinen zu fördern. Die kraft Umwandlungsgenehmigung des GBI dort wohnungslos werdenden Juden waren von der Stadtverwaltung einzuquartieren, falls sie selbst keine Wohnung als Mieter oder Untermieter fanden. Jede Umwandlungsgenehmigung für Wohnungen oder im Arisierungsgeschäft erworbene Grundstücke verkleinerte mit dem der Stadtverwaltung zur Unterbringung wohnungsloser Juden zur Verfügung stehenden Kontingent an Wohnraum den dritten Wohnungsmarkt, den sogenannten „Schachtelraum". Für ein reibungsloses Genehmigungsverfahren bei Zweckentfremdungen verlangte die Neugestaltungsbehörde, daß die Stadtverwaltung die Grundstücke benannte, die durch Einquartierungen zu sogenannten „Judenhäusern" werden sollten. Sie bot ihr an, „falls Arier aus Judenhäusern weichen müssen", würden „diese in Bezug auf Wohnungsversorgung den Abrißmietern gleichgestellt", also vom GBI berechtigt, eine Wohnung von Juden zu übernehmen. Auf Rat der Rechtsabteilung sollten bei einem solchen „nicht ganz freiwilligen Umzug" Umzugsentschädigungen gezahlt werden.[444]

Weil die „judenreinen Gebiete" als Ansiedlungsgebiete für Mieter aus Räumungsbereichen der Neugestaltung galten, durfte die Stadtverwaltung –

Juden freizumachende Bezirke", „Juden-Sperrbezirke", „jüdische Sperrbezirke" oder auch „Juden-Wohnsperrgebiete".

443 BAK R 120 Nr. 1976 (Ds., Ausgangsschreiben, i.A., nicht gez., o.D., 3 S., S. 1 fehlt, wahrscheinlich Schreiben DfSt, Rabt., Dr. Dickmann, an OBM, HPla, aus der Zeit zwischen 14.6. und 31.8.39, vermutlich 7/39).

444 BAK R 120 Nr. 1976 (Ds., Ausgangsschreiben, i.A., nicht gez., o.D., 3 S., S. 1 fehlt, wahrscheinlich Schreiben DfSt, Rabt., Dr. Dickmann, an OBM, HPla, aus der Zeit zwischen 14.6. und 31.8.39, vermutlich 7/39).

jenseits der Systematik des Gesetzes über Mietverhältnisse mit Juden – in dortigen Häusern aus dem Eigentum von Juden keine wohnungslosen Juden einquartieren. Der Eigentümer oder Nacheigentümer hatte hinzunehmen, daß die Neuvermietung von leerstehenden oder frei werdenden Räumen genehmigungsabhängig blieb. Diese gesetzliche Befugnis sollte die Stadtverwaltung offenbar mit der parallelen Befugnis des GBI aus der Neugestaltungsverordnung vom 8. Februar 1939, die sich auf Miet- und Pachträume von Juden bei nicht-jüdischen Vermietern bezog, synchronisieren und im Verwaltungsverfahren stillschweigend an die Neugestaltungsbehörde abtreten. Damit bildeten die künftig zufällig oder kontrolliert vermietbaren Räume des gesamten Hauseigentums von Juden, das in den „judenreinen Gebieten" lag, auf Dauer einen Teil des Zugangs zum zweiten Wohnungsmarkt, dem „Abrißwohnungsmarkt", zur Verfügung des GBI. An einer Förderung der „Arisierung des jüdischen Grundbesitzes – vornehmlich in den zu entjudenden Bezirken –", wie Referatsleiter Batzer noch Mitte Juni 1939 annahm,[445] hatte der GBI deshalb kein Interesse. Als Umwandlungssperrgebiete sollten die „judenreinen Gebiete" das Arisierungsgeschäft vielmehr unattraktiv machen. Auf Wunsch des GBI hatte die Gauleitung „zu diesem Punkt klar und deutlich in der Partei dahingehend Aufklärung zu schaffen, daß das Beziehen von Wohnungen in jüdischen Häusern in den judenfreien Gebieten Parteigenossen gestattet ist und dies unter Berücksichtigung der augenblicklichen Lage und des beabsichtigten Erfolges sogar auch notwendig ist".[446]

Die Neugestaltungsbehörde traf Festlegungen für eine Übergangszeit bis zum Anlaufen der Kündigungsaktion des GBI, in der die städtischen Ämter Vermietern, die Juden kündigen wollten, keine der gesetzlich vorgeschriebenen Bescheinigungen über deren anderweitige Unterbringung ausstellten, so daß Vermieterkündigungen gegen Juden jenseits der Umsetzungsplanung des GBI in dieser Übergangszeit gesetzwidrig waren. Alle Fälle, in denen „sich Juden – die die Kündigung angenommen haben, heute aber klug gemacht – weigern, die bereits gemeldete und an einen Abrißmieter vermietete Wohnung zu räumen", in denen „im Interesse irgendeiner Organisation eine Wohnung von Juden freigemacht werden muß" und in denen „zur Unterbringung von schwer zu versorgenden Abrißmietern die Räumung einer Judenwohnung – bzw. -Hauses sich als notwendig erweisen

---

445 BAK R 120 Nr. 1976 (Vermerk, Entwurf, II/4, Ba./Sk., Batzer, nicht gez., v. 14.6.39).

446 BAK R 120 Nr. 1976 (Ds., Ausgangsschreiben, i.A., nicht gez., o.D., 3 S., S. 1 fehlt, wahrscheinlich Schreiben DfSt, Rabt., Dr. Dickmann, an OBM, HPla, aus der Zeit zwischen 14.6. und 31.8.39, vermutlich 7/39).

sollte", wollte die Durchführungsstelle selbst und „mit allen zur Verfügung stehenden Mitteln erfolgreich bearbeiten".[447]

Mit welchen Instrumenten die Durchführungsstelle bei „einer derartigen Umsiedlung der Juden" zu operieren gedachte, geht aus dem zitierten dreiseitigen Schreiben an die Stadtverwaltung, dessen erstes Blatt fehlt, nicht hervor. Jedenfalls mußte der GBI die Regelungslücke überspringen, daß kein Gesetz den Vermieter zur Kündigung eines Mieters verpflichtete. Am 17. Mai 1939 hatte sich die Neugestaltungsbehörde der Mitwirkung der Gauleitung versichert, um durchzusetzen, daß nicht-jüdische Hauseigentümer Juden „auf Weisung und Anforderung" des GBI kündigten. Daß die Kreis- und Ortsgruppenleiter der NSDAP auf Ersuchen des GBI auch Juden unter Druck setzen sollten, bei Bedarf des GBI ihren jüdischen Mietern zu kündigen, erscheint zweifelhaft, denn Vermieterkündigungen und vorzeitige Kündigungen zwischen Juden blieben weiterhin ungesetzlich. Der Mieterschutz von Juden gegenüber einem wohnungsgebenden Juden wurde gesetzlich insofern noch verstärkt, als Kündigungen gegen Mieter und Untermieter eine behördliche Genehmigung voraussetzten. Zudem standen Aufforderungen zu solchen Kündigungen im Widerspruch zu der mit Einführung des Gesetzes über Mietverhältnisse mit Juden proklamierten Absicht, Juden und Nichtjuden wohnräumlich zu trennen und sogenannte homogene Hausgemeinschaften zu schaffen.

In den überlieferten Teilen des zitierten Schreibens findet sich kein Hinweis auf eine Beteiligung der Gauleitung an Kündigungen oder auf Kündigungen überhaupt. Auf der ersten, nicht erhaltenen Seite muß ein Verfahren beschrieben sein, das zu der auf der zweiten Seite oben erwähnten „derartigen Umsiedlung der Juden" führen sollte. Ansonsten bezieht sich das Schreiben auf Räumungen, die – regulär – nur an Kündigungen anschließen konnten. Möglicherweise plante also die Neugestaltungsbehörde bereits im Sommer 1939 ein Verfahren zur innerstädtischen Umsiedlung und Konzentration von Berliner Juden, mit dem der GBI kündigungslose Räumungsaufforderungen gegen Juden in den „judenreinen Gebieten" durchzusetzen beabsichtigte. Dies machte eine Mitwirkung der Gauleitung der NSDAP an Kündigungsaktionen gegen Juden ebenso überflüssig wie die Mitte Mai 1939 in Aussicht gestellte Teilhabe von Klientel der NSDAP an der für die Neugestaltung nicht nutzbaren Beute.

Die Stadtverwaltung bereitete sich Mitte Juli 1939 auf planvolle Umsiedlungen von Juden aus „judenreinen Gebieten" vor. Das städtische Haupt-

---

447 BAK R 120 Nr. 1976 (Ds., Ausgangsschreiben, i.A., nicht gez., o.D., 3 S., S. 1 fehlt, wahrscheinlich Schreiben DfSt, Rabt., Dr. Dickmann, an OBM, HPla, aus der Zeit zwischen 14.6. und 31.8.39, vermutlich 7/39).

planungsamt sagte der Neugestaltungsbehörde einen „Bericht der Stadt über die Erweiterung der judenfreien Bezirke“ zu. Die Rechtsabteilung des GBI gestattete dem Leiter des Planungsamts, „dass ein im Sperrgebiet liegendes Grundstück auch jetzt noch mit Juden besetzt wird“, weil es sich um das einzige überwiegend von Juden bewohnte Haus in jüdischem Eigentum im Bezirk Tiergarten handelte und eine andere Unterbringungsmöglichkeit für Juden im Verwaltungsbezirk nicht bestünde.[448]

Vor Kriegsbeginn initiierte die Neugestaltungsbehörde in den „judenreinen Gebieten“ keine Räumungsaktion mehr gegen Berliner Juden. Dr. Martha Mosse, die Leiterin der Wohnungsberatungsstelle der Jüdischen Gemeinde in Berlin, erinnerte sich später allerdings, daß im Mai 1939 ein Gesetz erlassen wurde, „demzufolge Juden zu Gunsten von nichtjüdischen Mietern ihre Wohnungen räumen sollten. Die Durchführung lag zunächst beim Generalbauinspektor und dem Hauptplanungsamt der Stadt Berlin. Auf Wunsch dieser Behörden und der Gestapo wurde die Jüd. Gemeinde in die Räumungsverfahren eingeschaltet. Der Vorstand der Gemeinde war zur Mitarbeit bereit in der berechtigten Annahme, daß man viele Härten würde mildern können. Ursprünglich bestand behördlicherseits der Plan, alle jüdischen Mieter, die westlich der Nord-Süd-Achse wohnten, nach der östlichen Seite zu verschieben, und nichtjüdische Mieter aus östlichen Wohnungen in westliche zu überführen.“ Solche Räumungsplanungen der Neugestaltungsbehörde hatten die Jüdische Gemeinde im Frühjahr 1939 veranlaßt, die Wohnungsberatungsstelle einzurichten, die seither „den jüdischen Mietern, die ihre Wohnungen aufgeben mußten, half, anderes angemessenes Quartier zu finden“.[449]

Noch im Sommer 1939 hatte die Neugestaltungsbehörde ein Zwangsräumungsverfahren gegen Berliner Juden ersonnen, das alle hinderlichen gesetzlichen Vorschriften durchbrach. Die Wohnungsberatungsstelle der Jüdischen Gemeinde sollte den Druck, den nach früheren Absprachen die

448 BAP 46.06 Nr. 704 (Ds., Vermerk Dr. Fränk z.K., II/1/41/D/Hp., Az: 1 F 6, (p) Dickmann, zu Rückfrage HPla, Dr. Werner Müller, korrigiert von Fränk und zdA 19.7., v. 18.7.39), Eigentümer des Grundstücks war die Jüdische Gemeinde, Blumeshof.

449 Germania Judaica Köln, Kb/Mos, 69-471 (Kopie, Erinnerungen, (u) Dr. Martha Mosse, 13 Seiten ms., dort S. 8-13, Anlage 2, Bericht v. 23./24.7.58). Bei diesem Bericht scheint es sich um eine autorisierte verkürzte Fassung des von M. Mosse 1958 der Wiener Library, London, gegebenen Berichts zu handeln, der auch als 124. Manuskript in den Yad Vashem Archives, 02/YVA, WL, aufbewahrt wird und auszugsweise abgedruckt ist in: Adler, Theresienstadt 1941-1945, a.a.O., Anhang Nr. 190a, S. 782–785. Dr. Martha Mosse, geb. am 29.5.1884, gab ihre Erinnerungen allem Anschein nach erstmals im Jahr 1958 zu Protokoll, nachdem sie in einer beim LG Berlin anhängigen Urteilsaufhebungssache am 12.3.58 ausgesagt hatte.

NSDAP auf Hauseigentümer hätte ausüben sollen, als Räumungsaufforderung aufgrund behördlicher Anordnung unmittelbar gegen jüdische Mieter richten, deren Wohnungen der GBI für Neugestaltungszwecke zu verwenden vorhatte. Die Wohnungsberatungsstelle arbeitete als Teil der Jüdischen Gemeinde unter Aufsicht der Berliner Gestapo, nachdem die Gemeinde als Jüdische Kultusvereinigung Zweigstelle der am 4. Juli 1939 gegründeten Reichsvereinigung wurde, der Zwangsorganisation der Juden in Deutschland.[450] Um das in keiner Weise gesetzlich gedeckte Verfahren zur innerstädtischen Konzentration der Juden zu erzwingen, bevorzugte es der GBI, von der Jüdischen Gemeinde gegen jüdische Mieter potentiell terroristischen Druck ausüben zu lassen, statt Vermieter dem Druck von Ortsgruppenleitern der NSDAP auszusetzen. Mit Bedacht ließ die Neugestaltungsbehörde das eigene Handeln als Alternative zum allgemeinen Terror erscheinen.

Von Mai 1939 bis zum Kriegsbeginn im September arbeitete die Neugestaltungsbehörde parallel an zwei Aufgaben: den durch Flucht und Vertreibung der Berliner Juden unkontrollierten Zugang an Wohnungen zum zweiten Wohnungsmarkt zugunsten von Mietern aus Räumungsbereichen der Neugestaltung zu verwerten und ein administratives Verfahren zu etablieren, das den Zugang an Wohnungen von Juden in diesen zweiten Wohnungsmarkt, den „Abrißwohnungsmarkt", passend zum aktuellen Ersatzwohnungsbedarf steuerte. Die „judenreinen Gebiete" waren das Vehikel zur Durchbrechung der Bestimmungen des Gesetzes über Mietverhältnisse mit Juden vom April 1939. Im Unterschied zu allen Entwurfsfassungen bis Januar 1939 berücksichtigte das Gesetz die speziellen Interessen des GBI in Berlin nicht mehr. Die seit Februar 1939 nachlässige Behandlung des bis dahin vom GBI maßgebend geprägten Gesetzgebungsverfahrens erklärt sich aus der Situation der folgenden Monate: Nur ein Bruchteil des relativen Überangebots an Wohnungen seit dem Novemberpogrom ließ sich Anfang 1939 als Ersatz für räumungspflichtige Mieter aus Abrißbereichen verwerten. Von der Zentralisierung des Vermittlungssystems versprach sich die Neugestaltungsbehörde noch im April 1939, die Vertreibungsbeute fortan vollständig auszuschöpfen.

Mit der Konzeption „judenreiner Gebiete" reagierte die Neugestaltungsbehörde auf die Schwierigkeiten, in denen die Durchführung der Neugestaltungsräumungen – jenseits des seit 1938 kontinuierlichen Mangels an Arbeitern und Baumaterial und des Ruins des städtischen und damit des Ersatzwohnungsbaus – steckengeblieben war. Das gesamte städtebauliche Projekt gefährdende Störfaktoren waren einerseits die Mieter in Räumungsbereichen, die ihre Wohnung für die Neugestaltung nicht oder nicht in dem

450 RGBl. I 1939, S. 1097 (10. VO zum Reichsbürgergesetz, v. 4.7.39).

vom GBI verlangten Tempo wechselten, und andererseits die Behörden, Verbände und Konzerne, deren Expansion in Berlin Voraussetzung und Ziel des Stadtumbaus war, die aber im Arisierungsgeschäft des Frühjahrs 1939 den Wohnungs- und Grundstücksmarkt in eben dem Segment absorbierten, das der GBI den Mietern aus Neugestaltungsbereichen als Ersatz vermitteln wollte.

Zumindest in den „judenreinen Gebieten" wollte der GBI den Wohnungs- und Grundstücksmarkt zugunsten der Neugestaltung kontrollieren. Die Konkurrenz mit behördlichen und kommerziellen Büroraumnutzern entschied der GBI für sich, indem er Umwandlungsgenehmigungen generell verweigerte, um die dortigen Wohnungen von Juden, gleich in wessen Hauseigentum, als Neugestaltungsersatz zu reservieren. Die als Ansiedlungsgebiete für Mieter aus Räumungsbereichen ausgewählten „judenreinen Gebiete" waren sowohl die bevorzugten Wohngegenden des Berliner Westens mit der größten jüdischen Wohnbevölkerung als auch die Anziehungspunkte des Arisierungsgeschäfts. Der GBI konzipierte „judenreine Gebiete" gerade nicht als beschleunigt zu räumende polizeiliche Sperrbezirke: Juden fungierten in der Planung des GBI als Platzhalter in Ersatzwohnungen für den Neugestaltungsabriß.

Um die Neugestaltung gegen alle Widrigkeiten durchzusetzen, scheute der GBI keinen Rechtsbruch. Speer bewies seine Entschlossenheit zum Rechtsbruch bereits in der Attacke auf den Mieterschutz von Juden im September 1938 und anschließend auf die Vertragsfreiheit im Mietrecht bei der Ausgestaltung des Juden diskriminierenden Mietgesetzes. Seither akzeptierten seine Fachmänner geltendes Recht lediglich als Anknüpfungspunkt für geschmeidige Verwaltungsverfahren, die die Rechtswidrigkeit der Neugestaltungspolitik zu verhüllen hatten, „ein Unrecht, welches sich des Rechtsscheines formaler Geordnetheit bedient".[451]

Zur Effektivierung der „Aktion Judenwohnungen" legte der GBI willkürlich Bereiche fest und zog Teilräumungen vor, um ein spezifisches Ersatzwohnungsangebot auszuschöpfen. Um das Arisierungsgeschäft in den „judenreinen Gebieten" einzudämmen, beschloß der GBI außerhalb der Neugestaltung gesetzwidrige Bereichsanordnungen, die die Wohngegenden südlich des Potsdamer Platzes und zwischen Wittenbergplatz und Friedrichstraße dem Aufkauf durch behördliche und kommerzielle Büroraumnutzer präsentierten. Auch die Ausdehnung der Genehmigungsbefugnis bei Umwandlungen und die Verlängerung von Optionen des GBI im Arisierungs-

451 Lothar Kreyssig, zit. nach Susanne Willems, Lothar Kreyssig. Vom eigenen verantwortlichen Handeln. Eine biographische Studie zum Protest gegen die Euthanasieverbrechen in Nazi-Deutschland, Berlin 1995, S.63.

geschäft, die der Stadtpräsident ermöglichte, indem er private Kaufverträge nicht genehmigte, waren nicht etwa Ergebnis einer extensiven Auslegung behördlichen Ermessens, sondern konstituierten neue Rechtsbrüche.

Die Planzeichnungen „judenreiner Gebiete" vom Sommer 1939 sind, auch wenn sie künftig wirkungslos blieben, empörendes Abbild rassistischen Denkens der Akteure der Berliner Neugestaltung. Sie entstanden als Produkt einer Konzeption, mit der der GBI die nach dem Novemberpogrom gesichert geglaubte Pfründe, die ihm in der Euphorie eines Überangebots von Wohnungen Berliner Juden und in der Konkurrenz des Arisierungsgeschäfts verlorengegangen war, im erneuten Zugriff auf allen Wohnraum von Juden in Berlin zurückgewinnen wollte.

Die an den „judenreinen Gebieten" orientierte Steuerung des zweiten und des von diesem abhängigen dritten Wohnungsmarkts, des sogenannten „Schachtelraums", erforderte wiederum Rechtsbrüche, die ein reibungslos funktionierendes Verwaltungsverfahren kaschieren sollte. Schon als die Neugestaltungsbehörde noch vorsah, Hauseigentümer von Ortsgruppenleitern der NSDAP unter Druck setzen zu lassen, „auf Weisung und Anforderung" des GBI ihren jüdischen Mietern zu kündigen, war es nicht primär Judenfeindschaft der Beteiligten, sondern die jederzeit abrufbare terroristische Gewalt, die den Vollzug des Rechtsbruchs im Verwaltungsverfahren garantierte.

Auch das noch im Sommer 1939 entworfene Räumungsverfahren gegen Berliner Juden, das die Wohnungsberatungsstelle der Jüdischen Gemeinde einbezog, modifizierte zwar den staatlichen Terror, blieb aber unabdingbar von diesem abhängig. Der für die Durchsetzung der Neugestaltung wichtigste und für die daraus resultierende Verelendung der Wohnverhältnisse der Berliner Juden gravierendste Rechtsbruch in der Vorkriegsplanung des GBI war die Einführung kündigungsloser Räumungen gegen Berliner Juden. Das verbrecherische Privileg, Juden die Wohnung zu nehmen, beanspruchte Speer exklusiv für den Berliner Hauptstadtbau.

Zweiter Abschnitt

Die Vorbereitung der Nachkriegsneugestaltung durch Exmittierung und Deportation der Berliner Juden 1940 bis 1943

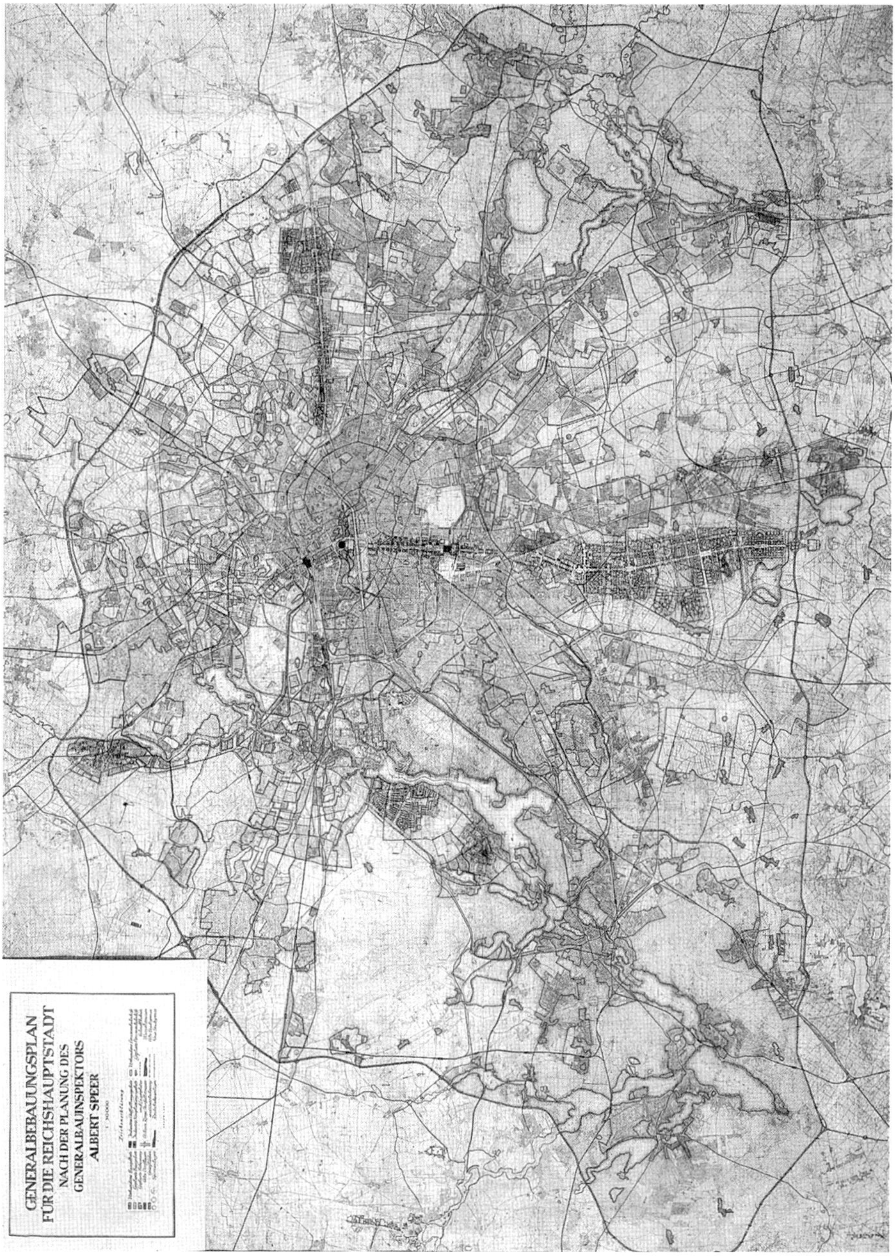

Generalbebauungsplan für die hauptstädtische Überbauung Berlins von 1942

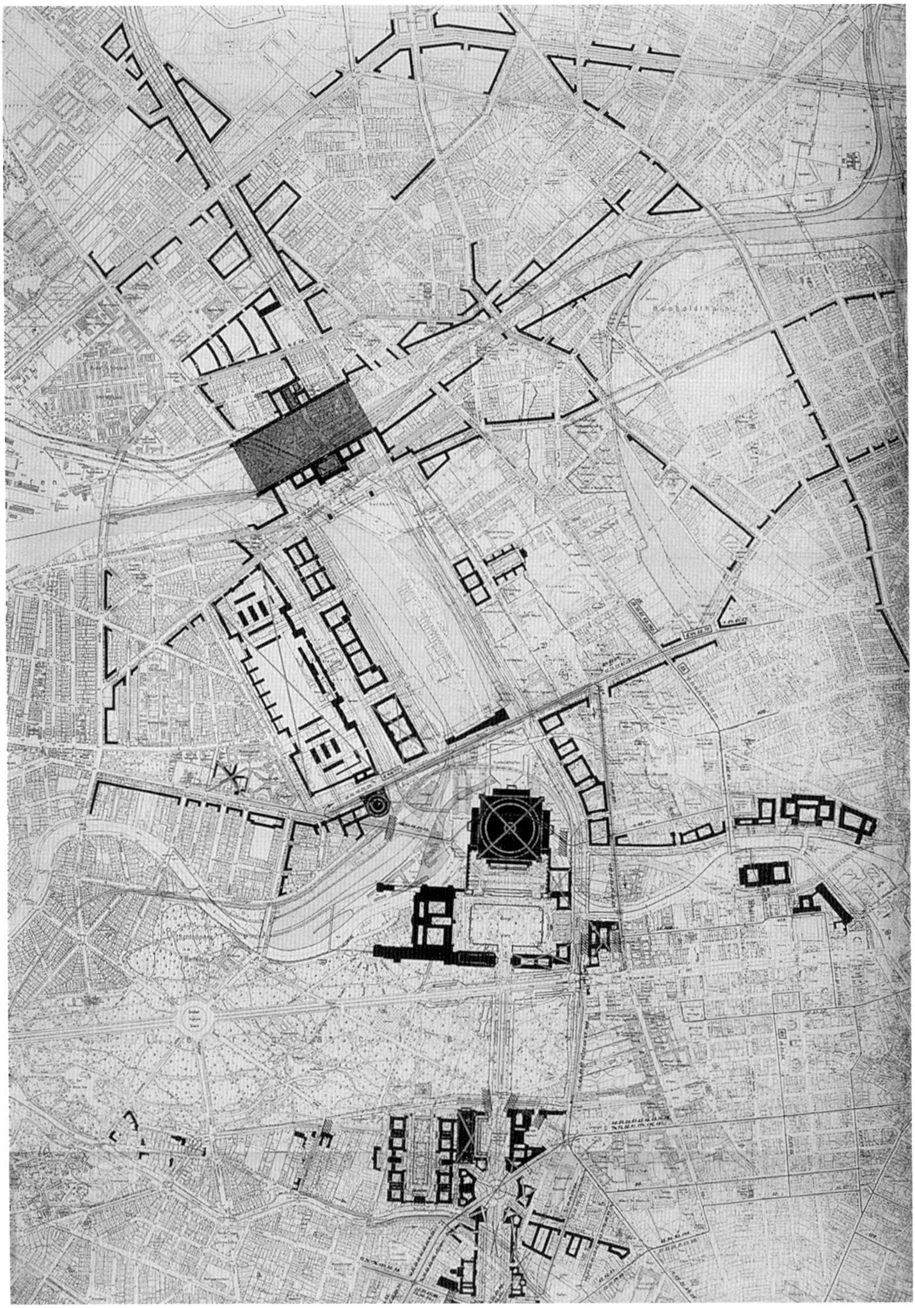

Bauausführungsplan von 1940:
Nördlicher Teil mit Nordbahnhof, Großer Halle im Spreebogen und Rundem Platz

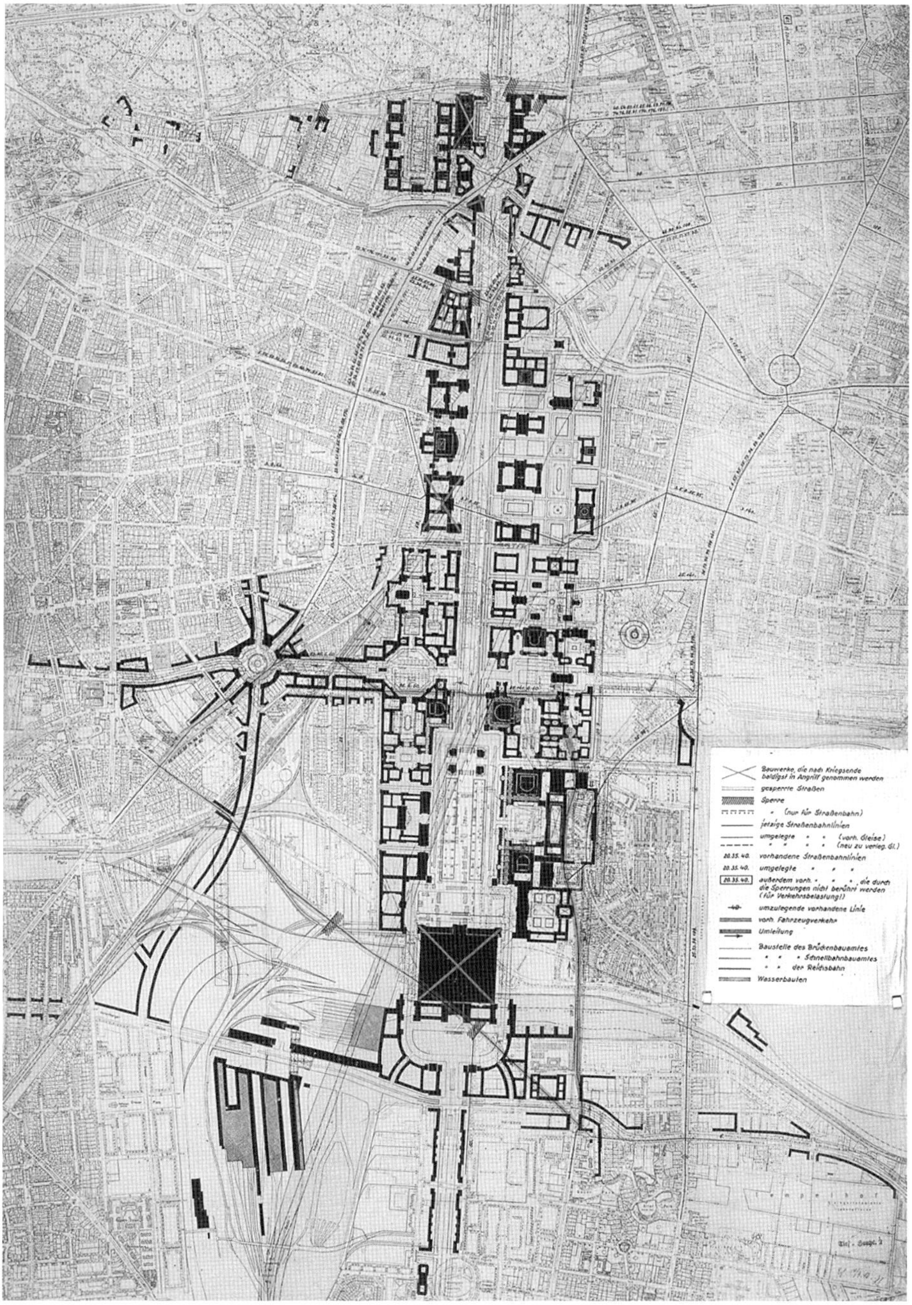

Südlicher Teil vom Runden Platz bis zum Südbahnhof – mit Legende: „Bauwerke, die nach Kriegsende baldigst in Angriff genommen werden"

V Städtebauliche Friedensplanung: Berlin ohne Juden

Der Kriegsbeginn bewog Speer keineswegs, die architektonische und städtebauliche Planung der Neugestaltung Berlins abzubrechen. Nur die Ausführungsarbeiten ließ er auf allen Ebenen stoppen: Am 31. August 1939 legte der GBI sämtliche Baustellen im Stadtgebiet Berlins, auch die der Neugestaltung, still.[452] Die Durchführungsstelle für die Neugestaltung wies keine Wohnungen für Abrißmieter mehr nach, weil Juden wegen „der jetzigen aussenpolitischen Verhältnisse" nicht auswandern würden und eine „zwangsweise Heraussetzung der Juden aus ihren jetzigen Wohnungen [...] nicht beabsichtigt" wäre.[453] Alle vor Kriegsbeginn in den Neugestaltungsbereichen räumungspflichtig gewordenen Mieter sollten von den Entmietungsträgern, der Stadtverwaltung oder der Reichsbahnbaudirektion, benachrichtigt werden, daß sie vorerst in ihren Wohnungen verbleiben konnten.[454] Nur in Ausnahmefällen brachte die Stadt Ankaufverhandlungen über Neugestaltungsgrundstücke zum Abschluß und legte im übrigen alles sechs bis zehn Monate auf Termin.[455] Die Verwaltungsvereinfachung im Krieg nahm dem GBI auch die Handhabe, die Ausbreitung behördlicher und kommerzieller Büroraumnutzer in den bevorzugten Wohngegenden des Berliner Westens einzudämmen; Inanspruchnahmen von Grundstücken oder Räumen für kriegswichtige Zwecke bedurften nach dem Reichsleistungsgesetz nicht seiner Zustimmung.[456]

---

452 BAP 46.06 Nr. 499 (Verweis auf Stillegungsanordnung des GBI v. 31.8.39 in GBI an OBM, Baupolizei, v. 19.9.39).

453 LA Bln Pr.Br.Rep. 107 Nr. 278/1 (Nds. GBI, (u) Dr. Thieme, Abt. IV, zur Besprechung mit Clahes und OBM, HPla, Dr. Pade, am 4.9.39, v. 5.9.39).

454 LA Bln Pr.Br.Rep. 107 Nr. 278/1 (Aktennotiz GBI, (u) Dr. Thieme, zu Rücksprache mit HPla, Dr. Pade, v. 6.9.39). Die Behörden überließen es ausschließlich den Vertragsparteien, gerichtlich die Vertragserfüllung gegen Juden durchzusetzen, deren Wohnung wiedervermietet, aber nicht geräumt war.

455 LA Bln Pr.Br.Rep. 107 Nr. 276/5 (2 RdVfg. OBM, HLieg I,1, gez. i.V. Pohl, v. 7.9.39).

456 RGBl. I 1939, S. 1645 (Bekanntmachung der neuen Fassung des Gesetzes über Leistungen für Wehrzwecke (Wehrleistungsgesetz) v. 1.9.39: Gesetz über Sachleistungen für Reichsaufgaben (Reichsleistungsgesetz) v. 1.9.39). RGBl. I 1939, S. 1535 (Erlaß des Führers und Reichskanzlers über die Vereinfachung der Verwaltung v. 28.8.39). LA Bln Pr.Br.Rep. 107 Nr. 235/4, Bl. 44 (Vermerk Dienststelle, Bohr, für Speer, v. 6.7.39, Rs. hs. Vermerk, (p) Clahes, v. 30.10.39) verweist auf Beschlagnahmerecht und Unmöglichkeit der Versagung der Umwandlung für Kriegsdauer, Vermerk Clahes: Wdv. nach Kriegsende zwecks Verfolgung des „Speerplanes" und Wiedereinführung der Genehmigung durch GBI.

Während die Dienststelle des GBI sich weiterhin kontinuierlich mit Planungsarbeiten beschäftigte, ließen sich im ersten Kriegsjahr nur begrenzt Arbeiter und Baumaterial für die Neugestaltung beschaffen. Anfang Mai 1940 waren noch 60.000 Arbeiter auf den Baustellen des GBI tätig, als das Landesarbeitsamt ankündigte, ab Oktober monatlich 10.000 Arbeiter für vordringliche Rüstungsbauten abzuziehen.[457]

Zu Beginn des zweiten Kriegsjahrs löste der bisherige Stadtkämmerer Prof. Dr. Karl Maria Hettlage, seit April 1940 Präsident der Durchführungsstelle für die Neugestaltung, diese auf und ordnete deren Abteilungen den ab Oktober 1940 eigenständigen Hauptämtern des GBI zu. Die bisherige Dienststelle Speers bildete als Planungsstelle das Hauptamt I des GBI. Die administrativen Aufgaben der Durchführungsstelle übernahm das Hauptamt II, Verwaltung und Wirtschaft, unter Hettlages Leitung. Alle Baudurchführungen zentralisierte Hettlage im Hauptamt III des GBI, der Generalbauleitung.[458] Um seine Baukapazität zu erhalten und zu steigern, akquirierte der GBI kriegswichtige Bauaufträge. Ziel der Speerschen Neugestaltungsbehörde blieb es, die in den Vorkriegsjahren gescheiterte Neugestaltung unmittelbar nach Kriegsende zu realisieren.

Bis Ende Januar 1941, dem Beginn der Räumungsaktionen des GBI gegen Berliner Juden, durchlief die Verwaltungsarbeit zur Vorbereitung der baulichen Neugestaltung Berlins vier Phasen. Deren erste, vom Kriegsbeginn bis zur Jahreswende 1939/40, diente der Bestandsaufnahme. Einberufungen zum Kriegsdienst behinderten die Verwaltungstätigkeit der Durchführungsstelle. Die Rechtsabteilung organisierte die Verwendung der in Abbruchbereichen leerstehenden Wohnungen und legte nach Angaben der Bezirksämter und eigenen Ermittlungen vor Ort eine Hauskartei an, die über Raumarten, Größen, Nutzungen und gegenwärtige Belegung der Abrißhäuser in Neugestaltungsbereichen Aufschluß gab.[459]

Trotz des Kriegs setzte der GBI in der zweiten Phase im Februar 1940 die Zuweisung ungekürzter Mittel aus dem Reichshaushalt für das Haushaltsjahr 1940 durch. Seit April führte Hettlage als Vertreter Speers mit der Berliner Stadtverwaltung Verhandlungen über die künftige Zusammenarbeit bei der Neugestaltung Berlins nach Kriegsende. Das Ergebnis schrieb er am 28. Juni 1940 per Erlaß fest. Ein aktualisierter Räumungsplan lag seit dem

457 BAP 46.06 Nr. 706 (GBI, Vermerk zum Bestand von 60.736 Arbeitern bis 1.9.40, monatlicher Abzug ab 10/40 bis 2/41, v. 3.5.40).

458 RGBl. I 1940, S. 1387 (3. Erlaß über einen GBI v. 18.10.40).

459 LA Bln Pr.Br.Rep. 107 Nr. 259/5 (DfSt, Rkt., Mietzner, Zwischenbericht zur Anweisung Dr. Neikes v. 31.5.40, v. 2.7.40). LA Bln Pr.Br.Rep. 107 Nr. 279/1 (GBI, Räumungsabt., Mietzner, Bericht, 4 S., v. 15.8.40).

30. Mai 1940 vor, also Wochen bevor Speer sich Ende Juni von Hitler beauftragen ließ, die Neugestaltung schon während des Kriegs vorzubereiten. Anfang Juli unterrichtete Hettlages Vertreter Willi Clahes die zu beteiligenden Behörden und Verbände über die Verfahrensweisen bei den bevorstehenden Neugestaltungsräumungen. Bereichsräumungen sollten im August beginnen, so daß Gebäude unmittelbar nach Kriegsende, das alle Beteiligten im Spätsommer 1940 erwarteten, abgerissen werden könnten.

In der dritten Phase, im August und September 1940, wurde Speer und seinen leitenden Mitarbeitern klar, daß sie sich mindestens auf ein weiteres Kriegsjahr einstellen mußten. Die forcierte Rüstung für den Krieg gegen die Sowjetunion, die Ausweitung der Luftangriffe gegen Großbritannien und die Bombardierung deutscher Städte machten einen verstärkten Einsatz von Arbeitern und Baumaterial auf Neugestaltungsbaustellen illusorisch. Abrißarbeiten im Berliner Zentrum waren tabu, weil Behörden Ausweichquartiere suchten und vorsätzliche Wohnraumvernichtung im Krieg öffentliche Empörung provoziert hätte. In dieser dritten Phase zog die Neugestaltungsbehörde Räumungen für einzelne Repräsentationsbauten der staatlichen und militärischen Macht vor.

Die vierte und letzte Phase der administrativen Vorbereitungen für die Wiederaufnahme von Neugestaltungsräumungen während des Kriegs begann, als es Speer Ende September 1940 gelang, Hitler die Notwendigkeit sofortiger Bereichsräumungen zu suggerieren: Statt die geräumten Häuser abreißen zu lassen, sollten sie auf Kriegsdauer als Notunterkünfte für Ausgebombte bereitstehen. Zur selben Zeit übernahm Speer als GBI umfangreiche Aufträge im Rüstungsausbau, im Luftschutzraumbau und zur Beseitigung von Bombenschäden an Gebäuden und Industrieanlagen. Mit seinen stark expandierenden Bauaktivitäten wollte Speer ein dem Volumen des hauptstädtischen Umbaus adäquates Baukonsortium begründen, das bei Kriegsende parat stände.

Die Neugestaltungsbehörde paßte ihre Strategien von Phase zu Phase den wechselnden Erwartungen an die Kriegsentwicklung auch dann noch an, als kein baldiges Kriegsende abzusehen war.

Bis Kriegsbeginn waren der Neugestaltungsbehörde Räumungen in einzelnen Bereichen überhaupt nur möglich, weil der GBI den aus Wohnungen geflüchteter Berliner Juden gespeisten zweiten Wohnungsmarkt zugunsten von Abrißmietern kontrollierte. Da der Krieg Juden alle legalen Fluchtwege versperrte, ließ der GBI die Bereichsräumungen erst einmal einstellen. Im Krieg trieb der GBI die administrativen Neugestaltungsarbeiten jedoch wieder voran, deren Kehrseite die Zerstörung der Existenz der Juden als Wohnende in Berlin war. Der GBI exponierte sich nicht als Beteiligter an der Judenverfolgung; nichtsdestoweniger griff er im Interesse seiner

Bereichsräumungen in Berlin der staatlichen Verfolgungspolitik vor. Die Berliner Gestapo und die Jüdische Kultusvereinigung stellte der GBI mit der aus seinen Neugestaltungsräumungen resultierenden Verelendung der Wohnverhältnisse der Juden in Berlin vor vollendete Tatsachen.

In der zweiten Planungsphase, von Februar bis Juli 1940, beanspruchte die Neugestaltungsbehörde sämtliche in Berlin von Juden gemieteten Wohnungen als Ersatz für räumungspflichtige Mieter aus Neugestaltungsbereichen. Dieser Planung muß die Erwartung zugrunde gelegen haben, daß nach Kriegsende alle Juden aus Deutschland vertrieben würden. Unmittelbar nach Kriegsbeginn hatte der GBI – trotz der Deportationen österreichischer und tschechischer Juden im Oktober und der Massendeportationen polnischer Juden ab Dezember 1939 – keine Deportationen Berliner Juden während des Kriegs eingeplant. Allerdings nahm die Neugestaltungsbehörde vor Mitte 1940 amtliche Bestrebungen, alle Juden nach Kriegsende kollektiv zwangsauszusiedeln, um Wochen oder sogar Monate vorweg.[460]

Schon während des Kriegs die Berliner Juden schnellstmöglich ihrer Wohnungen zu berauben, entschied der GBI, als er Ende September 1940 die Wiederaufnahme der Bereichsräumungen durchsetzte und die Tätigkeit des Neugestaltungsapparats für sein Nachkriegsprogramm auf einen langen Krieg umstellte. Speer und Hettlage entschlossen sich, Berliner Juden in die Wohnungslosigkeit zu treiben und sie unter elenden Verhältnissen in einem unsichtbaren Ghetto des durch kriegswichtige Inanspruchnahmen Grundstück um Grundstück verkleinerten dritten Wohnungsmarkts, des sogenannten „Schachtelraums“, zu konzentrieren. Diese aus eigener Macht und Initiative, ohne jede Aufforderung von anderer Seite, entwickelte und auf eigene Zwecke zugeschnittene Politik Speers setzte die Neugestaltungsbehörde unter Hettlages Verantwortung ab Januar 1941 um.

Bis Ende Januar 1940 hatten mehrere hundert Wohnungen in ganz oder teilweise geräumten Abbruchhäusern leergestanden, deren Verwendung umstritten war. Das städtische Hauptliegenschaftsamt und die Reichsbahnbaudirektion spekulierten auf eine finanziell einträgliche Verwertung. Sie konkurrierten mit dem städtischen Hauptplanungsamt, das den Bezirksämtern wohnungspolitische Handlungsmöglichkeiten eröffnen wollte, mit den öffentlichen und privaten Bauträgern der Neugestaltung, die für die Kriegszeit Ausweichquartiere suchten, und mit der Gauleitung der NSDAP, deren Mobilisierungsbeauftragter Notunterkünfte für Katastrophenfälle zu beschaffen hatte, während die NSV um provisorischen Wohnraum für betreute Flüchtlinge verlegen war. Außerdem beantragten Wohnungssuchende bei den bezirklichen Wohnungsämtern die Zuweisung leerstehender Woh-

460 Zu den Planungen für Judendeportationen 1939/40: Aly, „Endlösung“, a.a.O.

nungen. Nur etwa die Hälfte der Leerwohnungen war zu Beginn des Jahrs 1940 vermietet oder stand für Katastrophenzwecke bereit. Sie wurden von Behörden, der Wehrmacht, Industrieunternehmen mit kriegswichtigen Aufträgen und der Gauleitung der NSDAP genutzt. „Katastrophenhäuser" auf 25 Abrißgrundstücken waren zum Teil mit ausländischen, insbesondere italienischen, Arbeitern belegt.[461] Im Oktober 1939 hatte die Gauleitung leerstehende Wohnungen in mehr als 60 Abrißhäusern als Notunterkünfte mit 4.500 Plätzen für „Luftangriffe u. ähnliches" herrichten wollen.[462]

Um zu gegebener Zeit die Neugestaltung unverzüglich wieder in Gang setzen zu können, bevorzugte Speer die kriegsbedingten Raumanforderungen des Mobilisierungsbeauftragten der Gauleitung.[463] Der GBI wahrte seine Interessen gegenüber anderen Nutzern mit einer generellen Befristung der Mietverträge auf die Dauer der Unterbrechung der Neugestaltung. Außerdem hatten Mieter auf den gesetzlichen Mieterschutz zu verzichten und auf Verlangen des GBI ohne Ersatzansprüche zu räumen. Der Mustermietvertrag der Durchführungsstelle, ein Vertrag geminderten Rechts, den das Hauptplanungsamt seit Mitte Januar 1940 ausschließlich zu verwenden hatte, hieß behördenintern „Speer-Vertrag".[464]

---

461 LA Bln Pr.Br.Rep. 107 Nr. 277/4 (OBM, HPla, Pla VI C a, (u) i.A. Dr. Pade, an Präsident DfSt, z.Hd. Clahes, v. 29.3.40, nebst Anlage, Zusammenstellung über die Vermietung von Abrißräumen, Stand v. 1.2.40). Hinweis auf RdVfg. OBM, HPla, gez. Dr. Pade, an BezBM, betr. Verfahren Verwendung Abbruchgrundstücke, v. 17.11.39 in LA Bln Pr.Br.Rep. 107 Nr. 279/1 (Bericht, GBI, Räumungsabt., Mietzner, v. 15.8.40) und BAK R 120 Nr. 2856 sowie LA Bln Pr.Br.Rep. 107 Nr. 233 (Auszug Protokoll der Besprechung GBI, HPla, wegen Vorwurf des GBI, HPla sabotiere Karteiführung am 21.8.40, v. 23.8.40), vgl. Dienstblatt OBM.

462 LA Bln Pr.Br.Rep. 107 Nr. 277/4 (Nds. DfSt, IV, (u) Clahes und Dr. Thieme, zur Besprechung Clahes mit NSDAP Gauleitung, Petzold, am 11.10.39, v. 12.10.39; NSDAP Gauleitung, Amt für Volkswohlfahrt, an den Mob.-Beauftragten Pg. Petzold, NSDAP Gau Berlin, v. 11.10.39, betr. Katastrophenwohnungen, Aufstellung über bereits eingerichtete, in Einrichtung begriffene und für Katastrophenfälle notwendige von der Rbahn bzw. der Stadt als leerstehend gemeldete Bereichsgrundstücke, sowie 4 Grundstücke aus Privatbesitz).

463 LA Bln Pr.Br.Rep. 107 Nr. 277/4 (Wiederbelegung freigemachter Grundstücke während der Kriegszeit – s.a. Katastrophenwohnungen – Lfzt. 7/39 bis 2/43). Ebenda und BAK R 120 Nr. 1975, Bl. 155-158 (Rdverf. OBM, Lieg. I,1–1215, an BezBM, gez. i.A. Wittwer v. 10.10.39 und i.A. Stritte v. 11.10.39) i.V.m. LA Bln Pr.Br.Rep. 107 Nr. 277/4 (Ds., DfSt, IV, (u) Dr. Thieme, an OBM, HLieg, Zustimmung zu vorgenannter Rdverf. nach erneuter Rücksprache mit Speer, v. 20.10.39).

464 LA Bln Pr.Br.Rep. 107 Nr. 277/4 (Ds., DfSt, (p) Clahes, an OBM, HLieg, nebst Anlage Muster-Mietvertrag, der entsprechend Billigung Speers zukünftig ausschließlich zu verwenden war, v. 18.1.40).

Räumungen in Neugestaltungsbereichen fanden im ersten Kriegsjahr nur in Ausnahmefällen statt,[465] etwa im Tiergartenviertel für den Neubau der Schwedischen Gesandtschaft durch das Auswärtige Amt oder als Resträumungen für die Wehrmacht in der Bendlerstraße.[466] In solchen Fällen stellte der GBI die „aus dem Kontingent der Judenwohnungen zur Verfügung stehenden Wohnungen bereit."[467] Einen Anfang April 1940 gestellten Antrag des „Reichsführers SS", der nach Grundstückskauf wegen Eigenbedarfs Mieter in frühere Wohnungen von Juden umsetzen wollte, lehnte der GBI ab: „Der monatliche Zuwachs steht in keinem Verhältnis mehr zu den Anforderungen. Darüberhinaus stehen mir aber auch zurzeit die von Ihnen gewünschten Wohnungsgrössen mit den angegebenen Mietpreisen überhaupt nicht zur Verfügung."[468]

Juden wurden in Abrißhäuser einquartiert, wenn sie widerrechtlich gekündigt wurden, bezirkliche Wohnungsämter Kündigungen zuließen, oder wenn sie räumungspflichtig wurden, obgleich ihre Auswanderung sich verzögerte oder mißglückte. Für sie reservierte die Stadt Berlin die Abbruchhäuser Großgörschenstraße 23, 24, 28 und 29 sowie Katzlerstraße 9 und 13 als „Judenhäuser" zur Einquartierung von „ca. 220 Familien".[469] Städtische Vorschläge zur Konzentration der Berliner Juden griff die Neugestaltungsbehörde nicht auf: Ende September 1939 hatte Stadtrat Adalbert Pfeil empfohlen, einen Teil der Abbruchhäuser zur Unterbringung von Juden zu nutzen, damit dem GBI weitere Großwohnungen für Abrißmieter zur Verfügung ständen.[470] Anfang Oktober 1939 erneuerte das Hauptplanungsamt den Vorschlag, diesmal jedoch, um Juden aus Kleinwohnungen zu exmittieren. Juden sollten ihre Wohnungen zugunsten wohnungssuchender Familien mit vielen Kindern räumen. Für Kleinwohnungen von Juden, die für Abrißmieter verlorengingen, versprach das Hauptplanungsamt Ersatz aus künftigem

465 BAP 46.06 Nr. 496, Bl. 9 (Ds., GBI, (p) Fränk, an OBM, HPla IVc, v. 19.9.39).

466 LA Bln Pr.Br.Rep. 107 Nr. 276/5 (Abs., Vermerk, OBM, Lieg.P. – I,1, gez. Pohl, zur Besprechung mit Vertretern des OKH, v. 8.9.39, übersandt an Präs. DfSt am 8.9.39).

467 BAP 46.06 Nr. 500 (Ds., GBI, gez. Speer, an OBM, HLieg, Ds. an AA und DfSt, v. 15.9.39).

468 LA Bln Pr.Br.Rep. 107 Nr. 221 (Ds., DfSt, gez. (p) Hettlage, (p) Clahes, an RfSS, betr. Zuweisung von Wohnungen für Abrissmieter; Ankauf des Grundstücks Seesener Str. 9/13, auf Anfrage v. 6.4.40, abgegangen 12.4.40, v. 9.4.40).

469 LA Bln Pr.Br.Rep. 107 Nr. 279/1 (Bericht, GBI, Räumungsabt., Mietzner, v. 15.8.40). Das Dokument wurde mir freundlicherweise von Klaus Kürvers zur Verfügung gestellt. Vgl. Geist und Kürvers, Tatort Berlin, Pariser Platz, a.a.O., Anm. 77.

470 LA Bln Pr.Br.Rep. 107 Nr. 277/4 (Nds. DfSt, IV, (u) Dr. Thieme, zur Besprechung Clahes mit OBM, HLieg, OMagRat Pohl, und HPla, Dr. Pade und Stadtrat Pfeil, am 28.9.39 v. 29.9.39).

städtischen Wohnungsneubau.[471] Die Neugestaltungsbehörde war jedoch nicht bereit, auch nur auf einen Bruchteil der in Berlin von Juden bewohnten Altbauwohnungen zu verzichten. Einig waren sich – aus unterschiedlichen Interessen – GBI und Berliner Stadtverwaltung, Juden in Berlin bloß noch ein Wohnrecht auf Zeit zuzubilligen.

Zum 30. Mai 1940 hatte die Rechtsabteilung den Räumungsplan des GBI aktualisiert. In sieben Neugestaltungsbereichen wurden die Räumungen des letzten Vorkriegsplans zunächst zurückgestellt. Die im Oktober 1938 begonnenen Räumungen sollten in acht Bereichen fortgesetzt werden; Räumungen für zwei Bauvorhaben wurden zusätzlich aufgenommen. Die Bereichsräumungen sollten drei oder sechs Monate „nach Stichtag" abgeschlossen sein. Nur im Bereich der „Großen Halle" im Spreebogen waren weitere Abrißhäuser sofort und fortlaufend bis 15 Monate „nach Stichtag" leerzuziehen. Während des Kriegs gab der „Stichtag" in Räumungsplänen des GBI den Zeitpunkt an, zu dem die Unterbrechung der Neugestaltung vom GBI aufgehoben würde. Der Räumungsplan von Mai 1940 galt für das erste Nachkriegsjahr.[472]

Grundlegende Vereinbarungen zum künftigen Räumungsverfahren verhandelte Clahes mit den am 5. Juli 1940 versammelten Vertretern der Stadtverwaltung, der Wirtschaftskammer Brandenburg und Berlin, des Bundes der Berliner Haus- und Grundbesitzervereine, der Reichsbahnbaudirektion und des Heeresbauamts. Realistischerweise rechnete der GBI im ersten Nachkriegsjahr mit keinem nennenswerten Zugang von Ersatzwohnungen aus dem städtischen Wohnungsbau. Deshalb teilte Clahes mit, „dass – da Neubauwohnungen im 1. Jahr fast überhaupt nicht für die Abrissmieter zur Verfügung stehen – durch Sondermassnahme das Kontingent an Judenwohnungen auf ca. 22.000 erhöht wird".[473]

Das Segment der von Juden in Berlin bewohnten Wohnungen deckte kaum mehr als einen Jahresbedarf nach dem Krieg. Die Neugestaltung Berlins hinge auch dann noch vom – bislang Jahr für Jahr gescheiterten – städtischen Ersatzwohnungsbau ab. Im zweiten Entwurf des GBI-Erlasses über die Zusammenarbeit mit dem Oberbürgermeister, der zwischen dem 22. April und dem 24. Juni 1940 bereits unter Verantwortung Hettlages verfaßt wurde, heißt es unter dem Titel Wohnungsbau: „Die Neugestaltung der

471 LA Bln Pr.Br.Rep. 107 Nr. 277/4 (Aktenvermerk, DfSt, IV, (u) Dr. Thieme, zur Besprechung Clahes mit OBM, HPla, Dr. Pade, am 3.10.39 v. 4. und 5.10.39).

472 BAK R 120 Nr. 1975, Bl. 96-106 (Abs., Räumungsplan v. 30.5.40).

473 BAK R 120 Nr. 2854 (Ds., Protokoll, gez. Clahes, zur Besprechung betr. Räumung der Bereiche - Ersatzraumbeschaffung, 6 S., v. 5.7.40). In dem zit. Auszug sind die Worte „im 1. Jahr" mit Bleistift eingefügt; im Dokument fehlerhafte Schreibweise: 22,000.

Reichshauptstadt erfordert die Umsiedlung einer großen Zahl von Haushaltungen aus Abrißwohnungen in neue Wohnungen. Diese werden zum Teil (etwa 15 000 bis 20 000) durch Räumung der bisher von jüdischen Familien genutzten Wohnungen geschaffen werden können. Der größere Teil des Bedarfs an neuen Wohnungen für Abrißmieter wird jedoch durch Neubauten gedeckt werden müssen. Die Errichtung der Wohnungen für Abrißmieter [...] wird damit zu einer [...] Neugestaltungsaufgabe."[474]

Nr. 164 — Tag der Ausgabe: 13. September 1940 **1235**

Verordnung
zur Änderung und Ergänzung des Gesetzes über Mietverhältnisse mit Juden.
Vom 10. September 1940.

Auf Grund des § 14 des Gesetzes über Mietverhältnisse mit Juden vom 30. April 1939 (Reichsgesetzbl. I S. 864) wird folgendes verordnet:

§ 1

(1) Für die Reichshauptstadt Berlin und die Hauptstadt der Bewegung München tritt § 1 Satz 2 des Gesetzes über Mietverhältnisse mit Juden vom 30. April 1939 außer Kraft. Das gleiche gilt für die Stadt Wien für § 1 Abs. 3 des Gesetzes in der Fassung des Artikels I Nr. 1 der Verordnung zur Einführung des Gesetzes über Mietverhältnisse mit Juden in der Ostmark vom 10. Mai 1939 (Reichsgesetzbl. I S. 906).

(2) Der Reichsarbeitsminister kann im Einvernehmen mit dem Reichsminister des Innern eine der Vorschrift des Abs. 1 entsprechende Anordnung für Gemeinden treffen, für die der Führer und Reichskanzler die Durchführung städtebaulicher Maßnahmen nach Maßgabe des Gesetzes über die Neugestaltung deutscher Städte vom 4. Oktober 1937 (Reichsgesetzbl. I S. 1054) angeordnet hat.

§ 2

(1) In Gemeinden, in denen die im § 1 vorgesehene Regelung gilt, steht das im § 2 des Gesetzes über Mietverhältnisse mit Juden vorgesehene Kündigungsrecht dem Vermieter auch dann zu, wenn beide Vertragsteile Juden sind; § 9 des Gesetzes ist in solchen Gemeinden der Reichsgaue der Ostmark und des Reichsgaues Sudetenland in der dort geltenden Fassung entsprechend anzuwenden, wenn auch der Vermieter Jude ist.

(2) Bei Anwendung des § 11 des Gesetzes über Mietverhältnisse mit Juden ist, wenn auch der Vermieter Jude ist, in den im § 1 Abs. 1 bezeichneten Gemeinden der Zeitpunkt des Inkrafttretens dieser Verordnung, in den im § 1 Abs. 2 bezeichneten Gemeinden der Zeitpunkt des Inkrafttretens der Anordnung des Reichsarbeitsministers maßgebend.

Berlin, den 10. September 1940.

Der Reichsminister der Justiz
Dr. Gürtner

Der Reichsarbeitsminister
In Vertretung
Dr. Syrup

Auch zum „Abrißwohnungsmarkt": von Juden bei Juden gemietete Wohnungen

---

474 BAK R 120 Nr. 3984 (Allgemeiner Schriftwechsel OBM, 1940, hier 2. Entwurf, o.D., Erlaß des GBI über die Zusammenarbeit mit dem OBM). Die Akte enthält aufeinanderfolgend einen 1. Entwurf des Erl. des GBI, der am 2.4.40 beraten wurde; Vorlage eines 1. Gegenentwurfs v. Richtlinien d. d. OBM, HLieg, (u) Müller-Wielandt und Hättasch, v. 22.4.40; zit. 2. Entwurf des Erl. des GBI o.D.; 2. Gegenentwurf Richtlinien d. d. OBM, gez. Dr. Lippert, v. 24.6.40; 3. Entwurf des Erl. des GBI von Juni 40, zit. Passus dort mit Bleistift gestrichen und im veröffentlichten Erl. des GBI v. 28.6.40 nicht enthalten.

Die „Sondermaßnahme“ zur Erhöhung des Kontingents der als Ersatz verwertbaren Wohnungen, die Juden in Berlin gemietet hatten, wurde als „Verordnung zur Änderung und Ergänzung des Gesetzes über Mietverhältnisse mit Juden“ vom 10. September 1940 im Reichsgesetzblatt veröffentlicht.[475] In den Städten Berlin, München und Wien verloren Juden den Mieterschutz auch gegenüber jüdischen Hauseigentümern. Die mit der Veröffentlichung des Gesetzes über Mietverhältnisse mit Juden im Mai 1939 propagierte Absicht einer wohnräumlichen Trennung von Juden und Nichtjuden trat mit der gesetzändernden Verordnung generell hinter städtebauliche Erfordernisse zurück. Der Reichsarbeitsminister wurde ausdrücklich ermächtigt, im Einvernehmen mit dem Innenminister auch anderen Neugestaltungsstädten den Zugriff auf alle von Juden gemieteten Wohnungen zu gestatten.[476]

Im Oktober 1940 verzeichnete die bestandsbezogene Grundkartei des GBI 15.357 ab 19. Mai 1939 erfaßte Wohnungen, die Juden im Hauseigentum von Nichtjuden bewohnten.[477] Das zusätzliche Kontingent der von Juden gemieteten Wohnungen hatten die bezirklichen Wohnungsämter mit den Mietverhältnissen in den am Stichtag 5. Mai 1939 Juden gehörenden Grundstücken registriert. Der GBI schätzte es im Sommer 1940 auf 5.000 bis 7.000 Wohnungen.[478] Mit dem Zugriff auf alle von Juden in Berlin gemieteten Wohnungen hatte der GBI die Vorjahrsplanung der „judenreinen Gebiete“ als Ansiedlungsgebiete für Abrißmieter noch nicht ad acta gelegt. Clahes ließ sich spätestens im Juli 1940 die Planzeichnungen der „judenreinen Gebiete“ erneut vorlegen.[479]

---

475 RGBl. I 1940, S. 1235.

476 In der Systematik der Lockerung des Mieterschutzes gem. GMietV blieben Kündigungen gegen Juden in Grundstücken, die zum Stichtag 5.5.39 Eigentum von Juden waren, doppelt von der Kontrolle der Kommune abhängig, nämlich durch die bei Kündigung erforderliche Bescheinigung über die anderweitige Unterbringung des jüdischen Mieters und durch die erforderliche behördliche Genehmigung der Verfügung des Hauseigentümers, die auch jeder Nacheigentümer hinnehmen mußte.

477 LA Bln Pr.Br.Rep. 107 Nr. 401, Bl. 13 (Aufstellung, GBI, II/4, v. 11.7.42). Bis zum 11.7.42 wurden 76 Wohnungen nachgemeldet.

478 Die Zahl der an Juden im Hauseigentum von Juden zum Stichtag 5.5.39 vermieteten Wohnungen lag lt. Statistiken des GBI aus dem Jahr 1942 bei mehr als 8.000.

479 BAP 46.06 Nr. 3560, Bl. 1-4; eine der Karten ist rückseitig mit „Juden-Wohnsperrgebiete!“ gekennzeichnet. LA Bln Pr.Br.Rep. 107 Nr. 235/4, Bl. 56ff. (Vermerk „über Wohnschutzgebiete“, (u) Breyer, zur Vorlage für Speer, v. 14.8.39, dort hs. Vermerk, (u) Gauß, „Plan über Umwandlungs-Sperrgebiet wurde, da vorgenannter nicht aufzufinden war, neu gezeichnet u. befindet sich im Büroschrank von Herrn V.-Präsident Clahes.“, v. 20.7.40)

Auf die Konzeption „judenreiner Gebiete" griff der GBI zurück, weil er in deren Rahmen zuletzt im Sommer 1939 Verwaltungsverfahren entwickelt hatte, um jüdische Mieter, deren Wohnungen den statistischen Ersatzraumbedarf für Neugestaltungsräumungen befriedigten, zur Räumung zu zwingen. Diese Wohnungen hatte die Neugestaltungsbehörde anhand der Karteien einzeln nachweisen und der Jüdischen Gemeinde auftragen wollen, kündigungslose Räumungsaufforderungen des GBI gegen Juden durchzusetzen. Mit diesem Verfahren baute der GBI auf den jederzeit abrufbaren staatspolizeilichen Zwang.

Am 20. Juni 1940 erhielt die Räumungskartei in der Rechtsabteilung des GBI den Auftrag, anhand der Hauskarteien den aus dem Räumungsplan vom 30. Mai 1940 resultierenden Ersatzwohnungsbedarf zunächst für drei Monate zu berechnen.[480] Am 5. Juli 1940 teilte Clahes den Vertretern der Entmietungsträger und Betreuungsstellen für Abrißmieter mit, Bereichsmieter wären bereits im August zur Räumung aufzufordern.[481] Nach den Ermittlungen der Räumungskartei lagen 2.014 Wohnungen in den Räumungsgebieten des Plans vom 30. Mai 1940. Von diesen waren 1.175 noch zu entmieten, 1.136 Mietparteien war Ersatzraumbedarf zuerkannt.[482]

Am 29. Juli 1940 legte Hettlage das Verfahren zur Vermittlung der Wohnungen Berliner Juden an Mieter aus Räumungsbereichen fest, in dem die Stadt „die unbedingte Gewähr für die reibungslose bevorzugte Unterbringung der Abrißmieter in den Judenwohnungen" bieten mußte. Um keine der von Juden in Berlin bewohnten Wohnungen als Ersatz für Mieter aus Räumungsbereichen der Neugestaltung zu verlieren, entwarf der GBI zwei verschiedenartige Verwertungsformen: eine für die gekündigten und zum Ablauf der Kündigungsfrist wiedervermietbaren Wohnungen von Juden und

480 LA Bln Pr.Br.Rep. 107 Nr. 279/1 (GBI, Räumungsabt., Mietzner, Bericht, 4 S., v. 15.8.40). Die Arbeiten der am 31.5.40 begonnenen Neuaufnahme der gesamten Hauskartei zu den bis dahin 77 angeordneten Bereichen, BAK R 120 Nr. 1975, Bl. 30f. (DfSt, Rabt., (u) Dr. Neikes, Anweisung an die Rkt. v. 31.5.40), war zu unterbrechen, LA Bln Pr.Br.Rep. 107 Nr. 259/5 (DfSt, Rkt., Mietzner, Zwischenbericht zur Anweisung Dr. Neikes v. 31.5.40, v. 2.7.40).

481 BAK R 120 Nr. 2856 (Ds., Protokoll, gez. Clahes, zur Besprechung betr. Räumung der Bereiche – Ersatzraumbeschaffung, 6 S., v. 5.7.40).

482 BAK R 120 Nr. 3905 (DfSt, Rkt., Gesamtaufstellung zum Räumungsplan v. 30.5. und 25.7.40, v. 8.8.40); ebenda Nr. 3895 (GBI, II/4, Räumungspläne 38 - 40, Splitter, darin Einzelaufstellungen zu Grundstücken und Räumungsumfang lt. Plan v. 30.5. und 25.7.40). BAK R 120 Nr. 1976 (Ds., 2 S., betr. vorzuziehende Räumung im Bereich der 4. AO, Große Halle und Ministerien im Spreebogen, hs., o.D., vermutlich am 1.6.41 als überholt gekennzeichnet, v. 25.7.40). Den Ersatzraumbedarf von Juden erkannte der GBI seit August 1938 nicht mehr an und verweigerte jeglichen Ersatz.

eine andere für „die voraussichtlich freiwerdenden Judenwohnungen".[483] Weil Mieter aus Neugestaltungsbereichen im Jahr 1939 gezögert hatten, ihre Wohnungen zu wechseln und rechtzeitig von Juden aufgegebene Wohnungen anzumieten, sah der GBI im Juli 1940 bei Wiederaufnahme der Bereichsräumungen nötigenfalls die zwangsweise Einmietung von Abrißmietern vor.[484]

Von Vermietern gemeldete Wohnungskündigungen von Juden sollte künftig die Stadtverwaltung entgegennehmen und listenmäßig erfassen. Die Stadtverwaltung sollte diese oder Neubauwohnungen Abrißmietern zuweisen, „die selbst keine geeigneten Räume in Judenwohnungen finden". Unter der Voraussetzung, „daß alle Abrißmieter in angemessener Frist in ausreichenden Ersatzwohnungen untergebracht werden", sollte die Stadtverwaltung das Recht haben, „die nicht zur Unterbringung von Abrißmietern benötigten freiwerdenden Judenwohnungen im Rahmen ihrer Wohnungspolitik anderweitig zu verwerten",[485] etwa für wohnungssuchende Familien mit vielen Kindern.[486] Auch die Genehmigungsvollmacht für die erstmalige Wiedervermietung der nach der Neugestaltungsverordnung vom 8. Februar 1939 meldepflichtigen, gekündigten Wohnungen von Juden war der GBI bereit an den Oberbürgermeister abzutreten. Die von Hettlage der Stadt angebotene Verwertung galt lediglich der kleinen Zahl der durch unkontrollierte Mieterkündigungen dem zweiten Wohnungsmarkt zugehenden Wohnungen von Berliner Juden.

Die „voraussichtlich freiwerdenden Judenwohnungen" erschlossen dem GBI den von ihm kontrollierten zweiten Wohnungsmarkt. Bevor Mieter in

---

483 BAP 46.06 Nr. 703 (Abs., Ds., GBI, gez. i.V. Hettlage, an OBM, betr. Verwaltung der freiwerdenden Judenwohnungen, bezugnehmend auf Beratung zur Zusammenarbeit GBI und OBM am 28.6.40, hs. o. li. Herrn Dr. Fränk!, o. re. (p) zdA Fränk 3.8., v. 29.7.40).

484 BAK R 120 Nr. 2856 (Ds., Protokoll, gez. Clahes, zur Besprechung betr. Räumung der Bereiche - Ersatzraumbeschaffung, 6 S., v. 5.7.40). Zwangseinmietungen wurden nicht Praxis, legalisiert wurde allerdings 1941 eine Befugnis des GBI, zu Lasten der Vermietungsfreiheit von Eigentümern Zwangsmietverträge zu schließen. BAP 46.06 Nr. 703 (Abs., Ds., GBI, gez. i.V. Hettlage, an OBM, betr. Verwaltung der freiwerdenden Judenwohnungen, hs. o. li. Herrn Dr. Fränk!, o. re. (p) zdA Fränk 3.8., v. 29.7.40).

485 BAP 46.06 Nr. 703 (Abs., Ds., GBI, gez. i.V. Hettlage, an OBM, betr. Verwaltung der freiwerdenden Judenwohnungen, hs. o. li. Herrn Dr. Fränk!, o. re. (p) zdA Fränk 3.8., v. 29.7.40).

486 LA Bln Pr.Br.Rep. 57 Nr. 1220/1, Bl. 33ff., Bl. 17-20, Bl. 36f. (Anordnung über die Erleichterung der Wohnungsbeschaffung für kinderreiche Familien in der Reichshauptstadt Berlin v. 12.2.40, in Kraft am 26.2.40; Entwurf dergl. aus 7/39 mit Änderungen aus 12/39; Rds. OBM, Pla VI A, betr. desgl. v. 12.2.40). Wohnungen von Juden, die dem GBI meldepflichtig waren, konnten die Wohnungsämter grundsätzlich nicht für betreute wohnungssuchende Familien verwenden.

Neugestaltungsbereichen zur Räumung aufgefordert wurden und ihre Wohnungswünsche – nach Verwaltungsbezirk, bisheriger Wohnungsgröße und Miethöhe – äußerten, hatte die Räumungskartei des GBI den Ersatzwohnungsbedarf mit Hilfe der Hauskartei berechnet. Der Zugang an Wohnungen in den sogenannten Abrißwohnungsmarkt hatte diesem Bedarf zu entsprechen und war anhand der – ab Oktober 1940 sämtlich beim GBI geführten – Karteien aller Wohnungen Berliner Juden nachweisbar.

Die Verwertung der ungekündigten, von Juden bewohnten Wohnungen koppelte Hettlage an den Mietberechtigungsschein, den ausschließlich der GBI ausgeben durfte. Obgleich die zur Räumung aufgeforderten Abrißmieter die „Listen über die voraussichtlich freiwerdenden Judenwohnungen" vom städtischen Hauptplanungsamt oder den bezirklichen Wohnungsämtern erhalten sollten, hatte die Stadtverwaltung weder mit deren Zusammenstellung noch mit deren Aktualisierung zu tun. Auch die Vermittlung einzelner Wohnungen sollte nach Hettlages Verfahrensvorschlag den städtischen Ämtern keine Arbeit machen: „Die Abrißmieter sollen sich in erster Linie selbst um die Beschaffung einer für sie geeigneten Judenwohnung bemühen."[487] Bei Abschluß eines Mietvertrags hatte der Vermieter einen Abschnitt des Mietberechtigungscheins mit sämtlichen Angaben zur Wohnung und zu den bisherigen und künftigen Mietverhältnissen dem GBI einzuschicken. Die Neuvermietung der Wohnung eines jüdischen Mieters war damit vom GBI genehmigt. Anhand der Daten kontrollierte die Neugestaltungsbehörde die Räumung der Bereichsgrundstücke und korrigierte die Listen der Abrißmietern angebotenen Wohnungen von Juden.

Voraussetzung des Hettlageschen Vorschlags zur Arbeitsteilung zwischen Stadtverwaltung und Neugestaltungsbehörde bei der Verwertung von Wohnungen jüdischer Mieter zugunsten von Abrißmietern war die kollektive Zwangsaussiedlung aller Berliner Juden nach Kriegsende. Es läßt sich jedoch nicht zweifelsfrei klären, welches Räumungsverfahren gegen Berliner Juden Hettlage Ende Juli 1940 hinter seinem Vorschlag verbarg. Entweder waren Auszüge der bestandsbezogenen Karteien der von Juden bewohnten Mietwohnungen, die dem berechneten Ersatzwohnungsbedarf der monatlich räumungspflichtigen Abrißmieter entsprachen, der Behörde zu überlassen, die die Auswanderung der dort wohnenden Juden zu erzwingen hätte, und diese Karteiauszüge den städtischen Ämtern als „Listen über die voraussichtlich freiwerdenden Judenwohnungen"[488] für Abrißmieter zu

487 BAP 46.06 Nr. 703 (Abs., Ds., GBI, gez. i.V. Hettlage, an OBM, betr. Verwaltung der freiwerdenden Judenwohnungen, hs. o. li. Herrn Dr. Fränk!, o. re. (p) zdA Fränk 3.8., v. 29.7.40), zit. unter Weglassung eines fehlerhaften Punkts.

488 BAP 46.06 Nr. 703 (Abs., Ds., GBI, gez. i.V. Hettlage, an OBM, betr. Verwaltung der

übergeben. Oder Hettlage schwebte bereits das ab Ende Januar 1941 praktizierte Verfahren vor, nur jene Wohnungen von Juden räumen zu lassen, die Abrißmieter nach Listen des GBI angemietet hatten, und zu diesem Zweck von den Vermieterangaben gegenüber Dritten Gebrauch zu machen.

Wie bereits die Räumungs- und Ansiedlungsplanungen des GBI mittels „judenreiner Gebiete" vom Sommer 1939 machten der Räumungsplan vom 30. Mai 1940, der Erlaßentwurf vor dem 24. Juni 1940 und das Besprechungsprotokoll vom 5. Juli 1940 den Anspruch des GBI auf alle in Berlin von Juden gemieteten Wohnungen aktenkundig. Binnen zwei Wochen hatte Speer Goebbels zu dem Entschluß gebracht, „nach dem Krieg die 62.000 Berliner Juden innerhalb eines Zeitraums von höchstens 8 Wochen nach Polen schaffen zu lassen". In diesem Kontext erwähnte Goebbels' Abteilungsleiter Hans Hinkel am 19. Juli 1940 einen „mit der Polizei bereits ausgearbeiteten Räumungsplan".[489] Auch die spätere Mitteilung Hinkels vom 6. September 1940, aus Berlin „in Zukunft monatlich 500 Juden nach Südosten abzuschieben",[490] paßt zu den Größenordnungen der damaligen Pläne des GBI für das Wiederingangsetzen der Neugestaltung. Zur Realisierung seines Räumungsplans hatte der GBI wahrscheinlich zuerst unmittelbar bei Dienststellen des Polizeiapparats unter Himmler um Amtshilfe nachgesucht, bevor er Goebbels' politische Zustimmung einholte.

Am 26. Juli 1940 wies Clahes die Räumungskartei an, die Räumungsvorbereitungen in neun der zehn Bereiche des Räumungsplans einzustellen. Nach dem spezifizierten Räumungsplan vom 25. Juli 1940 hatten Räumungen für die „Große Halle" Vorrang. Nach Vorstellungen Görings und Sagebiels maß ein weiterer Teilräumungsplan vom 8. August 1940 den Vorbereitungsarbeiten für den Neubau des Reichsluftfahrtministeriums höchste Dringlichkeit zu.[491] Am 28. Juli 1940 beauftragte Speer die eigene

---

freiwerdenden Judenwohnungen, hs. o. li. Herrn Dr. Fränk!, v. 29.7.40).

489 Willi Boelcke, Kriegspropaganda. Geheime Minister-Konferenzen, Stuttgart 1966, S. 82. Der Inhalt des erwähnten Räumungsplans ist nicht bekannt, auch nicht, wer die Beteiligten an Verhandlungen mit „der Polizei" waren. Jedenfalls ließ Goebbels seinen StS Gutterer intervenieren, damit die Berliner Juden zuerst deportiert würden.

490 Ebenda, S. 99.

491 LA Bln Pr.Br.Rep. 107 Nr. 279/1 (GBI, Räumungsabt., Mietzner, Bericht, 4 S., v. 15.8.40). BAK R 120 Nr. 1976 (Ds., 2 S., Räumungsplan betr. 4. Bereich v. 25.7.40) und ebenda Nr. 1975, Bl. 96-106, 106 (Abs., Räumungsplan v. 30.5.40, hier 55. Bereich, RLM). Vorgesehener Räumungstermin war 6 Monate nach Stichtag. Der Räumungsplan v. 8.8.40, auf den im Bericht v. 15.8.40 Bezug genommen wurde, liegt nicht vor. Vgl. LA Bln Pr.Br.Rep. 107 Nr. 232/2 (Festsetzungen von Räumungsterminen „sofort", „vordringlich", „1.12.40").

Behörde erstmals, die geplanten Hausabrisse mit dem Wohnungsbestand in ein Verhältnis zu setzen und in Prozenten auszudrücken, also unbedeutend erscheinen zu lassen.[492] Die grundsätzlichen Bedenken der Reichskanzlei von Mitte Juni 1940 gegen Neugestaltungsarbeiten und Hausabbrüche während des Kriegs[493] hatte Speers eigens zu diesem Zweck aufgesetzter „Führererlaß" vom 25. Juni 1940 offenbar nicht ausgeräumt. Weder im August noch im September 1940 konnte der GBI Räumungen in den Neugestaltungsbereichen einleiten. Für das Wiederingangsetzen der Neugestaltung reichte es in den Monaten der Umstellung auf einen langen Krieg auch nicht mehr aus, kriegswichtige Bauvorhaben vorzuziehen. Erst nachdem es Speer gelungen war, statt der Abriß- und Bautätigkeit für einzelne Neugestaltungsvorhaben bereits die Räumung von Abrißhäusern als kriegswichtig zu deklarieren, forderte die Neugestaltungsbehörde ab Anfang November 1940 Mieter zur Räumung auf.[494]

Eine Aktennotiz Speers vom 29. September 1940 signalisierte den Beginn der vierten und letzten Vorbereitungsphase des Wiedereinstiegs in die Neugestaltung während des Kriegs. Der GBI begründete die Kriegswichtigkeit der Bereichsräumungen nun damit, daß die leergezogenen Häuser gerade nicht abgerissen, sondern im Rahmen der Katastrophenplanung als Notunterkünfte für Ausgebombte bereitgehalten würden. Ferner sollten Abrißhäuser den Behörden als Ausweichquartiere für geräumte oder zerstörte Verwaltungsgebäude dienen.[495] Nach dieser Argumentation galt der Wiedereinstieg in die Neugestaltung zu Beginn des zweiten Kriegsjahrs als ebenso kriegswichtig wie die zur gleichen Zeit vom GBI übernommenen Aufträge im Rüstungsbau, im Bau von Luftschutzräumen und in der Beseitigung von Bombenschäden im Berliner Stadtgebiet.

Seine erste Anweisung vom 29. September 1940 griff Speer in den folgenden Monaten mehrmals unter dem Stichwort „Aktion 1.000 Judenwohnungen" wieder auf. Speer verknüpfte „die Freimachung von 1.000 Judenwohnungen" mit der Unterbringung von ausgebombter Zivilbevölkerung nicht in der Absicht, von Maßnahmen der Judenverfolgung abzu-

---

492 BAP 46.06 Nr. 865, Bl. 13 (Aktenvermerk, GBI, Stephan, Notiz zum Auftrag Speers, Berlin und andere Neugestaltungsstädte betreffend, v. 28.7.40).

493 BAP 46.06 Nr. 370, Bl. 88 (Reichskanzlei, Killy, an GBI, Hettlage, v. 18.6.40).

494 BAK R 120 Nr. 3905a (Häuserliste, 4. Bereich, hier Eintragung zu Luisenstraße 27/28, Doppelkarte zurück am 4.11.40, und zu Schiffbauerdamm 26, am 6.11.40).

495 BAP 46.06 Nr. 3437 (Ds., Speer/Wg, Aktennotiz, Berlin, o.D., vermutlich Ende 9/40). Die Bereichsgrundstücke, ein Häuserblock am Königsplatz, der für einen Neubau des RMdI geräumt wurde, gehörten zum 4. Bereich, Große Halle im Spreebogen, Räumungstermin lt. Plan v. 25.7.40 „Vor Stichtag!".

lenken.[496] Der volle Wortlaut beweist, daß Speers Aktennotiz einzig den vorläufigen Verzicht auf jeglichen Abriß zum Gegenstand hatte. Der Nachsatz unterstreicht, daß die Räumung von tausend Wohnungen Berliner Juden für Speer und seine Mitarbeiter keiner besonderen Begründung bedurfte. In Frage gestanden hatten die seit Mai 1940 geplanten Bereichsräumungen lediglich noch wegen der Unbilligkeit von Wohnungswechsel und Umzug während des Kriegs und wegen des projektierten Hausabbruchs und öffentlicher Bautätigkeit angesichts des herrschenden Wohnungsmangels. Erst als Maßnahme der Katastrophenplanung für den Luftkrieg erhielten die Neugestaltungsräumungen den gewünschten Schein von Notwendigkeit:

„Speer/Wg. *Berlin, den 29. September 1940*

A k t e n n o t i z :
Der Führer hat festgelegt, dass die durch die Freimachung von 1 000 Judenwohnungen zu räumenden Bereiche während des Krieges nicht abgerissen werden, sondern für durch Fliegerschäden obdachlose Bewohner vorübergehend freizuhalten sind.

Herrn [hs.] Fr.
entsprechenden Brief an Oberbürgermeister aufsetzen!
(Mit dieser Notwendigkeit kann unter Umständen die ganze Räumung mit begründet werden!)

gez. [hs.] Sp.“[497]

---

496 So zuletzt Gitta Sereny bei Interpretation späterer Nachfragen Speers, u.a. dessen diesbzgl. Aktennotiz v. 20.1.41, demnach auch im Nachlaß Wolters (BAK NL 318) enthalten, BAP 46.06 Nr. 655 (Ds., Vermerk, gez. Speer, z.Zt. Obersalzberg, für Clahes, v. 20.1.41). Sereny, a.a.O., S. 268f., unterstellt, die Kopplung deute darauf hin, „daß Speer bewußt darauf bedacht war, die ‚Aktion 1000 Judenwohnungen‘ der Öffentlichkeit gegenüber mit der Unterbringung von ausgebombten Menschen zu verknüpfen und nicht mit der Deportation der Berliner Juden, die bei Teilen der Öffentlichkeit schon Besorgnis hervorgerufen hatte“.

497 BAP 46.06 Nr. 3437 (Ds., Aktennotiz, Speer/Wg., (p) Sp., Nachsatz für Fränk, v. 29.9.40), Abs. desgl. ebenda Nr. 369, Bl. 5. Vermutlich vom selben Tag stammt die parallele Aktennotiz Speers, Hitler habe auf seinen, Speers, Vorschlag festgelegt, daß das Gebäude des RMdI am Königsplatz zum nächstmöglichen Termin zu räumen ist, dass es aber, auch auf Speers Vorschlag, „als Ausweichunterkunft bei Fliegerschäden für Behörden usw. während des Krieges zur Verfügung bleiben soll“, keinesfalls, so die Anweisung an Fränk, komme eine normale Belegung durch irgendwelche Behörden in Frage, sondern der Bau war „lediglich zu dem obigen Zweck freizuhalten“, ebenda (Ds., Aktennotiz, Speer/Wg., (p) Sp., o.D., vermutlich 29.9.40).

Speer war, wie dessen Nachfragen zur „Aktion Räumung 1.000 Judenwohnungen" zeigen, auf die Wiederaufnahme der Neugestaltungsräumungen fixiert. Doch es vergingen vier Monate, bis die administrativen Vorbereitungen der Neugestaltungsbehörde so weit gediehen waren, daß – ab Ende Januar 1941 – Abrißmieter wieder zu Hunderten zur Räumung aufgefordert wurden. Am 27. November 1940 hatte Speer vom Obersalzberg bei Clahes nachfragt: „Was macht die Aktion der Räumung der 1000 Juden-Wohnungen? Besonders Räumung Lichtensteinallee?"[498] Speers dringliches Interesse an der Räumung ist verständlich, denn in dem repräsentativen Bau auf dem Doppelgrundstück Lichtensteinallee 3 und 3a wollte Speer sein Atelier einrichten.[499]

Anfang November 1940 waren einzelnen Abrißmietern im Neugestaltungsbereich „Große Halle" Räumungsaufforderungen zugegangen, und der GBI hatte seinen Kontenplan um ein Konto „Judenwohnungs-Entmietungsaktion" ergänzt, um Vorauszahlungen und Erstattungen für Instandsetzungskosten entgegenzunehmen.[500] Am 11. Januar 1941 erhielt Clahes eine weitere dringende Aufforderung seines Chefs: „Bericht über 1000 Judenwohnungen-Aktion!"[501] Ein ausführlicher Vermerk Speers für Clahes gab schließlich das Startsignal für die seit Mai 1940 geplanten Bereichsräumungen. Speer schrieb am 20. Januar 1941 vom Obersalzberg: „Der Führer ist mit dem von mir mitgeteilten Plan, die Neugestaltungsblocks, die durch die 1000 Judenwohnungen frei werden, für durch Bombenangriffe vorübergehend Obdachlose zur Verfügung zu stellen, restlos einverstanden und befiehlt hiermit Förderung der Angelegenheit."[502]

498 LA Bln Pr.Br.Rep. 107 Nr. 280/10 (Vermerk, (p) f.d.R., gez. Speer, z.Zt. Obersalzberg, für Clahes, eing. GBI 2.12.40, hs. Vermerk, 3.12. (p) Fiedler, dort eingeg. 3.12., Zw.-Bericht von Abt. IV H. Schmidt angeford.!, v. 27.11.40). Faksimile in: Reichhardt und Schäche, a.a.O., S. 77.

499 LA Bln Pr.Br.Rep. 107 Nr. 280/10 (Akte Lichtensteinallee 3, 3a – Räumung für Prof. Speer). Die Lichtensteinallee lag im 12. Bereich, Bauträger war die Reichskanzlei zugunsten ausländischer Vertretungen. Räumungen fanden seit der Planung von 1938 statt.

500 BAP 46.06 Nr. 110 (Orig., Vermerk, -II/4-56/2-, (u) Clahes an Speer, z.Zt. Obersalzberg, betr. Wohnungsbeschaffung für Frl. Borgis, v. 28.11.40). Die von der Wohnungsabteilung des GBI „freigemachte" Wohnung lag in Spandau, Schönwalder Str. 13-14, 1. Stock. Ein Kontenplan, der diese Aktualisierung im Laufe des Jahres 1940 nachweist, ließ sich in den Akten des GBI nicht auffinden. Der Aufbau des Kontenplans seit 1941 ordnet jeweils mehrere Einnahme- und Ausgabekonten einzelnen Räumaktionen des GBI zu.

501 BAP 46.06 Nr. 701 (Ds., gez. Speer, Berlin, Herrn Clahes, v. 11.1.41).

502 BAP 46.06 Nr. 655 (Ds., Vermerk, gez. Speer, z.Zt. Obersalzberg, Herrn Clahes, v. 20.1.41). Die „Speer-Chronik", LA Bln Pr.Br.Rep 107 Nr. 53a und BAK NL 316 (Nachlaß Wolters) Nr. 1-6, 1, verzeichnet ein Treffen Speers mit Hitler am 17.1.41.

Erst danach beantwortete die Neugestaltungsbehörde die Anfragen besorgter Mieter aus der Lichtensteinallee, für die auch der Eigentümer inzwischen persönlich in der Behörde vorgesprochen hatte, um die Räumung hinauszuschieben.[503] Den Direktor Fritz Wintermantel, Vorstandsmitglied der Deutschen Bank, ließ der GBI am 27. Januar 1941 wissen, die Räumung des Hauses würde aller Voraussicht nach im Frühjahr erfolgen, der genaue Zeitpunkt wäre noch nicht bekannt, eine angemessene Ersatzwohnung würde ihm angeboten werden.[504] Auf Nachfrage für einen finnischen Militärattaché erhielt das Auswärtige Amt am selben Tag die zusätzliche Auskunft: „Es ist beabsichtigt, den Mietern des Hauses noch zu räumende Judenwohnungen zur Verfügung zu stellen."[505] Am 27. Januar 1941 beauftragte Clahes die aus dem früheren Referat II/4 der Durchführungsstelle entstandene Wohnungsabteilung im Hauptamt Verwaltung und Wirtschaft des GBI, in Kürze die Räumung des Hauses Lichtensteinallee vorzubereiten: „Hierzu ist die Unterbringung von 12 Mietern notwendig, die z.T. Grosswohnungen innehaben. Es wird darum gebeten, schon jetzt geeignete Judenwohnungen für die Entmietung zu ermitteln."[506] Zu diesem Zeitpunkt hatte der GBI seine Vorbereitungen für die Wiederaufnahme der Neugestaltungsräumungen während des Kriegs abgeschlossen.

Die Neugestaltungsräumungen als Katastrophenvorsorgemaßnahme im Luftkrieg auszugeben, gestattete es dem GBI, neben den Planungsarbeiten für die Berliner Nachkriegsneugestaltung auch Durchführungsarbeiten als kriegswichtige Tätigkeit zu betreiben. Der GBI hatte sich im Juni 1940, nachdem das Landesarbeitsamt Anfang Mai den Abzug aller Bauarbeiter in vordringliche Kriegsproduktion angekündigt hatte, sofort um den Austausch durch Kriegsgefangene bemüht.[507] Im September 1940 lehnte Hitler den „Beginn von irgendwelchen Baumassnahmen für die Neugestaltung Berlins und Münchens" ab, „soweit nicht unter Umständen Kriegsgefangene dazu verwendet werden können".[508] Die Bauarbeiten an Neugestaltungsobjekten

503 LA Bln Pr.Br.Rep. 107 Nr. 280/10 (Aktenvermerk, -II/3-431/12a-, Fiedler, über Vorsprache des Eigentümers, v. 27.1.41).

504 LA Bln Pr.Br.Rep. 107 Nr. 280/10 (Ds., GBI, gez. i.V. und (p) Clahes, (u) Fiedler, an Wintermantel, Lichtensteinallee 3a, auf dessen Anfrage v. 23.12.40 v. 27.1.41).

505 LA Bln Pr.Br.Rep. 107 Nr. 280/10 (Ds., GBI, gez. i.V. und (p) Clahes, (u) Fiedler, an AA, auf Schnellbrief v. 3.1.41, Nr. Prot. A 69[41] I 72, v. 27.1.41).

506 LA Bln Pr.Br.Rep. 107 Nr. 280/10 (Vfg., Fiedler, (u) Clahes, urschriftl. an Abt. 4, Herrn Schmidt, v. 27.1.41).

507 BAP 46.06 Nr. 706 (GBI, Vermerk v. 3.5.40 und Vermerk zur Sitzung im Landesarbeitsamt mit Gebietsbeauftragtem im Wehrkreis III, Baudirektor Usinger, hier vordringliche Baustellen des „Krauch-Plans" lt. Göring-Erlaß, v. 7.6.40).

508 BAP 46.06 Nr. 369, Bl. 4 (Ds., gez. Speer, an Generalbaurat Giesler, München, v. 30.9.40).

mußte der GBI zwar erheblich reduzieren, doch übernahm er Aufträge im Rüstungsbau der Luftwaffe und monopolisierte den Berliner Luftschutzraumbau und die Beseitigung von Bombenschäden an Gebäuden und Industrieanlagen in der Hauptstadt. Mit dieser Ausweitung der Bautätigkeit vereitelte Speer den umfassenden Arbeitskräfteabzug ab Oktober 1940 und verdoppelte stattdessen die Belegschaft der GBI-Baugruppen bis Januar 1941 auf über 120.000 Arbeiter.[509]

Die ersten Umbauten realisierte der GBI ab 18. September 1940 in den Kellergeschossen des „Hauses des Fremdenverkehrs", des Deutschen Gemeindetags und des Reichstags, die Hitler auf eigene Kosten, also aus Mitteln der Reichskanzlei, angeblich als Luftschutzräume für Kinder einzurichten befohlen hatte.[510] Noch vor Monatsende verfaßte der GBI einen Anordnungsentwurf über Luftschutzraumbauten und Luftschutz-Sonderbauten, die bis zum 1. Dezember 1940 errichtet werden und dem GBI sofort 20.000 Bauarbeiter und erhebliche Mengen Baueisen einbringen sollten: „Zur Aufrechterhaltung der Arbeits- und Widerstandskraft des deutschen Volkes" definierte Speer den Luftschutzraumbau als kriegsentscheidende Bauaufgabe, die vorrangig Arbeitskräfte und Baumaterialkontingente zugeteilt bekam und zu Lasten des Reichs abrechnete. Auf diese Weise konnte Speer seine Einheiten der „Transportstandarte Speer", des Fuhrparks des GBI, in Berlin erhalten. Das Bauprogramm sollte beliebig expandiert werden können: „Sofern darüber hinaus die technischen Voraussetzungen für einen größeren Bauumfang vorliegen bezw. geschaffen werden können, sind die vorgenannten Zahlen entsprechend zu erhöhen."[511] Speer entgegenkommend, ließ die Anordnung Hitlers vom 17. September 1940 den Umfang des Sonderbauten-Programms offen.[512]

---

509 BAP 46.06 Nr. 370, Bl. 64f. (Speer an Chef der Wehrmachtsadjutantur, Oberst Schmidt, wegen Beibehaltung der bisherigen U.K.-Stellungen, v. 26.1.41), Zahl der Arbeiter der GBI-Baugruppen im Januar 1941 im Rüstungsausbau der Luftwaffe: 90.000, an Berliner Luftschutzbauten: 30.000. Die Zahl der Arbeiter an Neugestaltungsbaustellen betrug – gemessen am Umsatz – vermutlich etwa 10.000; mehrere tausend Arbeiter wurden nach Bedarf in der Baugruppe Piepenburg-Kühnell für die Fliegerschädenbeseitigung eingesetzt, bereits im Oktober 1940 unmittelbar vom GBI eingesetzte Arbeitskräfte: 1.429, BAP 46.06 Nr. 677, Bl. 426 ff. (GBI, Bericht über die Sofortmaßnahmen bei Bomben- und Brandschäden, v. 23.10.40).

510 BAP 46.06 Nr. 369, Bl. 6 (Vermerk, gez. Speer, v. 18.9.40). Das Landesarbeitsamt hatte die genehmigungslose Fortführung von Baustellen u.a. am Gebäude des Deutschen Gemeindetags beanstandet, BAP 46.06 Nr. 706 (Vermerk zur Besprechung im Landesarbeitsamt v. 7.6.40).

511 BAP 46.06 Nr. 677, Bl. 429 (Entwurf, nicht gez., als AO Hitlers geschrieben, o.D., 9/40).

512 „Führer-Erlasse" 1939–1945. Edition sämtlicher überlieferter, nicht im Reichsgesetz-

In Reaktion auf eine Anfrage des Berliner Polizeipräsidenten vom April 1940, in welchem Umfang der GBI Arbeiter und Gerät für die Beseitigung von Schuttmassen und Trümmern nach Bombenabwürfen bereitstellen könnte, zentralisierte der GBI im August 1940 den Einsatz Berliner Baufirmen bei Räumungsarbeiten in der eigenen Behörde.[513] Anfang September 1940 drängte Speer Hitler, „mit Rücksicht auf die psychologische Wirkung bei der Bevölkerung" reichsweit einen Schnelldienst zur Beseitigung von Bombenschäden an Gebäuden und Anlagen einzurichten.[514] Als örtlicher Beauftragter des Generalbevollmächtigten für die Regelung des Bauwesens konnte der GBI seither in Berlin von anderen Baufirmen und von nahegelegenen Baustellen ad hoc Arbeiter, Baustoffe und Geräte für die Fliegerschädenbeseitigung abziehen.[515] Auch die Tätigkeit der Baugruppen des GBI in der Fliegerschädenbeseitigung war, wie der Luftschutzbunkerbau, ein expandierender Geschäftszweig der Neugestaltungsbehörde und im Zweifel aus dem Neugestaltungsetat vorzufinanzieren.[516]

Die Leitung der Fliegerschädenbeseitigung in Berlin übertrug Speer Ende Oktober 1940 der Generalbauleitung, dem Hauptamt III der Neugestaltungsbehörde, und regelte die Rangfolge der Arbeiten. Bei Wohngebäuden stand die „Wiederherstellung eines sauberen äusseren Zustands" im Vordergrund, bei Totalschäden kam ein Wiederaufbau nicht in Frage,

---

blatt abgedruckter, von Hitler während des Zweiten Weltkrieges schriftlich erteilter Direktiven aus den Bereichen Staat, Partei, Wirtschaft, Besatzungspolitik und Militärverwaltung. Zusammengestellt und eingeleitet von Martin Moll, Stuttgart 1997, Dokument Nr. 54, S. 143 (AO Hitlers betr. Durchführung des Luftschutzbaues in Berlin v. 30.9.40).

513 BAP 46.06 Nr. 677, Bl. 552 (Polizeipräsident Berlin, Kommando der Schutzpolizei, an GBI v. 13.4.40). Ebenda Bl. 514ff. (Ds., gez. Speer, Beauftragung der Baugruppe unter Leitung von Stadtbaurat Langer v. 12.9.40, dort Verweis auf frühere o.g. Beauftragung v. 8.8.40).

514 BAP 46.06 Nr. 677, Bl. 523 (Telefonnotiz für Speer auf Anruf Obergruppenführer Brückner v. 7.9.40). Der GBI sollte auch überprüfen lassen, ob die Beleuchtung der Bellevue-Allee abzudecken war. Am 5.9.40 waren dort Schäden nach Luftangriffen gemeldet worden.

515 BAP 46.06 Nr. 677, Bl. 304f. (Ds, GBI, II, (p) Fränk, gestempelt geheim und Einschreiben, an OBM Wilhelmshaven, auf dessen Anfrage v. 31.12.40, Bezug auf 18. AO des GB Bau v. 14.9.40, v. 9.1.41). Einer Anordnung Todts als GBBau vorgreifend, verfügte Speer, daß Bauarbeiten für die Fliegerschädenbeseitigung absolut vordringlich waren, und zwar „vor den von ihm als kriegswichtig anerkannten und in die Dringlichkeitslisten aufgenommenen Bauvorhaben", ebenda Bl. 514ff. (Ds., gez. Speer, an Stadtbaurat Langer, v. 12.9.40).

516 BAP 46.06 Nr. 501 (Ds., gez. Speer, an OBM Steeg, hs. Vermerk, u. li., Kenntnis genommen (p) Hettlage, Clahes, Fränk und Wolters, 4.10.40, v. 29.9.40).

wenn die Gebäude in einem künftigen Neugestaltungsbereich lagen. Direkte Bombenschäden waren „mit aller Energie“ nur bei „kriegs- und lebenswichtigen Betrieben“ vorrangig zu beseitigen. Speer verfügte, „dass diese Arbeiten ohne Rücksicht auf entstehende Kosten durchzuführen sind, da es hier – aus psychologischen Gründen – gerade auf eine schnellste Beseitigung der Schäden ankommt. Der Führer wünscht nicht, dass die Schadensbeseitigung etwa wegen erhöhter, unter normalen Verhältnissen nicht zu verantwortender Ausgaben auch nur um Stunden verzögert wird. Er steht auf dem Standpunkt, dass solche Mehrkosten bei den Gesamtkosten des Krieges in keinem Verhältnis zu dem moralischen Schaden stehen, der andernfalls durch eine Verlangsamung des Tempos entstehen könnte.“[517]

Speer forderte die Generalbauleitung Ende Oktober 1940 ausdrücklich auf, „– ausser bei kriegswichtigen Betrieben – Kriegsgefangene im weitestgehenden Umfange einzusetzen“.[518] Anfang 1941 wollte der GBI für die Fliegerschädenbeseitigung die Fachkräfte in Mangelberufen unter den Kriegsgefangenen in geschlossenen Lagern konzentrieren.[519] Auch Berliner Juden zog der GBI kolonnenweise zur Zwangsarbeit heran und berichtete Ende März 1942, es „haben laufend rund 400 jüdische Arbeitskräfte zur Beseitigung von Fliegerschäden zur Verfügung gestanden“. Anfang April 1942 verlor der GBI diese Zwangsarbeiter an die städtische Müllabfuhr, nachdem das Landesarbeitsamt zugesichert hatte, „im Falle des Eintritts von Fliegerschäden die erforderliche Zahl jüdischer Arbeitskräfte sofort auf Abruf zur Verfügung stellen“ zu können.[520]

---

517 LA Bln Pr.Br.Rep. 107 Nr. 186/1 (GBI, gez. Speer, AO zur Ausführung der Fliegerschädenbeseitigung, korrigierter Entwurf, hs. Vermerke (p) Hettlage: gez. Speer, o. li. desgl.: Endgültige Fassung am 31.10.40 an BM Steeg gegangen, zdA II 1, 4.11.40, v. 31.10.40). Vgl. BAP 46.06 Nr. 677, Bl. 478ff. (Abs. des korrigierten, noch nicht gez. Entwurfs v. 30.10.40).

518 LA Bln Pr.Br.Rep. 107 Nr. 186/1 (GBI, gez. Speer, AO zur Ausführung der Fliegerschädenbeseitigung, v. 31.10.40). Vgl. BAP 46.06 Nr. 677, Bl. 478ff. (Abs. des korrigierten, noch nicht gez. Entwurfs v. 30.10.40).

519 BAP 46.06 Nr. 677, Bl. 304f. (Ds, GBI, II, (p) Fränk, gestempelt geheim und Einschreiben, an OBM Wilhelmshaven, auf dessen Anfrage v. 31.12.40, Bezug auf 18. AO des GB Bau v. 14.9.40, v. 9.1.41).

520 BAP 46.06 Nr. 677, Bl. 150 (GBI, A 5, (p) Dr. Göckes, an Präsident Arbeitsamt Berlin, z.Hd. Herrn Eschhaus, betr. Einsatz jüdischer Arbeitskräfte zur Fliegerschädenbeseitigung, (p) zdA Fränk, v. 27.3.42). Ebenda, Bl. 149 (GBI, A 5 Ho./Ju., (u), an Landesarbeitsamt Brandenburg, z.Hd. Direktor Bless, betr. Zurverfügungstellung von Juden, die z.Zt. bei der Baugruppe Piepenburg für die Fliegerschädenbeseitigung eingesetzt sind, Vorgang: Fernmündliche Unterredung zwischen Herrn Direktor Bless und dem Unterzeichneten am 4.4.42, (p) zdA Fränk, v. 4.4.42).

Mit den zusätzlich zum Rüstungsbau akquirierten Zuständigkeiten für den Luftschutzraumbau und für die Fliegerschädenbeseitigung dehnte Speer Zuweisungen von Arbeitern und Baustoffkontingenten aus und hielt ein expandierendes Konsortium leistungsfähiger Baugruppen und seinen eigenen Fuhrpark in Berlin für die Nachkriegsneugestaltung in Bereitschaft. Im Krieg erzielten die Baugruppen und die Transportstandarte Speer mit einem Jahresumsatz von wenigstens einer Milliarde Reichsmark ein Volumen, das der für die Nachkriegsjahre projektierten Bautätigkeit für die Neugestaltung Berlins entsprach.[521]

Die Expansion der Speerschen Geschäftstätigkeit im Bausektor minderte keineswegs dessen Interesse an der planvollen Eskalation seiner existenzzerstörenden Politik gegen Berliner Juden. Speers fixe Idee, unmittelbar nach dem „Endsieg“ mit dem Umbau Berlins zur „europäischen Hauptstadt“ zu beginnen, blieb der Fluchtpunkt der Planungsperspektive seiner Behörde, die Hand in Hand mit der SS die Massendeportationen der Berliner Juden organisierte und das Speersche Baukonsortium – soweit die Truppen der Wehrmacht vorstießen – ausdehnte.

Den Kapazitätsmangel im Berliner Wohnungsbau kompensierten die Wohnungsräumungen des GBI gegen Berliner Juden. Hätte das Speersche Bauimperium für das Jahr 1941/42 eine Bilanz geschrieben, dann hätte darin das Belegungsrecht für die Wohnungen der exmittierten Berliner Juden mit mehreren hundert Millionen Reichsmark figuriert. Der GBI realisierte die Konzentration und Deportation der Berliner Juden als Einsparung im Vorgriff auf die Nachkriegsneugestaltung. Sie hätte alle Bauträger wenigstens ein Jahr lang um anteilige Kosten für den Ersatzwohnungsbau entlastet.

Mehr noch als die Kriegsbautätigkeit des GBI war die Bereitstellung von Notwohnungen in Abrißhäusern als Beitrag zur Katastrophenvorsorge im Luftkrieg Ergebnis einer Selbstbeauftragung Speers, um während des Kriegs Neugestaltungsräumungen zu ermöglichen. Dem auf Befürwortungen Hitlers gestützten Angebot Speers, der Stadt für Katastrophenzwecke geräumte Abrißhäuser zur Verfügung zu stellen, stand überhaupt keine Anforderung gegenüber. Weder das Luftgaukommando III noch andere Wehrmachtsstellen oder die NSV hatten Bedarf angemeldet, den ohnehin die städtischen Quartier- und Wehrleistungsämter hätten erfüllen müssen.

---

521 Leistungsfähigkeit des GBI im Bausektor geschätzt für ein Jahr nach Angaben zu Rechnungsabschlüssen im Zeitraum September 1939 bis September 1942, nach Angaben in Finanzakten des GBI, BAK R 120 und BAP 46.06, der Reichsvereinigung der Juden in Deutschland, BAP 57 C Re 1. Angaben zu den Baugruppen innerhalb des Baustabs Speer nach: Eichholtz, Kriegswirtschaft, Bd. II, a.a.O., S. 57. Vgl. Abbildung S. 41.

Um die Neugestaltungsräumungen wieder anzukurbeln, hatte Speer seinen Vertreter Fränk am 29. September 1940 aufgefordert, den Oberbürgermeister mit einem fiktiven Bedarf für Ausgebombte zu konfrontieren, den der GBI durch vorzeitige Räumungen gegen Mieter in Arealen des hauptstädtischen Umbaus und durch kündigungslose Räumungen gegen Berliner Juden zu erfüllen behauptete. Der Stadtverwaltung, die nach dem Reichsleistungsgesetz zugleich Bedarfs- und Anforderungsstelle war, schob Speer die Aufgabe zu, die widerrechtlichen Neugestaltungsräumungen während des Kriegs zu decken. Die Durchführung der Räumungen übertrug der GBI entgegen Hettlages Verfahrensvorschlag von Ende Juli 1940 zunächst nicht einmal teilweise der Stadtverwaltung. Das ganze Vorhaben war ungesetzlich und jede einzelne der Räumungen rechtsgrundlos. Den willkürlichen Durchbruch zur Neugestaltung während des Kriegs behielt sich der GBI selbst vor.

Die Sparmaßnahme zugunsten der Neugestaltung Berlins setzte der GBI mit mehreren im Jahr 1941 eingeleiteten Wohnungsräumaktionen gegen Berliner Juden um. Als der GBI sich ab Ende September 1942 aus dem Geschäft der Vermittlung der Wohnungen von Juden zurückzog, waren die meisten Berliner Juden durch Räumungen wohnungslos gemacht oder aufgrund der administrativen Vorarbeiten der Neugestaltungsbehörde deportiert worden. Tausende Wohnungen deportierter Berliner Juden standen – zum Teil bereits instandgesetzt – als Ersatz für Neugestaltungsabrisse nach dem Krieg bereit. Der Oberbürgermeister der Stadt Berlin wurde zum 15. November 1942 Melde- und Genehmigungsstelle für alle Wohnungen von Juden. Die Abgabe dieser Kompetenz signalisiert die Normalisierung der weiteren Vorbereitung der Neugestaltung und entspricht der von Hettlage im Sommer 1940 vorgesehenen regulären Arbeitsteilung zwischen GBI und städtischer Verwaltung.[522]

Bevor die Stadtverwaltung für die Kontrolle des zweiten Wohnungsmarkts zuständig wurde, hatte sich der GBI die Verwertungsbefugnis für das größtmögliche Segment des Altbaubestands aus Mietverhältnissen mit Juden zurückgeholt, das er im ersten Halbjahr 1939 vorübergehend eingebüßt hatte.[523] Die Dritte Neugestaltungsverordnung vom 12. Juni 1942 vergrößerte rückwirkend den sogenannten „Abrißwohnungsmarkt" um das Kontingent der wiedervermieteten Wohnungen von Berliner Juden. Eine in der Räu-

522 RGBl. I 1942, S. 644 (4. VO über die Neugestaltung Berlins und Münchens, v. 11.11.42).

523 RGBl. I 1941, S. 219 (VO über die Neugestaltung der Reichshauptstadt Berlin und der Hauptstadt der Bewegung München v. 25.4.41). RGBl. I 1941, S. 548 (2. VO über die Neugestaltung Berlins und Münchens, v. 1.9.41), Entwürfe und Korrespondenz zur Verhandlung der 2. VO, RAM an RFM v. 5. und 9.8.41, in AdPkz Nr. 25718.

mungskartei des GBI neu angelegte „gelbe Judenkartei“ erfaßte alle „ursprünglich aus einem Mietverhältnis mit einem jüdischen Mieter frei gewordenen“ Wohnungen. Über deren erste Wiedervermietung hinaus wurde jede weitere Neuvermietung genehmigungspflichtig.[524]

Bis März 1943 fertigte die Gestapo Massendeportationen Berliner Juden in die Ghettos und Vernichtungslager ab. Derweilen registrierte die Speersche Neugestaltungsbehörde alle Wohnungen, die Juden im Februar 1939 in der Stadt noch bewohnt hatten. Damit verschaffte Speer Berlin auf Dauer eine fluktuierende Reserve von Ersatzwohnungen für Projekte des Hauptstadtbaus – Judenwohnungen.

VI Wohnungselend und Deportation im Dienst des Hauptstadtbaus: die Wohnungsräumungen gegen Berliner Juden

Den Schwerpunkt der Kriegstätigkeit der Neugestaltungsbehörde hatte Speer in das Hauptamt III, die Generalbauleitung, verlagert, dessen Baugruppen mit der Transportstandarte Speer ein Milliardenvolumen im Rüstungs- und Luftschutzraumbau umsetzten. Der Generalbauleitung unterstanden auch die wenigen Neugestaltungsbaustellen und die Beseitigung von Bombenschäden an Gebäuden und Industrieanlagen. Das Hauptamt I setzte im zweiten und dritten Kriegsjahr die Planungsarbeiten für den Hauptstadtbau fort und weitete diese im Oktober 1943 auf den Wiederaufbau deutscher Städte nach dem Krieg aus. Das Hauptamt II, Verwaltung und Wirtschaft, wickelte die finanziellen und rechtlichen Aspekte der Planungs- und Bautätigkeit des GBI ab. In dessen Rechtsabteilung ressortierten die Wohnungsabteilung und die Räumungskartei. Unter Verantwortung des Hauptamtsleiters und Speer-Vertreters Karl Maria Hettlage führte das Hauptamt II in den Jahren 1941 und 1942 die Räumungen in Neugestaltungsbereichen und die Wohnungsräumaktionen gegen Berliner Juden durch.

Ende Januar 1941 begann Speers Behörde, ganze Abrißbereiche der Neugestaltung nach dem Plan vom Mai 1940 zu räumen. Die leergezogenen Häuser sollten erst bei Kriegsende abgebrochen und die freigelegten Areale nach Speers Planung bebaut werden. Infolge fehlgeschlagener städtischer

---

524 RGBl. I 1942, S. 392 (3. VO über die Neugestaltung Berlins und Münchens, v. 12.6.42). Die VO umfaßte die seit 13.2.39 – marktbezogen – und durch AO des OBM v. 19.5.39 zum GMietV mit Juden – bestandsbezogen – meldepflichtigen Wohnungen. Die Kartei basierte auf der laufend durch Veränderungsanzeigen, Wohnungsräumungen und Wohnungsvermittlungen korrigierten Grundkartei; die ab 2/39 vermittelten oder freigegebenen Wohnungen erfaßte der GBI anhand der zum Vorgang gegebenen Meldekarten und MbS-Abschnitte, BAK R 120 Nr. 1976 (Bereichsstelle, Mietzner, Arbeitsanweisung, v. 11.9.42; Übersicht zum Stand der Arbeiten, o.D., gestempelt 1.11.42). Abbildungen S. 365ff.

Wohnungsbauprogramme hatte der Berliner Wohnungsmarkt seit 1938 den aus Räumungsbereichen verdrängten Mietern keinen Ersatz geboten; deshalb eignete sich Speer zur Verwirklichung seines Berlin-Umbaus ab September 1938 Altbauwohnungen von Juden an.

Speers Politik, Berliner Juden die Wohnung zu nehmen, ging mit seinem Initialprojekt „Judensiedlung" vom September 1938 noch von der Vorstellung aus, alle Juden würden allmählich auswandern. Mit den im Sommer 1939 konzipierten „judenreinen Gebieten" wollte seine Behörde Berliner Juden gezielt exmittieren, um nach und nach deren Wohnungen und das gesamte Hauseigentum von Juden für die Neugestaltung auszubeuten. Juden, die im zweiten Wohnungsmarkt für den Stadtumbau requirierte Wohnungen bewohnten, sollten in Wohnungen von Juden im eng begrenzten dritten Wohnungsmarkt einquartiert und zur Flucht getrieben werden.

Als der GBI die Nachkriegsneugestaltung vorbereitete und im Mai 1940 Umfang, Reihenfolge und Zeitplan der Bereichsräumungen festlegte, setzte er die Abschiebung aller Berliner Juden bei Kriegsende voraus. Weil mit der Expansion des Kriegs und dem unter dem Decknamen „Aufbau Ost" vorbereiteten Überfall auf die Sowjetunion[525] kein Kriegsende absehbar war, deklarierte Speer im September 1940 die Räumung von Abrißhäusern zur Notstandsmaßnahme für Ausgebombte, die sofort beginnen müßte. Die vier Monate bis Ende Januar 1941 benötigte der GBI, um die Organisation der Neugestaltungsräumungen den wechselnden Bedingungen seit Mitte 1940 anzupassen. Um Hitler Mitte Januar 1941 die erneute Zustimmung zu den Neugestaltungsräumungen im Krieg zu erleichtern, arrangierte Speer die Teilhabe anderer Ressorts an der Wohnungsbeute. Auf Zeit überließ Speer der amtlichen Wohnungsfürsorge von Reichsministerien, der SS und der Gauleitung einen kleinen Teil der Wohnungen Berliner Juden.

Bis September 1940 hatte Speer und seinen Vertretern die Aussicht auf Abschiebungen aller Juden aus Berlin ab Kriegsende genügt; den frühesten Beginn der Bereichsräumungen hatte Willi Clahes am 5. Juli für August 1940 als dem erwarteten Kriegsende angekündigt. Für die administrative Einflußnahme des GBI auf Zwangsaussiedlungen nach Kriegsende spricht, daß vor dem 19. Juli 1940, als Goebbels diese befürwortete, ein mit der Polizei bereits ausgearbeiteter Räumungsplan existierte. Am 6. September

---

525 Deutschland im zweiten Weltkrieg, hrsg. von einem Autorenkollektiv unter Leitung von Wolfgang Schumann und Gerhart Hass, Bd. 1: Vorbereitung, Entfesselung und Verlauf des Krieges bis zum 22. Juni 1941, Leitung Gerhart Hass, Berlin/DDR 1974, S. 530. Kriegstagebuch des Oberkommandos der Wehrmacht (Wehrmachtsführungsstab) 1940–1945, geführt von Helmuth Greiner und Percy Ernst Schramm, hrsg. von Percy Ernst Schramm, Bd. I, bearbeitet von Hans-Adolf Jacobsen, Bd. I/1, Eintragung zum 9.8.40, S. 18, Bd. I/2, S. 1264.

1940 erfuhr Goebbels: Sobald nach Kriegsende Transportmittel verfügbar wären, könnten alle Berliner Juden innerhalb von acht Wochen deportiert werden.[526]

Bevor Speer Ende September 1940 Hitler von der Dringlichkeit der Neugestaltungsräumungen überzeugte, war im Gespräch, monatlich 500 Juden aus Berlin über die Reichsgrenzen nach Südosten zu vertreiben.[527] Speers Entscheidung für sofortige Bereichsräumungen machte ihn, der ein Kriegsende nicht abwarten wollte, im September 1940 zum Interessenten an den Massendeportationen aller Berliner Juden, die ab Oktober 1941 stattfanden.

Nach der Deportation der 1.200 Stettiner Juden im Februar 1940 nach Lublin, den Vertreibungen aus den Regierungsbezirken Schneidemühl und Oldenburg bis März, der Deportation der 3.000 elsässischen Juden im Juli, Abschiebungen lothringischer Juden zwischen Juli und September 1940 über die deutsch-französische Demarkationslinie und den Deportationen der 6.500 bis 7.500 badischen und saarpfälzischen Juden im Oktober in Lager des Vichy-Regimes befürwortete Hitler Anfang Dezember 1940 die Deportation von 60.000 Juden aus Wien.[528] Die ihm von Reinhard Heydrich, Himmlers Reichssicherheitshauptamtschef, vorgeschlagenen Deportationen Berliner Juden lehnte Hitler Anfang Januar 1941 ab.[529]

Einen Abtransport der Berliner Juden in das Generalgouvernement konnte das Reichssicherheitshauptamt wegen der Kriegsvorbereitungen gegen die Sowjetunion nicht durchsetzen. Speers Räumungsplanung setzte aber – wie zuvor im Sommer 1940 die Zwangsaussiedlung aller Berliner Juden bei Kriegsende – seit September 1940 deren Deportation während des Kriegs voraus. Clahes, der Adressat von Speers ungeduldigen Nachfragen zur Umsetzung der sofortigen Bereichsräumungen, griff aus Verlegenheit auf die mehrfach ad acta gelegten Planungen zur innerstädtischen Konzentration der Berliner Juden zurück. Den Verbleib der wohnungslosen Juden in Berlin faßten Speers Mitarbeiter immer nur als temporären Zustand auf, als Vorstufe zu dem für die hauptstädtische Neugestaltung angestrebten Berlin ohne Juden. In der Vorkriegszeit hatte der GBI mit der Vertreibung aller Juden gerechnet, nach Kriegsbeginn unterstellte er zunächst deren Zwangsaussiedlung bei Kriegsende. Die bei Wiederaufnahme der Bereichsräumungen exmittierten Juden ließ die Speersche Behörde in einem unsichtbaren Ghetto

526 Boelcke, Kriegspropaganda, a.a.O., S. 82 (Bericht Abt.leiter Hans Hinkel v. 19.7.40), S. 99 (Bericht Hinkel v. 6.9.40).

527 Boelcke, Kriegspropaganda, a.a.O., S. 99 (Bericht Hinkel v. 6.9.40).

528 Hans Safrian, Die Eichmann-Männer, Wien und Zürich 1993, S. 87–104.

529 Aly, „Endlösung“, a.a.O., S. 268–279 und 203.

in Berlin zusammenpferchen. Mit der Verelendung in diesem durch Grundstücksübernahmen zu kriegswichtigen Zwecken fortwährend schrumpfenden „Schachtelraum" erhöhte der GBI den Druck, Berliner Juden zu deportieren.

Bereits am 20. März 1941 berieten Vertreter Speers und Heydrichs gemeinsam mit Goebbels' Staatssekretär im Propagandaministerium über die Deportationen Berliner Juden. Goebbels hatte „bei einer Unterhaltung an der Mittagstafel des Führers", vermutlich von Speer „auf die in Berlin noch ansässigen 60–70 000 Juden aufmerksam gemacht", Hitler zwar keine Entscheidung abgerungen, gewann aber die Überzeugung, „daß ein geeigneter Evakuierungsvorschlag sicher die Zustimmung des Führers finden werde". Auf der Sitzung am 20. März 1941 riet Adolf Eichmann, sich auf die von Hitler schriftlich genehmigten Deportationen von 60.000 Juden aus Wien zu berufen, von denen „jedoch vorerst nur 45.000 Juden greifbar" wären, „so daß man die restlichen 15.000 Juden möglicherweise aus Berlin entfernen könne". Im Auftrag der Vertreter Speers und Goebbels' sollte Eichmann einen geeigneten „Vorschlag zur Evakuierung der Juden aus Berlin" ausarbeiten.[530]

Ende Januar 1941 gab der GBI etwa die Hälfte der seit Mai 1940 geplanten Bereichsräumungen in Auftrag.[531] Resträumungen nach dem Räumungsplan vom 30. Mai 1940 und unerledigte Räumungen aus der Planung von 1939 übernahm die Neugestaltungsbehörde in den erweiterten Räumungsplan vom 1. Juni 1941.[532] Ab Juli 1941 forderte sie mehrere hundert

530 Protokoll der Beratung GBI, RSHA, RMinProp am 20.3.41 auf Einladung des StS im RMinProp, Leopold Gutterer, abgedruckt in: Adler, Der verwaltete Mensch, a.a.O., S. 152f., Aufzeichnung der Reichspropagandaleitung, Hauptamt Reichsring, v. 21.3.41, Institut für Zeitgeschichte München MA-423. Der Name des GBI-Vertreters ist im Protokoll des RMinProp nicht genannt. Matthias Schmidt, a.a.O., S. 218f., vermutet, daß Willi Clahes die Interessen des GBI vertrat, ebenso Sereny, a.a.O., S. 258.

531 LA Bln Pr.Br.Rep. 107 Nr. 401, Bl. 23 (Bericht Hauptabteilung Umsiedlung über Durchführung kriegswichtiger Aufgaben der Wohnungsabteilung zwischen 1.1. und 15.4.41, hier betr. Räumung in den Bereichen der 4., 9., 14., und 25. AO, v. 31.3.42). LA Bln Pr.Br.Rep. 107 Nr. 384 (Ds. Formschreiben an Hauseigentümer in Bereichen der 9. AO v. 9.4.41 und der 25. AO v. 9.4. und 21.4.41). BAK R 120 Nr. 2909 (GBI an BezBM Schöneberg, Ds. Formschreiben an Hauseigentümer im Bereich der 25. AO v. 7. und 21.5.41). Einzelne Bereichsmieter hatte der GBI bereits im November 1940 zur Räumung aufgefordert.

532 BAK R 120 Nr. 3905 i.V.m. ebenda Nr. 1976 (Terminplan v. 28.6.41 und Zusammenstellung v. 24.9.41 zum Räumungsplan v. 1.6.41 i.V.m. Räumungsplan v. 20.6.41 i.d.F. v. 6.1.42, 1. S. o. re. hs. als „überholt" gekennzeichnet). Zusätzlich plante die Rbahn 99 Hausabbrüche zwischen 10/41 und 3/42, BAK R 120 Nr. 1976 (Abs. GBI, Ka., Reichsbahnbaudirektion, Dezernat 43, gez. Fischer, Zeitliche Inanspruchnahme der Abrißhäuser für den Bau des Ortsgüterbahnhofs Süd im Bereich Südende im Rahmen des „Kriegsprogramms Speer", hs. o. re. zdA und Vermerk Reichsbahnbereiche, v. 15.7.41).

Mieter zur Räumung auf.[533] Ab Mitte November 1941 ergingen zusätzlich Hunderte Räumungsaufforderungen an Mieter in Stadtgebieten, deren Neugestaltung erst am 5. November 1941 angeordnet worden war.[534] Im ersten Halbjahr 1941 hatte die Neugestaltungsbehörde etwa 500 Bereichsmieter und nach dem erweiterten Räumungsplan im zweiten Halbjahr etwa 875 Bereichsmieter zu räumen verpflichtet. Ende Januar 1942 stornierte der GBI alle verbliebenen Planräumungen.[535] Anfang Oktober 1942 verzichtete die Neugestaltungsbehörde auch auf den Abschluß von 374 begonnenen Bereichsräumungen.[536]

Während des Kriegs verfehlten die etwa 800 plangemäßen und rund 200 außerplanmäßigen Räumungen in anderthalb Jahren nicht minder das Planziel als die etwa 1.750 Räumungen im letzten Vorkriegsjahr. Zwar erreichte die Räumungsplanung von 1941 nicht mehr die Dimension derjenigen vom Herbst 1938 mit mehr als 15.000 innerhalb eines Jahrs zu räumenden Wohnungen. Doch sollten nach dem Plan vom 1. Juni 1941 zwei Jahre nach Räumungsbeginn über 12.000 Wohnungen abgerissen werden; von diesen standen mehr als 3.000 bereits leer oder wurden seit Januar 1941 geräumt. Anfang Juni 1941, als die Planräumungen vom Mai 1940 kaum zur Hälfte eingeleitet waren, vervielfachte der GBI seinen Räumauftrag: Im ersten Jahr seit der Wiederaufnahme Ende Januar 1941 sollten neben 500 laufenden Räumungen weitere 2.134 Wohnungen in Neugestaltungsbereichen leergezogen werden; für das zweite Jahr verdreifachte der GBI den Räumauftrag auf 6.433 Wohnungen.

Alle vom GBI gegen Berliner Juden im Jahr 1941 veranlaßten Wohnungsräumungen bezweckten nach Maßgabe der Räumungspläne, Mietern aus Neugestaltungsbereichen Ersatzwohnungen anbieten zu können. Zu-

---

533 BAK R 120 Nr. 2909 (GBI an BezBM Tiergarten, Ds. Formschreiben an Hauseigentümer in den Bereichen der 1., 13. und 33. AO v. 30.7.41 und im Bereich der 29. AO v. 31.7.41 und desgl. ergänzend v. 2.8., 20.10. und 20.11.41). LA Bln Pr.Br.Rep. 107 Nr. 384 (Ds. Formschreiben an Hauseigentümer in den Bereichen der 33. und 37. AO v. 30.7.41 sowie der 29. AO v. 31.7.41).

534 BAK R 120 Nr. 2909 (GBI an BezBM Schöneberg, Ds. Formschreiben an Hauseigentümer in den Bereichen der 100. und 101. AO v. 15.12.41, v. 23.12.41 und v. 12.1.42). BAK R 120 Nr. 3905c (Hausliste für Bereichsmieter, Doppelkarten an Mieter im Bereich der 100. und 101. AO abgesandt zwischen 15.11.41 und 21.1.42).

535 BAK R 120 Nr. 3905c (Hausliste für Bereichsmieter, hs. Vermerke o.D. „gestoppt 29. Jan. 1942“ auf den Grundstücksblättern, hs. Vermerk „Räumung einstellen Mieter nicht in Kenntnis setzen“ zu In den Zelten 12 im Bereich der 101. AO (p) Mietzner v. 9.3.42).

536 BAK R 120 Nr. 1976 (GBI, Formschreiben II/4-00/Wr/Er., an Mieter der Gruppe A, v. 1.10.42). Das Anschreiben galt 374 Mietberechtigten aus Bereichen der Neugestaltung, deren MbS damit verfallen war.

nächst verband der GBI die Wohnungsräumungen gegen Berliner Juden mit den individuellen Ersatzwohnungswünschen der Mietberechtigten. Drei Monate nach Beginn der Bereichsräumungen wollte die Neugestaltungsbehörde das Ersatzwohnungsangebot optimieren und ließ auf Vorrat tausend Wohnungen von Juden für Bereichsmieter räumen. Dennoch war die Neugestaltungsbehörde nicht imstande, die 1941 geplanten Bereichsräumungen umzusetzen: Weder die Verkürzung der Räumungsfristen auf vier Wochen noch die Androhung von Zwangsmitteln bei verspäteter Räumung zermürbte den Unwillen von Mietern, für die Neugestaltung ihre Wohnung zu wechseln. Mit größerem Erfolg bediente der GBI eine Klientel Wohnungssuchender, die er im Rahmen der amtlichen Wohnungsfürsorge, wegen kriegswichtiger Sonderräumungen für Behörden, Verbände und Konzerne oder aus Gefälligkeit legitimierte, Wohnungen von Berliner Juden zu übernehmen.

Zwischen Januar 1941 und Oktober 1942 gab der GBI wenigstens 5.300 Mietberechtigungsscheine aus, deren Wortlaut zu Vertragsbruch und Betrug anstiftete, indem der GBI vom Vermieter eines Juden – auch nach Nazigesetzen rechtswidrig – verlangte, mit einem mietberechtigten Wohnungssuchenden einen Mietvertrag über eine vermietete Wohnung abzuschließen. Mit Merkblättern und Wohnungsnachweisen beschwichtigte der GBI Zweifel hegende Hauseigentümer, eine Wohnung doppelt zu vermieten: der bestehende Mietvertrag bedürfte nicht der Kündigung; das zusätzliche Mietverhältnis begänne „sofort nach Räumung durch den jüdischen Mieter". Bis November 1942 vermittelte der GBI etwa 1.000 der rund 1.400 in Neugestaltungsbereichen zur Räumung aufgeforderten Mieter und etwa 5.100 andere Wohnungssuchende in Wohnungen von Berliner Juden.

Der GBI räumte die von Juden bewohnten Wohnungen in mehreren nacheinander eingeleiteten „Aktionen". Alle Wohnungsräumungen des GBI gegen Berliner Juden erfolgten kündigungslos. Im Auftrag des GBI hatte die Wohnungsberatungsstelle der Jüdischen Kultusvereinigung oder die Berliner Gestapo als deren Aufsichtsbehörde die Räumungen durchzusetzen. Die Wohnungsabteilung des GBI faßte die zu räumenden Wohnungen in Listen zusammen. Die aus dem 1939 eingerichteten Referat zur Erfassung und Verwertung der Wohnungen und anderen Räumlichkeiten von Juden hervorgegangene Wohnungsabteilung gehörte wie die Räumungskartei zur Abteilung Räumung und Unterbringung; Ende August 1941 wurde sie in Umsiedlungsabteilung umbenannt. Unter Leitung des Obermagistratsrats Pohl vom städtischen Hauptliegenschaftsamt erhielt sie im Dezember 1941 den Status einer Hauptabteilung im Hauptamt II des GBI.[537] Die vom GBI

537 BAP 46.06 Nr. 701 (Ds., GBI, II-C/B., gez. Clahes, „Die bisherige Abteilung: ‚Räumung und Unterbringung' führt ab sofort den Namen: ‚Umsiedlung'", v. 27.8.41) i.V.m.

listenmäßig ausgestellten, ungesetzlichen und rechtsgrundlosen Räumungsbefehle trafen den jüdischen Hauptmieter und alle Mitbewohner der Wohnung, Angehörige wie Untermieter, gleich ob diese Juden waren oder nicht.

Die Räumaktionen, mit denen der GBI den Zugang von Altbauwohnungen in den zweiten Wohnungsmarkt manipulierte, unterschieden sich nach Umfang und Tempo und nach den Folgen für die betroffenen Berliner Juden. Der GBI differenzierte die Wohnungsräumungen nach ihrem jeweiligen Beginn im Jahr 1941 und den erforderlichen behördlichen Bearbeitungswegen, die davon abhingen, wer die Kosten für Instandsetzung und Mietausfall trüge und welcher Klientel die Wohnungen von Juden angedient würden. Solche Rechtsverhältnisse und Bearbeitungswege grenzen die Wohnungsräumungen des GBI gegen Berliner Juden voneinander ab und beschreiben deren Verlauf vom Planungsbeginn bis zum Abschluß.

Allein im Rahmen der „I. Aktion" des GBI von Januar 1941 bis Oktober 1942 schlossen räumungspflichtige Bereichsmieter und vom GBI privilegierte Wohnungssuchende mit Eigentümern Mietverträge über wenigstens 2.000 vermietete und bewohnte Wohnungen von Juden. Mehr als 5.000 Mietinteressenten waren in diesem Zeitraum mit einem Mietberechtigungsschein des GBI in Berlin unterwegs, um von der Wohnungsabteilung für sie ausgewählte Wohnungen Berliner Juden zu besichtigen. In die Wohnungsnachweise nahm der GBI Auszüge seiner Karteien auf, die dem Ersatzanspruch der Räumungspflichtigen oder dem Wohnungswunsch sonstiger Mietinteressenten entsprachen. Die hektographierten oder gedruckten Nachweise händigte die Wohnungsabteilung mit dem Mietberechtigungsschein aus oder übersandte sie. Nach Rücklauf des Abschnitts des Mietberechtigungsscheins über den Vertragsschluß stellte die Wohnungsabteilung die Räumungsverfügungen gegen Juden, deren Wohnungen Speers Klientel angemietet hatte, seit Februar 1941 wöchentlich als Räumungslisten zusammen. Eine Serie dieser Listen dokumentiert die Wohnungswechsel von Mietern aus Neugestaltungsbereichen, eine zweite Serie die der übrigen Wohnungssuchenden, die im Rahmen von Kontingenten der amtlichen Wohnungsfürsorge, wegen kriegswichtiger Sonderräumungen und als Gefälligkeiten Speers Juden aus ihren Wohnungen verdrängten. Die Räumungslisten beider Serien übergab der GBI der Wohnungsberatungsstelle der Jüdischen Kultusvereinigung, die die betroffenen Juden von der Räumungsanordnung „der zuständigen Behörden" in Kenntnis zu setzen, bei der Suche nach Quartier als Untermieter zu unterstützen oder zwangsweise einzuquartieren hatte.

LA Bln Pr.Br.Rep. 107 Nr. 276/3 (GBI „Hauptabteilung Umsiedlung" v. 2.12.41). Vgl. S. 194 f. nach BAK R 120 Nr. 3962d (GBI, Rds. Nr. 11 und 12, hekt., (u) Pohl, v. 21.1.42).

Mit der „II. Aktion“ von Mai bis Juli 1941 ließ die Neugestaltungsbehörde tausend Wohnungen Berliner Juden räumen, die sie ihrer Klientel bezugsfertig zur Übernahme offerierte. Die Räumungen gegen jüdische Hauptmieter und deren Mitbewohner und Untermieter verfügte die Wohnungsabteilung des GBI nach Lage der Wohnungen in den Verwaltungsbezirken mit sechs sogenannten „W.B.-Verzeichnissen“ und verlangte wiederum von der Wohnungsberatungsstelle der Jüdischen Kultusvereinigung, die betroffenen Juden zwangsweise zu räumen und die Exmittierten nötigenfalls bei anderen Juden einzuquartieren.

Seit Juni 1941 arbeitete die Neugestaltungsbehörde an einer weiteren Wohnungsräumaktion gegen Berliner Juden. Durch diese mit sogenannten Kündigungsanordnungen gegen Hauptmieter von fünftausend Wohnungen im August 1941 begonnene „III. Aktion“ lieferte der GBI die ersten zehntausend Berliner Juden zur Deportation aus. Auch diese Listen von Kündigungsverfügungen der Wohnungsabteilung waren Auszüge der GBI-Karteien der in Berlin von Juden bewohnten Mietwohnungen. Diesmal übergab der GBI die Listen der Berliner Staatspolizeileitstelle, die die Erfassung zur Deportation mit der personenbezogenen Vermögenseinziehung fortsetzte. Die Berliner Gestapo zwang die Wohnungsberatungsstelle der Jüdischen Kultusvereinigung zur Mitwirkung, um alle Bewohner dieser Wohnungen und deren Vermögen zu erfassen. Am Ende des mehrwöchigen Erfassungsverfahrens vergab die Stapoleitstelle Transportnummern. Ab dem 18. Oktober 1941 wurden die exmittierten Juden nach Transportlisten zu je tausend aus Berlin deportiert. Die Karteiauszüge des GBI für dessen Wohnungsräumungen der „III. Aktion“ listeten die Wohnungen der mehr als zehntausend Berliner Juden auf, die im Oktober und November 1941 Opfer des ersten bis siebten Osttransports nach Łódź, Minsk, Kowno und Riga und im Januar 1942 des achten, neunten und zehnten Osttransports nach Riga wurden. Die geräumten Wohnungen der im Januar 1942 deportierten Berliner Juden führte die Neugestaltungsbehörde nachträglich als die der „IV. Aktion“. Einen Teil der geräumten Wohnungen bot der GBI seiner Klientel an und besorgte für Bereichsmieter die Instandsetzung; tausend Wohnungen ließ der GBI als „Eisernen Bestand“ von der Stadtverwaltung bis Kriegsende für Bereichsräumungen zurückhalten.

Alle vom GBI ohne vorherige Neuvermietung an Mietberechtigte verhängten Wohnungsräumungen gegen Berliner Juden hießen in der hausinternen „Speer-Chronik“ Großaktionen. Deren erste waren die tausend Räumungen der „II. Aktion“ im Mai 1941. Seit August 1941 bezeichnete der Hauschronist die fünftausend Räumungen der „III. Aktion“ als zweite Großaktion. Die in der Chronik erwähnte, Ende November 1941 eingeleitete dritte Großaktion resultierte in Räumungsverfügungen, von denen nicht mitgeteilt ist, aus wie vielen Wohnungen der GBI Berliner Juden damit zur Deportation verurteilte. Der Hauschronist berichtete von keiner weiteren Räumaktion; deshalb ist anzunehmen, daß diese dritte Großaktion die zwölf- bis fünfzehntausend registrierten Wohnungen Berliner Juden umfaßte, deren Räumung der GBI mit seiner „III. Aktion“ bei der Berliner Gestapo noch nicht in Auftrag gegeben hatte.

Die Räumaktionen des GBI machten eine kaum genau rekonstruierbare Zahl Berliner Juden zu Wohnungslosen. Als Betroffene der „I. Aktion“ und der „II. Aktion“ mußten sie sich in Selbsthilfe innerhalb der vom GBI gesetzten Räumungsfrist von wenigen Wochen Unterkunft bei Freunden oder Verwandten suchen, wollten sie nicht zwangsweise irgendwo als Untermieter einquartiert werden. Spätestens seit August 1941 kalkulierte der GBI die Deportation der von seinen Räumungsverfügungen betroffenen Juden ein. Zur Vorbereitung und Ausführung der Exmittierungen war es für die Neugestaltungsbehörde belanglos, wohin die in Berlin wohnungslos werdenden Juden deportiert würden, und ob die zu Tausenden um ihre Wohnung gebrachten Juden im Rahmen von „Teilevakuierungen“ oder zum Auftakt der Deportation aller Berliner Juden „nach Osten“ abtransportiert würden.

Deportationen von zunächst 15.000 Berliner Juden hatte der GBI mit Eichmann und Goebbels’ Staatssekretär Gutterer bereits am 20. März 1941 beraten. Durchgesetzt waren die vom GBI verlangten Deportationen auch dann noch nicht, als Gutterer am 15. August 1941 Vertreter anderer Ressorts, darunter der Vierjahresplanbehörde und des Reichsinnenministeriums, von Eichmann über die geplante „Teilevakuierung der größeren Städte“ hatte informieren lassen.[538] Im März 1941 ging es bei der „Teilevakuierung“ um die Wiederaufnahme der neuerlich gestoppten Deportationen in das besetzte Polen, im August 1941 handelte es sich um die Deportation der Berliner Juden „nach Osten“ im Anschluß an den für Mitte Oktober 1941 erwarteten militärischen Etappensieg gegen die Sowjetunion. Für diesen Vorschlag erhielt Goebbels Hitlers Zustimmung am 19. August 1941, nicht aber für den von Eichmann seit März 1941 auf Anregung des GBI für Goebbels zu bearbeitenden Vorschlag von „Teilevakuierungen“ während des Kriegs.[539]

---

538 Protokoll der Beratung GBI, RSHA, RMinProp am 20.3.41 im RMinProp, v. 21.3.41, Abbildung des Protokolls S. 189f. aus BAK NS 18 Nr. 1134. Vermerk, Wortlaut nach dem noch vorhandenen Konzept, zur Sitzung am 15.8.41 auf Einladung des RMinProp, anwesend u.a. Vertreter GBI, VjPlan, RMdI, wiedergegeben von Bernhard Lösener, Als Rassereferent im Reichsministerium des Innern, Manuskript v. 26.6.50, verfaßt nach Handakten aus dem RMdI, in: Dokumentation. Das Reichsministerium des Innern und die Judengesetzgebung, eingeleitet von Walter Strauß mit einer Vorbemerkung des Herausgebers, in: Vierteljahreshefte für Zeitgeschichte 9/1961, S. 262–313, S. 302–305.

Am 20. März 1941 konferierten die Judenverderber der zweiten Garnitur: Männer, die unmittelbar unter Goebbels, Heydrich – und Speer wirkten

N o t i z .

-.-.-.-.-.-.-.-.-.-.-

Betrifft: Evakuierung der Juden aus Berlin.

Am 2o.3. fand im Propagandaministerium eine Besprechung bei Pg. G u t t e r e r statt, an der Vertreter des Sicherheitshauptamtes und des Generalbaurats S p e e r teilnahmen. Pg. Gutterer teilte mit, dass Dr. Goebbels bei einer Unterhaltung an der Mittagstafel des Führers auf die in Berlin noch ansässigen 6o-7o.ooo Juden aufmerksam gemacht wurde. Man habe bei diesem Gespräch festgestellt, dass es nicht weiter anginge, dass die Hauptstadt des nat.-soz.Reiches auch heute noch eine derartig hohe Zahl Juden beherberge. Ein gewisser Teil der Juden pflege regen Verkehr mit ausländischen diplomatischen Kreisen in Berlin und vermiete Zimmer an ausländische Studenten, Journalisten, Diplomaten und hätte so Gelegenheit, staatsabträgliche Gerüchte zu verbreiten und stimmungsmässig Schaden anzurichten.

Der Führer habe bei diesem Gespräch zwar nicht selbst entschieden, dass Berlin sofort judenfrei gemacht werden müsse, aber Dr. Goebbels sei der Überzeugung, dass ein geeigneter Evakuierungsvorschlag sicher die Zustimmung des Führers finden werde.

Pg. E i c h m a n n vom Sicherheitshauptamt sagte, dass Pg. H e y d r i c h - der vom Führer mit der endgültigen Judenevakuierung beauftragt sei - dem Führer vor 8 - 1o Wochen einen Vorschlag vorgelegt habe, der nur deshalb noch nicht zur Ausführung gelangt sei, weil das Generalgouvernement z.Zt. nicht in der Lage sei, einen Juden oder einen Polen aus dem Altreich aufzunehmen. Es läge allerdings ein schriftlicher Befehl des Führers über die Evakuierung von 6o.ooo Juden aus W i e n vor, die also das Generalgouvernement noch aufnehmen müsse. In Wien seien jedoch vorerst nur 45.ooo Juden greifbar, sa dass man die restlichen 15.ooo Juden möglicherweise aus Berlin entfernen könne.

539 Die Optionen und organisatorischen Vorbereitungen des Referats IV B 4 des RSHA für die Massendeportationen im Jahr 1941 sind dargestellt von Safrian, a.a.O., S. 105–133, 134–168, S. 110f. Datierung nach Tagebucheintragung Goebbels' v. 20.8.41. Nach Safrians Analyse der Quellen stimmte Hitler am 19.8.41 Deportationen nach Kriegsende und auf Verlangen des RMinProp in die besetzte Sowjetunion zu. Auch Rosenberg unterstellte als RMinfdbO Anfang 9/41, „daß alle die ‚Judenfrage' betreffenden Maßnahmen in den besetzten Gebieten davon ausgehen müßten, daß die ‚Judenfrage' in ganz

Man müsse ferner berücksichtigen, daß die Produktion heute jeden arbeitsfähigen Juden brauche, daß arbeitseinsatzfähige Juden, deren Zahl infolge Vergreisung des Judentums an sich schon nicht groß sei, zurzeit kaum noch aufzutreiben wären. Man beabsichtige sogar, aus dem Warthegau zeitweilig 42 000 männliche und 30 000 weibliche jüdische Arbeitskräfte ins Reich zu überführen.

In Berlin hätten die Juden bei ihrer kulturellen und wirtschaftlichen Selbstverwaltung einen Riesenapparat aufgezogen, der allein 2700 jüdische Beamte und Angestellte beschäftige. Der jüdischen Reichsvereinigung sei daher die Auflage gemacht worden, von ihren 1000 Arbeitnehmern 250 zu entlassen und die jüdische Gemeinde Berlin müsse 700 entlassen.

Von 22 jüdischen Altersheimen sind die größten und modernsten geräumt worden, so daß augenblicklich noch 15 jüdische Altersheime existieren.

Der Vertreter des Generalbaurats Speer gab bekannt, daß zurzeit in Berlin 20 000 Wohnungen von Juden benützt werden. Diese Wohnungen benötige Speer als Reserve für Freimachungen bei evtl. größeren Fliegerschäden und später für Freimachungen von Wohnungen, die bei der Neugestaltung Berlins abgerissen werden müssen.

In Berlin bestehe zurzeit ein Mangel von 160 - 180 000 Wohnungen. Das Ergebnis der Aussprache war, daß Pg. Eichmann gebeten wurde, für Gauleiter Dr.Goebbels einen Vorschlag zur Evakuierung der Juden aus Berlin auszuarbeiten.

Bei der Aussprache wurde ferner angeregt, eine polizeiliche Verordnung zu erlassen, wonach es Juden in Berlin verboten ist, Wohnungen an nichtjüdische Ausländer zu vermieten.

Da die Juden sich offensichtlich nicht an die vorgeschriebenen Einkaufszeiten in den Einzelhandelsgeschäften halten und auch wieder Straßen und Lokale besuchen, deren Zutritt ihnen verboten ist, soll eine Rassia im Rahmen der verfügbaren Polizeikräfte vorgeschlagen werden.

Bü.

Berlin, den 21. 3. 1941.
II G Bü/Hu.

Europa nach dem Krieg ‚gelöst' werden würde", ebenda S. 111, nach RMinfdbO (Befehle der „Braunen Mappe" für den Dienstgebrauch). Die Unterredung Goebbels' mit Hitler belegt auch der Nachtrag zum Vermerk Löseners, RMdI, zur Sitzung im RMinProp am 15.8.41, zu Anruf Gutterer, RMinProp, v. 20.8.41, der sich allerdings mehr für Fragen der Federführung des RMdI in der Politik der Judenverfolgung, hier der geplanten Kennzeichnungspflicht, interessiert zu haben scheint als für die Deportationsankündigung des RSHA am 15.8.41.

Speer hatte die Wohnungsräumungen der „III. Aktion“ im August angeordnet, noch bevor Himmler Anfang September 1941 mit den Krakauer und Posener Höheren SS- und Polizeiführern über mögliche Zielorte von Massendeportationen deutscher Juden im besetzten Polen beriet.[540] Danach erst fand der Beginn der Massendeportationen deutscher Juden – obwohl gegen die Sowjetunion kein Etappensieg möglich war – Mitte September 1941 Hitlers grundsätzliche Billigung.[541] Die als „Teilevakuierungen“ geplanten Deportationen in das Ghetto Łódź setzte das Reichssicherheitshauptamt am 29. September 1941 gegen die dem Reichsinnenministerium

540 Der Dienstkalender Heinrich Himmlers 1941/42, bearbeitet, kommentiert und eingeleitet von Peter Witte, Michael Wildt, Martina Voigt, Dieter Pohl, Peter Klein, Christian Gerlach, Christoph Dieckmann und Andrej Angrick. Mit einem Vorwort von Uwe Lohalm und Wolfgang Scheffler, Hamburg 1999, S. 201ff. und S. 205. Besprechung am 2.9.41 mit Friedrich-Wilhelm Krüger, HSSPF im Generalgouvernement, und am 4.9.41 mit Wilhelm Koppe, HSSPF im Wartheland. Das Besprechungsblatt Himmlers für Krüger enthält den – für die Beratung mit Heydrich am Vortag, ebenda S. 200, nicht enthaltenen – Punkt „Judenfrage. – Aussiedlung aus dem Reich“. Spätestens von Heydrich am 1.9.41 oder am 2.9.41 von Teilnehmern am Mittagessen bei Hitler und anschließenden Beratungen im Hauptquartier muß Himmler auf die Dringlichkeit der Klärung von Zielorten für Deportationen deutscher Juden hingewiesen worden sein, bevor er mit Krüger am 2.9. und Koppe am 4.9.41 konferierte. Das Generalgouvernement kam als Zielort nicht in Frage, was Eichmann bei telefonischer Anfrage des AA, Rademacher, als die deutsche Militärverwaltung in Serbien 8.000 Juden deportieren wollte, am 13.9.41 lt. Vermerk Rademacher bestätigte, „Aufnahme in Rußland und Generalgouvernement unmöglich, nicht einmal die Juden aus Deutschland können dort untergebracht werden. Eichmann schlägt erschießen vor.“ Safrian, a.a.O., S. 112–115, 113.

541 Witte, Zwei Entscheidungen, a.a.O., nimmt den 17.9.41 als Datum der Zustimmung Hitlers an, weil die am 16.9. und 17.9.41 mit Botschafter Otto Abetz und RMin von Ribbentrop erörterten Deportationsvorschläge des Legationsrats Carltheo Zeitschel in Paris v. 22.8.41 zu Hitlers Entscheidung beigetragen hätten. Himmler konnte sich auch zuvor Hitlers Zustimmung, etwa am 16.9.41 beim Mittagessen, eingeholt haben, bevor er den auf den 18.9.41 datierten Brief an den Gauleiter und Reichsstatthalter des sogenannten Warthegaus, Arthur Greiser, verfaßte, der die Deportation von 60.000 deutschen und tschechischen Juden in das Ghetto Łódź ankündigte, Hans Safrian, Die Eichmann-Männer, S. 115 und Der Dienstkalender Heinrich Himmlers 1941/42, a.a.O., S. 210f. Himmler an Greiser v. 18.9.41 in: Die Ermordung der europäischen Juden. Eine umfassende Dokumentation des Holocaust 1941–1945, hrsg. von Peter Longerich, München 1989, Dokument 54, S. 157. Goebbels erfuhr erst am 23.9.41 von Heydrich, daß die Juden aus Berlin „so schnell wie möglich“ deportiert werden müßten und erst nach einem militärischen Sieg gegen die Sowjetunion weiterdeportiert würden, Der Dienstkalender Heinrich Himmlers 1941/42, a.a.O., S. 216f. Auch am 24.9.41 notierte Goebbels außerdem Hitlers Auffassung, die Juden müßten nach und nach deportiert werden, zuerst aus Berlin, Wien und Prag. Goebbels erwartete, daß ein großer Teil der Berliner Juden noch 1941 deportiert würde, Safrian, a.a.O., S. 115f.

unterstellte Besatzungsverwaltung durch.[542] Zu diesem Zeitpunkt hatte die Speersche Neugestaltungsbehörde ihre administrativen Vorkehrungen für den Abtransport von Berliner Juden längst abgeschlossen – die Räumungsverfügungen des GBI über Wohnungen von Juden waren auf Listen zusammengefaßt und der Stapoleitstelle zur weiteren Bearbeitung übergeben.

Der GBI war seit August 1941 davon ausgegangen, daß die durch seine zweite Großaktion zu vielen Tausenden wohnungslosen Juden in Berlin keinen Wohnraum im dritten Wohnungsmarkt, im „Schachtelraum“, beanspruchen, ihres Vermögens beraubt und nicht zurückkehren würden. Im November 1941 veranlaßte der GBI durch seine dritte Großaktion die bis März 1943 andauernden Massendeportationen von Juden aus Berlin.

Die nacheinander 1941 eingeleiteten Großaktionen der Wohnungsräumungen gegen Berliner Juden vervielfachten das Angebot bewohnbarer Leerwohnungen, das der GBI für die Abrißmieter aus Neugestaltungsbereichen reservierte, die er nach Plan en bloc räumungspflichtig machte. Die exmittierten Berliner Juden ließ der GBI von der Jüdischen Kultusvereinigung einquartieren oder von der Geheimen Staatspolizei deportieren. Nach Anlaufen der Massendeportationen aus Berlin erklärte der Hauschronist, daß die Wohnungen der deportierten Juden „trotz der allseits bestehenden Schwierigkeiten infolge der Kriegslage schnellstens instandgesetzt und mit Abrißmietern aus den vordringlich zu räumenden Bereichen belegt werden können. Durch diese Maßnahmen werden die Judenwohnungen ihrem vorbestimmten Zweck zugeführt“.[543] Um die Realisierung dieser Beute bemühte sich Speer auch noch, nachdem er Ende Januar 1942 die planmäßige Ausweitung der Räumungen in Neugestaltungsbereichen hatte abbrechen lassen. Die Berliner Gestapo setzte in seinem Auftrag die Räumung aller Wohnungen Berliner Juden fort.

Alle vom GBI für die Nachkriegsneugestaltung geräumten Wohnungen, gleich ob diese in Abbruchhäusern in Neugestaltungsbereichen lagen oder Wohnungen von Berliner Juden waren, ließ die Neugestaltungsbehörde

542 Safrian, S. 118f., 119. Nach Safrians Analyse der Quellen hatte Eichmann seit Mitte 9/41 in Łódź um die Aufnahme von 60.000 Deportierten verhandelt; durchsetzen konnte das RSHA die Deportation von 20.000 deutschen, tschechischen und österreichischen Juden.

543 LA Bln Pr.Br.Rep. 107 Nr. 53a (Chronik des GBI, 1941, 100 S. sowie Namens- und Ortsregister, verfaßt von Rudolf Wolters, 1941, November 1941, S. 66f., Fotokopie aus dem Bestand des Britischen Geheimdiensts, Intelligence Library). Der zitierte Text stimmt überein mit der zwischenzeitlich dem BA Koblenz übergebenen Ds. der Abs. des Orig., aus der Matthias Schmidt 1982, a.a.O., zitiert und die er auszugsweise im Faksimile abgedruckt hat, hier ohne Berücksichtigung der dort für die 2. Fassung von Wolters 1964 vorgenommenen hs. Fälschungen, in BAK NL 318 (Nachlaß Wolters), Nr. 1-6, 1.

vorerst als Wohnungen für Katastrophenzwecke im Luftkrieg vom städtischen Hauptplanungsamt nach dem Reichsleistungsgesetz beschlagnahmen. In Berlin Wohnungen für Obdachlose nach Bombenangriffen bereitzuhalten, hatte Speer seit September 1940 als willkommene Begründung für die Wiederaufnahme der Neugestaltungsräumungen während des Kriegs und seit Mai 1941 als Argument für die Wohnungsräumungen gegen Berliner Juden gedient. Die Kombination der Neugestaltungsmaßnahmen mit der städtischen Katastrophenvorsorge brachte den Bauträgern der Neugestaltung direkte Einsparungen, weil Räumungs- und Grundstückskosten zu Lasten des Reichsinnenministeriums abgerechnet würden.

Die Zerstörung der Existenz der Berliner Juden als Wohnende war ab Mitte September 1938 das bevorzugte Mittel des GBI, um die längst gescheiterte Neugestaltung Berlins doch noch zu erzwingen. Katastrophenwohnungen für Ausgebombte bereitzustellen, war nie mehr als ein zweckdienliches Argument für die Neugestaltungsräumungen im Vorgriff auf den Umbau Berlins im ersten Nachkriegsjahr. Eine letzte Intervention Speers zur Verwendung der „Bombenreservewohnungen" setzte Clahes Ende Januar 1943 um. Von Vertretern der Stadtverwaltung ließ er sich bezeichnenderweise nochmals versichern, „daß es sich bei der Unterbringung der durch die Bombenangriffe Obdachlosgewordenen nur um solche Familien handelt, die keinen Totalschaden erlitten haben".[544]

Über die Neugestaltungsräumaktionen des GBI in den Jahren 1941 bis 1943 sind aus der Behördenregistratur nur wenige Einzelstücke erhalten, die Registratur der Stadtverwaltung ist archivalisch nicht erfaßt oder verloren. Die Rekonstruktion der Räumungen in Abrißbereichen und gegen Berliner Juden beruht auf den Resten des administrativen Handwerkszeugs: Karteikarten und Karteien, Listen, Merkblättern, Formschreiben und Formularen, Kassenunterlagen, Vordrucken, Arbeitsanweisungen, Statistiken und Notizzettelrückseiten. Zur Bewertung dieser Überbleibsel aus dem bürokratischen Alltag einer Behörde, die Juden zur Deportation verdammte, wurden die Registraturreste der Reichsvereinigung der Juden, Berichte der städtischen Hauptluftschutzstelle, die Registratur der Oberfinanzdirektion Berlin zur Verwertung des Vermögens der Berliner Juden und Verfahrensakten der Staatsanwaltschaft beim Berliner Landgericht herangezogen. Die Dokumentation der Neugestaltungsräumungen zeigt, wie die Speersche Behörde den künftigen Hauptstadtbau noch während des Kriegs zu Lasten der Berliner Juden vorbereitete.

---

544 LA Bln Pr.Br.Rep. 107 Nr. 386/1 (Vermerk, (u) Clahes, zur Besprechung mit OBM, HPla, Stadtbaudirektor Bachmann i.V. von Stadtrat Pfeil, betr. „Angelegenheit der Bombenreservewohnungen", v. 28.1.43; Vermerk, (u) Clahes, betr. Vortrag bei Speer am 11.1.43, v. 12.1.43).

Organisation der Hauptabteilung II/4

des GBI, Umsiedlung, ab Januar 1942 im Hauptamt II des GBI, Verwaltung und Wirtschaft, unter Leitung von *Prof. Dr. Karl Maria Hettlage*
(Oktober 1940 – August 1941 Wohnungsabteilung, ab August 1941 Umsiedlungsabteilung)
Leiter ab August 1941: *Obermagistratsrat Werner Pohl*

Leitstelle Vertreter des Hauptabteilungsleiters: *– Otto Schmidt –*
a) allgemeine Angelegenheiten der Wohnungspolitik, Mitwirkung an der Gesetzgebung, übergreifende Angelegenheiten
b) Personalangelegenheiten
c) Geschäftsverteilungsplan, Aktenplan, Arbeitsplatzkontrolle
d) Postverteilung
e) Beschaffung und Verteilung der Diensträume
f) Beschaffung und Verteilung des Inventars
g) Einführung und Verwaltung aller Drucksachen und Formblätter
h) Registratur

Umsiedler-Erfassungsstelle *– Otto Schmidt –*
a) Prüfung der Mietberechtigung der Umsiedler
b) Ausgabe der Mietberechtigungsscheine
c) Benachrichtigung der Hauseigentümer und sonstigen Stellen, Namenskartei der Umsiedler
d) Umsiedlungskontrolle
e) Meldung freier Abrißwohnungen für Katastrophenzwecke
f) Statistik über Bereichswohnungen
g) Wochenstatistik

Umsiedler-Betreuungsstelle *– Otto Schmidt –*
a) Betreuung der Umsiedler
b) Betreuung arischer Untermieter im Rahmen der Judenwohnungs-Freimachung
c) Verkehr mit Wohnungssuchenden
d) Verkehr mit Hauseigentümern in Judenwohnungsfragen
e) Behandlung der Sonderfälle einschließl. des Nachweises von Wohnungen für sie (*Herr Frank*)
f) Betreuung der Kontingente

Einzelhausstelle *– Werner Pohl –*
a) Erfassung und Vermittlung von Villen, Landhäusern, Ateliers und Wohnungen in solchen
b) Genehmigung des Einzugs in jüdische Villenräume

Wohnraumstelle *– Herr Frank –*
a) Verwaltung und Ermietung von Judenwohnungen
b) Betreuung der Kartei der Judenwohnungen in arischem und jüdischem Grundbesitz
c) Statistik der Judenwohnungen
d) Monatsstatistik
e) Listen anmietbarer jüdischer Wohnungen
f) Räumungspläne für ermietete Judenwohnungen
g) Verkehr mit der Staatspolizei in Judenwohnungsfragen
h) Neubau-Wohnungs-Kartei (*Herr Ulloth*)

Instandsetzungsstelle *– Otto Schmidt –*
a) Instandsetzung der Judenwohnungen einschließl. der dazu nötigen Vorermittlungen
b) Betreuung der Umzüge
c) Abrechnungen der Instandsetzungen und Umzüge
d) Instandsetzungskartei

Bereichsstelle – *Paul Mietzner* –
a) Festsetzung der Räumungsgebiete und der darin befindlichen Umsiedler
b) Kartei der Bereichshäuser
c) zwischenzeitliche Vermietung von Bereichsgrundstücken
d) Mitwirkung an Bereichserklärungen

Betriebsraumstelle – *Paul Mietzner* –
a) Fragen der Gewerberaumpolitik
b) Umwandlungs-Genehmigungsfragen
c) Betreuung gewerblicher Mieter im Rahmen der Umsiedlung
d) Beschaffung kriegswichtiger gewerblicher Räume
e) Verfügung über gewerbliche Räume in Bereichsgrundstücken

Abrechnungsstelle – *Herr Ulloth* –
a) Rechnungsprüfung und Zahlungsanweisungen für die gesamte Abteilung
b) Verrechnungen der Kosten der Abteilung mit etwaigen fremden Kostenträgern
c) Einziehung geldlicher Ansprüche der Abteilung

Härtefondsstelle – *Herr Ulloth* –
a) Bearbeitung von Anträgen auf Entschädigungen aus dem Härtefonds des GBI
b) Bearbeitung etwaiger Zahlungen aus dem Härtefonds
c) Fragen der Kleingartenräumung aus Anlaß der Neugestaltung

1. *Wohnungsangebot nach Maß: die I. Aktion von Januar 1941 bis November 1942*

Nach der mehr als halbjährigen Klärungsphase setzte der GBI die Bereichsräumungen im Januar 1941 wieder in Gang.[545] Das Protokoll einer Sitzung am 28. Januar 1941, zu der auf Einladung des GBI Vertreter der Stadtverwaltung, des Bundes der Berliner Haus- und Grundbesitzervereine, der Gauleitung, des Reichssicherheitshauptamts, des Polizeipräsidiums und eines Kommandos der Schutzpolizei erschienen, gibt Auskunft über die Vorstellung des GBI von Umfang und Ablauf der Räumungen der „I. Aktion".[546]

545 BAK R 120 Nr. 3905a (Eintragungen zum Versand von MbS v. 25.1.41 und Nachweis des Rücklaufs einzelner Doppelkarten zur Anforderung von MbS und Wohnungsnachweis nach Räumungsaufforderung in 11/40 und 12/40).

546 BAK R 120 Nr. 1975, Bl. 144-148, 149ff. (Ds., GBI, II/Rkt.-Mie/Pz-, nicht gez., Mietzner, „Protokoll über die Besprechung der Räumung der im Bereich gelegenen Abrisswohnungen am 28. Jan. 1941 um 11 Uhr", 5 S., hs. Vermerk, o. re. „K-Häuser", nebst 3 Briefentwürfen, v. 30.1.41). Vertretung der Behörden und Verbände im einzelnen, GBI: Hettlage, Clahes, Otto Schmidt (Wohnungsabt.), Mietzner (Rkt.); Stadt Berlin, Hauptplanungsamt: MagRat Dr. Pade, Stadtrat Pfeil, Stadtoberinspektor Lemke, Hauptliegenschaftsamt: OMagRat Dr. Zunft; Bund der Berliner Haus- und Grundbesitzer-Vereine: Ratsherr Ambrock, Dr. Waerther; Reichssicherheitshauptamt: Hartmann, Wirts (Hartmann war der Vertreter des RSHA, von dem der Vorstand der Reichsvereinigung der Juden die Weisungen entgegenzunehmen hatte); Gauleitung der NSDAP: Spangenberg; Kommando der Schutzpolizei: Hauptmann Riebe; Polizeipräsidium: Reg.Dir. Schulz.

Hettlage leitete die Besprechung und teilte zur Eröffnung mit, es müßten „auf Anordnung des Führers kurzfristig Katastrophen-Wohnungen bereit gestellt werden". Clahes erwartete, daß die Räumungen in den fünf Neugestaltungsbereichen in zwei Etappen jeweils innerhalb eines Monats, bis zum 1. März und 1. April 1941, abgeschlossen würden. Die Stadtverwaltung sollte binnen zwei bis drei Wochen die Wohnungen in Abrißhäusern als Notwohnungen für Ausgebombte herrichten, wobei Hettlage nachdrücklich darauf hinwies, „dass die 1.000 Katastrophen-Wohnungen nur als vorübergehende Unterkunft dienen" durften.

Der GBI hatte sich entschieden, das Ersatzwohnungsangebot direkt mit den individuellen Wohnungswünschen der räumungspflichtig werdenden Bereichsmieter zu verknüpfen. Mit dem Mietberechtigungsschein erhielten Abrißmieter einen ihrem Ersatzanspruch entsprechenden Wohnungsnachweis. Nach Verwaltungsbezirk, Wohnungsgröße und Mietpreis geordnet, listete die Wohnungsabteilung des GBI nach ihren Karteien eine Auswahl von Juden bewohnter Altbauwohnungen auf, die Mieter aus Räumungsgebieten anmieten sollten. Diese Wohnungen wollte der GBI bevorzugt instandsetzen lassen, verhandelte mit Malern und Tapezierern und hatte wegen der Umzüge bereits mit Spediteuren Vereinbarungen getroffen. Die Entmietungskosten – Aufwand für Herrichtung der Ersatzwohnung, etwaiger Mietausfall, Abfindungen und Umzug – gingen zu Lasten der späteren Neugestaltungsbauträger. Den Vermietern von Juden, die auf Verlangen des GBI einen zweiten Mietvertrag über eine vermietete Wohnung schlossen, durfte beim Mieterwechsel wegen des Vertragsbruchs keinesfalls ein Nachteil entstehen.

Die Wohnungsräumungen gegen Juden sollten polizeilich durchgesetzt werden. „Ist die SS in der Lage," wollte Hettlage laut Sitzungsprotokoll am 28. Januar 1941 wissen, „100 Wohnungen innerhalb 14 Tage zu räumen? Insgesamt müssen bis zum 28.2. d.J. ca. 250 Judenwohnungen wiedervermietet und sodann geräumt werden. Die SS erhält für die Räumung der betreffenden Judenwohnungen eine Liste. Es werden nur Judenwohnungen geräumt, über die bereits Verträge abgeschlossen sind." Paul Mietzner, Leiter der Räumungskartei des GBI, protokollierte: „Die SS ist der Meinung, dass der ihr gestellte Termin ohne weiteres eingehalten werden kann." Juden, die durch Neuvermietung des GBI aus ihren Wohnungen verdrängt wurden, sollten „nur noch in Judenhäusern untergebracht werden", stellte Clahes fest und kündigte der SS eine entsprechende Liste der Wohnungsabteilung des GBI an. Hettlage verlangte von der SS laufend Mitteilung, „wann die Räumung der Judenwohnungen erfolgt ist, damit die Instandsetzungskolonnen sofort die Wiederherrichtung der freigemachten Wohnungen vornehmen können". Hettlage muß an gewalttätige Räumungen unter polizeilichem

Zwang gedacht haben; noch während der Sitzung schränkte er seinen Auftrag an die SS ein: Eine Räumung durch die SS hätte zu unterbleiben, wenn nicht-jüdische Ehegatten und Kinder zum Haushalt gehörten.[547]

Die Wohnungsräumungen verliefen indessen weniger handgreiflich, als Hettlages oder auch seines Protokollanten Phantasie sich diese ausmalte, weil das Räumungsverfahren genau die Spezifika aufwies, die bereits früheren Konzeptionen der Neugestaltungsbehörde eigen waren: Die Reibungslosigkeit der Neuvermietung machte unmittelbaren polizeilichen Zwang entbehrlich. Die Lückenlosigkeit des Verfahrens kaschierte auch den Vertragsbruch der beteiligten Hauseigentümer. Etwaige Zweifel an der Zulässigkeit des doppelten Vertragsschlusses und der Exmittierungen der Juden wurden den Vermietern und den Mietern aus Neugestaltungsbereichen durch vorteilhafte Regelungen zu Mietausfall, Instandsetzung und Umzug abgekauft. Die unheimliche Aussicht auf in Abrißhäusern bereitzustellende Notunterkünfte für Ausgebombte wagte die Behörde zur Begründung des Auftakts der Neugestaltungsräumungen in allen formalisierten Benachrichtigungsschreiben gar nicht erst zu erwähnen. Die Ungesetzlichkeit der Räumungsverfügungen verbarg der GBI vor den Eigentümern von Bereichsgrundstücken und deren Mietern wie vor den Vermietern von Juden hinter der vagen Formulierung, die Wohnungen müßten „aus kriegswichtigen Gründen" alsbald oder umgehend geräumt werden.[548] Die Rechtsgrundlosigkeit der Räumungsverfügungen trug zu deren faktischer Unanfechtbarkeit bei.

Mit den Formschreiben an Eigentümer und Mieter in Räumungsgebieten legte die Neugestaltungsbehörde nicht das gesamte Räumungsverfahren offen dar. Eigentümern oder Besitzern von Neugestaltungsgrundstücken teilte der GBI mit, ihren räumungspflichtigen Mietern würden Ersatzwohnungen angeboten. Die Mieter forderte der GBI auf, einen Mietberechtigungsschein und einen Wohnungsnachweis anzufordern, „eine für Sie passende Wohnung" auszusuchen und zu mieten. Dies hatte bis Ende Februar 1941 zu geschehen, da „andernfalls die zwangsweise Räumung v.

547 Die Meldepflicht – und die GBI-Karteien – aufgrund des GMietV mit Juden v. 30.4.39, § 7 (aus § 5 der VO v. 8.2.39 übernommen), erstreckte sich auch auf die Wohnungen von Juden, deren nicht-jüdische Ehefrau den Mietvertrag geschlossen hatte.

548 BAK R 120 Nr. 1975, Bl. 149, 150, 151 (Ds., GBI, Hauptamt Verwaltung und Wirtschaft, i.A. nicht gez., Entwurf, Vorlage zur Besprechung am 28.1.41, Anlage zu deren Protokoll v. 30.1.41, o.D., An die Abrißmieter, betr. Räumung der Bereichsgrundstücke, „v. Amts wegen" hs. eingefügt; desgl., An die Besitzer der Bereichsgrundstücke, als Nachsatz „Jede anderweitige Verfüg. bringt Nachteile bezgl. Mietsentschädigung" hs. eingefügt; desgl., An die Vermieter von Judenwohnungen, betr. Räumung und Wiedervermietung z.Zt. noch bewohnter Judenwohnungen für Abrißmieter, ersetzt wurde „eine Anzahl der" durch hs. „die in Ihrem Hause befindlichen" und „ungekündigten" hs. gestrichen).

Amts wegen veranlaßt werden muß". Zugleich warb die Neugestaltungsbehörde um das Verständnis der Räumungspflichtigen „für diese aus unvermeidlichen Kriegsnotwendigkeiten gebotene Maßnahme". Spätestens bei Besichtigung einer der angebotenen Wohnungen von Juden erfuhren die räumungspflichtigen Bereichsmieter, daß andere Mieter ihretwegen räumen mußten und nicht freiwillig auszogen.

Die ausführlichste Information erhielten die Vermieter von Juden mit dem Formschreiben des GBI zur „Räumung und Wiedervermietung z. Zt. noch bewohnter Judenwohnungen f. Abrißmieter". Jeder Satz dieses Schreibens, das den beiden Vertretern des Bundes der Berliner Haus- und Grundbesitzervereine am 28. Januar 1941 zur Beratung vorlag, belegt einen rechtswidrigen Eingriff des GBI in bestehende Mietverhältnisse und forderte die Vermieter von Juden auf, sich vertrags- und gesetzwidrig zu verhalten. Bis Ende Februar 1941 sollten sie mit einem durch einen Mietberechtigungsschein ausgewiesenen Wohnungsinteressenten einen Vertrag über eine vermietete und bewohnte Wohnung abschließen. Die Kündigung des bestehenden Mietvertrags wäre nicht erforderlich, die Wiedervermietung hätte vor der Räumung zu erfolgen, die Räumung der Wohnung und Unterbringung der Mieter würde „gesondert durch die damit beauftragte Stelle durchgeführt". Mit der Übersendung des mit allen Angaben zur Wohnung und zum bisherigen und künftigen Mietvertrag versehenen Abschnitts des Mietberechtigungsscheins erlangte der Vermieter die Genehmigung des GBI für die erstmalige Wiedervermietung „frei gewordener oder frei werdender Räume" jüdischer Mieter.[549] Das Formschreiben, das bereits im Februar 1941 viele hundert Vermieter von Juden in Berlin erhalten haben müssen, schließt mit dem Hinweis: „Der Räumungstermin der Judenwohnung wird noch bestimmt."

Die Neugestaltungsräumungen im Krieg sollten keinesfalls von Finanzierungsfragen aufgehalten werden. Deshalb behauptete Hettlage während der Sitzung am 28. Januar 1941, die Erstattung der Räumungs- und der erhöhten Grundstückskosten wäre aus Reichsmitteln gesichert. Den Einwand des Vertreters des städtischen Hauptliegenschaftsamts, es gebe keine Rechtsgrundlage für eine solche Erstattung, wischte Hettlage mit der abschließenden Bemerkung vom Tisch: „Diese Aktion geht auf Konto Kriegskosten lt. Führer-Erlass."[550] Um wenigstens die Übernahme der Kosten für den Woh-

---

549 RGBl. I 1939, S. 159 (VO über die Neugestaltung Berlins und Münchens v. 8.2.39), ersetzt durch RGBl. I 1941, S. 219 (VO über die Neugestaltung Berlins und Münchens, v. 25.4.41).

550 BAK R 120 Nr. 1975, Bl. 144-148 (Ds., GBI, II/Rkt.-Mie/Pz-, nicht gez., Mietzner, Protokoll zur Besprechung am 28.1.41, v. 30.1.41) i.V.m. LA Bln Pr.Br.Rep. 107 Nr. 186/2 (OBM, Lieg. Z.(1) 1207, (u) i.V. Lindig, Stadtkämmerer, an GBI, v. 11.2.41). Der GBI erwartete vom OBM zusätzlich den vorzeitigen Ankauf der Bereichsgrundstücke.

nungsleerstand bis zum Abriß nach Kriegsende aus Reichsmitteln außerhalb der Neugestaltungsetats zu erreichen, mußten die Neugestaltungsräumungen als „ausschließlich durch Kriegsumstände veranlaßt" ausgegeben werden. Lediglich aus sachlichen Gründen würden „hierfür diejenigen Neugestaltungsbereiche geräumt [...], die nach den bisherigen Räumungsplänen sowieso nach Kriegsschluß geräumt werden müßten". Am 11. Februar 1941 berief sich Hettlage gegenüber dem Reichsluftfahrtministerium, das die Kostenübernahme im Rahmen von Luftschutzmaßnahmen prüfen sollte, auf einen „besonderen Befehl des Führers [...], zunächst bis zu 1 000 Wohnungen zur Unterbringung Bombengeschädigter bei künftigen Fliegerangriffen freizumachen".[551] Diesen „besonderen Befehl des Führers" wünschte der Staatssekretär im Reichsministerium des Innern, an das das Luftfahrtministerium den Vorgang zuständigkeitshalber abgegeben hatte, seit Anfang Mai 1941 zu sehen, um mit dem Reichsfinanzminister die Kostenübernahme einvernehmlich auszuhandeln.[552] Clahes antwortete dem Innenministerium schließlich am 20. Juni 1941, „daß der Auftrag zur Räumung von zunächst 1000 Judenwohnungen zur Unterbringung von durch evtl. Fliegerangriffe obdachlos gewordener Volksgenossen dem Herrn Generalbauinspektor Professor Speer vom Führer und Reichskanzler persönlich mündlich gegeben worden ist". Clahes bat dringend darum, dem Berliner Oberbürgermeister die notwendigen Finanzmittel zur Verfügung zu stellen. Die Räumungen wären voll im Gange, rund 500 Wohnungen stünden für Bombengeschädigte bereit.[553]

551 LA Bln Pr.Br.Rep. 107 Nr. 186/2 (Ds., GBI, II, 1, gez. i.V. und (p) Hettlage, an RLM, z.Hd. MinRat von Bismarck, Abs. an OBM, v. 11.2.41).

552 LA Bln Pr.Br.Rep. 107 Nr. 186/2 (RLM, Luftwaffenverwaltungsamt, Az. 58 a 12 Mob Nr. 16 533/41 (1 II B), an GBI, Abs. an RMdI und OBM, v. 3.3.41). Ebenda (Rs. hs. Vermerk (u) Hille, zur Rücksprache mit Hettlage, v. 10.3.41). Ebenda (RMdI, I Ra 528/41–220, gez. i.A. Dr. Stuckart, v. 5.5.41; RMdI, I Ra 1308/41–220, gez. i.A. Dr. Pabst, v. 12.6.41). Ebenda (Abs., Ds., OBM, Pla VIII, gez. i.A. Prof. Dr. Petrick, an RLM, z.Hd. MinRat von Bismarck, Bezug: Bericht GBI – II, 1 – v. 11.2.41, v. 7.3.41). Allein der OBM vertrat die Auffassung, daß die Räumungs- und Grundstückskosten weder nach dem Reichsluftschutzgesetz noch nach der Kriegssachschädenverordnung erstattungsfähig wären. Die Passage zur Nichtsubsumierbarkeit unter bisheriges Recht war hs., (p) Clahes, unter Verweis auf § 1(2) KSSchVO v. 30.11.40, beidseitig markiert und mit einem Fragezeichen versehen worden.

553 LA Bln Pr.Br.Rep. 107 Nr. 186/2 (Ds., GBI, gez. i.V. Clahes, an RMdI, Abs. OBM z.K., v. 20.6.41). Die Bezeichnung der Räumungen seit 2/41 als der von „1.000 Judenwohnungen" beruht auf dem seit der ersten Beauftragung Speers v. 29.9.40 behördenintern zunächst üblichen Sprachgebrauch, BAP 46.06 Nr. 3437 (Aktennotiz, Speer/Wg., Berlin, v. 29.9.40).

Der GBI übernahm zunächst sämtliche Räumungskosten, deckte die Aufwendungen für die Instandsetzung der Ersatzwohnung, den Umzug, einen etwaigen Entschädigungsanspruch und doppelte Mietzahlung. Der GBI entlastete die Stadt als Entmietungsträgerin von diesen Vorleistungen während des Kriegs, die letztlich auf die Bauträger der Neugestaltung und späteren Nutzer umgelegt würden. Damit minimierte der GBI Räumungsverzögerungen durch mögliche Streitigkeiten und führte die Neugestaltungsräumungen vollständig in eigener Regie durch. Die Instandsetzung der Ersatzwohnungen ließ der GBI in eigenem Auftrag ausführen, ohne die Kosten endgültig zu tragen: Vermieter und exmittierte Juden wurden – wahrscheinlich in der Regel zu gleichen Teilen[554] – zur Erstattung der Instandsetzungskosten herangezogen, wobei die Jüdische Kultusvereinigung für die Anteile aller Mieter wie ein Gesamtschuldner aufzukommen hatte. Die Vorleistung des GBI auf alle Kosten beschleunigte die Neugestaltungsräumungen im Krieg. Die Aufwendungen führte der GBI kontinuierlich als Vorschüsse für die „Wohnungsaktion für Luftgeschädigte (W.F.L.)“ und hielt sich so die Möglichkeit offen, auch diese Kosten nach dem Reichsleistungsgesetz dem Reichsinnenminister in Rechnung zu stellen.[555]

---

554 LA Bln Pr.Br.Rep. 107 Nr. 280/10 (Räumung Lichtensteinallee 3, 3a, hier: Abrechnung von Entmietungskosten, v. 3. und 17.2.42). In diesem, wahrscheinlich untypischen Fall verblieb neben den zu gleichen Teilen vom Vermieter und der JKV erstatteten Kosten etwa ein Drittel der Gesamtkosten beim GBI. Prüfung anhand anderer, in dieser Hinsicht vollständiger Bereichsakten möglich.

555 LA Bln Pr.Br.Rep. 107 Nr. 186/2 (hs. Vermerk (u) Hille, zur Rücksprache mit Hettlage, Rs. Abs. RLM an RMdI und OBM v. 3.3.41, betr. Anweisung Hettlages an Verwaltungsdirektor Hille, dem RMdI sämtliche Räumungskosten in Rechnung zu stellen, v. 10.3.41). Ebenda (Ds., Vermerk, gez. Clahes, für Hille, betr. Bereitstellung eines Vorschusses auf Hettlages Anweisung von 100 TRM für die Übernahme der Kosten, v. 21.2.41). BAK R 120 Nr. 3909 (Vorschüsse „W.f.L.“ f. Instandsetzung jüdischer Wohnungen, Titelbuch W.f.L., S. 1–10 Nr. 1-296, Annahmeanordnungen v. 17.4. – 28.11.41, sachlich richtig gez. Ulloth, (u) i.V. Clahes, seit 29.7.41 wechselnd sachlich richtig gez., (u) i. A. Ulloth, hier für W.f.L., Haushaltstitel: A.1 – Anteile d. Vermieters, A.2 – Anteile d. jüdischen Mieters). BAK R 120 Nr. 3962d (Kontenplan v. 4.4.44), hier: Vorschüsse W.f.L., Einnahmen-Konten Nr. 6111 – 1. Anteile d. Vermieters, Nr. 6112 – 2. Anteile d. jüdischen Mieters, Nr. 6113 – 3. Beiträge Dritter, Nr. 6114 – 4. Nichtabrißmieter, Ausgaben-Konten Nr. 6451 – 1. Umzugskosten, Nr. 6452 – 2. Instandsetzungskosten, Nr. 6453 – 3. Entschädigungskosten, Nr. 6454 – 4. Allgemeines, Nr. 6455 – 5. Mietzahlungen. BAP 75 C Re 1 Nr. 129, Bl. 54f. (Ds., Bericht JKV Berlin, (u) Moritz Henschel, für RSHA, d. d. RV, betr. Zahlung von Instandsetzungskosten an den Herrn GBI, v. 28.4.43), dort Gesamtsumme der bis 31.3.43 von der JKV auf Verlangen des GBI erstatteten anteiligen Kosten 903.112,71 RM, davon zuletzt rund 150 TRM für 299 Wohnungen seit 10/42, bei einem rechnerischen Durchschnitt von rund 500 RM Erstattungen für bis dahin 1.800 Wohnungen, die Berliner Juden auf Veranlassung des GBI räumen mußten.

Titelbuch WfL S. 4 Nr. 106

Der Generalbauinspektor
für die Reichshauptstadt

W. f. L. Nr. 567

Berlin, den 11. 8. 1941

An
die Amtskasse
des Generalbauinspektors
Berlin

Rechnungsjahr 1941
Kap. Tit. A.2 Nr.
Nr. der Anforderung / des Bauvorhabens: " Vorschüsse W.f.L. "

der fortdauernden / einmaligen Ausgaben — Verw. Einnahmen
Haush.-Ueberw.-Liste S. A.2 Nr. 104/07

Eingegangen
14. AUG. 1941 Vm.
Amtskasse

Annahmeanordnung

Die Amtskasse wird angewiesen, von

Jüdische Kultusvereinigung zu Berlin e.V.,
Berlin N 4, Oranienburger Str. 29

den Betrag von

7.247. RM 09 Rpf.

buchstäblich: " -
- - - siebentausendzweihundertsiebenundvierzig - RM 09 Rpf."

für / als

Anteilkosten für Instandsetzungsarbeiten
jüd. Wohnungen

anzunehmen und, wie oben angegeben, ~~durch Rotabsetzung~~ zu buchen.

In Vertretung :
[Unterschrift]

Sachlich richtig } [Unterschrift] 11. AUG. 1941
Festgestellt: } 11. AUG. 1941
Betrag eingegangen am:

C|0835

E 991

Wohnungen exmittierter Juden übergab Speers Behörde Abrißmietern instandgesetzt und zog die Jüdische Kultusvereinigung und die Vermieter zur Erstattung heran

W. f. L. 8 Nr. 218

Der Generalbauinſpektor
für die Reichshauptſtadt

Berlin, den 6. November 1941

W. f. L.

Nr. 856

An
die Amtskasse
des Generalbauinspektors
Berlin

Rechnungsjahr 19 41

Kap Tit. A.1 Nr.

Nr. der Anforderung : des Bauvorhabens : " Vorschüsse W.f.L. "

der fortdauernden Ausgaben — Verw. Einnahmen / einmaligen

Hausb.-Ueberw.-Liste 81 Nr. 230

Eingegangen 10. NOV. 1941 Nr. Amtskasse

Annahmeanordnung

Die Amtskasse wird angewiesen, von

Haus und Heim Wohnungsbau ~~GmbH~~ A.-G.,
Berlin-Grunewald, Winklerstrasse 16-18

den Betrag von

201. RM. 41 Rpf.

buchstäblich: „ -
- - - - - - - zweihunderteins - - - - - - - - - - RM. 41 Rpf. "

für/als

Anteilkosten des Vermieters für Wohnung Noll,
Nelkenstrasse 1 (206/358)

anzunehmen und, wie oben angegeben, ~~durch Rotabsetzung~~ zu buchen.

Sachlich richtig: 6. Nov. 1941
Festgestellt: 6. Nov. 1941
Betrag eingegangen am:

Im Auftrage :

FF. C/0203

Allen übrigen Aufwand für Leerstand und Wohnungswechsel berechnete der GBI dem Reichsinnenministerium – als „Kriegskosten“

Die Stadt Berlin beschlagnahmte jede in Abrißhäusern geräumte und dann leerstehende Wohnung bis Kriegsende und rechnete den durch den Mietausfall erhöhten Teil der Grundstückskosten nach dem Reichsleistungsgesetz ab.

Das vorgebliche Ziel der Räumungen, der Stadtverwaltung in kürzester Frist Leerwohnungen für die Unterbringung Ausgebombter zur Verfügung zu stellen, erreichte die Neugestaltungsbehörde nicht. Die „Räumungsaktion für Katastrophenzwecke" war entgegen der Planung nicht einmal teilweise zum 1. April 1941 beendet, sondern dauerte bis Oktober 1942 an. Um tausend Wohnungen in Neugestaltungsbereichen zu räumen und als Notwohnungen bereitzuhalten, forderte die Behörde binnen 12 Monaten 1.200 Mieter zur Räumung auf. Deren Wohnungen lagen in Räumungsgebieten des Plans vom 30. Mai 1940 und des erweiterten „II. Räumungsplans" vom 1. Juni 1941. Am 29. Januar 1942 stornierte der GBI intern 384 ergangene Räumungsaufforderungen[556] und setzte auch die 6.433 für das Jahr 1942 geplanten Bereichsräumungen aus. Diese Wohnungen hatte die Stadtverwaltung gleichfalls im Rahmen der „Wohnungsaktion für Luftgeschädigte" bis zum Abriß nach Kriegsende verwalten sollen.[557]

Bis Ende Mai 1941 meldete der GBI dem städtischen Hauptplanungsamt zur „Bereitstellung von 1000 Wohnungen für Katastrophenzwecke (1. Aktion Februar 1941)" 325 Wohnungen in Abrißhäusern, die seit 1939 leerstanden, deren Mieter verstorben waren oder die als Juden sofort und ohne Anspruch auf Ersatzwohnungen räumen mußten.[558] Danach ließ die Wohnungsabteilung die Stadtverwaltung noch 800 geräumte Bereichswoh-

---

556 BAK R 120 Nr. 3905c (Hausliste für Bereichsmieter, Vermerke „gestoppt 29. Jan. 1942" auf den Blättern zu Grundstücken in Räumungsgebieten in den Bereichen der 4., 9., 14., 23., 33., 55., 100. und 101. AO).

557 BAK R 120 Nr. 3905 (Zusammenstellung v. 24.9.41 zum Terminplan v. 28.6.41 zum II. Räumungsplan v. 1.6.41, ergänzt zum Stand 18.12.41). BAK R 120 Nr. 1976 (Räumungsplan v. 20.6.41 i.d.F. v. 6.1.42, 1. S. o. re., hs. als „überholt" gekennzeichnet). Ebenda (Aufstellung, II/4-Pl/Kc., zum Terminplan v. 31.10.41, v. 21.1.42).

558 BAK R 120 Nr. 1954 (Aktenvermerk, II/4, (u) Schmidt, an Rkt., Mietzner, betr. Ermittlungen in den Bereichen der 9., 14., 25. und 40. AO durch Außenbeamte zwecks einwandfreien Materials für HPla, v. 25.4.41). BAK R 120 Nr. 3004 (Aufstellungen zu Grundstücken, Mietern, Lage der Wohnung, Räumungsdatum, Datum der Meldung an HPla, Ersatzwohnung, Datum der Ermietung, MbS-Nr., betr. vom GBI bis 6.9.41 geräumte Bereichswohnungen (I. Aktion), hier im Bereich der 4. AO am 7.2. und 24.2.41 geräumt gemeldete Wohnungen verstorbener Mieter, Schiffbauerdamm 29 und 33). LA Bln Pr.Br.Rep. 107 Nr. 384 (Vermerk, Wohnungsabt., II/4-56/2, (u) Schmidt, für Rkt., Mietzner, v. 26.5.41, zur Übersendung Ds., Abdruck der Aufstellungen, an OBM, Pla VIII, z.Hd. Dr. Pade, gemeldeter leerer „Räume", tatsächlich: Wohnungen, v. 12., 15. und 21.5.41, insgesamt 325 Wohnungen).

nungen nach dem Reichsleistungsgesetz beschlagnahmen: 256 bis zum 8. Dezember 1941, 166 bis zum 23. Mai 1942 und weitere 378 bis zum 14. November 1942.[559]

Gleichzeitig führte die Neugestaltungsbehörde Bereichsräumungen für eigene Zwecke durch, so für mehrere Bunkerbauvorhaben des GBI im Stadtgebiet. Für den Ausbau der Transportstandarte Speer mußten in drei Kleingartenanlagen 70 Pächter weichen, die ihre Lauben ganzjährig bewohnten.[560] Die 16 Wohnungen für Speers Atelier und Dienstwohnung in der Lichtensteinallee sollten der Stadtverwaltung keinesfalls als Notwohnungen gemeldet werden. „Aus grundsätzlichen Erwägungen", teilte Clahes dem städtischen Hauptliegenschaftsamt Anfang April 1941 mit, könnte jedoch „auch bei diesem Auftrag von den neuen Richtlinien für die Durchführung der Räumungsmaßnahmen nicht abgewichen werden".[561] Die Neugestaltungsbehörde erleichterte auch diese Umsetzungen mit Mietberechtigungsscheinen über Wohnungen, die Juden bewohnten, veranlaßte deren Räumung, die Instandsetzung und den Umzug der Bereichsmieter.

Zur Durchführung der Räumungen hatte der GBI ein lückenloses Erfassungssystem aufgebaut. Die geführten Karteien, Listen und Nachweise verzeichneten einerseits die zum Abriß bestimmten Häuser und andererseits die sämtlich zu Ersatzwohnungen erklärten Berliner Altbauwohnungen von Juden. Nach Vorlage der Räumungspläne prüfte die Räumungskartei des GBI die Belegung der Abrißhäuser und die Wohnungsangaben anhand der

559 BAK R 120 Nr. 1954, 1955, 1956, 1957, 1958, 1959 (W.f.L.-Listen, 1. Ds., Meldung der vom GBI bis 6.9.41 geräumten Bereichswohnungen von Wohnungsabteilung an Rkt., geprüft zuletzt Frühjahr 1943), ebenda Nr. 3004 und 2710 (Bd. 1 und 2, 2. Ds., Meldezettel von Wohnungsabteilung an Rkt., W.f.L.-Stempel), ebenda Nr. 2736 (Bestandsaufnahme, Bereichsräumungen, Erhebung alle 2–3 Monate d. d. Rkt., Lfzt. 9/41–10/42), ebenda Nr. 3032 (GBI, Wohnungsabteilung an OBM, Pla VIII, z.Hd. Herrn Dr. Pade, Meldungen von Leerwohnungen zur Beschlagnahme nach RLG), LA Bln Pr.Br.Rep. 107 Nr. 384 (Schriftwechsel GBI, Wohnungsabteilung II/4, Splitter).

560 BAK R 120 Nr. 1959 (Nachweise einzelner Räumungen), Räumungspflichtige mit MbS für Wohnungen, die Juden dann räumen mußten: Gelände Carlshof, Plötzensee, 41 Pächter bis 5/42, Gelände Lietzower Wiesen, Ruhlebener Insel, 25 Pächter bis 7/42, Grünauer Str. 177/178, Kleingärtner, 4 Pächter zwischen dem 8. und 23.10.42.

561 LA Bln Pr.Br.Rep. 107 Nr. 280/10 (Ds., GBI, Clahes, an OBM, HLiegAmt, betr. Ankauf der Grundstücke Lichtensteinallee 3/3a, v. 9.4.41). LA Bln Pr.Br.Rep. 107 Nr. 280/10 (Vermerk, (u) Clahes, für Speer, z.Zt. Obersalzberg, v. 13.2.41). Der GBI hatte seit 27.11.40 auf Räumung gedrängt und ließ 1941 zügig ankaufen. BAK R 120 Nr. 317, Bl. 5 (Aufstellung, GBI, Verwaltungsamt, (u) Flügel, zur Nutzung eigener und gemieteter Grundstücke d. d. GBI, v. 19.5.43). Das Grundstück Lichtensteinallee 3 und 3a war als Neugestaltungsankauf Eigentum des GBI geworden und weiterhin für die künftigen Dienst- und Wohnräume Speers vorgesehen.

Hauskartei und ließ in Zweifelsfällen Außendienstmitarbeiter vor Ort recherchieren.[562] Nach den Terminplänen für die Neugestaltungsräumungen stellte die Räumungskartei den Ersatzwohnungsbedarf zahlenmäßig und nach Wohnungsgrößen fest und legte Hauslisten an: Erhebungsblätter über die einzelnen Bereichsgrundstücke, alle Wohnungen im Haus und die Namen der räumungspflichtigen Mieter.[563] Mit den Hauslisten wurden die Bereichsräumungen kontrolliert. Zunächst wurde der Versand der Räumungsaufforderungen notiert. Waren sie nicht zustellbar, ließ die Räumungskartei das zuständige Polizeirevier den Verbleib des gemeldeten Mieters ermitteln.[564] Waren Bereichsmieter Juden oder waren Juden in einem Abrißhaus einquartiert, markierte sie der Zusatz „Jude!" oder „Judenhaus". Da der GBI seit August 1938 Juden jeglichen Ersatzanspruch verweigerte, wurden deren Wohnungen sofort geräumt.[565]

---

562 BAK R 120 Nr. 1970, 1971, 1972, 1973 und 1974 (Erhebungsblätter der Rkt., Stand des Abrisses, der Räumung und Belegung von Bereichsgrundstücken, bearbeitet 1940 und 1941, alte Hauskartei, Teilüberlieferung, sortiert nach Verw.Bez. und darin alphabetisch nach Straßen, gelegentlich unterteilt nach Bereichen). Für die Neugestaltungsräumungen nach dem Plan von Juni 1941 wurde die Hauskartei neu angelegt, ebenda Nr. 3978 a bis g (Hauskartei, Verzeichnis der Raumbelegung in den Abrißhäusern).

563 BAK R 120 Nr. 3905a, 3905b, 3905c, 3905d, 3905e und 3905f (Hausliste für Bereichsmieter, geführt in der Rkt., neu angelegt für die Räumungen seit Februar 1941, ansonsten gedruckte Listen für den Bereich der 4. AO, Luisenstraße 21–30 und Schiffbauerdamm 24–37 noch hs. erstellt, sortiert nach Bereichen).

564 BAK R 120 Nr. 3905a (2 zu den Akten genommene Rückmeldungen des Polizeireviers).

565 BAK R 120 Nr. 3905a (namentlich in den Häuserlisten aufgeführte Mieter mit dem Zusatz, ms. rot, „(Jude)" versehen, früheste Daten der Räumung: 23.2.41, 12. und 13.3.41). Vgl. BAK R 120 Nr. 3004. Listen der Hauptmieter von 4 der 6 Grundstücke, die 1940 zur Unterbringung von 220 jüdischen Familien bestimmt wurden, sind erhalten. Die Mieter hatten zum 30.4. und 1.5.41 geräumt, einzelne folgten bis Mitte 5/41. Die nichtjüdischen Mieter, in 5/41 zur Räumung aufgefordert, räumten frühestens in 7/41 und 8/41, BAK R 120 Nr. 1954 (Übersicht zur Belegung der Grundstücke im Bereich der 25., 14. und 9. AO v. 7.3.41 nebst Einzelaufstellung zu den Grundstücken Großgörschenstr. 23 und 28 sowie Katzlerstr. 9 und 13 im Bereich der 25. AO, vermutlich Anlage zum Vermerk, Rkt., Mietzner, z.K. Clahes, für Besprechung mit Bez.Amt Schöneberg am 12.3.41, v. 11.3.41). Die Abrißhäuser waren, als BezBM Schöneberg jüdische Mieter eingewiesen hatte, noch nicht vollständig geräumt; einzelne nichtjüdische Mieter sind in den Listen als „Altmieter" gekennzeichnet. Von den Grundstücken Großgörschenstr. 24 und 29 sowie zum Grundstück Körnerstr. 20 im Bereich der 14. AO ließen sich keine Mieterlisten auffinden. Das Grundstück Großgörschenstr. 29, im Räumungsplan v. 30.5.40 und in der Übersicht v. 7.3.41, ms. noch als „Juden-Haus" gekennzeichnet, wurde zwischenzeitlich von der Wehrmacht gem. RLG in Anspruch genommen, hs. Zusatz ebenda. Ob jüdische Familien zuvor dort einquartiert waren, ist nicht ersichtlich, LA Bln Pr.Br.Rep. 107 Nr. 279/1 (Bericht, Rkt., Mietzner, v. 15.8.40).

Verwaltungsbezirk: ....

Bereich: .... Räumungstermin: ....

1. Name: ....

2. Straße: .... Nr. .... Vorderh. / Seitenfl. / Quergeb. .... Etage Telefon: ....

3. Größe der gewünschten Wohnung: .... (Zimmerzahl)

4. Mietpreis: RM .... (monatlich)

5. In welchem Bezirk soll neue Wohnung liegen: ....

.... oder ....

(Vom Abrißmieter auszufüllen)

Deutlich schreiben!

....

(Unterschrift)

9.41.1916

Der Generalbauinspektor
für die Reichshauptstadt

Hauptamt Verwaltung u. Wirtschaft
Abt. II/4 Umsiedlung

Berlin-Charlottenburg 2

Berliner Straße 4-9.

Zur Räumung aufgeforderte Mieter meldeten ihren Ersatzwohnungswunsch dem Generalbauinspektor per Postkarte

Ersatzberechtigten Mietern wurden die Räumungsaufforderungen des GBI als Doppelkarte zugestellt, mit der sie postwendend ihren Ersatzwohnungswunsch nach Verwaltungsbezirk, Wohnungsgröße und Miethöhe mitteilten und einen Mietberechtigungsschein anforderten.[566] Die Ausgabe der fortlaufend numerierten Mietberechtigungsscheine hielt die Wohnungsabteilung des GBI in einer Generalliste fest, die jedem Mietberechtigungsschein Namen und Adresse des Mieters und dessen Ersatzwohnungsanspruch nach Zimmerzahl zuordnete.[567] Mit dem Mietberechtigungsschein bekam der räumungspflichtige Bereichsmieter einen seinen Wohnungswunsch berücksichtigenden Wohnungsnachweis.[568]

Die von der Wohnungsabteilung des GBI zu Wohnungen von Juden in Berlin geführten Karteien sind verloren.[569] Als Verbindungsglieder zwischen

---

566 BAK R 120 Nr. 1976 (Exemplar einer Doppelkarte, Formular 9.41.1916, weiß, mit Adressenvordruck an GBI Abteilung II/4 Umsiedlung, v. 9/41). BAK R 120 Nr. 3905b (Hausliste, hier zum Bereich der 23. AO, Flottwellstr. 1–18, eingelegte ausgefüllte Doppelkarte einer Bereichsmieterin).

567 BAK R 120 Nr. 3905g (MbS-Generalliste, Eintragung nach lfd. Nr. des MbS zu räumungspflichtigem Mieter, Adresse, Zimmerzahl, Verw.Bez., Bereich, Größe und Lage gewünschter Ersatzwohnung, Bemerkungen (z.B. „Verzicht", „Neubau"), Datum des Mietvertrags über Ersatzwohnung, Streichung, d.h. Austragung und Wiederverwendbarkeit der MbS-Nummer, geführt seit 1939; desgl. als Ds. ebenda Nr. 3905h).

568 Die Wohnungsnachweise erschienen zunächst in hektographierter Form als listenweise Zusammenstellungen von Wohnungen nach Bezirk, Größe und Mietpreis gegliedert und unter Angabe der Mieternamen und Zwangsvornamen. Solche Listen wurden im 2. Halbjahr 1941 beim GBI als Notizzettel verwendet. BAK R 120 Nr. 1976 (Wohnungsnachweis, gedruckt, o.D., Tiergarten, 5, 6 und Mehrzimmer-Wohnungen, Liste A, lfde. Nr. 1–75, Nr. 52 und 53 fehlen, nachgewiesen 73 Wohnungen, davon 3 hs. gestrichen, zeitlich zuzuordnen der Ausgabe mit MbS zwischen 10/41 und 1/42). Faksimile in Geist und Kürvers, Tatort Berlin, Pariser Platz, a.a.O., S. 80f.

569 Mehrere Karteien sind in der Neugestaltungsbehörde geführt worden. Und zwar erstens: die Kartei der meldepflichtigen Wohnungen von Juden, die frei wurden oder frei waren gem. VO v. 8.2.39 (nur nichtjüdisches Hauseigentum) bzw. gem. VO v. 25.4.41 i.V.m. der 2. VO v. 1.9.41 (alle Wohnungen von Juden ungeachtet der Überlassungsform und gleich in wessen Hauseigentum). Zweitens: die Kartei der gem. GMietV mit Juden v. 30.4.39 meldepflichtigen Wohnungen von Juden. Diese Kartei erhielt der GBI in Form der Meldungsdoppel über Wohnungen in nichtjüdischem Hauseigentum von der Stadtverwaltung unmittelbar seit 10.6.39. Die Meldungen über Wohnungen von Juden im Hauseigentum von Juden sind dem GBI von der Stadtverwaltung spätestens nach Geltung der VO GMietV v. 10.9.40 übergeben worden. Die marktbezogene Meldekartei und die bestandsbezogene Erfassungskartei wurden bereinigt und die Karten zum Vorgang von Freigabe bzw. genehmigter Wiedervermietung in der stadtweit nach Straßennamen alphabetisch geführten Registratur abgelegt. Drittens: die gem. 3. VO v. 12.6.42 neu angelegte „gelbe Judenkartei" zur Ausübung der dauerhaften Genehmigungsbefugnis des GBI über Mietverhältnisse in Räumen, die Juden seit 1939 genutzt oder zur Nutzung überlassen hatten.

der Registratur der die Bereichsräumungen überwachenden Räumungskartei und den in der Wohnungsabteilung zur Kontrolle des Ersatzwohnungsangebots geführten Karteien und Nachweisen sind die Durchschläge der Listen erhalten, die Hettlage am 28. Januar 1941 der SS zugesagt hatte, damit sie die Räumungen gegen Juden durchsetzen konnte.[570] Die Räumungslisten geben Auskunft über die am Wohnungswechsel Beteiligten: die Eigentümer oder Verwalter mit Anschrift und Telefonverbindung, die an Juden vermietete Wohnungen weitervermietet hatten; die in Neugestaltungsbereichen räumungspflichtigen Mieter mit derzeitiger Anschrift und der Nummer des Mietberechtigungsscheins, mit dem sie sich bei der Besichtigung der von Juden bewohnten Wohnung ausgewiesen hatten; die Nachnamen der jüdischen Hauptmieter, deren Wohnung – nach Anschrift im Verwaltungsbezirk, Lage im Haus und Zimmerzahl bezeichnet – ein Mietberechtigter für sich passend fand und die der GBI für diesen räumen und instandsetzen ließ.

Die Listen dokumentieren die im Rahmen der Neugestaltungsräumungen der „I. Aktion" vom GBI veranlaßten Wohnungsräumungen gegen Berliner Juden nur zum Teil, nämlich für den Zeitraum vom 10. Februar bis zum 3. November 1941 mit 25 erhaltenen, vom GBI mit der Numerierung 3 bis 30 versehenen Räumungslisten. Da die Neugestaltungsbehörde bis Oktober 1942 die Bereichs- und Wohnungsräumungen der „I. Aktion" fortsetzte, muß es weitere Räumungslisten gegeben haben: eine Räumungsliste vom Mai 1942 trug die Nummer 50.[571] Die Wohnungsabteilung erstellte die Räumungslisten aufgrund des Rücklaufs der von den Vermietern nach

570 LA Bln Pr.Br.Rep. 107 Nr. 144/3 (2.–65. Bl. der Akte, Ds., lt. hs. Namenszug o. re. bestimmt für Herrn Frank, Wohnungsabt., i.d.R. o. li. gestempelt GBI, „Hauptamt Verwaltung und Wirtschaft, Berliner Straße 4–9", i.d.R. Zeichen d. Bearbeiter: Kr./Wdl. o. Wdl., d.h. erstellt durch Übertragung der Daten des vom Vermieter zurückzusendenden Abschnitts des MbS in der Wohnungsabteilung, nicht in der Rkt., von Krewerth und Wedler, Räumungslisten: Rl. Nr. 3, v. 10.2.41 bis Nr. 29, v. 3.11.41 sowie folgend Nr. 30, o. D.; nicht überliefert Rl. Nr. 1, 2, 4, 8, 19, 22 sowie Nr. 31–50 und desgl. solche aus der Zeit nach 5/42; neben 4 Nachträgen, zu Rl. 13, 17 und 28, enthält die Akte 2 Aufstellungen Räumungsdaten, zu Rl. 16 und 18, die sich auf die Räumungen der „Judenwohnung" beziehen). Nicht alle 340 Positionen der erhaltenen Seiten der Rl. beziehen sich auf Räumungen für Bereichsmieter, deren Wohnungen dem städtischen HPla als „W.f.L." Monate später zu melden waren. So gehört etwa Rl. 28 nebst Nachtrag komplett zu drei Bunkerbau-Vorhaben.

571 BAK R 120 Nr. 3905b (Hausliste, hier zum Bereich der 23. AO, Flottwellstr. 1–18, eingelegte Doppelkarte). Nach hs. Eintragungen ermietete eine Bereichsmieterin mit MbS 03976 am 16.5.42 die Wohnung des jüdischen Hauptmieters Caminer in Charlottenburg, Sybelstr. 16, und zwar lt. „R.L. 50/27", d.h. die Räumungsliste Nr. 50 hatte wenigstens 27 Positionen.

Der Generalbauinspektor
Wdl. für die Reichshauptstadt
Hauptamt Verwaltung u. Wirtschaft
Berlin-Charlottenburg 2, Berliner Str. 4-9

den 17. 3. 41.

R ä u m u n g s l i s t e Nr. 9

1.) W'dorf, Hektorstr. 5, Vdh. III. 2 Zi. jüd. Mieter: Behrens
Verw.: Nikolajs Kuznecovs, W.30,
Landshuter Str. 9/10.
Tel.: 26 33 02.
Neuer Mieter: Frau M. Manz,
W.35, Lichtensteinallee 3a.
M.B.-Schein Nr. 198.

2.) Tierg., Lessingstr. 50, Vdh. 3 Zi. jüd. Mieter: Dr. Singer
Verm.: Dr. Franz Köhler u. Frl.
Herrmann, Lessingstr. 51,
Tel.: 35 26 01.
Neuer Mieter: Amely Beinhoff,
W.35, Lichtensteinallee 3.
M.B.-Schein Nr. 189.

3.) Treptow, Ernststr. 3, Vdh. II. lks. 2 Zi. jüd. Mieter: Allenstein.
Verm.: Schultz'sche Erben, Bln.
Baumschulenweg, Ernststr. 5,
Tel.: 63 10 29.
Neuer Mieter: Schönemann,, NW.7
Luisenstr. 21.
M.B.-Schein Nr. 264.

4.) W'dorf, Katharinenstr. 8, Vdh. ptr. 4 Zi. jüd. Mieter: Landau,
Verw.: Isar, Lebensvers.-Akt.-
Ges., Hausverwaltung Berlin,
W. 9, Hermann - Göringstr. 2/3,
Tel.: 21 36 19.
Neuer Mieter: Frau. A. Pinkert
NW.7, Luisenstr. 21,
M.B.-Schein Nr. 269.

5.) Chbg., Dahlmannstr. 22, Qgb. II. lks. 2 Zi. jüd. Mieter: Baran.
Verw.: F. Schloß, W.62, Landgrafenstr. 2, Tel.: 25 22 35.
Neuer Mieter: Herbert Fohgub,
NW.7, Luisenstr. 21,
M.B.-Schein Nr. 252.

6.) Chbg., Bismarckstr. 70, Grth. I. r. .4 Zi. jüd. Mieter: Bick.
Verm.: Viktoria zu Berlin, Grund
stücksverw., II., Chbg. 2,
Kantstr. 158, Tel.: 91 26 77/78

- 2 -

In lückenlosem bürokratischem Verfahren erzeugtes Wohnungselend

zu lfd. Nr. 6.) Neuer Mieter: Frau Luise Schäfer, NW.7, Schiffbauerdamm 26,

M.B.-Schein Nr. 253.

7.) Schönebg.,Gleditschstr. 26,Vdh.II.r.2 Zi.jüd. Mieter: Lichtenstein.

Verw.: Fröschke,Reg.-Baumstr. Dahlem, Max Eydtstr. 8, Tel.: 89 16 37.

Neuer Mieter: Frau Damrau, NW.7, Schiffbauerdamm 29,

M.B.-Schein Nr. 58.

8.) Tierg.,Thomasiusstr.16,Qgb.I.r. 3 Zi.jüd. Mieter: Lutz

Verm.: Johannes Wilda, NW.87, Brückenallee 36, Tel.: 39 35 00.

Neuer Mieter: P f a u, NW. 7, Luisenstr. 21,

M.B.-Schein Nr. 261.

9.) H.Wessel,Revaler Str.101,Vdh.I.lk.3 Zi.jüd. Mieter: Caro

Verm.: Elisabeth Czarske, O.34, Warschauer Str. 11, Tel.: 58 94 11,

Neuer Mieter: Herr W. Kessel, W.35, Lichtenstein-Allee 3,

M.B.-Schein Nr. 191.

10.) Sch'berg, Goltzstr. 40, Qgb.ptr. 2 Zi.jüd. Mieter: Totschek.

Verw.: Architekt Hans Meitzen, NW. 7, Schiffbauerdamm 29a, Tel.: 42 53 11.

Neuer Mieter: Herr Henschke, NW. 7, Schiffbauerdamm 33,

M.B.-Schein Nr. 75.

11.) Tierg.,Claudiusstr. 11, Sflg.hpt.lk.2 Zi.jüd. Mieter: Meyerwitz

Verw.: Bruno Grüttner, W. 15, Kaiserallee 201, Tel.: 24 37 43.

Neuer Mieter: Paul Ziegert,NW.7 Schiffbauerdamm 33,

M.B.-Schein Nr. 255.

- 3 -

Mietberechtigte aus Abrißvierteln mieteten von Juden bewohnte Wohnungen an

Wdl.

- 3 -

12.) Charlbg., Uhlandstr. 175,Grth.III.m. 3 Zi.jüd. Mieter: Grünbaum

Verm.: AWAG, Grundstücks-G.m.b.H.,NW.7, Schiffbauerdamm 27, Tel.: 12 64 76.

Neuer Mieter: Wilh.Bönig, ,NW.7, Luisenstr. 21,

M.B.-Schein Nr. 217.

13.) Mitte, Grenadierstr. 20, Vdh. 3 Zi.jüd. Mieter: Kortsfeld

Verw.: Ernst Kern,N.54, Lothringer Str.78,II, Tel.: 42 78 07.

Neuer Mieter: Herr B e h r, NW.7, Luisenstr. 26,

M.B.-Schein Nr. 148.

Neuer Mieter: Herr O t t o, NW.7, Luisenstr. 26,

M.B.-Schein Nr. 145.

Der GBI erstellte Räumungslisten und übergab diese der Jüdischen Kultusvereinigung, die den Betroffenen schrieb, auf Mitteilung der zuständigen Behörden müßten sie ihre Wohnung räumen; wohnungslosen Juden, die keine Aufnahme bei Verwandten oder Freunden fanden, vermittelte die Wohnungsberatungsstelle Quartier als Untermieter bei anderen Juden

Vertragsabschluß einzusendenden Abschnitte der Mietberechtigungsscheine. Die vermieteten Wohnungen von Juden wurden in den vorhandenen Wohnungsnachweisen gestrichen, die Gesamtkartei wurde um die genehmigt wiedervermieteten Wohnungen von Juden bereinigt, in der Generalliste das Vertragsdatum vermerkt und die Nummer des Mietberechtigungsscheins ausgetragen. Behördenintern dienten die Räumungslisten als Grundlage für den Auftrag zur Instandsetzung und deren Vollzugsmeldung, den Speditionsauftrag für den Umzug des Bereichsmieters und die Zuordnung von Erstattungen vor Feststellung und Abrechnung der Entmietungskosten. Die Räumungskartei kontrollierte abschließend die Räumung der Bereichswohnungen: Sie notierte die Räumungsdaten in den Hauslisten und korrigierte die Hauskartei. Dann erst meldete der GBI dem städtischen Hauptplanungsamt die geräumte Wohnung als Katastrophenwohnung, „für W.f.L." zur Beschlagnahme nach dem Reichsleistungsgesetz.

Ein Exemplar der Räumungsliste übermittelte der GBI direkt der Jüdischen Kultusvereinigung, deren Wohnungsberatungsstelle jeden betroffenen Hauptmieter zu informieren hatte, daß und zu welchem Termin seine Wohnung zu räumen war, und die Mieter und deren Angehörige bei der Quartiersuche unterstützte. Um die Unterbringung der wohnungslos werdenden Juden zu beschleunigen, überließ die Wohnungsabteilung des GBI der Wohnungsberatungsstelle Auszüge der Kartei der in jüdischem Hauseigentum an Juden vermieteten Wohnungen in den Verwaltungsbezirken Charlottenburg, Wilmersdorf und Schöneberg.[572] Die Räumungsdaten meldete die Wohnungsberatungsstelle der Wohnungsabteilung des GBI, die dann hausintern die Instandsetzung der Wohnungen veranlaßte.[573] Die Jüdische Kultusvereinigung verwendete die Räumungslisten des GBI außerdem, um dessen Zahlungsforderungen zuzuordnen, die Höhe des Instandsetzungsaufwands zu registrieren und ihrerseits exmittierte Mieter nach Möglichkeit zur Kostenerstattung heranzuziehen.[574]

---

572 BAP 75 C Re 1 Nr. 45, Bl. 4f. (Aktennotiz Nr. 36, gez. Dr. Eppstein, Punkt 1 betr. „Meldung der jüdischen Wohnungen in arischen Häusern", zum Anruf RSHA Untersturmführer Hartmann, darin Bericht über Rücksprache mit Brasch, am 29.3.41).

573 LA Bln Pr.Br.Rep. 107 Nr. 144/3 (Ds., lt. hs. Namenszug o. re. bestimmt für Herrn Frank, Wohnungsabt., Kr./Wdl., 2 Aufstellungen Räumungsdaten, zu Rl. 16 als Nachtrag v. 25.7.41 und zu Rl. 18 v. 29.7.41).

574 BAP 75 C Re 1 Nr. 129, Bl. 54f. (Ds., Bericht JKV Berlin, (u) Moritz Henschel, für RSHA, d. d. RV, betr. Zahlung von Instandsetzungskosten an den Herrn GBI, v. 28.4.43). Auf die Erstattungsleistungen an den GBI von mehr als 900 TRM zog die JKV von exmittierten Mietern bis 31.3.43 mit 492.230,22 RM mehr als die Hälfte ein. Stellungnahme zu drei Einzelfällen ebenda Bl. 195-205 (Bericht JKV Berlin, (u) Henschel, an RV, v. 22., 24., 25. und 26.2.43).

Der GBI beteiligte die Berliner Staatspolizeileitstelle nicht an der Durchführung dieser Wohnungsräumungen. Von seinen Vorgaben für die Wohnungsräumungen im Rahmen der „I. Aktion“ hatte der GBI die Wohnungsberatungsstelle wie alle anderen Beteiligten bereits vor der Sitzung am 28. Januar 1941 in Kenntnis gesetzt. Die Mitwirkungsbereitschaft der Gestapo als Aufsichtsbehörde der Jüdischen Kultusvereinigung wurde bei der Gelegenheit protokolliert.[575] Die Tätigkeit der Wohnungsberatungsstelle und der Einsatz finanzieller Mittel für Erstattungen an den GBI mußten zumindest durch allgemeines Einverständnis oder eine grundsätzliche Weisung der Aufsichtsbehörde gedeckt sein.[576] Nur in Ausnahmefällen, etwa wegen sofort zu räumender Wohnungen, setzte sich die Wohnungsabteilung des GBI mit dem Referat IV D1 der Stapoleitstelle, Kriminalsekretär Franz Prüfer, in Verbindung. So wies die Wohnungsabteilung des GBI mit Schreiben vom 17. Juni 1941 die Berliner Gestapo an, eine im Räumungsgebiet liegende Wohnung in einem Abrißhaus schnellstens zu räumen: „Die Jüdin ist durch die jüdische Gemeinde unterzubringen. Ich erbitte Räumungsmeldung.“[577]

Das im Februar 1941 entwickelte Verfahren der Neugestaltungsräumungen basierte auf lückenloser Erfassung und sollte reibungslos vonstatten gehen. Doch dauerten die Räumungen nicht wie geplant bloß wenige Monate, sondern mehr als anderthalb Jahre. Die Ausgabedaten der Anfang Oktober 1942 von Abrißmietern noch nicht genutzten und ungültig gewordenen Mietberechtigungsscheine zeigen, daß die Behörde die Räumungen in

---

575 Martha Mosse, langjährig Leiterin der Wohnungsberatungsstelle der JKV, datierte in ihrem Nachkriegsbericht den Beginn der Zusammenarbeit mit dem GBI zur Vorbereitung von Wohnungsräumungen und innerstädtischen Umsetzungen von Juden auf das Jahr 1939, nach Geltung des GMietV mit Juden, zwischen Mai 1939 und Kriegsbeginn. Stadtbibliothek Köln, Germania Judaica, Kb/Mos (Kopie der Anlage 2 zum Bericht v. 23./24.7.58, S. 8–13, (u) Dr. Martha Mosse). Nach Akten des GBI müssen Verfahrensregeln für Wohnungsräumungen spätestens im September 1940 mit der JKV besprochen und festgelegt worden sein.

576 BAP 75 C Re 1 Nr. 129, Bl. 54f. (Ds., Bericht JKV Berlin, (u) Moritz Henschel, für RSHA, d. d. RV, betr. Zahlung von Instandsetzungskosten an den Herrn GBI, v. 28.4.43) erwähnt, daß Erstattungsforderungen des GBI „gemäss den bestehenden Weisungen“ erfüllt wurden.

577 LA Bln Pr.Br.Rep. 107 Nr. 144/3 (Ds., GBI, II/4-56-2, Kr/La., (p) Otto Schmidt, Leiter der Abt. II/4, an Geheime Staatspolizei, Stapo Leitstelle D 1A, z.Hd. Krim.Skr. Prüfer, Zimmer 178a, Berlin C2, Grunerstr. 12, betr. Räumung Großgörschenstr. 16 im Bereich der 25. AO, Wohnung der jüdischen Mieterin Vogel, v. 17.6.41). Ebenda (Aktenvermerk, nicht gez., o.D., betr. neue Adresse Gestapo, Tel. 41 69 11, App. 49, Geheime Staatspolizei, Stapo Leitstelle D. 1 a., z.Hd. des Herrn Krim.-Sekr. Prüfer, Zimmer 204, Berlin C2, Burgstr. 28).

Abrißbereichen im Rahmen der „I. Aktion" nur in einem Bereich im vorgesehenen Umfang abzuschließen vermochte. Zwei Mietberechtigungsscheine stammten noch vom 31. Januar und vom 25. Mai 1941.[578] Jeder einzelne Räumungsvorgang dauerte mehrere Monate: Tage und Wochen verstrichen, bis Abrißmieter nach der Räumungsaufforderung Mietberechtigungsscheine und Wohnungsnachweise anforderten, Wochen und Monate, bis sie eine der Wohnungen von Juden anmieteten. Die Wohnungsabteilung des GBI stellte die Räumungslisten anfangs wöchentlich zusammen, seit Juli 1941 nur noch alle zwei Wochen. Zwischen dem Datum der Räumungsliste und den zugehörigen Räumungsdaten lag die mit zwei bis vier Wochen sehr knappe Frist, innerhalb derer die betroffenen Bewohner der Wohnung eines jüdischen Hauptmieters Quartier gefunden und geräumt haben mußten. Mit der Feststellung des Instandsetzungsbedarfs, der Instandsetzung der Wohnung, der Festlegung des Umzugstermins nach Vergabe des Speditеurauftrags und dem Umzug des Bereichsmieters vergingen wiederum wenigstens ein bis zwei Monate. Der GBI konnte also frühestens vier bis sechs Monate nach seiner Räumungsaufforderung an Bereichsmieter deren geräumte Wohnungen dem städtischen Hauptplanungsamt zur Beschlagnahme als Katastrophenwohnungen melden.

Im zweiten Halbjahr 1941, als der GBI die Bereichsräumungen des erweiterten Räumungsplans vom 1. Juni 1941 einleitete, bemühte sich dessen Wohnungsabteilung vergeblich darum, die Zeitspanne zwischen der Räumungsaufforderung an Bereichsmieter und deren Vertragsschluß über eine von Juden bewohnte Wohnung zu verkürzen. Aus dieser Zeit, von Juli 1941 bis Februar 1942, stammen gedruckte Formschreiben des Leiters der Wohnungsabteilung, Otto Schmidt, die den Räumungsvorgang beschleunigen sollten. Die Wohnungsabteilung reagierte argumentativ und drohend auf den Unwillen von Mietern, ihre Wohnungen aufzugeben. Zum vorgeblich kriegswichtigen Zweck der Bereichsräumung führte Otto Schmidt unverändert aus, die Räumung erfolge „nur aus kriegswichtigen Gründen", und zwar, so hieß es erstmals, „namentlich für die Unterbringung etwaiger Bombengeschädigter". Diese wiederum geschehe, was Zweifel an der Dringlichkeit der Räumung wecken mochte, im allgemeinen nur auf Zeit, da „die durch Bomben

578 BAK R 120 Nr. 1976 (Aufstellung, Rkt., „Zustand am 2.10.1942", MbS ausgegeben zwischen 31.1.41 und 25.6.42, für Räumungen in Bereichen der 4., 9., 14., 25., 29., 33., 23., 101., und 100., nicht der 40. AO). Der seit 31.1.41 vom Mieter Wunderlich gehaltene MbS 64, Schiffbauerdamm 30, könnte – wie die der Nr. 31, Schiffbauerdamm 27, und Nr. 26 Schiffbauerdamm 26a, v. 31.1.41 – der eines Hauswarts sein. Hauswarte wurden erst nachträglich zum Verbleib in den zukünftigen „Katastrophenhäusern" aufgefordert, hatten allerdings die MbS zurückzugeben.

beschädigten Wohnungen, wie auch Sie beobachtet haben werden, von mir in der Regel verhältnismäßig kurzfristig wiederhergestellt werden". Die Wohnungen in den Neugestaltungsbereichen würden dann wieder frei und könnten nach dem Krieg abgerissen werden. Mit diesen Formulierungen, die den Schwindel der Verflechtung von Neugestaltungsräumungen und Katastrophenvorsorge ahnen ließen, wird die Neugestaltungsbehörde keinen Bereichsmieter von der Notwendigkeit eines Wohnungswechsels im Krieg überzeugt haben: Den Bombentreffer, der einen Wohnungswechsel erzwingt, wird jedermann abwarten, bevor er seinen Ersatzwohnungsanspruch einlöst.

Räumungsunwilligen Mietern drohte der GBI im zweiten Halbjahr 1941 konkret vorstellbar an, „daß Sie, falls Sie nicht innerhalb der nächsten Zeit eine Ersatzwohnung anmieten, bei Eintritt eines größeren Bedarfs für kriegswichtige Zwecke u.U. mit einer zwangsweisen Umsiedlung auf Grund des Reichsleistungsgesetzes rechnen müssen, ohne daß Ihnen dann die Auswahl der Ersatzwohnung freigestellt werden kann." Die Abrißmieter sollten es für ihr eigenes Interesse halten, das Angebot an Altbauwohnungen, „Judenwohnungen in fast allen Gegenden Berlins", zu nutzen. Die von der Wohnungsabteilung geradezu angepriesenen Wohnungen von Juden würden nicht nur unter bevorzugtem Einsatz von Handwerkern und ohne Kosten für den neuen Mieter gründlich instandgesetzt, auch entsprächen sie „in der Regel den bisherigen Raumbedürfnissen der Abrißmieter, die daran gewöhnt sind, in guter Verkehrslage in der Stadt zu wohnen". Die Behörde ging sogar so weit, ihre eigene städtebauliche Planung unattraktiv erscheinen zu lassen: „Etwa später erbaute Ersatzwohnungen werden zumeist nicht so verkehrsgünstig wie die Mehrzahl der Judenwohnungen liegen." Zur Räumung aufgeforderte Bereichsmieter entnahmen dem Formschreiben, ihre Wohnungen wären einer „Wohnungsreserve während des Kriegs" zugeschlagen und würden deshalb „schon jetzt" geräumt. Bereichsmieter möchten Verständnis haben und sich im eigenen Interesse beeilen, eine der angebotenen Wohnungen Berliner Juden anzumieten: „Nach dem Kriege werden mir die Judenwohnungen nicht mehr zur Verfügung stehen, und Sie würden möglicherweise nicht so passend untergebracht werden können wie heute."[579]

Abrißmieter erfuhren also seit Juli 1941 vom GBI, Wohnungen von Juden gäbe es nach dem Krieg nicht mehr. Nach der Rechtslage durfte der GBI über Wohnungen von Juden nur dann verfügen, wenn diese frei wurden, und nur insoweit, als er während der Kündigungsfrist die erstmalige Wiedervermietung zugunsten seiner Klientel beeinflussen konnte. Das heißt, rechtlich standen dem GBI Mietwohnungen von Juden, solange diese

579 BAK R 120 Nr. 1976 (Formschreiben, gedruckt, GBI, (u) gestempelt Schmidt, betr. Räumung von Bereichsgrundstücken, o.D., frühestens 7/41).

bewohnt und ungekündigt waren, überhaupt nicht zur Verfügung. Doch die tatsächlichen Verhältnisse hatte der GBI so neugestaltet, daß alle Wohnungen von Juden während des Kriegs rechtswidrig frei würden und spätestens zum Kriegsende als Ersatzwohnungen für die Neugestaltung zur Verfügung stünden. Mithin spiegelt die behördliche Feststellung, nach dem Krieg wären Wohnungen von Juden nicht mehr vorhanden, die planerische Perspektive des GBI im zweiten Halbjahr 1941, alle Räumungen des Plans vom 1. Juni 1941 noch während des Kriegs umzusetzen. Diesen Handlungsrahmen gab der GBI erst auf, als er den planmäßigen Versand von Räumungsaufforderungen an Bereichsmieter Ende Januar 1942 stoppte.

Wohnungsnachweis

für Mieter aus Räumungsbereichen

Amtliches Organ des Generalbauinspektors für die Reichshauptstadt

Berlin-Charlottenburg, Berliner Straße 9 (Eingang Salzufer)

Bezirk Tiergarten **5, 6 u. Mehrzimmer-Wohnungen** **Liste A.**

Zur Beachtung durch den Vermieter!

Bei Vorlage eines Mietberechtigungsscheines meiner Dienststelle ist ein Mietvertrag abzuschließen und als Vertragsbeginn anzugeben:

„sofort nach Räumung durch den jüdischen Mieter.“

Der ausgefüllte Abschnitt des Mietberechtigungsscheines ist sodann unverzüglich meiner Dienststelle einzusenden. Nach Eingang des Abschnittes gilt die nach Absatz 2 der Verordnung vom 25.4.41 erforderliche Genehmigung zur erstmaligen Wiedervermietung als erteilt. Wer Judenwohnungen ohne meine Genehmigung vermietet, macht sich strafbar.

Der Generalbauinspektor
für die Reichshauptstadt.

Sprechstunden nur für Mietberechtigte und Vermieter: Mo., Mi. und Fr. von 9—14 Uhr.

Etwa bei der Besichtigung als bereits an Arier vermietet festgestellte Wohnungen bitte dem Generalbauinspektor auf anliegender Karte zu melden!

Nachdruck auch auszugsweise nicht gestattet.

1) **5 Zi.**	Kü., Bad, Klo., Ofenhzg.	**RM 83,30**	**Lessingstr. 24**/Qgb. I. r. (Wohn. Sara Kramer). Verw. Hildegard Splitt, W 8, Mauerstr. 2. Tel. 11 20 01.
2) **5 Zi.**	Kü., Wohnk., Bad, Klo., Ofenhzg.	**RM 85,—**	**Altonaer Str. 11**/Qgb. II. r. (Wohn. Sara Jacob). Verw. Herm. Brack & Co., Wilmersdorf, Kaiser-Allee 189.
3) **5 Zi.**	Kü., Wohnk., Bad, Klo., Ofenhzg.	**RM 87,50**	**Lessingstr. 23**/Qgb. I. lks. (Wohn. Plesina). Verw. Adele Wichmann, Grunewald, Königsallee 21. Tel. 97 19 93.
4) **5 Zi.**	Kü., Bad, Klo., Ofenhzg.	**RM 97,80**	**Ludendorffstr. 33/5**/Vdhs. II. (Wohn. Isr. Hensel). Verw. Berl. Verkehrs-Betriebe, Köthener Str. 17. Tel. 19 55 51.
5) **5 Zi.**	Kü., Wohnk., Bad, Klo., Ofenhzg.	**RM 100,—**	**Turmstr. 76**/Vdhs. III. r. (Wohnung Terlinski). Verw. Ewald Brunn, Friedenau, Südwestkorso 13. Tel. 86 45 44.
6) **5 Zi.**	Kü., Wohnk., Bad, Klo., Ww., Ofenhzg.	**RM 100,—**	**Klopstockstr. 19**/Qgb. I. (Wohnung Sara Reichenbach). Verw. Martin Weidhaas, Chlbg., Schlüterstr. 57/59. Tel. 91 13 95.
7) **5 Zi.**	Kü., Wohnk., Klo., Ofenhzg.	**RM 100,—**	**Lessingstr. 28**/Vdh. II. lks. (Wohnung Sara Joel). Verw. Irma Bartsch, W 35, Kurfürstenstr. 148. Tel. 21 15 44.
8) **5 Zi.**	Kü., Wohnk., Bad, Klo., Ww., Ofenhzg.	**RM 110,—**	**Flensburger Str. 10**/II. r. (Wohn. Sara Jaroczynski). Verw. Peter Karfeld, Chlbg. 9, Lyckallee 38. Tel. 99 33 37.
9) **5 Zi.**	Kü., Bad, Klo., Ofenhzg.	**RM 111,73**	**Paulstr. 32**/Vdhs. I. r. (Wohnung Isr. Latz). Verw. Margarete Lentz, i. gl. Hause. Tel. 35 29 34.
10) **5 Zi.**	Kü., Wohnk., Bad, Klo., Ofenhzg.	**RM 112,50**	**Lützowstr. 86**/Vdhs. II. lks. (Wohn. Isr. Weißbach). Verw. Dr. Scheuermann, SW 68, Friedrichstr. 208. Tel. 11 43 88.
11) **5 Zi.**	Kü., Wohnk., Bad, Klo., Ofenhzg.	**RM 114,70**	**Lübecker Str. 50**/Vdhs. I. lks. (Wohn. Sara Lehmann). Verw. Robert Loenski, Spandau, Brüderstr. 28.
12) **5 Zi.**	Kü., Bad, Klo., Ofenhzg.	**RM 115,—**	**Kurfürstenstr. 34**/Vdh. I. r. (Wohn. Isr. Schwenk). Verw. Rost, W 30, Martin-Luther-Str. 96. Tel. 26 50 28.
13) **5 Zi.**	Kü., Wohnk., Bad, Klo., Ofenhzg.	**RM 115,—**	**Kurfürstenstr. 42**/Vdh. II. r. (Wohn. Isr. Brill). Verw. Leonard, Kurfürstendamm 90. Tel. 97 47 22.
14) **4½ Zi.**	Kü., Bad, Klo., Ww., Ofenhzg.	**RM 115,—**	**Lessingstr. 21**/Vdhs. II. r. (Wohnung Isr. Bley). Verw. Helene Kander, i. gl. Hause. Tel. 39 81 80.
15) **5 Zi.**	Kü., Wohnk., Bad, Klo., Ofenhzg.	**RM 115,—**	**Calvinstr. 10**/Vdhs. p. (Wohn. Sara Bernstein). Verw. Hans Hartmann, W 15, Pariser Str. 8. Tel. 92 02 19.
16) **5 Zi.**	Kü., Wohnk., Bad, Klo., Ofenhzg.	**RM 120,—**	**Paulstr. 23**/Vdhs. I. r. (Wohnung Isr. Rosenthal). Verw. Otto Bachmann, NW 40, Flemingstr. 9. Tel. 35 13 60.
17) **5 Zi.**	Kü., Wohnk.. Bad, Klo., Ofenhzg.	**RM 122,90**	**Ludendorffstr. 60**/Qgb. II. lks. (Wohn. Sara Samelsohn). Verw. Arthur Franke, W 35, Am Karlsbad 16. Tel. 22 27 38.
19) **5 Zi.**	Kü., Bad, Klo., Ofenhzg.	**RM 123,—**	**Derfflingerstr. 3**/Vdhs. p. r. (Wohn. Isr. Levy). Verw. Anna Schneider, i. gl. Hause.
20) **5 Zi.**	Kü., Wohnk., Bad, Klo., Ww., Ofenhzg.	**RM 125,—**	**Bochumer Str. 18**/Vdh. I. lks. (Wohn. Sara Mendelsohn). Verw. Kurt Vierarm, Chlbg. 5, Witzlebenplatz 6. Tel. 30 11 37.
21) **5 Zi.**	Kü., Wohnk., Bad, Klo., Ww., Fahrst., Ztlhzg.	**RM 125,—**	**Tile-Wardenberg-Str. 29**/Vdhs. p. r. (Wohn. Isr. Weltmann). Verw. Otto Pallaske, Chlbg., Berliner Str. 57. Tel. 34 72 11.
22) **5 Zi.**	Kü., Bad, Klo., Ww., Ofenhzg.	**RM 125,—**	**Elberfelder Str. 33**/Vdhs. II. r. (Wohn. Tischler). Verw. Tischmann, W 35, Woyrschstr. 47. Tel. 22 21 27.
23) **4½ Zi.**	Kü., Wohnk., Bad, Klo., Ww., Fahrst., Ztlhzg.	**RM 125,—**	**Flotowstr. 3**/Vdhs. Erdg. r. (Wohn. Isr. Landsberger). Verw. Wald. Richter, Tempelhof, Schulenburgring 126. T. 57 09 94.
24) **5 Zi.**	Kü., Wohnk., Bad, Klo., Ww., Fahrst., Ztlhzg.	**RM 125,—**	**Jagowstr. 4**/III. (Wohn. Sara Frenk). Verw. R. Langner, W 30, Martin-Luther-Str. 87. Tel. 26 23 30.
25) **5 Zi.**	Kü., Wohnk., Bad, Klo., Ww., Ofenhzg.	**RM 130,—**	**Thomasiusstr. 18**/Vdhs. II. r. (Wohn. Isr. Strauß). Verw. Werner Fink, N 58, Weißenburger Str. 34. Tel. 45 24 10.
26) **4½ Zi.**	Kü., Bad, Klo., Ww., Ofenhzg.	**RM 130,—**	**Lessingstr. 29**/Vdhs. p. (Wohn. Landau). Verw. Erich Brennicke, NW 87, i. gl. Hause.
27) **5 Zi.**	Kü., Wohnk., Bad, Klo., Ww., Ofenhzg.	**RM 130,—**	**Bochumer Str. 18**/Vdhs. II. lks. (Wohn. Sara Lipski). Verw. Kurt Vierarm, Chlbg. 5, Witzlebenplatz 6. Tel. 30 11 37.
28) **5 Zi.**	Kü., Bad, Klo., Ofenhzg.	**RM 135,—**	**Derfflingerstr. 3**/Vdhs. I. (Wohnung Isr. Aschert). Verw. Anna Schneider, i. gl. Hause.
29) **5 Zi.**	Kü., Wohnk., Bad, Klo., Ww., Ofenhzg.	**RM 135,—**	**Siegmundshof 2**/Vdhs. hp. r. (Wohn. Sara Finkelstein). Verw. Ernst Jastrzemski, Bernau b. Berlin, Horst-Wessel-Str. 27.
30) **5 Zi.**	Kü., Wohnk., Bad, Klo., Ww., Ofenhzg.	**RM 138,10**	**Altonaer Str. 19**/Vdhs. II. lks. (Wohn. Ir. Isaaksohn). Verw. Raßmus, NW 87, Altonaer Str. 20.
31) **5 Zi.**	Kü., Wohnk., Bad, Klo., Ww., Ztlhzg.	**RM 140,—**	**Tile-Wardenberg-Str. 6**/Vdhs. III. (Wohnung Isr. Lindemann). Verw. R. Langner, W 30, Martin-Luther-Str. 87. T. 26 23 30.

Auszug aus dem Wohnungsnachweis der Neugestaltungsbehörde im Jahr 1942

32) 4½ **Zi.**	Kü., Wohnk.; Bad, Klo., Ww., Ofenhzg.	**RM 140,—**	**Siegmundshof 7**/Vdhs. II. (Wohn. Isr. Bergsteiner). Verw. P. Kuhl, NW 87, i. gl. Hause. Tel. 39 72 24.
33) 4½ **Zi.**	Kü., Bad, Klo., Ww., Ofenhzg.	**RM 140,—**	**Keithstr. 21**/Vdhs. hp. (Wohnung Pototzky). Verw. G. Sellge, NO 18, Landsberger Allee 11/13. Tel. 59 16 11.
34) 5 **Zi.**	Kü., Wohnk., Bad, Klo., Ww., Ztlhzg.	**RM 140,—**	**Jagowstr. 4**/Vdhs. II. (Wohn. Isr. Meyer). Verw. R. Langner, W 30, Martin-Luther-Str. 87. Tel. 26 23 30.
35) 5 **Zi.**	Kü., Wohnk., Bad, Klo., Ww., Ofenhzg.	**RM 142,—**	**Dortmunder Str. 3**/Vdhs. II. lks. (Wohn. Isr. Wallach). Verw. Ludwig Jäger, i. gl. Hause. Tel. 61 23 88.
36) 5 **Zi.**	Kü., Wohnk., Bad, Klo., Ww., Fahrs.t, Ztlhzg.	**RM 150,—**	**Wikinger Ufer 1**/Vdhs. III. lks. (Wohn. Isr. Pariser). Verw. Georg May, NW 21, Krefelder Str. 12. Tel. 39 12 59.
37) 5 **Zi.**	Kü., Wohnk., Bad, Klo., Ofenhzg.	**RM 150,—**	**Landgrafenstr. 20**/Vdhs. I. r. (Wohn. Silbergleit). Verw. Leo Littmann, i. gl. Hause. Tel. 25 61 35.
38) 5 **Zi.**	Kü., Wohnk., Bad, Klo., Ofenhzg.	**RM 150,—**	**Klopstockstr. 4**/Vdh. (Wohn. Isr. Rzeßewsky). Verw. Wolfgang Grätz, NO 33, Am Friedrichshain 9. Tel. 53 59 05.
39) 5 **Zi.**	Kü., Wohnk., Bad, Klo. Ww., Ofenhzg.	**RM 150,—**	**Kirchstr. 25**/Vdh. II. lks. (Wohn. Isr. Unger). Verw. Jorgensen, Lichterfelde, Gardeschützenweg 68. Tel. 76 37 28.
40) 5 **Zi.**	Kü., Wohnk., Bad, Klo., Ofenhzg.	**RM 150,—**	**Holsteiner Ufer 21**/Vdhs. I. r. (Wohnung Isr. Cerny). Verw. H. Goertz, i. gl. Hause. Tel. 39 60 02.
41) 5 **Zi.**	Kü., Wohnk., Bad, Klo., Ww., Fahrst., Ztlhzg.	**RM 155,—**	**Stromstr. 68**/Vdhs. IV. r. (Wohn. Isr. Weltlinger). Verw. Paul Wiesener, NW 21, i. gl. Hause. Tel. 39 40 50.
42) 5 **Zi.**	Kü., Wohnk., Bad, Klo., Ww., Ztlhzg.	**RM 160,—**	**Kirchstr. 14**/Vdhs. II. lks. (Wohn. Elsasser). Verw. Terrainges. Berlin, W 8, Unter den Linden 57.
43) 5 **Zi.**	Kü., Wohnk., Bad, Klo., Ww., Fahrst., Ztlhzg.	**RM 160,—**	**Tile-Wardenberg-Str. 12**/Vdhs. II. r. (Wohn. Israel Schneider). Verw. Carl Hüper, NW 87, i. gl. Hause. Tel. 39 46 03.
44) 5 **Zi.**	Kü., Wohnk., Bad, Klo., Ww., Ztlhzg.	**RM 170,—**	**Klopstockstr. 21**/Vdhs. I. r. (Wohn. Isr. Behnsch). Verw. Leopold Speich, i. gl. Hause. Tel. 39 60 89.
45) 5 **Zi.**	Kü., Wohnk., Bad, Klo., Ww., Ztlhzg.	**RM 170,—**	**Wichmannstr. 1**/Vdhs. II. (Wohn. Sara Grünbaum). Verw. J. W. Lange & Co., W 62, Lützowplatz 16. Tel. 25 04 88.
47) 5 **Zi.**	Kü., Wohnk., Bad, Klo., Ww., Fahrst., Ztlhzg.	**RM 180,—**	**Klopstockstr. 20**/Vdhs. II. r. (Wohn. Sara Wischner). Verw. Ernst Rätzel, SW 68, Neuenburger Str. 2a.
48) 5 **Zi.**	Kü., Wohnk., Bad, Klo., Ww., Ztlhzg.	**RM 185,—**	**Bundesratufer 1**/Vdhs. III. r. (Wohn. Isr. Wolff). Verw. Berl. Grundst. GmbH., SO 36, Schlesische Str. 28. Tel. 68 25 64.
49) 5 **Zi.**	Kü., Bad, Klo., Ww., Ztlhzg.	**RM 185,50**	**Kurfürstenstr. 3**/Vdh. I. lks. (Wohn. Isr. Ehrlich). Verw. Erich Degen, W 35, Kurfürstenstr. 3. Tel. 22 12 12.
50) 5 **Zi.**	Kü., Wohnk., Bad, Klo., Ww., Fahrst., Ztlhzg.	**RM 200,—**	**Bundesratufer 7**/Vdhs. III. lks. (Wohnung Sara Moses). Verw. Grundbesitzverw. AG., SW 11, Saarlandstr. 12.
51) 5 **Zi.**	Kü., Kammer, Bad, Klo., Ww., Fahrst., Ztlhzg.	**RM 220,—**	**Lützow-Ufer 33**/Vdhs. I. (Wohn. Isr. Lachmann). Verw. Otto Wolff, NW 7, Dorotheenstr. 11. Tel. 16 79 09.

6 Zimmerwohnungen

54) 5½ **Zi.**	Kü., Bad, Klo., Ww., Ztlhzg.	**RM 125,—**	**Elberfelder Str. 32**/Vdh. II. (Wohn. Isr. Kirschenbaum). Verw. Dr. Uhlig & Co., Treuhand GmbH., W 15, Fasanenstr. 61. Tel. 92 35 33.
55) 6 **Zi.**	Kü., Wohnk., Bad, Klo., Fahrst.	**RM 125,—**	**Cuxhavener Str. 13**/Vdh. III. lks. (Wohn. Oppenheim). Verw. Wilhelm Pech, Chlbg., Bismarckstr. 56.
56) 6 **Zi.**	Kü., Wohnk., Bad, Klo., Ofenhzg.	**RM 140,—**	**Altonaer Str. 11**/Vdh. II. lks. (Wohn. Isr. Rosenthal). Verw. Hermann Brack, Wilmersdorf, Kaiserallee 189. Tel. 86 22 32.
57) 6 **Zi.**	Kü., Wohnk., Bad, Klo., Ofenhzg.	**RM 140,—**	**Altonaer Str. 11**/Vdh. Erdg. r. (Wohn. Isr. Badt). Verw. Hermann Brack & Co., Wilmersdorf, Kaiserallee 189. T. 86 22 32
58) 6 **Zi.**	Kü., Wohnk., Bad, Klo., Ww., Ztlhzg.	**RM 140,—**	**Holsteiner Ufer 17**/Vdh. III. lks. (Wohn. Isr. Lewinsohn). Verw. Carl Zellermann, Friedenau, Baumeisterstr. 6. Tel. 88 21 94.
59) 5½ **Zi.**	Kü., Bad, Klo., Ww., Ofenhzg.	**RM 145,—**	**Thomasiusstr. 22**/Vdh. I. lks. (Wohnung Sara Israelski). Verw. Berta Hawemann, NW 40, i. gl. Hause. Tel. 35 27 65.
60) 6 **Zi.**	Kü., Wohnk., Bad, Klo., Ww., Ztlhzg.	**RM 170,—**	**Holsteiner Ufer 17**/Vdh. II. lks. (Wohn. Isr. Klein). Verw. Carl Zellermann, Friedenau, Baumeisterstr. 6. Tel. 88 21 94.
61) 6 **Zi.**	Kü., Wohnk., Bad, Klo., Ww., Fahrst., Ztlhzg.	**RM 175,—**	**Flotowstr. 11**/Vdh. hp. lks. (Wohn. Isr. Langermann). Verw. Erich Roßmann, NW 87, Cuxhavener Str. 16. Tel. 39 36 70.

Speers Behörde offerierte räumungspflichtiger und wohnungssuchender Klientel ab Januar 1941 von Juden bewohnte Wohnungen …

62) **6 Zi.**	Kü., Bad, Klo., Ww., Ofenhzg.	**RM 175,—**	**Kluckstr. 35**/Vdh. III. r. (Wohn. Mehring). Verw. Frieda Kamiß, W 50, Ansbacher Str. 41. Tel. 24 44 69.
63) **6 Zi.**	Kü., Bad, Klo., Ww., Fahrst., Ztlhzg.	**RM 195,—**	**Jagowstr. 36**/Vdh. I. lks. (Isr. Löwenthal). Verw. Julius Müller, Chlbg. 4, Leibnizstr. 27. Tel. 31 36 65.
64) **6 Zi.**	Kü., Wohnk., Bad, Klo., Ww., Ztlhzg.	**RM 200,—**	**Wullenweberstr. 9**/Vdh. III. r. (Wohn. Isr. Lewin). Verw. Valerie Rickert, W 15, Fasanenstr. 41. Tel. 92 43 63.
65) **5½ Zi.**	Kü., Bad, Klo., Ww., Fahrst., Ztlhzg.	**RM 215,—**	**Von-der-Heydt-Str. 8**/Vdhs. I. lks. (Wohn. Isr. Dzialoszynski). Verw. Gertrud Kniestädt, SW 68, Alte Jacobstr. 20/22. Tel. 17 55 35.
66) **6 Zi.**	Kü., Bad, Klo., Ww., Fahrst., Ztlhzg.	**RM 300,—**	**Keithstr. 3**/Vdh. I. lks. (Wohnung Isr. Rosenthal). Verw. Ida Dietrich, W 62, Keithstr. 3.

7 Zimmerwohnungen

67) **6½ Zi.**	Kü., Bad, Klo., Ofenhzg.	**RM 150,—**	**Derfflingerstr. 16**/Vdh. III. (Wohnung Bloch). Verw. Treuhand AG. f. Grdbes. u. Ind., W 8, Leipziger Str. 30. Tel. 16 75 33.
68) **6½ Zi.**	Kü., Bad, Klo., Ofenhzg.	**RM 150,—**	**Lützowstr. 67**/Vdh. hp. lks. (Wohnung Jüd. Altersheime e. V.) Verw. Mertens, W 62, Wichmannstr. 25. Tel. 26 21 91.
69) **7 Zi.**	Kü., Bad, Klo., Ztlhzg.	**RM 175,—**	**Lessingstr. 18**/Vdh. hp. r. (Wohn. Hartstein). Verw. Ziebach, NW 87, Klopstockstr. 15. Tel. 39 72 16.
70) **7 Zi.**	Kü., Wohnk., Bad, Klo., Ww., Fahrst., Ztlhzg.	**RM 180,—**	**Levetzowstr. 12a**/Vdh. II. r. (Wohn. Marcus). Verw. Krutzk Neukölln, Schwarzastr. 8. Tel. 60 15 80.
71) **7 Zi.**	Kü., Wohnk., Bad, Klo., Ww., Fahrst., Ztlhzg.	**RM 180,—**	**Levetzowstr. 12a**/Vdh. III. r. (Wohnung Schragenheim). Verw. Krutzke, Neukölln, Schwarzastr. 8. Tel. 60 15 80.
72) **7 Zi.**	Kü., Wohnk., Bad, Klo., Ofenhzg.	**RM 250,—**	**Derfflingerstr. 17**/Vdh. I. r. (Wohnung Jüd. Altersheim e. V.) Verw. Otto Nikolai, i. gl. Hause. Tel. 21 22 69.
73) **7 Zi.**	Kü., Wohnk., Bad, Klo., Ofenhzg.	**RM 285,—**	**Derfflingerstr. 5**/Vdh. I. (Wohn. Leser). Verw. Schmidt-Werden, W 36, i. gl. Hause. Tel. 21 37 55.
74) **7 Zi.**	Kü., Wohnk., Bad, Klo., Ww., Fahrst., Ztlhzg.	**RM 285,—**	**Cuxhavener Str. 18**/Vdh. I. r. (Wohn. Malmuth). Verw. Hahn, Chlbg., Niebuhrstr. 55. Tel. 31 14 70.

8 Zimmerwohnungen

75) **8 Zi.**	Kü., Wohnk., Bad, Klo., Ww., Fahrst., Ztlhzg.	**RM 310,—**	**Cuxhavener Str. 18**/Vdhs. II. lks. (Wohn. Lipmann). Verw. Hahn, Chlbg., Niebuhrstr. 55. Tel. 31 14 70.

1916

... und wies ab Sommer 1941 den Mietinteressenten bereits geräumte Wohnungen exmittierter und ab Herbst 1941 deportierter Berliner Juden nach

Im zweiten Halbjahr erschien der bislang in hektographierten Auszügen ausgegebene Wohnungsnachweis gedruckt als amtliches Organ des GBI. Das Titelblatt teilte dem Vermieter eines Juden mit, er hätte einen Mietvertrag mit einem Mietberechtigten abzuschließen; jede anderweitige Verfügung wäre strafbar. In fetten Lettern vom übrigen Text abgesetzt und unterstrichen lautete die Formel zum Vertragsbeginn: „sofort nach Räumung durch den jüdischen Mieter"[580]. Zur Räumung aufgeforderte Bereichsmieter erhielten, soweit sie noch keine Wohnung von Juden angemietet hatten, nach Monaten ein zweites Formschreiben, das von der Tapetenauswahl und den Modalitäten des Umzugs handelte und auf „Anfragen aus Mieterkreisen" mit einer Feststellung reagierte, die räumungsunwillige Bereichsmieter zum Vertragsschluß drängen sollte und vielleicht wirkliche Skrupel einzelner reflektiert, andere Mieter aus ihrer Wohnung zu vertreiben: „Nach Abschluß eines Mietvertrages bezw. Eingang des vom Vermieter ausgefüllten Abschnittes des Mietberechtigungsscheines wird die Räumung der Judenwohnung veranlaßt. – Eine Kommission besichtigt alsbald die Judenwohnung und veranlaßt die Instandsetzung derselben."[581]

Im dritten Kriegsjahr gelang es dem GBI nicht mehr, die Bereichsräumungen zu beschleunigen. Alle Argumente und Drohungen erwiesen sich als untauglich; die von der Neugestaltungsbehörde seit 1939 beklagte Unwilligkeit von Bereichsmietern, ihre Wohnungen im Interesse der Neugestaltung zu wechseln, nahm während des Kriegs noch zu. Annähernd tausend Mieter aus Räumungsgebieten setzte der GBI in Wohnungen von Berliner Juden um.[582] Dieses Vermietungsergebnis der „I. Aktion" blieb weit hinter den Erwartungen des GBI zurück, und es scheint, daß das Wissen von Judendeportationen aus Berlin seit dem 18. Oktober 1941 räumungspflichtige Abrißmieter darin bestärkte, keine der angebotenen Wohnungen von Juden anzumieten: Die 374 Mieter, deren Mietberechtigungsscheine am 1. Oktober 1942 mit der Einstellung aller Bereichsräumungen ungültig wurden, waren spätestens im Januar 1942 zur Räumung aufgefordert

580 BAK R 120 Nr. 1976 (Wohnungsnachweis, o.D., gedruckt, ca. 41/42), Abbildg. S. 216-219.

581 BAK R 120 Nr. 1976 (GBI, Umsiedlungsabteilung, II/4-02.Dr./Bn., i.A. (u) gestempelt Schmidt, betr. Räumung der Bereichsgrundstücke, hier im Bereich der 23. AO, Flottwellstr. 12, wo, lt. BAK R 120 Nr. 2909, 42. Bl., seit 15.12.41 geräumt wurde, gestempelt eingegangen GBI 11.11.42, ausgefertigt am 5.5.42).

582 LA Bln Pr.Br.Rep. 107 Nr. 401 (Aufstellung, GBI, II/4, (p) Frank, Splitter, o.D., vermietete Wohnungen von Juden zum Stichtag 2.9.42: an Bereichsmieter für W.f.L. 761, an Bereichsmieter für Zwischennutzung und kriegswichtige Zwecke 218). Die Zahl von 761 in Wohnungen von Juden vermittelten Bereichsmieter entspricht dem bereits für den 1.7.42 festgestellten Zustand, LA Bln Pr.Br.Rep. 107 Nr. 401, Bl. 13 (GBI, Hauptabt. Umsiedlung, II/4-00-Schm/Hbm, (p) u.a. Schmidt, v. 11.7.42).

worden, hatten noch im ersten Halbjahr 1942 Mietberechtigungsscheine und Wohnungsnachweise angefordert, diese aber mindestens ein weiteres Vierteljahr ungenutzt gelassen.[583] Bis zur Einstellung der Bereichsräumungen der „I. Aktion" im Oktober 1942 hatte sich jeder dritte oder vierte Mieter in Abbruchbereichen der Räumungsaufforderung nicht gebeugt und dem Umsetzungsverfahren des GBI in eine Wohnung von Berliner Juden entzogen.

Mit der „I. Aktion" schloß der GBI Ende Oktober 1942 die Bereichsräumungen ab, nachdem rund 1.150 Abrißwohnungen für die Neugestaltung nach Kriegsende geräumt waren.[584] Von diesen leerstehenden Bereichswohnungen meldete der GBI von Mai 1941 bis November 1942 dem städtischen Hauptplanungsamt 1.056 zur Beschlagnahme als Katastrophenwohnungen.[585] Bei Abbruch der „I. Aktion" hätte die Stadtverwaltung über tausend bewohnbare Leerwohnungen in Abrißhäusern zur Unterbringung von Ausgebombten verfügen können.[586] Die Nutzung der Leerwohnungen in Abrißhäusern zeigt, daß der GBI die Neugestaltungsräumungen der „I. Aktion" zu keinem Zeitpunkt als systematischen Beitrag zur Vorsorge für Obdachlose nach Bombenangriffen konzipiert hatte.

Weil der GBI den kriegswichtigen Raumbedarf von Reichsbehörden und Bauträgern der Neugestaltung stets vorrangig behandelte, hatte die Neugestaltungsbehörde die mehr als dreihundert bei Kriegsbeginn leerstehenden

---

583 Die VO zur Neugestaltung Berlins und Münchens v. 25.4.41, RGBl. I 1941, S. 219, §4, sah zwar die Möglichkeit einer Zwangseinmietung von Bereichsmietern in Wohnungen von Juden vor; diese war allerdings als Eingriff in das freie Vermietungsrecht des Eigentümers nur durchsetzbar, wenn dieser auch zwei Wochen nach Ablauf der Kündigungs- oder Räumungsfrist nicht an einen von drei zugewiesenen Mietberechtigten vermieten wollte.

584 BAK R 120 Nr. 1976 (GBI, II/4, Umsiedlungsabteilung, Mie/Ka, Aufstellung über Bereichswohnungen, Schätzung, v. 28.9.42). Geräumt wurden 1.130, lt. BAK R 120 Nr. 3905 a–f (Hauslisten der Bereichsgrundstücke), oder, lt. BAK R 120 Nr. 1954–1959 (W.f.L.-Meldezettel, Vermerk: kontrolliert 16.4.43), 1.123 Wohnungen in Räumungsgebieten der Neugestaltung.

585 LA Bln Pr.Br.Rep. 107 Nr. 386/2 (Aufstellung Katastrophenwohnungen für Besprechung am 3.2.43).

586 LA Bln Pr.Br.Rep. 107 Nr. 386/2 (Belegung der Bereichsgrundstücke zur Verfügung des HPla, für Besprechung am 3.2.43 ausgeheftete Unterlagen zu den Bereichen, lt. Protokoll v. 3.2.43, LA Bln Pr.Br.Rep. 107 Nr. 386/1, Besprechung am 2.2.43). Nach dieser Aufstellung betrug die Zahl der bereitgestellten Katastrophenwohnungen 1.056, einschließlich 50 für eigenen Bedarf des GBI oder gezielt als Ausweichunterkünfte für andere Behörden geräumter Wohnungen. Im übrigen beziehen sich die Angaben auf die „für W.f.L." geräumten Bereiche der 4., 9., 14., 23., 25., 29., 40., 100. und 101. AO. Nach einer früheren Angabe waren es 1.066 für W.f.L. gemeldete Bereichswohnungen, LA Bln Pr.Br.Rep. 107 Nr. 386/1 (Vermerk, (u) Mietzner, auf Anfrage Clahes am 5.1.43, v. 5.1.43).

Abrißwohnungen aufgrund des „Speer-Vertrags“ Büroraumnutzern auf Kriegsdauer überlassen. Wurden Bereichshäuser außerplanmäßig geräumt oder für kriegswichtige Zwecke in Anspruch genommen, mußten einquartierte Ausgebombte weichen und in Wohnungen von Juden umziehen.[587] Für solche „Bomben-Mieter“ genannten Bewohner von Abrißhäusern, die nicht räumen wollten, sich auf den Mieterschutz beriefen oder Entschädigungsansprüche stellten, hatte die Wohnungsabteilung des GBI noch ein drastisches Formschreiben zur Hand. Nur ausnahmsweise hätte der GBI sich bereit erklärt, eine Ersatzwohnung „aus dem Bestand der mir meldepflichtigen Judenwohnungen“ anzubieten, Schönheitsreparaturen durchführen zu lassen und auch die Umzugskosten zu tragen. Entschädigungsansprüche würden nicht anerkannt, jede Antragstellung beim GBI oder dem Bezirksamt wäre zwecklos. „Für den Fall, daß Sie sich nicht rechtzeitig um die Ermietung einer dieser Ersatzwohnungen bemühen, müssen Sie mit einer zwangsweisen Unterbringung rechnen. Im letzteren Falle wird eine Instandsetzung der zugewiesenen Wohnung nicht vorgenommen.“[588] Spätestens bei Kriegsende wären alle Ausgebombten exmittiert worden – wären sie in ihrer Not überhaupt in größerer Zahl in den angeblich zur Vorsorge geräumten Abrißhäusern untergebracht worden.

Aus den Schadensmeldungen der städtischen Hauptluftschutzstelle[589] geht hervor, daß nach den Luftangriffen auf Berlin Ende August und im September 1940 mit insgesamt 83 Familien die größte Gruppe Ausgebombter in Leerwohnungen in Abrißhäusern untergebracht worden war, lange bevor der GBI die Bereichsräumungen der „I. Aktion“ als „ausschließlich durch Kriegsumstände veranlaßt“ einleitete.[590] Bis Jahresende 1941 stieg die

---

587 BAK R 120 Nr. 1959 (Nachweise einzelner Räumungen, u.a. nicht „für W.f.L.“) 11 MbS erhielten „Bomben-Mieter“, die in städtischen Sanierungshäusern ausgebombt waren und in den zugewiesenen Katastrophenwohnungen in Neugestaltungsgrund-stükken wegen kriegswichtiger Nutzung Dritter wiederum räumungspflichtig wurden.

588 BAK R 120 Nr. 3905c (Rs. eines Notizzettels: 3 Absätze des letzten Blatts eines Formschreibens, (u) gestempelt Schmidt, Siegel GBI -61-, ca. 1. Halbjahr 1941).

589 LA Bln STA Rep. 01-02 Nr. 695–703 (OBM, Generalbüro-Hauptluftschutzstelle), hier Nr. 700 (OBM, HL 1, seit 41 HL 1a, Vertraulich!, Nur für den Dienstgebrauch, hekt., an Sonderverteiler 70 Stück, u.a. an HPla, Pla VIII, z.Hd. Dr. Pade, seit 1941 auch HLiegAmt, z.Hd. Dr. Müller-Wielandt und Lemke, sowie je 10 Stück an alle 20 BezBM, Berichte Luftangriffe seit 6. Alarm am 26.8.40 als 1. Folge v. 5.9.40, sowie Monats- und Jahresübersichten, Lfzt. 9/40 – 1/42). Laurenz Demps, Die Luftangriffe auf Berlin, a.a.O.

590 LA Bln STA Rep. 01-02 Nr. 700 (OBM, HL 1, Bericht, 8.und 9. Alarm am 29. und 31.8.40, v. 28.9.40); Unterbringung in Notwohnungen in Abrißhäusern in den Bereichen der 14. AO, Körnerstr. 23, und der 41. AO, OBM für Rathaus Kreuzberg, Belle-Alliance-Str. 104, 105 und Blücherstr. 2. Ebenda (OBM, HL 1, Bericht, 15., 17. und 21.

Zahl der längerfristig Obdachlosen, deren Wohnungen die Baugruppen des GBI auch innerhalb eines Monats nicht wieder hergerichtet hatten, von über 1.500 auf über 3.500. Durch Bombenangriffe seit Ende August 1940 waren mehr als 9.000 und im Jahr 1941 mehr als 10.000 Menschen vorübergehend obdachlos.[591] Dennoch bezogen „Bomben-Mieter" im September 1941 nur 16 leerstehende Wohnungen in Abrißhäusern.[592] Die Meldungen der Hauptluftschutzstelle belegen, daß Ausgebombte die ad hoc eingerichteten Notunterkünfte in Schulen und anderen öffentlichen und kirchlichen Gebäuden nur kurzfristig aufsuchten und mehrheitlich die staatliche Betreuung mieden und selbst Quartier bei Verwandten und Bekannten suchten.

Nachdem Berlin im Jahr 1942 weitgehend von Luftangriffen verschont geblieben war, standen der Stadt noch rund tausend Leerwohnungen zur Einquartierung Ausgebombter zur Verfügung, darunter zwei Abrißhäuser mit je 23 Wohnungen, die die NSV seit Kriegsbeginn als Notquartiere betreut hatte.[593] Durch zwei Luftangriffe am 16. und 17. Januar 1943 wurden mehr als 11.000 Berliner obdachlos, von denen 3.500 auch nach vier Wochen noch nicht in ihre Wohnungen zurückkehren konnten, aber nur 113 der Katastrophenwohnungen belegten.[594] Bevor ein einziger weiterer Luftangriff am 1. März 1943 auf einen Schlag 35.000 Berliner – mehr als seit August 1940 insgesamt – obdachlos machte, die Zahl der stark zerstörten

---

Alarm am 7., 10./11. und 23./24.9.40, v. 10. und 11.40 und 3. Nachtrag v. 5.5.41). BAK R 120 Nr. 2909 (Abs., BezBM Tiergarten, Grund VII a/518/Se, an BezBM Kreuzberg, Quartier- und Wehrleistungsamt, betr. Einweisung einer Mieterin, Wassertorstr. 36, in das Grundstück Körnerstr. 23, am 21.9.40, v. 9.4.41).

591 LA Bln STA Rep. 01-02 Nr. 698 Bl. 2-4 und Bl. 152-154 (OBM, HL 1a, Gesamtübersicht Luftangriffe 1940, v. 15.1.41; desgl. für 1941, v. 27.1.42). Die Angaben bzw. Größenordnungen stimmen überein mit den wöchentlichen internen Meldungen der Baugruppe Piepenburg-Kühnell betr. Fliegerschädenbeseitigung bei Grundstücken und Wohnungen, BAP 46.06 Nr. 678.

592 BAK R 120 Nr. 3905a, in den Bereichen der 29. AO 6 und der 25. AO 4 Wohnungen, sowie 1 Wohnung im Bereich der 14. AO, Körnerstr. 23, seit 21.9.40 durch Einweisung des BezBM Kreuzberg, Quartier- und Wehrleistungsamt, belegt, nach BAK R 120 Nr. 2909 (BezBM Tiergarten an GBI, v. 9.4. – 26.9.41). BAK R 120 Nr. 154 und LA Bln Pr.Br.Rep. 107 Nr. 379 (Ds., GBI II/4, Rkt., an Quartier- und Wehrleistungsamt, betr. namentliches Verzeichnis der Bombengeschädigten, v. 28.4.41). LA Bln Pr.Br.Rep. 107 Nr. 198 (Abs. Quartier- und Wehrleistungsamt an GBI, Übersendung des erbetenen Verzeichnisses, Körnerstr. 23, 4 Wohnungen, v. 27.5.41). BAK R 120 Nr. 1955 (Nachweis für den Bereich der 4. AO, Schiffbauerdamm 26a, Belegung 1 Wohnung seit 9/41).

593 LA Bln Pr.Br.Rep. 107 Nr. 386/2 (Belegung der Bereichsgrundstücke zur Verfügung des HPla, für Besprechung am 3.2.43 ausgeheftete Unterlagen zu den Bereichen).

594 LA Bln STA Rep. 01-02 Nr. 701 (OBM, HL 1a, Bericht, 99. und 100. Alarm am 16. und 17.1.43, v. 17.1. und 3. Nachtrag v. 26.2.43 und v. 18.1.43) i.V.m. ebenda Nr. 697, Bl. 5f., 8, 11 (Jahresübersicht Schäden 1943, v. 1/44).

Wohnungen verzehnfachte und die der Totalschäden auf mehr als 6.000 erhöhte,[595] hatte der GBI im Einvernehmen mit dem städtischen Hauptplanungsamt die im Rahmen der „I. Aktion" geräumten und beschlagnahmten Bereichswohnungen der Verwendung für Ausgebombte entzogen.

Der GBI nutzte die Gelegenheit einer wohnungspolitischen Initiative der Gauleitung von Anfang Januar 1943, die tausend in Neugestaltungsbereichen leerstehenden Wohnungen nach Richtlinien von Goebbels „Kriegsversehrten, kinderreichen ausgezeichneten Soldaten und Bombengeschädigten" zukommen zu lassen, um sich der in Leerwohnungen eingewiesenen ausgebombten Privatmieter zu entledigen.[596] Da die geräumten Bereichswohnungen keinesfalls auf Dauer vermietet werden sollten, wollte Speer nötigenfalls selbst mit Goebbels sprechen.[597] Der GBI einigte sich mit der Stadtverwaltung auf einen Vorschlag des Hauptplanungsamts, Abrißwohnungen in Neugestaltungsbereichen, soweit diese nicht ohnehin auf Grund des „Speer-Vertrags" an kriegswichtige Büroraumnutzer vermietet waren, „dem Wohnungsmarkt in indirekter Form dienstbar zu machen": Kriegswichtige Dienststellen sollten aus zweckentfremdetem Wohnraum in die „auf Grund unserer Vereinbarungen aus dem Anfang des Jahres 1941 zu Gunsten der Unterbringung Obdachloser" beschlagnahmten und „zum Teil jetzt für diesen Zweck" leerstehenden Wohnungen wechseln, die andernorts zweckentfremdeten Wohnräume an Wohnungssuchende vermittelt werden. Ansonsten sollten in Abrißhäusern, um Wohnungen und Hotels zu schützen, „Ledigen-Heime" für deutsche Werksangehörige kriegswichtiger Betriebe und „Wehrmachts-Hotels" für in Berlin stationierte Militärangehörige eingerichtet werden.[598]

Die für Katastrophenzwecke beschlagnahmten Bereichswohnungen hielt das städtische Hauptplanungsamt nunmehr für Behörden, Verbände und Konzerne bereit. Diese Verwendung der Abrißwohnungen lag, wie Stadtrat

---

595 LA Bln STA Rep. 01-02 Nr. 697, Bl. 5f., 8, 11 (Jahresübersicht Schäden 1943, v. 1/44).

596 LA Bln Pr.Br.Rep. 107 Nr. 386/1 (Vermerk, betr. Besprechung mit Stadtrat Pfeil im Anschluß an dessen Besprechung in der Gauleitung, Spangenberg, DAF, (u) Clahes, v. 5.1.43; desgl. als Vorlage für Speer mit der Bitte um Entscheidung, Entwurf, (p) Clahes, v. 5.1.43, Ds. der Reinschrift, v. „5. Januar 1942"; Gauleitung, DAF, (u) Spangenberg, an GBI v. 9.1.43).

597 LA Bln Pr.Br.Rep. 107 Nr. 386/1 (Vermerk, Vortrag Clahes bei Speer am 11.1.43, (u) Clahes, v. 12.1.43).

598 LA Bln Pr.Br.Rep. 107 Nr. 386/1 (OBM, HPla, Pla VIII, i.V. (u) Pfeil, an GBI, z.Hd. Clahes, betr. anderweitige Verwendung leerstehender Räume in Abrißhäusern, v. 23.1.43). Ebenda (GBI, II/4, Umsiedlungsabteilung, Mie/Ka, Vermerk zur Besprechung GBI, Clahes, Mietzner, mit OBM, HPla, Pfeil, Bachmann, Dr. Pade, am 2.2.43, (u) Mietzner, v. 3.2.43).

Adalbert Pfeil richtig vermutet hatte, „dem Ziele der Neugestaltung am nächsten".[599] Anfang Februar 1943 beantwortete Clahes die wohnungspolitische Initiative der Berliner Gauleitung offiziell und empfahl, die leeren Wohnungen ausschließlich an Büroraumnutzer zu vergeben – zur Entlastung des Wohnungsmarkts, weil so zweckentfremdete Wohnungen außerhalb der Bereiche frei würden und wohnungssuchenden Familien zugewiesen werden könnten. Da eine Inanspruchnahme nach dem Reichsleistungsgesetz längstens für die Dauer des Kriegs galt, entstanden der Neugestaltungsbehörde „keine Schwierigkeiten, diese Wohnungen sofort für Zwecke des Generalbauinspektors freizumachen", für den Abriß, was für Speer „eine große Erleichterung" bedeutete, „da dann Räumungen von Privatmietern mit allen tatsächlichen und rechtlichen Schwierigkeiten nicht in Frage kommen".[600] Das verlogene Argument, die Neugestaltungsräumungen der „I. Aktion" dienten der Behausung von Ausgebombten, überdauerte deren Ende keine drei Monate – ohne daß der „besondere Befehl des Führers und Reichskanzlers" von Ende September 1940, den Speer für die Wiederaufnahme der Bereichsräumungen während des Kriegs vielfach bemüht hatte, irgend Erwähnung fand.

2. *„Judenwohnungen" auf Bestellung: Kontingente, Sonderräumungen, Gefälligkeiten*

Parallel zu den Bereichs- und Wohnungsräumungen der „I. Aktion" bedachte der GBI seit Februar 1941 eine wachsende Klientel, die in Berlin Wohnungen und Büros suchte. Mehr als fünftausend Wohnungen Berliner Juden überließ die Neugestaltungsbehörde bis November 1942 als Kontingentwohnungen der behördlichen, kommunalen und militärischen Wohnungsfürsorge, bei Sonderräumungen wegen kriegswichtigen Büroraumbedarfs von Behörden und Rüstungskonzernen und als Speersche Gefälligkeiten. Diese Wohnungsvergabe sollte die Akzeptanz der auf die bauliche Neugestaltung Berlins ausgerichteten Kriegstätigkeit der Neugestaltungsbehörde fördern. Sie trug zu Speers gutem Ruf in Regierungs- und Wirtschaftskreisen bei, noch bevor der Siebenunddreißigjährige Anfang Februar 1942 zum

---

599 LA Bln Pr.Br.Rep. 107 Nr. 386/1 (OBM, HPla, Pla VIII, i.V. (u) Pfeil, an GBI, z.Hd. Clahes, betr. anderweitige Verwendung leerstehender Räume in Abrißhäusern, v. 23.1.43).

600 LA Bln Pr.Br.Rep. 107 Nr. 386/1 (Ds., GBI, II/C-W., (p) Clahes, an DAF, Gauwaltung Berlin, z.Hd. Pg. Spangenberg, v. 4.2.43). Die Rechtsabteilung des GBI hatte bereits eine Stellungnahme zum Verhältnis von Neugestaltungsgesetz, dort „Städtebaugesetz" genannt, und Mieterschutzgesetz vorgelegt, eine Argumentationshilfe, um private Wohnungsmieter exmittieren zu können, LA Bln Pr.Br.Rep. 107 Nr. 277/4 (Rabt., II/3-43a, Dr.N/Jk., Dr. Neikes, für Clahes, betr. Räumung von Bereichsgrundstücken, v. 26.1.43).

Reichsminister aufstieg. Für die Zuteilung von Altbauwohnungen an die behördliche Wohnungsfürsorge und von der NSV betreute Wohnungssuchende entschied sich der GBI Ende 1940. Mit Heydrich hatte Speer sich bereits Anfang November 1940 geeinigt, Beamten des Reichssicherheitshauptamts und der Gestapo Wohnungen Berliner Juden zu vermitteln.[601] Auf gemeinsamer Geschäftsgrundlage Reichsministerien, „Reichsführer SS" und Berliner Gauleitung an der Ausbeute der Wohnungsräumungen gegen Juden zu beteiligen, erleichterte Hitler die entscheidende Befürwortung der Neugestaltungsräumungen während des Kriegs Mitte Januar 1941.[602]

Zum Auftakt der Neugestaltungsräumungen der „I. Aktion" Ende Januar 1941 bezeichnete der GBI die Vermittlung der von Juden bewohnten Mietwohnungen an Wohnungssuchende als Sonderfälle. Bis Mitte April 1941 umfaßten diese Kontingente zunächst 175 Mietberechtigungen für Angehörige der Ministerien und des GBI und insgesamt 290 für von der NSV betreute oder von den bezirklichen Wohnungsämtern benannte Wohnungssuchende: Umsiedler aus der Sowjetunion, Familien mit vielen Kindern und Ausgebombte.[603]

Das anfangs „der SS zur Verfügung gestellte Kontingent von 100 Judenwohnungen"[604] war nach wenigen Monaten ausgeschöpft und wurde vom GBI noch im ersten Halbjahr 1941 für die in Berlin expandierenden Ämter Himmlers verdoppelt und im Laufe des Jahrs zu einer monatlichen Quote von mindestens 50 Mietberechtigungen ausgeweitet. Neben der SS begünstigte Speer nur Goebbels' Propagandaministerium seit August 1941 mit einem monatlichen Deputat von zehn Mietberechtigungsscheinen für nach Berlin geholte Schauspieler und Regisseure. Seit März 1942 gab die Neugestaltungsbehörde als einmalige Kontingente Mietberechtigungen für den Wohnungsbedarf der Reichsministerien, der Einrichtungen der NSDAP, des

601 Kwiet, Nach dem Pogrom, a.a.O., S. 637; Orig. des zit. Dokuments: BAK R58 Nr. 848, Bl. 155 (Rds. Gestapo, Amt IV, v. 9.11.40), Abbildung S. 227.

602 BAP 46.06 Nr. 655 (Ds., Vermerk, gez. Speer, z.Zt. Obersalzberg, Herrn Clahes, v. 20.1.41) i.V.m. LA Bln Pr.Br.Rep 107 Nr. 53a und BAK NL 316 (Nachlaß Wolters, Speer-Chronik) Nr. 1–6, 1. Im Anschluß an ein Treffen mit Hitler, das die „Speer-Chronik" zum Jahr 1941 für den 17.1.41 verzeichnet, übermittelte Speer, Hitler wäre „restlos einverstanden und befiehlt hiermit Förderung der Angelegenheit".

603 LA Bln Pr.Br.Rep. 107 Nr. 401, Bl. 23 (GBI, Hauptabt. Umsiedlung, II/4-00-Schm/St., Bericht über die Durchführung kriegswichtiger Aufgaben der Wohnungsabt. in der Zeit v. 1.1. – 15.4.41, v. 31.3.42). 40 MbS erhielten Ausgebombte.

604 BAP 46.06 Nr. 110 (GBI, II/3-40/5-F/Pz., Rabt., (u) Clahes, an GBI Dr. Wolters, im Hause, betr. Umwandlungsantrag RfSS für Tharandterstr. 5 und Prinzregentenstr. 11, auf Schreiben Dr. Fränk v. 19.12.40, v. 25.4.41). Die Eckbebauung lag innerhalb eines der 1939 festgelegten Umwandlungssperrgebiete, die gegenüber kriegswichtigem Bedarf nachrangig waren.

IV

IV Gst.- B.Nr.:1310/40.

Berlin, den 9.November 1940

155

An

alle Referate des Amtes IV.

Betr.: Judenwohnungen.

Zur Behebung des vorhandenen Wohnungsbedarfs der Sicherheitspolizei und des SD. sind gemäss einer Vereinbarung zwischen dem Generalbauinspekteur und dem Chef der Sicherheitspolizei und des SD. eine Anzahl Judenwohnungen zur Verfügung gestellt worden. Um für diese im beschränkten Umfange zur Verfügung stehenden Wohnungen die dringendsten Fälle herausfinden zu können, bitte ich, die wohnungssuchenden Angehörigen der Ämter in einer Nachweisung nach beiliegendem Muster mit folgender Unterteilung der Geschäftsstelle des Amtes IV anzuzeigen:

A) Verheiratete, die eine eigene Wohnung in Berlin nicht besitzen.

B) Verheiratete, die in Berlin eine eigene Wohnung besitzen, diese aber aus dringenden Gründen wechseln müssen,

C) Unverheiratete, die vor der Eheschließung stehen und eine eigene Wohnung noch nicht haben.

Für die zu C) genannten Personen handelt es sich um eine vorsorgliche Meldung, da es kaum möglich sein wird, allgemein Zuweisungen an diesen Personenkreis vorzunehmen. Insbesondere hängt diese Möglichkeit davon ab, in welchem Umfange Meldungen zu A) und B) eingehen werden.

Die Angaben in der Nachweisung sind sorgfältig zu machen, da nach diesen von dem Referat IV D 4 über die Reichsvereinigung der Juden die entsprechende Wohnung freigemacht und der Abschluß des Mietsvertrages vorbereitet wird.

Mit Rücksicht auf die Dringlichkeit der Angelegenheit sind die Ermittlungen beschleunigt durchzuführen und die Nachweisungen spätestens bis zum 15.11.1940 der Geschäftsstelle des Amtes IV vorzulegen.

Im Auftrage:
gez. P i e p e

Beglaubigt:
Kanzleiangestellte.

IV E 6

Eine Anzahl Wohnungen für Heydrichs Wohnungsfürsorge – Geschäftsgrundlage für die seit Sommer 1940 von Speer verlangte Deportation aller Berliner Juden

Eichmann-Referats im Reichssicherheitshauptamt und der Berliner Staatspolizeileitstelle aus. Unter den Vorzugskunden des GBI erhielt das Auswärtige Amt mit 70 Mietberechtigungen für Behördenangehörige und in Berlin akkreditierte ausländische Diplomaten das größte Kontingent.[605]

Vermutlich im November 1941 sagte der GBI der NSV zu, erneut an eine größere Gruppe volksdeutscher Umsiedler Mietberechtigungsscheine auszugeben. Seit Februar 1942 vermittelte die Neugestaltungsbehörde zwangsgeräumte Wohnungen Berliner Juden auch an Kriegsversehrte und vom Kommandeur der Wehrmachtsfürsorge benannte Wehrmachtsangehörige.[606] Außerdem erhielten Familien mit vielen Kindern über die kommunale Wohnungsfürsorge Mietberechtigungen des GBI für Wohnungen Berliner Juden. Insgesamt legitimierte der GBI mehr als 5.000 Wohnungssuchende zur Übernahme von Mietwohnungen Berliner Juden: seit Februar 1941 rund 2.500 als Sonderfälle, größtenteils im Rahmen der behördlichen Wohnungsfürsorge, und seit Dezember 1941 und Februar 1942 wenigstens ebenso viele im Rahmen der kommunalen und militärischen Wohnungsfürsorge. Von den als Sonderfälle deklarierten Mietberechtigungen sind 2.106 mit der in der Wohnungsabteilung des GBI separat geführten Generalliste der ausgegebenen Mietberechtigungsscheine nach Namen und privater oder dienstlicher Anschrift dokumentiert.[607] Die Mietberechtigungsscheine wurden im No-

605 LA Bln Pr.Br.Rep. 107 Nr. 401, Bl. 12 (Orig., Kontingentaufstellung v. 27.3.42). Ds. desgl., (p) F, ebenda Bl. 22. Vgl. ebenda Bl. 10 und 11 (Ds., (p) F, Kontingentaufstellung und Stand des Abrufs, v. 21.7.42), Bl. 10 abgebildet in Geist und Kürvers, Tatort Berlin, Pariser Platz, a.a.O., S. 94. Kontingentweise beteiligte der GBI 1942 außerdem die Gauleitung mit 20 MbS, die NSV mit 5, Eichmann mit 15, die Stapoleitstelle mit 12, das Ost-Ministerium mit 15, das RMdI mit 8, die Volksdeutsche Mittelstelle mit 5, den RFM mit 15, das OKM mit 3, die Gauleitung mit weiteren 5, die Obersten SA-Führer mit 5 und die Reichsjugendführung der NSDAP mit 5 MbS.

606 BAK R 120 Nr. 1976 (Rundschreiben Nr. 14, Hauptabt. Umsiedlung, II/4-00-Schm./Sch., (u) Pohl, betr. Wehrmachtswohnungsfürsorge, v. 6.2.42). Der GBI beschränkte den MbS auf zwei Monate und wies drei Wohnungen zur Auswahl nach.

607 BAK R 120 Nr. 3905i (Generalliste ausgegebener MbS, Lfzt. 2/41–10/42, mit „S“ gekennzeichnete Sonderfälle und nachweislich 572 MbS für Kontingente der SS, ohne Wohnungsfürsorge des RSHA und der Stapoleitstelle). Das Kontingent „SS-H“ bezieht sich mit 56 MbS vermutlich auf „Sonderaufträge SS“, BAK R 120 Nr. 2974 (GBI, II/4, Sonder-Ermittlungen, 8/41, betr. Kleiststr. 19, Kurfürstendamm 136, Lennéstr. 10 und Lützowstr. 2, Kreuzberg: Lindenstr. 91/Enckestr. 1 und 2 sowie Markgrafenstr. 85, 86, 87, 88, Wilmersdorfer Str. 98-99, Sybelstr. 9). Die Nachweisblätter der Generalliste für die 1/41 und 2/41 zuerst ausgegebenen 363 MbS und die 50 zuletzt 10/42 vergebenen MbS fehlen. Die Gesamtzahl der ausgegebenen MbS erschließt sich, da andere Teile der Generalliste verloren sind, aus den lt. Räumungsliste, LA Bln Pr.Br.Rep. 107 Nr. 144/3 (Räumungslisten der Serie „a“) vorhanden gewesenen Nummerngruppen in Kombination mit den Kontingentaufstellungen und zwei Berichten des GBI über die Ver-

vember 1942 mit dem Rückzug des GBI aus der Wohnungsvermittlung ungültig.[608]

Mieteten Wohnungssuchende zwischen Februar 1941 und November 1942 von Juden bewohnte Wohnungen, strich die Wohnungsabteilung des GBI anhand der vom Vermieter übermittelten Wohnungs- und Mieterdaten die Wohnungen aus den vorrätigen Exemplaren des Wohnungsnachweises und erstellte gesonderte Räumungslisten. Die Räumungslisten dieser zweiten Serie waren fortlaufend numeriert und durch den Zusatz „a" von den Räumungslisten unterschieden, die den Wohnungswechsel von Mietern aus Neugestaltungsbereichen anzeigten.[609] Auch diese Räumungslisten übergab der GBI der Wohnungsberatungsstelle der Jüdischen Kultusvereinigung. Sie hatte in der vom GBI gesetzten Frist dessen Räumungsverfügung gegen die betroffenen Juden, den namhaft gemachten Hauptmieter, dessen Untermieter und Angehörige, durchzusetzen.[610] Aufgrund der rückzumeldenden Räumungsdaten korrigierte die Wohnungsabteilung die Karteien der in Berlin noch an Juden vermieteten Wohnungen.

Die zweite Serie Räumungslisten ist erhalten und dokumentiert mit 1.094 Einzelfällen ein Fünftel der Übernahmen von Wohnungen Berliner Juden durch die wohnungssuchende Klientel des GBI. Auch hier sind alle Beteiligten mit Namen und Anschrift aufgeführt: Eigentümer oder Verwalter der bewohnten Wohnung, die Personalien des neuen Mieters, Nummer des verwendeten Mietberechtigungsscheins. Die Wohnung ist nach Verwaltungsbezirk, Anschrift, Lage im Haus, Zimmerzahl, Nachnamen und Zwangsvornamen des jüdischen Hauptmieters bezeichnet. Diese Serie etwa wöchentlich aufgelisteter Räumungsanordnungen des GBI mit den Listen-

---

mittlung von Wohnungen Berliner Juden, LA Bln Pr.Br.Rep. 107 Nr. 401, Bl. 13, Bl. 3 (Hauptabt. Umsiedlung, II/4-00-Schm/Hbm, Bericht „Umsiedlungen in Judenwohnungen", 1.10.39 – 1.7.42, v. 11.7.42; unvollständiger Entwurf, „vermietete Judenwohnungen" am 2.9.42).

608 BAK R 120 Nr. 1976 (GBI, Formschreiben II/4-00/Wr/Er., an Mieter der Gruppe B, v. 1.10.42). Die Anzahl der 11/42 verfallenen MbS ist nicht bekannt.

609 Die Räumungslisten für Bereichsmieter und die der Serie „a" sind in derselben Akte aufbewahrt. Die Ausstellung des Bezirksamts Neukölln im Dezember 1988, vgl. Zehn Brüder waren wir gewesen. Spuren jüdischen Lebens in Neukölln, hrsg. v. Dorothea Kolland, Berlin 1988, zeigte das Deckblatt der Räumungsliste Nr. 87a, das als erstes Blatt in der Akte aufbewahrt wird; die zugehörenden Seiten 2-7 liegen ab 66. Blatt in der Akte, was so oberflächlich die Systematik der Räumungslistenserien verdeckt hat.

610 Untermietern, die nicht Juden waren, vermittelte der GBI Ersatzwohnungen, solche von Juden oder aus Tauschverfahren verfügbare. Einer Kündigung oder Räumungsaufforderung bedurfte es nicht, da das Untermietverhältnis mit dem Mietverhältnis erlischt. Daß Untermieter das Fortbestehen des kündigungslos durch Räumung beendeten Mietverhältnisses des jüdischen Hauptmieters eingeklagt hätten, ist nicht bekannt geworden.

nummern 6a bis 87a deckt den Zeitraum vom 21. April 1941 bis zum 6. November 1942 ab. Die frühesten Listen der Nummern 1a bis 5a fehlen; die Überlieferung ist nicht vollständig und in sich lückenhaft.[611]

Mit 866 Einzelangaben dokumentieren die Räumungslisten etwa ein Drittel der seit Februar zu Sonderfällen deklarierten Übernahmen von Wohnungen Berliner Juden und mit 228 Angaben die Wohnungswechsel im Rahmen der kommunalen und militärischen Wohnungsfürsorge ab Dezember 1941 und März 1942. Zwischen Februar 1941 und November 1942 mußten Juden auf Anordnung des GBI schätzungsweise 1.200 Wohnungen räumen, weil der GBI deren Vermieter und seine wohnungssuchende Klientel mit dem Nachweis dieser Wohnungen veranlaßte, Mietverträge über die bewohnten Wohnungen abzuschließen.

Die zwei Listenserien der – allesamt gesetzlosen und rechtswidrigen – Räumungsanordnungen gegen Berliner Juden waren für die interne Bearbeitung beim GBI und in der Jüdischen Kultusvereinigung bedeutsam, weil der GBI nur für die Kosten des Wohnungswechsels von Bereichsmietern aufkam, für die übrige wohnungssuchende Klientel aber weder die Instandsetzung noch den Umzug übernahm.[612] Der GBI trat für die Instand-

611 LA Bln Pr.Br.Rep. 107 Nr. 144/3 (1. und ab 66. Bl. der Akte, Ds., lt. hs. Namenszug o. re. bestimmt für Herrn Frank, Wohnungsabt., i.d.R. o. li. gestempelt GBI, „Hauptamt Verwaltung und Wirtschaft, Berliner Straße 4-9“, i.d.R. Zeichen der Bearbeiter: Kr./ Wdl. o. Wdl., d.h. erstellt durch Übertragung der Daten des vom Vermieter zurückzusendenden Abschnitts des MbS in der Wohnungsabteilung, nicht in der Rkt., von Krewerth und Wedler, Räumungslisten Nr. 6a, v. 4.3.41 bis Nr. 87a, v. 6.11.42, wobei die Vollständigkeit einzelner Listen nicht immer eindeutig ist; nicht überliefert Rl. Nr. 1a–5a, 7a, 8a/1–12, 70a, 71a, 72a; neben 17 Nachträgen, zu Rl. 8a, 12a, 13a, 14a, 15a, 16a, 17a, 19a, 25a, 26a, 30a und 36A, enthält die Akte zwei Aufstellungen Räumungsdaten, zu Rl. 19a und 20a, die sich auf die Räumungen der „Judenwohnung“ beziehen). Von den 1.260 Positionen der erhaltenen Seiten der Rl.a beziehen sich 1.094 auf Räumungen für MbS-Inhaber; neben 5 Freigabe- oder Eigenbedarf-Vermerken, 9 Angaben zu jüdischen Hauptmietern in Bereichsgrundstücken und 16 Mietern aus Bereichsgrundstücken enthält die Akte im übrigen, als Positionen der Rl.a, eingereiht in die Rl.a-Serie oder als Sonderräumungsliste Grundstücksräumungen zugunsten von Behörden, Verbänden und Konzernen, i.d.R. Grundstücke aus Eigentum von Juden bzw. dem der Reichsvereinigung. Die erwähnte Überschneidung mit dem einzigen erhaltenen Wohnungsnachweis in Rl. 64a/1 und 12 v. 9.6.42 mit lfd. Nr. 37 und 36 und in Rl. 78a/39 mit lfd. Nr. 41 im Wohnungsnachweis, a.a.O.

612 LA Bln Pr.Br.Rep. 107 Nr. 144/3 (Ds., Aktennotiz, II/4 - 56/2 - Kr/Fi., (u) Krewerth und (u) Frank, Wohnungsabt., für den der Ds. lt. hs. Kennzeichnung o. re. bestimmt war, v. 15.7.41, zu Rl. 19A/1 v. 5.7.41). Die Aktennotiz korrigierte die irrtümliche Aufnahme der Wohnung in die Räumungsliste der Serie „a“: Der neue Mieter war ein Abrißmieter, und folglich war „die Wohnung durch den Generalbauinspektor instandzusetzen und ebenfalls der Umzug vorzunehmen“.

setzungskosten auch nicht in Vorleistung und zog folglich die Jüdische Kultusvereinigung nicht zur Erstattung angeblicher Verpflichtungen jüdischer Vormieter heran. Versuche von Nachmietern, dennoch Zahlungen aus dem Vermögen der Jüdischen Kultusvereinigung zu erhalten, konnte diese entsprechend zurückweisen: „Da die Räumungsanordnung auf einer a-Liste erfolgt ist, werden die Kosten der Instandsetzung für diese Wohnung nicht in dem sonst üblichen Verfahren über den Herrn Generalbauinspektor abgerechnet; vielmehr ist es Sache des Vermieters mit dem Mieter die Frage der Erstattung der Instandsetzungskosten zu regeln, es sei denn, dass die Bezahlung der Instandsetzungskosten von hier aus durch die Aufsichtsbehörde angeordnet wird".[613] Die Neugestaltungsbehörde kontrollierte den Wohnungswechsel von Mietberechtigten, die keine Abrißmieter waren, weder organisatorisch noch finanziell. Auch die Räumungsanordnungen gegen Juden, die Abrißwohnungen in Räumungsgebieten der Neugestaltung bewohnten und denen der GBI jeglichen Ersatzanspruch verweigerte, führte die Behörde deshalb in den Räumungslisten der Serie „a".[614] Der Wortlaut des sicherlich standardisierten Anschreibens der Wohnungsberatungsstelle der Jüdischen Kultusvereinigung an die von Räumungsverfügungen des GBI betroffenen Juden ist überliefert. Der Bereichsmieter Theodor Fröhlich erfuhr aus einem Schreiben der Wohnungsberatungsstelle unter der Bezugsnummer 51a: „Die zuständigen Behörden haben uns mitgeteilt, daß Sie Ihre Wohnung In den Zelten 18 bis zum 15.3.42 räumen müssen."[615] Die überlieferte Räumungsliste Nummer 51a vom 18. Februar 1942 führt unter Position 18 die Wohnungsdaten von Theodor Fröhlich.[616]

Die Räumungen gegen Berliner Juden für die vom GBI bevorzugte Klientel wohnungssuchender Mietinteressenten bereiteten der Neugestaltungsbehörde einen nur minimalen Verwaltungsaufwand, weil sie keine besondere Regulierung erforderten. Kein Rest derartiger Unterlagen, kein

---

613 BAP 75 C Re 1 Nr. 129, Bl. 201 (Bericht Bezirksstelle Berlin, (u) Moritz Henschel, an RV, betr. Wohnung Isidor Goldstein, Charlottenburg, Goethepark 13, v. 24.2.43); ebenda Bl. 200, desgl. betr. Wohnung Agnes Fuchs, Trendelenburgstr. 17, v. 22.2.43. Die Angaben der Bezirksstelle zur Räumungsanordnung stimmen mit denen der in Akten des GBI als Ds. erhaltenen Räumungslisten, LA Bln Pr.Br.Rep. 107 Nr. 144/3 (hier Rl. 67a/4 v. 6.7.42 u. Rl. 80a/28 v. 23.10.42), überein.

614 LA Bln Pr.Br.Rep. 107 Nr. 144/3 (Rl. Nr. 26a/1,2 und 3 v. 5.8.41 zu Wohnungen im Bereich der 29. und 13. AO und Aktenvermerk v. 13.8.41, 2 Aktenvermerke v. 21.8. und 3.9.41, aufgenommen in Rl. Nr. 30/1 und 2 v. 9.9.41).

615 BAK R 120 Nr. 2909 (Abs., Schreiben Fröhlich an BezBM Tiergarten v. 24.3.42).

616 LA Bln Pr.Br.Rep. 107 Nr. 144/3 (Rl. 51a/1 v. 18.2.42). Theodor Fröhlich mietete am 20.2.42 und zog am 19.3.42 um, BAK R 120 Nr. 2909 (Abs., Schreiben Fröhlich an BezBM Tiergarten v. 24.3.42).

Hinweis auf etwa vorhanden gewesene Formbriefe oder Formulare, kein Korrespondenzsplitter ist in der archivalischen Hinterlassenschaft des GBI auffindbar. Außer für Wehrmachtsangehörige gab der GBI keine speziellen Mietberechtigungsscheine aus; auch die bevorzugte Klientel des GBI sollten die Vermieter von Juden für Räumungsmieter aus Neugestaltungsbereichen halten. In einem Ermittlungsverfahren Ende Juni 1942 legte Clahes der Staatsanwaltschaft am Landgericht Berlin dar, den Berliner Hausbesitzern wäre bekannt, daß die Zuzugsgenehmigung „in eine bisher jüdische Wohnung" nur erteilt würde, „wenn der Mietvertrag mit einem Mieter geschlossen wird, der einen sogen. ‚Mietberechtigungsschein' von mir besitzt" und fügte „zum erleichterten Verständnis" den als Muster gekennzeichneten Mietberechtigungsschein Nummer 419 bei, das einzige bisher aufgefundene Exemplar. Alle auf eine bessere Wohnung Spekulierenden gaben sich in Berliner Wohnungen von Juden als Mietberechtigte aus, die ihre „zurzeit bewohnten Räume infolge der Neugestaltung der Reichshauptstadt räumen" müssen.[617] Der einzige aufgefundene gedruckte Wohnungsnachweis führt zwar im Titel den Zusatz „für Mieter aus Räumungsgebieten", doch hat die wohnungssuchende Klientel des GBI Mietverträge über in diesem aufgeführte Wohnungen Berliner Juden geschlossen.[618] Seit Beginn der Wohnungsräumungen im Februar 1941 vermittelte die Neugestaltungsbehörde fünfmal soviel Interessenten in Wohnungen Berliner Juden, wie sie im Rahmen der „I. Aktion" Räumungspflichtige aus Neugestaltungsbereichen umzusetzen vermochte. Schätzungsweise 4.750 vom GBI im Rahmen amtlicher Wohnungsfürsorge betreute Wohnungssuchende zogen aus dienstlichen Gründen nach Berlin oder wollten ihre Wohnverhältnisse in Berlin verbessern. Wenn sie Mietberechtigungsschein und Wohnungsnachweis bei der Wohnungsabteilung des GBI anforderten, hatten sie sich, anders als räumungspflichtige Bereichsmieter, zum Wohnungswechsel fest entschlossen. Ohne behördlichen Aufwand des GBI, der deren Wohnungswechsel weder plante oder kontrollierte noch dessen Kosten trug, bezogen sie Wohnungen von Juden.

---

617 LA Bln Rep. 58 Acc. 4005, StA LG Bln 6 P.Js. 799/42, Bl. 5 (GBI, II/4-00/Hl/Er., i.V. (u) Clahes, an StA LG Berlin, dort eingegangen am 29.6.42, v. 25.6.42 nebst Anlage 1, hs. Vermerk o. re. als zum Schreiben v. 19.8.42 gehörend gekennzeichnet, durch ausgestrichenen Unterschriftsstempel Schmidt ungültig gemachter und hs. als „Muster!" gekennzeichneter MbS Nr. 419, bezugnehmend auf die VO v. 25.4.41).

618 BAK R 120 Nr. 1976 (Wohnungsnachweis, o.D.), Faksimile in Geist und Kürvers, Tatort Berlin, Pariser Platz, a.a.O., S. 80f. Überschneidungen der lfd. Nr. 37 und 36 mit Rl. Nr. 64a/1 und 12 v. 9.6.42 und der lfd. Nr. 41 mit Rl. Nr. 78a/39 v. 15.10.42, LA Bln Pr.Br.Rep. 107 Nr. 144/3.

Anlage 1 zum ... 1942

5

Der Generalbauinspektor
für die Reichshauptstadt
Hauptamt Verwaltung und Wirtschaft
Berlin-Charlottenburg 2
Berliner Straße 4-9 / Ruf: 39 00 16

Muster!

Mietberechtigungsschein 419 *

Der Mieter .... Berlin ....

Straße .... Nr. .... muß die von ihm zurzeit bewohnten Räume infolge der Neugestaltung der Reichshauptstadt räumen. Er ist auf Grund dieses Scheines berechtigt, sich um eine der gemäß § 1 der Verordnung über die Neugestaltung der Reichshauptstadt Berlin und der Hauptstadt der Bewegung München vom 25. April 1941 dem Generalbauinspektor für die Reichshauptstadt gemeldeten Wohnungen zu bewerben.

Die nach § 2 der Verordnung erforderliche Genehmigung für die erstmalige Wiedervermietung der Wohnung gilt als erteilt, wenn ein Mietvertrag zwischen dem Vermieter der bisher von Juden gemieteten Wohnung und dem durch diesen Mietberechtigungsschein ausgewiesenen Mieter zustande gekommen ist. Der Mieter hat diesen Schein beim Zustandekommen eines Mietvertrages an den Vermieter abzugeben. Der Vermieter ist verpflichtet, den untenstehenden Abschnitt sorgfältig auszufüllen und binnen 3 Tagen an den **Generalbauinspektor für die Reichshauptstadt** zurückzusenden.

Um die Übersicht über die Räumung der Häuser und die Unterbringung der Mieter im Rahmen der Neugestaltung zu gewährleisten, wird besonderer Wert auf deutlich lesbare Schrift und pünktliche Übersendung des Abschnittes gelegt.

Dieser Schein ist nicht übertragbar!

Der Generalbauinspektor für die Reichshauptstadt
61

[redacted]
(Unterschrift)

- -

Anlage zum Mietberechtigungsschein. 419 *

Diese Anlage ist vom **Vermieter** der bisher von Juden benutzten Wohnung auszufüllen und **umgehend** an den **Generalbauinspektor für die Reichshauptstadt, Hauptamt Verwaltung und Wirtschaft, Berlin-Charlottenburg 2, Berliner Straße 4-9,** zu senden.

Verwaltungsbezirk: ....

Der Mieter .... Berlin ....

Straße .... Nr. .... hat in dem Hause Berlin ....

Straße .... Nr. .... Vord. / Quergbd. / Stflg. .... Stock

eine .... Zimmerwohnung zum .... gemietet.

Name des jüd. Mieters ....

Berlin, den ....

....
(Unterschrift)

Ausweis zur Besichtigung und Übernahme von Wohnungen Berliner Juden

Die Räumungslisten der zweiten Serie dokumentieren auch die Mitwirkung des GBI an Sonderräumungen für kriegswichtige Zwecke. Behörden, Verbände und Konzerne übernahmen Grundstücke oder Gebäude aus dem Eigentum von Juden. Die künftigen Nutzer schlossen Mietverträge, ließen sich Kaufoptionen einräumen, erwarben Immobilien, beanspruchten Nutzungsrechte wegen des Kriegs oder auf Kriegsdauer oder machten als Verdrängte der Neugestaltung Ersatzbedarf geltend.[619] In allen Fällen genehmigte der GBI entweder künftige Nutzungen von Räumen aus Mietverhältnissen mit Juden oder stimmte Anträgen auf Umwandlung von Wohnungen in Büros zu.[620] Je mehr Hauptmieter und Bewohner eines begehrten Gebäudes Juden waren, desto niedriger fielen die Übernahmekosten aus Ersatz- und Entschädigungsansprüchen verdrängter Mieter für den künftigen Nutzer aus. Unterstützte der GBI Sonderräumungen mit Mietberechtigungsscheinen, ordnete dessen Wohnungsabteilung die Wohnungsräumungen an. Wenigstens zwei- bis dreihundert Wohnungen mußten Berliner Juden Wohnungsmietern überlassen, die durch Sonderräumungen für kriegswichtige Zwecke verdrängt wurden. Nur zwanzig Grundstücksübernahmen aus dem Eigentum von Juden und etwa ebenso viele Wohnungsräumungen für kriegswichtige Büroraumnutzer sind als Sonderräumungen in den Räumungslisten des GBI dokumentiert; sie allein machten viele hundert Juden in Berlin wohnungslos.

Manche Sonderräumungen für Ministerien, Verbände und Konzerne behandelte die Wohnungsabteilung des GBI wie Bereichsräumungen, legte Grundstückslisten an und kontrollierte die Umsetzung der Wohnungsmieter. Umgekehrt verhinderte die Rechtsabteilung des GBI Übernahmen von Wohngebäuden durch kriegswichtige Büroraumnutzer, etwa mit der Begründung, die vorhandenen Wohnungen von Juden müßten „den vorgesehenen Zwecken vorbehalten bleiben", dürften also dem GBI als Ersatz für den Wohnungsverlust durch die Neugestaltung nicht verlorengehen.[621] Mitte 1941 versuchte der GBI, die dauerhafte Umwandlung repräsentativer Villengrundstücke in Grunewald, Dahlem und Wannsee in Verwaltungsgebäude zu unterbinden, und bot die Umsetzung der Büros in einen im Rahmen der Neugestaltung zu errichtenden Bürohausblock im Berliner Stadtzentrum an, so daß die meist Juden entzogenen Wohngrundstücke im neuen Westen

619 LA Bln Pr.Br.Rep. 107 Nr. 210–226 (GBI, II/3, Rabt., Sachakten Umwandlung, i.d.R. alphabetisch nach Grundstücksadressen).

620 LA Bln Pr.Br.Rep. 107 Nr. 235/2 (GBI an OBM v. 3. und 27.2.41, OBM an GBI v. 14.3.41), vgl. Dienstblatt des OBM, Teil III, Nr. 21, v. 12.3.41. Der GBI machte die Umwandlungsgenehmigung des BezBM wieder von seiner Vorabzustimmung abhängig.

621 LA Bln Pr.Br.Rep. 107 Nr. 379 (Abs. der Rkt. von GBI, II-C/Pz., gez. Clahes, an Präsident des Reichsgesundheitsamts, betr. Ersatzraumbeschaffung, v. 3.6.41).

nach Kriegsende Reichsministern und ausländischen Diplomaten zur Auswahl stünden.[622]

Gegen die Umwandlung des bisherigen Wohngrundstücks Marburger Straße 5 in ein Bürohaus, das die sonst vom GBI bevorzugten Ämter Himmlers von der Jüdischen Kultusvereinigung übernehmen wollten, erhob die Neugestaltungsbehörde Mitte April 1942 Bedenken. Dabei war von nachrangiger Bedeutung, daß die Umwandlung nur zu zwei Dritteln als Ersatz für das bislang von einem der SS-Hauptämter genutzte „Haus Grunewald" in der Hagenstraße 39/47 anzusehen war und im übrigen der Raumbeschaffung für Himmlers Ämter galt. Auch die Befürwortung der Umsetzung des SS-Hauptamts, das im „Haus Grunewald" dem Tropenlazarett der Wehrmacht Platz machen sollte, durch das Wehrkreiskommando III und Goebbels als Reichsminister und Gauleiter stimmte die Umsiedlungsabteilung des GBI nicht um. Zur Vorlage bei Reichsminister Speer legte der Hauptabteilungsleiter Werner Pohl die Sicht der Neugestaltungsbehörde dar: Erstens würden „39 Judenwohnungen ersatzlos verbraucht, denn 29 im Hause befindliche Judenwohnungen werden anderweit verbraucht, um die Arier aus dem Hause unterzubringen". Zweitens würden, die Wohnungsnot verschärfend, 39 Wohnungen auf unabsehbare Zeit dem Wohnungsmarkt entzogen. „Zur Unterbringung der Bewohner von 28 Judenwohnungen" würde drittens „entsprechender zurzeit recht knapper Schachtelraum benötigt, da mit einem direkten Abtransport der Juden nicht gerechnet werden kann". Außerdem müßten viertens durch den GBI „10 arische Familien [...] gegen ihren Willen [...] umgesiedelt werden", zu einem Zeitpunkt, „zu dem sämtliche übrigen Entmietungen", plangemäße Bereichsräumungen, gestoppt waren.[623] Die Neugestaltungsbehörde führte nicht nur genauestens Buch über die Wohnungen Berliner Juden des zweiten Wohnungsmarkts, sondern sie kalkulierte auch die Wohnungslosigkeit von Berliner Juden im dritten Wohnungsmarkt, der nur noch durch Deportation entlastet würde.

Soweit die überlieferten Räumungslisten Sonderräumungen dokumentieren, ordnete der GBI die erste am 4. März 1941 gegen 70 Bewohner des Jüdischen Altersheims in der Taunusstraße 1 in Grunewald an.[624] Weitere

622 LA Bln Pr.Br.Rep. 107 Nr. 256/5 (GBI, gez. Speer, an Goebbels, von Ribbentrop, Frick, von Schwerin-Krosigk, Göring z.Hd. Milch, Keitel, von Brauchitsch, Raeder, Ley, Schwarz, zwischen 26.6. und 1.7.41, OBM Steeg z.K. v. 1.7.41).

623 BAK R 120 Nr. 1976 (Ds., II/4–00/Hl/Er., Hauptabt. Umsiedlung, nicht gez. (Werner Pohl, vgl. dessen Zeichen auf Schreiben v. 10.3., 13.3. und 29.4.42 LA Bln Rep. 58 StA LG Bln 6 P.Js. 799/42, Bl. 26, 25, 6), an Herrn Reichsminister Speer, betr. Einrichtung Tropenlazarett des OKH in bisherigen Räumen des RfSS, „Haus Grunewald", Hagenstr. 39/47, dessen Hauptamt daher in der Marburger Str. 5 Ersatz suchte, v. 15.4.42).

624 LA Bln Pr.Br.Rep. 107 Nr. 144/3 (Rl. 6a v. 4.3.41).

Sonderräumungen führte die Neugestaltungsbehörde für das Reichskolonialamt,[625] die Reichslotterie[626] und die expandierenden Ämter Himmlers als RfSS und als „Reichskommissar für die Festigung deutschen Volkstums" durch.[627] Ein Teil der Sonderräumungskundschaft des GBI im Jahr 1941 ist nach den Räumungslisten identifizierbar: Das Planungsbüro der Universität bezog die als „Durchgangslager" von der Jüdischen Gemeinde genutzten Räume des Hauses Artilleriestraße 14 nebst Hausmeisterwohnung.[628] Die Reichspost übernahm 70 Räume in der Kantstraße 158, in denen die Reichsvereinigung der Juden arbeitete.[629] Eine Wohnung im Haus Schlüterstraße 45 wurde für das 29. Polizeirevier geräumt,[630] drei Wohnungen in der Sigismundstraße 4a für das „Führerbegleitkommando".[631] Das Luftgaukommando III belegte 15 Grundstücke in den Verwaltungsbezirken Wilmersdorf, Steglitz und Zehlendorf und verdrängte 94 jüdische Hauptmieter.[632] Fünf Wohnungen in den Häusern Wilmersdorfer Straße 98/99 und Sybelstraße 9

625 LA Bln Pr.Br.Rep. 107 Nr. 225 (Räumung Marstallgebäude, Breite Straße 29, 32, 33/34, 35, 36 und 37, insgesamt 500–600 Räume für Reichskolonial-Ministerium, seit 13.1.41 in kürzester Frist, Umsetzung von rund 70 Wohnungsmietern).

626 LA Bln Pr.Br.Rep. 107 Nr. 401, Bl. 23 (GBI, II/4-00-Schm/St., Hauptabteilung Umsiedlung, Bericht über die Durchführung kriegswichtiger Aufgaben in der Wohnungsabteilung in der Zeit v. 1.1.41–15.4.41).

627 BAK R 120 Nr. 3905i (Generalliste ausgegebener MbS), die Gruppe der hier mit „SS-H" gekennzeichneten, seit 2/41 ausgegeben 56 MbS verweist auf Wohnungsumwandlungen des RfSS. BAK R 120 Nr. 2974 (GBI, II/4, Sonder-Ermittlungen aus 8/41, betr. Kleiststr. 19, Kurfürstendamm 136, Lennéstr. 10 und Lützowstr. 2, Kreuzberg: Lindenstr. 91/Enckesstr. 1 und 2 sowie Markgrafenstr. 85, 86, 87, 88, Wilmersdorferstr. 98–99, Sybelstr. 9), als „Sonderaufträge SS". LA Bln Pr.Br.Rep. 107 Nr. 144/3 (Rl. 33a v. 30.9.41), Räumung von 5 Wohnungen im Vorderhaus Kurfürstendamm 141 für Himmler als Reichskommissar für die Festigung deutschen Volkstums.

628 LA Bln Pr.Br.Rep. 107 Nr. 144/3 (Rl. 27a v. 8.8.41).

629 BAK R 120 Nr. 2974 (Erhebungsblatt zum Grundstück Kantstr. 158, als Sonderauftrag Reichspost gekennzeichnet, (p) am 22.8.41).

630 BAK R 120 Nr. 3905e (Vermerk geräumt lt. Rl. 21a am 1. und 7.8.41) i.V.m. LA Bln Pr.Br.Rep. 107 Nr. 198.

631 BAK R 120 Nr. 3905e (Zusage GBI, Rkt., i.V. gez. Clahes an Adjutantur, NSKK Oberführer Albrecht von 3 Wohnungen auf Schreiben v. 8.5.41, v. 13.5.41) i.V.m. LA Bln Pr.Br.Rep. 107 Nr. 144/3 (Rl. 30a/1 v. 9.9.41).

632 LA Bln Pr.Br.Rep. 107 Nr. 144/3 (Sonder-Rl. 31a v. 13.9.41). Die jüdischen Hauptmieter der Wilmersdorfer Grundstücke Binger Str. 24 und Landhausstr. 32, der Zehlendorfer Ahrenshooper Zeile 16 und 35, Argentinische Allee 20, Am Wieselbau 26 und Am Fuchspass 22, der Dahlemer Habelschwerdter Allee 7, Schorlemer Allee 32 und 34 und Gelfertstr. 47a und der Grundstücke Kudowastr. 14 in Schmargendorf, Nikolaistr. 38 in Lankwitz sowie Tietzenweg 54 und Mittelstr. 14a in Lichterfelde-Ost sind namentlich und – nur in dieser Liste – unter Angabe eines Berufs aufgeführt.

räumte der GBI für die Wirtschaftsgruppe Textilindustrie,[633] und ebenso viele im Eckhaus Olivaer Platz 5–6 und Pariser Straße 28/29 für die Reichsvereinigung Kohle.[634] In der Knesebeckstraße 28 bezog das Reichspropagandaministerium 13 Wohnungen,[635] und der Wehrmachtsfürsorgestelle mußten fünf Hauptmieter in der Charlottenburger Fredericastraße 15/16 weichen.[636]

Auch einzelne Rüstungskonzerne wußten mit der Neugestaltungsbehörde umzugehen und wurden von ihr intensiv gefördert. Im September 1941 bat die Kontinentale Öl AG die Entmietung des Wohnhauses Kaiserdamm 34 in Charlottenburg zu unterstützen, das die Deutschen Solvay Werke verwalteten. Bis Mitte Oktober 1941 gelang es der Kontinentalen Öl AG zwar, dem Generaldirektor der Solvay-Werke für seine Elf-Zimmer-Dienstwohnung ein Haus anzubieten, doch um die Transaktion zu vollenden, fehlte noch eine passende Wohnung für die Eigentümerin. Daher ersuchte die Kontinentale Öl AG am 14. Oktober 1941 den GBI „um die Freundlichkeit, [...] eine 3½ – 4-Zimmerwohnung aus jüdischem Besitz zur Verfügung zu stellen".[637] Hettlage sagte der Kontinentalen Öl AG gleich die gesamte Ersatzraumbeschaffung zu und ließ von der Wohnungsabteilung Mietberechtigungsscheine und Wohnungsnachweise übermitteln.[638] Am 20. November 1941 beschwerte sich die Kontinentale Öl AG bei Hettlage über das Ersatzangebot für die Wohnungen mit sieben bis elf Zimmern: Unter 35 besichtigten Wohnungen hätte sich „nicht eine einzige gefunden, die nicht schon – zum Teil schon längst – besetzt gewesen wäre. Wir bitten Sie, sehr geehrter Herr Professor, daher höflichst, uns eine Liste neuesten Datums aushändigen zu lassen, die uns in die Lage versetzt, für die Mieter des Hauses Kaiserdamm 34 wirklich Wohnungen zu finden."[639]

---

633 LA Bln Pr.Br.Rep. 107 Nr. 144/3 (Rl. 34a v. 30.9.41, nebst hs. Vermerk „vom Reichssicherheitshauptamt Räumungsfrist zum 15.11. lt. tel. Anrufes von Hr. Paelecke (Stapo)", (p) 2.10.41).

634 LA Bln Pr.Br.Rep. 107 Nr. 144/3 (Rl. 39a/9-13 v. 12.11.41).

635 LA Bln Pr.Br.Rep. 107 Nr. 144/3 (Rl. 41a, Sonderliste, v. 19.11.41). Das RMinProp machte sich zugleich zum „Besitzer" des Grundstücks aus dem Eigentum in London lebender Juden.

636 LA Bln Pr.Br.Rep. 107 Nr. 144/3 (Rl. 42a v. 25.11.41, Zusatz: Räumung sofort!!).

637 BAK R 120 Nr. 3905d (Schmalhefter Kontinentale Öl AG, Kontinentale Öl AG, (u) Dr. Schmidt, an GBI v. 14.10.41).

638 BAK R 120 Nr. 3905d (Kontinentale Öl AG an Hettlage, bezugnehmend auf dessen Schreiben v. 23.10.41, v. 20.11.41; Mieterverzeichnis zum Grundstück Kaiserdamm 34, MbS abgesandt am 25., 29. und 31.10.41 und am 11.3.42).

639 BAK R 120 Nr. 3905d (Kontinentale Öl AG an Herrn Präs. Prof. Dr. Hettlage v. 20.11.41).

Bereich: **Grundstück:** Charlottenburg 9 Kaiserdamm 34/Ecke Soorstr.26 **Eigentümer:** Deutsche Solvay Werke, i./Hause **Stichtag:**

Name	Vdh. Stflg. Qgb.	Wohng. Größe	Doppel-Karte gesandt am	Doppel-Karte zurück am	Miet-Berechtigungsschein Nr.	Miet-Berechtigungsschein gesandt am	ermietet am	geräumt am	Ersatz-Wohnung	Haupt-Planungs-Amt gemeldet am		
Kneippbad Berneck Naturheilmittel	Sout.	5 Zi.	11.3.42		02391	11.3.42						
Dtsch.Solvay-Werke	hptr.	8Zi.2Ka.										13 Büroräume
von Stenglin	"	7Zi.2Ka.	31.10.41		4027	31.10.41						
Fr.M.Hedermann	I.	9Zi.2Ka.										
l e e r	I r.	9Zi.2Ka.										
l e e r	I.lks.	9Zi.2Ka.										
Staatsr.Fr.Reinhart	II.r.	9Zi.2Ka.	11.3.42		02392	11.3.42						
Albert Marks	II.lks.	9Zi.2Ka.	29.10.41		4018	29.10.41						
Max Wiessner	III.r.	9Zi.2Ka.	31.10.41		4024	31.10.41						
H.Hartmann	III.lk.	9Zi.2Ka.	29.10.41		4019	29.10.41						
Attaché Lamotte	IV.r.	9Zi.2Ka.	25.10.41		4010	25.10.41						
Jude Dr.Eichengrün	IV.lks.	9Zi.2Ka.										
Attaché Lamotte	V.r.	9 Zi. Mansardenzimmer										
Jude Dr.Eichengrün	V.lks.	9 Zi. Mansardenzimmer										
Hebler	Sout.	1 Zi.										Hauswart
Reinhart	Hof											Garage f.8 Wagen
Marks } Hartmann}	"											3 Boxen 240 qm. 5 leer
Öffentlicher Luftschutzraum	für 50 Personen											

F.W.2.9.41-1916

Hausliste eines im Arisierungsgeschäft begehrten Grundstücks, dessen Übernahme durch die Kontinentale Öl AG Speers Behörde als kriegswichtig förderte

KARL BLESSING

BERLIN, den 28. November 1941.

Herrn
Präsident
Professor Dr. H e t t l a g e,
B e r l i n - Charlottenburg.
Berliner Strasse 4-9.

Eingegangen am:

Sehr geehrter Herr Präsident !

Mit Ihrem Schreiben vom 23.v.M. hatten Sie meiner Gesellschaft freundlicherweise anheim gestellt, an Hand des mir übersandten Wohnungsnachweises Ersatzwohnungen für die Mieter im Hause Kaiserdamm 34 zu beschaffen. Leider haben die von meinem Sachbearbeiter bei 35 Wohnungen angestellten Ermittlungen ergeben, dass die Wohnungen vermietet waren. Das Gleiche ist bezüglich der auf zwei Nachtragslisten verzeichneten Wohnungen bisher der Fall gewesen.

Mein Sachbearbeiter hat inzwischen eine jüdische Wohnung ausfindig gemacht, die noch nicht vermietet ist. Es handelt sich um die - allerdings nicht in den Nachweislisten enthaltene - Wohnung Kaiserdamm 82, hochparterre (Hausverwalter: Kauffmann/Kaiser). An dieser Wohnung ist eine der Mietparteien des Hauses Kaiserdamm 34 interessiert; der Hauseigentümer ist bereit, die Wohnung an diese Partei (Handelsattaché Lamotte mit mehreren Angehörigen) zu vermieten. Ein Mietberechtigungsschein ist vorhanden.

Kurz vor Abschluss des Mietvertrages wurde meinem Sachbearbeiter von dem Hauseigentümer mitgeteilt, dass die Generalbauinspektion gegen die Vermietung dieser Wohnung Einspruch erhoben habe, weil die Wohnung für die Unterbringung mehrerer jüdischer Familien vorgesehen sei. Der Hauseigentümer selbst wehrt sich gegen die Besetzung der Wohnung mit jüdischen Familien.

Intervention des Direktors der Kontinentalen Öl AG bei Hettlage

- 2 -

KARL BLESSING

BERLIN, den 28. November 1941.

Da diese Wohnung bisher die einzige ist, bei der meine Gesellschaft nach vielen vergeblichen Versuchen mit der Exmittierung der Mieter des Hauses Kaiserdamm 34 beginnen könnte, würde ich Ihnen sehr dankbar sein, wenn Sie von der Besetzung der Wohnung Kaiserdamm 82 mit jüdischen Familien verzichten und diese Wohnung zu Gunsten meiner Gesellschaft freigeben würden.

Mit freundlicher Begrüssung und

Heil Hitler !

Ihr sehr ergebener

Karl Blessing

Dieser Namenszug verlieh den DM-Scheinen des Wirtschaftswunders Gültigkeit

Die Kontinentale Öl AG hatte eine „jüdische Wohnung [...], die noch nicht vermietet ist", die in den Nachweislisten des GBI allerdings nicht enthalten war, ausfindig gemacht. Der Abschluß des Mietvertrags scheiterte aber laut Mitteilung des Verwalters am Einspruch des GBI, „weil die Wohnung für die Unterbringung mehrerer jüdischer Familien vorgesehen sei. Der Hauseigentümer selbst wehrt sich gegen die Besetzung der Wohnung mit jüdischen Familien." Direktor Karl Blessing, Vorstandsmitglied der Kontinentalen Öl AG, nahm sich der Angelegenheit persönlich an und schloß sein Schreiben vom 28. November 1941 mit der Bitte an Hettlage: „Da diese Wohnung bisher die einzige ist, bei der meine Gesellschaft nach vielen vergeblichen Versuchen mit der Exmittierung der Mieter des Hauses Kaiserdamm 34 beginnen könnte, würde ich Ihnen sehr dankbar sein, wenn Sie auf die Besetzung der Wohnung Kaiserdamm 82 mit jüdischen Familien verzichten und diese Wohnung zu Gunsten meiner Gesellschaft freigeben würden."[640] Der Leiter der Umsiedlungsabteilung stimmte der Übernahme der Wohnung zu, falls diese die einzige „Judenwohnung" in dem aus Eigentum von Juden stammenden Haus wäre.[641]

Die begehrte Wohnung, von der Karl Blessing schrieb, sie wäre noch nicht vermietet, war vermietet – an einen Herrn Wertheim, der auf Anordnung des GBI mit der Räumungsliste Nummer 50a vom 4. Februar 1942 räumen musste.[642] Für einen der verdrängten Mieter wandte sich der Berliner Rechtsanwalt und Notar Dr. Helmut Jochmann am 27. März 1942 an den GBI: Die mit dem Mietberechtigungsschein des GBI angemietete Wohnung des Mieters Michaelis, Kurfürstendamm 185, wäre nun doch nicht genehm. Stattdessen wäre die Übernahme der Wohnung des Mieters Mossner im selben Haus erwünscht; der Hausverwalter wäre einverstanden. Daß die Wohnungsabteilung die Räumung gegen den Mieter Michaelis mit der Räumungsliste Nummer 54A vom 12. März 1942 bereits verfügt hatte, war kein Hindernis, denn der Berliner Anwalt schritt ohnehin zur Selbsthilfe: „Wegen der Räumungsaufforderung an die derzeitigen Mieter habe ich mich mit der Dienststelle der Geheimen Staatspolizei (Herrn Reg.Rat Dr. Venter) in Verbindung gesetzt."[643]

---

640 BAK R 120 Nr. 3905d (Karl Blessing, privater Briefbogen, (u) Karl Blessing, an Herrn Präsident Prof. Hettlage v. 28.11.41, zit. bei Korrektur eines Schreibfehlers), Abbildung S. 238f.

641 BAK R 120 Nr. 3905d (hs. Vermerk, (p) Pohl, o.D., li. Rand S. 1 des Schreibens Blessing an Hettlage v. 28.11.41).

642 LA Bln Pr.Br.Rep. 107 Nr. 144/3 (Rl. 50a/24 v. 4.2.42).

643 BAK R 120 Nr. 3905d (Dr. Helmut Jochmann, Notar, Klaus Drewes, Rechtsanwälte, an GBI, (u) Jochmann, betr. MbS Nr. 4019, v. 27.3.42). Auf eine zusätzliche Räumungsaufforderung des GBI gegen den Hauptmieter Mossner an das Referat IV D1 der

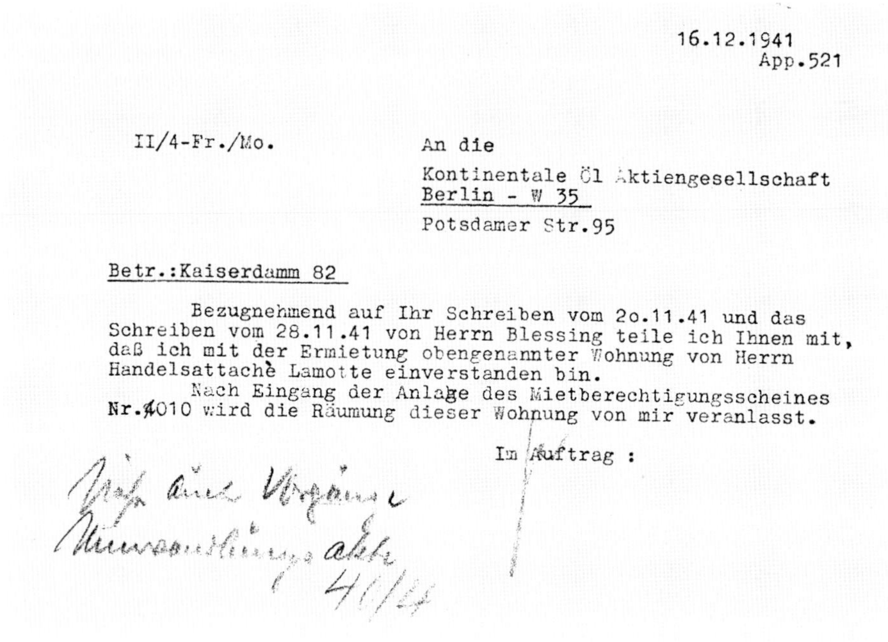

16.12.1941
App.521

II/4-Fr./Mo.

An die
Kontinentale Öl Aktiengesellschaft
Berlin - W 35
Potsdamer Str.95

Betr.:Kaiserdamm 82

Bezugnehmend auf Ihr Schreiben vom 2o.11.41 und das Schreiben vom 28.11.41 von Herrn Blessing teile ich Ihnen mit, daß ich mit der Ermietung obengenannter Wohnung von Herrn Handelsattachè Lamotte einverstanden bin.

Nach Eingang der Anlage des Mietberechtigungsscheines Nr.4010 wird die Räumung dieser Wohnung von mir veranlasst.

Im Auftrag :

Wohnungslosigkeit – von Speers Behörde auf speziellen Wunsch veranlaßt

---

Stapoleitstelle oder die WbSt der JKV gibt es keinen Hinweis. Die Wohnung von Dr. Max Michaelis hingegen wurde ein zweites Mal zur Räumung aufgelistet, gleichfalls für einen von der Kontinentalen Öl AG verdrängten Mieter, LA Bln Pr.Br.Rep. 107 Nr. 144/3 (Rl. 64a/3 v. 9.6.42), was den Geschäftsgang in der Wohnungsabteilung bestätigt: Die Räumungslisten entstanden durch Übertragung der Daten von eingesandten MbS-Abschnitten.

Kr./Wdl. den 4. Febr. 1942

Räumungsliste Nr. 50 a. Franke

1.) Wdf., Güntzelstr.10, Vd. III. 2 Zi. jüd. Mieter: W.Isr.Schlesinger
Verw.Friedr. Kramer, Friedrichshagen, Wormditterstr.1?
Tel.: 64 76 34.
Neuer Mieter: Erich Baumann, W.35, Hansemannstr. 7
M.B.-Nr. ---

2.) N'kölln,Schinkestr.14,Vd.II. m.r. 2 Zi. jüd. Mieter:E.Sara Tann
Verm.: Gertr. Bittner, Neukölln, Hobrechtstr. 43
Neuer Mieter: Herbert Teichmann,
M.B.-Nr. ---

3.) Wdf.Rüdesheimer Pl.4,Vdh.I.r. 4 Zi. jüd.Mieter: M.Isr.Just
Verm.: H.A. Bohm, Architekt, Potsdam, Schwanenallee 11,
Räumung: 15. 3. 42
Neuer Mieter: Major Abesser, NW.7, Unter d.Linden 74
M.B.-Nr. 02152

- 5 -

23.) Wdf.Bregenzer Str. 9, Vdh.II. 4 Zi. jüd. Mieter: Isr.Nadelmann
Verm.: R. Konieczka, Treuhandverwaltung, Wdf., Kaiserplatz 16, Tel:86 39 93.
Neuer Mieter: Hptm.Kleckel, W.8, Voßstr. 4,
M.-B.-Schein: 02207

24.) Chbg., Kaiserdamm 82,Vd.II. 6 Zi.jüd. Mieter: Isr.Wertheim
Verm.: Fritz Kauffmann, Charlbg. 2, Kantstr. 150, Tel.: 31 1554
Neuer Mieter: Attaché Lamotte-Gildemeister,u. Frl. Lieselotte Gildemeister, Chbg., Kaiserdamm 34
M.B.-Schein: 4010

Herr Wertheim und seine Mitbewohner wurden wohnungslos: vom Abschnitt des Mietberechtigungsscheins in die Räumungsliste übertragene Wohnungsangaben des Vermieters zum Vertragsschluß

Dr. HELMUT JOCHMANN, Notar
KLAUS DREWES
RECHTSANWÄLTE
Postscheckkonto: Berlin 154869
Bankkonto: Deutsche Bank, Dep.-Kasse
Berlin W 15, Kurfürstendamm 188

Mitgl. d. NSRB

BERLIN W 15,
Kurfürstendamm 202
Fernruf 91 18 33

27.3.42.
Rm.

Der ... Bauinspektor für d... Haupt...
Eing. 30. MRZ 1942

30. März 1942

An den
Herrn Generalbauinspektor
für die Reichshauptstadt
Hauptamt Verwaltung und Wirtschaft
Berlin-Charlottenburg 2
- - - - - - - - - - - - - -
Berlinerstrasse 4/9

Betrifft: Mietberechtigungsschein Nr. 4019 der Mieterin Frau Hermine Hartmann, Charlottenburg, Kaiserdamm 34.

Der von mir vertretenen Frau Hermine Hartmann ist zwecks Beschaffung einer Ersatzwohnung für die zugunsten der Kontinentale Öl-Aktiengesellschaft zu räumende Wohnung Charlottenburg, Kaiserdamm 34, ein Mietberechtigungsschein erteilt worden. Frau Hartmann hat zunächst die Absicht gehabt, die in Berlin, Kurfürstendamm 185 belegene Wohnung des jüdischen Mieters Michaelis zu beziehen. Daher lautet der dem Mietberechtigungsschein anhängende Unterabschnitt, der Ihnen inzwischen mit der Unterschrift des Hausverwalters Robert Stange übermittelt worden ist, noch auf diese Wohnung. Wegen der Beschaffenheit der Wohnung liess sich diese Absicht jedoch nicht verwirklichen. Es ist nunmehr mit Zustimmung des Verwalters Stange zwischen der Kontinentale Öl-A.G. und Frau Hartmann die Vereinbarung getroffen worden, dass Frau Hartmann dafür die im gleichen Hause im 2.Stock belegene Wohnung der jetzigen jüdischen Mieter M o s s n e r erhält.

Ich überreiche anliegend die Einverständniserklärung des Hausverwalters Stange vom 23.März 1942 mit dem Bemerken, dass der Mietvertrag demnächst abgeschlossen wird und bitte dies auf dem Abschnitt des Wohnberechtigungsscheins zu berichtigen. Wegen der Räumungsaufforderung an die derzeitigen Mieter habe ich mich mit der Dienststelle der Geheimen Staatspolizei (Herrn Reg.Rat Dr. Venter) in Verbindung gesetzt.

Rechtsanwalt.

C/0757.

Ohne Zeitverzug –
Räumauftrag an den Stellvertreter des Berliner Gestapochefs

Insgesamt acht Mietern erleichterte der GBI die Wohnungssuche zugunsten der Kontinentalen Öl AG. Ein neunter Mieter des Hauses Kaiserdamm 34, „Dr. Eichengrün (Jude)“, hatte keinen Ersatzanspruch.[644] Der GBI ließ für die Kontinentale Öl AG sechs Wohnungen von Juden räumen: eine im Haus Kaiserdamm 34, weitere fünf für Mieter des Hauses Kaiserdamm 34, die von Juden bewohnte Wohnungen anmieteten.[645] Auch für die übrigen drei Mieter gab der GBI Wohnungen frei, die Juden hatten räumen müssen.

Ebenso zuvorkommend behandelte die Neugestaltungsbehörde die Hansa Leichtmetall AG, die im September 1941 von der polnisches Eigentum liquidierenden „Haupttreuhandstelle Ost“ das Wohnhaus Eisenzahnstraße 66 in Wilmersdorf erwerben wollte. Am 12. September 1941 ersuchte die Hansa Leichtmetall AG den GBI, der Umwandlung der Wohnungen in Büros zuzustimmen „und im übrigen dafür Sorge zu tragen, dass die von Nichtariern in Anspruch genommenen Räume baldigst frei gemacht werden“. Die Vertreter der Hansa Leichtmetall hatten sich bei den Kaufverhandlungen genauestens informiert und erleichterten der Neugestaltungsbehörde die Arbeit: Sechs Hauptmieter waren Juden und zu exmittieren, fünf bis neun Personen lebten in jeder Wohnung, 43 waren es insgesamt. Für zwei Mieter wurden passende Wohnungen von Juden als Ersatz bestellt, zwei andere Mieter würden innerhalb des Hauses die beiden Wohnungen jüdischer Vormieter im Hochparterre beziehen, die die Hansa Leichtmetall nicht als Büros brauchte.[646] Mit dem Umwandlungsantrag teilte das Unternehmen dem bezirklichen Wohnungsamt mit: „Die Räumung der z. Zt. von Nichtariern in Anspruch genommenen Räume haben wir beim Herrn Generalbauinspektor beantragt“.[647] Mit Zustimmung des GBI gab der Bezirksbürgermeister dem Antrag Anfang Oktober statt.[648] Dem Unternehmen, das im Auftrag Görings die Aluminium-Industrie im besetzten Europa ausplünder-

644 BAK R 120 Nr. 3905d (Abs. Mieterverzeichnis i.V.m. Aufstellung Wohnungsansprüche der Mieter im Hause Kaiserdamm 34). Der Rechtsanwalt Dr. Eichengrün bewohnte noch die Mansardenzimmer im 5. Stock, nachdem er für Prof. Freese, TH Berlin, lt. Rl. 20A/6 v. 12.7.41 seine Wohnung im 4. Stock zum 1.9.41 räumen mußte. Freese wurde nicht als Mieter geführt.

645 LA Bln Pr.Br.Rep. 107 Nr. 144/3 (Rl. 45a/24 v. 12.12.41, Wohnung Frau Rosenberg; Rl. 50a/24 v. 4.2.42, Wohnung Wertheim; Rl. 54A/8 v. 12.3.42 und Rl. 64a/3 v. 9.6.42, Wohnung Dr. Max Michaelis; Rl. 54A/11, Name des Hauptmieters auf Ds. nicht übertragen).

646 LA Bln Pr.Br.Rep. 107 Nr. 212 (Akte E 3, hier Fa. Hansa Leichtmetall an GBI, z.Hd. Fiedler, Rabt., v. 12.9.41).

647 Ebenda (Hansa Leichtmetall AG an BezBM Wilmersdorf, Wohnungsamt, v. 12.9.41).

648 Ebenda (BezBM Wilmersdorf an Hansa Leichtmetall AG v. 10.10.41).

te, fiel es nicht schwer, gewichtige Befürwortungsschreiben und die 52.000 Reichsmark Umwandlungsgebühr aufzubringen, um in dem Wilmersdorfer Wohnhaus den gesamten Geschäftsverkehr abzuwickeln. Der GBI stimmte der Umwandlung zu, ließ für die Hansa Leichtmetall das Wohnhaus Eisenzahnstraße 66 räumen und stellte zunächst zwei Mietberechtigungsscheine für Wohnungen Berliner Juden aus.[649]

Aufgrund des positiven Schreibens der Rechtsabteilung des GBI behandelte die Umsiedlungsabteilung die Sonderräumung wie eine Bereichsräumung, legte eine Grundstücksliste an und stellte fest, in den vier für Bürozwecke freigegebenen Stockwerken gab es vier Wohnungen mit Juden als Hauptmietern und vier weitere Mietparteien, die in Wohnungen Berliner Juden umzusetzen waren. Am 8. Januar 1942 gab der Leiter der Räumungskartei die Räumungen im Wohnhaus Eisenzahnstraße bei der Wohnungsabteilung in Auftrag, die die Räumungsverfügungen des GBI gegen die jüdischen Hauptmieter aufgrund einer internen Sonderräumungsliste vom 16. Februar 1942 in die Räumungsliste vom 26. Februar 1942 aufnahm. Die Wohnungsberatungsstelle der Jüdischen Kultusvereinigung hatte 32 wohnungslosen Juden Quartier als Untermieter zu besorgen.[650]

Im Februar und im April 1942 übernahmen die vier nicht-jüdischen Mieter, die wegen des Eigenbedarfs der Hansa Leichtmetall räumen mußten, mit Mietberechtigungsscheinen des GBI Wohnungen Berliner Juden. Mit den Räumungslisten vom 5. März und 14. Mai 1942 erhielt die Wohnungsberatungsstelle der Jüdischen Kultusvereinigung zwei zugehörige Räumungsanordnungen.[651] Zum Wohnungswechsel der beiden anderen verdrängten Mieter sind keine gesonderten Räumungsanordnungen des GBI vorhanden. Beide mieteten Wohnungen, die schon in einem im Dezember 1941 umlaufenden Auszug des Wohnungsnachweises aufgeführt waren.[652]

---

649 Ebenda (Ds., GBI, II/3-Fi/We., (p) Clahes, nachträglich hs. und doppelt unterstrichen als geheim klassifiziert, an Hansa Leichtmetall AG v. 2.10.41).

650 BAK R 120 Nr. 3905d (Schmalhefter Eisenzahnstr. 66, Rkt., Mie / Br., (u) Mietzner, an Wohnungsabt. v. 8.1.42, nebst hs. Vermerk, (p), v. 16.1.42; Hauptabt. Umsiedlung, Schm/Hbm., (u) Schmidt, Sonderräumungsliste, Ds. für Krewerth, (u) von diesem 16.2., v. 16.2.42). LA Bln Pr.Br.Rep. 107 Nr. 144/3 (Rl. 49a/22, 23, 24, 25, Wohnungen von Clara Hulisch, Albert Cohn, Günther Mamlok und Paul Lippmann).

651 BAK R 120 Nr. 3905d (Schmalhefter Eisenzahnstr. 66, Grundstücksliste, Eintragungen: Versand der Doppelkarten am 14.1.42, MbS am 20.1.42, Vertragsschluß zweimal am 17.2.42, am 16. und am 23.4.42, Wohnungsanschriften). LA Bln Pr.Br.Rep. 107 Nr. 144/3 (Rl. 53a/22 v. 5.3.42, Wohnung Frau Petuchowski; Rl. 61a/15 v. 14.5.42, Wohnung Paechter) i.V.m. BAK R 120 Nr. 3905d (Grundstücksliste Eisenzahnstr. 66, ermietet am 17.2.41 Ersatz-Wohnung Geisbergstr. 27 bzw. am 23.4.41 Bregenzerstr. 11).

652 BAK R 120 Nr. 3905d (Grundstücksliste Eisenzahnstr. 66, ermietet am 17.2.42 Ersatz-Wohnung Giesebrechtstr. 3 bzw. am 16.4.42 Witzlebenstr. 1).

HANSA LEICHTMETALL
AKTIENGESELLSCHAFT

HANSA LEICHTMETALL AKTIENGESELLSCHAFT
BERLIN W9, LENNESTRASSE 3

BANKKONTO:
BANK DER DEUTSCHEN LUFTFAHRT A.G.
BERLIN-SCHÖNEBERG, AM PARK 12
POSTSCHECKKONTO: BERLIN 24596
FERNSPRECHER: 22 86 01
TELEGRAMME: HANSALUMIN BERLIN

An den
Herrn Generalbauinspektor für die
Neugestaltung der Reichshauptstadt
Professor S p e e r,
zu Hd. von Herrn Fiedler
Berlin-Charlottenburg
Berliner Strasse 4/9

IHRE ZEICHEN — IHRE NACHRICHT VOM — UNSERE ZEICHEN — BERLIN W 9, LENNESTRASSE 3

He/No. 12.9.41.

Betr: Verwaltung - Umwandlung des Wohnhauses Eisenzahnstrasse 66
in Büroräume.

Durch den Beauftragten für den Vierjahresplan, Haupttreuhandstelle Ost, wird uns für die Unterbringung unserer Büroräumlichkeiten das Wohnhaus Eisenzahnstrasse 66 zur käuflichen Übernahme zur Verfügung gestellt.

Wir bitten Sie hierdurch, die Genehmigung zur Umwandlung der in diesem Hause befindlichen Wohnungen in Büroräume zu erteilen und im übrigen dafür Sorge zu tragen, dass die von Nichtariern in Anspruch genommenen Räume baldigst frei gemacht werden.

Das Haus besteht aus Hochparterre und 4 Stockwerken; in jedem Stockwerk befinden sich 2 Wohnungen, von denen die nachfolgenden von Nichtariern bewohnt werden:

Hochparterre links: Frau verw. Hedwig Friedländer,
5 1/2 Zimmer, 6 Personen,

Hochparterre rechts: Israel Nowack, 4 1/2 Zimmer,
5 Personen,

I Stock rechts: Frau verw. Clara Hulisch, 5 1/2 Zimmer,
7 Personen,

III Stock links: Albert Isr. Cohn, 6 1/2 Zimmer,
9 Personen,

IV Stock links: Günther Isr. Mamlok, 5 1/2 Zimmer,
7 Personen,

-2-

Die Hansa Leichtmetall AG bediente sich an polnischem Eigentum in Berlin

-2-

IV Stock rechts: Paul Isr. Lippmann, 5 1/2 Zimmer,
9 Personen.

Zur Begründung unseres Antrages weisen wir darauf hin, dass unser Unternehmen gegen Ende vergangenen Jahres vom RLM gegründet und von diesem mit der Durchführung dringender, kriegsentscheidender Aufgaben betraut wurde. Die ständige Erweiterung unseres Aufgabenkreises hat eine laufende Vergrösserung unseres Mitarbeiterstabes erforderlich gemacht, so dass unsere Räumlichkeiten z.Zt. in vier verschiedenen Gebäuden untergebracht sind, und zwar:

1.) Lennéstrasse 3,
2.) Lennéstrasse 4,
3.) Bellevuestrasse 11a,
4.) Friedrichstrasse 161/64.

Dieser Zustand ist weder vom Gesichtspunkt einer reibungslosen Abwicklung des gesamten Geschäftsverkehrs, noch im Hinblick auf den abwehrmässigen Schutz unseres Unternehmens auf die Dauer tragbar, so dass auch seitens der Abwehrstelle auf eine beschleunigte Änderung der augenblicklichen Verhältnisse gedrungen wird.

Im übrigen verweisen wir auf den beiliegenden Durchdruck unseren an den Herrn Bezirksbürgermeister des Verwaltungsbezirkes Berlin-Wilmersdorf gerichteten Schreibens, aus dem alle näheren Einzelheiten ersichtlich sind.

Mit Rücksicht auf die Dringlichkeit der Angelegenheit wären wir Ihnen dankbar, wenn Sie die erbetene Genehmigung baldmöglichst erteilen und für eine Räumung der von Nichtariern in Anspruch genommenen Wohnungen Sorge tragen würden.

Durchdruck dieses Schreibens übermitteln wir:
1.) dem Reichsminister der Luftfahrt und Oberbefehlshaber der Luftwaffe,
2.) der Abwehrstelle im Oberkommando des Heeres,
3.) dem Herrn Bezirksbürgermeister des Verwaltungsbezirks Berlin- Wilmersdorf.

Heil Hitler!
Hansa Leichtmetall
Aktiengesellschaft

Speers Behörde unterstützte die Expansion der Rüstungsfirma und nahm ...

Kr./Wdl.

den 26. Januar 1942

Franke

Räumungsliste Nr. 49 a.

1.) Wdf., Sodener Str. 28, Vdh. I. 2 1/2 Zi. jüd. Mieter: Isr. Kantorowicz
Verm.: Wohnungsbaugesellschaf Kurfürstenstrasse G.m.b.H., Bln.-Wdf., Mecklenburgische-Str. 57, Tel. 89 75 91
Neuer Mieter: SS.-U'sturmf. Horst Fuchs, Lichterfelde-Süd, Soester Str. 7, bei Kuhnert.
M.B.-Schein: 771

2.) Wdf., ~~Berchtesgadener Str.~~ Bechstedter Weg 12, Vd.I.r. 2 Zi. jüd. Mieter: P. Isr. Graupe
Verm.: Treuwa, Treuhandverwaltung G.m.b.H., Hohenzollerndamm 157, Tel.: 86 40 79
Neuer Mieter: Gerhard Baur, Grunew., Herthastr. 11 a,
M.B.-Schein: 465

3.) Wdf., Brandenburgische Str. 46, IV. lk. 4 Zi. jüd. Mieter: Sara Melchior
Vdhs.
Verw.: Anton A. Hakim, im gl. Hause, Tel: 97 13 50.
Neuer Mieter: Reg.-Rat Dr. Scheidl. Propagandaministerium, W.8, Wilhelmplatz 8/9
M.B.-Schein: 02115

22.) Wdf. Eisenzahnstr. 66, Vd.I. 5 Zi. jüd. Mieter: Sara Hulisch
23.) " " " " III. 5 Zi. jüd. Mieter: Isr. Cohn
24.) " " " " IV. 5 Zi. jüd. Mieter: Isr. Mamlock
25.) " " " " IV. 5 Zi. jüd. Mieter: Isr. Lippmann
Verw.: Dorotheum Grundverkehrs G.m.b.H., Tel.: 11 62 71
Neuer Mieter: Hansa-Leicht-Metallwerke.

26.) Schbg., Treuchtlinger Str. 1, Vd.I.r. 2 1/2 Zi. jüd. Mieter: Sara Marcus
Verm.: Rich. Goetschke A.-G., O.112, Weserstr. 14/15
Tel: 58 59 21
Neuer Mieter: SS-U'scharf. Otto Behrens, W8, Voßstr. 4
M.B. Schein. 02176

... 32 Berliner Juden in der Charlottenburger Eisenzahnstraße die Wohnung

Bei Rücklauf der Abschnitte der Mietberechtigungsscheine nach dem 17. Februar 1942 und dem 16. April 1942 stellte die Wohnungsabteilung fest, daß Räumungsanordnungen nicht erforderlich waren. Die Bewohner der beiden Wohnungen waren deportiert worden, und zum gewünschten Bezugstermin hatte der GBI beim städtischen Hauptplanungsamt lediglich die Aufhebung der Beschlagnahme nach dem Reichsleistungsgesetz zu beantragen.[653]

Als die Wohnungsabteilung für das Mieterverzeichnis zur Eisenzahnstraße 66 eigene Karteien prüfte, notierte der Bearbeiter nach Rücksprache mit dem Leiter der Räumungskartei am 16. Januar 1942 auf dem Räumungsauftrag zu zwei im Hochparterre gelegenen Wohnungen jüdischer Hauptmieter: „Die im Erdgeschoß verbleibende Judenwohnung Friedländer und Hausdorf werden von der Leichtmetall nicht in Anspruch genommen, sondern gehören weiterhin dem G.B.I.“[654] Inzwischen lag dem GBI ein Antrag der Hansa Leichtmetall AG vom 18. Dezember 1941 vor, die Umwandlungsgenehmigung vom Oktober 1941 auf die beiden Hochparterrewohnungen auszudehnen, da das Unternehmen nun auch die norwegische Aluminiumproduktion auszubeuten und 25 Mitarbeiter eines eigenen Terminüberwachungsbüros unterzubringen hätte. Nicht die Rechtsabteilung, sondern der Leiter der Räumungskartei in der Hauptabteilung Umsiedlung des GBI lehnte die Zweckentfremdung am 28. Januar 1942 mit dem Argument ab, die Einwilligung der Gauleitung fehlte, und teilte mit: „Inzwischen sind die beiden jüdischen Wohnungen für anderweitige Maßnahmen vorgesehen worden.“[655] Wenige Tage darauf lag die Zustimmung der Gauleitung vor. Wochen später beendete Clahes den Briefwechsel mit der Gauleitung und bekundete das Einverständnis des GBI, „um eine der Ihren entgegengesetzte Entscheidung zu verhüten“. Clahes konstatierte: „An der Freimachung der beiden Wohnungen“ – von Mobiliar und Hausrat – „kann ich mich jedoch nicht beteiligen“.[656] Denn die Bestellung der Hansa

653 Ernst und Cäcilie Holländer aus Charlottenburg, Giesebrechtstraße 3, wurden im Alter von 48 und 51 Jahren am 14. November 1941 mit dem 5. Osttransport nach Minsk deportiert. Ernst Arthur und Resi Wunderlich aus Charlottenburg, Witzlebenstraße 1 / Kaiserdamm 116, wurden im Alter von 63 und 62 Jahren am 13. Januar 1942 mit dem 8. Osttransport nach Riga deportiert. LA Bln, A Rep. 092, Nr. 16098 und 40986.

654 BAK R 120 Nr. 3905d (Schmalhefter Eisenzahnstr. 66, Rkt., Mie / Br., (u) Mietzner, an Wohnungsabt. v. 8.1.42, nebst hs. Vermerk, (p), v. 16.1.42).

655 LA Bln Pr.Br.Rep. 107 Nr. 212 (Ds., GBI, Umsiedlungsabt., Rkt., II/4/2-40/-Mie/Ka, (p) Mietzner, an Hansa Leichtmetall AG, v. 28.1.42). BAK R 120 Nr. 3905d (Schmalhefter Eisenzahnstraße 66, Ds., Hansa Leichtmetall AG an GBI v. 18.12.41).

656 LA Bln Pr.Br.Rep. 107 Nr. 212 (Ds., GBI, II/4-04 Pl./Sch., hs. von i.A. zu i.V. korrigiert und (p) Clahes, an Gauleitung der NSDAP, Gauinspektion, v. 19.2.42; Gauleitung,

Leichtmetall AG vom 18. Dezember 1941 hatte sich mit der Erfassung der beiden Hauptmieterinnen, Hedwig Friedländer und Martha Hausdorff, und neun Mitbewohnern zur Deportation gekreuzt. In den Akten des GBI beschließt den Vorgang eine Notiz vom 9. März 1942, daß beide Wohnungen zum 15. März 1942 frei würden.[657]

Ende Dezember 1941 bat die Braunkohle-Benzin AG den GBI, die „bisher von dem jüdischen Anwalt Dr. Holländer innegehabten Notariatsräume für die Berliner Isolierstoff AG. für die Dauer des Krieges freizugeben“. Um die gebührenpflichtige Umwandlungsgenehmigung zu umgehen, hieß es, die Räume hätten bereits seit 37 Jahren als Notariatspraxis gedient. Die Braunkohle-Benzin AG erwartete vom GBI die Freigabe der Räume und eine Anweisung an den Eigentümer, an die Berliner Isolierstoff AG zu vermieten.[658] Wenn die Behörde solche Zwischennutzungen ermöglichte, verlangte sie einen Passus im Mietvertrag, der dem GBI eigentümerähnliche Rechte an der Mietsache einräumte und sie – im Vorgriff auf das dauerhafte Besetzungsrecht[659] – für seine Zwecke reservierte.[660] Bei Vorlage des Mietvertrags forderte die Berliner Iso-

---

Der Gauinspekteur, (u) i.A. Bertemann, an GBI, z.Hd. Clahes, v. 4.2.42). Die Erlangung der – ohnehin schon erteilten und nur zu erneuernden – Zustimmung der Gauleitung war kein wirkliches Hindernis, vgl. bereits BAK R 120 Nr. 3905d (Schmalhefter Eisenzahnstraße 66, hs. Vermerk, (p) Mietzner, v. 30.1.42 auf Ablehnungsschreiben GBI, Rkt., an Hansa Leichtmetall v. 28.1.42).

657 LA Bln Pr.Br.Rep. 107 Nr. 212 (hs. Vermerk v. 9.3.42 auf Schreiben der Gauleitung, Der Gauinspekteur, (u) i.A. Bertemann, an GBI, z.Hd. Clahes, v. 4.2.42). Möglicherweise hatte der GBI beide Wohnungen zunächst der Eisernen Reserve von 1.000 bis Kriegsende für die Neugestaltung reservierten Wohnungen zugeordnet. Hedwig Friedländer kann wegen hohen Alters, Martha Hausdorff als Zwangsarbeiterin von der Deportation zunächst zurückgestellt worden sein. Die Vermögensverwertungsakten derjenigen Bewohner der Eisenzahnstraße 66, die Opfer des 7. und 9. Otp. nach Kowno und Riga wurden, sind nicht mehr vorhanden; Alice Reinhardt, seit 1936 Untermieterin bei Friedländer, war am 11.3.42 mit der Tp.-Nr. 10634 zur Deportation erfaßt und blieb nach Vorlage ärztlicher Atteste wegen Bettlägerigkeit seit 12/41 von den Deportationen am 28.3., 2. und 14.4.42 nach Trawniki bzw. Warschau zurückgestellt; sie wurde Opfer der folgenden Deportation am 13.6.42. LA Bln A Rep. 092 Nr. 30871.

658 BAK R 120 Nr. 3125, Bl. 7 (Braunkohle-Benzin AG an GBI, betr. Freigabe der Räume Dr. Holländer, Spandauer Brücke 8, v. 20.12.41).

659 RGBl. I 1942 S. 392 (3. VO über die Neugestaltung Berlins und Münchens v. 12.6.42).

660 BAK R 120 Nr. 3125, Bl. 5 (GBI, Umsiedlungsabt., II/4/2–46/1-Mie/Ka, i.A. (p) Mietzner, an Braunkohle-Benzin AG, v. 22.1.42). Die ihm eingeräumten Rechte subsumierte der GBI unter die Vorschrift des § 328 BGB i.S. eines Vertrags zugunsten Dritter. Die Rabt. des GBI hatte zwei das Regelwerk des BGB durchbrechende Festlegungen durchgesetzt: Der Abrede i.S.d. § 328 BGB als Vertrag zugunsten Dritter wird es regelmäßig an der Freiwilligkeit der Vertragspartner gefehlt haben, und der GBI erweiterte auf diesem Weg seine Genehmigungsbefugnis für die erstmalige Neuvermietung melde-

lierstoff AG den GBI auf, „die Freimachung der Räume zum 15. März 1942 zu veranlassen".[661] Die Wohnungsabteilung sandte die Anordnung zwecks „Sonderräumung (für Fa. Braunkohle-Benzin A.G.)" direkt an die Wohnungsberatungsstelle der Jüdischen Kultusvereinigung, verlangte Räumung zum 15. März 1942 sowie deren unverzügliche Meldung. In den Akten der Räumungskartei schließt der Vorgang mit dem Vermerk: „Vertrag hat nur Gültigkeit bis Kriegsende, Vormerken, Terminmappe".[662]

Die Zahl aller Sonderräumungen – im Arisierungsgeschäft und als kriegswichtige Inanspruchnahmen durch Behörden, Verbände und Konzerne – muß bei mehreren Hundert gelegen haben, statistisch abschätzbar an den 3.563 Räumungen gegen Juden bis zum 1. August 1942, die im Hauseigentum von Juden wohnten.[663]

Neben den Raumanforderungen nach dem Reichsleistungsgesetz kümmerte sich der GBI auf Kosten von Berliner Juden nicht nur um den dienstlichen Büroraumbedarf von Behörden, Verbänden und Konzernen, sondern auch um die privaten Wohnungsbegehren aus deren Chefetagen. Wer in Berlin unabhängig von der kontingentierten Wohnungsfürsorge „eine Judenwohnung von 4–5 Zimmern" suchte,[664] „eine Wohnung mit Juden-

---

pflichtiger Räume aus Mietverhältnissen mit Juden in ein das Recht des Eigentümers an der Mietsache partiell ersetzendes Verfügungsrecht.

661 BAK R 120 Nr. 3125, Bl. 8 (Berliner Isolierstoff AG an GBI v. 17.2.42).

662 BAK R 120 Nr. 3125, Bl. 9 (Ds., GBI, II/4-05 Kr./Kem., Wohnungsabt., i.A. (p) Schmidt, an JKV Berlin, Wohnungsberatungsstelle, v. 26.2.42). Das vorzitierte Schreiben der Berliner Isolierstoff AG trägt entsprechend die hs. Vermerke: „H. Krewerth z. weiteren Veranlassung, nach Erledigung bitte Rückgabe des Schreibens", (p) Mietzner 20.2.42, „aufgegeben: 26/2., Räumung 15/3.", (p) unleserlich, o. re. „Termin Kriegsende!" Ebenda Bl. 10 (Braunkohle-Benzin AG an GBI v. 23.2.42), ebenda Bl. 11 (Ds. der zugehörigen Karteikarte).

663 Berechnung aufgrund der maximalen Zahl von Wohnungsräumungen gegen Juden im Hauseigentum von Nichtjuden nach Dokumentation in Akten des GBI i.V.m den Angaben nach BAP 75 C Re 1 Nr. 352, 353 (JKV, Aufstellung zu Wohnungsräumungen seit 2/41, Stand: 1.8.42, v. 24.8.42, als Einzelblatt Bestandteil der verfilmten Gruppe von 350 personenbezogenen Einzelakten der Abt. Vermögensverwaltung der RV, den Nachlaßverwaltungen und Abwesenheitspflegschaften von Emigrierten, Verstorbenen und Deportierten), zit. nach Rücksprache mit Dr. Inge Lammel, Berlin. Vgl. Jüdisches Leben in Pankow. Eine zeitgeschichtliche Dokumentation, hrsg. vom Bund der Antifaschisten Berlin-Pankow e.V., Redaktion Inge Lammel, Berlin 1993, S. 209, dort interpretiert als Angabe über Wohnungsräumungen in Deutschland, sowie Esriel Hildesheimer, Jüdische Selbstverwaltung unter dem NS-Regime. Der Existenzkampf der Reichsvertretung und Reichsvereinigung der Juden in Deutschland, Tübingen 1994, S. 176, publiziert ohne Kenntlichmachung der zitierten Schriftstücke nach Aktenband- und Blattnummern des Herkunftsbestands, BAP 75 C Re 1 Nr. 1–798.

664 BAP 46.06 Nr. 110 (Vermerk, Wolters, für Clahes, Wohnungssuche für Min.Dir. Bade vom RMinProp, v. 4.9.41).

möbeln" brauchte,[665] „eine 5–7-Zimmerwohnung" oder „bei einer 5-Zimmerwohnung ein Dienstmädchenzimmer extra, möglichst ausserhalb mit einem Garten wegen der Kinder" favorisierte,[666] brauchte Speers Einverständnis. Speer bat stets um Vertraulichkeit und beteuerte Ende Mai 1941, daß er sich „schon jetzt noch kaum vor Wünschen und Gesuchen in dieser Richtung retten kann und so weitgehend keine Möglichkeit zur Hilfe habe".[667] Es hatte sich herumgesprochen, daß man bei Speer eine Geschoßwohnung oder auch ein Einfamilienhaus im nahen Westen bestellen[668] oder „eine geeignete Judenvilla in bevorzugter Lage" ausfindig machen lassen[669] konnte. Der eine wollte mieten oder kaufen, „Preis spielt keine Rolle",[670] ein anderer hatte gehört, es wären „einige Judenhäuser da", und er wäre „nicht abgeneigt, vorteilhaft zu kaufen, wenn auch vielleicht nur für die Dauer des Krieges".[671]

Für die Grundstücksinteressenten bemühte sich die Neugestaltungsbehörde im März 1941 um Angebote der Haupttreuhandstelle Ost, die etwa 700 Grundstücke aus dem Eigentum polnischer Juden verwaltete.[672] Im Juni 1941 billigten Speer und Hettlage den Mißbrauch des dem GBI für städtebauliche Maßnahmen eingeräumten Vorkaufsrechts zugunsten privater Interessenten, „um den für unsere Zwecke notwendigen <u>jüdischen Grundbesitz</u> (Villen etc.) in unsere Hände zu bringen". Der GBI tätigte den Vorkauf innerhalb der gesetzlichen Frist von sechs Wochen, sobald die beim GBI „vorhandenen Bewerber" Interesse bekundeten. Damit solche Transaktionen amtlicher Korruption den Haushalt des GBI nicht belasteten, hatten die Schnäppchenkäufer den Preis zur Ausbootung anderer privater Käufer bei der Amtskasse des GBI im voraus einzuzahlen.[673]

---

665 BAP 46.06 Nr. 110 (Vermerk, II/4-Pl/Ke, gez. Hettlage, für Speer, Wohnungssuche für Oberst Galland, v. 16.12.41).

666 BAP 46.06 Nr. 110 (Hans-Gert Winter, Reichsbahndirektor, an Fränk, Wohnungswunsch Sandstede vom AA bekräftigend, v. 4.3.42).

667 BAP 46.06 Nr. 110 (Ds., Speer an Prof. Tessenow, FH Berlin, zu dessen Wohnungsgesuch, v. 27.5.41).

668 BAP 46.06 Nr. 110 (Ds., Vermerk, (p) Fränk, für Clahes, Wohnungsgesuch General Thomas, v. 6.5.41).

669 BAP 46.06 Nr. 110 (Ds., Vermerk Speer für Clahes, Wohnungsgesuch Dr. Fanck, Regisseur von Werbefilmen für Neugestaltungsbauten, v. 27.6.41).

670 BAP 46.06 Nr. 110 (Ds., Vermerk, (p) Fränk, für Clahes, Wohnungsgesuch General Thomas, dem gerade „von Generalfeldmarschall Keitel eine grössere Dienstwohnung etatmässig bewilligt" worden war, v. 6.5.41).

671 BAP 46.06 Nr. 110 (Vermerk, Stephan, für Speer v. 4.2.42).

672 BAP 46.06 Nr. 701 (Vermerk, (u) Clahes, für Speer, betr. „Verwertung von Judenvillen – Ihr Schr. v. 4.3.1941", v. 14.3.41).

673 BAP 46.06 Nr. 3448, Bl. 64 (Orig., Vermerk, (u) Clahes, für Bohr v. 16.6.41). Bohr

Ob drei, vier oder fünf Dutzend – in jedem einzelnen Fall begriff Speer die Zuteilung von Wohnungen Berliner Juden als Geschäft auf Gegenseitigkeit. Im Jahr 1940 bedachte Speer noch drei Angehörige der SS-Leibstandarte Adolf Hitler und befürwortete das Gesuch des Hauptmanns von Tresckow ebenso wie die Wohnungsbeschaffung für Fräulein Borgis.[674] Ministerialrat Burmeister, der für den Präsidenten der Humboldt-Gesellschaft eine Wohnung suchte, sollte auf Speers Wunsch „ordentlich behandelt" werden, weil er alle Angelegenheiten des GBI beim Minister Rust erledigte, und Präsident Dr. Goepel wiederum hatte „wichtige Auslandsangelegenheiten zu repräsentieren".[675] Oberregierungsrat Birkenholz war als enger Mitarbeiter des Reichsministers Dr. Todt von Einfluß, Direktor Laabs von der AEG hatte Entgegenkommen in einem Fall bei der Beschaffung von Personal bewiesen, während SS-Oberscharführer Hermann Ellerbeck auf die Fürsprache des NSKK-Oberführers Albrecht in der Reichskanzlei angewiesen war.[676]

---

hatte die Vorgänge nach Prüfung etwaiger Neugestaltungsmaßnahmen an das Hauptamt II des GBI abzugeben. Der OBM, HLieg, hielt die Ausübung des Vorkaufsrechts nach Verfall des Vermögens deportierter Juden an das Reich gem. 11. VO zum RbürgG v. 25.11.41, RGBl. I S. 722, überhaupt für ausgeschlossen, BAK R 120 Nr. 1976 (Abs., Ds., OBM, HLiegAmt, an GBI, betr. „Entjudung des deutschen Grundbesitzes", v. 30.1.42); Nachfrage OBM, ob GBI mit OFP diesbezüglich verhandelt hat, BAP 46.06 Nr. 3448, Bl. 57 (OBM an GBI v. 30.3.42). Der GBI hatte den OFP veranlaßt, ein Vorkaufsrecht rechtsgrundlos einzuräumen, und führte wie vor Kriegsbeginn wieder „Judenlisten", BAP 46.06 Nr. 3448, ca. Bl. 1-56 (Listen Nr. 1–18, lfd. Nr. 1–313, vom OBM an GBI übersandt zwischen 11.9.42 und 13.5.43). Den Ausverkauf von Villengrundstücken in Berlin durch den OFP im Zuge der Verwertung des Vermögens deportierter Juden stoppte der RFM Ende 1943, BAK R 2 Nr. 31097, 31098 (RFM, Handakten StS Reinhardt).

674 BAP 46.06 Nr. 110 (Vermerk, (p) Fränk, für Clahes, Wohnungsgesuche SS-Obersturmführer Fritz Meurer, Fritz Hibbler als Begleiter des Führers, A.B. Albrecht in der Reichskanzlei, Adjutantur, v. 26.4.40). Ebenda (Vermerk, (p) Fränk, für Clahes, Wohnungsgesuch für von Tresckow auf dessen Eingabe, v. 26.4.40). Ebenda (Vermerk, -II/4-56/2-, (u) Clahes, an Speer, z.Zt. Obersalzberg, betr. Wohnungsbeschaffung für Frl. Borgis, Spandau, Schönwalderstr. 13-14, 1. Stock, v. 28.11.40).

675 BAP 46.06 Nr. 110 (Ds., Vermerk, (p) Dr. Wolters, für Clahes, Wohnungsbeschaffung für Dr. Goepel, v. 25.6.41; Vermerk, VII/A, gez. Dr. Wolters, für Dr. Fränk, betr. Wohnung Siebert in der Budapester Str. 17, die Goepel genehm fand, v. 21.2.41).

676 BAP 46.06 Nr. 110 (Ds., Vermerk, (p) Dr. Fränk, für Clahes, Wohnungsgesuch ORegRat Birkenholz, RMin Bewaffnung und Munition, v. 4.3.41). Ebenda (Ds., Vermerk,(p) Fränk, für Clahes, Wohnungsgesuch Direktor Laabs, AEG, v. 12.3.41). Seine bisherige Wohnung wollte Laabs – dem GBI, nicht den Mietern – im Tausch zur Verfügung stellen. BAP 46.06 Nr. 476 (Ds., gez. Speer, an NSKK-Oberführer Albrecht, Adjutantur, Reichskanzlei, Rückfrage zum Wohnungsgesuch Ellerbeck, v. 22.4.41).

Mit einer Hilfe für General Thomas war Speer gewiß einverstanden und wird auch Hettlages Anfrage für Oberst Galland nicht abgeschlagen haben; mit seinem Lehrer, Professor Tessenow, korrespondierte Speer selbst.[677] Das von Dr. Gebel, Referent im Reichswirtschaftsministerium, eingereichte Wohnungsgesuch eines Dr. Pontani zu erfüllen, war aus Gründen der Kraftstoffzuteilung für den GBI von Vorteil, während Dr. Seeger als Referent für Zementfragen beim Generalbevollmächtigten für die Regelung der Bauwirtschaft gute Chancen hatte.[678] Auch Ministerialdirektor Bade vom Reichspropagandaministerium sollte in jeder Beziehung geholfen werden.[679] Für Fräulein Krause, die Assistentin Professor Morells, war – sofern sie einen Ortswechsel wünschte – eine Wohnung zu beschaffen; für Dr. Fanck, den Regisseur von Werbefilmen für Speers Neugestaltungsbauten, eine Villa. Beide würden nach dem Krieg wegen der Neugestaltung räumungspflichtig und sollten vorzeitig von dem Angebot des GBI an Wohnungen und Häusern Berliner Juden profitieren.[680]

Die Schriftsätze um die Vergabe von Wohnungen und Häusern Berliner Juden zeugen von Umsicht, Sympathie, Verständnis und Wertschätzung unter Leuten, die miteinander handeln und einander verpflichtet sind. Nicht immer bedankten sich die Begünstigten so aufwendig wie Ministerialdirektor Rüdiger, der nicht versäumte Speer zu schreiben: „Sie hatten die Freundlichkeit, mir bei der Beschaffung einer Wohnung in Berlin tatkräftig und erfolgreich zu helfen. [...] Sie haben mir damit einen wirklich sehr großen Dienst erwiesen. Ich hoffe, daß ich einmal Gelegenheit habe, Ihnen auch zu helfen."[681]

Einer wollte heiraten, der Wohnungswechsel eines anderen war schon mit dessen Gattin verabredet, ein Dritter wollte nicht zur Last fallen. Es gab prekäre Angelegenheiten, menschlich besonders harte Fälle und ausgespro-

---

677 BAP 46.06 Nr. 110 (Ds., Vermerk, (p) Fränk, für Clahes, Wohnungsgesuch General Thomas, v. 6.5.41). Ebenda (Vermerk, II/4-Pl/Ke, gez. Hettlage, für Speer, Wohnungsbeschaffung für Oberst Galland, v. 16.12.41). Ebenda (Ds., Speer an Tessenow v. 27.5.41).

678 BAP 46.06 Nr. 110 (Ds., Vermerk, (p) Fränk, für Speer, Gesuch Dr. Gebel für Dr. Pontani, v. 9.6.41), Gebel war Kraftstoffreferent im RWM, Pontani von der Zinkberatungsstelle. Ebenda (Ds., Vermerk, (p) Fränk, für Clahes, Wohnungsgesuch Dr. Seeger, v. 27.6.41).

679 BAP 46.06 Nr. 110 (Vermerk, Wolters, für Clahes, Wohnungsgesuch Min.Dir. Bade, RMinProp, der zu heiraten beabsichtigte, v. 4.9.41).

680 BAP 46.06 Nr. 110 (Ds., Vermerk, (p) Fränk, für Clahes, Wohnung für Frl. Krause, v. 21.8.41). Ebenda (Ds., Vermerk Speer für Clahes, Gesuch Dr. Fanck, v. 27.6.41).

681 BAP 46.06 Nr. 110 (Min.Dir. Hans Rüdiger, Berlin, an Herrn GBI Speer persönlich v. 10.4.41), dienstliche Stellung Rüdigers: RMdI, Abt. Beamtenrecht.

chen tragische Verhältnisse. Gerhard Engel, dem Adjutanten Hitlers beim Chef des Oberkommandos der Wehrmacht, genehmigte Speer nach wohlwollender Prüfung drei Wohnungen. Seine die Existenz Berliner Juden zerstörende Großzügigkeit betonend, schrieb Speer: „Sie werden sich wundern, dass ich dies getan habe, ohne dafür entsprechende UK-Stellungen als Gegenleistung zu verlangen. – Im Übrigen bitte ich dienstlich um Mitteilung, wieviel UK-Stellungen einer Wohnung entsprechen, um bei nächster Gelegenheit einmal Ihnen gegenüber im Vorteil zu sein." Nicht nur den wechselseitigen Handel mit Vorteilen, auch die Gewaltsamkeit des Neugestaltens kleidete Speer scherzhaft ein: „Wenn ihre drei Schützlinge über die Wohnungszuteilung nicht das Maul halten können, werde ich die entsprechenden Häuser zum Abriss bestimmen, dass sie dadurch ihrer Wohnung wieder verlustig gehen!"[682]

Seit Mitte August 1941 lehnte der GBI die meisten Wohnungsgesuche höflich, aber bestimmt ab, seit Beginn der Deportationen vertröstete er Interessenten an den Wohnungen Berliner Juden auf das Frühjahr 1942. Wohnungssuchende ohne Protektion, befand der GBI, hatten sich vom Wohnungsamt irreführen lassen. Sie beschied der GBI, er verfüge nur über Wohnungen für Abrißmieter oder Bombengeschädigte.[683] Gegenüber Firmendirektoren und Ministerialbeamten, die für sich oder andere um Vermittlung einer Wohnung Berliner Juden baten, berief sich der GBI bei seinen Absagen – nicht ohne den Ausdruck des Bedauerns – auf „augenblicklich die größten Schwierigkeiten bei der Beschaffung von Wohnungen"[684] und „die dem Generalbauinspektor gegebene Weisung über die Verwendung der freiwerdenden Judenwohnungen".[685] Petenten aus dem Auswärtigen Amt,[686] dem Heerespersonalamt,[687] den Geschäftsbereichen der Minister Todt, Göring und Lammers mußten warten.[688] Auf das Gesuch des Reichsministers

682 BAP 46.06 Nr. 476, Bl. 373 (Ds., gez. Speer, an Engel, Adjutantur, persönlich, v. 24.11.41).

683 BAP 46.06 Nr. 110 (Ds., GBI, -I/A/Ha.-, an Frau Elfriede Marx, Berlin, v. 14.1.42).

684 BAP 46.06 Nr. 110 (Ds., Vermerk, (p) Fränk, für Clahes, Gesuch Min.Dir. Schönleben, Generalinspekteur Straßenwesen, für Frau Sack und Dipl.Ing. Stumpf, für v. 9.12.41).

685 BAP 46.06 Nr. 110 (Ds., GBI, (p) Fränk, an Hauptmann Düwel, OKH, betr. dessen Wohnungsgesuch für einen Bekannten, v. 22.11.41).

686 BAP 46.06 Nr. 110 (Ds., GBI, (p) Wolters, am Heinz Koar, AA, Presseabteilung, v. 26.9.41; Hans-Gert Winter, Reichsbahndirektor, an Fränk, Wohnungswunsch Sandstede vom AA bekräftigend, v. 4.3.42).

687 BAP 46.06 Nr. 110 (Ds., GBI, (p) Fränk, an Hauptmann Düwel, OKH, betr. dessen Wohnungsgesuch für einen Bekannten, v. 22.11.41).

688 BAP 46.06 Nr. 110 (Ds., Vermerk, (p) Fränk, für Clahes, Gesuch Min.Dir. Schönleben, Generalinspekteur Straßenwesen, für Frau Sack und Dipl.Ing. Stumpf, auf Rückfrage

Rosenberg schlug Speer der behördlichen Wohnungsfürsorge ein einmaliges Kontingent von 15 Wohnungen zu, nachdem er Rosenberg Ende Januar 1942 hatte wissen lassen, auch dies wäre nur „unter erheblichen Schwierigkeiten möglich",[689] da „die Evakuierung von Juden aus eisenbahntechnischen Gründen bis etwa April abgestoppt" wäre.[690] Speer, der die Verlagerung eines Teils seiner Neugestaltungsbaugruppen in die besetzte Sowjetunion vorbereitete, scheint hiermit auch an Rosenberg appelliert zu haben, sich für beschleunigte Deportationen der Berliner Juden zu verwenden.

Der Aufschub von Wohnungsvergaben an Interessenten von Rang und Namen aus Regierungs- und Wirtschaftskreisen resultierte aus den Vorbereitungen für die Wohnungsräumungen der „III. Aktion" ab Mitte August 1941, die die Wohnungsabteilung des GBI vollauf beanspruchten. Es war auch nicht damit zu rechnen, daß die Haushalte deportierter Berliner Juden vor März oder April 1942 aufgelöst, das Inventar verwertet und die Wohnungen wiedervermietbar sein würden. Keine Chance, von Speer mit einer Wohnung Berliner Juden begünstigt zu werden, hatte, wer in das System gegenseitiger Gefälligkeiten nicht integriert war oder mit einem Sonderwunsch den bürokratischen Ablauf der Wohnungsräumungen gegen Berliner Juden störte.

Anders als zwei seiner Kollegen, blieb ein dritter AEG-Direktor seit Mai 1941 erfolglos: Dr. Pfaffenberger hatte sich bereits entschieden, eine geräumige Wohnung am Charlottenburger Witzlebenplatz 6 beziehen zu wollen. Persönlich trug er die erste Ablehnung seines Wohnungsgesuchs beschwerdeführend in die Neugestaltungsbehörde zurück. Clahes nahm sich der Sache selbst an. Zwar hatte Pfaffenberger dem GBI die Überlassung von zwei Wohnungen angeboten, doch nach Clahes' Feststellung vom 12. Juni 1941 war die begehrte „dritte und letzte Judenwohnung im Hause Witzlebenplatz 6 [...] in dem jetzigen Räumungsplan nicht mit aufgeführt", war also von den tausend Wohnungsräumungen der „II. Aktion" seit Mai 1941 nicht erfaßt. Mitte Juni 1941, unmittelbar nachdem der revidierte und erweiterte Bereichsräumungsplan am 1. Juni 1941 vorlag, bereitete das

---

Steffens bei Speer gelegentlich einer Besprechung bei Todt, v. 9.12.41). Ebenda (Ds., gez. Speer, an Dr. Lammers, zu dortigem Schreiben Az: RM. Nr. 1281/42A, Wohnungsgesuch für eine alleinstehende Dame, v. 30.4.42, v. 26.6.42; Lammers, z.Zt. Führerhauptquartier, an Speer v. 30.6.42).

689 BAP 46.06 Nr. 110 (RMinfdbO, (u) Rosenberg, Dankschreiben an Speer, auf dessen Zusage v. 26.1.42, v. 6.2.42).

690 Speer an Rosenberg v. 26.1.42, auszugsweise wiedergegeben in: Kwiet, Nach dem Pogrom, a.a.O., S. 638 (Nürnberger Dokument PS-1738).

Hauptamt Verwaltung und Wirtschaft des GBI schon die Wohnungsräumungen der „III. Aktion“ vor. Für den auf eine von Juden bewohnte Altbauwohnung am Witzlebenplatz 6 spekulierenden Direktor Pfaffenberger notierte Clahes am 12. Juni 1941: Sollte „die Wohnung im Zuge der im Gang befindlichen Juden-Entmietungsaktion zur Räumung gelangen“, könnte er „alsdann erneut einen Antrag nach hier einreichen“. Im Frühjahr 1942 beschied Clahes Pfaffenbergers Wohnungsgesuch nebst Tauschplan abschlägig, weil der Bestand an Altbauwohnungen Berliner Juden mit mehr als sechs Zimmern kein brauchbares Angebot mehr hergäbe.[691]

Die Vergabe von mehreren Dutzend Wohnungen Berliner Juden setzte Speer ebenso für wechselseitige Gefälligkeiten effektiv ein wie für den Büroraumbedarf expandierender Rüstungsbetriebe. Die Neugestaltungsbehörde betrachtete alle Wohnungen Berliner Juden als GBI-Eigentum. Grundsätzlich hatten sie der Neugestaltung Berlins zu dienen, auch dann, wenn ein winziger Teil dieses Segments des Berliner Altbauwohnungsbestands für andere Zwecke abgezweigt wurde. Die Mitwirkung des GBI an der amtlichen Wohnungsfürsorge auf Kosten der Berliner Juden war nicht bloß eine Sache von Speers Prestige und der Akzeptanz des GBI, sondern Geschäftsgrundlage für die Vorbereitung des Berliner Hauptstadtbaus im Krieg.

3. *Optimierung des Wohnungsangebots: die II. Aktion ab Mai 1941*

Zu Beginn der Bereichsräumungen im Januar 1941 hatte der GBI nur die von Mietberechtigten angemieteten Wohnungen von Juden räumen lassen. Die Räumungen gegen Berliner Juden hingen von der Nachfrage ab, die die Neugestaltungsbehörde über die Ausgabe der Mietberechtigungsscheine steuerte. Bis Mitte April 1941, als nach der Planung des GBI eine erste Phase der Bereichsräumungen abgeschlossen sein sollte, war noch kein Abrißmieter in eine angemietete Wohnung Berliner Juden umgezogen. Um die Zeitspanne zwischen Abschluß des Mietvertrags und Umzug zu verkürzen, zog der GBI die Räumungsverfügungen gegen Juden und die

691 BAP 46.06 Nr. 110 (Ds., Vermerke, (p) Clahes, für Wolters, Wohnungsgesuch Dr. Pfaffenberger, AEG, v. 12.6.41 und v. 5.5.42). Der Hauseigentümerin Lotte Lesser, die ihr Haus im Arisierungsgeschäft an Bronislaw Schütze verlor, gelang noch im März 41 die Ausreise in die USA (LA Bln A Rep. 092 Nr. 21988). Ihre Wohnung übernahmen mit Genehmigung des GBI über die Wehrmachtswohnungsfürsorge Maria Schäfer und Dr. Charlotte Dietrich. Das hochbetagte Ehepaar Benno und Guste Pakscher, 83- und 73-jährig, zwang der GBI in die Wohnungslosigkeit, weil Paul Hoffmann, der seine Wohnung am Kaiserdamm 74 im Tausch zugunsten eines räumungspflichtigen Mieters in Speers künftigem Atelier in der Lichtensteinallee 3/3a angeboten hatte, deren Wohnung passend fand.

Instandsetzungen der Wohnungen vor. Seit Mai 1941 wurden in kürzester Frist mehrere tausend Berliner Juden wohnungslos, mußten tausend Wohnungen räumen und sich mit Unterstützung der Wohnungsberatungsstelle der Jüdischen Kultusvereinigung als Untermieter Quartiere suchen. Die Wohnungsräumungen der „II. Aktion" des GBI entsprachen dem Umfang der im April 1941 noch ausstehenden Bereichsräumungen des Räumungsplans von Mai 1940 und verbesserten mit 1.000 bezugsfertigen Wohnungen das Angebot für Abrißmieter.

Gegen eine freihändige Vermietung waren die nach der Räumung instandgesetzten Wohnungen Berliner Juden doppelt abgesichert. Zum einen meldete die Neugestaltungsbehörde die Wohnungen dem städtischen Hauptplanungsamt zur Beschlagnahme nach dem Reichsleistungsgesetz, und zwar – wie die in Abrißhäusern leerstehenden Wohnungen – angeblich für Ausgebombte. Infolgedessen entstand dem Vermieter kein Schaden durch etwaigen Mietausfall. Zum anderen trat zum Auftakt der „II. Aktion" die Neugestaltungsverordnung vom 25. April 1941 in Kraft. Diese stellte nicht nur wie bisher das Versäumnis, eine aus Mietverhältnissen mit Juden frei werdende oder frei gewordene Wohnung zu melden, unter Strafe, sondern ahndete auch deren genehmigungslose Neuvermietung. Bis zu 5.000 Reichsmark, die potentiellen Mieteinnahmen mehrerer Jahre, konnte der GBI von dem Hauseigentümer einkassieren, der von seinem Recht auf freie Vermietung Gebrauch machte. Solche Zwangsgelder waren, so der Wortlaut der Verordnung, „in erster Linie zur Unterbringung von Inhabern von Mietberechtigungsscheinen [...] zu verwenden". Hatte die frühere Neugestaltungsverordnung die Geltung geschlossener Mietverträge nicht angetastet, so war der GBI seit Mai 1941 befugt, genehmigungslos wiedervermietete Wohnungen polizeilich räumen zu lassen.[692]

Zur Planung der „II. Aktion" ist keine Dokumentation vorhanden. Doch betreffen drei überlieferte Schriftstücke aus der Wohnungsabteilung des GBI die „Räumung von 1 000 Judenwohnungen für Katastrophenzwecke. (2. Aktion Mai 1941)".[693] Zudem wies Pohl als Leiter der Umsiedlungsabteilung

---

692 RGBl. I 1941, S. 219 (VO über die Neugestaltung Berlins und Münchens, v. 25.4.41), vgl. RGBl. I 1939, S. 159 (VO über die Neugestaltung Berlins Münchens v. 8.2.39).

693 LA Bln Pr.Br.Rep. 107 Nr. 384 (Ds., Aktenvermerk, II/4 – 56-2 – Schm/Ke., (u) Schmidt, für Fiedler, u. li. (p) zdA Reich, v. 11.6.41; Ds., GBI, II/4–56/2.Schz./Lu., an Bund der Berliner Haus- und Grundbesitzer e.V., z.Hd. Dr. Werther, v. 18.7.41; Ds., Aktenvermerk, II/4 - 56/2.Schz./Lu., für Fiedler, v. 18.7.41). Bei einem 4. Schriftstück, BAK R 120 Nr. 3032, handelt es sich um eine fehlerhafte hs. Ergänzung, wie der Abgleich nach Inhalt und Datum mit zwei anderen Schriftstücken zeigt, LA Bln Pr.Br.Rep. 107 Nr. 401 und BAK R 120 Nr. 1954.

Nr. 45 — Tag der Ausgabe: 28. April 1941 219

Verordnung über die Neugestaltung der Reichshauptstadt Berlin und der Hauptstadt der Bewegung München.

Vom 25. April 1941.

Auf Grund des Gesetzes über die Neugestaltung deutscher Städte vom 4. Oktober 1937 (Reichsgesetzbl. I S. 1054) wird für die Reichshauptstadt Berlin und die Hauptstadt der Bewegung München zur Durchführung und Ergänzung dieses Gesetzes im Einvernehmen mit den beteiligten Reichsministern verordnet:

§ 1

(1) Räume, die aus einem Mietverhältnis mit einem jüdischen Mieter frei geworden sind oder frei werden, hat der Vermieter unverzüglich zu melden.

(2) Die Meldung ist in Berlin an den Generalbauinspektor für die Reichshauptstadt, in München an den Oberbürgermeister der Hauptstadt der Bewegung zu erstatten. Sie ist getrennt nach Wohn-, Gewerbe- und Büroräumen auf besonderen Vordrucken vorzunehmen, die bei der Gemeindebehörde (Wohnungsamt) anzufordern sind.

§ 2

(1) Die erstmalige Wiedervermietung der frei gewordenen oder frei werdenden Räume bedarf der Genehmigung durch die im § 1 bezeichnete Stelle. Ist diese Genehmigung erteilt, so ist eine Genehmigung nach § 5 des Gesetzes über Mietverhältnisse mit Juden vom 30. April 1939 (Reichsgesetzbl. I S. 864) nicht notwendig.

(2) Die Genehmigung ist auch dann erforderlich, wenn durch die Neubesetzung die bisherige Nutzungsart geändert wird.

(3) Die Genehmigung kann auch allgemein für bestimmte Personenkreise oder Gebiete erteilt werden.

(4) Für die erstmalige Wiedervermietung der frei gewordenen oder frei werdenden Räume an einen Mieter, der im Zuge der Neugestaltung der Reichshauptstadt seine Wohnung räumen muß und im Besitz eines Mietberechtigungsscheins ist, gilt die Genehmigung als erteilt. Der ausgefüllte Abschnitt des Mietberechtigungsscheins ist unverzüglich nach Abschluß des Mietvertrags der zuständigen Stelle (§ 1) zuzusenden. Der Oberbürgermeister der Hauptstadt der Bewegung wird ermächtigt, eine sinngemäße Anordnung für die Stadt München zu treffen.

§ 3

Die Meldung (§ 1) und Genehmigung (§ 2) sind nicht erforderlich bei Räumen, die

1. bei Inkrafttreten dieser Verordnung bereits wieder vermietet sind,
2. bisher auf Grund eines Untermietverhältnisses überlassen waren.

§ 4

(1) Die Auswahl unter den Inhabern eines Mietberechtigungsscheins (§ 2 Abs. 4) steht dem Vermieter frei.

(2) Kommt nicht spätestens bis zum Freiwerden der Räume ein Mietvertrag mit dem Inhaber eines Mietberechtigungsscheins zustande, so hat der Vermieter dies unverzüglich der nach § 1 zuständigen Stelle anzuzeigen. Diese kann dem Vermieter drei Inhaber von Mietberechtigungsscheinen als Mieter benennen und, wenn der Vermieter innerhalb zweier Wochen nach der Benennung mit keinem von ihnen einen Mietvertrag abschließt, das zuständige Wohnungsamt mit dem Abschluß eines Mietvertrags beauftragen. Der Inhalt des Vertrags gilt den Parteien gegenüber als vereinbart.

(3) Macht die nach § 1 zuständige Stelle von ihrem Benennungsrecht binnen zwei Wochen nach Eingang der Anzeige (Abs. 2) keinen Gebrauch, so unterliegen die Räume den Vorschriften dieser Verordnung nicht mehr.

§ 5

(1) Wer Jude ist, bestimmt sich nach § 5 der Ersten Verordnung zum Reichsbürgergesetz vom 14. November 1935 (Reichsgesetzbl. I S. 1333). Bei Mischehen ist § 7 des Gesetzes über Mietverhältnisse mit Juden vom 30. April 1939 (Reichsgesetzbl. I S. 864) entsprechend anzuwenden.

(2) Einem Juden steht ein jüdisches Unternehmen im Sinne des Artikels I der Dritten Verordnung zum Reichsbürgergesetz vom 14. Juni 1938 (Reichsgesetzbl. I S. 627) gleich.

§ 6

Wer vorsätzlich oder fahrlässig die vorgeschriebene Meldung (§ 1) nicht oder nicht unverzüglich erstattet, wird mit Geldstrafe bis zu 150 Reichsmark oder mit Haft bestraft.

§ 7

(1) Vermietet ein Vermieter Räume, die den Vorschriften dieser Verordnung unterliegen, ohne die erforderliche Genehmigung, so kann ihm die nach § 1 zuständige Stelle die Zahlung eines Geldbetrags bis zur Höhe von 5 000 Reichsmark auferlegen.

Neugestaltungsverordnung zur Erfassung und Zuteilung aller Juden entzogenen Wohnungen

220 Reichsgesetzblatt, Jahrgang 1941, Teil I

(2) Der Betrag ist in erster Linie für die Unterbringung der Inhaber von Mietberechtigungsscheinen (§ 2 Abs. 4) zu verwenden; seine Beitreibung erfolgt im Verwaltungszwangsverfahren.

(3) Auf Antrag der nach § 1 zuständigen Stelle kann die Polizeibehörde die Räumung der ohne die erforderliche Genehmigung bezogenen Räume durch unmittelbaren Zwang herbeiführen.

§ 8

Die Vorschriften dieser Verordnung gelten bei Pacht- oder sonstigen Raumüberlassungsverträgen entsprechend.

§ 9

Die zur Durchführung dieser Verordnung notwendigen Anordnungen erlassen in Berlin der Generalbauinspektor für die Reichshauptstadt, in München der Oberbürgermeister der Hauptstadt der Bewegung.

§ 10

(1) Diese Verordnung tritt am 1. Mai 1941 in Kraft.

(2) Mit diesem Zeitpunkt tritt die Verordnung über die Neugestaltung der Reichshauptstadt Berlin und der Hauptstadt der Bewegung München vom 8. Februar 1939 (Reichsgesetzbl. I S. 159) außer Kraft.

Berlin, den 25. April 1941.

Der Reichsarbeitsminister
In Vertretung
Dr. Syrup

des GBI am 23. Oktober 1941 das städtische Hauptplanungsamt an, wie „die dem Hauptplanungsamt zur Verfügung gestellten Wohnungen für Bombengeschädigte" zu führen wären. Zur „II. Aktion" gehörten: „Für zwischenzeitliche Unterbringung zur Verfügung gestellte Judenwohnungen, die in die Wohnungsnachweis-Listen aufgenommen sind, bei denen also u.U. die Aufhebung der Beschlagnahme durch die Stadt bei der Stadt erbeten wird."[694] Eine der „II. Aktion" angehängte Räumung kündigte ein Zettel mit dieser handschriftlichen Notiz an: „Hohenzollerndamm 208 II, Jude Bonn, sofort durch SS räumen lassen, Kammerjäger erst nach Vereinbarung".[695] Die Wohnung, deren Verwendung voraussichtlich bis Kriegsende bereits festlag, war im Sonderauftrag Pohls zu räumen und durch das städtische Hauptplanungsamt sofort zu beschlagnahmen.[696] Am 13. November 1941 meldete die Wohnungsabteilung unter dem Betreff „Räumung von Judenwohnungen, II. Aktion", die Wohnung zur Beschlagnahme ab 15. November 1941.[697] Nicht das zuständige städtische Amt, sondern die Neugestaltungsbehörde

694 BAK R 120 Nr. 1976 (Abs., GBI, II/4-56-2-Pl/Ke., i.A. gez. Pohl, an OBM, HPla, z.Hd. MagRat Dr. Pade, betr. Bezeichnungen für die dem HPla zur Verfügung gestellten Wohnungen für Bombengeschädigte, v. 23.10.41).

695 BAK R 120 Nr. 3125, Bl. 4 (Zettel, hs. Notiz, o.D., nicht gez.), Abbildung S. 262.

696 BAK R 120 Nr. 3125, Bl. 2f. (Ds., Rkt., Mietzner an Schmidt v. 13.11.41, Ds. desgl. v. 2.12.41).

697 BAK R 120 Nr. 3125, Bl. 1 (Ds., II/4-56/2-Kr./Wdl., (u) i.A. Schmidt, an OBM, HPla, Pla VIII, z.Hd. Dr. Pade, v. 13.11.41).

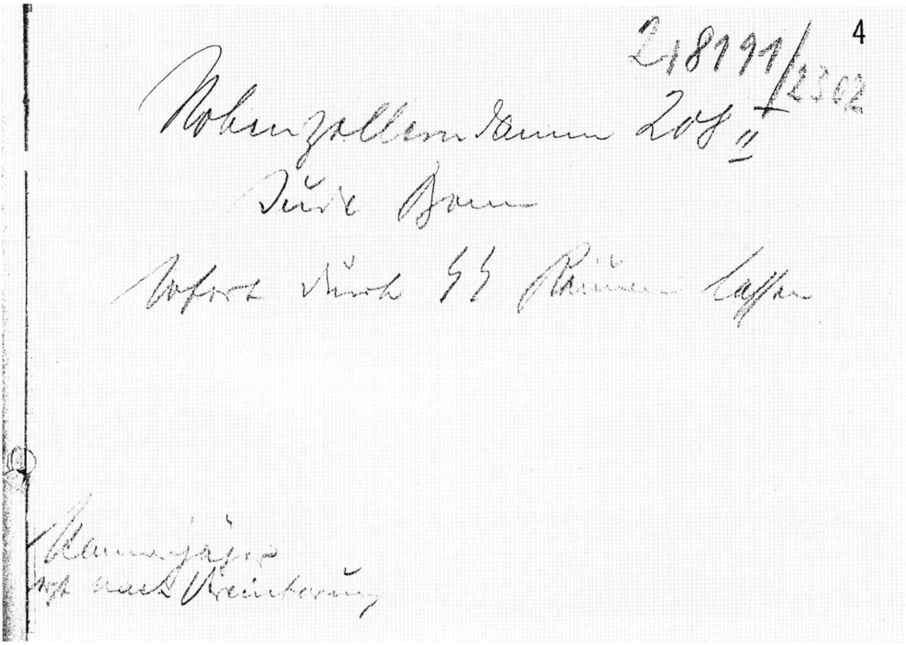

Kurze Notiz – und ein älteres Ehepaar war zur Wohnungslosigkeit verurteilt

entschied, die Wohnung nach dem Reichsleistungsgesetz zu beschlagnahmen, und bestimmte deren Verwendung; bei Kriegsende mußte sie dem GBI als Ersatzwohnung für die Neugestaltung zur Verfügung stehen.[698]

Als Rückseite eines Notizzettels ist der Ausriß eines vorgedruckten Formschreibens erhalten, das wegen der Formulierung, es würden „z.Zt. Judenwohnungen in arischem Grundbesitz geräumt, um Platz für evt. durch Fliegerangriffe obdachlos gewordene Volksgenossen zu schaffen“, der „II. Aktion“ zuzuordnen ist. Der GBI rechnete damit, daß Berliner Juden alsbald deportiert würden; denn er ließ die Hauseigentümer wissen: „Die Unterbringung der jüdischen Mieter erfolgt vorübergehend in Judenwohnungen der Grundstücke, die dem Gesetz v. 30.4.39 unterliegen.“[699]

---

698 Das Ehepaar Philipp August und Emma Bonn, 68 und 70 Jahre alt, mußte binnen zwei Tagen räumen, ihr „Umzugsgut“ lagerten sie bei einer Berliner Spedition. Sie fanden Unterkunft als Untermieter bei Gumpel in der Fasanenstraße 42. Als sie Ende Juni 1942 zur Deportation erfaßt wurden, nahm Emma Bonn sich das Leben, ihr Mann wurde mit dem 47. Transport am 31.8.42 nach Theresienstadt deportiert, amtlich gilt er als in Minsk verschollen, LA Bln A Rep. 092, Akte zur Vermögensverwertung.

699 LA Bln Pr.Br.Rep. 107 Nr. 401 (Rs. Notizzettel, Fragment eines vorgedruckten Formschreibens, o.D., i.A. zu zeichnen), zitiert bei Ergänzung eines Kommas.

Gegenüber dem Vermieter eines Juden, der seine Wohnung im Zuge der „II. Aktion" hatte räumen müssen, wiesen sich Mietinteressenten durch eine zusätzliche hektographierte Bescheinigung der Neugestaltungsbehörde aus, die als Notizzettelrückseite überliefert ist: Ein namentlich benannter Wohnungssuchender durfte als vorgeblicher Abrißmieter mit einem Mietberechtigungsschein bestimmter Nummer „eine der gemäß meinem Rundschreiben von Anfang Mai d. Js. geräumte und beschlagnahmte Judenwohnung" anmieten.[700]

Von den rund 15.000 Wohnungen, die nicht-jüdische Hauseigentümer seit Juni 1939 gemeldet hatten und die noch nicht weitervermietet waren, listete die Wohnungsabteilung des GBI die 1.000 zu räumenden in sechs Verzeichnissen auf. Wie bei der Zusammenstellung von Wohnungsnachweisen genügte der Wohnungsabteilung der absehbare, von der Räumungskartei statistisch ermittelte Ersatzwohnungsanspruch der Abrißmieter als Auswahlkriterium. Die Verzeichnisse übergab der GBI der Wohnungsberatungsstelle der Jüdischen Kultusvereinigung, die den Hauptmietern der genannten Wohnungen die Räumungsaufforderung zustellte: „Der Generalbauinspektor Speer verlangte 1 000 von Juden bewohnte Wohnungen in arischen Häusern – für ‚Bombengeschädigte' – und beauftragte die Gemeinde, die Leute zu exmittieren und in ‚jüdischen' Häusern unterzubringen. [...] Natürlich durften wir in diesen Häusern auch nur von Juden belegte Wohnungen benutzen".[701] Mit dem einzigen in Akten des GBI aufgefundenen Schreiben der Wohnungsberatungsstelle der Jüdischen Kultusvereinigung übermittelte Dr. Martha Mosse am 14. Mai 1941 „eine Aufstellung der räumungspflichtigen Mieter (in doppelter Ausfertigung), welche bereits eine andere Unterkunft in jüdischen Wohnungen gefunden haben".[702] Die von Berliner Juden zu räumenden Wohnungen beschlagnahmte das städtische Hauptplanungsamt entweder vorsorglich nach den Verzeichnissen des GBI oder anschließend aufgrund der Räumungsmeldungen der Wohnungsberatungsstelle.[703]

Verlauf und Umfang der Wohnungsräumungen der „II. Aktion" lassen sich aus wenigen weiteren Aktenstücken rekonstruieren. Auf einem dem

700 BAK R 120 Nr. 2909 (Rs. 2 Exemplare, Bescheinigung, hekt., zu zeichnender Vordruck, 1941, in 3/42 Notizzettel).

701 Kwiet, Nach dem Pogrom, a.a.O., S. 638f. (Bericht einer Lehrerin und damaligen Mitarbeiterin der WbSt der JKV, Wiener Library, ohne Signatur, nach Kopie im Besitz von Konrad Kwiet).

702 LA Bln Pr.Br.Rep. 107 Nr. 384 (JKV, Wohnungsberatungsstelle, (u) Dr. Martha Mosse, bei Beantwortung anzugebender Betreff: Dr. M/W., an GBI, z.Hd. Schmidt (Wohnungen), v. 14.5.41).

703 Der Geschäftsgang ist nicht dokumentiert.

Schreiben der Wohnungsberatungsstelle der Jüdischen Kultusvereinigung angehefteten Notizzettel addierte ein Mitarbeiter die bereits als geräumt gemeldeten Wohnungen jüdischer Mieter. Bis zum 12. Mai 1941 hatten 208 jüdische Hauptmieter sowie eine kaum zu ermittelnde Zahl Angehöriger und Untermieter, deren Räumung die GBI-Verzeichnisse „W.B. 1–6" anordneten, ihre Wohnungen verlassen. Weitere 300 waren es bis zum 23. Mai 1941.[704] Bis Anfang Juni 1941 wurden vermutlich noch 73 Wohnungen als geräumt gemeldet, denn am 11. Juni 1941 übermittelte die Wohnungsabteilung der Rechtsabteilung des GBI „6 Aufstellungen WB 1–6 über insgesamt 581 bisher geräumte Judenwohnungen, die nach dem Reichsleistungsgesetz für Katastrophenzwecke beschlagnahmt wurden".[705] Da keine spätere Unterlage existiert, ist davon auszugehen, daß die im Mai 1941 eingeleiteten Wohnungsräumungen der „II. Aktion" bereits Mitte Juli 1941 abgeschlossen waren. Zu den erwähnten 581 Wohnungen müßten bis zum 25. Juni 1941 weitere 408 als geräumt gemeldet worden sein, was sich mit der Nachmeldung von elf Wohnungen am 18. Juli 1941 insgesamt zur Planzahl 1.000 summierte.[706]

Ein Abschluß der Wohnungsräumungen der „II. Aktion" nach zwei Monaten korrespondiert mit den Angaben in einer erhaltenen Akte von 1941 mit mehreren hundert Blatt Annahmeanordnungen an die Amtskasse des GBI zur Erstattung von Instandsetzungskosten.[707] Da die im Mai und Juni 1941 von Berliner Juden zwangsweise aufgegebenen Wohnungen Abrißmietern angeboten werden sollten, ließ der GBI diese in eigenem Auftrag

---

704 LA Bln Pr.Br.Rep. 107 Nr. 384 (Notizzettel, DIN A 5 quer, kariert, hs. Aufstellung, Bleistift, angeheftet an Schreiben JKV an GBI, v. 14.5.41). Einzelangaben zu beiden Meldedaten: WB 1: 63 + 42, WB 2: 16 + 40, WB 3: 15 + 39, WB 4: 11 + 60, WB 5: 48 + 65, WB 6: 55 + 54, Summen 208 + 300.

705 LA Bln Pr.Br.Rep. 107 Nr. 384 (Ds., Aktenvermerk, II/4 – 56-2 – Schm/Ke., (u) Schmidt, für Fiedler, betr. Räumung von 1000 Judenwohnungen für Katastrophenzwecke, 2. Aktion, Mai 1941, u. li. (p) zdA Reich, v. 11.6.41). Die Rechtsabt. des GBI erhielt die Aufstellungen, um die vom OBM, HPla, gem. RLG beschlagnahmten Wohnungen, geräumte Bereichswohnungen wie im Zuge der II. Aktion geräumte Wohnungen von Juden, der Form halber der Kommandantur bekanntzugeben.

706 LA Bln Pr.Br.Rep. 107 Nr. 384 (Ds., GBI, II/4–56/2.Schz./Lu., an Bund der Berliner Haus- und Grundbesitzer e.V., z.Hd. Dr. Werther, v. 18.7.41; Ds. Aktenvermerk, II/4 – 56/2.Schz./Lu., für Fiedler, v. 18.7.41). Die Nachmeldung von 11 Wohnungen erfolgte bezugnehmend auf eine Meldung v. 25.6.41.

707 BAK R 120 Nr. 3909 (Vorschüsse „W.f.L." für Instandsetzung jüdischer Wohnungen, Titelbuch W.f.L., S. 1–10 Nr. 1–296, Annahmeanordnungen v. 17.4. – 28.11.41, sachlich richtig gez. Ulloth, (u) i.V. Clahes, seit 29.7.41 wechselnd sachlich richtig gez., (u) i.A. Ulloth, gestempelt „W.f.L." und zusätzlich „W.B.", Wohnungsbezeichnungen „(W.B./...)").

Titelbuch W.f.L. S. 4 Nr. 106

Der Generalbauinspektor
für die Reichshauptstadt

Berlin, den 11. 8. 1941

W. f. L. Nr. 359

An
die Amtskasse
des Generalbauinspektors
Berlin

W.B.

Eingegangen
14. AUG. 1941 Vm.
Amtskasse

Rechnungsjahr 1941
Kap. Tit. A.2 Nr.
Nr. der Anforderung / des Bauvorhabens: " Vorschüsse W.f.L. "
der fortdauernden / einmaligen Ausgaben — Verw. Einnahmen
Haush.-Ueberw.-Liste S. A 2 Nr. 103 / 6

Annahmeanordnung

Die Amtskasse wird angewiesen, von

Jüdische Kultusvereinigung zu Berlin e.V.,
N 4, Oranienburger Str. 29

den Betrag von

55.724. RM 37 Rpf.

buchstäblich: „- -
- - - - - fünfundfünfzigtausendsiebenhundertvierundzwanzig - RM 37 Rpf."

für / als

Anteilkosten für Instandsetzungsarbeiten
jüd. Wohnungen

anzunehmen und, wie oben angegeben, ~~durch Rotabsetzung~~ zu buchen.

In Vertretung :

Sachlich richtig: [signature] 11. Aug. 1941
Festgestellt: 11. Aug. 1941
Betrag eingegangen am:

C 0835

E 991

55.724,37
7.247,09
62.971,46

Abkassiert:
334.384,09 Reichsmark zur Optimierung des Speerschen Wohnungsangebots

instandsetzen. Die zur angeblichen Bereitstellung der Wohnungen für Ausgebombte zunächst unter „W.f.L." verbuchten Kosten hatten, wahrscheinlich zu gleichen Teilen, die Vermieter und die Jüdische Kultusvereinigung wie ein Gesamtschuldner für die exmittierten jüdischen Mieter zu erstatten. Die Abrechnungen mit der Jüdischen Kultusvereinigung summierten sich von Mitte Juli 1941 bis 28. November 1941 auf 334.383,09 Reichsmark, während in dem drei Monate längeren Zeitraum seit April 1941 die Jüdische Kultusvereinigung für die höchstens 430[708] bis 450[709] für Bereichsmieter hergerichteten Wohnungen der „I. Aktion" den Betrag von 127.390,77 Reichsmark erstattete.[710] Die tausend im Mai und Juni 1941 geräumten Wohnungen Berliner Juden hatte der GBI bis Ende November 1941 instandgesetzt und die anteiligen Kosten bei der Jüdischen Kultusvereinigung eingetrieben.[711]

Der Bund der Berliner Haus- und Grundbesitzervereine kooperierte mit dem GBI bei den Wohnungsräumungen gegen Juden und warnte deren Vermieter, die in Kürze bezugsfertig leerstehenden Wohnungen genehmigungslos weiterzuvermieten. Die Wohnungsabteilung übersandte Abschriften der Adressensätze der als geräumt gemeldeten Wohnungen und verlangte, „das Schreiben an den Vermieter dieser Wohnungen, wie im Bericht festgelegt, ebenfalls herauszugeben".[712] Der Bund der Haus- und Grundbesitzervereine

708 Schätzung nach Umfang Rl. Nr. 3–30 zuzüglich 6 Fehllisten.

709 BAK R 120 Nr. 3909 (Anweisungen an die Amtskasse, Annahmeanordnungen, hier gestempelt nur „W.f.L.", Haushaltstitel: A.1 – Anteile des Vermieters, A.2 – Anteile des jüdischen Mieters). 19.554,95 RM von Vermietern mit 70 Zahlungen für Titel A.1 und 127.390,77 RM der JKV mit 33 Zahlungen für Titel A.2. Bei Annahme etwa gleicher Anteile der Vermieter und der Vormieter ergibt sich rechnerisch, daß der GBI bei der JKV Instandsetzungskosten für 456 Wohnungen abgerechnet hatte.

710 BAK R 120 Nr. 3909 (Anweisungen an die Amtskasse, Annahmeanordnungen für Konto A.2, Zahlungen der JKV, gestempelt „W.f.L." und zusätzlich „W.B.", ohne Bezeichnung der Wohnungen oder deren Anzahl, 17 Zahlungen, im einzelnen zwischen 500 RM und 55.724,37 RM, Lfzt. 16.7.–28.11.41).

711 Schätzung auf der Basis regelmäßig und in einem Einzelfall nachgewiesen gleicher Anteile des Vermieters und des bisherigen Mieters, zu erstatten an den GBI von der JKV Berlin, ergibt bei 167 Zahlungen der Vermieter auf Konto A.1 von 24.063,81 RM für 137 Wohnungen und 17 Zahlungen der JKV auf Konto A.2 von 334.384,09 RM rechnerisch bei durchschnittlich 175,60 RM anteiligen Kosten je Wohnung eine Wohnungsanzahl von 1.904. Bei Zugrundelegung der aus den Zahlungen im Rahmen der „I. Aktion" ermittelten durchschnittlichen anteiligen Kosten je Wohnung von 279 RM läge die errechnete Wohnungszahl mit 1.199 immer noch über der Planzahl von 1.000.

712 LA Bln Pr.Br.Rep. 107 Nr. 384 (Ds., GBI, II/4–56/2.Schz./Lu., an Bund der Berliner Haus- und Grundbesitzer e.V., z.Hd. Dr. Werther, v. 18.7.41); Zitat hier korrigiert um Schreibfehler: Dopplung des Wortes ‚wie'. Das offenbar mit dem GBI abgestimmte Schreiben ist nicht überliefert; Vereinsakten aus der Zeit vor 1945 fehlen.

W.f.L. 8 Nr. 219

Der Generalbauinspektor
für die Reichshauptstadt

W.f.L.

Nr. 930

Berlin, den 6. November 1941

An
die Amtskasse
des Generalbauinspektors
Berlin

W.B.

Rechnungsjahr 19 41

Kap Tit A.1 Nr

Nr. der ~~Anforderung~~ des ~~Bauvorhabens~~:
" Vorschüsse W.f.L. "

der fortdauernden Ausgaben — Verw. Einnahmen
einmaligen

Haush.-Ueberw.-Liste S4/Nr.237

Annahmeanordnung

Die Amtskasse wird angewiesen, von

Erich Rossmann,
NW 87, Cuxhavener Strasse 16

Eingegangen
11. NOV. 1941
Amtskasse

den Betrag von 76. RM. 18 Rpf.

buchstäblich: „ - sechsundsiebzig - - - - - - RM. 18 Rpf. "

für/als

Anteilkosten des Vermieters für jüd. Wohnung
Dreyfuss, Badensche Str. 15 Gths.III
(W.B./128)

anzunehmen und, wie oben angegeben, ~~durch Rotabsetzung~~ zu buchen.

Im Auftrage:

Sachlich richtig 8. Nov. 1941
Festgestellt: 8. Nov. 1941
Betrag eingegangen am:

FF. C/0203

Der Hauseigentümer erstattete die mit Beteiligung des Bundes der Berliner Haus- und Grundbesitzervereine vom GBI festgestellten anteiligen Instandsetzungskosten

W. f. L. 8 Nr. 220

Der Generalbauinspektor für die Reichshauptstadt

Berlin, den 7. November 1941

W. f. L. Nr. 933

An
die Amtskasse
des Generalbauinspektors
Berlin

W.B.

Rechnungsjahr 19 41

Kap. Tit. A.1 Nr.

Nr. der ~~Anforderung~~ / des ~~Bauvorhabens~~: " Vorschüsse W.f.L. "

der fortdauernden / einmaligen Ausgaben — Verw. Einnahmen

Haush.-Ueberw.-Liste S 1/1 Nr. 240

Annahmeanordnung

Die Amtskasse wird angewiesen, von

Erich Rossmann,
Berlin NW 87, Cuxhavener Strasse 16

Eingegangen 11. NOV. 1941 Vm.

den Betrag von 73. RM. 11 Rpf.

buchstäblich: „ -
- - - - - - - - dreiundsiebzig - - - - - - -RM. 11 Rpf.“

für/als

Anteilkosten des Vermieters für jüd. Wohnung Pieck
Badensche Strasse 15 Gths. II (W.B./127)

anzunehmen und, wie oben angegeben, ~~durch Rotabsetzung~~ zu buchen.

Im Auftrage:

Sachlich richtig 8. Nov. 1941

Festgestellt: 3. Nov. 1941

Betrag eingegangen am:

FF. C/0203 6 1921

Seine Mieter Pieck und Dreyfuss verlor der Hauseigentümer durch Exmittierung – verfügt von Speers Behörde durch Auflistung beider Wohnungen als Nummern 127 und 128 im „W.B.-Verzeichnis“

Tilebuch W. f. L. S. 8 Nr. 221

Der Generalbauinspektor für die Reichshauptstadt

W. f. L.

Nr. 934

Berlin, den 7. November 1941

Rechnungsjahr 1941

Kap. Tit. A.4 Nr.

Nr. der ~~Anforderung~~ des ~~Bauvorhabens~~: " Vorschüsse W.f.L. "

der fortdauernden Ausgaben — Verw. Einnahmen einmaligen

Haush.-Ueberw.-Liste S 44 Nr. 233

An
die Amtskasse
des Generalbauinspektors
Berlin

W.B.

Eingegangen
11. NOV. 1941 Vm
Amtskasse

Annahmeanordnung

Die Amtskasse wird angewiesen, von

SS-Standartenführer Martin,
Berlin-Charlottenburg, Mommsenstrasse 17 v. II lks.

den Betrag von

95. RM. 87 Rpf.

buchstäblich: „ - fünfundneunzig - - - - - - - - RM. 87 Rpf."

für/als

Anteilkosten des A.-Mieters für jüd. Wohnung
Blankenburg Mommsenstr. 17
(W.B./44)

anzunehmen und, wie oben angegeben, ~~durch Rotabsetzung~~ zu buchen.

Im Auftrage:

Sachlich richtig: 8. Nov. 1941

Festgestellt: 8. Nov. 1941

Betrag eingegangen am:

FF. C/0203 1921

Für aufstrebende Klientel führte der GBI gegen Kostenerstattung auch Sonderwünsche aus

war seit September 1938 dem GBI bei dessen Zugriff auf Wohnungen Berliner Juden stets zu Diensten; dessen Vertreter fehlten auch am 28. Januar 1941 nicht, als Hettlage die Neugestaltungsräumungen der „I. Aktion“ mit der Stadtverwaltung, der Gauleitung, dem Reichssicherheitshauptamt und der Berliner Polizei koordinierte.

Wie zuvor die Auflistung des GBI nach „W.B.-Verzeichnis“ und laufender Nummer samt Anschrift, Lage im Haus, Zimmerzahl, Namen des bisherigen Hauptmieters und Angaben der Eigentümer oder Verwalter enthielten die Räumungsmeldungen der Wohnungsberatungsstelle der Jüdischen Kultusvereinigung jeweils in der Anlage die Daten der geräumten Wohnungen. Mitarbeiter der Wohnungsabteilung des GBI[713] fertigten Abschriften für die Instandsetzungsstelle und die Rechtsabteilung an.[714] Elf unter dem Betreff „Räumung von 1 000 Judenwohnungen für Katastrophenzwecke. (2. Aktion Mai 1941)“ am 18. Juli 1941 nachgemeldete Wohnungen sind den „Verzeichnissen WB 1, 3, 5 und 6“ zugeordnet.[715] Ein Exemplar der Räumungsmeldungen benötigte der Sachbearbeiter in der Wohnungsabteilung, der etwa wöchentlich die Räumungslisten der „I. Aktion“ zusammenstellte.[716] In der Räumungsliste Nummer 15 vom 12. Juni 1941 ist zu drei Räumungsanordnungen zusätzlich vermerkt: „Die Wohnung ist bereits in W.B. [...] Pos. [...] enthalten !“[717] Bei Erstellung der Räumungslisten der „I. Aktion“ achtete die Wohnungsabteilung auf solche Überschneidungen, um festzustellen, ob der GBI die Räumung einer der angemieteten Wohnungen nicht bereits durch Aufnahme in eines der sechs „W.B.-Verzeichnisse“ angeordnet hatte.[718]

---

713 LA Bln Pr.Br.Rep. 107 Nr. 384 (JKV, Wohnungsberatungsstelle, an GBI, hs. Vermerk u. li. 1 Ex. Kr., 1 Ex. Schz, v. 14.5.41).

714 LA Bln Pr.Br.Rep. 107 Nr. 384 (Ds. Aktenvermerk, II/4 – 56/2.Schz./Lu., für Fiedler, v. 18.7.41). Ein interner Vorgang zur Veranlassung der Instandsetzung ist nicht überliefert.

715 LA Bln Pr.Br.Rep. 107 Nr. 384 (Ds., GBI, II/4–56/2.Schz./Lu., an Bund der Berliner Haus- und Grundbesitzer e.V., z.Hd. Dr. Werther, v. 18.7.41; Ds. Aktenvermerk, II/4 – 56/2.Schz./Lu., für Fiedler, v. 18.7.41).

716 Kürzel, gelegentlich auch Paraphe „Kr.“ für Herrn Krewerth.

717 LA Bln Pr.Br.Rep. 107 Nr. 144/3 (Rl. 15 v. 12.6.41, lfd. Nr. 9, Wohnung Dr. Neimann, Wilmersdorf, Albrecht-Achillesstr. 11, war demnach im Verzeichnis W.B. 5 als Position 17 aufgeführt, lfd. Nr. 13, Wohnung Frau Lorenz, Schöneberg, Wartburgstr. 14, in W.B. 6 als Pos. 224, und die lfd. Nr. 16, Wohnung Frau Meyer, Wilmersdorf, Badenschestr. 14, in W.B. 5 als Pos. 50 D. enthalten).

718 BAK R 120 Nr. 3905a, 3905c, 3905d (Wohnungsnachweis, Auszüge) i.V.m. ebenda Nr. 3909 (Annahmeanordnungen für die Amtskasse des GBI, Wohnungsangaben). Die Räumung von 8 der 65 Wohnungen, deren Angaben mit den 1941 ausgegebenen hektographierten Auszügen des Wohnungsnachweises erhalten sind, hatte der GBI mit den Wohnungsräumungen der „II. Aktion“ vor der Neuvermietung angeordnet.

Kr./Wdl. den 12. Juni 1941

Räumungsliste Nr. 15

1.) Tierg., Krefelder Str. 14,3. lks. 2 Zi.jüd. Mieter: Sara Schild

Verm.: Lina Heese, i.gl. Hause, Tel.: 39 14 54.

Neuer Mieter: Herr Priggemeier, N.W.7, Schiffbauerdamm 37

M.B.-Schein: 185.

2.) Tierg., Bredowstr. 49, Vd.3. r. 3 Zi.jüd. Mieter: L. Isr.Behrendt

Verm.: Kurt Story'sche Erben, NW.87, Bachstr. 2 Tel.: 39 31 51.

Neuer Mieter: Max Pelleck, Plötzensee, Kolonie Bienenhain, Parz. 9.

M.B-Schein: 298

3.) Chbg., Riehlstr. 13, Vdh. ptr. 3 Zi.jüd. Mieter: Isr. Calmon

Verw.: Margot Kuppe, W.30, Rosenheimer Str. 22 Tel.: 25 60 00.

Neuer Mieter: Hugo Wienandt, Tempelhof, Gontermannstr.11

M.B.-Schein: 91

4.) Chbg., Platanenallee 24, Vdh.ptr.lk. 2 Zi.jüd. Mieter: L. Isr.Lofinski

Verm.: Alfred Schrobsdorff, Charlbg., Klaus Grothstr.11 Tel.: 93 66 61.

Neuer Mieter : Anneliese Bartscher, Tempelhof, Gontermannstr. 11.

M.B.-Schein: 99

5.) Chbg., Kosanderstr. 31, Vdh.ptr.m. 3 Zi.jüd. Mieter: Sara Holsheim

Verm.: Alfred Brengel, i. gl.Hause, Tel.: 34 61 24.

Neuer Mieter: Maria Wimberger, W. 9, Linkstr. 31, IV.

M.B.-Schein: 145

In den Räumungslisten der „I. Aktion“ kennzeichnete der GBI die Wohnungen, deren Räumung …

9.) W'dorf, Albrecht-Achillesstr.11,ptr. 2½ Zi.jüd. Mieter: Dr.Isr.Neimann.

Die Wohnung ist bereits in W.B.5
Pos. 17 enthalten !

Verm.: Grund- u. Bau-Gesellschaft. m.b.H., Charlbg.2, Kantstr. 4, Tel.: 97 19 35.
Neuer Mieter: Willi Mierke, W.35, Großgörschenstr. 16,
M.B.-Schein: 74.

10.) Sch'bg., Münchener Str. 11, Qugb.ptr.l. 1½ Zi.jüd. Mieter: Sara Außer

Verm.: Dr. R. Schulz, Major a.D. im gl.Hause, Tel.: 26 42 50.
Neuer Mieter: Karl Harndt, W. 35, Körnerstr.16
M.B.-Schein: 132.

3.) Schbg., Wartburgstr. 14,Vdh.II.lk. 2 Zi.jüd. Mieter: H. ~~[illegible]~~ Sara Lorens

Die Wohnung ist bereits in W.B. 6
Pos. 224 enthalten !

Verm.: Otto Hänel, Zehlendorf, Lagardestr. 54, Tel.: 84 43 75.
Neuer Mieter: Herr Kulisch, Tempelhof,Gontermannstr.10,
M.B.-Schein: 44

14.) Schbg., Goltzstr. 15, Qugb.I.r. 1 Zi.jüd. Mieter:Ch.Sara Wolff

Verm.: Dr. Göhl, Wilhelmshorst über Michendorf/Mark
Neuer Mieter: Artur Fritsch, W.35, Hochkirchstr. 9,2.Aufg II.
M.B.-Schein: 189

15.) Schbg., Naumannstr. 13, Vd.I.lk. 3 Zi.jüd. Mieter:E.Isr.Blankenstein.

Verm.: Erich Schmidt, Naumannstr. 15, Tel.: 71 84 70.
Neuer Mieter:Richter, Tempelhof, Gontermannstr. 9,
M.B.-Schein: 35

16.) W'dorf,Badenschestr. 14, Mtfl. I. 3 Zi.jüd. Mieter: Sara Meyer

Wohnung ist bereits in W.B. 5
Pos. 50 D. enthalten !

Verw.: Hilde Fleck, SW.68, Wilhelmstr. 124, Tel.: 19 29 06.
Neuer Mieter: Max Schmidt, T'hof,Gontermannstr.16,III.
M.B.-Schein: 101.

... durch Aufnahme in die „W.B.-Verzeichnisse" der „II. Aktion" bereits veranlaßt war

Die Bezeichnung „W.B.“ für die sechs Verzeichnisse läßt sich nicht eindeutig entschlüsseln. Die 14 erhaltenen Adressensätze mit Angabe der „W.B.-Verzeichnisse“ zeigen als einziges gemeinsames Zuordnungskriterium das der Lage der Wohnung im Verwaltungsbezirk. Das Verzeichnis „W.B. 1“ führte Wohnungen Berliner Juden im Verwaltungsbezirk Charlottenburg auf, „W.B. 3“ die im Bezirk Prenzlauer Berg gelegenen Wohnungen, „W.B. 5“ diejenigen in Wilmersdorf und „W.B. 6“ solche in Schöneberg.[719] Nach den 137 mit den Kassenunterlagen erhaltenen Angaben bezogen sich „W.B. 2“ und „W.B. 4“ auf Wohnungen von Juden in den sechs Innenstadtbezirken, jedenfalls in Mitte, Tiergarten und Friedrichshain.[720] Die Wohnungsberatungsstelle der Jüdischen Kultusvereinigung paßte ihre interne Arbeitsverteilung der Gruppierung der Räumungsaufforderungen des GBI in dessen „II. Aktion“ an. Martha Mosse sagte in einer Vernehmung im Mai 1942 aus: „Wir haben Berlin in 6 Bezirke aufgeteilt, für deren jeden ein Bearbeiter zuständig ist, und welcher im Rahmen seiner Zuständigkeit die oben angeführten Räumungsverfahren hauptsächlich in der Richtung zu erledigen hat, dass er sich bemüht, für die räumungsfristigen Mieter in anderen jüdischen Wohnungen Wohnraum zu schaffen.“[721]

Die Auflistung der Räumungsanordnungen der „II. Aktion“ in sechs Verzeichnissen korrespondierte mit der Struktur der beim GBI vorhandenen Karteien der Wohnungen Berliner Juden. Diese waren ab 10. Juni 1939 durch die Meldepflicht nach dem Gesetz über Mietverhältnisse mit Juden teils bei den bezirklichen Wohnungsämtern, teils beim GBI entstanden und wurden seit 1940 sämtlich in der Wohnungsabteilung des GBI geführt. Die Karteien waren nach Bezirken unterschieden und jeweils nach Straße, Hausnummer und Lage der Wohnung im Haus sortiert. Im Bezirk konnten die Karteikarten nach Zimmerzahl und Mietpreis gezogen werden, um deren

---

719 LA Bln Pr.Br.Rep. 107 Nr. 144/3 (Rl. 15/9, 13 u. 16 v. 12.6.41) mit 3 Angaben; LA Bln Pr.Br.Rep. 107 Nr. 384 (Ds., GBI, II/4–56/2.Schz./Lu., an Bund der Berliner Haus- und Grundbesitzer e.V., z.Hd. Dr. Werther, v. 18.7.41; Ds., Aktenvermerk, II/4–56/2. Schz./Lu., für Fiedler, v. 18.7.41) mit 11 Angaben.

720 BAK R 120 Nr. 3909 (Anweisungen an die Amtskasse, Annahmeanordnungen für Konto A.1, Zahlungen der Vermieter, und für Konto A.4, Erstattungen Nachmieter, gestempelt „W.f.L.“ und zusätzlich „W.B.“, Wohnungsbezeichnung „(W.B./...)“, Lfzt. 14.7.41–28.11.41). Dokumentiert sind Wohnungsangaben der Bezirke Mitte, Prenzlauer Berg und Friedrichshain, aus dem Bezirk Tiergarten nur eine Angabe, keine aus Wedding und Kreuzberg. Eine Wohnungsangabe bezieht sich auf eine im Verwaltungsbezirk Tempelhof gelegene Wohnung, die im Zuge einer nicht lückenlosen Tauschkette von der Wohnungsabteilung zugunsten der Klientel eines bei Sonderräumungen kooperativen Maklers aufgenommen wurde.

721 LA Bln A Rep. 358-02 Nr. 5334 (2 P.K.Ms. 20/42, Bd. I, Bl. 85f., 85, Stapo IV D1, Vernehmung Dr. Mosse, (u) KOA Markart, v. 22.5.42)

Angaben einzeln in den Wohnungsnachweis[722] zu übertragen oder deren Zahl für den statistischen Nachweis[723] festzustellen.

Die tausend in der „II. Aktion" beschleunigt zu räumenden Wohnungen wählte die Neugestaltungsbehörde in den Verwaltungsbezirken aus, in denen die meisten Wohnungen Berliner Juden lagen. Die Wohnungsabteilung reagierte auch auf die Nachfrage der Mietberechtigten, die aus den Anmietungen von Altbauwohnungen Berliner Juden seit Februar 1941 hervorging.[724] Während räumungspflichtige Mieter aus Abbruchvierteln der Neugestaltung Wohnungen in ihrem Bezirk bevorzugten,[725] drängten mehr als zwei Drittel der vom GBI begünstigten Klientel in die Verwaltungsbezirke Wilmersdorf, Charlottenburg und Schöneberg.[726]

---

722 Die von Juden bewohnten Wohnungen wurden in den Jahren 1941 und 1942 nach Bezirken und Wohnungsgrößen getrennt und in der Reihenfolge der Miethöhe nachgewiesen, erhalten nur: BAK R 120 Nr. 1976 (Wohnungsnachweis, Tiergarten, o.D., Liste A). BAK R 120 Nr. 2909 (Rs. hs. Aktennotiz v. 15.11.41, 1 Blatt, Verwaltungsbezirk Prenzlauer Berg, 8 Wohnungen, 3 Zimmer, vor 15.11.41). BAK R 120 Nr. 3905a (Rs. eines Notizzettels, Verwaltungsbezirk Schöneberg, 7 Wohnungen, bis 4½ Zimmer, 1941; desgl. Verwaltungsbezirk Mitte, 8 Wohnungen, 3 und 4 Zimmer, 1941). BAK R 120 Nr. 3905c (Rs. eines Notizzettels, Verwaltungsbezirk Mitte, 8 Wohnungen, davon 1 gestrichen, 4 Zimmer; desgl. Verwaltungsbezirk Charlottenburg, 2 Wohnungen, 1941). BAK R 120 Nr. 3905d (Rs. hs. Aktennotiz o.D., 1 Blatt, Verwaltungsbezirk Schöneberg, 8 Wohnungen, 4 Zimmer, vor 17.2.41). BAK R 120 Nr. 3905f (angeheftet an Vermerk v. 19.12.41, 2 Blatt, Verwaltungsbezirk Charlottenburg, 23 Wohnungen, 5½ und 6 Zimmer, vor 19.12.41). Die vollständig erhaltenen Wohnungslisten bzw. Wohnungsnachweise für die Zeit von 2/39 bis 8/39 führen gekündigte Wohnungen Berliner Juden.

723 LA Bln Pr.Br.Rep. 107 Nr. 401, Bl. 26, 24, 20, 18, 16, 15, 8, 6, 1 (Nr. 12 v. 31.1.42 bis Nr. 20 v. 30.9.42, nicht erhalten Nr. 1 bis Nr. 11, 2/41–12/41). Der statistische Wohnungsnachweis des GBI stellte als verfügbare Ersatzwohnungen für die Neugestaltung die noch nicht dauerhaft genehmigt vermieteten, also leerstehende wie bewohnte Wohnungen Berliner Juden nach Anzahl im Bezirk und Zimmerzahl fest.

724 BAK R 120 Nr. 3909 (Anweisungen an die Amtskasse, Annahmeanordnungen, gestempelt „W.f.L." und zusätzlich „W.B.", Wohnungsbezeichnung „(W.B./...)" Lfzt. 14.7. – 8.12.41). Im Verwaltungsbezirk Mitte lagen 12, Tiergarten 1, Prenzlauer Berg 4, Tempelhof 1, Schöneberg 25, Charlottenburg 44 und Wilmersdorf 54 Wohnungen, wobei die Angaben zu Innenstadtbezirken weitestgehend fehlen.

725 LA Bln Pr.Br.Rep. 107 Nr. 144/3 (Rl. Nr. 3 v. 10.2.41 – Nr. 30 o.D., nach 3.11.41). Verteilung der 340 angemieteten Wohnungen auf die Verwaltungsbezirke: Mitte 20, Tiergarten 71, Wedding 13, Prenzlauer Berg 6, Friedrichshain 7, Kreuzberg 3, Charlottenburg 46, Spandau 4, Wilmersdorf 44, Zehlendorf -/-, Schöneberg 54, Steglitz 21, Tempelhof 15, Neukölln 13, Treptow 6, Köpenick 1, Lichtenberg -/-, Weißensee -/-, Pankow 5 – korrigiert von 8 – und Reinickendorf 8.

726 LA Bln Pr.Br.Rep. 107 Nr. 144/3 (Rl. Nr. 6a v. 4.3.41 – Nr. 87a v. 6.11.42). Verteilung der 1.260 angemieteten Wohnungen auf die Verwaltungsbezirke: Mitte 15, Tiergarten 75, Wedding 8, Prenzlauer Berg 21, Friedrichshain 12, Kreuzberg 7, Charlottenburg 288,

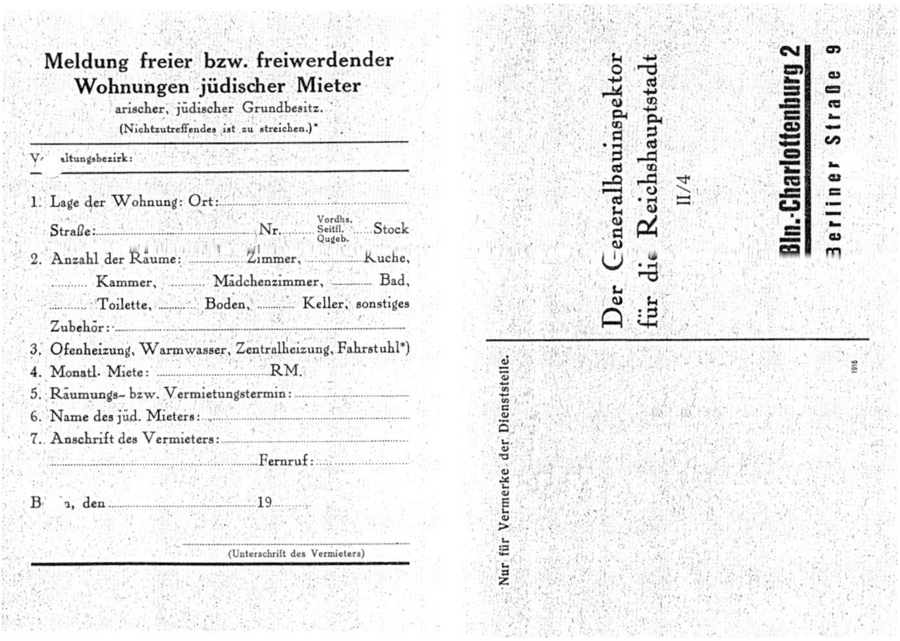

Meldung freier bzw. freiwerdender
Wohnungen jüdischer Mieter
arischer, jüdischer Grundbesitz.
(Nichtzutreffendes ist zu streichen.)*

V… ltungsbezirk:

1. Lage der Wohnung: Ort: …
Straße: … Nr. … Vordhs. Seitfl. Quge b. … Stock
2. Anzahl der Räume: … Zimmer, … Küche,
… Kammer, … Mädchenzimmer, … Bad,
… Toilette, … Boden, … Keller, sonstiges
Zubehör: …
3. Ofenheizung, Warmwasser, Zentralheizung, Fahrstuhl*)
4. Monatl. Miete: … RM.
5. Räumungs- bzw. Vermietungstermin: …
6. Name des jüd. Mieters: …
7. Anschrift des Vermieters: …
… Fernruf: …

B… n, den … 19 …

…
(Unterschrift des Vermieters)

Der Generalbauinspektor
für die Reichshauptstadt
II/4

Bln.-Charlottenburg 2
Berliner Straße 9

Nur für Vermerke der Dienststelle.

Die rote Meldekarte spiegelt die Kriterien der Sortierung der Karteien des GBI

Welche Berliner Juden im Mai und Juni 1941 tausend Wohnungen räumen mußten, entschied der GBI mit deren Aufnahme in die sechs Verzeichnisse. Insgesamt mußten die Wohnungen nach Lage, Größe und Mietpreis dem künftigen Ersatzwohnungsbedarf räumungspflichtiger Abrißmieter entsprechen. Im übrigen war die Auswahl der 1.000 Wohnungsangaben aus der Gesamtkartei der etwa 15.000 Wohnungen zufällig; der Arbeitsablauf in der Wohnungsabteilung mit allen Regelmäßigkeiten und Unregelmäßigkeiten bei der Niederschrift von Karteiauszügen beeinflußte die Auswahl.

Die Numerierung der Wohnungsangaben zog sich fortlaufend durch die sechs bezirklichen Verzeichnisse,[727] jede Nummer bezeichnete eindeutig

Spandau keine, Wilmersdorf 511, Zehlendorf 8, Schöneberg 172, Steglitz 57, Tempelhof 18, Neukölln 18, Treptow 7, Köpenick 1, Lichtenberg 7, Weißensee 5, Pankow 20 – korrigiert von 22 – und Reinickendorf 8.

727 BAK R 120 3909 (Annahmeanordnungen für die Amtskasse des GBI, dortige Wohnungsbezeichnungen „(W.B./...)“, hier nach Lage in den Verwaltungsbezirken den 6 Verzeichnissen zugeordnet). Die Summe der jeweils höchsten nachgewiesenen Numerierungen, Charlottenburg W.B. 1/636, Friedrichshain W.B. 2/535, Prenzlauer Berg W.B. 3/433, Mitte W.B. 4/541, Wilmersdorf W.B. 5/635, Schöneberg W.B. 6/655, ergibt hingegen eine rechnerische Mindestanzahl von 3.435 Wohnungen.

eine der 1.000 Wohnungen.[728] Die Wohnungsnumerierung innerhalb der Verzeichnisse folgt gruppenweise der alphabetischen Reihung der Anschriften nach Straßennamen und der aufsteigenden Folge von Hausnummern und Lage der Wohnung im Haus. Diese Merkmale der in „W.B.-Verzeichnissen" zusammengefaßten Räumungsverfügungen gegen Berliner Juden im Mai und Juni 1941 reflektieren die Struktur der Gesamtkartei des GBI.[729]

Zweck der Wohnungsräumungen der „II. Aktion" war die Optimierung des Wohnungsangebots für Mieter aus Räumungsgebieten der Neugestaltung, um sie beschleunigt umzusetzen. Der GBI ließ die Wohnungen instandsetzen und nahm sie in den Wohnungsnachweis für Mietberechtigte auf. Nach Abschluß eines Mietvertrags beantragte der GBI beim städtischen Hauptplanungsamt, die Beschlagnahme der Wohnung nach dem Reichsleistungsgesetz wieder aufzuheben. Keine der tausend Wohnungen gab Ausgebombten eine Bleibe. Die noch nicht an Abrißmieter vermittelten bezugsfertigen Wohnungen stellte der GBI Anfang Februar 1942, nachdem die planmäßige Ausweitung der Bereichsräumungen gestoppt war, der Wohnungsfürsorge der Wehrmacht zur Verfügung.[730] Bis spätestens Mitte

---

728 BAK R 120 Nr. 3909 (Annahmeanordnungen an die Amtskasse des GBI) ohne Überschneidungen bei den 137 nachgewiesenen Nummern bis zur höchsten Zahl 655; desgl. i.V.m. LA Bln Pr.Br.Rep. 107 Nr. 384 (Aufstellungen über 11 Wohnungen v. 18.7.41) Daher genügte neben dem Verzeichnisnamen „W.B." die fortlaufende Nummerierung zur Zuordnung der Wohnungsangaben. Die zweimalige Dopplung von Nummern ebenda bzw. i.V.m. LA Bln Pr.Br.Rep. 107 Nr. 144/3 (Rl. 15/13 v. 12.6.41), beide jeweils Überschneidungen zwischen Nachweis für Schöneberg, W.B. 6, und Charlottenburg, W.B. 1, bzw. Wilmersdorf, W.B. 5. Die Abweichungen können Ergebnis fehlerhafter Übertragungen sein. Die zweite der beiden außerhalb der Verwaltungsbezirkszuordnungen der 6 Verzeichnisse in den 151 Adressensätzen vorkommenden Numerierungen, Tiergarten W.B./30 und Tempelhof W.B./624, ist jedenfalls Ergebnis einer Wohnungstauschkette.

729 Eine Rekonstruktion der „W.B.-Verzeichnisse" ist nicht möglich, da auch die Generalliste der an Abrißmieter ausgegebenen MbS keine Angaben zu den als Ersatz angemieteten Wohnungen Berliner Juden enthält, BAK R 120 Nr. 3905g und Ds. desgl. 3905h. Die Größenordnungen bei schematischer und damit dem Nachweisverfahren der Neugestaltungsbehörde naher Rekonstruktion auf der Grundlage der 151 überlieferten Wohnungsangaben durch Verteilung und Ergänzung, nach der beim GBI üblichen Auflistung von 8 Wohnungsdaten je Blatt gruppiert und bei blattweisem Verzeichniswechsel den 6 Verzeichnissen zugeordnet bis zur höchsten eindeutigen Numerierung 655 in W.B. 6, Schöneberg: Charlottenburg 150, Friedrichshain 40, Prenzlauer Berg 43, Mitte 48, Wilmersdorf 245, Schöneberg 125. Abweichungen und Sprünge ergaben sich aus der Arbeitsorganisation mit ihren Zufällen und Fehlern und aus der nicht rekonstruierbaren systematischen Verfügbarkeit von Auszügen der Grundkartei, deren Kriterien analog zu den üblicherweise erstellten bezirklichen Auszügen des Wohnungsnachweises für Mietberechtigte die Wohnungsgröße und der Mietpreis sind.

730 BAK R 120 Nr. 1976 (Rds. Nr. 14, Hauptabt. Umsiedlung, II/4-00-Schm./Sch., (u) Pohl, betr. Wehrmachtswohnungsfürsorge, v. 6.2.42). Die Bereichsstelle, zu der die

1942 hatte die Neugestaltungsbehörde alle tausend auf Anordnung des GBI von Berliner Juden im Mai und Juni 1941 geräumten Wohnungen an seine Klientel übergeben.

4. *Wohnungskündigungen zur Deportation: die „III. Aktion" ab August 1941*

Die Vorbereitungen zu den Wohnungsräumungen der „III. Aktion" des GBI begannen nach Vorlage des erweiterten Räumungsplans vom 1. Juni 1941. Um binnen zwei Jahren insgesamt mehr als 12.000 Bereichsräumungen abzuschließen, waren 1941 und 1942 noch die Mieter von mehr als 8.500 Wohnungen aus Räumungsgebieten der Neugestaltung umzusetzen.[731] Mit den „Juden-Entmietungen" der „III. Aktion" wollte der GBI den 1942 räumungspflichtigen Bereichsmietern ein attraktives Angebot bezugsfertiger Ersatzwohnungen nachweisen. Das früheste Indiz der bevorstehenden Räumaktion findet sich in Akten der Neugestaltungsbehörde von Mitte Juni 1941, als die im Mai 1941 veranlaßten 1.000 Räumungen der „II. Aktion" mit 581 als geräumt gemeldeten Wohnungen Berliner Juden das gewünschte Wohnungsangebot zu erfüllen versprachen.[732]

Im Vergleich zum absehbaren Ergebnis der noch laufenden „II. Aktion" sollte die „III. Aktion" dem GBI mindestens die fünffache Menge Ersatzwohnungen einbringen. Die hausinterne Speer-Chronik berichtet von den

---

Räumungskartei gehörte, hatte „aufgrund des vorliegenden Listen- und Karteimaterials" die noch nicht belegten oder dauerhaft vermieteten und bislang im üblichen Wohnungsnachweis geführten Wohnungen der II. Aktion nach Verwaltungsbezirken geordnet zusammenzustellen.

731 BAK R 120 Nr. 3905 i.V.m. ebenda Nr. 1976 (Terminplan v. 28.6.41 und Zusammenstellung v. 24.9.41 zum Räumungsplan v. 1.6.41 i.V.m. Räumungsplan v. 20.6.41 i.d.F. v. 6.1.42, 1. S. o. re. hs. als „überholt" gekennzeichnet).

732 BAP 46.06 Nr. 110 (Ds., Vermerk, (p) Clahes, für Wolters, betr. Wohnungsgesuch des AEG-Direktors Pfaffenberger, zur Wohnung Witzlebenplatz 6, die, „in dem jetzigen Räumungsplan nicht mit aufgeführt", evt. „im Zuge der im Gang befindlichen Juden-Entmietungsaktion zur Räumung gelangen" könnte, v. 12.6.41). LA Bln Pr.Br.Rep. 107 Nr. 384 (Ds., Aktenvermerk, II/4–56–2–Schm/Ke., (u) Schmidt, für Fiedler, betr. Räumung von 1000 Judenwohnungen für Katastrophenzwecke, 2. Aktion, Mai 1941, Meldung von 581 Wohnungen, u. li. (p) zdA Reich, v. 11.6.41). Ein weiteres Indiz für die laufenden Vorbereitungen der „III. Aktion" ist die Sorge des GBI um die sofortige vollständige Befreiung der Büroräume nutzenden Abrißmieter von Zweckentfremdungsgebühren: „Inzwischen hat sich die Sachlage aber insofern verändert, als schon jetzt mit den Räumungen in größerem Umfange aus den Ihnen bekannten Gründen begonnen werden muß." LA Bln Pr.Br.Rep. 107 Nr. 235/2 (Ds., GBI, (p) Clahes, an OBM, HPla, Pfeil, betr. Zweckentfremdungsgebühr bei Umwandlung von Wohnräumen in Räume anderer Art, v. 22.7.41).

Vorbereitungen der „III. Aktion" im Rückblick auf den August 1941: „Gemäß Speer-Anordnung wird eine weitere Aktion zur Räumung von rund 5000 Judenwohnungen gestartet. Der vorhandene Apparat wird entsprechend vergrößert, damit die Judenwohnungen trotz der allseits bestehenden Schwierigkeiten infolge der Kriegslage schnellstens instandgesetzt und mit Abrißmietern aus den dringlich zu räumenden Bereichen belegt werden können. Durch diese Maßnahmen werden die Judenwohnungen ihrem vorbestimmten Zweck zugeführt und auf der anderen Seite weitere Leerwohnungen für Katastrophenzwecke bereitgestellt."[733] Das einzige in Akten des GBI bisher aufgefundene Dokument aus der Planungsphase der Räumungen zum Auftakt der Deportationen der Berliner Juden untermauert die Ausführungen des Hauschronisten. Am 21. August 1941 verhandelte ein Vertreter des GBI mit Ministerialdirektor Dr. Friedrich-Karl Surén im Reichsministerium des Innern wegen zusätzlicher Personalzuweisungen: „Ich unterrichte Herrn Surén über die geplante Grossaktion des GBI zur Schaffung von Wohnräumen für bombenbeschädigte Obdachlose (Räumung von rd. 7 000 Judenwohnungen im Laufe der nächsten Monate). Ich weise auf unsere Personalschwierigkeiten hin und auf die begrenzten Möglichkeiten für die Inanspruchnahme städtischen Personals. Surén ist bereit, etwa 20 – 25 geeignete Beamte des mittleren und gehobenen mittleren Dienstes aus anderen Städten, zunächst für die Dauer eines halben Jahres zur Dienstleistung beim GBI abzuordnen. Er erbittet eine entsprechende Anforderung, Dienstverpflichtung ist nicht erforderlich."[734]

Die Zahl von 7.000 Räumungen gegen Berliner Juden wird als zweckdienliche Übertreibung gegenüber der Personal zuweisenden Reichsbehörde genannt worden sein; zu den 5.000 Wohnungsräumungen der „III. Aktion" addierte der GBI-Vertreter die Wohnungen Berliner Juden, die Bereichsmieter im Rahmen der „I. Aktion" bis Anfang 1942 anmieten sollten. Nach der auf regulären Berichten aus den Hauptämtern des GBI beruhenden Speer-Chronik plante der GBI mit dieser zweiten sogenannten Großaktion 5.000 Wohnungsräumungen. Eine weitergehende Dokumentation der Planungsphase der „III. Aktion" ist nicht vorhanden. Aus den behördlichen Verfahrensweisen erschließt sich immerhin zweifelsfrei, daß Speers Neu-

733 LA Bln Pr.Br.Rep. 107 Nr. 53a (Chronik des GBI, 1941, S. 66f., August 1941).

734 BAP 46.06 Nr. 677, Bl. 254f. (Ds., Vermerk, nicht gez., o.D., Herrn Vizepräsidenten Dr. Fränk zur gefl. Kenntnisnahme, hier zdA 8 C V 1, Akten der für Fliegerschädenbeseitigung zuständigen Baugruppe des GBI, betr. Besprechung mit Min.Dir. Dr. Surén im RMdI am 21.8.41). Weitere Exemplare wurden zdA 1 A, 3 C 1 A und 3 D gegeben; Wiedergabe hier bei Korrektur von vier Schreibfehlern. Min.Dir. Surén, im RMdI als Leiter der Abt. V, Kommunalabt.; frühere Gesprächs- oder Korrespondenzpartner von Surén im RMdI waren Hettlage und Hille (Hauptamt II/1, u.a. Personal).

gestaltungsbehörde im Sommer 1941 den aus 5.000 Wohnungen zu exmittierenden Juden nicht einmal für einen befristeten Verbleib in Berlin Wohnraum zubilligen wollte. Das Angebot bezugsfertiger Ersatzwohnungen im zweiten Wohnungsmarkt sollte erweitert werden, ohne den dritten Wohnungsmarkt, den „Schachtelraum", über die Exmittierungen der „II. Aktion" hinaus zu füllen oder für die Einquartierungen der fortgesetzten „I. Aktion" zu blockieren.

Über die Umsetzung der Wohnungsräumaktion bis Anfang November 1941 gibt wiederum der Hauschronist Auskunft: „In der Zeit vom 18. Oktober bis 2. November wurden in Berlin rund 4500 Juden evakuiert. Dadurch wurden weitere 1000 Wohnungen für Bombengeschädigte frei und vom Generalbauinspektor zur Verfügung gestellt. Die Wohnungen werden später wieder zur Unterbringung von Abrißmietern bereitgestellt."[735] Am 23. Oktober 1941, wenige Tage nach Beginn der Deportationen, verfügte Werner Pohl, Leiter der Umsiedlungsabteilung des GBI, daß „1.000 durch die Abschiebung von Juden ab 18. Oktober 1941 freiwerdende Judenwohnungen, auf die der GBI für Kriegsdauer verzichtet, die also nicht in die Wohnungsnachweis-Listen aufgenommen werden" – später als Eiserner Bestand[736] oder Sperrwohnungen[737] bezeichnet – für den Ersatzwohnungsbedarf des GBI bei Kriegsende bereitzuhalten waren.[738]

---

735 LA Bln Pr.Br.Rep. 107 Nr. 53a (Chronik des GBI, 1941, S. 85, November 1941).

736 LA Bln Pr.Br.Rep. 107 Nr. 401, Bl. 1, 6, 8, 15, 16, 18, 20, 24, 26 (Wohnungsnachweis, Anmerkung zur Zahl der Wohnungen von Juden in nichtjüdischem Hauseigentum, Lfzt. 31.1. – 30.9.42).

737 LA Bln Rep. 92 Acc. 3924 Nr. 685-702 (Abrechnungslisten, Städtische Pfandleihanstalt an OFP, Lfzt. 22.2. - 25.6.43).

738 BAK R 120 Nr. 1976 (Abs., GBI, II/4-56/2-Pl/Ke., i.A. gez. Pohl, an OBM, HPla, z.Hd. MagRat Dr. Pade, v. 23.10.41). Die Anweisung Pohls an OBM, HPla, revidierte eine „vor einiger Zeit", d.h. während der Vorbereitung der „III. Aktion", festgelegte Abgrenzung der Bezeichnungen angeblich für Katastrophenzwecke geräumter Wohnungen. Seither waren als „1. Aktion" die geräumten Wohnungen in Abrißhäusern zu führen, als „2. Aktion" die seit Mai 1941 geräumten Wohnungen Berliner Juden, deren Beschlagnahme nach Vermittlung an Mietberechtigte des GBI auf dessen Antrag aufzuheben war, und als „3. Aktion" die o. g. Sperrwohnungen. Am 10.12.41 meldete der GBI dem HPla auch Wohnungen, die sich nicht rechtzeitig vor dem Wiedervermietungstermin an Abrißmieter vermitteln ließen, gleichfalls zur Beschlagnahme für Katastrophenzwecke „im Rahmen der III. Aktion (geräumte nicht instandgesetzte Judenwohnungen) für die zeitliche Einweisung von Fliegergeschädigten", LA Bln Pr.Br.Rep. 107 Nr. 144/3 (Ds., GBI, II/4-Fr/Hbm., (u) Schmidt, an OBM, Pla VIII, z.Hd. Dr. Pade, betr. „Beschlagnahme von freigemachten Judenwohnungen für Katastrophenzwecke", v. 10.12.41), vermutlich Dokument der Ausnahme, wie Tod, Wohnungswechsel oder „Abwanderung" ohne behördliche Aufforderung, Selbsttötung, Untertauchen.

Gleich, ob der GBI Wohnungen unverzüglich oder erst nach Kriegsende an Mietberechtigte vermittelte, alle Wohnungen deportierter Juden ließ er zuerst einmal vom Hauptplanungsamt beschlagnahmen. Auf diese Weise akquirierte der GBI bis Ende November 1941 weitere 3.000 Wohnungen für seine Zwecke.[739] Die Beschlagnahme überbrückte den Zeitraum von der Deportation über die Verwertung des Wohnungsinventars durch die städtische Pfandleihanstalt und die Instandsetzung durch den GBI bis zum Einzug eines Mietberechtigten, so daß keine Neugestaltungsetats belastet wurden. Außer den tausend Wohnungen des Eisernen Bestands nahm der GBI alle Wohnungen, deren Bewohnern die Deportation bevorstand, als Angebot an seine Klientel in den Wohnungsnachweis auf. Auch zu Beginn ihrer „III. Aktion" ging die Neugestaltungsbehörde wieder davon aus, alle Wohnungen deportierter Juden analog zur Ausweitung der Bereichsräumungen an räumungspflichtige Abrißmieter zügig vermitteln zu können.

In Berlin stand nicht die Transportliste am Anfang der Deportation.[740] Auch führte der GBI die Wohnungsräumaktion nicht durch, um den Beginn der Deportationen zu tarnen.[741] Vielmehr hatte der GBI die Massendeportationen der Berliner Juden als Bestandteil des Räumprozesses eingeplant. Bei den beiden zuvor gestarteten Räumaktionen hatte der GBI der Wohnungsberatungsstelle der Jüdischen Kultusvereinigung noch auferlegt, die wohnungslos gemachten Juden bei anderen Juden in Berlin einzuquartieren. Ab der „III. Aktion" hatte die Berliner Stapoleitstelle alle wohnungslos werdenden Juden zu deportieren. Zutreffend notierte Jochen Klepper am 13. Oktober 1941: „Den Juden werden die Wohnungen gekündigt, ohne daß sie neue mieten dürfen. Sie haben Listen ihres restlichen Eigentumes einzureichen, ihr – sehr begrenztes – Gepäck bereitzuhalten." Am 16. Oktober 1941, zwei Tage vor der ersten Deportation aus Berlin, wußte Klepper aus Berichten der Tochter, die als Jüdin Zwangsarbeiterin bei Siemens war, „daß Juden sich sofort zur Räumung ihrer Wohnung bereithalten müssen, und zwar nur mit ganz wenigem Gepäck; und das bedeutet: Barackenlager oder Deportation (Litzmannstadt–Łódź)."[742]

---

739 LA Bln Pr.Br.Rep. 107 Nr. 53a (Chronik des GBI, 1941, S. 87, November 1941), „Nach Verhandlungen mit den beteiligten Dienstbehörden stellte der Generalbauinspektor für die Unterbringung eventueller Bombengeschädigter weitere 3000 Judenwohnungen zur Verfügung."

740 Adler, Der verwaltete Mensch, a.a.O., S. 382 zum Deportationsverfahren in Würzburg.

741 Germania Judaica, Kb/Mos, Kopie, Erinnerungen, (u) Dr. Martha Mosse, hier Anlage 2, Bericht v. 23./24.7.1958: „Das Ganze sollte der jüdischen Bevölkerung gegenüber als Wohnungsräumungsaktion gelten."

742 Jochen Klepper, Unter dem Schatten deiner Flügel. Aus den Tagebüchern der Jahre 1932–1942, (97. Tausend 1976) Stuttgart 1956, S. 964, S. 966f., Eintragungen v. 13. und 16.10.41.

Überlebende, die sich als Angestellte der Jüdischen Kultusvereinigung zur Mitwirkung an den Deportationsvorbereitungen gezwungen sahen, berichteten einerseits, daß ihnen Franz Prüfer vom Referat IV D1 der Berliner Stapoleitstelle am 1. Oktober 1941 offiziell eröffnete, daß Deportationen bevorstünden.[743] Andererseits betonten sie nach 1945, sie selbst und vor allem die Betroffenen wären der Irreführung erlegen, weil die Deportationsvorbereitungen im Oktober 1941 bisherigen Wohnungsräumungen des GBI ähnelten.[744]

Finanzakten der Reichsvereinigung der Juden in Deutschland belegen, daß im Oktober 1941 Wohnungsräumungen gegen Juden, auch außerhalb Berlins, deren Deportation zur Folge hatten. Bereits Anfang Oktober 1941 richtete die Reichsvereinigung das „Sonderkonto W" zur Begleichung künftiger Transportkosten der Reichsbahn ein. Vorstandsmitglied Dr. Paul Eppstein notierte am 8. Oktober 1941, daß die „Mittel für die Wohnungsräumungsaktion" von zunächst 40.000 Reichsmark nicht das bestehende Sonderkonto Grundstückserlöse belasten dürften. Stattdessen sollte der Betrag auf Weisung des Reichssicherheitshauptamts „vielmehr ausserhalb des Voranschlags als ausserordentliche Ausgabe derart angefordert werden, dass ein Sonderkonto errichtet wird, über das dann gesondert abzurechnen ist. Um Nachbewilligungen im laufenden Monat möglichst zu vermeiden, kann zu diesem Zweck die Überstellung eines Betrags von RM 80.000.– auf ein Sonderkonto mit einem entsprechenden Bankfreigabebrief beantragt werden."[745] Am 9. Oktober 1941 übergab Eppstein den Bankfreigabebrief

---

743 Nach übereinstimmenden Berichten lud Prüfer den Vorsitzenden der Gemeinde Moritz Henschel, dessen Stellvertreter Philipp Kozower und Martha Mosse, Leiterin der WbSt der JKV, vor. Germania Judaica Köln, Kb/Mos, 69-471 (Kopie, Erinnerungen, (u) Dr. Martha Mosse, hier Anlage 2, Bericht v. 23./24.7.58).

744 LA Bln Rep. 58 Acc. 4005 Nr. 6161, Bl. 75-78, 76 (hier LG Bln 2 P. Aufh. 167/56, Zeugenvernehmung Dr. Martha Mosse in der Urteilsaufhebungssache 1 WG AR 40/57 – 1 Ws 706/57 am 12.3.58): „Der erste Transport wurde für die Beteiligten unter der Überschrift ‚Wohnungsräumung' durchgeführt." Hildegard Henschel, Aus der Arbeit der Jüdischen Gemeinde Berlin während der Jahre 1941–1943. Gemeindearbeit und Evakuierung von Berlin. 16. Oktober 1941 – 16. Juni 1943, mit einer Vorbemerkung von Dr. K. J. Ball-Kaduri, in: Jahrbuch für die Geschichte der Juden, hrsg. von Hugo Gold, IX/1972, Heft 1/2, S. 33–52, S. 34f., die den 1. Osttransport, der am 18.10.41 Berlin verließ, auf den 16.10.41, als die betroffenen Juden im Sammellager in der Levetzowstraße eingesperrt wurden, datierte: „Die Wohnungsaktion wurde durchgeführt, jedem ‚Gekündigten' wurde neuer Wohnraum zugewiesen und ehe die Umzüge stattfinden konnten, war der 15. Oktober 1941 herangekommen." Die von Henschel angenommene Zuweisung neuen Wohnraums findet weder in zeitgenössischen Beschreibungen noch in Erinnerungen anderer Beteiligter nach der Befreiung Bestätigung.

745 BAP 75 C Re 1 Nr. 46, Bl. 1-217, 184ff. (Ds. der Aktennotizen F 1 v. 3.9.41 bis F 70 v. 20.4.42, Finanzen betr. Rücksprachen im RSHA, Hauptsturmführer Gutwasser, gez. Dr.

„betreffend Einrichtung eines Sonderkontos W mit RM 80.000,– für Ausgaben in Zusammenhang mit der Wohnungs-Räumungs-Aktion“ und erhielt diesen mit dem Einverständnisvermerk des RSHA am 10. Oktober 1941 zurück.[746]

Den Massendeportationen von Juden aus Berlin ging eine mehrwöchige bürokratische Erfassung voraus. Diese begann in der Neugestaltungsbehörde des GBI mit der Auflistung der mit der „III. Aktion“ zu räumenden Wohnungen. Als nächstes zog die Geheime Staatspolizei das Vermögen derjenigen Juden ein, die zum Haushalt der namentlich bekannten Haupt- und Untermieter gehörten. Von der Jüdischen Kultusvereinigung erhielt der Haushaltsvorstand dann ein Benachrichtigungsschreiben, er hätte seine Wohnung zu räumen, mit einer zwingenden Vorladung zur Abgabe neuer Vermögenserklärungen. Dieses Schreiben war für Berliner Juden das erste Anzeichen der drohenden Deportation. Außer der Vermögenserklärung hatte die Wohnungsberatungsstelle einen personenbezogenen Fragebogen der Stapoleitstelle auszufüllen. Anhand dieser Unterlagen verfügte die Stapoleitstelle Vermögenseinziehungen gegen bis dahin nicht erfaßte jüdische Mitbewohner der zu räumenden Wohnungen und vergab die Transportnummern. Die Jüdische Kultusvereinigung hatte die Betroffenen unter Mitteilung der Transportnummer aufzufordern, sich rechtzeitig zum angegebenen Deportationstermin bereitzuhalten.

Zur Deportation schon erfaßte Berliner Juden stellte die Gestapo zurück, wenn leitende Mitarbeiter der Jüdischen Kultusvereinigung mit Erfolg vorsprachen oder Rüstungsfirmen ihre Zwangsarbeiter reklamierten. An dieser Praxis lassen sich Ausnahmen von der Reihenfolge erkennen, in der Berliner Juden Opfer der Massendeportationen seit Oktober 1941 wurden; diese sagen aber nichts über die anfängliche Reihenfolge aus, deren Systematik das hier rekonstruierte Berliner Verfahren der Erfassung zur Deportation vorgab.

Wenige Tage nach der ersten Deportation aus Berlin berichtete Hermann Samter am 21. Oktober 1941 brieflich, daß an einem Abend über tausend Leute aus ihren Wohnungen geholt und in das Massenlager in der Synagoge Levetzowstraße gesperrt wurden. „So überraschend hatte niemand die Aktion erwartet und Sie können sich die vielen Tragödien vorstellen: Eltern, die sich nicht von ihren Kindern verabschieden konnten usw. In das

---

Paul Eppstein, hier Aktennotiz F 14 zum und v. 8.10.41). H. G. Adler, Der verwaltete Mensch, a.a.O., S. 563, dem die Akten der Reichsvereinigung nicht zugänglich waren, ging davon aus, daß das Sonderkonto W Mitte November 1941 eingerichtet wurde, das RSHA sich Zugriff auf Bargeld der Deportierten verschaffen wollte und Transportkosten erst später daraus finanziert wurden.

746 BAP 75 C Re 1 Nr. 46, Bl. 183 (Aktennotiz F 15 zum 9.10.41 v. 10.10.41).

Lager wurde niemand ausser den Helfern der Gemeinde hereingelassen. 2 Tage später fuhr der Zug ab. Es waren alle Altersklassen von 1 – 90 Jahren vertreten, hauptsächlich ältere Leute. Es kam aber auch vor, dass Leute direkt aus der Fabrik nach Hause geholt wurden, um ihre Koffer zu packen."[747] Den Transportlisten ist kein personenbezogenes Ordnungssystem – weder ein alphabetisches nach Familiennamen noch eines nach Alter oder Geschlecht, nach Einkommen, Beruf oder Tätigkeit – zu entnehmen.[748] Ebenso wenig sind wohnungsbezogene Kriterien der Auswahl von jeweils tausend der mehr als 50.500 deportierten Berliner Juden in den Transportlisten zu erkennen.

Die Transportlisten übergab die Stapoleitstelle Berlin, Referat IV C3, dem Oberfinanzpräsidenten Berlin-Brandenburg, OFP, zusammen mit den Vermögenserklärungen der Deportierten und den vorgefertigten Verfügungen zur Vermögenseinziehung nebst der im Sammellager ausgefertigten Zustellungsurkunde des Obergerichtsvollziehers in Berlin. Für die Verwertung des eingezogenen Vermögens legte der OFP 38.205 eigene Akten zu allen Haushaltungsvorständen an und numerierte sie fortlaufend unter den Zeichen O 5205 – I bis XXXa und 31 bis 68 / 1 bis 38205. In der Reihenfolge ihrer Aktenzeichen erstellte die Vermögensverwertungsstelle des OFP sogenannte Straßenlisten, die sie dem städtischen Hauptplanungsamt, der Pfandleihanstalt und dem GBI übersandte. Doch für deren Aufgaben im Anschluß an die Deportationen mangelte es den Straßenlisten – wie den Transportlisten – an hinreichenden Wohnungsangaben. Die Straßenlisten fungierten lediglich als Regesten der vom OFP vergebenen Aktenzeichen für die künftig und in jedem Einzelfall an der Vermögensverwertung beteiligten Behörden.[749]

---

747 StA beim LG Berlin Archiv 2667, 3 P (K) Ks 1/71, Verfahren gegen Bovensiepen u.a., Berliner Gestapo-Prozeß, Beistück Nr. 31, Bl. 1-21 (Briefe von Hermann Samter, hauptamtlicher Redakteur des Jüdischen Nachrichtenblatts, bis 1939 des Jüdischen Gemeindeblatts, an Hanna, Lisa, Frau Stadermann, v. 12.9.40 – 22.11.42, v. 21.10.41, Abs., Herkunft: Wiener Library, P.III.a.No.53).

748 LA Bln Rep. 92 (OFP, Transportlisten der aus Berlin deportierten Juden; die Listen des 1., 2. und 3. Osttransports fehlen. Deren Opfer sind durch das Projekt des Gedenkbuchs für die Berliner Juden namentlich auffindbar, vgl. auch die Ablichtungen der Karten aus der personenbezogenen Kartei des OFP in den Akten des Berliner Gestapo-Prozesses, StA beim LG Berlin Archiv 2667).

749 LA Bln Rep. 92 Acc. 3924 Nr. 614-621 (Wohnungslisten, in der Reihenfolge der vom OFP vergebenen Aktenzeichen der Vermögensakten O 5205 Welle I-68 / lfd. Nr. 1-38205, Angaben nach Namen und Wohnungsanschrift als Haupt- und Untermieter), Nr. 614 (darin: 1. Osttransport am 18.10.41 in das Ghetto Łódź mit 1.013 Deportierten, I/1-680; 2. Otp. 24.10.41 Łódź 1.024, II/681-1200; 3. Otp. 27.10.41 Łódź 1.009, III/1201-2440a; 4. Otp. 1.11.41 Łódź 1.038, IV/2441-3000; 5. Otp. 14.11.41 Minsk, 1.030,

Die Straßenlisten des OFP geben zu den einzelnen Deportationen die Anschriften deportierter Juden nach Bezirken gruppiert und darin alphabetisch nach Straßenname und Hausnummer aufgeführt wieder. Die Regesten reflektieren die Reihenfolge der deportierten Juden nach den Transportlisten, soweit diese Haupt- oder Untermieter waren, und lassen die spezifischen Ordnungskriterien der Ausgangskartei des GBI deutlich hervortreten. Weil der GBI die Erfassung zur Deportation mit seiner „III. Aktion" der Wohnungsräumungen eingeleitet hatte, wurde die Wohnung zur ordnenden Größe und zum maßgebenden Kriterium der Auswahl der zuerst deportierten Berliner Juden. Wohnungsräumungen gegen Juden waren und blieben in Berlin Sache der Neugestaltungsbehörde, und es gibt keine Spur konkurrierender Verfahrensweisen oder der Abwehr etwaiger Eingriffe in deren nie bestrittene Kompetenz, Berliner Juden aus ihren Wohnungen zu zwingen, Räumungstermine anzusetzen und über die weitere Nutzung der Wohnungen von Juden zu entscheiden.

Die Behörde des GBI stellte die Listen der mit der „III. Aktion" zu räumenden Wohnungen zusammen, mit denen die Hauptmieter und alle anderen dort gemeldeten Juden zur Deportation erfaßt wurden. Für die Neugestaltungsbehörde war die Auswahl von 5.000 Wohnungen Routine: Sie mußte nur ein Fünffaches solcher zuletzt im Mai 1941 für die Wohnungsräumungen der „II. Aktion" als „W.B.-Verzeichnisse" angelegten Listen aufnehmen. Die Auflistungskriterien von Karteiauszügen waren stets dieselben: die Wohnungen hatten nach Anzahl, Lage im Verwaltungsbezirk, Zimmerzahl und Mietpreis dem statistisch ermittelten Ersatzwohnungsbedarf künftig räumungspflichtiger Abrißmieter oder anderer Mietberechtigter zu entsprechen.[750] Kraft dieser Karteiauszüge bestimmte die Umsiedlungsabteilung des GBI die erste Gruppe der ab dem 18. Oktober 1941 aus Berlin zu deportierenden Opfer.

Mit den Bewohnern von 5.000 Wohnungen erfaßte der GBI mehr Berliner Juden zur Deportation, als das Reichssicherheitshauptamt vorbereitet war, mit den Transporten der sogenannten ersten Welle im Oktober und November 1941 nach Łódź zu deportieren. Auch mit den RSHA-Deportationen der zweiten Welle nach Minsk, Kowno und Riga bis Januar

---

V/3001-3480; 6. Otp. 17.11.41 Kowno, 1.342, VI/3481- ; 7. Otp. 27.11.41 Riga, 1.343, VII/ -4747b; 8. Otp. 13.1.42 Riga, 1.037, VIII/4748-5655; 9. Otp. 19.1.42 Riga, 1.006, IX/5656-6235a; 10. Otp. 25.1.42 Riga, 1.051, X/6236-6924, 6925-7131, 7132-7140). Die Straßenlisten sind als Wohnungslisten archiviert.

750 Annahmen zu möglichen Ordnungssystemen lassen sich auch nicht mit Hilfe der für das Gedenkbuch der Berliner Juden aus allen erreichbaren Überlieferungen erstellten Datenbanken verifizieren, da vermutete signifikante, für das Gedenkbuch aber nicht erhebliche Spezifika fehlen oder vom systematischen Zugriff ausgenommen blieben.

1942 führte die Berliner Stapoleitstelle den Auftrag des GBI für die Wohnungsräumungen der „III. Aktion" nicht vollständig aus – auch noch in die Deportationszüge nach Trawniki bei Lublin und Warschau im März und April 1942 verlud die Berliner Gestapo Juden, die ihr der GBI mit den 5.000 Wohnungskündigungen der „III. Aktion" ausgeliefert hatte.[751]

Nichts spricht dafür, daß der GBI sich Gedanken gemacht hätte, wo die durch seine „III. Aktion" wohnungslos werdenden Juden in Berlin hätten Obdach finden können. Dagegen birgt die Registratur des im Nachgang zu den Deportationen beteiligten OFP eine Fülle von Indizien, daß der GBI, als er die Wohnungsräumungen der „III. Aktion" in Gang setzte, mit Massendeportationen Berliner Juden rechnete, und zwar im Umfang der seit März 1941 mehrfach angekündigten „Teilevakuierung" von 15.000 Berliner Juden. Die Rekonstruktion des Erfassungsverfahrens von Berliner Juden zur Deportation beweist, daß der GBI allein mit seiner „III. Aktion" seit September 1941 die Auslieferung von mehr als 10.000 Berliner Juden an die Gestapo zu verantworten hatte.

Der GBI wollte die infolge Deportation leerstehenden Wohnungen als bezugsfertigen Ersatz an Mietberechtigte aus Abrißbereichen der Neugestaltung vermitteln; folglich mußte er Gewißheit haben, daß das von seiner Umsiedlungsabteilung ausgewählte Segment der Altbauwohnungen Berliner Juden zügig geräumt würde. Weil der GBI seit Oktober 1941 auch die in der „III. Aktion" zu räumenden Wohnungen in den Wohnungsnachweis aufnahm, mußte seine Behörde die Wohnungen, deren Bewohnern die Deportation bevorstand, identifizieren können. Denn der Wohnungsnachweis son-

751 Safrian, a.a.O., S. 105–133 und 134–168, zu den organisatorischen Vorbereitungen des RSHA, Referat IV B4 unter Adolf Eichmann. Adler, Theresienstadt, a.a.O., Dokument 46b (Nds. zu Mitteilung Heydrichs, Besprechung in Prag am 10.10.41, zur Deportationsplanung nach Litzmannstadt (Łódź), derentwegen auf die Behörden in Litzmannstadt aber noch viel Rücksicht genommen werde, dann nach Minsk und Riga). Ebenda Dokument 46ax (Chef der Ordnungspolizei, Kurt Daluege, zur Regelung der Transportbegleitung durch die Ordnungspolizei bei den Deportationen nach Minsk und Riga, geplant für 1.11. – 4.12.41, v. 24.10.41, Dokument des Internationalen Militärgerichtshofs in Nürnberg PS-3921). Faschismus – Getto – Massenmord. Dokumentation über Ausrottung und Widerstand der Juden in Polen während des zweiten Weltkrieges, hrsg. vom Jüdischen Historischen Institut Warschau, ausgewählt, bearbeitet und eingeleitet von Tatiana Berenstein, Artur Eisenbach, Bernard Mark und Adam Rutkowski. Mit 231 Abbildungen und Faksimiles und 1 Karte, Berlin/DDR 1960, Lizenzausgabe Frankfurt/Main mit einem Vorwort von Siegfried Einstein von September 1962, Dokument 194 (Bericht des Inspekteurs der deutschen Polizei zu den Deportationen von 20.000 Juden und 5.000 Zigeunern aus Prag, Wien, Luxemburg, Berlin, Köln, Frankfurt/M., Hamburg und Düsseldorf in das Łódźer Ghetto, v. 13.11.41), dort Zahl von 4.187 der aus Berlin deportierten Juden, die Opfer des 1., 2., 3. und 4. Otp. waren. Zusammenfassend Arndt und Boberach in: Dimension des Völkermords, a.a.O., S. 44–48.

derte diese Wohnungen weder von anderen bewohnten Wohnungen ab, die der GBI nach Anmietung durch einen Mietberechtigten im Rahmen der fortgesetzten „I. Aktion“ räumen lassen würde, noch von solchen, die durch die Räumungen der „II. Aktion“ ab Mai 1941 bereits leerstanden. Wenn jemand eine Wohnung von Juden aus dem im Wohnungsnachweis geführten Angebot des GBI anmietete, mußte die Neugestaltungsbehörde jedoch zweifelsfrei zwischen Wohnungen, deren Räumung noch zu veranlassen war, solchen, die leerstanden, und solchen, deren Räumung sie bereits veranlaßt hatte, unterscheiden können.

Die als Listen von Räumungsverfügungen des GBI über 5.000 Wohnungen von Berliner Juden vorhanden gewesenen Karteiauszüge sind nicht erhalten. Sie wären nur über die Vermögenseinziehungsakten der Berliner Juden, die zwischen Herbst 1941 und Frühjahr 1942 Opfer der Massendeportationen wurden, zu rekonstruieren.[752] Wie von den verlorengegangenen Räumungsverfügungen der „II. Aktion“, die die Neugestaltungsbehörde in sechs „W.B.-Verzeichnissen“ zusammengestellt hatte, haben sich auch von den Karteiauszügen der „III. Aktion“ Spuren in den Registraturen des GBI erhalten. In drei aufeinanderfolgenden, Entmietungen von Juden im Rahmen der „I. Aktion“ anzeigenden Räumungslisten der Serie „a“ vom 28. November und vom 5. und 12. Dezember 1941 ist zu fünf Positionen vermerkt: „III. Aktion bereits geräumt.“,[753] „bereits in III. Aktion“,[754] „bereits in III. Aktion enthalten“[755] oder „Bereits in III. Aktion geräumt !“.[756] Die Haupt- und Untermieter dieser und anderer Wohnungen derselben Anschrift

752 Die Rekonstruktion ist aufwendig, weil diese zumindest den Rückgriff auf alle unter den Az. O 5205 I bis X / 1 bis 7140 geführten Einzelakten der Vermögensverwertung von 10.893 Deportierten erfordert, die Akten an der namentlichen Kartei des OFP nachzuweisen, die Aktenbandnummern zu ermitteln und die heranziehbaren Akten unter mehr als 40.000 Akten abgelegt sind. Alle anderen Aktengruppen des OFP, namentliche Kartei, Transportlisten, Wohnungslisten und Abrechnungslisten, reichen für eine Rekonstruktion der anfänglichen Listen des GBI nicht aus. Daher basiert die Darstellung auf einer systematischen Recherche, für die etwa 150 Vermögensverwertungsakten des OFP gezielt herangezogen wurden, nicht auf einer quantitativen Auswertung des Bestands.

753 LA Bln Pr.Br.Rep. 107 Nr. 144/3 (Rl. 43a/22 v. 28.11.41, hs. blauer Kopierstift, Wohnung Frau Rosenberg, Schöneberg, Beckerstr. 3).

754 LA Bln Pr.Br.Rep. 107 Nr. 144/3 (Rl. 44a/16 v. 5.12.41, Wohnung Frau Silbermann, Schöneberg, Erfurter Str. 9; im Zitat ein Komma zum Punkt korrigiert).

755 LA Bln Pr.Br.Rep. 107 Nr. 144/3 (Rl. 44a/23, 24 v. 5.12.41, Wohnung Meyer, Wilmersdorf, Bregenzer Str. 7 und Wohnung Schwersenz, Charlottenburg, Schillerstr. 15).

756 LA Bln Pr.Br.Rep. 107 Nr. 144/3 (Rl. 45a/2 v. 12.12.41, Wohnung Frau Benda, Wilmersdorf, Konstanzer Str. 13).

wurden am 18.[757] und 27. Oktober[758] und am 1. November 1941[759] mit der ersten, dritten und vierten Deportation aus Berlin nach Łódź abtransportiert. Wie bei den drei Überschneidungen von Wohnungsangaben in Räumungslisten der Serie „a" mit Angaben in „W.B.-Verzeichnissen" der „II. Aktion" hatten sich auch in fünf Einzelfällen Räumungsanordnungen der „III. Aktion" mit anderen des GBI überschnitten.[760] Die Spur der Kündigungsanordnungen des GBI taucht in den Vermögensverwertungsakten des OFP wieder auf: Die Vermögenserklärungen der Deportierten tragen auf der ersten Seite oben links ein Kürzel. Dieses Kürzel bezeichnete die Wohnung der zur Deportation erfaßten Juden in den Karteiauszügen der Kündigungsanordnungen der Neugestaltungsbehörde. Mit ihrer Hilfe kontrollierte die Stapoleitstelle den Stand der Umsetzung des GBI-Räumungsauftrags.

Die Wohnung Erfurter Straße 9, die Charlotte Silbermann mit ihrem Sohn Ulrich in Schöneberg bewohnte, hat das Kürzel „III Ka 178".[761] Die Wohnungen von Dr. Rudolf Brodnitz, Professor Dr. Georg Brodnitz, Bruno Meyer und Dr. Georg Plaut in der Bregenzer Straße 7 in Wilmersdorf kennzeichnen die Kürzel „A Ka 146", „A Ka 147", „A Ka 148" und „A Ka 149".[762] Martha Rosenbergs Wohnung in der Beckerstraße 3 in Schöneberg identifiziert das Kürzel „III Ka 90".[763] In der Charlottenburger Schillerstraße 15 wohnten Julian und Franziska Schwersenz, auf deren Wohnung sich das

757 LA Bln Rep. 92 Nr. 614 (Wohnungsliste, Erfurter Str. 9, Schöneberg, Silbermann I/646, Silbermann I/647, Alexander I/648, Bregenzer Str. 7, Meyer I/448, Plaut/b. Brodnitz I/449); vgl. Rl. 44a/16 und 23.

758 LA Bln Rep. 92 Nr. 614 (Wohnungsliste, Beckerstr. 3, Schöneberg, Rosenberg III/1592, Schillerstr. 15, Charlottenburg, Schwersenz III/1575); vgl. Rl. 43a/22 und Rl. 44a/24.

759 LA Bln Rep. 92 Nr. 614 (Wohnungsliste, Konstanzer Str. 13, Wilmersdorf, Benda IV/2562); vgl. Rl. 45a/2.

760 Als Regelfall ließe sich zeigen, daß alle Hauptmieter, gegen die Räumungsaufforderungen des GBI ergingen, die der GBI in den zwei Serien Räumungslisten oder den „W.B.-Verzeichnissen" aufführte und die teilweise dokumentiert sind, in der Registratur zur Vermögensverwertung deportierter Juden als Untermieter von Juden oder als Heimbewohner ausgewiesen sind. Anders 1995 die Annahme von Geist und Kürvers, Tatort Berlin, Pariser Platz, a.a.O.; desgl. von Reichardt und Schäche übernommen in die völlig überarbeitete und erweiterte Neuauflage, Von Berlin nach Germania, a.a.O, S. 159–179, Berlin 1998. Abwegig die Suggestion in Ton und Bild bei Guido Knopp (ZDF, Hitlers Helfer, Teil 5, Albert Speer, Der Architekt, ausgestrahlt am 18.2.97), die – einzig vorhandenen – Räumungslisten des GBI hätten Wohnungsräumungen der Berliner Gestapo registriert, deren Beamte in Begleitung von Schreibkräften des GBI Juden zur Deportation aus ihren Wohnungen abgeholt hätten.

761 LA Bln A Rep. 092 Nr. 35685.

762 LA Bln A Rep. 092 Nr. 5373, 5380, 26359, 29880.

763 LA Bln A Rep. 092 Nr. 31627.

Kr./Wdl.

Der Generalbauinspektor
für die Reichshauptstadt
Hauptamt Verwaltung u. Wirtschaft
Berlin-Charlottenburg 2, Berliner Str. 4-9

den 28. Nov. 1941

Frank

R ä u m u n g s l i s t e Nr. 43 a

1.) Schbg., Rosenheimer Str. 30, Vdh. II. 4 Zi. jüd. Mieter: A. Sara Lebbin

Räumung bereits am 21.11. telephonisch aufgegeben.

Verm.: Ziller, NW. 87, Dortmunder Str. 10,
Tel.: 39 34 94.

Neuer Mieter: Ziller, Dortmunder Str. 10

M.B.-Schein:

2.) Chbg., Leibnizstr. 87, Qug. 3. r. 3 Zi. jüd. Mieter: Isr. Götz

Räumung zum 10.12.41

Verm.: Carl Müller, Chbg. 4 Fritschestr. 61
Tel.: 31 97 57.

Neuer Mieter: Rollert, Chbg. 2, Gutenbergstr. 1

M.B.-Schein: 02056

3.) Wdf., Sodener Str. 30, Vdh. I. 2½ Zi. jüd. Mieter: Sara Lemberg

Räumung zum 15.12.41

Verm.: Wohnungsbaugesellschaft "Kurfürstenstraße G.m.b.H., Wilmersdf., Mecklenburgische Str. 57
Tel.: 89 75 91

Neuer Mieter: Dr. Friedr. Römer, W. 8, Wilhelmpl. 8/9

M.B.-Schein: 795

Kr./Wdl. - 5 -

22.) Schbg., Beckerstr. 3, Sfl. 3. lks. 3 Zi. jüd. Mieter: Sara Rosenberg

I. Aktion bereits geräumt.

Verm.: Richard Plötz, i. gl. Hause.

Neuer Mieter: Alfred Hübner, G.B.I. Amtskasse, Buchh. 1.

M.B.-Schein: 02058

23.) Wdf., Cunostr. 109, Vdh. II. lk. 4 Zi. jüd. Mieter: Sara Zimmt

Verm.: Johanna Heggemann, Halensee, Carionweg 3,
Tel.: 87 35 93

Neuer Mieter: Naujocks, Grunew., Taunusstr. 8

M.B.-Schein: 02039

In den Räumungslisten der „I. Aktion" gekennzeichnete Wohnungen

Kr./Wdl.

5.12.41 Franck

R ä u m u n g s l i s t e Nr. 44 a.

1.) Schbg., Speyerer Str. 21,Vd.II.lk.5 Zi.jüd.Mieter:Isr.Heilbronn

Verw.:Emma Jonkoff, i.gl.
Hause. Tel.: 26 26 38.

Räumung: s o f o r t !

Neuer Mieter: Wiegold Geitz
p.Adr. Sturmf. u.Adjutant,
W.8, Pariser Pl. 4

M.B.-Schein: 02040

16.) Schbg.,Erfurter Str.9,Vdh. I. 3 Zi. jüd. Mieter: Sara Silbermann

Verm.: Justizrat Dr. G.Boller
W.8, Kanonierstr. 40
Tel.: 12 15 06

bereits in III,Aktion

Neuer Mieter: SS.-H'scharf.
E. Kalversiep, Steglitz,
Rothenburgstr. 12

M.B.-Schein: 777

23.) Wdf.,Bregenzerstr.7,Vdh,III. 6 Zi. jüd.Mieter:Meyer

Verw.: Dr.Schneider & Blank
W 15,Kurfürstendamm 38,
Tel. 91 39 11

bereits in III.Aktion enthalten

Nuer Mieter: Major v.Gell-
horn,Wdf.,Olivaer Pl.5/6

M.B.Schein: o3oo2

24.) Chlbg.Schillerstr.15,Vdh.I.l. 3½ Zi. jüd.Mieter: Schwersenz

Verw.:Königstadt AG.
Werderscher Markt 4,-165451

bereits in III.Aktion enthalten

Neuer Mieter: Oberreg.Rat
Dr.Heitmann,W 15, Schillers
Nr.13,

M.B.Schein : 4o12

In den der Gestapo übergebenen Karteiauszügen der „III. Aktion" enthaltene Wohnungen

Kr./Wdl.

Frank

den 12. Dez. 1941

Der Generalbauinspektor für die Reichshauptstadt
Hauptamt Verwaltung u. Wirtschaft
Berlin-Charlottenburg 2, Berliner Str. 4-9

R ä u m u n g s l i s t e Nr. 45 a

1.) Schbg., Innsbrucker Str. 44, Vd. II. 9 Zi. jüd. Mieter: Isr. Misch

Verm. Aktiengesellschaft f. Anstaltskredit

Neuer Mieter: SS.-U'scharf. Helmut Lauchs, Wdf., Kaiserallee 188

M.B.-Schein: 02044

2.) Wdf. Konstanzer Str. 13 Vdh. II. 3 Zi. jüd. Mieter: Sara Benda

Verm.: F. Hohenhaus, Hausverwaltungen, i.gl.Hause, Tel.: 86 37 84

Bereits in III. Aktion geräumt !

Neuer Mieter: Ob.Reg.-Rat Dr. von Koeppelle, W. 8, RIM. Zentralamt Protokoll, Leipziger Str.

M.B.-Schein: 02106

3.) Wdf., Pommersche Str. 12 a, Vd. I 5 Zi. jüd. Mieter: Isr. Solms

Verm.: Frau A. Dahlheim. Lichterfelde, Hotensienstr. 28 Tel.: 76 13 54.

Neuer Mieter: Oberleutnant Schächter, Atjutantur St. W. 8, Leipziger Str. 7

M.B.-Schein: 02999

4.) Wdf., Uhlandstr. 47, IV. 3½ Zi. jüd. Mieter: Sara Timmendorfer

Verm.: ~~Witwenstift-der-Ada Baronin-von-Hahnfeuffel,-Restock.~~

Neuer Mieter: Minna Stübner, W. 35, Kirchbachstr. 15, III.

Verw.: Hausverwaltung Uhland Charlbg. 1, Richard-Wagner-Str. 7 Tel.: 34 53 04.

M.B.-Schein: 03096

5.) Wdf., Spessartstr. 5, Qugb.3.lk. 2 Zi. jüd. Mieter: Sara Reiß

Verm.: Johanna Burghard, Friedenau, Sponholzstr. 26 Tel.: 83 43 68.

Neuer Mieter: Wilh.Beisiegel W.8, Wilhelmstr.74/76
M.B.-Schein. 02077

Durch Deportation aus Berlin bereits geräumte Wohnung

Kürzel „A III 551“ bezieht, während „A III 552“ die dortige Wohnung von Margarete Löw und Benjamin Ernst Heymann bezeichnet.[764] Die Wohnung von Marguerite Benda in der Konstanzer Straße 13 in Wilmersdorf erhielt das Kürzel „III Ka 295“.[765]

Bei einzelnen Sonderräumungen war der Neugestaltungsbehörde bekannt, daß von Mietberechtigten angemietete Wohnungen nicht in die Räumungslisten der Serie „a“ aufgenommen werden mußten: Die Charlottenburger Wohnungen von Dr. Ernst und Cäcilie Holländer in der Giesebrechtstraße 3 und von Ernst Arthur und Resi Wunderlich in der Witzlebenstraße 1, die sich von der Firma Hansa Leichtmetall in der Eisenzahnstraße 66 verdrängte Mieter im Frühjahr 1942 als Ersatz ausgesucht hatten,[766] waren der Gestapo bereits zur Räumung durch Deportation angegeben und mit den Kürzeln „III B 17“ und „III KA C Ch 650“[767] versehen worden.

Die Kündigungsanordnungen gegen Berliner Juden hatte der GBI als aufgelistete Karteiauszüge der Berliner Stapoleitstelle übermittelt, als deren Referat IV C3 die Erfassung zur Deportation mit der personenbezogenen Feststellung der Vermögenseinziehung fortsetzte.[768] In den Einzelakten des OFP zur Verwertung des Vermögens deportierter Juden tragen diese Schriftstücke regelmäßig das früheste Datum, das mehrere Wochen vor den Daten der Vermögenserklärungen und der Deportation liegt. Erheblich längere Fristen entstanden durch vorläufige Zurückstellungen von der Deportation.

Die Datierungen der Feststellungen der Vermögenseinziehung geben Auskunft darüber, seit wann und in welchem Mindestumfang der GBI seine Kündigungsanordnungen der „III. Aktion“ an die Stapoleitstelle zur weiteren Deportationsvorbereitung übergeben hatte. In bisher gesichteten Akten sind die Vordrucke für Oktober 1941 en bloc auf den 3. Oktober 1941 ausgestellt und die zugehörigen Vermögenserklärungen zwischen dem 11. und 18., spätestens am 26. Oktober 1941 aufgenommen worden; die betroffenen Juden wurden Opfer des ersten Deportationsschubs im Oktober und November 1941 nach Łódź, also der ersten, zweiten, dritten und vierten Massendeportation aus Berlin. Die Vordrucke für November 1941 waren seit dem 15. Ok-

764 LA Bln A Rep. 092 Nr. 35138, 23901 und 15127.

765 LA Bln A Rep. 092 Nr. 2698.

766 BAK R 120 Nr. 3907f (Wohnungsnachweis, hekt., Auszug, 23 Wohnungen mit 5½ und 6 Zimmern in Charlottenburg, in Umlauf zumindest seit 12/41).

767 LA Bln A Rep. 092 Nr. 16098 und 40986.

768 Einen nachträglichen Abgleich zwischen verschiedenen Tausenden aus Zigtausenden möglichen, einerseits wohnungsbezogenen und auf Karteikarten festgehaltenen, andererseits personenbezogen sortierten und auf Formulare übernommenen Datensätzen zwischen Behörden anzunehmen, die wie der GBI und die Gestapo seit Jahresbeginn 1941 Arbeitsteilung gewohnt waren, ist hingegen abwegig.

tober 1941 in Gebrauch und sind – gleichfalls en bloc – auf den 1. November 1941 datiert; die Vermögenserklärungen der Opfer des zweiten Deportationsschubs nach Minsk, Kowno und Riga im November 1941 stammen vom 7. bis 13. November 1941. Das Vermögen der Berliner Juden, die – am Ende dieses zweiten Schubs – im Januar 1942 Opfer der achten, neunten und zehnten Massendeportation nach Riga wurden, ist nicht eingezogen worden, weil es nach der 11. Verordnung zum Reichsbürgergesetz vom 25. November 1941 gesetzlich zugunsten des Staats verfiel; die Vermögenserklärungen hatten die zur Deportation erfaßten Berliner Juden zwischen dem 19. und 29. Dezember 1941 und noch im Januar 1942 unterschreiben müssen.[769]

Nach den Akten des OFP hatte der GBI von den 5.000 Kündigungsanordnungen gegen Berliner Juden zumindest so viele im September 1941 der Stapoleitstelle übergeben, daß mehr als viertausend Berliner Juden unmittelbar deportiert wurden. Die übrigen Auflistungen der Karteiauszüge wird die Neugestaltungsbehörde zu Teilen spätestens im Oktober und im November 1941 nachgereicht haben, jeweils mehr als dreitausend Berliner Juden der Gestapo ausliefernd. Zu einem früheren Zeitpunkt – im Oktober, September oder sogar schon im August 1941 – muß die Neugestaltungsbehörde des GBI mit den Erfassungsunterlagen die Wohnungskündigungen zur Deportation bei der Berliner Stapoleitstelle in Auftrag gegeben haben, wenn sich aufgrund umfangreicherer Aktensichtung herausstellen sollte, daß die Reihenfolge der Kürzel zu den aufgelisteten Wohnungen – nach Lage im Bezirk, Zusammensetzung und Numerierung re-sortiert – nicht die drei Deportationsphasen der Bewohner dieser Wohnungen reflektiert.

---

769 Die Einziehung des Vermögens wurde von der Gestapo auf Grund § 1 Gesetz über die Einziehung kommunistischen Vermögens v. 26.5.33, RGBl. I, S. 293, i.V.m. Gesetz über die Einziehung volks- und staatsfeindlichen Vermögens v. 14.7.33, RGBl. I, S. 479, und der Preußischen DfVO v. 31.5.33, Gesetz-Sammlung S. 207, und i.V.m. Erlaß des Führers und Reichskanzlers über die Verwertung des eingezogenen Vermögens von Reichsfeinden v. 29.5.41, RGBl. I, S. 303, durchgeführt. Zur Ausfertigung in 11/41 wurden neue Vordrucke mit gleichen Aktenzeichen, Az. II A5 Nr. 1134/41 -212-, erstellt und verwendet und vom OFP zu den Akten genommen, obgleich die Zielorte der Deportationen in der besetzten Sowjetunion lagen und seit Geltung der 11. VO zum RbürgG v. 25.11.41, RGBl. I, S. 722, ausgegeben am 26.11.41, der gesetzliche Vermögensverfall eingetreten war. Hingegen waren die Zielorte Łódź, Theresienstadt und Auschwitz Inland i.S.d. 11. VO zum RbürgG, weil gem. § 12 der VO diese auch „im Protektorat Böhmen und Mähren und in den eingegliederten Ostgebieten“ galt. Die Vordrucke für 11/41 fanden noch in 6/42 und 7/42 Verwendung; neue Vordrucke für das Jahr 1942 tragen Daten des 1.8., 1.9., 1.10., 2.10. und 15.10.42; spätere Vordrucke für die 40er Jahre wurden am 1.2.43 ausgefertigt.

I 651
A. Ka. 146/I 651

Vermögenserklärung

3

A.

Vornamen (Rufname unterstreichen) und Zuname (bei Ehefrauen auch Mädchenname): Rudolf Israel Brodnitz (Brodnitz)

D.-R. Nr. 892. X 41 Eingegangen 20. OKT. 1941

Beruf: [illegible]

Letzte Beschäftigung (Firma, Gehalt, Lohn): Syndikus des Verbandes deutscher Ätzplatten-Fabrikanten e.V.

I 652
A Ka 147/I 652

Vermögenserklärung

3

A.

Vornamen (Rufname unterstreichen) und Zuname (bei Ehefrauen auch Mädchenname): Georg Israel Brodnitz

D.-R. Nr. 891. X 41 Eingegangen

Beruf: Universitätsprofessor i.R.

I 653
A Ka 148/I 653

Vermögenserklärung

3

A.

Vornamen (Rufname unterstreichen) und Zuname (bei Ehefrauen auch Mädchenname): Bruno Israel Meyer

D.-R. Nr. 890. X 41

Beruf: ohne

I 654
A. Ka 149/I 654

Vermögenserklärung

3

A.

Vornamen (Rufname unterstreichen) und Zuname (bei Ehefrauen auch Mädchenname): Dr. Georg Israel Plaut

Beruf: Chemiker

Letzte Beschäftigung (Firma, Gehalt, Lohn): Fabrikbesitzer i. Fa. A. Palis Nachf.

Wohnung (Stadt, Stadtteil, Straße und Hausnummer, seit wann?): seit 15. XII. 40 W. 15 Bregenzerstr. 7 bei Dr. Brodnitz

Kennkarte Nr. A. 450677 Berlin

Geboren am 13. I. 74 in Graudenz. (Kreis)

Land (soweit im Auslande geboren):

Konfession: evangelisch

Staatsangehörigkeit: Deutsches Reich.

Familienstand (ledig, verheiratet, verwitwet, geschieden, getrennt lebend): geschieden

Vornamen (Rufname unterstreichen), früherer Name und Geburtsdaten des Ehegatten:

Ehelicher Güterstand:

Namen und Geburtsdaten der im gemeinsamen Haushalt lebenden Kinder (auch solcher über 21 Jahre):

Die Spur der Kündigungsanordnungen zur Deportation in Speers „III. Aktion" – das Kürzel für die Wohnung – gefolgt von der Transportnummer

Das Kündigungskürzel zur Deportation aller Juden, die in Wilmersdorf in der Bregenzer Straße 7 vier, ...

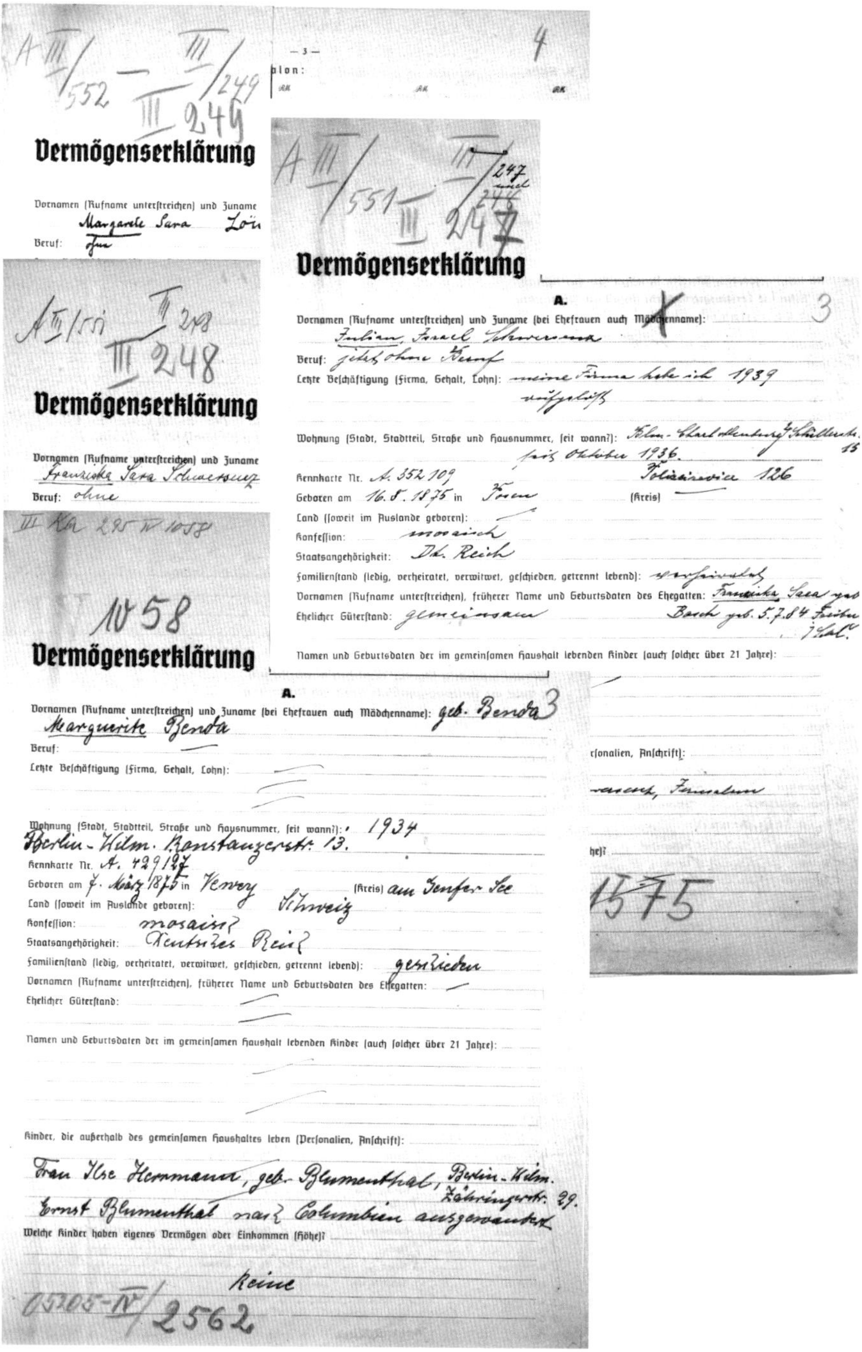
A III/552 — III/249
III 249
Vermögenserklärung
Vornamen (Rufname unterstreichen) und Zuname Margarete Sara Lö...
Beruf: ohne

A III/551 III/247 und 248
III 247
Vermögenserklärung
A.
Vornamen (Rufname unterstreichen) und Zuname (bei Ehefrauen auch Mädchenname): Julian Israel Schwarz
Beruf: jetzt ohne Beruf
Letzte Beschäftigung (Firma, Gehalt, Lohn): meine Firma habe ich 1939 aufgelöst
Wohnung (Stadt, Stadtteil, Straße und Hausnummer, seit wann?): Berlin-Charlottenburg Schillerstr. 15 seit Oktober 1936.
Kennkarte Nr. A. 352 109 Polizeirevier 126
Geboren am 16.8.1875 in Posen (Kreis)
Land (soweit im Auslande geboren):
Konfession: mosaisch
Staatsangehörigkeit: Dt. Reich
Familienstand (ledig, verheiratet, verwitwet, geschieden, getrennt lebend): verheiratet
Vornamen (Rufname unterstreichen), früherer Name und Geburtsdaten des Ehegatten: Franziska Sara geb. Basch geb. 5.7.84
Ehelicher Güterstand: gemeinsam
Namen und Geburtsdaten der im gemeinsamen Haushalt lebenden Kinder (auch solcher über 21 Jahre):

A III/551 III/248
III 248
Vermögenserklärung
Vornamen (Rufname unterstreichen) und Zuname Franziska Sara Schwarz
Beruf: ohne

III Ka 295 IV 1058
1058
Vermögenserklärung
A.
Vornamen (Rufname unterstreichen) und Zuname (bei Ehefrauen auch Mädchenname): geb. Benda
Marguerite Benda
Beruf:
Letzte Beschäftigung (Firma, Gehalt, Lohn):
Wohnung (Stadt, Stadtteil, Straße und Hausnummer, seit wann?): 1934
Berlin-Wilm. Konstanzerstr. 13.
Kennkarte Nr. A. 429127
Geboren am 7. März 1875 in Vevey (Kreis) am Genfer See
Land (soweit im Auslande geboren): Schweiz
Konfession: mosaisch
Staatsangehörigkeit: Deutsches Reich
Familienstand (ledig, verheiratet, verwitwet, geschieden, getrennt lebend): geschieden
Vornamen (Rufname unterstreichen), früherer Name und Geburtsdaten des Ehegatten:
Ehelicher Güterstand:
Namen und Geburtsdaten der im gemeinsamen Haushalt lebenden Kinder (auch solcher über 21 Jahre):
Kinder, die außerhalb des gemeinsamen Haushaltes leben (Personalien, Anschrift):
Frau Ilse Herrmann, geb. Blumenthal, Berlin-Wilm. Zähringerstr. 39.
Ernst Blumenthal nach Columbien ausgewandert
Welche Kinder haben eigenes Vermögen oder Einkommen (Höhe)?
keine
05205-IV/2562

1575

... in der Konstanzer Straße 13 eine und zwei Wohnungen in der Charlottenburger Schillerstraße 15 bewohnten

Geheime Staatspolizei
Geheimes Staatspolizeiamt
II A 5 Nr. 1045/41 - 212 -

II/1010

Berlin, den 3. Oktober 1941.

6

D.-R. Nr. 1240
Eingegangen
16. OKT. 1941
Kirchhoff
[illegible]
Berlin-Pankow, Arkonastr. 1

Verfügung

Auf Grund des § 1 des Gesetzes über die Einziehung kommunistischen Vermögens vom 26. Mai 1933 — RGBl. I S. 293 — in Verbindung mit dem Gesetz über die Einziehung volks- und staatsfeindlichen Vermögens vom 14. Juli 1933 — RGBl. I S. 479 —, der Preußischen Durchführungsverordnung vom 31. Mai 1933 — GS. S. 207 —, der Verordnung über die Einziehung volks- und staatsfeindlichen Vermögens im Lande Österreich vom 18. 11. 1938 — RGBl. I S. 1620 —, der Verordnung über die Einziehung volks- und staatsfeindlichen Vermögens in den sudetendeutschen Gebieten vom 12. 5. 1939 — RGBl. I S. 911 — und der Verordnung über die Einziehung von Vermögen im Protektorat Böhmen und Mähren vom 4. Oktober 1939 — RGBl. I S. 1998 — wird in Verbindung mit dem Erlaß des Führers und Reichskanzlers über die Verwertung des eingezogenen Vermögens von Reichsfeinden vom 29. Mai 1941 — RGBl. I S. 303 —

das gesamte Vermögen ~~des~~ — der Margarete Sara J a r u s l a w s k y ,

geborene Herrmann, geboren am 12.10.1873

in Königsberg/Pr.,

zuletzt wohnhaft in Berlin W 30,

Eisenacher Straße/~~Platz~~ Nr. 97

zugunsten des Deutschen Reiches eingezogen.

Im Auftrage
[signature]

Geheime Staatspolizei – Geheimes Staatspolizeiamt

Ab September 1941 ermittelte die Gestapo alle Bewohner der vom GBI in „III. Aktion" bezeichneten Wohnungen ...

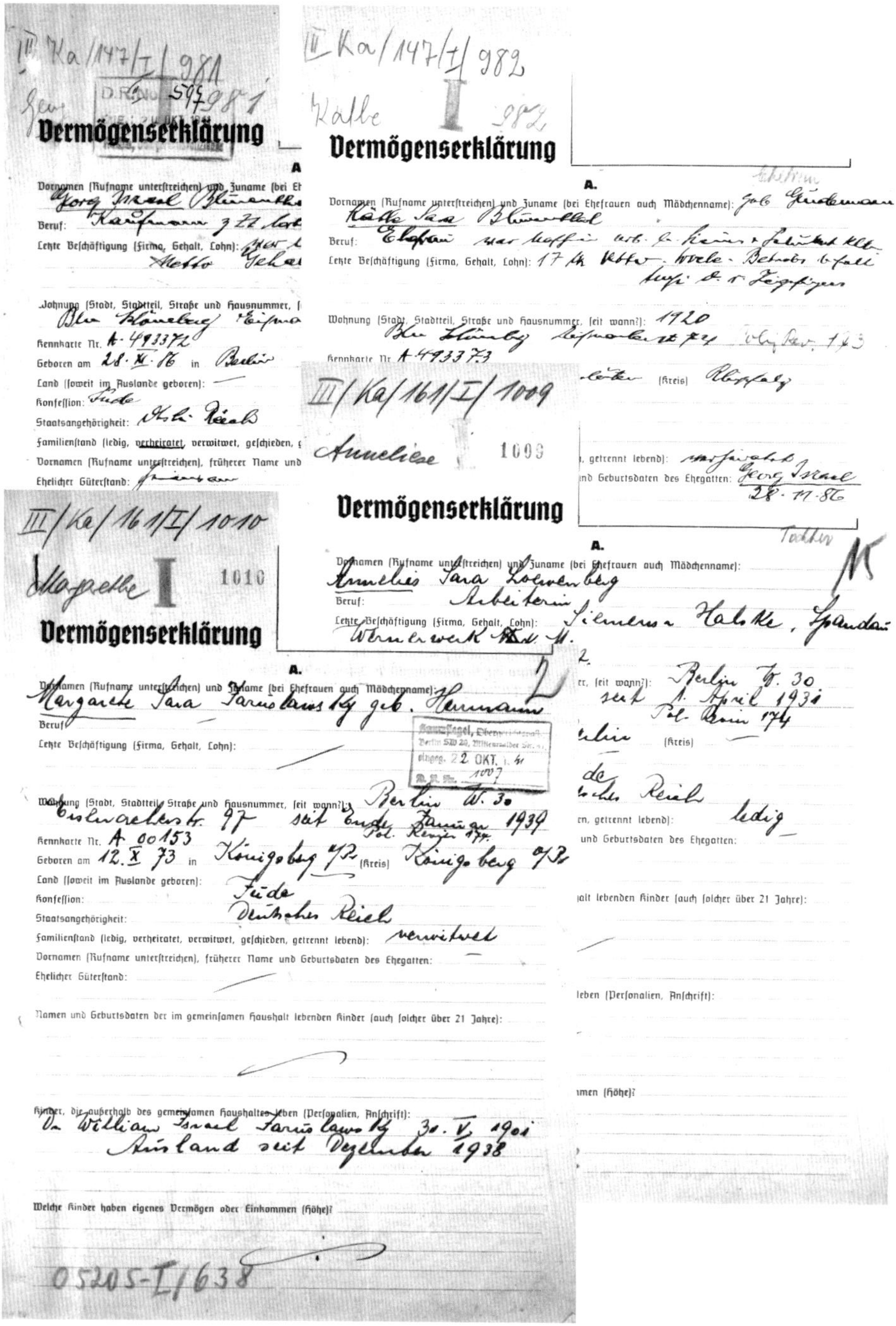

III Ka/147/I/981

Vermögenserklärung

III Ka/147/I/982

Käthe

Vermögenserklärung

A.

Vornamen (Rufname unterstreichen) und Zuname (bei Ehefrauen auch Mädchenname):

Beruf:

Letzte Beschäftigung (Firma, Gehalt, Lohn):

Wohnung (Stadt, Stadtteil, Straße und Hausnummer, seit wann?): 1920

Kennkarte Nr. A 493373

III/Ka/161/I/1009

Anneliese 1009

Vermögenserklärung

A.

Vornamen (Rufname unterstreichen) und Zuname (bei Ehefrauen auch Mädchenname): Anneliese Sara Loewenberg

Beruf: Arbeiterin

Letzte Beschäftigung (Firma, Gehalt, Lohn): Siemens Halske, Spandau Wernerwerk

III/Ka/161/I/1010

Margarethe 1010

Vermögenserklärung

A.

Vornamen (Rufname unterstreichen) und Zuname (bei Ehefrauen auch Mädchenname): Margarete Sara Jaroslawsky geb. Herrmann

Beruf:

Letzte Beschäftigung (Firma, Gehalt, Lohn):

Wohnung (Stadt, Stadtteil, Straße und Hausnummer, seit wann?): Berlin W. 30 Eislebenerstr. 97 seit Ende Januar 1939

Kennkarte Nr. A 00153

Geboren am 12. X. 73 in Königsberg/Pr. (Kreis) Königsberg/Pr.

Land (soweit im Auslande geboren):

Konfession: Jude

Staatsangehörigkeit: Deutsches Reich

Familienstand (ledig, verheiratet, verwitwet, geschieden, getrennt lebend): verwitwet

Vornamen (Rufname unterstreichen), früherer Name und Geburtsdaten des Ehegatten:

Ehelicher Güterstand:

Namen und Geburtsdaten der im gemeinsamen Haushalt lebenden Kinder (auch solcher über 21 Jahre):

Kinder, die außerhalb des gemeinsamen Haushaltes leben (Personalien, Anschrift): Dr. William Israel Jaroslawsky 30. V. 1901 Ausland seit Dezember 1938

Welche Kinder haben eigenes Vermögen oder Einkommen (Höhe)?

0520S-I/638

... und bestimmte zum Abtransport ins Ghetto Łódź am 3. Oktober 1941 mehr als viertausend Berliner Juden, ...

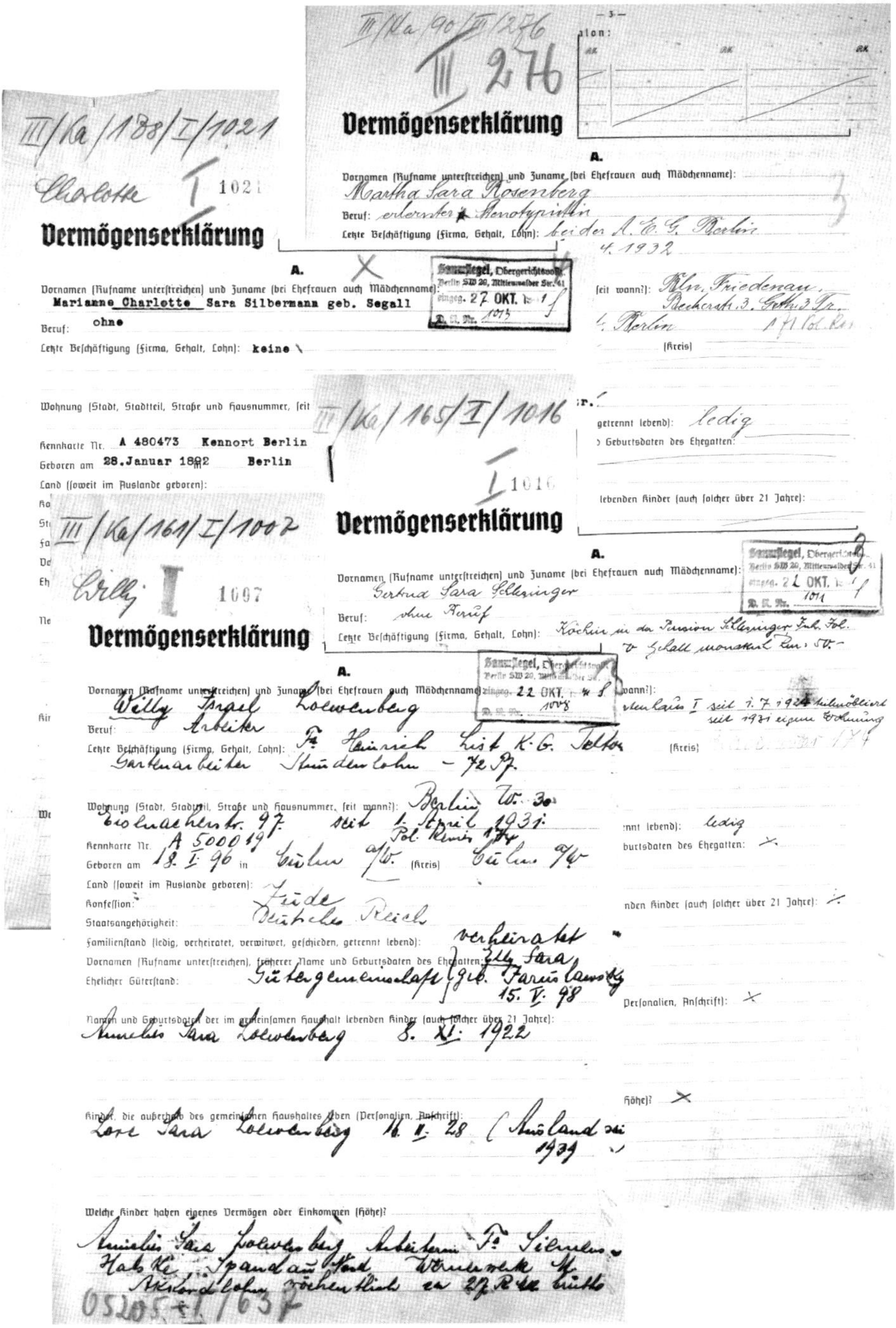
III/Ka/90/III/1276

III 276

Vermögenserklärung

A.

Vornamen (Rufname unterstreichen) und Zuname (bei Ehefrauen auch Mädchenname): Martha Sara Rosenberg

Beruf: erlernter Stenotypistin

Letzte Beschäftigung (Firma, Gehalt, Lohn): bei der A.E.G. Berlin 4. 1932

III/Ka/188/I/1021

Charlotte I 1021

Vermögenserklärung

A.

Vornamen (Rufname unterstreichen) und Zuname (bei Ehefrauen auch Mädchenname): Marianne Charlotte Sara Silbermann geb. Segall

Beruf: ohne

Letzte Beschäftigung (Firma, Gehalt, Lohn): keine

Wohnung (Stadt, Stadtteil, Straße und Hausnummer, seit wann?): Bln. Friedenau, Beckerstr. 3, Gth. 3 Tr.

Kennkarte Nr. A 480473 Kennort Berlin

Geboren am 28. Januar 1892 Berlin

Land (soweit im Auslande geboren):

ledig

III/Ka/165/I/1016

I 1016

Vermögenserklärung

A.

Vornamen (Rufname unterstreichen) und Zuname (bei Ehefrauen auch Mädchenname): Gertrud Sara Schlesinger

Beruf: ohne Beruf

Letzte Beschäftigung (Firma, Gehalt, Lohn): Köchin in der Pension Schlesinger

III/Ka/161/I/1007

Willy I 1007

Vermögenserklärung

A.

Vornamen (Rufname unterstreichen) und Zuname (bei Ehefrauen auch Mädchenname): Willy Israel Loewenberg

Beruf: Arbeiter

Letzte Beschäftigung (Firma, Gehalt, Lohn): Fa. Heinrich List K.G. Teltow Gartenarbeiter Stundenlohn – 72 Pf.

Wohnung (Stadt, Stadtteil, Straße und Hausnummer, seit wann?): Berlin W. 30 Bülowstr. 97 seit 1. April 1931

Kennkarte Nr. A 500019

Geboren am 18. I. 96 in Culm a/W. (Kreis) Culm a/W.

Land (soweit im Auslande geboren):

Konfession: Jude

Staatsangehörigkeit: Deutsches Reich

Familienstand (ledig, verheiratet, verwitwet, geschieden, getrennt lebend): verheiratet

Vornamen (Rufname unterstreichen), früherer Name und Geburtsdaten des Ehegatten: Elly Sara geb. Faruslawsky 15. V. 98

Ehelicher Güterstand: Gütergemeinschaft

Namen und Geburtsdaten der im gemeinsamen Haushalt lebenden Kinder (auch solcher über 21 Jahre): Anneliese Sara Loewenberg 8. XI. 1922

Kinder, die außerhalb des gemeinsamen Haushaltes leben (Personalien, Anschrift): Lore Sara Loewenberg 16. II. 28 (Ausland seit 1939)

Welche Kinder haben eigenes Vermögen oder Einkommen (Höhe)? Anneliese Sara Loewenberg Arbeiterin Fa. Siemens-Halske Spandau Wernerwerk M. Akkordlohn wöchentlich ca 27,- RM brutto

O5205 + 1/637

... *die in der Woche vor der Deportation der Finanzbehörde noch ihr Vermögen im einzelnen nachweisen mußten*

Die Vermögenserklärungen der Berliner Juden, die bis zur Deportation nach Łódź am 18. Oktober 1941 in der Eisenacher Straße in Schöneberg gewohnt hatten, sind wohnungsbezogen gekennzeichnet: Das Kürzel „A KA 105" gilt der Wohnung von Meta Lessner in der Eisenacher Straße 47, die Kürzel „III Ka 141", „III Ka 147", „III Ka 161" und „III KA 165" markieren die Wohnungen, die Doris Fraenkel, Georg und Käthe Blumenthal, Willy und Elly Loewenberg mit ihrer Tochter Anneliese und ihrer Untermieterin Margarete Jaruslawsky und Gertrud Schlesinger in den Häusern Eisenacher Straße 26, 74, 97 und 100 räumen mußten.[770] Die der Eisenacher Straße geltenden laufenden Nummern der zweiten Kürzelgruppe liegen zwischen denen, die sich in alphabetischer Reihung auf zwei andere im Bezirk Schöneberg gelegene Wohnungen beziehen: in der Beckerstraße 3 die Wohnung Rosenberg mit „III Ka 90" und in der Erfurter Straße 9 die Wohnung Silbermann mit „III Ka 178". Charlotte und Ulrich Silbermann wurden Opfer der ersten, Martha Rosenberg Opfer der dritten Deportation nach Łódź.

Das Referat IV D1 der Stapoleitstelle übergab der Wohnungsberatungsstelle der Jüdischen Kultusvereinigung Listen der Namen und Anschriften jener Mieter, deren Wohnungen der GBI geräumt sehen wollte.[771] Die Jüdische Kultusvereinigung stellte Berliner Juden dann das erste Erfassungsschreiben zur Deportation zu.[772] Die auf behördliche Anordnung mitzuteilende kündigungslose Räumungsverfügung gegen den Hauptmieter traf auch dessen Untermieter.[773]

Erfaßt aber waren alle in einer Wohnung lebenden Juden, längst bevor die Jüdische Kultusvereinigung die Hauptmieter mit deren Untermietern in die Wohnungsberatungsstelle vorlud: Das Referat IV C3 der Stapoleitstelle hatte nach den Karteiauszügen des GBI zu den namentlich benannten

---

770 LA Bln A Rep. 092 Nr. 22038, 9578, 3968, 24057, 17473 und 33969.

771 LA Bln Rep. 58 Acc. 4005 Nr. 6161, Bl. 99ff. (3.P.K.Ms. 8/42, Stapo IV D1, Vernehmungsprotokoll Dr. Martha Mosse, (u) Markart, v. 19.8.42): „Listen von Personen", die „in ihrer überwiegenden Zahl uns von der Stapo Berlin übersandt werden", so Mosse – dort im Unterschied zu einigen Listen, die die WbSt nach bestimmten Altersgruppen zu erstellen hatte.

772 LA Bln Rep. 58 Acc. 4005 Nr. 6161, Bl. 131 i.V.m. Bl. 101 (Schreiben JKV an Moritz Schwarzschild v. 1.11.41, hekt. Vordruck, DIN A5 quer, in der Hauptverhandlung, 21.10.42, vom Zeugen Moritz Schwarzschild vorgelegt); Abbildung S. 299. Faksimile des gleichen Schreibens, mit dem Kurt Aron, Charlottenburg, Reichsstr. 9, für den 7.11.41, 11 Uhr, vorgeladen wurde, in: Jüdische Geschichte in Berlin. Bilder und Dokumente, hrsg. von Reinhard Rürup, Berlin 1995, S. 315.

773 Zwar verlangte der 1942 eingeführte Vordruck genaue Auskünfte über etwaige Untermieter, doch hatten diese Angaben, wie die Vermögenserklärung überhaupt, die behördliche Vermögensverwertung nach der Deportation zu erleichtern. Beide Vordrucke sind

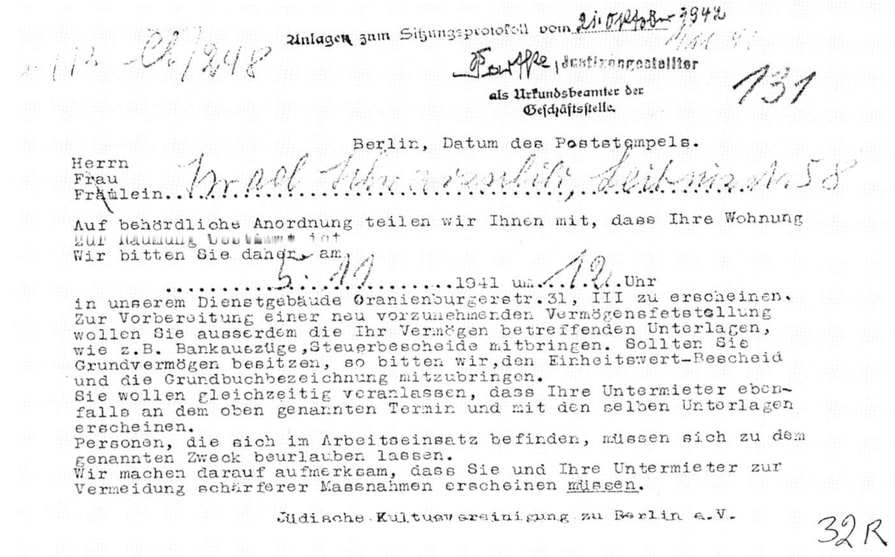

Anlagen zum Sitzungsprotokoll vom 21. Oktober 1942

Justizangestellter als Urkundsbeamter der Geschäftsstelle.

131

Berlin, Datum des Poststempels.

Herrn
Frau
Fräulein ....

Auf behördliche Anordnung teilen wir Ihnen mit, dass Ihre Wohnung zur Räumung bestimmt ist.
Wir bitten Sie daher, am
........5.11.........1941 um 12 Uhr
in unserem Dienstgebäude Oranienburgerstr. 31, III zu erscheinen.
Zur Vorbereitung einer neu vorzunehmenden Vermögensfeststellung wollen Sie ausserdem die Ihr Vermögen betreffenden Unterlagen, wie z.B. Bankauszüge, Steuerbescheide mitbringen. Sollten Sie Grundvermögen besitzen, so bitten wir, den Einheitswert-Bescheid und die Grundbuchbezeichnung mitzubringen.
Sie wollen gleichzeitig veranlassen, dass Ihre Untermieter ebenfalls an dem oben genannten Termin und mit den selben Unterlagen erscheinen.
Personen, die sich im Arbeitseinsatz befinden, müssen sich zu dem genannten Zweck beurlauben lassen.
Wir machen darauf aufmerksam, dass Sie und Ihre Untermieter zur Vermeidung schärferer Massnahmen erscheinen müssen.

Jüdische Kultusvereinigung zu Berlin e.V.

32R

Das gefürchtete Schreiben: die Kündigung der Wohnung

Mietern in einer Wohnung deren zum Haushalt gehörende Mitbewohner ermittelt. Diese ergänzende Erfassung war in Berlin nur durch Anfragen bei den Polizeirevieren möglich, die das Melderegister dezentral führten; denn weder die Stapoleitstelle noch die Jüdische Kultusvereinigung besaß zu Beginn der Massendeportationen gleichermaßen umfassende, spezifisch sortierbare und aktualisierte Registraturen.[774] Die für Oktober 1941 vorgedruckten Feststellungen der Vermögenseinziehung lagen im Stapo-Referat

vollständig zitiert in: Adler, Der verwaltete Mensch, a.a.O., S. 546–561. Die Finanzbehörden behandelten in Berlin die Wohnungen Deportierter als nicht gekündigt, so daß der OFP gegenüber dem – nichtjüdischen – Untermieter das Kündigungsrecht des deportierten Hauptmieters ausübte, LA Bln A Rep. 092 Nr. 7093 (Formular, hekt., Verm.Verw.Vordruck 22, hier 1942 genutzt, zur Kündigung von Untermietern durch den OFP). Zur Kündigung zeigte der OFP die Einziehung des Vermögens an, „zu dem auch das Recht der Kündigung der an Sie untervermieteten Wohnung gehört".

774 BAP 75 C Re 1 Nr. 32, Bl. 7-10, 11f. (JKV, Rechtsabt., Die katastermässige Erfassung der Juden in Berlin, gez. Dr. Ernst Rosenthal, v. 23.12.42, nebst Abs. Bericht, nicht gez., o.D., Statistische Erfassung der Juden in Berlin, 4 Seiten erhalten). Der WbSt der JKV lagen Angaben über Wohnungswechsel von Juden erst ab 5/41 vor, die – im Zuge der „II. Aktion" des GBI – in der Regel in Häuser jüdischer Eigentümer oder als Untermieter zu Juden vermittelt wurden. Regelmäßig erhielt die JKV ab 8/42 wieder einen Teil der polizeilichen Umzugsmeldung durch die Gestapo. Die Ergänzungskarten der rassistischen Erfassung durch die Volkszählung 5/39 waren nicht vor Ort zugänglich und ohnehin im Herbst 1941 durch Flucht und innerstädtische Konzentration zu

IV C3 gegen alle Bewohner einer Wohnung – unter Angabe der Geburtsdaten, Geburtsorte und etwaiger Geburtsnamen – maschinenschriftlich ausgefüllt vor, als – vermutlich exakt – das erste Viereinhalbtausend en bloc handschriftlich auf den 3. Oktober datiert wurde. Die betroffenen Berliner Juden waren damit zum Abtransport ins Ghetto Łódź verurteilt.

Der damalige bürokratische Aufwand – unter heutigen Voraussetzungen elektronischer Datenverarbeitung in Sekundenschnelle zu erledigen – muß die Stapoleitstelle mehrere Wochen beschäftigt haben. Also löste Speers Behörde, als sie im August 1941 ihre weitere Großaktion startete, mit der Übergabe von Karteiauszügen an die Berliner Gestapo dessen Räumauftrag zur Deportation aus. Die Jüdische Kultusvereinigung erhielt erst die in der Stapoleitstelle zu den Vermögenseinziehungsfeststellungen angefertigten Personenlisten zur Benachrichtigung der Hauptmieter.

Die Aussagen von Martha Mosse erläutern den nächsten Erfassungsschritt gegen Berliner Juden. Zusätzlich zu den Vermögenserklärungen hatte die Wohnungsberatungsstelle auch Fragebogen, „die die Gestapo aufgesetzt hatte",[775] zu Familienverhältnissen, Alter und Arbeitseinsatz der Vorgeladenen und deren Angehörigen aufzunehmen. Die Leiterin der Wohnungsberatungsstelle beschrieb 1942 deren Pflichten im einzelnen: „Aufnahme der Fragebogen, die Kontrolle darüber, dass alle in den Listen aufgeführten Personen auch wirklich erfasst werden, dass die einzelnen Fälle sachgemäss bearbeitet und so vorbereitet werden, dass die Behörde an Hand des vorgelegten Materials Maßnahmen treffen kann".[776] Die Vermögenserklärung und ein Durchschlag des Fragebogens verblieben bei der Wohnungsberatungsstelle. „Die Geheimhaltung des Zweckes, für den Fragebogen mit Mitgliedern der Gemeinde aufgenommen wurden, war natürlich nach Abgang des ersten Transports nicht mehr möglich."[777]

---

veraltet, um Haushaltungsvorstände festzustellen. Daß etwa die bei der JKV geführte Kartei der Jüdischen Winterhilfe 1941/42 in Berlin Grundlage der Erfassung zur Deportation war, ist ausgeschlossen, weil gerade an den Akten des OFP zur Vermögensverwertung keine diesbezüglichen Spezifika ablesbar sind. Bei Beginn der Massendeportationen verfügte die JKV über keine umfassenden und aktualisierten Registraturen, anhand derer die Stapoleitstelle alle in einer Wohnung wohnenden Angehörigen zwecks Vermögenseinziehung hätte namhaft machen können.

775 LA Bln Rep. 58 Acc. 4005 Nr. 6161, Bl. 75-78, 76 (hier LG Bln 2 P. Aufh. 167/56, Zeugenvernehmung Dr. Martha Mosse in der Urteilsaufhebungssache 1 WG AR 40/57–1 Ws 706/57 am 12.3.58).

776 LA Bln Rep. 58 Acc. 4005 Nr. 6161, Bl. 99ff. (Vernehmungsprotokoll Dr. Martha Mosse v. 19.8.42).

777 Germania Judaica, Kb/Mos, Kopie, Erinnerungen, (u) Dr. Martha Mosse, hier Anlage 2, Bericht v. 23./24.7.1958.

Anhand der Originale der Fragebogen veranlaßte das Referat IV D1 der Stapoleitstelle fehlende Vermögenseinziehungen gegen bisher nicht erfaßte Bewohner und vergab Transportnummern: „Die Erteilung einer Transportnummer bedeutet, dass der Jude für einen Transport vorgesehen werden soll.“[778] Mit oder ohne Transportnummer versehen gab die Stapoleitstelle die Originale der Fragebogen zurück.[779] Die Transportnummern bestanden anfänglich aus laufenden Nummern zwischen 1 und etwa 1.100, die die Gestapo zu den Ziffern I, II, III und IV für die vier bevorstehenden Deportationen nach Łódź gruppiert hatte. Die Transportnummern sind im Anschluß an das Wohnungskürzel für die Kündigungsanordnung des GBI auf der ersten Seite der Vermögenserklärung oben links mit Kopierstift notiert. Welche der zur Deportation erfaßten Berliner Juden sich zum wievielten Transport bereitzuhalten hatten, entschied die Stapoleitstelle durch Vergabe der Transportnummer.

Die Transportlisten basierten auf den mit Transportnummern versehenen Fragebogen, die ein Mitarbeiter der Wohnungsberatungsstelle zu registrieren hatte. Er „stellt aus dem vorhandenen Material der von der Behörde zur Abwanderung bestimmten Personen die Transportlisten zusammen. Ferner führt er die Listen über Zurückstellungen, ordnet und übersendet Fragebogen zu denen Vermögenserklärungen eingegangen sind an die Behörde und überwacht den rechtzeitigen Eingang der Vermögenserklärungen.“[780] Die Transportlisten enthielten die Personaldaten von jeweils etwa tausend Berliner Juden,[781] so daß die Stapoleitstelle den Polizeibehörden am

778 LA Bln Rep. 58 Acc. 4005 Nr. 6161, Bl. 99ff. (Vernehmungsprotokoll Dr. Martha Mosse v. 19.8.42).

779 LA Bln Rep. 58 Nr. 6161, Bl. 75-78, 76 (hier LG Bln 2 P. Aufh. 167/56, Zeugenvernehmung Mosse in 1 WG AR 40/57 - 1 Ws 706/57 am 12.3.58): „Sobald dann die Gestapo ausgefüllte Formulare zum Zwecke der Zusammenstellung eines Transportes anforderte – jeweils 3-4000 – mußten Fragebogen übersandt werden. Die Gestapo wählte aus diesen Fragebogen die Personen aus, die sie für den Transport bestimmte, versah die Bogen mit sogenannten Transportnummern und schickte die so gekennzeichneten Bogen an die Jüdische Gemeinde zurück. Die Sachbearbeiter für die Zusammenstellung der Transporte bei der Judenabteilung der Gestapo in der Burgstraße waren, soweit mir dies bekannt ist, Herr Prüfer, Herr Dobberke und Herr Stark.“

780 LA Bln Rep. 58 Acc. 4005 Nr. 6161, Bl. 99ff. (Vernehmungsprotokoll Dr. Martha Mosse v. 19.8.42). Mosse hatte auszusagen, daß das Verfahren lückenlos war, und erklärte, daß die Fragebogen der für die Deportation bestimmten, diejenigen zurückgestellter und bereits deportierter Berliner Juden innerhalb der Wohnungsberatungsstelle getrennt verwaltet und bearbeitet wurden. Die Beschreibung bezieht sich auf das Jahr 1942, als die Vermögenserklärungen den zur Deportation erfaßten Berliner Juden übersandt wurden und dann der WbSt binnen kurzer Frist zurückgereicht werden mußten.

781 Die Reihenfolge der Auflistung folgt – vermutlich je später, desto weniger – nicht der Ziffernfolge der Transportnummern.

Zielort die Zusammensetzung des Transports nach Alter, Familienstand und Arbeitsfähigkeit vorausmelden konnte.[782]

Unmittelbar vor der Deportation ging den Betroffenen ein zweites Schreiben der Jüdischen Kultusvereinigung zu. Mit der am Gepäck anzubringenden Transportnummer erfuhren sie den Termin ihrer „Abwanderung" genannten Deportation. „Die anfängliche Praxis der Gemeinde, die für den nächsten Transport bestimmten Personen schriftlich unter Angabe des Termins zur Übersiedlung in die Levetzowstr. aufzufordern (das betreffende Schreiben war von der Gestapo besonders genehmigt worden), wurde von der Gestapo nach einigen Monaten untersagt, da zu viele nach Erhalt des Schreibens flüchteten. Von da an wurden die Betroffenen von Beamten der Gestapo unmittelbar aus ihren Wohnungen abgeholt und in das Durchgangslager gebracht."[783]

Während der Erfassung zur Deportation konnte die Stapoleitstelle Berliner Juden vom Transport zurückstellen, beispielsweise wegen hohen Alters, attestierter Transportunfähigkeit oder Zwangsarbeit in der Rüstungsindustrie. Fiel die Entscheidung der Gestapo vor Zusammenstellung der Transportliste, leitete die Jüdische Kultusvereinigung die Nachricht schriftlich zu, fiel sie erst kurz vor der Deportation, so erhielt der Zurückgestellte gar keine Mitteilung: Man „merkt es nur daran, dass man nicht abgeholt wird".[784] Waren die Bemühungen Außenstehender oder der Vertreter der Jüdischen Kultusvereinigung im letzten Augenblick erfolgreich, wurden die Personenangaben in der Transportliste gestrichen.

Moritz Schwarzschild wurde „am 5.11.41 zur Evakuierung erfasst. Der Fragebogen hat bei der Stapo vorgelegen, erhielt aber keine Transportnummer, weil bereits über 70 Jahre alt." Schwarzschild „ist jetzt neuerdings für die Evakuierung vorgesehen und hat die Transportnummer O 1479".[785] Obgleich die Gestapo Moritz Schwarzschild von der Deportation zurückstellte, mußte er seine Charlottenburger Wohnung in der dritten Etage des Hauses Leibnizstraße 58, „wo er 26 Jahre lang wohnte", am 28. Januar 1942 räumen

782 Faschismus – Getto – Massenmord, a.a.O., S. 257, Dokument 195 (Folgemeldung Stapo Litzmannstadt an Inspekteur Sipo und SD in Posen betr. Zusammensetzung des 2. Otp. aus Berlin, Ankunft 25.10.41, v. 24.10.41).

783 Germania Judaica, Kb/Mos, Kopie, Erinnerungen, (u) Dr. Martha Mosse, hier Anlage 2, Bericht v. 23./24.7.1958.

784 StA beim LG Berlin Archiv 2667, 3 P (K) Ks 1/71, Berliner Gestapo-Prozess, Beistück Nr. 31, Bl. 1-21 (Briefe von Hermann Samter, Briefe v. 12.9.40 – 22.11.42, v. 30.11.41, Abs., Herkunft: Wiener Library, P.III.a.No.53).

785 LA Bln Rep. 58 Acc. 4005 Nr. 6161, Bl. 99ff., 101 (Vernehmungsprotokoll Dr. Martha Mosse v. 19.8.42, nach Feststellungen Dr. Mosses zur Vorbereitung ihrer Vernehmung, ein Tippfehler korrigiert).

und fand in einer Pension Quartier. Unter Verweis auf das als Aktenzeichen gedeutete Kürzel „III R Ch 248“ wurde das Benachrichtigungsschreiben der Wohnungsberatungsstelle an Schwarzschild zu den Gerichtsakten genommen. Der zugehörige Vermerk der Wohnungsberatungsstelle vom 29. Januar 1942 schließt: „Die Kündigung wurde ihm am 1ten November 1941 per Post zugestellt“.[786] Der den Richtern am Berliner Landgericht im August 1942 vorgelegte Sachverhalt war jedoch keine Wohnungskündigung. Die Richter sahen darüber geflissentlich hinweg, obgleich gesetzlich einzig dem Hauseigentümer, der mit dem Juden exmittierenden Vorgang nichts – der GBI jedoch alles – zu tun hatte, das Kündigungsrecht zustand. Die Erfassung von Berliner Juden zur Deportation resultierte aus einer Serie kündigungsloser Räumungsanordnungen des GBI. Das Amt IV D der Berliner Stapoleitstelle unter Leitung des Regierungsrats Dr. Edwin Kunz konnte, wie dessen Referat IV D1 in der Burgstraße 28, im Einzelfall zwar Transportentscheidungen aussetzen, nicht aber die vorausgegangene Räumungsverfügung des GBI aufheben.[787]

Ende Oktober 1941 vereinbarte die Arbeitsverwaltung mit der Stapoleitstelle ein Verfahren zur Vermeidung der Deportation von Zwangsarbeitern, für die das Arbeitsamt den Rüstungsbetrieben keinen Ersatz stellen konnte. Das Verfahren war jedoch nicht praktikabel, weil die Wohnungskündigungen des GBI die Deportationen Berliner Juden auslösten. Die Gestapo konnte den Arbeitsämtern vor der Zusammenstellung einzelner Transporte keine personenbezogenen Erfassungslisten überlassen, die einen rechtzeitigen Abgleich mit den betrieblichen Listen jüdischer Zwangsarbeiter, darunter den von Rüstungsbetrieben als vorerst nicht verzichtbar reklamierten, erlaubt hätten. Das Arbeitsamt sagte seinerseits der Gestapo zu, ihr die ersetzbaren Zwangsarbeiter zu benennen und damit zum Abtransport „freizugeben“. Um überhaupt zuverlässige Informationen zu bekommen, schickte das Arbeitsamt Mitarbeiter in das Sammellager Levetzowstraße[788]:

---

786 LA Bln Rep. 58 Acc. 4005 Nr. 6161, Bl. 130f. (Vermerk v. 29.1.42, nebst Anlage, Ds. Schreiben JKV an Moritz Schwarzschild, Datum des Poststempels, als Anlage zum Sitzungsprotokoll v. 21.10.42). Im Vermerk ist das hs. Kürzel als „Az. III./R. Ch./248.“ zitiert.

787 Die Hauptmieterinnen Hedwig Friedländer und Martha Hausdorff wurden gleichfalls zur Deportation erfaßt. Weil die Räumungsverfügung im Rahmen der „III. Aktion“ des GBI erging, mußten sie ihre im Hochparterre der Eisenzahnstraße 66 gelegenen Wohnungen räumen und fanden, zunächst nicht zum Transport vorgesehen bzw. vom Transport zurückgestellt, in Berlin Quartier als Untermieter. Zum Vorgang LA Bln Pr.Br.Rep. 107 Nr. 212 (Ds. GBI, Umsiedlungsabt., Rkt., II/4/2-40/-Mie/Ka, (p) Mietzner, an Hansa Leichtmetall AG, auf deren Schreiben v. 18.12.41, v. 28.1.42).

788 Maier, Arbeitseinsatz und Deportation, a.a.O., S. 144ff., nach Berichten von Rüstungskommandos und Rüstungsinspektion III Berlin v. 23., 28. und 31.10., 15. und 29.11.41.

„In einem besonderen Raum hatten die verschiedenen Ämter, wie Arbeitsamt, Finanzamt, Einwohnermeldeamt, Ernährungsamt und Gerichtsvollzieherei, Filialen errichtet. Hinter den Tischen standen große Waschkörbe. Daneben saßen Beamte und Beamtinnen, an denen jeder Transportteilnehmer vorbeizugehen hatte, um die in Frage kommenden Papiere, wie Arbeitsbuch, Brotmarken, Steuerbelege und Geld abzugeben."[789]

Wenige Stunden vor ihrem Abtransport, im Sammellager, „wo Alte und Junge, Kinder, Frauen, Männer seit Tagen und Nächten auf- und nebeneinander sitzen, liegen, essen, verzweifeln und hoffen", beurkundeten Gerichtsvollzieher die Zustellung der Verfügungen zur Vermögenseinziehung – „mit einer absurden Mischung aus Alltag und Legalismus, die in der Geschichte von Tötung und Beraubung ihresgleichen sucht". Die mit beurkundetem Zustellungsvermerk versehenen Verfügungen über die Vermögenseinziehung behielt die Gestapo, „beförderte die eingezwängten Juden in den Tod und die ausgefüllten Formulare zum Sitz des OFP, Außenstelle Vermögensverwertung [...]. Abstrus, daß während die Ankünfte im Osten in der Regel das Ende des Lebens bedeutete, der Eingang der Vordrucke in Moabit den Beginn eines bürokratischen Verfahrens signalisierte, das manchmal ein und zwei Jahre dauern sollte, ja oft sogar noch am 8. Mai 1945 im Gange war."[790]

Die Vermögensverwertungsstelle des OFP nahm die vom Referat IV C3 der Stapoleitstelle eingeschickten Vermögenserklärungen der Deportierten und die Einziehungsverfügungen nebst Zustellungsurkunden zu den Akten, die sie jeweils für einen Haushalt zu sämtlichen Familienangehörigen führte.[791] Zusätzlich schrieb der OFP eine Namenskartei der Berliner Juden fort, deren Vermögen die Finanzbehörde verwertete: der geflüchteten, der deportierten und derjenigen, die – zur Deportation erfaßt – ihrem Leben selbst ein Ende setzten.[792] Bevor die Stapoleitstelle die Papiere an den OFP

789 Bericht des aus Berlin nach Minsk deportierten Karl Loewenstein, zit. nach Maier, Arbeitseinsatz und Deportation, S. 182, 184.

790 Mario Offenberg, Die Vernichtung von Menschen und die Verwaltung ihrer Sachen: Legal und korrekt, in: Mario Offenberg, Hrsg., Adass Jisroel. Vernichtet und vergessen. Die Jüdische Gemeinde in Berlin (1869–1942), Berlin 1986, S. 222–255, S. 223f.

791 Übersendungsschreiben Geheimes Staatspolizeiamt zu den einzelnen Transportlisten und den zugehörigen Vermögenseinziehungsurkunden nebst Vermögenserklärungen, Az.: Stapo IV C3, an OFP, zit. nach Offenberg, a.a.O., S. 223f., Kopien der Originale in StA beim LG Berlin Archiv 2667, Berliner Gestapo-Prozeß, Beistücke (Aktenordner, nach Wellen lt. OFP-Zuordnung, Inhalt: Transportlisten und sm.-Listen).

792 LA Bln A Rep. 092 (namentliche Kartei der Berliner Juden, 1941–1945). Die Kartei hat raumteilende Ausmaße, enthält Name und Anschrift von Berliner Juden, Az. des OFP, nicht regelmäßig Namen von Familienangehörigen im Haushalt, Verweise auf verbundene Vermögensverwertung und Löschungsvermerke seit 8/41, zusätzlich Eintragungen

abgab, kontrollierte sie nach der Transportliste die Vollständigkeit der Vermögensunterlagen der Deportierten. Deshalb sind die Vermögenserklärungen ein zweites Mal und die Feststellungen des Stapo-Referats IV C3 zur Vermögenseinziehung in gleicher Weise rot, mit Kopierstift und anfangs unter Verwendung von Nummernstempeln mit den Transportnummern der Deportierten gekennzeichnet. Der OFP numerierte seine Akten fortlaufend in der Reihenfolge der Transporte. Die Vermögensverwertungsstelle gab ein Regest dieser Aktenzeichen, die Straßenliste, den übrigen an der Vermögensverwertung beteiligten Behörden Tage, Wochen oder Monate nach der Deportation zur Kenntnis.[793]

Zu Beginn der Vermögensverwertung beauftragte der OFP seinerseits den Obergerichtsvollzieher in Berlin mit der Schätzung und Verwertung des Inventars der Wohnungen der deportierten Juden. Dann händigte der OFP den Gerichtsvollziehern die Vermögenserklärungen aus. Nach wenigen Tagen berichteten sie, reichten dem OFP die Vermögenserklärungen mit Inventar- und Schätzlisten sowie Quittungen über den Verkauf des Eigentums Deportierter an Händler und Private zurück und überwiesen den Erlös an die Finanzkasse.[794] In den Wochen bis zur Einführung der neuen

---

zur Deportation, Verweis auf Transportlisten. Die Kartei dient – handlich auf Microfiches verfilmt – zum Auffinden vorhandener Vermögensverwertungsakten.

793 LA Bln Rep. 92 Acc. 3924 Nr. 614-621 (Wohnungslisten, darin: Ds., OFP, Aussenstelle Münzstr., Verm.verw., O 5205 - Allg. P. II/Verw., an OBM, MagRat Poetsch, betr. Evakuierung von Juden, „Hiermit übersende ich eine weitere Aufstellung über die mir von der Geheimen Staatspolizei, Staatspolizeileitstelle, Berlin, zur Räumung mitgeteilten Wohnungen", v. 15.12.41; desgl. betr. Räumung der Wohnungen evakuierter Juden, „Hiermit übersende ich eine Zusammenstellung der mir durch die Geheime Staatspolizeileitstelle Berlin zur Räumung aufgegebenen Wohnungen evakuierter Juden mit der Bitte um weitere Veranlassung", v. 17.1.42; desgl. an Städtisches Pfandleihamt, 2 Ausfertigungen, und an GBI, z.Hd. OMagRat Pohl, Hauptabt. Umsiedlung, 1 Ausfertigung, übersandt „eine Liste der im Zuge der X. Räumungswelle nach Osten abgeschobenen Juden (Meine Akten 6236-6924) mit der Bitte um weitere Veranlassung. Eine weitere Liste folgt", v. 30.1.42; Vermerk betr. Übersendung weiterer Liste zu OFP Az. X/6925 bis 7131 am 3.2.42; Vermerk betr. Listenbeginn zu XIV, hs., re., Notiz, Bleistift: Leitstelle, Burgstr., Stark, 416911; Ds., Vfg. zur Übermittlung einer weiteren Liste der „nach dem Osten abgeschobenen Juden" an die Städtische Pfandleihanstalt IV, 2 Ausfertigungen, 2. an GBI betr. Abschiebung von Juden, v. 13.2.42; Ds., OFP Vermögensverwertungs-Außenstelle, P I, an GBI, Hauptamt Verwaltung und Wirtschaft, betr. Abschiebung von Juden, Übersendung von 2 weiteren Listen zu OFP-Akten XI/7142-7870 u. [XII/7]871[a]-8467; die Aktenzeichen, nur z.T. lesbar, beziehen sich möglicherweise auch auf hier nicht als Einzellisten gekennzeichnete Listen: „sm."-gekennzeichnet, für Selbsttötung aXII/8337-8349, „Sondertransport" XII/8395-8444 und sm. aXI/8445-8465).

794 Die Kasse des Finanzamts wurde angewiesen, die auf die Konten beim Postscheckamt Berlin Nr. 15045 oder bei der Reichsbank Berlin Nr. 1/1128 eingehenden Beträge zum Einzelplan XV, Kapitel 3, Titel 10 zum jeweiligen Az. des OFP zu verbuchen.

Aktenzeichen nutzten der OFP und die Gerichtsvollzieher das Kürzel aus Kündigungsanordnung des GBI und Transportnummer, um den jeweiligen Vorgang der Vermögensverwertung zu identifizieren.[795]

Der OFP liquidierte das eingezogene Vermögen deportierter Juden bis auf Vermögenswerte wie Immobilien und Wertpapiere, die in der vorhandenen Form zu belassen waren. Um den Bestand festzustellen, nahm die Vermögensverwertungsstelle Anzeigen Dritter über Forderungen und Verpflichtungen gegen das verwaltete Vermögen entgegen, beglich Schulden und trieb Außenstände ein.[796]

Sobald die Wohnung deportierter Berliner Juden von Mobiliar und Hausrat geräumt war, meldete die Vermögensverwertungsstelle dies unverzüglich dem Hauptamt Verwaltung und Wirtschaft des GBI unter dem allgemeinen Betreff „Wohnungsräumung" per Vordruck: „Die Meldung erfolgt zum Zwecke der Weitervermietung oder der Aufgabe an das Hauptplanungsamt zur Beschlagnahme."[797]

Die Neugestaltungsbehörde steuerte das weitere Verfahren, um die Wohnungen der deportierten Berliner Juden bei möglichst geringer Belastung ihres Etats zügig an Räumungsmieter zu vermitteln. In eigener Regie beteiligte der GBI die städtischen Behörden, die Finanzverwaltung, den Bund der Berliner Haus- und Grundbesitzervereine sowie die Hauseigentümer. Die Vermögensverwertungsstelle überließ dem GBI, dem städtischen Hauptplanungsamt und der Pfandleihanstalt die Straßenlisten, die diese Regesten der Aktenzeichen des OFP benötigten, weil sie die Verwertung von Rechten und Eigentum der deportierten Berliner Juden organisierten.

---

795 LA Bln A Rep. 092 Nr. 14743, 24057, 33969 und 35685. Die Aufträge zum Verkauf des Eigentums der am 18.10.41 Deportierten erteilte der OFP jeweils vor dem 25. und 27.10.41; erledigt waren diese vor dem 31.10.41. Ein Obergerichtsvollzieher sandte nach 14 Tagen den Auftrag unerledigt zurück: „Inseration wurde von der Zeitung abgelehnt. Untermieter sind keine in der Wohnung." Nr. 35685 (Der Obergerichtsvollzieher in Berlin, (u) Fritz Saumsiegel, betr. „III/Ka/178/I/1021 Silbermann", v. 11.11.41).

796 Rechnungen und Gutschriften sind so Bestandteil der Vermögensverwertungsakten des OFP geworden, darin u.a. die Abrechnungsformulare der Energiebetriebe, die für die große Zahl deportierter Wohnungsmieter Vordrucke für Haushalte „evakuierter Juden" erstellten. Die 11. VO zum RBürgG v. 25.11.41, RGBl. I, S. 722, konstituierte in § 7 eine Anzeigepflicht für Forderungen und Verpflichtungen auf das Vermögen der Deportierten bei der zuständigen Finanzbehörde, der jedweder innerhalb von 6 Monaten nachzukommen hatte. Wertpapiere hatten die Banken dem OFP und RFM zu melden und an die Reichsbank abzuliefern; jede anderweitige Verfügung bedurfte der Genehmigung des RFM, Referat Patzer, Erl. A 2070 - 8786 GenB v. 30.4.42.

797 LA Bln A Rep. 092 Nr. 5373, 26359 (Vordr. Verm. Verw. Nr. 38).

Nr. 1007 des Dienstregisters. 8

Verhandelt

Berlin Schöneberg, den 25ten Oktober 1941

in

Infolge Auftrags Finanzamt Moabit

I 1010

III/Sta/161/I/1010

war Termin zur freiwilligen Versteigerung

Margarete Sara Jeruslawski geb. Herrmann

Berlin W. 30 Kurfürstenstr. 97

auf heute 9^30 Uhr mittags angesetzt. Der Termin wurde um Uhr 9^30 mittags eröffnet und sind den Anwesenden die folgenden Versteigerungsbedingungen durch lautes und deutliches Vorlesen bekannt gemacht.

1. Die Gegenstände werden in dem Zustande verkauft, in welchem sie sich befinden und wird für eine bestimmte Güte und Beschaffenheit, für die Vollständigkeit derselben oder für Fehler, Schäden und Mängel an denselben, sowie für besondere Eigenschaften Gewähr nicht geleistet.
2. Der Zuschlag an den Meistbietenden wird erst erteilt, wenn nach dreimaligem Wiederholen des Höchstgebots ein Übergebot nicht abgegeben ist. Die Erteilung des Zuschlages kann ohne Angabe von Gründen verweigert werden.
3. Mit dem erteilten Zuschlage geht die Gefahr der verkauften Gegenstände auf den Käufer über.
4. Hat der Meistbietende nicht sogleich nach erteiltem Zuschlage die Übergabe verlangt, so geht er seiner Rechte aus dem Zuschlage verlustig und wird die Sache anderweit versteigert. Der Meistbietende wird zu einem weiteren Gebote nicht zugelassen; er haftet für den Ausfall, auf den Mehrerlös hat er keinen Anspruch.
5. ~~Die Kaufgelder — nebst Hebungsgebühr für jede angefangene RMark — müssen bis zum~~ mit 10% Aufschlag

~~an~~

Protokoll für freiwillige Versteigerungen.

Form. 102

Th. Gentzen, Berlin SW, Seydelstr. 14

Versteigerung des soeben dem Fiskus zugefallenen Hausrats

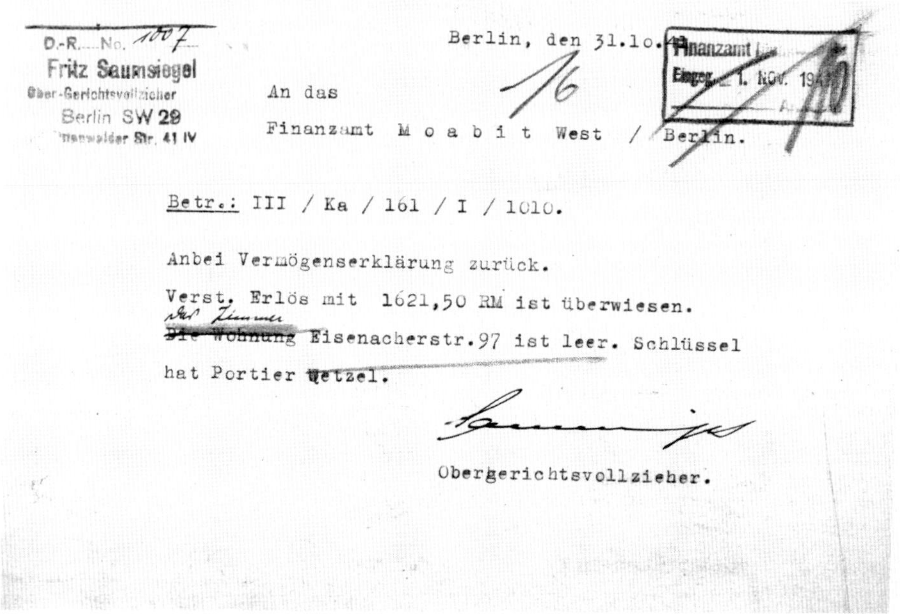

D.-R. No. 1007
Fritz Saumsiegel
Ober-Gerichtsvollzieher
Berlin SW 29
…walder Str. 41 IV

Berlin, den 31.10.41

Finanzamt … Eingeg. 1. NOV. 1941

An das

Finanzamt Moabit West / Berlin.

Betr.: III / Ka / 161 / I / 1010.

Anbei Vermögenserklärung zurück.

Verst. Erlös mit 1621,50 RM ist überwiesen.

Das Zimmer ~~Die Wohnung~~ Eisenacherstr.97 ist leer. Schlüssel hat Portier Wetzel.

Obergerichtsvollzieher.

Aktenzeichen: Kündigungsnummer des GBI und Transportnummer der Gestapo

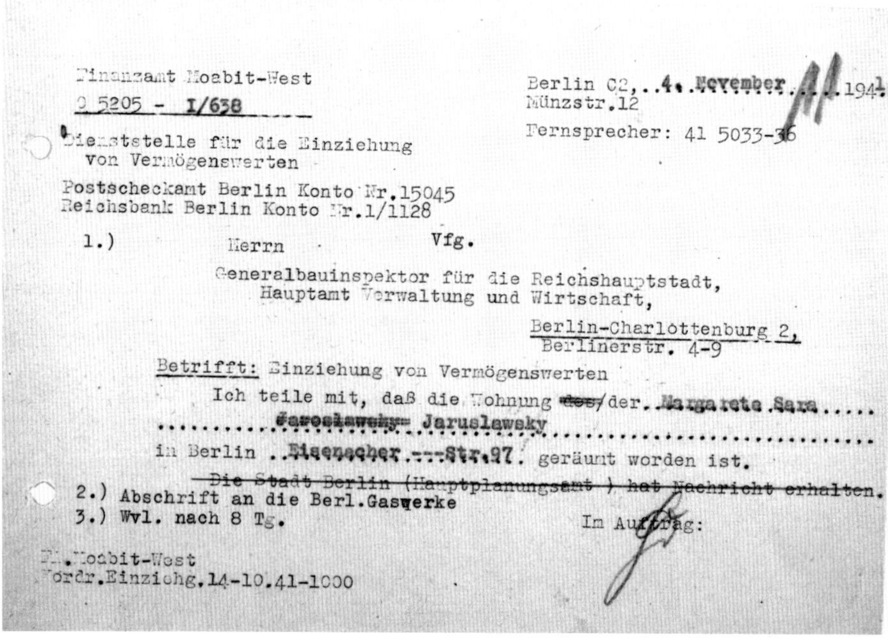

Finanzamt Moabit-West
O 5205 - I/638
Dienststelle für die Einziehung von Vermögenswerten
Postscheckamt Berlin Konto Nr.15045
Reichsbank Berlin Konto Nr.1/1128

Berlin C2, 4. November 1941.
Münzstr.12
Fernsprecher: 41 5033-36

1.) Herrn Vfg.

Generalbauinspektor für die Reichshauptstadt, Hauptamt Verwaltung und Wirtschaft,

Berlin-Charlottenburg 2,
Berlinerstr. 4-9

Betrifft: Einziehung von Vermögenswerten

Ich teile mit, daß die Wohnung ~~des~~/der Margarete Sara ~~Jaroslawsky~~ Jaruslawsky in Berlin Eisenacher-Str.97 geräumt worden ist.

~~Die Stadt Berlin (Hauptplanungsamt) hat Nachricht erhalten.~~

2.) Abschrift an die Berl.Gaswerke
3.) Wvl. nach 8 Tg.

Im Auftrag:

FA.Moabit-West
Vordr.Einziehg.14-10.41-1000

Ab November 1941 registrierte der Oberfinanzpräsident diese 38.205 Berliner Vorgänge behördlicher Hehlerei unter eigenem Aktenzeichen

Obgleich der OFP aus den Vermögenserklärungen über genauere Informationen verfügte, enthielten die Straßenlisten nur Anschriften und Nachnamen der deportierten Wohnungsmieter, jeweils mit „H“ oder „U“ als Haupt- oder Untermieter ausgewiesen. Für die vom GBI der Stadtverwaltung zugeteilten Aufgaben eigneten sich diese Verzeichnisse nicht. Die Beschlagnahmeverfügung durch das Hauptplanungsamt mußte – wie die anschliessende Mietzahlung der Liegenschaftsverwaltung – den Eigentümer erreichen; die Räumung und Verwertung des Inventars durch die städtische Pfandleihanstalt bedurfte – wie die Terminabsprache mit dem Eigentümer oder Verwalter – ebenfalls genauerer Angaben zur Lage der Wohnung. Eine frühzeitige Unterrichtung der Hauseigentümer, sei es durch die Stadtverwaltung oder den Bund der Berliner Haus- und Grundbesitzervereine, die eigenmächtige Verfügungen über Wohnungen oder Inventar der Deportierten ausschließen sollte, war anhand der Straßenlisten des OFP nicht möglich. Folglich muß – wie die Berliner Stapoleitstelle – zumindest auch das städtische Hauptplanungsamt vom GBI die erforderlichen Daten bereits vor Beginn der Deportationen mit den Listen der 5.000 Kündigungsanordnungen zum Auftakt der „III. Aktion“ der Wohnungsräumungen gegen Berliner Juden erhalten haben.

Auf Veranlassung des GBI beschlagnahmte das Hauptplanungsamt der Stadt Berlin alle Wohnungen deportierter Juden rückwirkend zum Ersten des auf den Deportationstermin folgenden Monats, wenn das vertragliche Mietverhältnis eines GBI-Klienten zu jenem Datum nicht schon begonnen hatte. Dann benötigte der GBI keine städtische Beschlagnahme. Vom GBI als Mietberechtigte akzeptierte Wohnungssuchende mußten, soweit dies nicht der Hauseigentümer übernahm, für die Instandsetzung der Wohnung selbst sorgen und für deren Kosten aufkommen.[798] Die Beschlagnahme überbrückte zu Lasten des Reichsinnenministeriums den Zeitraum des Leerstands vom Deportationstermin bis zur Übergabe der instandgesetzten Wohnung an einen wegen Bereichsräumung ersatzberechtigten Mieter.

Sobald die Wohnung deportierter Juden vom Hauptplanungsamt beschlagnahmt war, inventarisierte die städtische Pfandleihanstalt Mobiliar

---

798 Auch solchen Wohnungssuchenden konnte es gelingen, sich vom OFP den betriebenen Instandsetzungsaufwand aus dem Vermögen des deportierten jüdischen Vormieters erstatten zu lassen, so dem SS-Sturmbannführer E. Kalversiep, der als SS-Hauptscharführer mit MbS Nr. 777 ausgestattet die Wohnung von Charlotte und Ulrich Silbermann in der Erfurter Straße 9 in Schöneberg angemietet hatte, LA Bln Pr.Br.Rep. 107 Nr. 144/3 (Rl. Nr. 44a/16 v. 5.12.41), und seine Rechnungen über Maler- und Parkettarbeiten in Höhe von rund 1.000 RM dem Hauseigentümer, Justizrat Dr. Bollert, vorlegte und direkt mit der Vermögensverwertungsstelle des OFP korrespondierte, LA Bln A Rep. 092 Nr. 35685.

und Hausrat und überließ die Bewertung freiberuflichen Taxatoren. Die Inventarverzeichnisse der Pfandleihanstalt mußte der OFP seinen Akten nach Mieternamen und Anschrift zuordnen. Zwar waren die Wohnungsangaben vollständig und darüber hinaus war eine Nummer der „Judenwohnung“ eingetragen, doch diese städtische Wohnungsnumerierung entsprach nicht der personenbezogenen Aktenzeichenvergabe durch die Vermögensverwertungsstelle nach der Deportation,[799] denn die Stadtverwaltung hatte die Wohnungen in den 20 Verwaltungsbezirken schon vorher jeweils fortlaufend numeriert.

Hatten Mietberechtigte Wohnungen deportierter Juden angemietet, beantragte der GBI die Aufhebung der Beschlagnahme. Dann räumten Mitarbeiter der Bezirksämter als Beauftragte der städtischen Pfandleihanstalt die Wohnung.[800] Unter dem Betreff: „Judenwohnungen für Obdachlose nach Luftangriffen. Verwertung der in den freigewordenen Judenwohnungen befindlichen Einrichtungsgegenstände und sonstigen Sachen“ benachrichtigte die Pfandleihanstalt im Dezember 1941 die örtlich zuständigen Finanzämter: „Der Herr Generalbauinspektor für die Reichshauptstadt Berlin hat über die vorbezeichnete Wohnung verfügt. Sie muß daher sofort geräumt werden.“ Das Inventar der Wohnungen war „bevorzugt zu behandeln und dann durch ein Transportunternehmen möglichst bald nach Berlin N 4, Elsässerstr. 74, (Gebäude der Städtischen Pfandleihanstalt) befördern zu lassen“. Dort nahmen Beamte der Pfandleihanstalt den Transport ab, und zwar nach den Inventarverzeichnissen, die entsprechend zeitig einzusenden und den Wohnungen deportierter Juden durch die in der Stadtverwaltung gebräuchliche Numerierung zuzuordnen waren.[801]

Im ersten Halbjahr 1943 rechnete die Pfandleihanstalt die Verwertung des Inventars der seit Beginn der Deportationen von der Stadt beschlagnahmten und zurückgehaltenen Wohnungen pauschal mit der Vermögensverwertungsstelle ab.[802] Nachdem der GBI Ende Januar 1942 die weiteren

---

799 Erst spätere städtische Vordrucke sahen die Eintragung der Nummer des OFP nach dessen Straßenliste vor.

800 Vgl. Rds. OBM an BezBM, Finanz- und Grundstücksverwaltungen, v. 19. und 20.11.41, 4.12.41 und 12.1.42, Dienstblatt des OBM, LA Bln.

801 LA Bln Rep. 92 Nr. 689 (rückseitige, hektographierte Formularvordrucke der Blätter der Abrechnungslisten, hier weiß, Städtische Pfandleihanstalt, Abt. IV, noch mit Sitz Jägerstr. 64, o.D., nach 4.12.41 und vor 12.1.42).

802 LA Bln Rep. 92 Acc. 3924 Nr. 685-702 (Abrechnungslisten, Städtische Pfandleihanstalt an OFP, Lfzt. 22.2. – 25.6.43, 18 Aktenordner mit Abrechnungsformularen der Nummern 1 bis 7.187, Reihung nach dessen als „Nr. des OFP“ eingetragenen Nummern 1 bis 7138 zum Az. O 5205 – I bis X der nach dem 1. bis 10. Otp., 10/41 bis 1/42, angelegten Vermögensverwertungsakten). Das Inventar dieser Wohnungen hatte die Stadt

Räumung von Wohnungen auf Grund behördlicher Anordnungen

Für die Beantwortung aller Fragen, die mit der Räumung von Wohnungen auf Grund behördlicher Anordnungen zusammenhängen, hat der Bund der Berliner Haus- und Grundbesitzervereine e. V. eine besondere Sprechstunde mittwochs zwischen 15 und 17 (3 bis 5 nachm.) Uhr in der Geschäftsstelle des Bundes (Berlin W 35, Potsdamer Straße 143) eingerichtet.

Eigentümer hielten die Wohnungen deportierter Juden ...

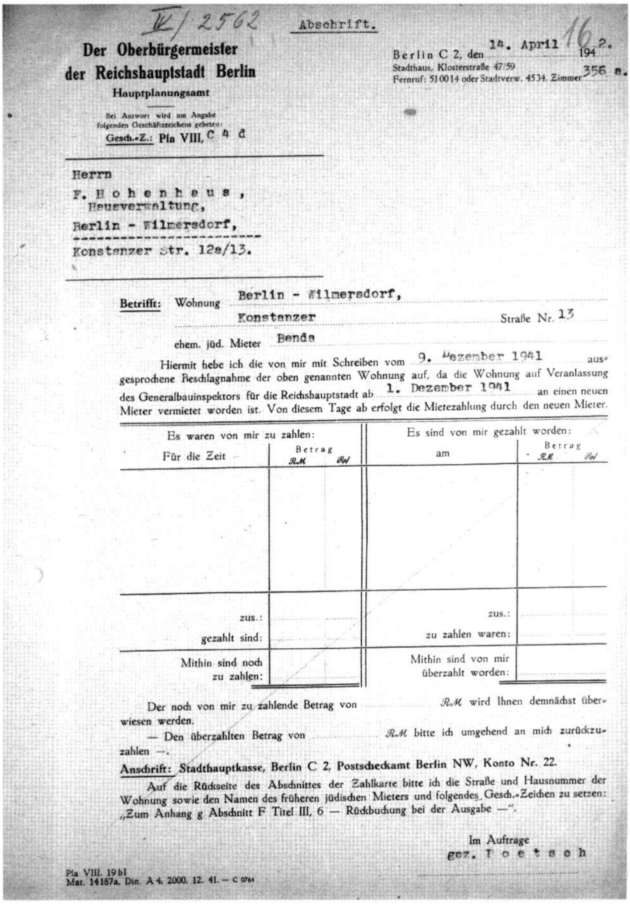

IV/2562 Abschrift.

Der Oberbürgermeister der Reichshauptstadt Berlin
Hauptplanungsamt

Bei Antwort wird um Angabe folgenden Geschäftszeichens gebeten:
Gesch.-Z.: Pla VIII, C 4 d

Berlin C 2, den 14. April 1942.
Stadthaus, Klosterstraße 47/59
Fernruf: 51 00 14 oder Stadtverw. 4534, Zimmer 356 a.

Herrn
F. Hohenheus,
Heusverwaltung,
Berlin - Wilmersdorf,
Konstanzer Str. 12a/13.

Betrifft: Wohnung Berlin - Wilmersdorf, Konstanzer Straße Nr. 13
ehem. jüd. Mieter Benda

Hiermit hebe ich die von mir mit Schreiben vom 9. Dezember 1941 ausgesprochene Beschlagnahme der oben genannten Wohnung auf, da die Wohnung auf Veranlassung des Generalbauinspektors für die Reichshauptstadt ab 1. Dezember 1941 an einen neuen Mieter vermietet worden ist. Von diesem Tage ab erfolgt die Mietezahlung durch den neuen Mieter.

Es waren von mir zu zahlen: Für die Zeit	Betrag RM	Rpf	Es sind von mir gezahlt worden: am	Betrag RM	Rpf
zus.:			zus.:		
gezahlt sind:			zu zahlen waren:		
Mithin sind noch zu zahlen:			Mithin sind von mir überzahlt worden:		

Der noch von mir zu zahlende Betrag von .... RM wird Ihnen demnächst überwiesen werden.
— Den überzahlten Betrag von .... RM bitte ich umgehend an mich zurückzuzahlen —.

Anschrift: Stadthauptkasse, Berlin C 2, Postscheckamt Berlin NW, Konto Nr. 22.

Auf die Rückseite des Abschnittes der Zahlkarte bitte ich die Straße und Hausnummer der Wohnung sowie den Namen des früheren jüdischen Mieters und folgendes Gesch.-Zeichen zu setzen: „Zum Anhang g Abschnitt F Titel III, 6 — Rückbuchung bei der Ausgabe —".

Im Auftrage
gez. Toetsch

Pla VIII. 19 b1
Mat. 14187a. Din. A 4. 2000. 12. 41. — C 0764

... für Speers Klientel bereit: bis zu den 2.000 Übernahmen ab Dezember 1941 ...

---

vom OFP gegen Pauschalbeträge von 700,– oder 500,– RM oder ohne Wert übernommen. Vgl. Gruner, Die Reichshauptstadt und die Verfolgung der Berliner Juden, a.a.O., S. 251f. und Anm. 241: Verweis auf zugehörigen Schnellbrief des OBM v. 22.2.43, LA Bln Rep. 208 Acc. 9301 Nr. 1651, Bl. 94.

Der Oberbürgermeister der Reichshauptstadt Berlin

Hauptplanungsamt

Bei Antwort wird um Angabe folgenden Geschäftszeichens gebeten:

Gesch.-Z.: Pla VIII B 9

VIII/5015

13

Berlin C 2, den 26. September 1942
Stadthaus, Klosterstr. 47/59
Fernruf: 51 00 14 oder Stadtverw. 4534, Zimmer 359

Fräulein
Hilde Fleck
Berlin SW 68.
Wilhelmstr. 124.

Betrifft: Wohnung Berlin-Charlottenburg, Witzleben Strasse Nr. 19

ehem. jüd. Mieter Liebert

Hiermit hebe ich die von mir mit Schreiben vom 10. Februar 1942 ausgesprochene Beschlagnahme der oben genannten Wohnung auf, da die Wohnung auf Veranlassung des Generalbauinspektors für die Reichshauptstadt ab 1. Juli 1942 an einen neuen Mieter vermietet worden ist. Von diesem Tage ab erfolgt die Mietezahlung durch den neuen Mieter.

Es waren von mir zu zahlen: Für die Zeit	Betrag RM	Rpf	Es sind von mir gezahlt worden: am	Betrag RM	Rpf
1. Februar - 30. Juni 42 = 5 Monate je 112,70 RM	563	50	9. März 1942	225	40
			29.4., 23.5., 24.6., = 3 Monate je 112,70 RM	338	10
zus.:	563	50	zus.:	563	50
gezahlt sind:	563	50	zu zahlen waren:	563	50
Mithin sind noch zu zahlen:	----		Mithin sind von mir überzahlt worden:	----	

Der noch von mir zu zahlende Betrag von .... RM wird Ihnen demnächst überwiesen werden.

— Den überzahlten Betrag von .... RM bitte ich umgehend an mich zurückzuzahlen —.

Anschrift: Stadthauptkasse, Berlin C 2. Postscheckamt Berlin NW, Konto Nr. 22.

Auf die Rückseite des Abschnittes der Zahlkarte bitte ich die Strasse und Hausnummer der Wohnung sowie den Namen des früheren jüdischen Mieters und folgendes Geschäfts-Zeichen zu setzen: „Zum Anhang g Abschnitt F Titel III, 6a — Rückbuchung bei der Ausgabe —".

Im Auftrage
gez. Schröder.

Pla VIII. 19 b I
Mat. 14187a. Din A 4. 2000 7. 42. c/0294

... und weiteren 2.000 Übernahmen ab Juli 1942 zahlte die Stadt die Miete

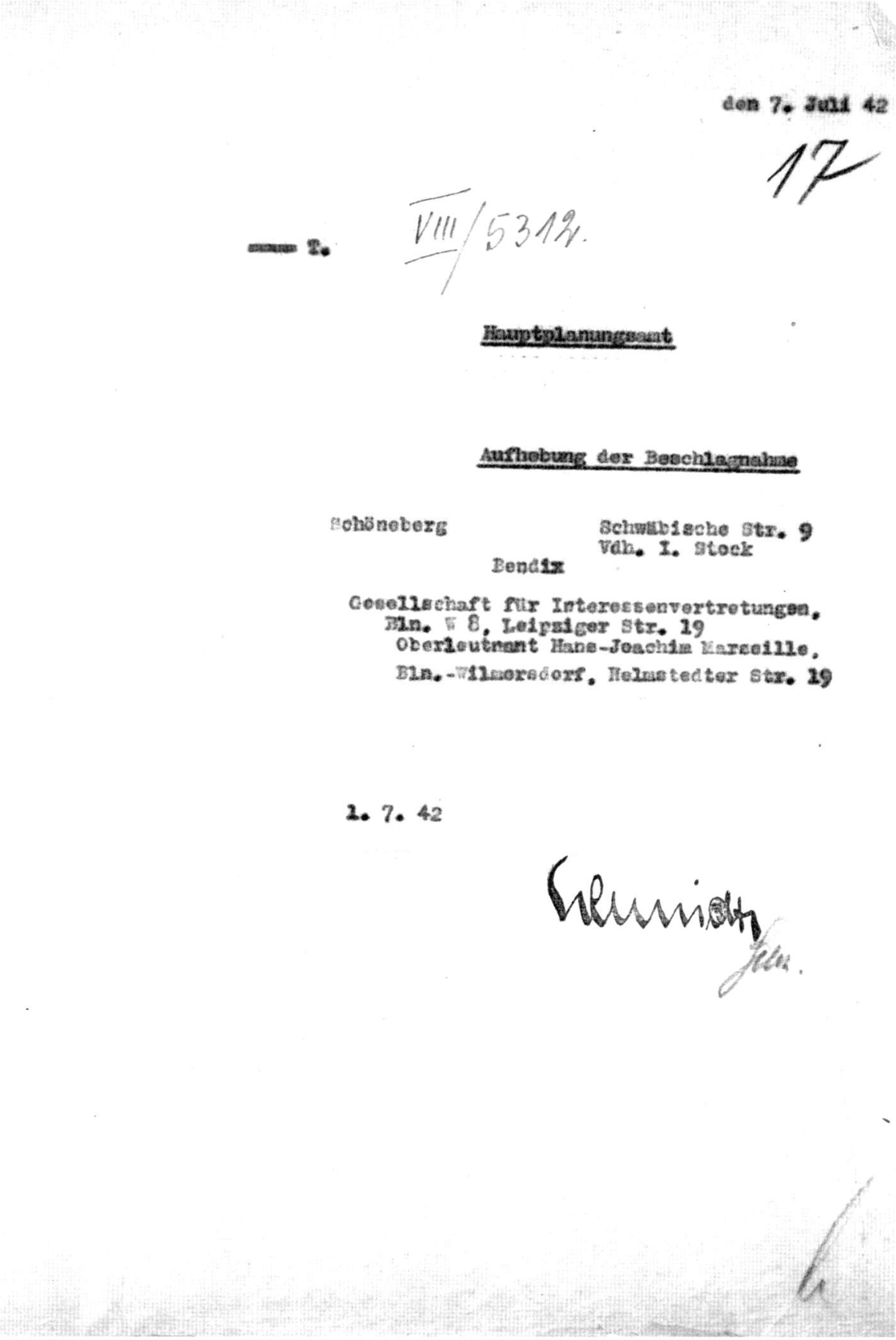

den 7. Juli 42

17

T. VIII/5312.

Hauptplanungsamt

Aufhebung der Beschlagnahme

Schöneberg Schwäbische Str. 9
Vdh. I. Stock
Bendix

Gesellschaft für Interessenvertretungen,
Bln. W 8, Leipziger Str. 19
Oberleutnant Hans-Joachim Marseille,
Bln.-Wilmersdorf, Helmstedter Str. 19

1. 7. 42

Die vorgeblich für Ausgebombte verfügte städtische Beschlagnahme endete, ...

Abschrift.

VIII/5312

Der Oberbürgermeister
der Reichshauptstadt Berlin
Hauptplanungsamt

Bei Antwort wird um Angabe folgenden Geschäftszeichens gebeten:
Gesch.-Z.: Pla VIII, B 8.

Berlin C 2, den 13. Juli 1942.
Stadthaus, Klosterstraße 47/59
Fernruf: 51 00 14 oder Stadtverw. 4534, Zimmer 359.

18

An die
Gesellschaft für Interessen-
vertretungen,
Berlin W 8,
Leipziger Str. 19.

Betrifft: Wohnung Berlin W 30, Schwäbische Straße Nr. 9
ehem. jüd. Mieter Bendix.

Hiermit hebe ich die von mir mit Schreiben vom 5. Februar 1942 ausgesprochene Beschlagnahme der oben genannten Wohnung auf, da die Wohnung auf Veranlassung des Generalbauinspektors für die Reichshauptstadt ab 1. Juli 1942 an einen neuen Mieter vermietet worden ist. Von diesem Tage ab erfolgt die Mietezahlung durch den neuen Mieter.

Es waren von mir zu zahlen: Für die Zeit	Betrag RM Rpf	Es sind von mir gezahlt worden: am	Betrag RM Rpf
Februar - Juni 1942 5 Monate à 161,70	808,50	9.3.42 26.3.42 28.4.42 30.5.42 24.6.42	162,70 162,70 160,70 160,70 161,70
zus.:	808,50	zus.:	808,50
gezahlt sind:	--	zu zahlen waren:	808,50
Mithin sind noch zu zahlen:	--	Mithin sind von mir überzahlt worden:	--

Der noch von mir zu zahlende Betrag von .... RM wird Ihnen demnächst überwiesen werden.

— Den überzahlten Betrag von .... RM bitte ich umgehend an mich zurückzuzahlen —.

Anschrift: Stadthauptkasse, Berlin C 2, Postscheckamt Berlin NW, Konto Nr. 22.

Auf die Rückseite des Abschnittes der Zahlkarte bitte ich die Straße und Hausnummer der Wohnung sowie den Namen des früheren jüdischen Mieters und folgendes Gesch.-Zeichen zu setzen: „Zum Anhang g Abschnitt F Titel III, 6 — Rückbuchung bei der Ausgabe —".

Im Auftrage
gez. Dr. Kusanke

Pla VIII. 19 b I
Mat. 14187a. Din. A 4. 2000. 12. 41. — C 0764

... sobald ein Mietinteressent Speers die Wohnung Deportierter passend fand

Bereichsräumungen storniert hatte, ließ er den vom Hauptplanungsamt bis Kriegsende zurückzuhaltenden Eisernen Bestand von tausend auf mehrere tausend Wohnungen deportierter Berliner Juden anwachsen. Vor Beginn der Deportationen hatte die Neugestaltungsbehörde tausend Wohnungen als Eisernen Bestand reserviert, die im Wohnungsnachweis für Mietberechtigte fehlten; andere Leerwohnungen wurden von Mietberechtigten übernommen, so daß der Vorrat an beschlagnahmten Wohnungen sich verringerte und mit weiteren Deportationen wieder vergrößerte. Wohnungen, die den Eisernen Bestand des GBI für die Neugestaltung nach Kriegsende ausmachten, bezeichnete die Pfandleihanstalt als „Sperrwohnungen".

Innerhalb der Verwaltungsbezirke numerierte die Stadtverwaltung die Wohnungen fortlaufend nach der alphabetischen Folge der Straßennamen der Anschriften.[803] Aus der Reihenfolge der städtischen Wohnungsnummerierungen deportierter Juden in den Bezirken ließe sich klären, welchen Umfang die Kündigungsanordnungen gegen Berliner Juden zu dem Zeitpunkt hatten, als der GBI die Kündigungslisten der Stadtverwaltung übergab. Sicher ist, daß der GBI vor Beginn der Deportationen der Stadtverwaltung zumindest jene Wohnungen angegeben hatte, mit deren Räumung durch Deportation er die Stapoleitstelle beauftragt hatte, also Wohnungen der im Oktober und November 1941 nach Łódź abtransportierten Berliner Juden.

Der bezirksweisen Wohnungsnumerierung stellte die städtische Pfandleihanstalt im Jahr 1943 zusätzlich eine Ziffer „III" oder „IV" voran. Die unter „III" rubrizierten Nummern bezeichnen Wohnungen, die Juden im Oktober und November 1941 als Opfer der ersten bis siebten Deportation aus Berlin verlassen mußten; die unter „IV" auf Wohnungen der Opfer der achten, neunten und zehnten Deportation aus Berlin im Januar 1942.[804] Da es

---

803 Die kleinsten gesichteten Wohnungsnummern sprechen für deren alphabetische Reihung: Bezirke 1 Mitte Nr. 2 zu Ackerstr. 6–7; 2 Tiergarten Nr. 1 zu Agricolastr. 1, Nr. 40a zu Bundesratufer 4; 3 Wedding Nr. 4 zu Ackerstr. 130; 4 Prenzlauer Berg Nr. 1 zu Ahlbecker Str. 16; 5 Friedrichshain Nr. 5 zu Barnimstr. 3; 6 Kreuzberg Nr. 3 zu Admiralstr. 33; 7 Charlottenburg Nr. 1 zu Am Bahnhof Westend 2, Nr. 149 zu Giesebrechtstr. 3, Nr. 541, 542, 543, 544 zu Schillerstr. 15; 8 Spandau Nr. 4 zu Ruhlebener Str. 155; 9 Wilmersdorf Nr. 4-5 zu Albrecht-Achilles-Str. 58, Nr. 20 zu Babelsberger Str. 49, Nr. 48 zu Bamberger Str. 25, Nr. 108a zu Brandenburgische Str. 46, Nr. 341 zu Konstanzer Str. 13; 10 Zehlendorf Nr. 1 zu Am Schlachtensee 38; 11 Schöneberg Nr. 1 und 1a zu Albestr. 10, Nr. 106 zu Beckerstr. 3, Nr. 208-9 zu Erfurter Str. 9, Nr. 313 zu Großgörschenstr. 24, Nr. 350 zu Winterfeldtstr. 34; 12 Steglitz Nr. 4 zu Düppelstr. 32, 13 Tempelhof, 14 Neukölln, 15 Treptow, 16 Köpenick nicht gefunden; 17 Lichtenberg Nr. 4 zu Königstr. 19; 18 Weißensee Nr. 5 zu Berliner Allee 239; 19 Pankow und 20 Reinickendorf nicht gefunden.

804 Den städtischen Wohnungsnummern war eine „III" bei Wohnungen vorangestellt, zu

kurzfristig keinen Ersatzwohnungsbedarf zu befriedigen gab, diente der GBI den in der städtischen Registratur unter „IV“ geführten Teil der Ausbeute seiner „III. Aktion“ einer aus Reichsmitteln zahlungsfähigen und der Macht des künftigen Rüstungsministers nützlichen Gruppe als „Wohnungsmaterial für die Wehrmachtsbetreuung“ auf Zeit an.[805]

Für Räumungsmieter und Wehrmachtsklientel ließ der GBI die Wohnungen deportierter Juden instandsetzen. Der GBI berief die Instandsetzungskommission zu einem Ortstermin, um den Instandsetzungsaufwand vertraglich festzulegen. Vertreter des Bundes der Berliner Haus- und Grundbesitzervereine, der Finanzbehörde und der jeweilige Hauseigentümer oder Verwalter unterschrieben die vom GBI vorgefertigte Vereinbarung über Kostenteilung, Zahlungsmodalitäten, Durchführung der Instandsetzungsarbeiten und deren Abrechnung.[806]

Die Vordrucke des GBI[807] über die „Reparatur-Verpflichtung des evakuierten Juden“ oder die „des evakuierten Juden und des Hauseigentümers“, so die Titel nebst Unterzeile „(III. Aktion)“, wurden vor Beginn der Deportationen, und bevor der OFP dem Finanzamt Berlin-Moabit die Zuständigkeit für die Verwertung des Vermögens von Berliner Juden übertrug, abgefaßt.[808] Der Vertragstext enthält zudem ein bemerkenswertes Futur zur Beteiligung des Berliner Oberbürgermeisters, „der die Wohnung als Reserveraum für kriegswichtige Zwecke beschlagnahmen wird“. Bei Vertragsschluß in der Wohnung deportierter Juden war die städtische Beschlagnahme jedoch

---

denen der OFP personenbezogene Vermögensverwertungsakten unter dem Az. O 5202 / 1 bis 4747b führte, eine „IV“ bei Wohnungen zu dessen Az. O 5205 / 4748 bis 7138. Unter den letzten 26 Wohnungen der mit dem 7. Osttransport am 27.11.41 Deportierten sind 15 Wohnungen mit „IV“ bezeichnet und etwa ebenso viele mit „III“ unter den Wohnungen der mit dem 8. Osttransport am 13.1.42 Deportierten, insgesamt etwa 30 Ausnahmen zur Bestätigung der Regel.

805 BAK R 120 Nr. 1976 (Rds. Nr. 14, Hauptabteilung Umsiedlung, II/4-00-Schm./Sch., (u) Pohl, v. 6.2.42), dort erwähnt als „die instand zu setzenden Wohnungen aus der 4. Aktion (nach Vorliegen des Instandsetzungsberichtes)“. Die Instandsetzungsstelle des GBI verwendete die Zuordnung „A IV“ für instandzusetzende und genehmigt neuvermietete Wohnungen; der Zeitpunkt des partiellen Bezeichnungswechsels, nach dem vom 23.10.41, ist nicht dokumentiert.

806 Zehn Brüder waren wir gewesen, a.a.O., S. 382 (Vereinbarung zur Wohnung einer mit dem 5. Otp. am 14.11.41 nach Minsk deportierten jüdischen Mieterin, v. 19.2.42).

807 Die Herkunft des Formulars ist erkennbar an der Kennziffer der auftraggebenden Behörde, u. li., 1916.

808 Die Vermögensverwertungsstelle hatte ihren Sitz beim Finanzamt Berlin-Moabit; die Vereinbarung sah eine Zeichnung „Für die Finanzbehörde“ vor. Die Verfahrensweisen vor Geltung der 11. VO zum RbürgG v. 25.11.41, RGBl. I, S. 722, waren bisher nicht aufgeklärt, vgl. Adler, Der verwaltete Mensch, a.a.O., S. 491–506.

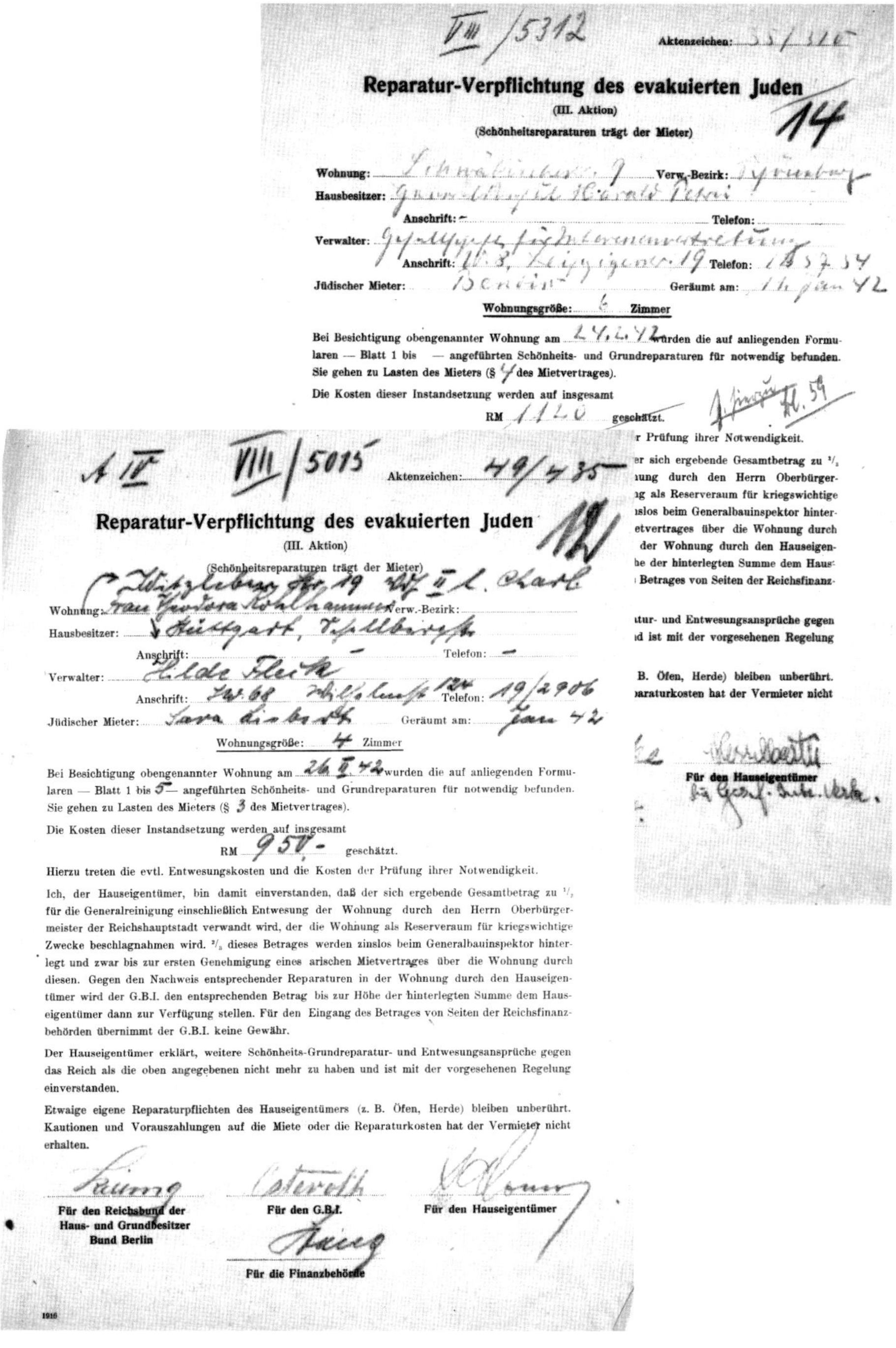

VIII/5312 Aktenzeichen: 35/315

Reparatur-Verpflichtung des evakuierten Juden

(III. Aktion)

(Schönheitsreparaturen trägt der Mieter)

14

Wohnung: Verw.-Bezirk:

Hausbesitzer:

Anschrift: – Telefon:

Verwalter:

Anschrift: W. 8, Leipzigerstr. 19 Telefon:

Jüdischer Mieter: Geräumt am:

Wohnungsgröße: 6 Zimmer

Bei Besichtigung obengenannter Wohnung am 24. 2. 42 wurden die auf anliegenden Formularen — Blatt 1 bis — angeführten Schönheits- und Grundreparaturen für notwendig befunden. Sie gehen zu Lasten des Mieters (§ 4 des Mietvertrages).

Die Kosten dieser Instandsetzung werden auf insgesamt

RM 1120 geschätzt.

A IV VIII/5015 Aktenzeichen: 49/435

Reparatur-Verpflichtung des evakuierten Juden

(III. Aktion)

(Schönheitsreparaturen trägt der Mieter)

Wohnung: Verw.-Bezirk:

Hausbesitzer:

Anschrift: Telefon: –

Verwalter: Hilde Fleck

Anschrift: Telefon: 19/2906

Jüdischer Mieter: Geräumt am: Jan 42

Wohnungsgröße: 4 Zimmer

Bei Besichtigung obengenannter Wohnung am 26. II. 42 wurden die auf anliegenden Formularen — Blatt 1 bis 5 — angeführten Schönheits- und Grundreparaturen für notwendig befunden. Sie gehen zu Lasten des Mieters (§ 3 des Mietvertrages).

Die Kosten dieser Instandsetzung werden auf insgesamt

RM 950.– geschätzt.

Hierzu treten die evtl. Entwesungskosten und die Kosten der Prüfung ihrer Notwendigkeit.

Ich, der Hauseigentümer, bin damit einverstanden, daß der sich ergebende Gesamtbetrag zu $^{1}/_{3}$ für die Generalreinigung einschließlich Entwesung der Wohnung durch den Herrn Oberbürgermeister der Reichshauptstadt verwandt wird, der die Wohnung als Reserveraum für kriegswichtige Zwecke beschlagnahmen wird. $^{2}/_{3}$ dieses Betrages werden zinslos beim Generalbauinspektor hinterlegt und zwar bis zur ersten Genehmigung eines arischen Mietvertrages über die Wohnung durch diesen. Gegen den Nachweis entsprechender Reparaturen in der Wohnung durch den Hauseigentümer wird der G.B.I. den entsprechenden Betrag bis zur Höhe der hinterlegten Summe dem Hauseigentümer dann zur Verfügung stellen. Für den Eingang des Betrages von Seiten der Reichsfinanzbehörden übernimmt der G.B.I. keine Gewähr.

Der Hauseigentümer erklärt, weitere Schönheits-Grundreparatur- und Entwesungsansprüche gegen das Reich als die oben angegebenen nicht mehr zu haben und ist mit der vorgesehenen Regelung einverstanden.

Etwaige eigene Reparaturpflichten des Hauseigentümers (z. B. Öfen, Herde) bleiben unberührt. Kautionen und Vorauszahlungen auf die Miete oder die Reparaturkosten hat der Vermieter nicht erhalten.

Für den Reichsbund der Haus- und Grundbesitzer Bund Berlin — Für den G.B.I. — Für den Hauseigentümer

Für die Finanzbehörde

1916

Vertraglich garantiert: die Instandsetzung aller Wohnungen für Speers Klientel

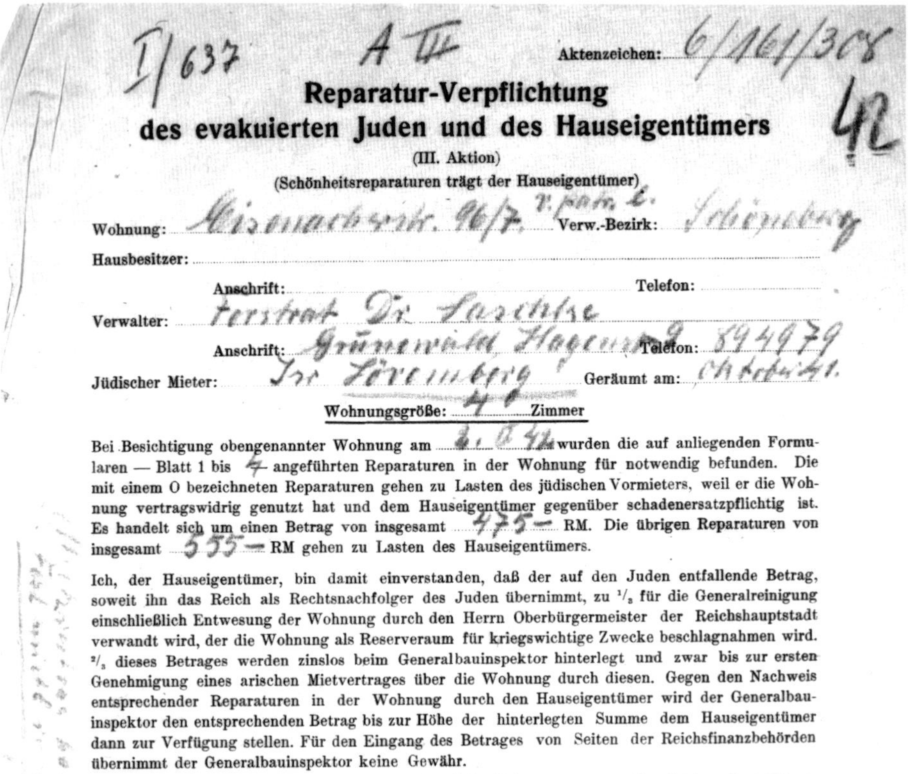
I/637 A IV Aktenzeichen: 6/161/308

42

Reparatur-Verpflichtung
des evakuierten Juden und des Hauseigentümers
(III. Aktion)
(Schönheitsreparaturen trägt der Hauseigentümer)

Wohnung: Eisenacherstr. 96/7. v. part. l. Verw.-Bezirk: Schöneberg

Hausbesitzer:

Anschrift: Telefon:

Verwalter: Forstrat Dr. Laschke

Anschrift: Grunewald Hagenstr. 9 Telefon: 894979

Jüdischer Mieter: Dr. Löwenberg Geräumt am: Oktober 41.

Wohnungsgröße: 4 Zimmer

Bei Besichtigung obengenannter Wohnung am 2. 6. 42 wurden die auf anliegenden Formularen — Blatt 1 bis 4 angeführten Reparaturen in der Wohnung für notwendig befunden. Die mit einem O bezeichneten Reparaturen gehen zu Lasten des jüdischen Vormieters, weil er die Wohnung vertragswidrig genutzt hat und dem Hauseigentümer gegenüber schadenersatzpflichtig ist. Es handelt sich um einen Betrag von insgesamt 475.– RM. Die übrigen Reparaturen von insgesamt 555.– RM gehen zu Lasten des Hauseigentümers.

Ich, der Hauseigentümer, bin damit einverstanden, daß der auf den Juden entfallende Betrag, soweit ihn das Reich als Rechtsnachfolger des Juden übernimmt, zu 1/3 für die Generalreinigung einschließlich Entwesung der Wohnung durch den Herrn Oberbürgermeister der Reichshauptstadt verwandt wird, der die Wohnung als Reserveraum für kriegswichtige Zwecke beschlagnahmen wird. 2/3 dieses Betrages werden zinslos beim Generalbauinspektor hinterlegt und zwar bis zur ersten Genehmigung eines arischen Mietvertrages über die Wohnung durch diesen. Gegen den Nachweis entsprechender Reparaturen in der Wohnung durch den Hauseigentümer wird der Generalbauinspektor den entsprechenden Betrag bis zur Höhe der hinterlegten Summe dem Hauseigentümer dann zur Verfügung stellen. Für den Eingang des Betrages von Seiten der Reichsfinanzbehörden übernimmt der Generalbauinspektor keine Gewähr.

Die zu Lasten des Hauseigentümers gehenden Schönheitsreparaturen sollen jetzt noch nicht ausgeführt werden. ~~Der Hauseigentümer stellt aber einen Betrag von 1/3 für die Reparaturen der Stadt für die Kosten der Generalreinigung, soweit diese nicht aus dem Judenanteil gedeckt werden können, zur Verfügung.~~ Er erkennt gleichzeitig an, im Augenblick der ersten Vermietung der Wohnung an einen arischen Mieter, die nur mit Genehmigung des Generalbauinspektors erfolgen darf, zur Verwendung des Restbetrages in Höhe von 2/3 dieser Summe sowie etwaiger aus dem der Stadt für die Generalreinigung zur Verfügung stehenden Drittel übriggebliebener Beträge zu Reparaturzwecken in der Wohnung verpflichtet zu sein, und übernimmt diese Verpflichtung auch gegenüber dem Generalbauinspektor.

Der Hauseigentümer erklärt, weitere Reparaturansprüche gegen das Reich, als die oben zahlenmäßig angegebenen, nicht zu haben und ist mit der vorgesehenen Regelung einverstanden.

Kautionen oder Vorauszahlungen auf die Miete oder die Reparaturkosten hat der Hauseigentümer vom jüdischen Vormieter oder Dritten nicht erhalten.

Thome | Osteroth | i. A. Laschke

Für den Reichsbund der Haus- und Grundbesitzer Bund Berlin | Für den G.B.I. | Für den Hauseigentümer

Für die Finanzbehörde
Luda

1916

Schönheitsreparaturen: in jedem Fall zu Lasten des Vermögens der Deportierten

5 59

Der Generalbauinspektor für die Reichshauptstadt
Hauptamt Verwaltung und Wirtschaft

Berlin-Charlottenburg 2, den 18.9.1942
Berliner Straße 9
Fernsprecher 39 00 16
Postscheckkonto Berlin 8055
Reichsbank-Giro-Konto 1937

II-4-08/Wehr/493 /U/M.

An das
Oberfinanzpräsidium
Berlin-Brandenburg
Außenstelle Vermögensverwertung -
Berlin NW 40,
Alt Moabit 143

VIII / 5344

Betr.: Instandsetzungskosten für
Wohnung: Bendix, Schwäbischestrasse 9 (Sch. 14)

Aufgrund der am 24. 2.1942 erfolgten gemeinsamen Besichtigung sind für Instandsetzung der oben angeführten Wohnung folgende Kosten entstanden:

RM 1.086.50
" --
" --
" --
RM 1.086.50

...r-Verpflichtung vom 24. 2.1942

RM 1.086.50

...n und rechnerisch geprüft und
...n Postscheckkonto Berlin
...hr/493 - A.2 zu überweisen.

...m Auftrage:

5205 – VIII / 5015

Der Generalbauinspektor für die Reichshauptstadt
Hauptamt Verwaltung und Wirtschaft

Berlin-Charlottenburg 2, den 26. 2. 43.
Berliner Straße 4-9 / Fernsprecher 39 00 16
Postscheckkonto Berlin 8055 / Reichsbank-Giro-Konto 1937

II-4-08/ /U/L.

15

2. MRZ 1943
Vermögensverwertung-Außenstelle

An das
Oberfinanzpräsidium
Berlin-Brandenburg
Außenstelle Vermögensverwertung -
Berlin NW 40,
Alt Moabit 143

Betr.: Instandsetzungskosten für
Wohnung: Sara Liebert, Witzlebenstr.19 II.l.

Aufgrund der am 26. 2. 42. erfolgten gemeinsamen Besichtigung sind für Instandsetzung der oben angeführten Wohnung folgende Kosten entstanden:

Für Malerarbeiten	RM	715.91.
" Parkett- "	"	53.13
" Entwesung u. Reinigung	"	98.--
" sonstige Arbeiten	"	
Sa.	RM	866.04

Hiervon sind gemäß Reparatur-Verpflichtung vom 26. 2. 42 durch Sie zu erstatten:

RM 866.04 ✓

Die Rechnungen sind sachlich und rechnerisch geprüft und festgestellt.
Den Betrag bitte ich auf mein Postscheckkonto Berlin Nr. 8055 unter Akt.-Zch.: A.3 / W.f.L.755 zu überweisen.

Im Auftrage:

F.B. 014

Bezugsfertig: für Speers Klientel wohnlich hergerichtet und abgerechnet

längst erfolgt, oder der GBI hatte sie wegen Vermittlung der Wohnung an einen Mietberechtigten wieder aufheben lassen.

Zum Ortstermin brachten Mitarbeiter der Instandsetzungsstelle des GBI die Vertragsformulare mit, hatten die vollständigen Wohnungsangaben, den Namen des Hauptmieters, die Anschrift des Eigentümers oder Verwalters sowie den Monat der Deportation oder deren ungefähres Datum als Räumungstermin eingetragen und das Formular mit eigenem Aktenzeichen versehen. Dieses setzte sich anfangs aus einer Verzeichnisnummer für den Bezirk, gefolgt von einer Wohnungs- und einer Registraturnummer zusammen. Später verkürzte die Instandsetzungsstelle das Aktenzeichen auf eine Listen- und Registriernummer.[809] Die Vertragsvordrucke identifizierten die Wohnungen weder nach den Aktenzeichen des OFP noch nach denen der Stadtverwaltung, obgleich regelmäßig vereinbart wurde, die Finanzbehörde würde für Verpflichtungen des deportierten Juden aufkommen und der Oberbürgermeister ein Drittel des Betrags des festgestellten Instandsetzungsaufwands „für die Generalreinigung und die Entwesung der Wohnung" aufwenden und abrechnen. Das Formular stammt aus der Phase, in der die Neugestaltungsbehörde die Wohnungsräumungen der „III. Aktion" in Erwartung der Massendeportationen vorbereitete.

Mit der standardisierten Vereinbarung zur Instandsetzung verschaffte sich der GBI Geldmittel zur Verrechnung der Instandsetzungskosten im Augenblick der genehmigten Wiedervermietung. Nach dem Inhalt der beiden Vertragsvordrucke war es unerheblich, ob laut Mietvertrag Mieter oder Hauseigentümer für die Schönheitsreparaturen aufzukommen hatte: In jedem Fall wurde das Vermögen des deportierten Juden angegriffen, „weil er die Wohnung vertragswidrig genutzt hat und dem Hauseigentümer gegenüber schadensersatzpflichtig ist".[810] Der Hauseigentümer hatte sich gegenüber dem GBI zu verpflichten, seinen etwaigen Anteil für Reparaturarbeiten zu verwenden. Nur soweit das Vermögen deportierter Juden die Kosten der

809 BAK R 120 Nr. 1976 (Umsiedlungsabteilung, II/4, betr. Instandsetzung der WfL und Wehr-Wohnungen, (u) Mietzner, zdA (p) Clahes, v. 17.2.43); höchste nachgewiesene Listennummer 74. Es existierten getrennte Listen für Wohnungen, deren Instandsetzung für die Wehrmachtswohnungsfürsorge erfolgte, und für Wohnungen, deren Instandsetzungskosten, wie bereits im Rahmen der I. Aktion und der II. Aktion, für W.f.L., „Wohnungen für Luftgeschädigte", abgerechnet wurden; entsprechende Kostenstellen für jeweilige Ausgaben und Einnahmen, d.h. Erstattungen, wurden im Kontenplan getrennt geführt, BAK R 120 3962d.

810 LA Bln Rep. 92 Vermögensverwertungsakten: Reparatur-Verpflichtung des evakuierten Juden und des Hauseigentümers. (III. Aktion). (Schönheitsreparaturen trägt der Hauseigentümer) in Akte VIII/5016; vgl. Reparatur-Verpflichtung des evakuierten Juden. (III. Aktion). (Schönheitsreparaturen trägt der Mieter.) in IV/2562. Die Anlagen zur Feststellung des jeweiligen Reparaturbedarfs, min. 1 Blatt, sind nicht überliefert.

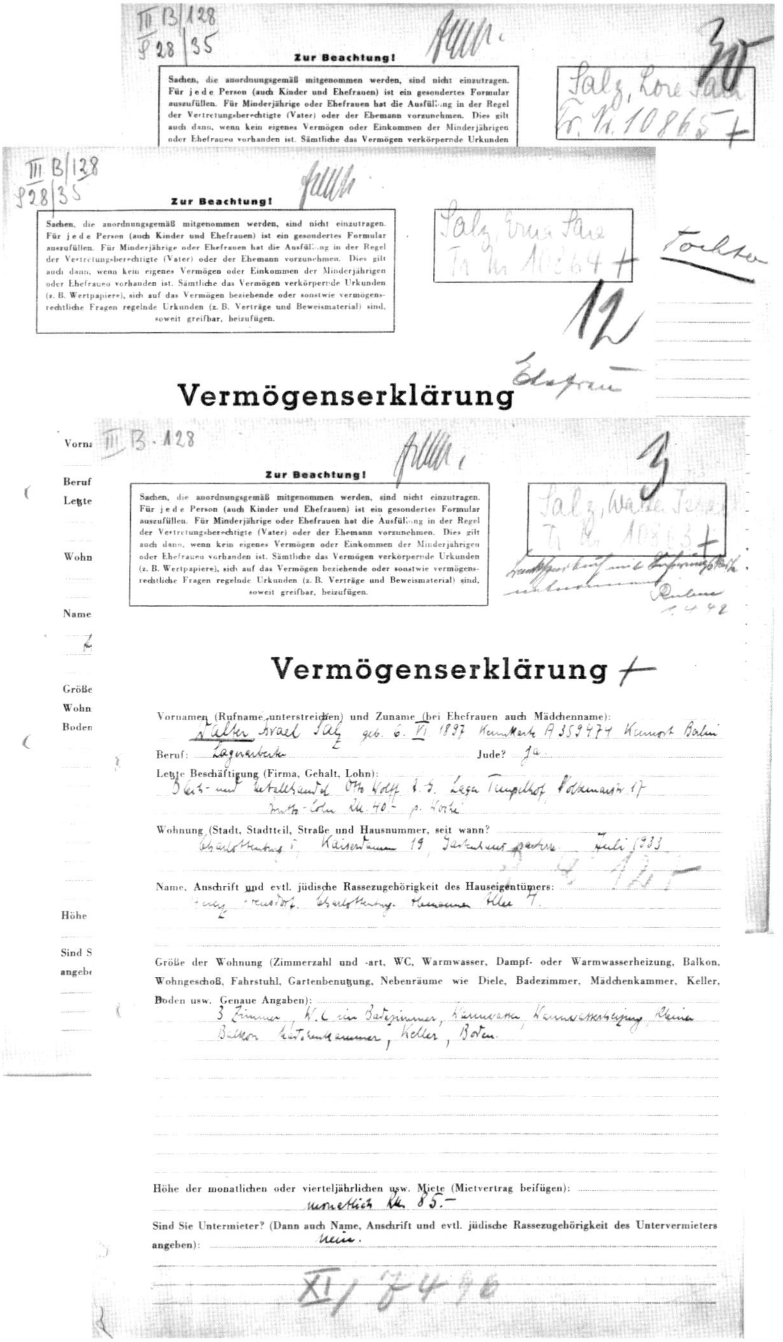

Zur Beachtung!

Sachen, die anordnungsgemäß mitgenommen werden, sind nicht einzutragen. Für jede Person (auch Kinder und Ehefrauen) ist ein gesondertes Formular auszufüllen. Für Minderjährige oder Ehefrauen hat die Ausfüllung in der Regel der Vertretungsberechtigte (Vater) oder der Ehemann vorzunehmen. Dies gilt auch dann, wenn kein eigenes Vermögen oder Einkommen der Minderjährigen oder Ehefrauen vorhanden ist. Sämtliche das Vermögen verkörpernde Urkunden (z. B. Wertpapiere), sich auf das Vermögen beziehende oder sonstwie vermögensrechtliche Fragen regelnde Urkunden (z. B. Verträge und Beweismaterial) sind, soweit greifbar, beizufügen.

Salz, Walter Israel
Tr. Nr. 10863

Vermögenserklärung

Vornamen (Rufname unterstreichen) und Zuname (bei Ehefrauen auch Mädchenname): Walter Israel Salz geb. 6. VI. 1897 Kennkarte A 359474 Kennort Berlin

Beruf: Lagerarbeiter Jude? ja

Letzte Beschäftigung (Firma, Gehalt, Lohn): Blech- und Metallhandel Otto Wolff K.G. Lager Tempelhof, Volkmarstr. 17

Wohnung (Stadt, Stadtteil, Straße und Hausnummer, seit wann?

Name, Anschrift und evtl. jüdische Rassezugehörigkeit des Hauseigentümers:

Größe der Wohnung (Zimmerzahl und -art, WC, Warmwasser, Dampf- oder Warmwasserheizung, Balkon, Wohngeschoß, Fahrstuhl, Gartenbenutzung, Nebenräume wie Diele, Badezimmer, Mädchenkammer, Keller, Boden usw. Genaue Angaben): 3 Zimmer, W.C. im Badezimmer, Kellerraum, Balkon, Keller, Boden.

Höhe der monatlichen oder vierteljährlichen usw. Miete (Mietvertrag beifügen): monatlich RM. 85.–

Sind Sie Untermieter? (Dann auch Name, Anschrift und evtl. jüdische Rassezugehörigkeit des Untervermieters angeben): nein.

Die neue Vermögenserklärung:
reichsweit passend für Wohnungsräumungen zur Deportation

10863
11

Erklärung.

Mir ist eröffnet worden, daß mein gesamtes Vermögen und das meiner Familienangehörigen als beschlagnahmt gilt. Ich habe mich jeder Verfügung über das Vermögen zu enthalten. Zuwiderhandlungen werden mit schärfsten staatspolizeilichen Maßnahmen geahndet.

Die mir und meinen Familienangehörigen übergebenen Vermögenserklärungen habe ich genauestens auszufüllen. Es ist mir bekann daß die Nachprüfung der Vermögenserklärung noch vor dem Abtransport vorgenommen wird, und daß ich bei einem Verstoß gegen diese Anordnung auf keine Nachsicht zu rechnen habe.

Walter Israel Salz   Berlin, den 13.3. 1942

Kennkarte A 359474 Kennort Berlin

Abschrift.

Der Oberbürgermeister
der Reichshauptstadt Berlin
Hauptplanungsamt

Bei Antwort wird um Angabe folgenden Geschäftszeichens gebeten:
Gesch.-Z.: Pla VIII, B 5.

Berlin C 2, den 10. Septemb. 1942
Stadthaus, Klosterstraße 47/59
Fernruf: 510014 oder Stadtverw. 4534, Zimmer 357

XI F 496 48

Herrn
Heinz Frensdorff
Berlin-Charlottenburg.
Alemannenallee 4.

Betrifft: Wohnung Berlin-Charlottenburg,
Kaiserdamm Nr. 19

ehem. jüd. Mieter Salz

Hiermit hebe ich die von mir mit Schreiben vom 15. April 1942 ausgesprochene Beschlagnahme der oben genannten Wohnung auf, da die Wohnung auf Veranlassung des Generalbauinspektors für die Reichshauptstadt ab 1. September 1942 an einen neuen Mieter vermietet worden ist. Von diesem Tage ab erfolgt die Mietezahlung durch den neuen Mieter.

Es waren von mir zu zahlen: Für die Zeit	Betrag RM Rpf	Es sind von mir gezahlt worden: am	Betrag RM Rpf
Vom 1/4 bis 31/8.42 monatlich 83,30 RM zus.	416,50	für die Monate April bis August 42 zus.	416,50
zus.:	416,50	zus.:	416,50
gezahlt sind:	416,50	zu zahlen waren:	416,50
Mithin sind noch zu zahlen:	------	Mithin sind von mir überzahlt worden:	------

Der noch von mir zu zahlende Betrag von RM wird Ihnen demnächst überwiesen werden.

— Den überzahlten Betrag von RM bitte ich umgehend an mich zurückzuzahlen —.

Anschrift: Stadthauptkasse, Berlin C 2, Postscheckamt Berlin NW, Konto Nr. 22.

Auf die Rückseite des Abschnittes der Zahlkarte bitte ich die Straße und Hausnummer der Wohnung sowie den Namen des früheren jüdischen Mieters und folgendes Gesch.-Zeichen zu setzen: „Zum Anhang g Abschnitt F Titel III, 6 — Rückbuchung bei der Ausgabe —".

Im Auftrage
gez. Dr. Pade.

Pla VIII. 19 bl
Mat. 14187a. Din A 4. 2000. 12. 41. — C 0764

Deportiert ins Generalgouvernement zum Abschluß von Speers Räumauftrag der „III. Aktion" im Frühjahr 1942

Instandsetzung deckte – so der Inhalt des Vertragsvordrucks –, verpflichtete sich die Finanzbehörde, den festgesetzten Betrag zinslos beim GBI zu hinterlegen.[811] Nach Abschluß der Instandsetzungsarbeiten rechnete der GBI Vorschüsse und Kosten bei der Vermögensverwertungsstelle des OFP ab.[812]

Das Instandsetzungsverfahren hatte der GBI lange vor Deportationsbeginn festgelegt und alle rechtlichen und finanziellen Implikationen vorweggenommen. Ohne jeden Zweifel befanden Speers Neugestaltungsjuristen, daß die Organisation der Massendeportationen, von der Erfassung der Opfer bis zum Raub des Vermögens, zu garantieren hatte, was die Übergabe der Wohnungen an die Klientel des GBI erforderte. Die Besonderheiten des Berliner Systems der Erfassung zur Deportation und der behördlichen Verfahrensweisen bei der Vermögensverwertung verraten Speers Initiative für die Massendeportationen. Die Rüstungsbetriebe und die Arbeitsverwaltung beklagten, daß sie nicht an den Deportationsberatungen beteiligt wurden. Die Gestapo hatte mit der Speerschen Kündigung gegen Hauptmieter ausnahmslos alle jüdischen Bewohner zur Deportation zu erfassen, weil der GBI Leerwohnungen verlangte. Den daraus resultierenden Konflikt mit den Rüstungsbetrieben, deren deportierte Zwangsarbeiter das Arbeitsamt nicht ersetzen konnte, versuchte die Stapoleitstelle durch ihre Praxis vorläufiger Zurückstellungen zu entschärfen, die in jedem Einzelfall der Anforderung der Betriebe und der Einwilligung des Arbeitsamts bedurften. Im Rückblick auf die vergeblichen Bemühungen, nach Beginn der Massendeportationen aus Berlin das Erfassungsverfahren im Interesse ungestörter Rüstungsfertigung zu beeinflussen, resümierte die Rüstungsinspektion im Juni 1942: „Da andererseits aber die Abschiebung aus verschiedenen Gründen sippenweise geschehen sollte, wurden trotzdem wichtige Kräfte in steigender Zahl miterfaßt und gingen den Rüstungsbetrieben verloren."[813] Tatsächlich wurden Berliner Juden nie „sippenweise", sondern Wohnung für Wohnung zur Deportation erfaßt. Von „familienweiser Abschiebung" war die Rede, um die Illusion von sozialer Existenz nach der Deportation zu nähren.

Die Planung der Neugestaltungsbehörde für die Wohnungsräumungen der „III. Aktion" reflektierte den kurzfristigen, aus den Umsetzungsvorhaben

---

811 Der GBI übernahm für den Eingang der Gelder von den Reichsfinanzbehörden keine Gewähr und beschränkte seine Erstattungszusage auf die Höhe der tatsächlich hinterlegten Summe.

812 LA Bln A Rep. 092 Nr. 5380 (GBI, Abrechnung der Instandsetzungskosten, v. 14.10.42 und GBI, Ds., Instandsetzungsvereinbarung v. 3.2.42).

813 Bericht der Rüstungsinspektion III Berlin für die Zeit vom 1.10.40 bis 31.12.41, v. 30.6.42, zit. nach Maier, Arbeitseinsatz und Deportation, a.a.O., S. 150.

des erweiterten Räumungsplans vom 1. Juni 1941 resultierenden Ersatzwohnungsbedarf. Anfang 1942 wollte der GBI den ersatzberechtigten Räumungsmietern der Neugestaltung mehrere tausend Wohnungen deportierter Berliner Juden anbieten und bezugsfertig übergeben. Die Erfassung von Berliner Juden zur Deportation begann im August 1941 mit der Auflistung der 5.000 Wohnungskündigungen in der Neugestaltungsbehörde. Mit dem Räumungsauftrag an die Berliner Gestapo prägte der GBI das weitere Erfassungsverfahren. Die jüdischen Mitbewohner der vom GBI namhaft gemachten Hauptmieter ermittelte im September 1941 die Stapoleitstelle oder die Neugestaltungsbehörde über die polizeilichen Melderegister. Ob mit den 5.000 Wohnungsräumungen der „III. Aktion“ fünftausend, zehntausend oder fünfzehntausend Berliner Juden wohnungslos wurden, interessierte den GBI nicht: Hauptsache, die Stapoleitstelle organisierte ihre Deportation aus Berlin.[814] Die zu Tausenden wohnungslos werdenden Juden mußten unter allen Umständen gehindert werden, sich in den ohnehin überfüllten dritten Wohnungsmarkt zu retten und dort die Neugestaltungsräumungen der „I. Aktion“ und die Sonderräumungen für kriegswichtige Büroraumnutzer zu blockieren.

Spätestens im September 1941 hatte der GBI der Berliner Stapoleitstelle den Auftrag zur Wohnungsräumung erteilt. Ob die Neugestaltungsbehörde ihre Listen der 5.000 Wohnungskündigungen zur Deportation komplett im September oder zu Teilen erst im Oktober und November 1941 der Berliner Gestapo übergab, wäre anhand der Registraturen zur Vermögensverwertung aufzuklären. Zur Durchführung der Räumungen der „III. Aktion“ erhielten die Stapoleitstelle und das städtische Hauptplanungsamt vom GBI dessen aufgelistete Wohnungsdaten. Direkt auf die Kündigungsanordnungen des GBI verweisen die Wohnungskürzel auf den Vermögenserklärungen. Deren Re-Sortierung nach Lage der Wohnung im Bezirk, Zusammensetzung des Kürzels und Numerierung gibt nach Zeitpunkt und Umfang Aufschluß über die Phasen, in denen der GBI im September, Oktober und November 1941 Berliner Juden der Gestapo zur Deportation auslieferte.

Eine Re-Sortierung der städtischen Numerierung der Wohnungen der zwischen Oktober 1941 und Januar 1942 deportierten Berliner Juden erlaubt

---

814 Der GBI ließ sich berichten, inwieweit die Stapo seinen Räumauftrag erledigte; der Umfang des ersten Deportationsschubs nach Łódź war dem GBI im November 1941 bekannt: „In der Zeit vom 18. Oktober bis 2. November wurden in Berlin rund 4 500 Juden evakuiert. Dadurch wurden weitere 1 000 Wohnungen für Bombengeschädigte frei und vom Generalbauinspektor zur Verfügung gestellt. Die Wohnungen werden später wieder zur Unterbringung von Abrißmietern bereitgestellt.“ LA Bln Pr.Br.Rep. 107 Nr. 53a (Speer-Chronik für das Jahr 1941, S. 84–91, 85, Bericht zum Monat November).

Rückschlüsse auf die anfänglichen Auflistungen des GBI. Alle anderen Numerierungen, mit denen Berliner Behörden nach ihren jeweiligen Aufgaben im Deportationsgeschäft ein letztes Mal Menschen und Vermögen identifizierten, sind direkt oder indirekt von den Kündigungslisten des GBI abgeleitet. Sie spiegeln den Regelfall wie den Zufall des bürokratischen Verfahrens. Innerhalb der vom GBI mit 5.000 Wohnungskündigungen zur Deportation bestimmten Gruppe Berliner Juden legte die Gestapo mit der Transportnummer fest, wie sie zu je tausend nacheinander aus Berlin abtransportiert wurden. Die Aktenzeichen des OFP bilden die Reihenfolge der auf jeweils einer Transportliste genannten deportierten Haupt- und Untermieter ab. Der OFP verwertete ihr Vermögen mit dem ihrer aus derselben Wohnung deportierten Angehörigen.

Von den Vertragsvordrucken des GBI für die Instandsetzung von Wohnungen deportierter Berliner Juden bis zu den Erfolgsberichten des Hauschronisten beweisen die wenigen aus der Neugestaltungsbehörde erhaltenen Schriftstücke, daß die Wohnungsräumungen der „III. Aktion" identisch waren mit den Massendeportationen ab dem 18. Oktober 1941 nach Łódź, Minsk, Kowno und Riga, denen mehr als zehntausend Berliner Juden zum Opfer fielen. Wie viele und welche der vom GBI mit den Wohnungskündigungen der „III. Aktion" zur Deportation erfaßten Berliner Juden Opfer der Massendeportationen in den Distrikt Lublin und in das Warschauer Ghetto im März und April 1942[815] wurden, kann an den

---

815 LA Bln Rep. 92 Acc. 3924 Nr. 614-621, Nr. 614 (darin: 11. Osttransport am 28.3.42 in den Distrikt Lublin, Piaski mit 972/974 Deportierten, XI/7142-7870a; 12. Otp. am 2.4.42 in das Warschauer Ghetto mit 1.025 Deportierten (lt. Tagebuch Adam Czerniakow, Ankunft 1.025 Deportierte aus Berlin am 5.4.42), XII/7871-8336, sm.aXII/8337-8394, Sondertransport XII/8395-8444, sm.aXI/8445-8465; 13. Otp. am 13.4.42 in Berlin festgesetzte Juden aus dem Regierungsbezirk Potsdam (lt. BAP 75 C Re 1 Nr. 46, Bl. 11, Aktennotiz F 68 am 11.4.42), die mit dem – wahrscheinlich identischen – 14. Otp. am 14.4.42 in das Warschauer Ghetto (lt. Czerniakow Ankunft am 16.4.42) deportiert wurden, zusammen mit 65/211 Deportierten aus Berlin, XIV/8468-9392, aXIV/9393-9407, XIV/9408-9447). Die Angabe „Twarnici" auf zugehörigen Karteikarten der namentlichen Kartei des OFP ist hinsichtlich des Datums der Eintragung unklar, bezieht sich wahrscheinlich auf die Piaski nahegelegene Bahnstation Trawniki bei Lublin. Zum Schicksal der Berliner und brandenburgischen Deportierten Helge Grabitz und Wolfgang Scheffler, Letzte Spuren. Ghetto Warschau. SS-Arbeitslager Trawniki. Aktion Erntefest. Fotos und Dokumente über Opfer des Endlösungswahns im Spiegel der historischen Ereignisse. Begleitband zur Ausstellung „Letzte Spuren", Heimatmuseum Charlottenburg, 3. November 1988 – 22. Januar 1989, Berlin 1988; Irene Diekmann, Boykott – Entrechtung – Pogrom – Deportation. Die „Arisierung" jüdischen Eigentums während der NS-Diktatur. Untersucht und dargestellt an Beispielen aus der Provinz Mark Brandenburg, in Brandenburg in der NS-Zeit, hrsg. von Dietrich Eichholtz unter Mitarbeit von Almuth Püschel, Berlin 1993, S. 207–229, 224–227. Die Zahl der Depor-

Vermögenserklärungen nachgezählt werden, auf denen das Kürzel für die Kündigungsanordnung des GBI notiert ist. Walter und Erna Salz, 45 und 44 Jahre alt, wurden mit ihren acht- und vierjährigen Kindern Lore und Günther am 28. März 1942 Opfer der elften Massendeportation aus Berlin in den Distrikt Lublin. Das Kürzel „III B 128" oben links auf der ersten Seite der Vermögenserklärungen kennzeichnet die Kündigungsanordnung des GBI für ihre Charlottenburger Wohnung Kaiserdamm 19.[816] Von der Identität der Wohnungsräumungen der „III. Aktion" gegen Berliner Juden mit deren Deportation seit Mitte Oktober 1941 war auch der Ministerialbeamte Schlüter im Reichsfinanzministerium überzeugt, als er am 4. November 1941 mit dem ersten Erlaß zur bürokratischen Organisation des Raubs des Vermögens der deportierten Juden alle Oberfinanzpräsidenten anwies: „Als Deckwort für die Abschiebung der Juden ist in Ferngesprächen die Bezeichnung ‚Aktion 3' zu verwenden."[817]

Welche Berliner Juden das Reichssicherheitshauptamt ab Oktober 1941 nach Łódź und bis Ende Januar 1942 nach Minsk, Kowno und Riga deportieren würde, war zuerst in der seit dem 28. Juli 1941 als Umsiedlungsabteilung firmierenden Abteilung II/4 des vom Speer-Vertreter Hettlage geleiteten Hauptamts Verwaltung und Wirtschaft bekannt. Dort wurden die Karteiauszüge der Wohnungen Berliner Juden angefertigt, die als Listen der – in jeder erdenklichen Hinsicht Recht brechenden – Kündigungsanordnungen des GBI mehr als zehntausend Berliner Juden der örtlichen Gestapo zur Deportation überantwortete. Die bedrohten Juden erfuhren aus einer

---

tierten, die Zielorte der Deportationen, die Zuordnungen der Gruppen der Vermögenseinziehungsakten und die Kriterien der Zusammensetzung der Deportationen sind bisher nicht systematisch aufgeklärt, sondern nur in Einzelfällen gesichtet: Den am 28.3.42 Deportierten wurde am 12. und 13.3.42 amtlich eröffnet, daß ihr Vermögen als beschlagnahmt gelte und jedwede Verfügung untersagt wäre, deren Vermögenserklärung datieren vom 15., 16., 17. und 18.3.42; dieselbe Eröffnung hatten die am 2.4.42 Deportierten am 29.3.42 erhalten und unterschrieben die Vermögenserklärungen am 30.3.42; die Transportnummern der zur Deportation im März und April 42 erfaßten Opfer umfaßten die Ziffern 10.634 und 12.326 (LA Bln A Rep. 092 Nr. 30871, 32887, 33114, 33115). Hermann Samter wußte von 2 Deportationen aus Berlin Ende März 1942 und berichtete zur Situation der Deportierten, daß in Piaski bei Lublin die letzten zwei Jahre Stettiner Juden waren, die vor Ankunft der Berliner nach Osten fortgeschafft wurden, und daß die nach Warschau deportierten Berliner zu mehr als 1.000 Leuten außerhalb des Ghettos in einer Bibliothek untergebracht wurden (StA beim LG Berlin Archiv 2667 Beistück 31, Bl. 1-21, 16f., Briefe Hermann Samter, hier v. 11.5.42).

816 LA Bln A Rep. 092 Nr. 33114.

817 Adler, Der verwaltete Mensch, a.a.O., S. 506–509, 509 (dort vollständig zitiert der Erlaß des RFM an 14 Oberfinanzpräsidenten zur Verwertung des Vermögens deportierter Juden, gez. Schlüter, v. 4.11.41).

Mitteilung der Jüdischen Kultusvereinigung vom behördlich geplanten Ende ihrer Existenz in Berlin: der „Kündigung" ihrer Wohnung. Bevor der erste Deportationszug Berlin verließ, klammerten sich Eltern für ihre als Jüdin bedrohte Tochter an die Hoffnung, „die eine: daß sie keine Wohnung hat".[818]

5. *Rettungsversuche von Juden im Zugriff des Berliner Kriminalsystems seit Dezember 1941*

Am 20. Januar 1943 bekam der GBI ungebetenen Besuch im Auftrag einer Sonderkommission beim Inspekteur der Sicherheitspolizei und des SD in Berlin, die in geheimer Reichssache ermittelte und den Leiter der Wohnungsabteilung des GBI, Otto Schmidt, vernehmen wollte: „Schmidt habe ein Schreiben mit dem Kopfbogen des Generalbauinspektors an die Geheime Staatspolizei in der Burgstraße geschickt, in dem für eine dem Schreiben beiliegende Liste von etwa 30 bis 32 jüdischen Hauseigentümern die Zurückstellung von der Evakuierung namens des Generalbauinspektors beantragt wurde. Das Schreiben sei von Schmidt selbst unterzeichnet. [...] Wahrscheinlich habe Schmidt das Schreiben mit der Liste selbst in der Burgstraße abgegeben."

Der Leiter der Rechtsabteilung des GBI, Dr. Hans Neikes, erklärte, er hielte es für ganz ausgeschlossen, daß Schmidt befugt gewesen wäre, „selbständig Anträge auf Zurückstellung von Hauseigentümern von der Evakuierung zu stellen".[819] Besorgt um das Ansehen des GBI versprach Neikes dem Bearbeiter der Sonderkommission, feststellen zu wollen, „ob einer der leitenden Herren beim GBI mit der Sache befasst worden sei".[820] Denn von seinem Mitarbeiter Otto Schmidt, der zuletzt Vertreter des Leiters der Hauptabteilung Umsiedlung war, hatte sich der GBI lange getrennt. Nach aufwendigen Ermittlungen seiner Vorgesetzten seit dem 20. Februar 1942 wurde Schmidt nachgewiesen, im Jahr 1941 zehn Mietberechtigungsscheine vorschriftswidrig ausgegeben zu haben. Schmidt sah sich mit dem Vorwurf konfrontiert, „durch sein teils bewusst unrechtmässiges, teils zum

---

818 Klepper, a.a.O., Eintragung Donnerstag, 16.10.41, S. 966f.

819 BAK R 120 Nr. 3906 (Vermerk, GBI, Rabt., II/3-80/5 Dr.N/Jk., (u) Dr. Neikes, zur Vorsprache von Krim.Sekr. Fiene, v. 20.1.43), der Akte „Mißbrauch von Judenwohnungen" als 1. Blatt vorgeheftet.

820 BAK R 120 Nr. 3906 (Aktenvermerk, GBI, Rabt., II/3-80/5 Dr.N/Jk., (u) Dr. Neikes, nach Rücksprache mit Vizepräsident Clahes am 20.1.43, Telefonat Dr. Wernecke am 21.1.43, v. 25.2.43), der Akte „Mißbrauch von Judenwohnungen" als 2. Blatt vorgeheftet; keine weiteren Hinweise zum Vorgang aufgefunden, den beim Inspekteur der Sicherheitspolizei und des SD, Berlin-Grunewald, Jagowstrasse 16/18, Sonderkommission, Referent Dr. Wernecke, Tel. 89 77 31, bearbeitete.

mindesten sehr leichtfertiges Ausstellen und Umschreiben von Mietberechtigungsscheinen auf Nichtberechtigte das Ansehen des Generalbauinspektors vor anderen Behörden und vor der Öffentlichkeit erheblich geschädigt" zu haben. „Ein Mann der eine derartige Schuld auf sich geladen hat, darf unmöglich länger im Dienst des Generalbauinspektors bleiben." Schmidt hatte Einsicht zeigen und seinen Dienst zum 1. November 1942 quittieren müssen.[821]

Weniger elegant wurde zur selben Zeit in der Berliner Staatspolizeileitstelle die Leitung des dortigen Referats IV D1 geschaßt. Der Referatsleiter, Kriminalkommissar Gerhard Stübs, kam am 31. Oktober 1942 seiner Verhaftung durch Selbsttötung zuvor; sein Vertreter, Kriminalobersekretär Franz Prüfer, und fünf seiner untergebenen Kriminalbeamten saßen seither im Berliner SS- und Polizeigefängnis ein. In beiden Behörden schritten Vorgesetzte unter dem Vorwand von Korruptionsvorwürfen gegen ihre Mitarbeiter ein, die mit den Wohnungsräumungen des GBI gegen Berliner Juden befaßt waren. Weil Schmidt als korrekter und zuverlässiger Beamter galt, hätte beim GBI zur Erklärung dienstpflichtwidrigen Verhaltens der Verdacht der Vorteilsnahme auftauchen müssen, ein Verdacht, von dem Neikes ihn ausdrücklich entlastete: Nichts ließe auf eine strafbare Handlung Schmidts schließen.[822] Die kolportierten Vorwürfe gegen Personal des Gestaporeferats IV D1 hingegen reichen von Korrumpierbarkeit mittels einer Flasche Schnaps über Unterschlagung von Wertgegenständen der zur Deportation festgesetzten Juden bis zu Bereicherung durch das Makeln geräumter Wohnungen Berliner Juden.[823] Es mag hinreichend Grund für disziplinari-

821 BAK R 120 Nr. 3906 (Schlußbericht, GBI, Rabt., II/3-80/5 Dr.N/Jk., 37 S., (u) Dr. Neikes, S. 35, v. 29.9.42).

822 BAK R 120 Nr. 3906 (Schlußbericht, GBI, Rabt., II/3-80/5 Dr.N/Jk., 37 S., (u) Dr. Neikes, S. 36, v. 29.9.42).

823 Vgl. Peter Wyden, Stella, Göttingen 1993. Kein Hinweis auf Korruption sind die beiden gleichlautenden Vermerke auf den Blättern des statistischen Wohnungsnachweises des GBI über rund 8.000 Wohnungen im Hauseigentum von Nichtjuden bzw. in dem von Juden seit 7/42: „Nach den Unterlagen der Gestapo (Obersekretär Prüfer) siehe Aktenvermerk vom 26. (bzw. 28.) Juni 42 stehen dem GBI nur noch rund 5 750 (bzw. 5 000) Wohnungen in arischem (bzw. jüdischem) Hausbesitz zur Verfügung.", LA Bln Pr.Br. Rep. 107 Nr. 401, Bl. 14f., 8f., 6f., 1f. (statistischer Wohnungsnachweis, Lfzt. 31.1. – 1.10.42, hier Vermerke zu Nachweisen seit 6/42, v. 1.7.42, ms. Aufkleber). Geist und Kürvers, Tatort Berlin, Pariser Platz, a.a.O., S. 90, vermuten, die Gestapo hätte ohne Auftrag 3.000 Wohnungen räumen lassen und gemakelt. Die differierenden Angaben sind darauf zurückzuführen, daß der GBI über die noch für die Neugestaltung verfügbaren Wohnungen Berliner Juden Buch führte, gleich ob geräumt oder von Juden bewohnt, wohingegen die Gestapo die nach der monatlich fortgeschriebenen Aufstellung der JKV geräumten oder nach Kenntnis der Gestapo zur Räumung in Auftrag gegebenen von den vorhandenen Wohnungen in Abzug brachte.

sche Maßnahmen gegen Gestapobeamte in diesem Referat gegeben haben; keine der Beschuldigungen, mit denen die Beseitigung eines Teils des Stapoleitstellenpersonals Ende Oktober 1942 zum Ausgang einer Korruptions- oder Unterschlagungsaffäre erklärt wurde, ist jedoch gerichtlich erwiesen.[824]

In ihrer verzweifelten Lage, die Wohnung gekündigt und von Deportation bedroht, gerieten Berliner Juden seit Dezember 1941 unter gezielte staatspolizeiliche Beobachtung und mit ihnen diejenigen, bei denen sie Rat suchten und von denen sie die rettende Intervention bei den Behörden erhofften. Die Berliner Gestapo war den Mittlern auf der Spur, die sich für Ausnahmen und Zurückstellungen von der Deportation einsetzten, ohne einen rüstungswirtschaftlich wichtigen Betrieb zu vertreten, der Juden als Zwangsarbeiter reklamierte. Die staatspolizeilichen Vorermittlungen sollten Fürsprecher und Helfer Berliner Juden des Betrugs überführen, doch indem die Ermittler des Referats IV D1 die vor Gericht erforderlichen Beweise der Geldannahme von Rettung suchenden Juden zusammentrugen, mehrten sie zugleich die Verdachtsmomente für die Bestechlichkeit ihrer Vorgesetzten in der Stapoleitstelle.

Die Sonderkommission der Sicherheitspolizei und des SD, die im Januar 1943 das Belastungsmaterial gegen die verhafteten Gestapo-Mitarbeiter zu vervollständigen oder deren Aussagen zu prüfen hatte, brachte die beabsichtigte Vernehmung von Otto Schmidt in Zusammenhang mit den Ermittlungen gegen den Berliner Makler Hans Mohr, von dem Schmidt die Angaben über Berliner Juden, die sich vor der drohenden Deportation zu retten versuchten, erhalten haben sollte. Seit Februar 1942 stand die Tätigkeit Mohrs im Zentrum von zwei strafrechtlichen Ermittlungs- und Hauptverfahren.[825] Mohrs Wirken im Umfeld des GBI, der Jüdischen Kultusvereinigung und des Gestaporeferats IV D1 in der Burgstraße tangierte auch drei weitere Strafverfahren.[826]

Die staatspolizeilichen Verhöre von Zeugen und Beschuldigten, die mit den Akten der Staatsanwaltschaft beim Landgericht Berlin überliefert sind,

824 Beispielhaft die Anklageschrift im Berliner Gestapo-Prozeß, StA beim LG Berlin Archiv 2267 (Verfahren gegen Bovensiepen u.a., 3 P (K) Ks 1/71, Anklageschrift, S. 204ff., Berliner Gestapo-Prozeß). Zugehörige Akten der SS- und Polizeigerichtsbarkeit ließen sich bisher nicht auffinden.

825 LA Bln A Rep. 358-02 Nr. 5334 (3 P.K.Ms. 5/42, Verfahren wegen Betrugs, nach Ermittlungsverfahren 3 P.Js. 74/42, verbunden mit 2 P.K.Ms. 20/42), vgl. Auszüge in StA beim LG Berlin Archiv 2667 (Berliner Gestapo-Prozeß, Beistück Ermittlungen gegen Mohr und Remmlinger). LA Bln A Rep. 58 Acc. 4005 (6 P.Js. 799/42, Ermittlungsverfahren gegen den Gehilfen des Maklers Mohr).

826 LA Bln A Rep. 358-02 Nr. 5445 (3 P.K.Ms. 1/42, nach Ermittlungsverfahren 3 P.Js. 1034/41). Ebenda Nr. 6161 (3 P.K.Ms. 8/42, nach Ermittlungsverfahren 3 P.Js. 122/42). Ebenda Nr. 5334 (2 P.K.Ms. 20/42, nach Ermittlungsverfahren 2 P.Js. 278/42).

zeigen, daß Berliner Juden seit Beginn der Massendeportationen im Oktober 1941 nach Wegen suchten, der Deportation zu entkommen oder wenigstens zurückgestellt zu werden. Bis Oktober 1942 war die Wohnungskündigung der Vorbote der drohenden Deportation. Das alarmierende Ereignis, ‚die Kündigung zu haben', forderte genauso wie die Wahrnehmung, ‚noch nicht gekündigt zu sein', alle Initiative zur Abwendung der existentiellen Bedrohung heraus. Im Gespräch Rat zu finden, bei Bekannten und Fremden, im Haus und unterwegs bei zufälligen Begegnungen, Hinweise für aussichtsreiche Eingaben oder auf brauchbare Papiere und die Vermittlung eines Kontakts zu Erfolg versprechenden Helfern, waren den vom Abtransport aus Berlin bedrohten Juden jeden Aufwand wert. Sie wandten sich an diejenigen, von denen bekannt war oder sich herumgesprochen hatte, daß sie für Juden tätig geworden waren, und sie veranlaßten andere, in der neuen Not aktiv zu werden. Wer in den Jahren zuvor Vermögenssachen oder Ausreiseangelegenheiten bearbeitet, Visa und Flug- oder Schiffspassagen besorgt hatte, gehörte ebenso zu den gefragten Mittlern wie diejenigen, die deutsche Behörden mit Vorsprachen oder passenden Dokumenten davon zu überzeugen verstanden, daß der eine und andere Jude wegen seiner nicht-jüdischen Verwandtschaft nicht zum Kreis der Verfolgten zählen dürfte oder wegen seiner besonderen technischen Qualifikation für kriegswirtschaftlich bedeutsame Produktentwicklungen unverzichtbar wäre.

Der Makler Hans Mohr begegnete Berliner Juden als Hauseigentümern oder Wohnungsmietern, weil er seit April 1941 im Auftrag verschiedener Behörden und Verbände Grundstücksübernahmen, Räumungen und Umsetzungen von Mietern organisierte. Im Auftrag der Preußischen Bau- und Finanzdirektion besorgte er, vom GBI mit Mietberechtigungsscheinen für Wohnungen von Berliner Juden gefördert, die Räumung des Marstallgebäudes in der Breite Straße für das Kolonialpolitische Amt der NSDAP. Mohr machte sein Geschäft damit, in der Breite Straße räumungspflichtigen Mietern Wohnungen seiner privaten Klientel anzubieten, die ihrerseits im Tauschverfahren Wohnungen Berliner Juden aus dem Angebot des GBI bezogen.

Mohr war auf seinem Gebiet erfolgreich und akquirierte weitere staatliche Aufträge wie den des Luftgaukommandos III, das mehrere Villengrundstücke in Berlin in Besitz nehmen wollte. Dr. Liebmann, dem Eigentümer des Wilmersdorfer Grundstücks Landhausstraße 32, dem wie seinen jüdischen Mietern die Einquartierung als Untermieter bevorstand, erleichterte Mohr den Zwangsverkauf mit der Zusage, ihn, seine Familienangehörigen und den Hauswart in mehreren Mietwohnungen in Charlottenburg unterzubringen.[827]

827 LA Bln Pr.Br.Rep. 107 Nr. 144/3 (Rl. Nr. 31a v. 13.9.41 zu 15 Grundstücken, zu räumen für Luftgaukommando III, darunter Landhausstr. 32 in Wilmersdorf mit 8, insgesamt 94 räumungspflichtigen Parteien).

Im Wohnhaus Sybelstraße 66 überzeugte Mohr mehrere nicht-jüdische Mietparteien, die angeblich behördlich veranlaßte Einquartierung von Juden im Haus als Gelegenheit zum vorteilhaften Wohnungswechsel zu nutzen, für den er aus dem Angebot des GBI Wohnungen von Juden nachwies und den Vertragsschluß mit überzähligen Mietberechtigungsscheinen aus lückenhaften Tauschketten begleitete.[828] Immerhin verband Mohr sein geschäftliches Interesse als Makler an der Abwicklung des Grundstückswechsels zugunsten des Luftgaukommandos III mit der Besorgung relativer Vorteile für die Wohnsituation einzelner Juden in Berlin.

Als Makler bemühte sich Hans Mohr, für seine behördliche oder private Klientel passende Wohnungen an der Hand zu haben. Er verfügte über Wohnungsnachweise des GBI, die sowohl bewohnte als auch geräumte Wohnungen Berliner Juden enthielten. Bei Wohnungsbesichtigungen konfrontierten ihn Mieter mit ihrer seit Oktober 1941 wegen der Deportationen wachsenden Not – ob er ihnen nicht in Berlin ein Dach über dem Kopf erhalten könnte. Von der Gestapo als mögliche Zeugen gegen Mohr verhörte Mieter gaben zu Protokoll, daß ihre Wohnung vom Generalbauinspektor gekündigt wäre, oder daß sie die Kündigung nicht von Speer, sondern von der Jüdischen Kultusvereinigung bekommen hätten. Mancher hoffte, mit Mohrs Hilfe eine kleine Wohnung im Hauseigentum von Juden anmieten zu können. Mohr machte keine Zusagen, notierte sich aber die Aktenzeichen der Kündigungsschreiben und – wenn der Deportationstermin bereits feststand – die Transportnummern. Als Mohr die Liste dem Leiter der Wohnungsabteilung des GBI, Otto Schmidt, übergab, behauptete er, daß alle 32 als Haushaltungsvorstände „aufgeführten Juden zu der Abwicklung von Grundstückskäufen benötigt würden und aus diesem Grunde eine Zurückstellung notwendig sei". Seit seiner ersten Vernehmung am 16. Januar 1942 gab Mohr mehrfach zu Protokoll, daß ihm für seine Hilfe für diese Juden niemals Geld- oder Sachwerte versprochen wurden und er solche weder erhalten noch jemals angenommen hätte: „Meine Handlungsweise ist lediglich aus Mitleid den Juden gegenüber erfolgt."[829]

Die Stapoleitstelle nahm Mitte Januar 1942 das Vernehmungsprotokoll zu den Akten, ohne weiter gegen Mohr zu ermitteln. Doch Mohr wußte, daß die Gestapo jederzeit gegen ihn vorgehen konnte; ihm war die Einlieferung ins Konzentrationslager angedroht worden, um sein Stillschweigen

---

828 BAK R 120 Nr. 3906 (Akte „Mißbrauch von Judenwohnungen", Ermittlungen zu mißbräuchlichen Umschreibungen von MbS in der Abt. II/4 des GBI), 2 der 4 Wohnungswechsel von der Sybelstr. 66 sind dokumentiert in Akten des GBI, LA Bln Pr.Br.Rep. 107 Nr. 144/3 (Rl. Nr. 37a/2 v. 21.10.41, Rl. Nr. 40a/15 v. 20.11.41).

829 LA Bln A Rep. 358-02 Nr. 5334 (2 P.K.Ms. 20/42, Bd. I zu 3 P.K.Ms. 5/42, Bl. 2-6, Stapo IV D1, Vernehmung Mohr, (u) Stamm und Panknin, v. 16.1.42).

über die Vernehmung zu erzwingen. Möglicherweise wollte die Stapoleitstelle aus Eigeninteresse diesen Berliner Makler gar nicht anzeigen, und erst der Verlauf der staatspolizeilichen Ermittlungen gegen weitere Helfer von Rettung suchenden Berliner Juden machte die Übergabe der Ermittlungen an die Staatsanwaltschaft unumgänglich. Der Schlußbericht zu den Vorermittlungen gegen Mohr vom 19. Februar 1942 bewertete dessen Tätigkeit: „Es wäre auch dagegen nichts einzuwenden, wenn Mohr für Juden mit denen er in Verhandlung stand, zum Zwecke der Weiterverhandlung um deren Zurückstellung von der Evakuierung über den Generalbauinspektor eingekommen wäre." Doch die Ermittler des Referats IV D1 der Berliner Stapoleitstelle, die Kriminalbeamten Ernst Panknin und Josef Markart, beanstandeten, daß nur zwei der von Mohr auf die Liste gesetzten Juden noch Grundstückseigentum besaßen. So hätte Mohr erstens den GBI getäuscht und zweitens die Gestapo, die alle 32 auf der GBI-Liste genannten Juden von der Deportation zurückstellte und durch Mohrs Verhalten in ihrer Aufgabenerfüllung erheblich behindert worden wäre.[830]

Wer in der Zeit vor Beginn der Massendeportationen Juden Hilfe leistete, wußte auch von anderen in ähnlicher Weise Engagierten. Rettung suchende Juden brachten ihre Unterstützer miteinander in Verbindung; die Gestapo ließ Spitzel die Fährten aufnehmen. Als die Stapoleitstelle Mitte Januar 1942 Hans Mohr vernahm, wollte sie vor allem Beweise für einen Betrugsvorwurf gegen die Steuerberaterin Elisabeth Remmlinger in die Hand bekommen. Sie hatte im September 1941 Flugtickets für Berliner Juden nach Lissabon besorgt. Seit Juni 1941 beförderte die Lufthansa Juden nur noch, wenn es ungenutzte Plätze gab. Remmlinger stimmte mehrere Berliner Angestellte der Lufthansa gefällig, die gegen inoffizielle Aufpreise Flugpassagen von Berlin über München nach Lissabon buchten. Das Netz der gekauften Hilfsbereitschaft reichte nicht weit genug; in München wurde die Hilfsaktion ruchbar, und die Lufthansa erstattete gegen Remmlinger Anzeige wegen unlauteren Wettbewerbs.[831] Elisabeth Remmlinger geriet deshalb Anfang November 1941 für zwei Wochen in Gestapohaft, als sie bereits anderen Berliner Juden half, sich von der bevorstehenden Deportation freizukaufen. Wieder auf freiem Fuß, setzte sie die Unterstützung der von Deportation bedrohten Juden, die sich an sie wandten, nach ihren Möglichkeiten fort. War ihre Vorsprache bei der Gestapo erfolglos, bot eine Intervention über den GBI die beste Chance, über das Büro Speer, zu dem der Makler Hans Mohr engste geschäftliche Verbindungen unterhielt.

830 LA Bln A Rep. 358-02 Nr. 5334 (2 P.K.Ms. 20/42, Bd I zu 3 P.K.Ms. 5/42 nach 1 P.Js. 74/42, Bl. 36f., Schlußbericht Stapo IV D1, (u) Panknin, v. 19.2.42).

831 LA Bln A Rep. 358-02 Nr. 80073 (1 Gew.K.Ms. 12/42, Verfahren gegen Remmlinger, Begall, Koch, Braune und Reinicke).

Auch Werner Trzeciaks Verbindungen führten zu Hans Mohr. Trzeciak war als Wehrmachtssoldat in Berlin stationiert und nutzte seit Oktober 1941 seine Kenntnisse als früherer Mitarbeiter eines bezirklichen Wohnungsamts für Juden, die die Wohnungskündigung erhalten hatten. Rat suchend hatten sich frühere Patienten des im August 1941 verstorbenen Arztes Aron Petuchowski an dessen Witwe gewandt, mit der Trzeciak befreundet war. Mit etwa 20 Familien, die die Kündigung hatten oder erwarteten, verhandelte Betty Petuchowski und brachte sie mit Trzeciak zusammen. Gegen Geldzahlung sollte Trzeciak die Rückstellung von etwa 80 Berliner Juden wenigstens über den Winter erreichen, ergaben die Ermittlungen der Berliner Gestapo seit dem 20. Dezember 1941. Nachdem der Gestapo angeblich gerüchteweise die Tätigkeit von Trzeciak und Petuchowski bekannt geworden war, preßte sie einzelnen Juden, die Hilfe gesucht hatten, Aussagen ab.

Ein am 3. Januar 1942 nach der Verhaftung von Trzeciak und Petuchowski sichergestelltes Notizbuch bewies der Gestapo, daß auch Trzeciak sich jeweils „Kündigungs- und Listennummer" und die „Evakuierungsnummer" oder „Transportnummer" hatte geben lassen. Notiert sind darin auch die Telefonnummern des Maklers Mohr, der Leiterin der Wohnungsberatungsstelle der Jüdischen Kultusvereinigung, Dr. Martha Mosse, und die eines Beamten des Referats IV D1 der Berliner Gestapo in der Burgstraße 28 nebst Apparatanschluß, Stockwerk und Zimmernummer. Trzeciak gab auch Kontaktadressen von Firmen weiter, die Juden als Zwangsarbeiter beschäftigten, was die Vermutung nahelegt, daß Trzeciak die gerade geltenden Kriterien für Zurückstellungen von der Deportation kannte. Die zu den Personen- und Wohnungsangaben nachgetragenen Notizen: „gekündigt Ende Okt. 41 durch Speer" und „Wohnung soll durch Baustab Speer bereits vermietet sein (?)" bezeugen, daß die Urheberschaft der Neugestaltungsbehörde an Wohnungsräumungen gegen Juden mit anschließender Deportation im Gespräch war.[832]

Nach Einschätzung des Berliner Landgerichts im April 1942 war die gemeinschaftliche Tätigkeit von Betty Petuchowski und Werner Trzeciak Betrug. Deren Behauptung, für Berliner Juden Zurückstellungen von der Deportation erreichen zu können, hätte ein vorgebliches und untaugliches Unterfangen vorgetäuscht. Sich dafür von Juden bezahlen zu lassen, wäre keinesfalls zu rechtfertigen, weil dadurch das einziehbare Vermögen Deportierter gemindert, dem Deutschen Reich mithin ein Vermögensschaden entstünde.[833]

832 LA Bln A Rep. 358-02 Nr. 5445 (3 P.K.Ms. 1/42, Verfahren gegen Petuchowski).

833 LA Bln A Rep. 358-02 Nr. 5445 (3 P.K.Ms. 1/42, Hauptverhandlung am 31.3.42, Urteil der 12. Strafkammer LG Bln v. 15.4.42). Verurteilt zu 1 Jahr Gefängnis unter Anrechnung von 2 Monaten Untersuchungshaft wurde Petuchowskis Gnadengesuch v. 13.9.42

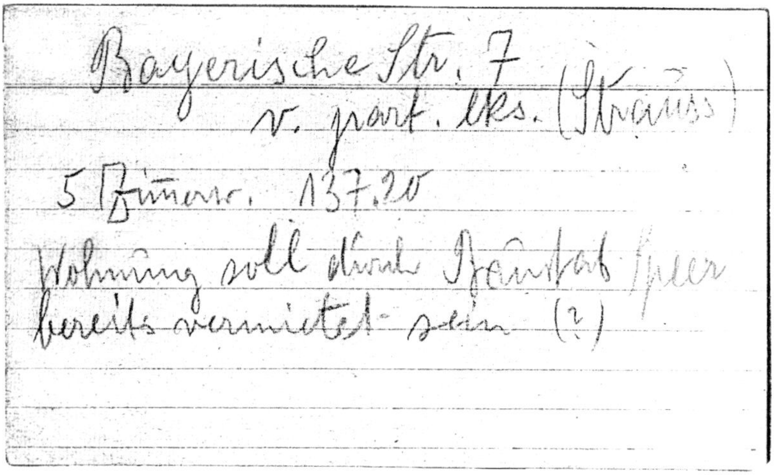
Bayerische Str. 7
v. part. lks. (Strauss)
5 Zimmer. 137.20
Wohnung soll durch Staatsrat Speer
bereits vermietet sein (?)

Existenzielle Bedrohung

In einem anderen Strafverfahren gegen Unterstützer von Berliner Juden verlangte das Gericht Auskunft von der Stapoleitstelle, warum viele der Juden, die bei den Angeklagten Hilfe gesucht hatten, nicht deportiert worden waren.[834] Die Leiterin der Wohnungsberatungsstelle der Jüdischen Kultusvereinigung mußte daraufhin zu einem Dutzend der durch Vernehmungen dokumentierten Fälle alle erfolgten Zurückstellungen als richtliniengemäß erscheinen lassen. Am 19. August 1942 erläuterte Dr. Martha Mosse, daß seit Oktober 1941 die Wohnungsberatungsstelle von der Berliner Gestapo Listen zur Vorladung der betroffenen Juden aus einer Wohnung unter jeweils identischen Aktenzeichen, den Kündigungs- oder Listennummern, erhielt. Die Wohnungsberatungsstelle nahm mit den Betroffenen den von der Gestapo vorgegebenen Fragebogen auf, womit erst, so die Leiterin der Wohnungsberatungsstelle, Berliner Juden zur Deportation erfaßt waren. Erst

am 1.10.42 stattgegeben und die verbliebenen 3 Monate Haft in 3 Jahre Bewährung, bis zum 31.10.45, umgewandelt. Trzeciak, SA-Mann und Nazi seit 1932, seit Februar 1940 im Kriegsdienst, war bereits vom Feldgericht der Wehrmachtskommandantur wegen fortgesetzten Betrugs zu 5 Jahren Gefängnis, Degradierung in den niedrigsten Mannschaftsstand und 3 Jahren Ehrverlust verurteilt, Urteil Feldkriegsgericht der Kommandantur Berlin StL V 32/42 v. 6.2.42. Im Jahr 1939 war er im Wohnungsamt des Bezirks Schöneberg tätig und für die Unterbringung jüdischer Mieter zuständig, die ihre Wohnung, wie der zwischenzeitlich verstorbene Ehemann der Angeklagten wegen Berufsverbots, verloren hatten.

834 LA Bln A Rep. 358-02 Nr. 6161 (3 P.K.Ms. 8/42, Verfahren gegen Wetzel und Schotte).

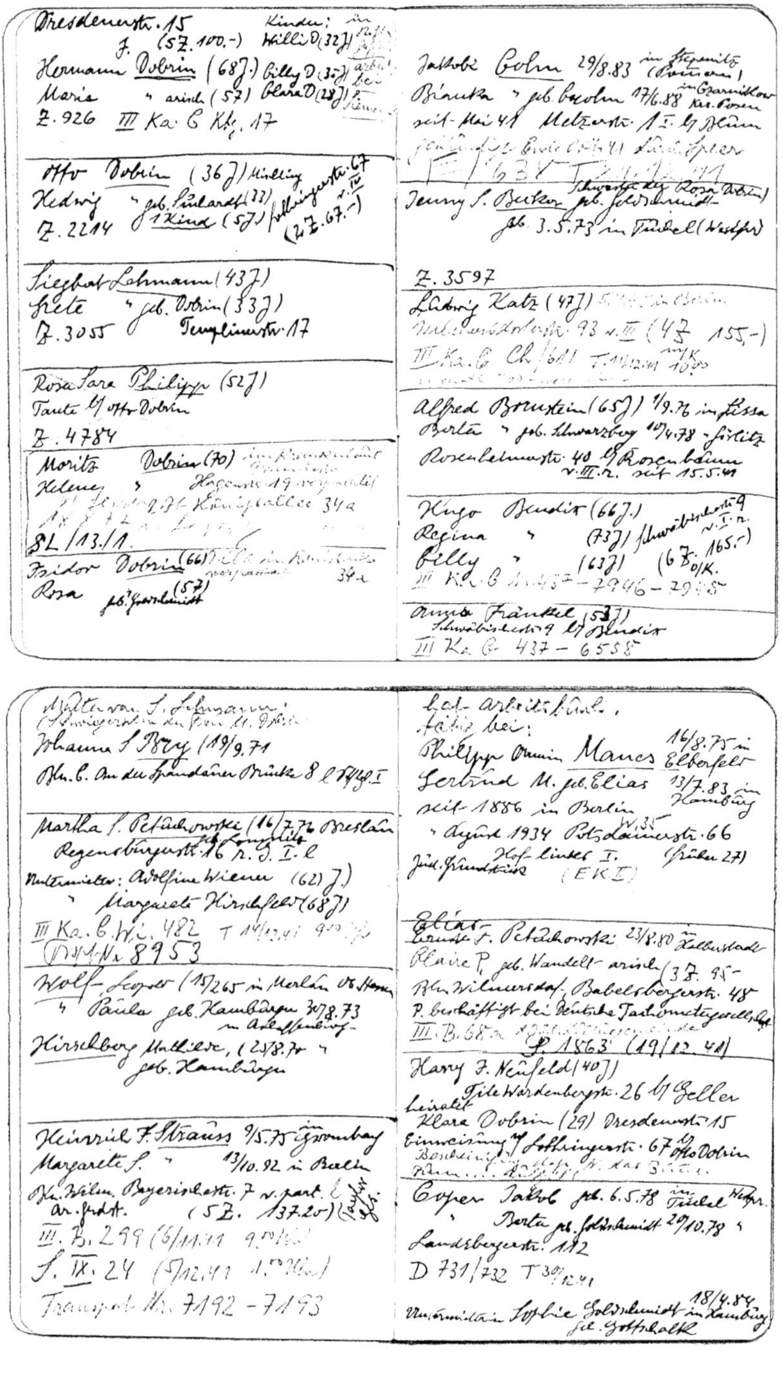

Zum Rettungsversuch notiert: Kündigungsnummern und Transportnummern

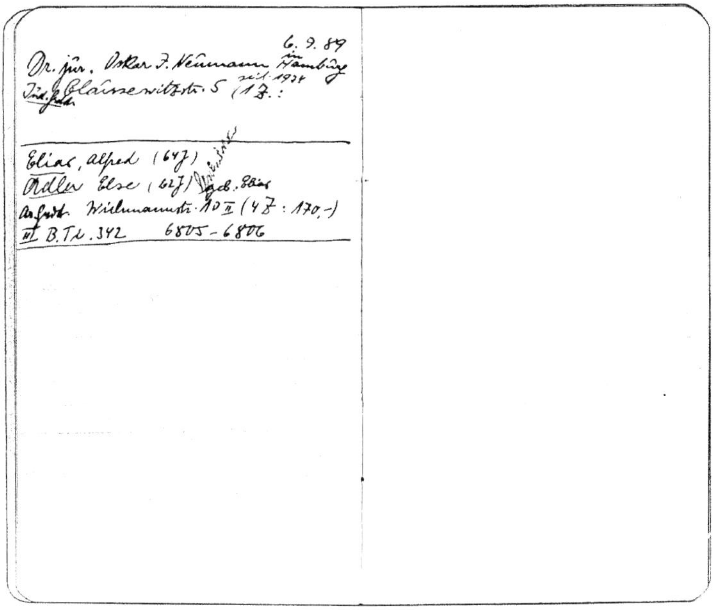

die Transportnummervergabe durch die Gestapo erschien im bürokratischen Verfahren als Verurteilung zur Deportation. Zurückstellungen nahm die Gestapo auf Intervention oder nach eigenen Regeln im Einzelfall vor, indem sie bereits erfaßten Berliner Juden keine Transportnummern zuordnete. Über solche und auch jegliche späteren Zurückstellungen von der Deportation entschied, wie Martha Mosse in ihrer Vernehmung mehrfach ausdrücklich betonte, ausschließlich die Geheime Staatspolizei.[835]

Bis Ende Januar 1942 veränderte die Stapoleitstelle die Kriterien für Zurückstellungen, und es scheint, daß seit Oktober 1941 neben der Jüdischen Kultusvereinigung und den Zwangsarbeiter reklamierenden Betrieben auch die für Berliner Juden tätigen und später des Betrugs bezichtigten Mittler die Rückstellungspraxis der Berliner Gestapo beeinflußt hatten. Anders als am 18. Oktober deportierte die Gestapo mit dem zweiten Transport am 24. Oktober 1941 keine über Siebzigjährigen aus Berlin.[836] Hermann Samter, hauptamtlicher Redakteur des Jüdischen Nachrichtenblatts, hat während der Deportationen brieflich berichtet, daß im November 1941 Ju-

835 LA Bln A Rep. 358-02 Nr. 6161, Bl. 99ff. (Vernehmungsprotokoll Dr. Martha Mosse v. 19.8.42).

836 Faschismus – Getto – Massenmord, a.a.O., S. 257, Dokument 195 (Folgemeldung Stapo Litzmannstadt an Inspekteur Sipo und SD in Posen betr. Zusammensetzung des 2. Otp. aus Berlin, Ankunft 25.10.41, v. 24.10.41). Die 46 zwischen 71 und 90 Jahre alten Deportierten stammten demnach aus dem Bezirk der Stapo Emden.

den, die älter als 65 Jahre waren, und Familien mit Kindern von der Deportation zurückgestellt werden konnten. Bis Anfang Dezember 1941 waren auch die mitwohnenden Familienangehörigen von Mitarbeitern der Jüdischen Kultusvereinigung und der Reichsvereinigung vor der Deportation geschützt. Im selben Monat, als die Wohnungsberatungsstelle die von den drei Transporten im Januar 1942 betroffenen Berliner Juden vorlud, erhielt die Zurückstellung reklamierter Zwangsarbeiter Vorrang vor der sogenannten familienweisen Deportation. Die Berufung auf die Altersgrenze von 65 Jahren schützte nicht mehr vor der Deportation. Als entscheidend galt einzig die Transportfähigkeit.[837] Mit der ärztlichen Begutachtung der Transportfähigkeit beauftragte die Stapoleitstelle Mitte November 1941 die Gesundheitsverwaltung der Jüdischen Kultusvereinigung im Jüdischen Krankenhaus in der Iranischen Straße.[838] Die reichsweit in Kraft gesetzten Deportationsrichtlinien des Reichssicherheitshauptamts vom 31. Januar 1942[839] nahmen die bisherige Rückstellungspraxis der Berliner Gestapo auf – mit dem wesentlichen Unterschied, daß die Berliner Gestapo bis dahin nur auf ausdrückliche Intervention und nach willkürlichem Ermessen Zurückstellungen vornahm. Seither stellte die Gestapo nach Rücksprache mit der Arbeitsverwaltung Zwangsarbeiter und nicht transportfähige Berliner Juden von der Deportation zurück. Alte und Gebrechliche wurden weiterhin erfaßt und ab Juni 1942 nach Theresienstadt deportiert.

Berliner Juden baten bei Beginn der Deportationen auch die Kaufleute Andreas Looser und Eugen Koke um Unterstützung, um das von der Berliner Gestapo nach wechselnden Kriterien willkürlich gehandhabte Ermessen bei Rückstellungen zu ihrer Rettung vor der Deportation zu beeinflussen. Looser und Koke hatten in den vergangenen Jahren ihre Verbindungen ins Ausland genutzt, Visa besorgt und Transfers organisiert, um Juden die Ausreise zu ermöglichen. Richard Blüh war mit Andreas Looser seit langen Jahren bekannt, und er veranlaßte ihn, sich für den Chemiker Dr. Curt Ehrlich einzusetzen, der im Oktober 1941 die Wohnungskündigung und die Transportnummer erhalten hatte. Looser gewann den Kaufmann Bruno Haack, der seinerseits für den Sicherheitsdienst der SS verschiedentlich in der Schweiz tätig war, Ehrlich vor der Deportation zu bewahren. Haack war Mitinhaber einer Firma für medizinische Apparate und Heilmittel und stellte Ehrlich ein. Die Wirtschaftskammer Berlin-Brandenburg und die Gestapo

---

837 StA LG Berlin Archiv 2667 Beistück 31, Bl. 1-21 (Briefe von Hermann Samter, hier v. 21.10., 30.11. und 28.12.41)

838 LA Bln A Rep. 358-02 Nr. 6161, Bl. 99ff. (Vernehmungsprotokoll Dr. Martha Mosse v. 19.8.42).

839 Adler, Der verwaltete Mensch, a.a.O., S. 188ff. (Runderlaß, RSHA IV B4, gez. Eichmann, v. 31.1.42, im Wortlaut).

akzeptierten Haacks Argument, Ehrlich wäre wegen der Bedeutung der Firma für die Volksgesundheit und den Krieg unentbehrlich. Haack entschied sich, auch den von der Deportation bedrohten Richard Blüh in seiner Firma zu beschäftigen, der zunächst zurückgestellt worden war, weil seine Frau bei der Jüdischen Kultusvereinigung arbeitete. Haack überzeugte die Behörden, daß die Expertise Blühs, der ein Heilverfahren gegen die Zuckerkrankheit entwickelt hätte, im Reichsauftrag genutzt werden müßte. Nicht überzeugen konnte er seinen Mitinhaber, der später bekundete, Haack gewarnt zu haben, und Andreas Looser Ende April 1942 beim Sicherheitsdienst der SS denunzierte, nachdem sich infolge der Anstellung von Ehrlich und Blüh die Hilferufe verfolgter Juden an Haack häuften.[840] „Diese ‚Zurückstellung' der beiden Juden von einer ihnen drohenden Evakuierung", so das Urteil der 1. Strafkammer des Berliner Landgerichts gegen Haack vom 6. Januar 1943, „verbreitete sich wie ein Lauffeuer in jüdischen Kreisen, und der Angeklagte Haack genoß den Ruf, daß er auf Grund seiner Beziehungen die Möglichkeit habe, Juden von der Evakuierung freizubekommen."[841]

Seit Ende 1941 wandten sich mehrere Berliner Juden an Haack, der anbot, sich gegen Geld um Zurückstellungen von der Deportation zu bemühen. Einer der Hilfesuchenden gab bei der Zeugenvernehmung zu Protokoll, er hätte das Restgeld der von Haack verlangten Summe nicht gezahlt und den Kontakt zu Haack abgebrochen, weil er den Eindruck nicht los wurde, sich eventuell an einer Beamtenbestechung zu beteiligen „und dadurch sehr große Unannehmlichkeiten zu bekommen".[842] Vor der 1. Strafkammer des Berliner Landgerichts nutzte es Haack nichts, eine betrügerische Absicht zu bestreiten, indem er behauptete, die Verbindung zu Berliner Juden nur aufgenommen zu haben, um diese später der Gestapo zuzuführen. Auch seiner Einlassung, „er bereichere sich ‚nur' an Judengeld und dieses verdiene keinen Schutz", folgte das Gericht nicht: Das Verhalten Haacks wäre „umso verabscheuenswerter, als er sich nicht gescheut hat, Massnahmen, die im Staatsinteresse und damit im Interesse der Allgemeinheit gegen Juden getroffen werden müssen, in hässlicher Weise zu seinem eigenen Vorteil auszunutzen". Die vom Gericht verhängte „fühlbare Gefängnisstrafe" überlebte Bruno Haack nicht.[843]

840 LA Bln A Rep. 358-02 Nr. 5334 (2 P.K.Ms. 20/42, Bd. II, Bl. 68f., Stapo IV D1, Vernehmung August Dietrich, v. 16.6.42)

841 LA Bln A Rep. 358-02 Nr. 5334 (2 P.K.Ms. 20/42, Bd. II, Bl. 187ff., abgetrenntes Verfahren gegen Haack, Urteil v. 6.1.43).

842 LA Bln A Rep. 358-02 Nr. 5334 (2 P.K.Ms. 20/42, Bd. II, Bl. 133, Vernehmung des Zeugen Themal).

843 LA Bln A Rep. 358-02 Nr. 5334 (2 P.K.Ms. 20/42, Bd. II, Bl. 187ff., abgetrenntes Ver-

Das Verfahren gegen die des Betrugs beschuldigten Andreas Looser, Eugen Koke und Elisabeth Remmlinger vor derselben Strafkammer des Berliner Landgerichts endete am 8. Februar 1943 mit Freisprüchen.[844] Die Ermittlungen der Gestapo reichten zur Verurteilung der Angeklagten nicht aus. Die Zeugin Toni Scholze, die Andreas Looser des Betrugs beschuldigen sollte, führte die Ermittler in eine Sackgasse: Der Kontakt zu Looser wäre zufällig beim Hundespaziergang zustande gekommen – Geld hätte Looser für die Beschaffung eines Schweizer Visums von ihr weder verlangt noch erhalten.[845] Der Chemiker Jacob Grötzinger hatte im Oktober 1941 die Wohnungskündigung erhalten und erfuhr von einem Bekannten Eugen Kokes Telefonnummer. Diesem teilte er mit, er wäre gekündigt und müßte deshalb mit seiner Deportation rechnen. Koke war zu helfen bereit und verlangte 10.000 Reichsmark, die Grötzinger bezahlte. Koke ließ ihn bald darauf wissen, er wäre von der Deportation befreit. Zwar erhielt Grötzinger darüber keinen amtlichen Bescheid, erklärte den Stapo-Ermittlern Anfang Mai 1942 jedoch: „Da ich bis heute nun nicht evakuiert bin, müssen die Angaben des Koke, dass ich von der Evakuierung befreit sei, ja der Wahrheit entsprechen."[846] Vor Gericht bekräftigte Grötzinger, daß er sich weder betrogen noch geschädigt fühlte: Auch eine vorübergehende Zurückstellung von der Deportation war ihm 10.000 Reichsmark wert.[847]

Den Belastungszeugen gegen Elisabeth Remmlinger hatte die Gestapo Anfang Oktober 1942 aus Berlin deportiert. Aber Remmlinger hatte sich auch für Jacob Grötzinger engagiert. Ende Oktober 1941 hatte Eugen Koke den Kontakt zu Remmlinger aufgenommen, die selbst keine Möglichkeit sah, für Grötzinger zu intervenieren, aber den Makler Hans Mohr um Rat fragte. Mohr war bereit Grötzinger zu helfen, aber, so zitierte ihn Remmlinger, er könnte nur etwas machen, wenn gut bezahlt würde, und benötigte

---

fahren gegen Haack, Urteil v. 6.1.43). Bruno Haack verurteilte das Gericht zu 10 Monaten Haft unter Anrechnung von 6 Monaten Untersuchungshaft; Haack verstarb 48-jährig am 26.4.43 im Gefängnis Plötzensee.

844 LA Bln A Rep. 358-02 Nr. 5334 (2 P.K.Ms. 20/42, Bd. III, Bl. 42-46, Verfahren gegen Looser, Koke, Remmlinger, verbunden mit 3 P.K.Ms. 5/42, Verfahren gegen Remmlinger, Urteil v. 8.2.43). Der Mitangeklagte Dr. Ernst-Günter Diederich, Jurist und 39–41 tätig bei der Devisenstelle, Überwachungsabteilung für Devisenstrafrecht, verstarb im 49. Lebensjahr.

845 LA Bln A Rep. 358-02 Nr. 5334 (2 P.K.Ms. 20/42, Bd Ia, Bl. 32 (Stapo IV D1, Vernehmung Scholze, (u) Markart und Panknin, v. 4.5.42).

846 LA Bln A Rep. 358-02 Nr. 5334 (2 P.K.Ms. 20/42, Bd Ia, Bl. 28-31, 30 (Stapo IV D1, Vernehmung Grötzinger, (u) Markart und Panknin, v. 4.5.42).

847 LA Bln A Rep. 358-02 Nr. 5334 (2 P.K.Ms. 20/42, Bd III, Bl. 42-46, 46, Urteil v. 8.2.43).

das Kündigungsschreiben.[848] Remmlinger verständigte Koke, und Mohr holte am frühen Morgen des 4. November 1941 im Büro der Steuerberaterin die von Koke deponierten Unterlagen Grötzingers ab. Nur Stunden später kamen die Ermittler der Gestapo, durchsuchten Remmlingers Büro und nahmen sie in Haft, weil – wie geschildert – die Lufthansa sie wegen unlauteren Wettbewerbs angezeigt hatte. Am 20. November 1941 war Remmlinger wieder auf freiem Fuß, und bald darauf meldete sich Koke und erzählte, „die Sache Grötzinger sei durch Mohr bestens erledigt".[849]

Dem im Mai 1942 ermittelnden Kriminaloberassistenten Josef Markart gelang es bei Verhören und durch Gegenüberstellungen von Remmlinger und Koke wegen Grötzingers hoher Geldzahlung für seine Rückstellung von der Deportation nicht, den Verdacht der Bestechlichkeit gegen Dr. Phillipp Kozower, Vorstandsmitglied der Jüdischen Kultusvereinigung, oder Dr. Martha Mosse, die Leiterin der Wohnungsberatungsstelle, zu lenken. Kozower kannte beide Angeschuldigten nicht, Koke war auch Mosse unbekannt, und Remmlinger gab zu Protokoll, sie hielte Frau Dr. Mosse für unbestechlich. Außer Kozower und Mosse verhörte die Gestapo noch sechs Angestellte der Wohnungsberatungsstelle, die ihrerseits bestätigten, daß sie weder mit den Beschuldigten noch mit dem Makler Mohr über Zurückstellungen verhandelt hätten, geschweige denn in der Lage wären, solche vorzunehmen.[850]

Die Versuche der Berliner Gestapo, die Steuerberaterin Elisabeth Remmlinger des Betrugs zu überführen, weil sie Juden in Ausreiseangelegenheiten und bei Rettungsversuchen vor der Deportation unterstützte, scheiterten. Bis zu ihrem Freispruch am 8. Februar 1943 hatte Remmlinger insgesamt mehr als ein Jahr in Gestapo- und Untersuchungshaft eingesessen. Sie hatte mehrfach ratsuchende Juden an den Makler Hans Mohr vermittelt, von dem sie wußte, daß er – wie im November 1941 für Jacob Grötzinger – gegen Geld und dank seiner Beziehungen zur Behörde Speers bei der Gestapo Zurückstellungen von der Deportation zu erreichen vermochte.

Für Alfred Elias, der sie am 18. Dezember 1941 aufgesucht und ihr Dokumente zur Begründung seiner Freistellung von der Deportation übergeben hatte, konnte Remmlinger, als sie mit einer anderen Klientin am 20. Dezem-

---

848 LA Bln A Rep. 358-02 Nr. 5334 (2 P.K.Ms. 20/42, Bd. I, Bl. 83f., Stapo IV D1, Vernehmung Remmlinger, (u) Markart, v. 22.5.42).

849 LA Bln A Rep. 358-02 Nr. 5334 (2 P.K.Ms. 20/42, Bd. I, Bl. 208f., RA Morisse an LG Berlin, (u) Morisse, v. 9.9.42).

850 LA Bln A Rep. 358-02 Nr. 5334 (2 P.K.Ms. 20/42, Bd. I, Bl. 83-88, Stapo IV D1, Vernehmungen Koke, Remmlinger, Mosse, Kozower, Jacob Gartatowski, Walter Reichenheim, Siegmund Solender, Jan Feibusch und Dr. Franz Mirauer, (u) Markart, v. 22.5.42).

ber 1941 bei der Gestapo vorsprach, zunächst nichts erreichen. Sie informierte Elias, „dass der erste Versuch missglückt sei; sie wolle jetzt die Sache über das Speerbüro bearbeiten".[851] Mohr war wiederum zu helfen bereit. Remmlinger sollte sich von Elias 1.600 Reichsmark für die Zurückstellung geben lassen, wie sie Elias am 22. Dezember 1941 mitteilte. Remmlinger ahnte nicht, daß Elias, als er Remmlinger das Geld am 4. Januar 1941 übergab, bereits unter Beobachtung der Berliner Gestapo stand. Elias, der sich und seine Schwester Else Adler vor der Deportation retten wollte, ließ sich von Margarethe Strauß empfehlen, die Unterstützung von Betty Petuchowski und Werner Trzeciak in Anspruch zu nehmen. Das Ehepaar Strauß hatte die Kündigung seiner Wilmersdorfer Wohnung Bayerische Straße 7 unter dem Aktenzeichen „III B 299" zur selben Zeit wie Elias erhalten, war am 6. November 1941 in die Wohnungsberatungsstelle vorgeladen und anschließend von der Gestapo mit den Transportnummern 7.192 und 7.193 zur Deportation im Januar 1942 eingeteilt worden. Am 20. und 21. Dezember 1941 hatte Strauß erst mit Petuchowski, dann mit Trzeciak verhandelt. Das Ehepaar Strauß wurde zwar von der Deportation im Januar 1942 zurückgestellt, geriet aber unter Beobachtung der Gestapo. Elias und seine Schwester wohnten in der Wichmannstraße 10 in Tiergarten, die Wohnungskündigung erhielten sie unter der Nummer „III B Ti 342". Diese übermittelte Margarethe Strauß mit deren Transportnummern 6.805 und 6.806 an Trzeciak und arrangierte für Elias den Geldübergabetermin. An diesem 3. Januar 1942 inszenierte die Gestapo eine fingierte Geldübergabe, um Petuchowski und Trzeciak auf frischer Tat zu fassen.[852] Elias setzte nochmals auf Remmlingers Verbindungen, die ihn selbentags hatte wissen lassen, daß für ihn und seine Schwester 3.000 Reichsmark zu zahlen wären, davon, „weil sonst die Angelegenheit platzen könne"[853] 1.600 Reichsmark

851 LA Bln A Rep. 358-02 Nr. 5334 (2 P.K.Ms. 20/42, Bd. I zu 3 P.K.Ms. 5/42, Bl. 9f., Stapo IV D1, Vernehmung Elias, (u) Markart, v. 12.2.42).

852 LA Bln A Rep. 358-02 Nr. 5445 (3 P.K.Ms. 1/42, Verfahren gegen Petuchowski, Notizbuch des Trzeciak). Die Angaben stimmen überein mit denen in ebenda Nr. 6161 (3 P.K.Ms. 8/42, Verfahren gegen Wetzel und Schotte, Bl. 99ff. 98 Rs., Ausarbeitung Mosse, zu Heinrich und Margarethe Strauß, v. 19.8.42) und Nr. 5334 (2 P.K.Ms. 20/42, Bd. I zu 3 P.K.Ms. 5/42, Bl. 6, Abs. Liste des Mohr für Schmidt, GBI, sowie Bl. 36f., 36 Rs., Stapo IV D1, Schlußbericht, wonach die Stapo IV C3 die Einziehung des Vermögens von Elias und Adler bereits am 15.10.41 festgestellt hatte, (u) Panknin, v. 19.2.42). Trotz Zurückstellung von der Deportation mußten die Wohnungen geräumt werden: Strauß zogen 3/42 in die Brandenburgische Str. 38, Elias wurde am 15.4.42 Untermieter in der Meinekestr. 25, seine Schwester Adler 4/42 in der Treuchtlinger Str. 4, LA Bln A Rep. 092 Nr. 037506, 326, 8118.

853 LA Bln A Rep. 358-02 Nr. 5334 (2 P.K.Ms. 20/42, Bd. I zu 3 P.K.Ms. 5/42, Bl. 9f., Stapo IV D1, Vernehmung Elias, (u) Markart, v. 12.2.42).

sofort. Die Stapo-Ermittler hatten Trzeciaks Notizbuch sichergestellt, und so war es ein Leichtes, die Spur von Elias' Rettungsversuchen aufzunehmen, die auch zu Elisabeth Remmlinger und Hans Mohr führte.

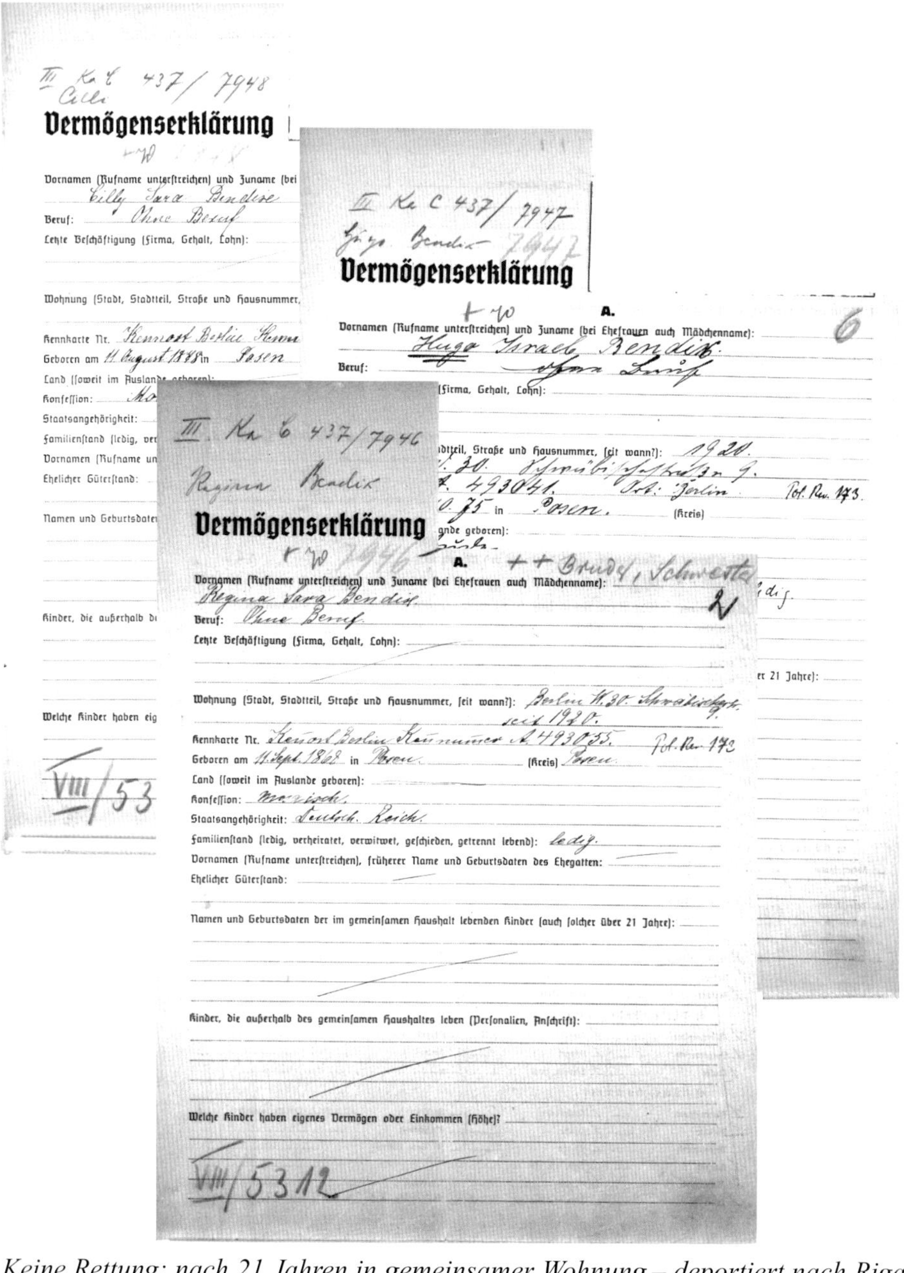

III Ka 6 437/7948
Cilli

Vermögenserklärung

Vornamen (Rufname unterstreichen) und Zuname (bei ... Cilly Sara Bendix
Beruf: Ohne Beruf
Geboren am 11. August 1888 in Posen

VIII/53

III Ka C 437/7947
Hugo Bendix

Vermögenserklärung

A. 6

Vornamen (Rufname unterstreichen) und Zuname (bei Ehefrauen auch Mädchenname): Hugo Israel Bendix
Beruf: ohne Beruf

III Ka 6 437/7946
Regina Bendix

Vermögenserklärung

A.

++ Bruder, Schwester

2

Vornamen (Rufname unterstreichen) und Zuname (bei Ehefrauen auch Mädchenname): Regina Sara Bendix
Beruf: Ohne Beruf
Letzte Beschäftigung (Firma, Gehalt, Lohn):
Wohnung (Stadt, Stadtteil, Straße und Hausnummer, seit wann?): Berlin W. 30. Schwäbischestr. 9. seit 1920.
Kennkarte Nr. Kennort Berlin Kennummer A. 493055. Pol. Rev. 173
Geboren am 11. Sept. 1862 in Posen (Kreis) Posen
Land (soweit im Auslande geboren):
Konfession: mosaisch
Staatsangehörigkeit: Deutsches Reich
Familienstand (ledig, verheiratet, verwitwet, geschieden, getrennt lebend): ledig
Vornamen (Rufname unterstreichen), früherer Name und Geburtsdaten des Ehegatten:
Ehelicher Güterstand:
Namen und Geburtsdaten der im gemeinsamen Haushalt lebenden Kinder (auch solcher über 21 Jahre):
Kinder, die außerhalb des gemeinsamen Haushaltes leben (Personalien, Anschrift):
Welche Kinder haben eigenes Vermögen oder Einkommen (Höhe)?

VIII/5312

Keine Rettung: nach 21 Jahren in gemeinsamer Wohnung – deportiert nach Riga

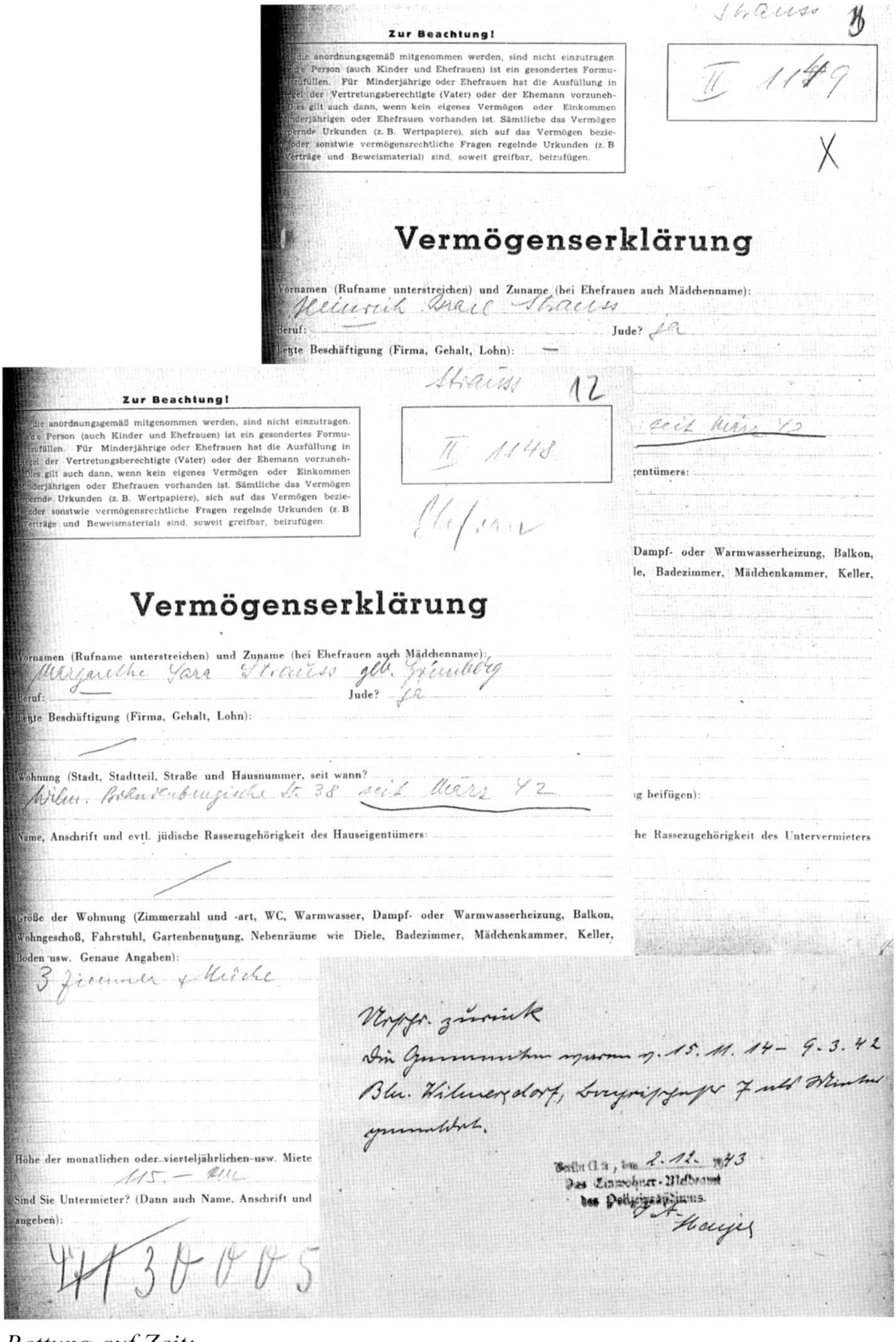

Strauss 13

II 1149

X

Zur Beachtung!

...die anordnungsgemäß mitgenommen werden, sind nicht einzutragen. ...de Person (auch Kinder und Ehefrauen) ist ein gesondertes Formu... ...zufüllen. Für Minderjährige oder Ehefrauen hat die Ausfüllung in ...gel der Vertretungsberechtigte (Vater) oder der Ehemann vorzuneh... ...Dies gilt auch dann, wenn kein eigenes Vermögen oder Einkommen ...inderjährigen oder Ehefrauen vorhanden ist. Sämtliche das Vermögen ...ernde Urkunden (z. B. Wertpapiere), sich auf das Vermögen bezie... ...oder sonstwie vermögensrechtliche Fragen regelnde Urkunden (z. B. ...Verträge und Beweismaterial) sind, soweit greifbar, beizufügen.

Vermögenserklärung

...ornamen (Rufname unterstreichen) und Zuname (bei Ehefrauen auch Mädchenname): Heinrich Israel Strauss

Beruf: — Jude? ja

Letzte Beschäftigung (Firma, Gehalt, Lohn): —

Strauss 12

II 1148

Ehefrau

Zur Beachtung!

...die anordnungsgemäß mitgenommen werden, sind nicht einzutragen. ...de Person (auch Kinder und Ehefrauen) ist ein gesondertes Formu... ...zufüllen. Für Minderjährige oder Ehefrauen hat die Ausfüllung in ...egel der Vertretungsberechtigte (Vater) oder der Ehemann vorzuneh... ...Dies gilt auch dann, wenn kein eigenes Vermögen oder Einkommen ...inderjährigen oder Ehefrauen vorhanden ist. Sämtliche das Vermögen ...ernde Urkunden (z. B. Wertpapiere), sich auf das Vermögen bezie... ...oder sonstwie vermögensrechtliche Fragen regelnde Urkunden (z. B. ...Verträge und Beweismaterial) sind, soweit greifbar, beizufügen.

Vermögenserklärung

...ornamen (Rufname unterstreichen) und Zuname (bei Ehefrauen auch Mädchenname): Margarethe Sara Strauss geb. Grünberg

Beruf: — Jude? ja

Letzte Beschäftigung (Firma, Gehalt, Lohn): —

Wohnung (Stadt, Stadtteil, Straße und Hausnummer, seit wann? Wilm. Brandenburgische Str. 38 seit März 42

Name, Anschrift und evtl. jüdische Rassezugehörigkeit des Hauseigentümers: —

Größe der Wohnung (Zimmerzahl und -art, WC, Warmwasser, Dampf- oder Warmwasserheizung, Balkon, Wohngeschoß, Fahrstuhl, Gartenbenutzung, Nebenräume wie Diele, Badezimmer, Mädchenkammer, Keller, Boden usw. Genaue Angaben): 3 Zimmer + Küche

Höhe der monatlichen oder vierteljährlichen usw. Miete 115.– RM

Sind Sie Untermieter? (Dann auch Name, Anschrift und ...angeben):

...ng beifügen):

...he Rassezugehörigkeit des Untervermieters

Verpfl. zurück

Die Genannten waren v. 15. 11. 14 – 9. 3. 42 Bln. Wilmersdorf, ... 7 als Mieter gemeldet.

Berlin C 2, den 2. 12. 1943
Das Einwohner-Meldeamt des Polizeipräsidiums.
I. A. Mayer

41 30 0 0 5

Rettung auf Zeit:
ein Jahr nach gelungenem Wohnungswechsel – deportiert nach Auschwitz

Wie zugesagt setzte Hans Mohr am 7. Januar 1942 auch für Alfred Elias und seine Schwester die Daten zu Wohnungskündigung und Deportation auf die Liste, die er beim GBI Otto Schmidt übergab, der diese offiziell beim Leiter des Referats IV D1 der Berliner Gestapo in der Burgstraße 28 einreichte.[854] Kriminalobersekretär Franz Prüfer wurde diesmal mißtrauisch und fragte am 15. Januar 1942 bei Otto Schmidt zurück, ob alle Genannten wirklich Hauseigentümer wären, ob nicht auch Kunden der Remmlinger darunter wären. So jedenfalls erfuhr es Remmlinger von Mohr, den Schmidt sofort verständigte. Schmidt und Remmlinger kannten sich nicht. Mohr fuhr unverzüglich zu Remmlinger und mit ihr in die Wohnung seiner Sekretärin, von wo aus Mohr nochmals mit Otto Schmidt telefonierte. Schmidt hatte sich für 18 Uhr selbigen Tags mit Prüfer verabredet und versprach Mohr, alles klarzumachen. Gemeinsam fuhren Mohr und Remmlinger dann zu Alfred Elias. Sie trafen ihn zu Hause nicht an, hinterließen ihm aber die Warnung, sich in nächster Zeit keinesfalls bei Remmlinger sehen zu lassen. Mohr und Remmlinger vereinbarten Stillschweigen über die bisher von Elias für seine Zurückstellung von der Deportation gezahlten 1.600 Reichsmark.

Nach dem Treffen von Otto Schmidt und Franz Prüfer am Abend des 15. Januar 1942 bestellte Prüfer den Makler Mohr für 11 Uhr am folgenden Vormittag in die Burgstraße 28. Mohr eilte noch am frühen Morgen des 16. Januar zu Remmlinger, die sich, ihre Wohnung vorsichtshalber meidend, bei einer gemeinsamen Bekannten aufhielt. Mohr und Remmlinger sprachen sich ab. Sich „lieber in Stücke reißen lassen, als jemanden verraten", soll Hans Mohr gesagt haben, bevor er sich mit den Worten verabschiedete: „Nun gehe ich in die Löwenhöhle". Elisabeth Remmlinger setzte sich noch am Abend für ein, zwei Wochen aus Berlin ab. Nach ihrer Rückkehr versicherte Mohr ihr, alles erledigt und die Sache auch für sie aus der Welt geschafft zu haben. Er hätte mit Prüfer in freundschaftlichster Weise verhandelt. Es hätte viel Geld gekostet; von 25.000 Reichsmark soll die Rede gewesen sein, was Mohr mit den Worten kommentiert hätte, „dies war ein großes Verlustgeschäft".

Alle zur Deportation im Januar 1942 eingeteilten Berliner Juden, die Mohr auf die von Otto Schmidt namens des GBI der Stapoleitstelle vorgelegte Liste gesetzt hatte, waren Anfang Februar noch in Berlin. Sie waren mit Mohrs Hilfe über den GBI zurückgestellt worden. Elisabeth Remmlinger forderte von Alfred Elias die restlichen 1.400 Reichsmark. Elias handelte um Ratenzahlungen, wollte auch seine zweite Schwester von der Deportation zurückgestellt haben und meldete sich am 9. Februar 1942 bei Remmlinger zur Übergabe

854 LA Bln A Rep. 358-02 Nr. 5334 (2 P.K.Ms. 20/42, Bd. I zu 3 P.K.Ms. 5/42, Bl. 2-6, Stapo IV D1, Vernehmung Mohr, (u) Stamm und Panknin, v. 16.1.42; Bl. 55-59, RA Fleiss i.V. von Mohr, an 14. Strafkammer LG Berlin, v. 16.4.42).

6

A b s c h r i f t .

Neustadt	Neue Kant Str. 3	III.Ka.Ch 242 6118/19
Schreyer	" " " "	" " " 6116
Winterfeldt	Mendelssohn Str. 56	III.KA.c.Wi 704
Segall	Reichs Str. 5	III. Ka.c.Ch. 238
Schwarzstein	Sybel Str. 68	III. Ka.c.Ch. 706
Elkan Joelsohn	" " "	III.Ka.c.Ch. 406
Lindenau	Helmstädter Str. 10	III.Ka.c. Wi . 190
Adler	Schwäbische Str. 28n	III.Ka.Schg. 439
Lewy	Olivaer Pl. 3	III.Ka.c.Wi. 699
Seeler	Mommsenstr. 53	III.Ka.Ch.209 IV.84
Meier	Ranke Str. 28	III.Ka.c.Ch.231.8579/80
Cohn	Wittelsbacher Str.	III.Ka.c.Wi. 699.8940
Behrends	" "	III.Ka.c.Wi.699.8941
Honig	Nürnberger Platz 3	III.Ka.c.Wi 397.6733/34
Adler	Eichhorn Str 10	III.B.Ti. 342/6805
Elias	Eichhornstr. 10	III.B.Ti. 342/6806
X Lewineck	Berliner Str. 103 Pkw.,	III.Ka.18 7062
Leoni	Geniststr. 8	III.Ka.C.41 7893
Ascher	Rombergstr.8	III.Ka.C.Tf.17
Geschw. Schwinke	Berliner Str. 35	III.Ka.C.Tf. 17
Ohlhausen	Rombergstr. 65	Z. 4700. 6243
Königsberger	Wilmersdorfer Str. 37	A. 6 1250
Cohn	Speichernstr. 11/12	Z. 663
Danziger	Reichenhaller Str. 58	A.6, 1030 7845
Fränkel	Bayerische Str. 4	A.14 2406 7560
Seeliger	Linden Allee 25	E. 258
X Hanau u. Ang.	Delbrückstr. 19	D. 1913
Biberfeld	Motzstr. 13	E. 16
Singer	Mommsenstr. 22	E, 264
Walser	Dahlmannstr. 28	Z. 106 60 2
Behr	Thorwaldsenstr. 13	A.15 2676 8153
Goldschmidt	Droysenstr. 18	A.V. 875 1732

Aussicht auf Rettung:
Korrektur des Räumauftrags an die Gestapo – eingereicht vom „Büro Speer"

weiterer 500 Reichsmark an. Im Anschluß an den vereinbarten Termin am 11. Februar 1942, 15 Uhr, verhaftete die Gestapo Elisabeth Remmlinger in ihrem Büro in der Gewißheit, sie des Betrugs überführen zu können.

Remmlinger legte ihre vorstehend wiedergegebene Sicht der Ereignisse am 20. April 1942 für die Ermittlungsbehörden schriftlich nieder, nachdem die Ermittler sie wegen einer anonym zu Protokoll genommenen, anschaulich und variantenreich geschilderten Denunzierung bereits verhört hatten. Eine Mitgefangene hatte kolportiert, Remmlinger hielte die Gestapo für käuflich. Noch im Verhör am 15. April 1942 hatte Remmlinger alle ihr unterstellten Angriffe gegen die Gestapo entkräftet.[855] Den wegen lebensgefährdenden Krebsleidens von der Haft verschonten Hans Mohr suchten die Ermittler des Referats IV D1 zu Hause auf und ließen ihn mit dieser weiteren Vernehmung am 16. April 1942 jedweden Verdacht der Korrumpierbarkeit der Berliner Stapoleitstelle ausräumen. Seine Tätigkeit wäre mit keinerlei Geldzahlungen verbunden gewesen, was bis auf eine Zeugin auch alle auf Mohrs Betreiben über den GBI von der Deportation zurückgestellten Wohnungsmieter und Hauseigentümer der Gestapo im Verhör bestätigt hatten. Otto Schmidt hätte als Abteilungsleiter des GBI gutgläubig gehandelt, als er Mohrs Liste der Stapoleitstelle übergab. „Beamte zu bestechen oder den Versuch nur zu machen", hielt der Makler Mohr für unter seiner Würde. Mohr bestätigte den Inhalt seiner früheren Vernehmungen am 16. Januar und 18. Februar 1942, in denen er bereits jedwedem Bestechungsverdacht vorgebeugt hatte.[856]

Den Makler Hans Mohr hatte seit dessen Haftentlassung am 20. Februar 1942 auch Obermagistratsrat Werner Pohl, der Leiter der Hauptabteilung Umsiedlung des GBI, vernommen: wegen der Umschreibung von Mietberechtigungsscheinen und der eigenmächtigen Veranlassung von Wohnungsräumungen zugunsten der Familienangehörigen und des Hauswarts des Hauseigentümers, dessen Grundstück Mohr für das Luftgaukommando III erwerben sollte. Pohl hatte Mohr das Protokoll der Vernehmung wegen vermeintlicher Verdunklungsgefahr nicht mehr zur Unterschrift vorgelegt, hielt eine Strafanzeige gegen Mohr wegen Betrugs für dringend geboten und merkte an, Mohr hätte bei der Vernehmung am 10. März 1942 vorgegeben, schwer krank zu sein.[857] Mohr verstarb sechsundfünfzigjährig am 22. April 1942.[858]

855 LA Bln A Rep. 358-02 Nr. 5334 (2 P.K.Ms. 20/42, Bd. I zu 3 P.K.Ms. 5/42, Bl. 66-82, 68-71, Stapo IV D1, Vernehmung Remmlinger, (u) Panknin und Markart, v. 15.4.42).

856 LA Bln A Rep. 358-02 Nr. 5334 (2 P.K.Ms. 20/42, Bd. I zu 3 P.K.Ms. 5/42, Bl. 73f., Stapo IV D1, Vernehmung Mohr, (u) Panknin und Markart, v. 16.4.42).

857 LA Bln Rep. 58 Acc. 4005 (6 P.Js. 799/42, Bl. 25, Aussage Mohr v. 10.3.42, Vermerk (u) Hans Pohl v. 20.3.42). BAK R 120 Nr. 3906 (Akte „Mißbrauch von Judenwohnungen", GBI, Hans Pohl, Zwischenbericht v. 29.4.42).

Als Remmlinger am 20. April 1942 ihre Darstellung zu Papier brachte, führte sie alle ihr bekanntgewordenen Indizien für die Bestechlichkeit von Beamten der Berliner Stapoleitstelle in das staatsanwaltschaftliche Ermittlungsverfahren ein. Sie wollte auch nicht unerwähnt lassen, „daß Herr Mohr, als er sich die 1.600,– abholte, sehr viel Geld bei sich hatte und es bei mir auf dem Schreibtisch in je 1.000,– bündelte, alsdann verteilte er das Geld auf seine sämtlichen Taschen und sagte, daß er dasselbe nicht für sich behalten könnte". Als Begleitschreiben hatte sie einen zweiten Brief in höflichster Form persönlich an Herrn Panknin, einen der Ermittler des Staporeferats IV D1, gerichtet – mit Hinweisen, wie die gegen die Berliner Gestapo kolportierten Vorwürfe durch Vernehmungen anderer Mithäftlinge vollends auszuräumen wären. Remmlingers Aufzeichnung vom 20. April 1942 landete schließlich bei den staatsanwaltschaftlichen Ermittlungsakten, bricht allerdings am Ende des 16. Blatts mitten im Satz ab.[859] Die Berliner Gestapo lieferte die unbequeme Angeschuldigte in das Arbeitserziehungslager Rhinow ein. Am 18. Mai 1942 kehrte Elisabeth Remmlinger, schwer erkrankt und mit einem Körpergewicht von 78 Pfund, in das Berliner Polizeigefängnis zurück.[860]

In dem am 8. Juni 1942 gegen Elisabeth Remmlinger wegen Betrugs eröffneten Hauptverfahren platzte die erste Hauptverhandlung am 18. Juni 1942, weil der einzige Belastungszeuge, Alfred Elias, inzwischen Untermieter unter anderer Anschrift, nicht ordnungsgemäß geladen worden war. Zur nächsten Hauptverhandlung legte Remmlingers Anwalt einen Schriftsatz vor, der den Betrugsvorwurf entkräftete. In Übereinstimmung mit den Gestapoprotokollen der Vernehmungen des Elias und den Feststellungen der Staatsanwaltschaft in der Anklageschrift vom 23. März 1942 wies der Anwalt darauf hin, daß Remmlinger nach ihrer fehlgeschlagenen Vorsprache bei der Gestapo am 20. Dezember 1941 Elias mitgeteilt hätte, „sie wolle die Angelegenheit nunmehr über das Büro Speer bearbeiten lassen". Erst nach Rücksprache mit Mohr hätte sie Elias zwei Tage später die Höhe des

858 LA Bln A Rep. 358-02 Nr. 5334 (2 P.K.Ms. 20/42, Bd. I zu 3 P.K.Ms. 5/42, Bl. 63, Standesamt Berlin-Steglitz, Sterbeurkunde 566/1942 Mohr, v. 6.5.42).

859 LA Bln A Rep. 358-02 Nr. 5334 (2 P.K.Ms. 20/42, Bd. I, Bl. 64, Umschlag, Vermerk „Inhalt: div. Schreiben der Remmlinger" (u) Markart, darin Remmlinger an Panknin, o.D., (u) Remmlinger; Remmlinger an Gestapo, Burgstraße 28, 1.–16. Bl. vorhanden, nicht (u), Vermerk 16. Bl. u. re., hs., Kopierstift blau „wenden!", Vermerk desgl. 16. Bl. Rs., „Vorstehende Schilderung wurde dem Unterzeichneten am 25.4.42 von der Remmlinger übergeben." (u) Panknin, v. 20.4.42).

860 LA Bln A Rep. 358-02 Nr. 5334 (2 P.K.Ms. 20/42, Bd. II, Bl. 45-56, Antrag auf Haftunterbrechung bzw. Haftentlassung, hilfsweise als Haftbeschwerde, (u) Remmlinger, v. 5.10.42).

geforderten Honorars genannt. Remmlinger hätte immer nur Mohrs Äußerungen an Elias weitergeleitet. Die von Elias am 4. Januar 1942 gezahlten 1.600 Reichsmark hätte Mohr selbst abgeholt. „Sie hatte aber, als die Gestapo von den Unkorrektheiten bei der Zurückstellung von Juden über das Büro Speer erfahren hatte, Mohr ihr Ehrenwort gegeben, sie werde niemals sagen, daß er die RM 1.600,– erhalten habe.“ Da die Gestapo Alfred Elias von der Deportation zurückstellte, wäre „nicht Elias getäuscht worden, sondern das Büro Speer und die Gestapo. Diese Täuschung hat aber nicht die Angeklagte sondern Mohr verübt. Schließlich fehlt auch die Identität zwischen der getäuschten Person (Speer bzw. die Gestapo) und der verfügenden Person (Elias).“ Der Sachverhalt erfüllte insofern nicht den Tatbestand des Betrugs: Elisabeth Remmlinger müßte freigesprochen werden.[861] Die Hauptverhandlung am 6. August 1942 erschöpfte sich in der Ankündigung der 14. Strafkammer, der 1. Strafkammer des Berliner Landgerichts vorzuschlagen, das Verfahren gegen Remmlinger mit dem anderen gegen sie, Looser, Koke und Haack zu verbinden.[862]

Remmlingers Anwalt begegnete der richterlichen Verschleppung des Verfahrens und ging im Vorgriff auf die Verbindung beider Verfahren in die Offensive. Am 22. August 1942 beantragte er, weitere Zeugen zu hören: Sekretärinnen, Wirtschafterinnen sowie gemeinsame Bekannte von Mohr und Remmlinger und alle auf der Liste von Mohr Anfang Januar 1942 genannten Juden, „soweit diese noch nicht evakuiert worden sind“. Außerdem sollten die Vermögensverhältnisse des verstorbenen Maklers Mohr geprüft und die Auskunft des Finanzamts mit den tatsächlich vorhandenen Einrichtungsgegenständen im Haushalt der Witwe verglichen werden. Von der Stapoleitstelle, Abteilung IV, Burgstraße 28, beantragte der Anwalt Auskunft über den vorgesehenen „Evakuierungstag“ und warum Alfred Elias zurückgestellt wurde. Auch sollten beide Ermittler des Referats IV D1 der Berliner Gestapo, Ernst Panknin und Josef Markart, vor Gericht vernommen werden. „Ferner bitte ich als Zeugen zu laden Herrn Schmidt (Wohnungs-Schmidt) von der Dienststelle Speer, Berlinerstr. 9–15. Mit dem Zeugen Schmidt hat Mohr die Frage der Zurückstellung stets besprochen. Er muß bekunden können, dass Mohr vor Einreichung der Liste mit den 33 zurückgestellten Juden die Angelegenheit mit ihm besprochen hat. Er wird auch Auskunft darüber geben können, wann dies geschehen ist und wann Mohr ihm die Liste zur Unterschrift vorgelegt hat, bevor er sie an die Gestapo

861 LA Bln A Rep. 358-02 Nr. 5334 (2 P.K.Ms. 20/42, Bd. I zu 3 P.K.Ms. 5/42, Bl. 136-139, RA Morisse v. 4.8.42).

862 LA Bln A Rep. 358-02 Nr. 5334 (2 P.K.Ms. 20/42, Bd. I zu 3 P.K.Ms. 5/42, Bl. 101f., Sitzungsprotokoll v. 6.8.42).

weitergeleitet hat. Ebenso ist seine Vernehmung darüber erforderlich, welche Kompetenzen Mohr hatte und ob regelmässig die von ihm auf die Liste gesetzten Juden zurückgestellt wurden."[863]

Keine drei Tage später hatte der GBI ohne jedweden prozessualen Anlaß seine hausinternen Ermittlungen gegen Otto Schmidt wiederaufgenommen. Am 25. August 1942 begab sich der Leiter der Rechtsabteilung, Dr. Hans Neikes, eigens zur Staatsanwaltschaft beim Landgericht Berlin und ließ sich die Ermittlungsakten des Verfahrens aushändigen, das Vizepräsident Willi Clahes namens des GBI erst zwei Monate zuvor mit der Betrugsanzeige gegen einen Gehilfen des verstorbenen Maklers Hans Mohr angestoßen hatte.[864] Am 17. September 1942 beugte sich Otto Schmidt, Mohrs Vertrauensperson, dem Druck seiner Vorgesetzten und bat um Entlassung.[865] Mit seinem hausinternen Schlußbericht vom 29. September 1942, zwar umfänglich, aber ohne neue Erkenntnisse über Dienstpflichtwidrigkeiten Schmidts, legte Neikes den Vorgang „Mißbrauch von Judenwohnungen" beim GBI ad acta: „Es ist dringend erwünscht, daß hierüber schnell der Schleier der Vergessenheit gebreitet wird."[866] Am 2. Oktober 1942 retournierte Neikes die ihm „freundlichst überlassene Ermittlungsakte mit verbindlichstem Dank" und schlug dem bearbeitenden Staatsanwalt im Einvernehmen mit Clahes und namens des GBI vor, das ganze Verfahren einzustellen. Die Staatsanwaltschaft zögerte nicht, dem Wunsch der Speer-Behörde zu folgen.[867]

Erst nach der Entscheidung des GBI, bei der Staatsanwaltschaft nicht weiter ins Gerede zu geraten, beraumte die 1. Strafkammer des Berliner Landgerichts die Hauptverhandlung im Strafverfahren gegen Looser, Koke, Haack und Remmlinger an.[868] Die 14. Strafkammer wartete die Zusammen-

---

863 LA Bln A Rep. 358-02 Nr. 5334 (2 P.K.Ms. 20/42, Bd. Ia Bl. 189-192, RA Morisse, bezugnehmend auf Schriftsatz v. 4.8.42 zu 3 P.K.Ms. 5/42, v. 22.8.42).

864 LA Bln Rep. 58 Acc. 4005 (6 P.Js. 799/42, Bl. 33f., Vermerk Vorsprache Dr. Neikes und Aushändigung der Akten, (u) StA Rehkopf, v. 25.8.42; Bl. 1-4, GBI, i.V. (u) Clahes, an StA beim LG Berlin, Strafanzeige, eing. 29.6.42, v. 25.6.42).

865 BAK R 120 Nr. 3906 (Protokoll, GBI, Rabt., II/3-80/5 Dr.N/Jk., (u) Otto Schmidt, Dr. Neikes, Dr. Berndorff, v. 29.9.42).

866 BAK R 120 Nr. 3906 (Schlußbericht, GBI, Rabt., II/3-80/5 Dr.N/Jk., 37 S., Schlußsatz, (u) Dr. Neikes, v. 29.9.42).

867 LA Bln Rep. 58 Acc. 4005 (6 P.Js 799/42, Bl. 35, GBI, Dr. Neikes, an GStA, z.Hd. StA Rehkopf, Rückgabe der Akten nebst Auszug Schlußbericht v. 29.9.42, v. 2.10.42). BAK R 120 Nr. 3906 (GStA LG Berlin als Leiter der Anklagebehörde bei dem Sondergericht an GBI, betr. Verfahrenseinstellung gemäß dortigem Antrag v. 2.10.42, (u) StA Rehkopf, v. 31.10.42).

868 LA Bln A Rep. 358-02 Nr. 5334 (2 P.K.Ms. 20/42, Bd. II, Bl. 15, Ladung zur Hauptverhandlung am 23.10.43, v. 5.10.42).

legung der Verfahren ab, obwohl sie am 12. Oktober durch telefonische Rückfrage in der Burgstraße in Erfahrung gebracht hatte, daß Alfred Elias, der einzige mögliche Zeuge der Anklage gegen Elisabeth Remmlinger, am 3. Oktober 1942 von der Stapoleitstelle deportiert worden war.[869] Otto Schmidt gab als Zeuge am 26. Oktober 1942 eine Abschrift des im Jahr 1942 noch gebräuchlichen Schreibens der Jüdischen Kultusvereinigung zu den Gerichtsakten, mit dem Berliner Juden die Nachricht der Wohnungskündigung erhielten und zwecks Deportationserfassung in die Wohnungsberatungsstelle vorgeladen wurden.[870] Die Sitzungsprotokolle der Hauptverhandlungen am 26. Oktober und 16. November 1942 und am 8. Februar 1943 geben über den Inhalt von Zeugenvernehmungen und Einlassungen anderer Prozeßbeteiligter keine Auskunft.

In dem Strafverfahren drohte neben der Tätigkeit des Maklers Mohr nun auch das Verhältnis zwischen GBI und Gestapo erörtert zu werden, und zwar im Zusammenhang mit den Massendeportationen und den Rettungsversuchen Berliner Juden, wobei deren Helfer als Betrüger verurteilt und die Kriminalbeamten, die sich gewinnen ließen, einzelne Juden vor der bevorstehenden Deportation zu schützen, als bestechlich abgestempelt werden sollten. Weder Speers Behörde noch die Staatspolizeileitstelle wollte die Umstände möglicher Bestechlichkeit vor Gericht detailliert erörtert sehen. Die Entscheidung, sich von allen Mitarbeitern zu trennen, auf die der Verdacht der Käuflichkeit hätte gelenkt werden können oder die als Mitwisser unbequem waren, hatten beide Behörden vor Prozeßbeginn getroffen. Je auf ihre Weise hatten sich der GBI und die Stapoleitstelle derer entledigt, die sich anstiften ließen, in Einzelfällen zum Schutz der Existenz von Juden in Berlin zu handeln. Den Vermerk zur Vorsprache des Ermittlers der Sonderkommission der Sicherheitspolizei und des SD am 20. Januar 1943, der Otto Schmidt vorwarf, er hätte versucht, im Namen des GBI Berliner Juden vor der Deportation zu schützen, ließ Neikes in der Akte „Mißbrauch von Judenwohnungen“ verschwinden, nachdem das Berliner Landgericht alle Strafverfahren beendet hatte, die den Ruf des GBI

869 LA Bln A Rep. 358-02 Nr. 5334 (2 P.K.Ms. 20/42, Bd. I zu 3 P.K.Ms. 5/42, Bl. 139 Rs., hs. Vermerk v. 12.10.42). Die Beratung über die Verbindung der Strafverfahren vor der 1. und der 14. Strafkammer sollte am 26.10.42 stattfinden.

870 LA Bln A Rep. 358-02 Nr. 5334 (2 P.K.Ms. 20/42, Bd. II, Bl. 96, Umschlag, darin Abs. ms., DIN A 5 quer, Benachrichtigungsschreiben der JKV). Der Text des Schreibens ist gegenüber dem 1941 noch verwendeten Formular in 2 Punkten verändert: Erstens hatten statt der Untermieter die im gemeinsamen Haushalt lebenden Eltern oder Kinder zum Termin in der WbSt zu erscheinen, zweitens waren alle Hinweise auf eine neu aufzunehmende Vermögenserklärung und die dafür mitzubringenden Unterlagen entfallen.

tangierten.[871] Für GBI und Stapoleitstelle war die strafrechtliche Ahndung nicht mehr von Interesse. Im Verfahren der Erfassung von Berliner Juden zur Deportation wurde Ende Oktober 1942 die letzte Lücke geschlossen, um etwaige Interventionen Unbefugter zugunsten der von Deportation bedrohten Berliner Juden zu verhindern. Eine vorherige Benachrichtigung über die Wohnungskündigung, Vorbote der drohenden Deportation, wurde Berliner Juden nicht mehr zugesandt.

Die Protokolle der Verhöre von Zeugen und Beschuldigten in den Verfahrensakten der Berliner Staatsanwaltschaft bestätigen, daß die Wohnungsräumungen der „III. Aktion" des GBI gegen Berliner Juden und deren Deportation seit Mitte Oktober 1941 zwei Aspekte eines Vorgangs waren. Mit den Wohnungskündigungen der „III. Aktion" gab der GBI der Gestapo vor, welche Wohnungen Berliner Juden binnen kurzem durch Deportation zu räumen waren. Die Berliner Gestapo stellte in eigenem Ermessen Regeln für Zurückstellungen von der Deportation auf, weil das Erfassungsverfahren an seinem Anfang durch die Wohnungskündigungen des GBI keiner sicherheitspolizeilichen Vorstellung von der zu deportierenden Gruppe Berliner Juden entsprach. Zurückstellungen regelte die Gestapo erst, nachdem die personelle Erfassung aller Juden, die die zu räumenden Wohnungen bewohnten, abgeschlossen war. Die Jüdische Kultusvereinigung, die Zwangsarbeiter reklamierenden Betriebe und die Arbeitsverwaltung beeinflußten die Rückstellungspraxis ebenso wie die von Berliner Juden zu ihrer Rettung vor der Deportation mobilisierten privaten Helfer.

Ende Juli 1942 geriet die Rückstellungspraxis der Berliner Gestapo ins Zwielicht, was der Hinweis des Kriminalsekretärs Walter Dobberke belegt, der im Referat IV D1 bald den Platz seines Vorgesetzten Prüfer einnehmen würde, „daß auf Basis der bestehenden Kriterien nicht mehr als 300 Juden für die beiden Transporte aufgetrieben werden könnten", die für Mitte und Ende August geplant wären. Am 9. September 1942 wiederholte Dobberke seine Einschätzung, „daß das Material sowohl für die Alterstransporte wie für die Osttransporte jetzt sehr knapp geworden" wäre.[872] Tatsächlich riß die dichte Folge der Deportationen aus Berlin bis Ende Oktober 1942 nicht ab.[873]

871 BAK R 120 Nr. 3906 (Aktenvermerk, GBI, Rabt., II/3-80/5 Dr.N/Jk., (u) Dr. Neikes, Rücksprache Clahes am 20.1.43, Telefonat Dr. Wernecke am 21.1.43, v. 25.2.43).

872 Raul Hilberg, Die Vernichtung der europäischen Juden. Die Gesamtgeschichte des Holocaust, Berlin 1982, S. 324f. (Aufzeichnung JKV, Philipp Kozower, v. 29.7.42 bzw. v. 9.9.42, Leo Baeck Institute, Mikrofilm, Rolle 66).

873 Der 18. Otp. verließ Berlin am 15.8.42 mit 1.004, der 19. Otp. am 5.9.42 mit 790 Deportierten nach Riga. Die Deportationen nach Theresienstadt, sogenannte Alterstransporte, fanden mit dem 35. – 67. Atp. mit jeweils 100, der 58. mit 101, der 62. mit 103 Deportierten auch im August und September 1942 in ungebrochener Folge täglich

Doch immer mehr Juden in Berlin entzogen sich der Deportation: „Im September nahmen sich in Berlin 250 Juden das Leben.“[874]

Die Rückstellungspraxis der Berliner Gestapo verminderte die Deportationen nicht. Die Kriterien, nach denen Juden zur Deportation zu erfassen waren, welche Gruppen direkt in die Ghettos, Konzentrations- und Vernichtungslager deportiert wurden und welche den Weg nach Auschwitz über das Ghetto Theresienstadt antraten, standen seit Ende Januar 1942 reichsweit fest. Aber im Sommer 1942 hatte die Berliner Gestapo ihre Ermittlungen gegen diejenigen, die im Auftrag von Berliner Juden beim GBI und bei der Gestapo interveniert hatten, so weit getrieben, daß – angestoßen durch Einzelheiten der Ermittlungen mehr als durch deren Ergebnisse – im Berliner Landgericht unter den Staatsanwälten und den Richtern mehrerer Strafkammern, im Gaurechtsamt unter den Anwälten, beim GBI und in der Staatspolizeileitstelle unvermeidlich die Frage im Raum stand, wer als Letzter die von Juden für ihre Rettung vor der Deportation aufgebrachten Gelder angenommen hatte. Die Rückstellungspraxis wurde innerhalb der Stapoleitstelle ins Gerede gebracht, weil das Erfassungsverfahren zur Deportation so umgestellt werden sollte, daß es für Versuche von Juden, sich vor der Deportation zu retten, wie die 1942 im Berliner Kriminalsystem vertuschten, keine Lücke mehr lassen würde.

Gestapobeamte, die im Verdacht standen, mit sich um die Rettung einzelner Juden handeln zu lassen, oder die von solchem Verdacht gegen ihre Vorgesetzten Kenntnis hatten, hielt die Leitung der Berliner Staatspolizeileitstelle für ungeeignet, die noch ausstehenden Deportationen der Berliner Juden durchzusetzen. Bei der als Belegschaftsappell am 19. Oktober 1942 angekündigten „Gemeinde-Aktion“ führten Eichmanns Mitarbeiter Rolf Günther und Fritz Woehrn aus dem Reichssicherheitshauptamt das Kommando. Seit dem frühen Morgen des 20. Oktober 1942 selektierten sie in stundenlangem Appell im Repräsentantensaal der Jüdischen Gemeinde in der Oranienburgerstraße mehr als 500 Angestellte zur Deportation.[875] „Eine

---

montags bis freitags und jedenfalls 5mal wöchentlich statt; abgelöst wurden diese vom 1. großen Atp. am 17.8.42 mit 1.003, dem 2. Atp. am 14.9.42 mit 1.000 und dem 3. Atp. am 14.10.42 mit 948 Deportierten, der 68. – 70. Atp. folgten am 28., 29. und 30.10.42 mit jeweils 100 Deportierten. Im September/Oktober 1942 gab es noch 3 Deportationen aus Berlin: den 20. Otp. am 26.9.42 mit 816 Deportierten nach Raasiku bei Reval, den 21. Otp. am 19.10.42 mit 944 Deportierten nach Riga, und am 26.10.42 wurden mit dem 22. Otp. 800 Berliner Juden auch nach Riga deportiert.

874 StA beim LG Berlin Archiv 2667 Beistück 31, Bl. 1-21, 19ff. (Briefe Hermann Samter, hier v. 22.11.42).

875 Beate Meyer, Gratwanderung zwischen Verantwortung und Verstrickung – Die Reichsvereinigung der Juden in Deutschland und die Jüdische Gemeinde zu Berlin 1938–

Woche später", berichtete Hermann Samter, „ereigneten sich merkwürdige Dinge: Es verschwanden einige wichtige Leute bei der Gestapo. Der eine sollte sich erschossen haben, andere sollten eingesperrt sein, da sie zuviel gestohlen oder sonstige Schiebungen vorgenommen haetten. Was nun wirklich an den Geruechten daran war, weiß ich nicht. Tatsache ist jedenfalls, dass eben etliche wichtige Beamte nicht mehr im Dienst sind."[876]

Die aus Wien nach Berlin beorderten „Eichmann-Männer" unter Alois Brunner, deren Mordspur durch die unter deutsche Herrschaft gezwungenen europäischen Länder Hans Safrian rekonstruiert hat, stellten ab November 1942 das Erfassungsverfahren um. Im Oktober 1942 hatten sie die Massendeportationen der Wiener Juden abgeschlossen, als „beispielsweise die Vertreibungsbürokraten in der ‚Reichshauptstadt' längst nicht soweit waren". Das Reichssicherheitshauptamt setzte Alois Brunner und seine Untergebenen künftig dort ein, „wo die Durchführung der Deportationen ins Stocken geraten war oder sich verzögert hatte".[877] Dieser Ruf ging dem Wiener Personal des Reichssicherheitshauptamts voraus, wie sich die Jugendleiterin Lieselotte Pereles erinnerte: „Mir war bekannt, daß man Brunner extra aus Wien geholt hat, weil es hier in Berlin angeblich nicht schnell genug ging und er die Deportierung jüdischer Bürger aus Wien schneller und gründlicher durchgeführt haben soll."[878]

1945, in: Juden in Berlin 1938–1945. Begleitband zur gleichnamigen Ausstellung in der Stiftung Neue Synagoge Berlin – Centrum Judaicum, hrsg. von Beate Meyer und Hermann Simon, Berlin 2000, S. 291–337, 310ff.: Die 533 am 20.10.42 zur Deportation selektierten Angestellten hatten sich mit 328 Angehörigen am 22.10.42 im Sammellager Große Hamburger Str. einzufinden. Die Unterlagen zur Erfassung und zur Vermögensverwertung wurden nach deren Festsetzung im Sammellager erstellt. 20 Selektierte blieben fern, darunter 16 Frauen. Günther hatte die Erschießung von Vorstandsmitgliedern für Flüchtige angekündigt. Die Gestapo nahm 20 Geiseln, von denen 7 am 20.11.42 erschossen wurden.

876 StA beim LG Berlin Archiv 2667 Beistück 31, Bl. 1-21, 19ff. (Briefe Hermann Samter, hier v. 22.11.42). Die Verhaftungen der 20 Geiseln brachte Samter nicht mit der „Gemeinde-Aktion", sondern mit der personellen und organisatorischen Veränderung im Referat IV D1 der Gestapo in Verbindung: „Waehrend man überall über die Dinge sprach, wurden ploetzlich 20 wichtige Leute bei der Gemeinde verhaftet. Zunaechst nahm man an als Geiseln fuer die Fluechtlinge und erwartete, dass sie erschossen wuerden. Die Kriegsbeschaedigten und Maenner aus Mischehen wurden wieder entlassen. Einer berichtete, dass man ihnen gesagt haette, sie waeren wegen ‚Sabotage und Geruechtemacherei' verhaftet worden. Das wuerde bedeuten wegen der Geruechte ueber die Gestapo."

877 Safrian, a.a.O., S. 178.

878 StA LG Berlin Archiv 2667 Bd. XXII, Bl. 86-94, 93 (StA beim LG Berlin, Vernehmungsprotokoll Lieselotte Pereles v. 18.10.66). Lieselotte Pereles war Jugendleiterin und seit der Auflösung der Kindertagesstätte am Thiel-Ufer am 17.12.42 als Kartei-

Von Oktober 1941 bis Oktober 1942 hatte die Erfassung Berliner Juden zur Deportation jeweils mehrere Wochen und Monate gedauert. Nach Feststellung der Vermögenseinziehung gegen Wohnungshauptmieter blieb zwischen den beiden Anschreiben der Jüdischen Kultusvereinigung – zunächst der Mitteilung über die Wohnungsräumung und später der Aufforderung, sich zur Deportation im Sammellager einzufinden und das mit der Transportnummer zu kennzeichnende Gepäck in den Tagen vorher dort abzuliefern – Zeit für Interventionen der Sprecher der Jüdischen Kultusvereinigung und Außenstehender zugunsten der zur Deportation erfaßten Berliner Juden. Die Wohnungsberatungsstelle lud alle Betroffenen vor, nahm Fragebogen zu den persönlichen Verhältnissen auf, wartete die Vergabe von Transportnummern durch die Gestapo ab und schrieb zu den Deportationsterminen Transportlisten. Da seit Jahresbeginn 1942 Hunderte zur Deportation bestellte Berliner Juden untertauchten oder ihrem Leben selbst ein Ende setzten, ließ die Gestapo seit Juni 1942 die betroffenen Juden in ihren Wohnungen aufgreifen und in das Sammellager einliefern.[879]

Das im November 1942 von der Stapoleitstelle unter Brunner in Berlin praktizierte Erfassungsverfahren beschleunigte die Wohnungsräumungen erheblich. Die Stapoleitstelle verzichtete fortan auf Anschreiben der Wohnungsberatungsstelle der Jüdischen Kultusvereinigung: die Vorladungen der Betroffenen in den Wochen oder Monaten vor der Deportation, die Aufnahme von Fragebogen zur Person und die Abgabe aktualisierter Vermögenserklärungen. Stattdessen räumte die Gestapo in Razzien Straße für Straße zuerst die Wohnungen Berliner Juden. Alle übrigen Formalitäten für den Abtransport aus Berlin und zur Vorbereitung der staatlichen Vermögensverwertung wurden nach Einlieferung der Verfolgten ins Sammellager Große Hamburger Straße in den Tagen und Stunden vor der Deportation erledigt.[880]

Das von der Berliner Gestapo anfänglich praktizierte System, nach dem sich bis Ende Oktober 1942 die Erfassung der Berliner Juden zur Deportation über Wochen und Monate hinzog, ahmte das lückenlose Verfahren

arbeiterin in der JKV, Meldekartei, eingesetzt.

879 LA Bln Rep. 92 (Wohnungslisten, hier: sm. a XII/8337-9394, aXII/8445-8465, aXIV/9393-9407). Seit „Abholer" eingesetzt waren, hatte ein Angestellter in der WbSt der JKV „auch dafür zu sorgen, dass die Abholung der Personen, welche abwandern sollen, soweit dies nicht unmittelbar von der Behörde aus betrieben wird, ordnungsmässig und rechtzeitig erfolgt", LA Bln A Rep. 358-02 Nr. 6161, Bl. 99ff. (3 P.K.Ms. 8/42, Stapo IV D1, Vernehmung Dr. Martha Mosse, (u) Markart, v. 19.8.42, bei Korrektur der fehlerhaften Nds. wiedergegeben).

880 Safrian, a.a.O., S. 189–192, 199, Anm. 121–134, und Hilberg, Die Vernichtung der europäischen Juden, a.a.O., S. 325f.

nach, mit dem der GBI seit Beginn des Jahrs 1941 die Gesetzwidrigkeit und Rechtsgrundlosigkeit der Wohnungsräumungen kaschierte. Die verkürzte gewalttätige Form der Wohnungsräumungen durch die straßenweise Jagd auf Berliner Juden seit Ende November 1942 legt die Urheberschaft der Neugestaltungsbehörde an der Auslieferung der Berliner Juden in die Fänge der Gestapo bloß. Das Bezugssystem behördlicher Aussonderungs- und Erfassungsverfahren zu kennen, konnte lebensrettend sein. Die Akten des Berliner Kriminalsystems dokumentieren nur Einzelheiten gescheiterter Rettungsversuche. In allen diesen Fällen versuchten Juden die bürokratische Erfassung zu ihren Gunsten zu beeinflussen oder eine Lücke im Erfassungsablauf aufzuspüren, um in Berlin weiterzuleben.

Seit Oktober 1942 war das bürokratische Erfassungssystem gegen Interventionen abgeschottet – und provozierte deshalb auch erstmals den öffentlichen politischen Protest der Frauen, deren Männer Ende Februar 1943 in dem zum Sammellager umfunktionierten Gemeindegebäude in der Rosenstraße eingesperrt waren. Wer sich seit Oktober 1942 vor der drohenden Deportation retten wollte, konnte nicht mehr darauf hoffen, auf dem Verhandlungsweg irgend etwas im bürokratischen Verfahren zu gewinnen. Aussicht auf Rettung vor der Deportation hatte nur noch, wer sich der mit der Kündigungsanordnung des GBI – wohnungsweise und ohne Ansehen der Person – beginnenden systematischen Erfassung von Anfang an zu entziehen vermochte. „Verschwinden, verschwinden", soll Eichmann wenige Stunden vor der Hinrichtung auf die Frage des israelischen Gefängnisdirektors gesagt haben, was die Juden hätten tun sollen, wie sie sich hätten wehren können: „Unsere empfindlichste Stelle war, daß sie verschwinden, ehe sie erfaßt und konzentriert waren."[881]

---

881 Zitiert nach Götz Aly und Karl Heinz Roth, Die restlose Erfassung. Volkszählen, Identifizieren, Aussondern im Nationalsozialismus, Berlin 1984, S. 90. Von den in den Akten der StA beim LG Berlin dokumentierten Rettungsversuchen der zur Deportation erfaßten Berliner Juden ist jedenfalls einer letztlich gelungen: Ende 1941 erhielt der 46jährige Ludwig Katz die Wohnungskündigung des GBI, Az. „III Ka C Ch 611" für seine Wohnung in der Wilmersdorfer Str. 93 in Charlottenburg. Er hatte sich an Petuchowski und Trzeciak gewandt und für die Dauer der Zurückstellung eine monatliche Zahlung von 200 RM vereinbart, die sich nach deren Verhaftung am 3.1.42 erledigte. LA Bln A Rep. 358-02 Nr. 5445 (3 P.K.Ms. 1/42, Az. der Wohnungskündigung lt. Notizbuch, Notizzettel mit neuer Adresse für Katz: Berliner Str. 192/193). Katz tauchte am 24.11.42 unter und überlebte in Berlin; am 30.11.45 erschien sein Bericht in der deutsch-jüdischen Zeitung Der Aufbau, New York City (LA Bln, Materialien zum Gedenkbuch für die Berliner Juden, nach Angaben der Stiftung Neue Synagoge – Centrum Judaicum, Berlin). Zum Überleben als Untergetauchte Barbara Schieb, „Wir hatten gar nichts geplant – wir wußten nur, daß wir nicht mitgehen werden." Vom Überleben der Familie Frankenstein in der Illegalität 1943–1945, in:

6. *Wohnungsmarktpolitische Bilanz 1943*

Die Neugestaltungsbehörde hatte als erste die Deportation der Berliner Juden angeregt, sie hatte ihr vorgearbeitet und die Arbeitsabläufe anderer Behörden bei der staatlichen Verwertung des Vermögens der Deportierten beeinflußt. Beim GBI galten Wohnungsräumungen erst als abgeschlossen, wenn das städtische Hauptplanungsamt die Wohnungen der Deportierten beschlagnahmt, der GBI den Renovierungsbedarf vertraglich festgelegt oder die Instandsetzung für Mietberechtigte ausgeführt hatte. Sämtliche durch die 1941 eingeleiteten Räumaktionen gegen Berliner Juden frei werdenden Wohnungen fielen dem vom GBI kontrollierten zweiten Wohnungsmarkt zu; Abrißmieter aus Neugestaltungsbereichen sollten sie beziehen, da Neubauwohnungen im ersten Nachkriegsjahr nicht entstehen würden.

Seit 1938 hatte die Berliner Neugestaltung wohnungspolitische Kritik auf sich gezogen, weil Wohnungen abgerissen wurden, der Ersatzwohnungsbedarf das letzte Angebot vermietbarer Wohnungen aufsog und der GBI die gesamte Beute aus der Vertreibung der Berliner Juden seit dem Novemberpogrom beanspruchte. Die Zahlenangaben der im Oktober 1940 bei Stadtbaudirektor Petrick bestellten Vorlage zur Wohnungsnot in Berlin bemühte als Speers Vertreter vermutlich Clahes in den beiden Besprechungen am 20. März und 15. August 1941 zur Deportation der Berliner Juden als Argument, daß die Wohnungsnot mit einem Fehlbestand von mindestens 160.000 Wohnungen mit den Wohnungen Berliner Juden ohnehin nicht zu beheben wäre. Die umfängliche vertrauliche Ausarbeitung zu den Berliner Wohnverhältnissen hatte Stadtbaudirektor Petrick am 20. November 1940 Clahes persönlich mit der Bemerkung übersandt, diese möge ihm „bei den kommenden Erörterungen nützlich sein".[882] Seit dem ersten Durchbruch Ende

---

Juden in Berlin 1938–1945, hrsg. von Beate Meyer und Hermann Simon, a.a.O., S. 259–279, Michael Schäbitz, „Wir waren Ausgestoßene im eigenen Vaterland". Über-leben in der NS-Zeit. Das Beispiel Hans Rosenthal, ebenda, S. 280–289; Juden im Widerstand. Drei Gruppen zwischen Überlebenskampf und politischer Aktion. Berlin 1939–1945, hrsg. von Wilfried Löhken und Werner Vathke, Berlin 1993; Eugen Herman-Friede, Für Freudensprünge keine Zeit. Erinnerungen an Illegalität und Aufbegehren 1942–1948, mit einem Nachwort von Barbara Schieb-Samizadeh, Berlin 1991, 2. Auflage 1992; Jizchak Schwersenz, Die versteckte Gruppe. Ein jüdischer Lehrer erinnert sich an Deutschland, Berlin 1988, 2. überarbeitete Auflage 1990; Konrad Kwiet und Helmut Eschwege, Selbstbehauptung und Widerstand, Deutsche Juden im Kampf um Existenz und Menschenwürde 1933–1945, Hamburg 1948, 2. Auflage 1986; Leonard Gross, Versteckt. Wie Juden in Berlin die Nazi-Zeit überlebten, Reinbek bei Hamburg 1983; Inge Deutschkron, Ich trug den gelben Stern, Köln 1978.

882 LA Bln Pr.Br.Rep. 107 Nr. 310/3 (Ausarbeitung Petrick zu den Berliner Wohnverhältnissen, vor dem 15.11.40 abgeschlossen, 45 S. und Anlagen, S. 4f. nebst Begleit-

September 1940 benötigte Speer noch mehrere Anläufe, um schließlich mit Hitlers ausdrücklicher Befürwortung die Neugestaltungsräumungen während des Kriegs im Januar 1941 wiederaufnehmen zu können.

Um der wohnungspolitischen Kritik zu begegnen, zweigte der GBI seit Beginn der Wohnungsräumungen Ende Januar 1941 einen Teil der von Juden in Berlin bewohnten Wohnungen für die amtliche Wohnungsfürsorge ab; dies war die Geschäftsgrundlage für Hitlers entscheidende Befürwortung der Neugestaltungsräumungen während des Kriegs Mitte Januar 1941.[883] Die Kontingente von Mietberechtigungen für amtlich betreute Wohnungssuchende handelte der GBI mit der Berliner Gauleitung und der Stadtverwaltung für die Umsiedler aus der Sowjetunion und die von der NSV betreuten Wohnungssuchenden sowie mit der SS für deren Wohnungsfürsorge aus. Nachdem der GBI Ende Januar 1942 alle weiteren planmäßigen Bereichsräumungen gestoppt hatte, bediente dessen Behörde die amtliche Wohnungsfürsorge großzügiger. Was sich schon im letzten Vorkriegsjahr ereignet hatte, wiederholte sich im Krieg: Die Bereichsräumungen scheiterten, weil die räumungspflichtigen Abrißmieter nicht gewillt waren, ihre Wohnungen aufzugeben.

Nach dem letzten Räumungsplan vom Juni 1941 sollten 1943 mehr als 12.000 Bereichsräumungen vollzogen sein, von denen die Neugestaltungsbehörde 1939 etwa 1.750 durchgeführt hatte und 1941 und 1942 allenfalls

---

schreiben Petrick an Clahes v. 20.11.40). Petrick bezifferte den Wohnungsfehlbestand sogar mit 218.000 Wohnungen.

883 Speers Vorstoß lief parallel zu dem des Wiener Gauleiters Baldur von Schirach, der gegen Hans Franks Intervention Deportationen ins Generalgouvernement durchsetzen wollte und am 2.10.40 in Anwesenheit Hitlers mit Frank stritt. Safrian, a.a.O., S. 96ff., dort nach Aktenvermerk, Bormann, zu Besprechung mit Schirach und Frank bei Hitler am 2.10.40, dok. in IMT Bd. 39, S. 425ff. Am 2.11.40 teilte Bormann Schirach streng vertraulich Hitlers Zustimmung mit: „Sie sollten, betonte der Führer, Ihre Aufgabe in Wien nicht in der Schaffung neuer Wohnviertel sehen, sondern in der Bereinigung der bestehenden Verhältnisse. Zunächst seien baldigst in Verbindung mit Reichsführer-SS Himmler alle Juden abzuschieben, anschließend alle Tschechen und sonstigen Fremdvölkischen, die eine einheitliche politische Ausrichtung und Meinungsbildung der Wiener Bevölkerung ungemein erschwerten." Zit. nach Herrschaftsalltag im Dritten Reich, a.a.O., Dokument 21, S. 462f. Lammers bestätigte Schirach den Bericht Bormanns über Hitlers Entscheidung, „daß die in dem Reichsgau Wien noch wohnhaften 60.000 Juden beschleunigt, also noch während des Krieges, wegen der in Wien herrschenden Wohnungsnot ins Generalgouvernement abgeschoben werden sollen", zit. nach Pätzold, Verfolgung. Vertreibung. Vernichtung, a.a.O., Dokument 253. Am 3.12.40 hatte Speer sich noch nicht durchgesetzt; einem Wohnungsinteressenten aus Goebbels' Ministerium schrieb er, er wisse auch nicht, „wann wieder Wohnungen in grösserer Zahl zur Verfügung stehen", BAP 46.06 Nr. 110 (Ds., gez. Speer, an ORegRat Dr. Eberhard Taubert, RMinProp, v. 3.12.40).

weitere 1.000 bis 1.200 umsetzte. Seit 1939 kontrollierte der GBI die Mietverhältnisse mit Juden, um die mehr als 23.000 Wohnungen, die Juden noch in Berlin bewohnten, als Ersatz für Neugestaltungsabrisse nutzen zu können. Seit September 1938 sollte dieser zweite Wohnungsmarkt der Neugestaltung eine neue Chance geben. Der Einsatz der Altbauwohnungen von Berliner Juden, die im letzten Vorkriegsjahr geflüchtet waren oder im zweiten und dritten Kriegsjahr vom GBI exmittiert oder zur Deportation ausgeliefert wurden, verhalf der Neugestaltung indessen weder vor noch während des Kriegs zu einer für die Bereichsräumungen ausreichenden Akzeptanz.

Alle seit Januar 1941 geräumten Wohnungen exmittierter und deportierter Berliner Juden reservierte die Stadtverwaltung auf Geheiß des GBI für Abrißmieter, ohne Neugestaltungsetats zu belasten. Von Monat zu Monat ließ sich Speer von seiner Wohnungsabteilung die durch Deportationen ansteigende und durch genehmigte dauerhafte Vermietungen wieder schrumpfende Zahl der verfügbaren Wohnungen deportierter Berliner Juden melden.[884] Die Anzahl der nach den Wohnungsräumungen vom Mai 1941 und seit Beginn der Deportationen Mitte Oktober 1941 beschlagnahmten leerstehenden Wohnungen, einschließlich der 1.000 Wohnungen des Eisernen Bestands für das erste Nachkriegsjahr, stieg von 1.871 im Januar auf 2.825 im April 1942, sank im August auf 2.643 und betrug Ende September wieder 2.750.[885] Nach den abschließenden Wohnungsvermittlungen der Neugestaltungsbehörde im November 1942 hielt die Stadtverwaltung noch 2.500 Wohnungen deportierter Berliner Juden zurück. Anfang Januar 1943 ordnete Goebbels als Gauleiter an, diese dem allgemeinen Wohnungsmarkt zuzuführen,[886] da es „angesichts der grossen Wohnungsnot in Berlin nicht mehr verantwortet werden kann, leerstehenden Wohnraum bereitzuhal-

---

884 BAP 46.06 Nr. 677, Bl. 129 (Vermerk, GBI, II/6, Klenke, für Dr. Fränk, betr. Unterkunft für Fliegergeschädigte, als sog. Bombenreserve: 639 Bereichswohnungen, 2.680 Wohnungen Berliner Juden, v. 11.5.42). Auf Anfrage von Fränk war zu prüfen, ob die sofortige Unterbringung von ca. 20.000 Ausgebombten in Berlin möglich wäre. Diese regelte OBM, HPla, zuerst mit Auffanglagern in Schulen, Aulen, und Gasthöfen, Verpflegung stellte die NSV, Versorgung mit Kleidung und Geld lag in der Hand des bezirklichen Quartier- und Wehrleistungsamts. Nach Einschätzung von OMagRat Pohl, II/4, früher HLiegAmt, würde „jegliche weitere Einschaltung des GBI. nur zu Komplikationen führen".

885 LA Bln Pr.Br.Rep. 107 Nr. 401, Bl. 1-27 (statistischer Wohnungsnachweis, Nr. 12–20, getrennt nach Hauseigentum, Bezirken, Zimmerzahl, Lfzt. 31.1. – 1.10.42, Wohnungsnachweise Nr. 1–11, Lfzt. 2–12/41 fehlen).

886 LA Bln Pr.Br.Rep. 107 Nr. 386/1 (Vermerk, betr. Besprechung mit Stadtrat Pfeil im Anschluß an dessen Besprechung in der Gauleitung, Spangenberg, DAF, (u) Clahes, v. 5.1.43; desgl. als Vorlage für Speer mit der Bitte um Entscheidung, Entwurf, (p) Clahes, v. 5.1.43, Ds. der Reinschrift, v. „5. Januar 1942").

ten“.[887] Nach Goebbels’ Richtlinien sollten die Wohnungen „Kriegsversehrten, kinderreichen ausgezeichneten Soldaten und Bombengeschädigten“ angeboten werden.[888] Als Quartiere für Ausgebombte wurden diese sogenannten Bombenreservewohnungen jedoch auch dann nicht verwendet, als ab Januar 1943 nach alliierten Bombenangriffen auf Berlin 3.500, Anfang März 35.000, Ende August 100.000 und Ende November 450.000 Ausgebombte für Monate ohne Obdach blieben.[889] Zur Katastrophenvorsorge im Luftkrieg trugen die Wohnungsräumungen des GBI gegen Berliner Juden nichts bei.

Bis Ende 1941 plante der GBI sämtliche Wohnungsräumaktionen auf Vorrat für anstehende Bereichsräumungen. Im Laufe des Jahrs gab er alle Wohnungen Berliner Juden zur Räumung frei: durch den Nachweis eines Kontingents von Wohnungen Berliner Juden, die nach Anmietung durch seine Klientel zwischen Januar 1941 und November 1942 geräumt wurden, und durch drei sogenannte Großaktionen der Wohnungsräumungen im Mai, August und November 1941. Das langwierige Anmietungs- und Räumungsverfahren der „I. Aktion“ beschleunigte die Neugestaltungsbehörde im Mai und August 1941 durch die en bloc gegen Berliner Juden verfügten Wohnungsräumungen. Die Räumungen der „II. Aktion“ erweiterten das Angebot des zweiten Wohnungsmarkts um 1.000 bezugsfertige Wohnungen, die Räumungen der „III. Aktion“ um nochmals 5.000 Wohnungen, von denen der GBI nur noch rund 600 für Abrißmieter und Wehrmachtsangehörige instandsetzte.[890]

Die durch den Räumauftrag des GBI im Rahmen der „I. Aktion“ seit Januar und der „II. Aktion“ im Mai 1941 zu Tausenden um ihre 3.200 Wohnungen gebrachten Berliner Juden fanden zunächst noch beengte Unterkunft als Untermieter oder Einquartierte bei anderen Juden in der Stadt. Mehr als zehntausend Berliner Juden, deren 5.000 Wohnungen der GBI seit Juni 1941 zu räumen plante und ab August mit seiner „III. Aktion“ kündigte,

---

887 LA Bln Pr.Br.Rep. 107 Nr. 386/1 (OBM, HPla, Pla VIII, an GBI, (u) i.V. Pfeil, zu den „Judenwohnungen für die Unterbringung Obdachloser“, die „auf Grund Ihrer Mithilfe“ zur Verfügung standen und beschlagnahmt waren, v. 23.1.43)

888 LA Bln Pr.Br.Rep. 107 Nr. 386/1 (Gauleitung, DAF, (u) Spangenberg, an GBI v. 9.1.43).

889 LA Bln STA Rep. 01-02 Nr. 701 (OBM, HL 1a, Bericht, 99. und 100. Alarm am 16. und 17.1.43, v. 17.1. und 3. Nachtrag v. 26.2.43 und v. 18.1.43) i.V.m. ebenda Nr. 697, Bl. 5f., 8, 11 (Jahresübersicht Schäden 1943, v. 1/44).

890 BAK NL 318 Nr. 1-6, 2, Bl. 108 (Nachlaß Wolters, Speer-Chronik 1942, dort zit. nach – dem nicht aufgefundenen – Bericht Clahes’ zur Tätigkeit der Hauptabt. II/4 v. 1.2.39 bis 15.11.42). Der GBI setzte demnach 2.600 Wohnungen völlig instand, d.h. etwa 1.000 für Abrißmieter in der „I. Aktion“, 1.000 der „II. Aktion“, die übrigen aus der „III. und IV. Aktion“.

ließ er von der Berliner Gestapo deportieren. Dieser von der Gestapo ab September 1941 bearbeitete Räumauftrag des GBI war weder mit dem ersten Deportationsschub des Reichssicherheitshauptamts bis Anfang November 1941 nach Łódź noch Ende Januar 1942 mit dem zweiten Deportationsschub nach Minsk, Kowno und Riga vollständig erledigt. Der Umfang des Deportationsauftrags des GBI ließe sich genau feststellen, denn die Spur der Kündigungsanordnungen der „III. Aktion" des GBI ist als Registraturkürzel in Vermögensverwertungsakten auch der im März und April 1942 deportierten Berliner Juden erhalten.

Die Berliner Stapoleitstelle hatte die Wohnungsräumungen der „III. Aktion" etwa zur Hälfte ausgeführt, als der GBI Ende November 1941 eine weitere Großaktion der Wohnungsräumungen gegen Berliner Juden startete.[891] Zu diesem Zeitpunkt ging der GBI ein letztes Mal davon aus, alle Wohnungen der Deportierten gemäß Räumungsplan vom 1. Juni 1941 kurzfristig an Mietberechtigte aus den Abbruchgebieten der Neugestaltung zu übergeben. Am 5. November holte der GBI die Anordnung des 100. und 101. Neugestaltungsbereichs im Spreebogen und am Gleisdreieck nach und forderte ab Mitte November 1941 Hunderte Mieter auf, ihre Wohnungen zu räumen.[892]

Bei der „III. Aktion" wählte der GBI per Wohnungskündigung unter den Berliner Juden jene aus, die die Gestapo – in beliebiger Reihenfolge, aber bei Räumung ganzer Wohnungen und binnen weniger Monate – zu deportieren hatte. Die Stapoleitstelle erfaßte und ergriff die Juden zur Deportation aus Berlin, deren Wohnungen ihr der GBI durch Auszüge seiner Karteien bekanntgegeben hatte. Die Wohnungsräumungen des GBI hatten Vorrang vor den von der Gestapo ausnahmsweise gestatteten oder in Abstimmung mit der Arbeitsverwaltung auf Verlangen von Rüstungsbetrieben angeordneten Zurückstellungen von der Deportation.

Die „III. Aktion" des GBI erforderte noch eine bürokratische Abgrenzung gegenüber früheren Wohnungsräumaktionen; die 5.000 binnen weniger

---

891 LA Bln Pr.Br.Rep. 107 Nr. 53a (Chronik des GBI, 1941, S.87, November 1941), „Ende November wurde die dritte Großaktion der Entmietung von Judenwohnungen eingeleitet." Hausintern ordnete der GBI die Bezeichnung „Großaktion" allen der „I. Aktion" folgenden Wohnungsräumungen gegen Berliner Juden zu; die „II. Aktion" des GBI ab Mai 1941 war dessen erste „Großaktion", die „III. Aktion" ab August 1941 dessen zweite, gefolgt von der dritten Ende November 1941.

892 RMBl. 1941, Nr. 38, S. 275, S. 276, v. 7.11.41 (100. und 101. AO v. 5.11.41). BAK R 120 Nr. 3905c (Hausliste für Bereichsmieter, Doppelkarten an Mieter im Bereich der 100. und 101. AO zwischen 15.11.41 und 21.1.42 abgesandt). BAK R 120 Nr. 2909 (GBI an BezBM Schöneberg, Ds. Formschreiben an Hauseigentümer in den Bereichen der 100. und 101. AO v. 15.12.41, v. 23.12.41 und v. 12.1.42).

Monate durch Deportation zu räumenden Wohnungen mußten von den weiterhin von Juden bewohnten unterscheidbar bleiben. Im November 1941 kündigte der GBI dann pauschal die zwölf- bis fünfzehntausend noch nicht in seinen früheren „Aktionen" zur Anmietung oder Räumung enthaltenen Wohnungen Berliner Juden. Deshalb ist diese – nach der hausinternen Zählung dritte – Großaktion auch die letzte des GBI; sie brauchte weder zu früheren noch zu künftigen Wohnungsräumungen gegen Berliner Juden abgegrenzt zu werden. Wohnungen sollten Juden nur noch nutzen, solange die Stapoleitstelle nicht imstande war, sie aus Berlin zu deportieren. Die Stapoleitstelle konnte die Transporte nach sicherheitspolizeilichen Gesichtspunkten und dem finanziellen Interesse des Reichssicherheitshauptamts zusammenstellen und deren Zielorte festlegen. Als der GBI im November 1941 den Räumauftrag seiner letzten Großaktion erteilte, hatte das Reichssicherheitshauptamt keinen Plan, wohin es die durch die Wohnungskündigungen des GBI zu Zehntausenden wohnungslos werdenden Berliner Juden deportieren sollte.

Eine aus der Wohnungsberatungsstelle der Jüdischen Kultusvereinigung stammende Aufstellung erlaubt, das Ausmaß der Wohnungsräumungen gegen Berliner Juden bis Ende Juli 1942 zu bestimmen und bis Mitte November 1942, als der GBI dem Oberbürgermeister die Verwaltung der Wohnungen Berliner Juden übertrug, zumindest abzuschätzen. Von Februar 1941 bis 1. August 1942 mußten Berliner Juden 15.792 Wohnungen räumen. Von diesen Wohnungen lagen 9.291 im Hauseigentum von Nichtjuden, 6.501 in Häusern von Juden; durch Deportation wurden 9.338 Wohnungen geräumt, 6.454 Wohnungen durch Exmittierungen bei vorläufiger Einquartierung in Berlin.[893] Die Kombination dieser Angaben der Jüdischen Kultusvereinigung mit den in erhaltenen Akten des GBI und denen des Oberfinanzpräsidenten, soweit deren systematische Auswertung bisher reicht, führt zu dem Schluß, daß nach dem ersten bis zehnten Osttransport auch die sechs Deportationen Berliner Juden bis zum 1. August 1942 auf das Konto der Wohnungsräumungen des GBI gingen: im März und April 1942 auf das der zweiten und ab Juni 1942 auf das der dritten Großaktion.[894] Opfer der 35

893 Alle folgenden Berechnungen und Schätzungen aufgrund der statistischen Nachweise des GBI, der Nachweise aus Deportationsakten des OFP und der folgenden Quellen: BAP 75 C Re 1 Nr. 352, 353 (JKV, Aufstellung zu Wohnungsräumungen seit 2/41, Stand: 1.8.42, v. 24.8.42, als Einzelblatt Bestandteil der verfilmten Gruppe von 350 personenbezogenen Einzelakten der Abt. Vermögensverwaltung der RV, den Nachlaßverwaltungen und Abwesenheitspflegschaften von Emigrierten, Verstorbenen und Deportierten), zit. nach Rücksprache mit Dr. Inge Lammel, vgl. Jüdisches Leben in Pankow, a.a.O., S. 209, dort interpretiert als Angabe über Wohnungsräumungen in Deutschland, sowie Hildesheimer, Jüdische Selbstverwaltung unter dem NS-Regime, S. 176.

894 LA Bln Rep. 92 Acc. 3924 Nr. 614-621, Nr. 614 (darin: 11. Osttransport am 28.3.42

Deportationen nach Theresienstadt vom 2. Juni bis 31. Juli 1942 wurden auch die seit Oktober 1941 erfaßten, aber zunächst wegen hohen Alters zurückgestellten Berliner Juden, die seither als Untermieter oder Einquartierte bei Juden Unterkunft hatten.[895]

Die Jüdische Kultusvereinigung schrieb die Zahlen der Wohnungsräumungen seit Februar 1941 fort, während die Wohnungsabteilung des GBI den statistischen Nachweis der noch als Ersatz für die Neugestaltung einsetzbaren Wohnungen Berliner Juden führte. Von den Wohnungen der Deportierten müssen 6.400 im Hauseigentum von Nichtjuden und 2.938 in Häusern von Juden registriert gewesen sein. Von den 6.454 Wohnungen, die die Wohnungsberatungsstelle der Jüdischen Kultusvereinigung seit Februar 1941 für den GBI zu räumen hatte, können nach dessen Akten bis zum 1. August 1942 maximal 2.891 im Hauseigentum von Nichtjuden gelegen haben. Die Differenz von 3.563 Wohnungsräumungen gegen Juden in Häusern von Juden erhellt die Dimension der Sonderräumungen. Diese genehmigte der GBI in jedem Einzelfall, stimmte beabsichtigten Zweckentfremdungen des Wohnraums zu und verbilligte die Sonderräumungen mit zwei- bis dreihundert Mietberechtigungen für verdrängte Wohnungsmieter. Bürorauminteressenten optierten schon aus Kostengründen für Grundstücke von Juden und weitgehend von Juden bewohnte Häuser, weil diese keine Chance hatten, ihren Ersatzanspruch durchzusetzen.

Während die Massendeportationen von Oktober 1941 bis Ende Juli 1942 die jüdische Wohnbevölkerung um ein Drittel reduzierten, steigerten sie die Wohnungsnot der noch in Berlin verbliebenen Juden, denn von der Deportation zurückgestellte Juden konnten nur bei Juden Quartier finden, nicht-jüdische Untermieter wurden an die Wohnungsvermittlung des GBI

nach Piaski, Distrikt Lublin, mit 972/974 Deportierten, XI/7142-7870a; 12. Otp. 2.4.42 Ghetto Warschau, XII/7871-8336, sm.aXII/8337-8394, Sondertransport XII/8395-8444, sm.aXI/8445-8465; 13. Otp. am 13.4.42 in Berlin festgesetzter Juden aus dem Regierungsbezirk Potsdam (lt. BAP 75 C Re 1 Nr. 46, Bl. 11, Aktennotiz F 68 am 11.4.42), die mit dem – wahrscheinlich identischen – 14. Otp. am 14.4.42 mit 64/211 Berliner Juden ins Ghetto Warschau deportiert wurden, XIV/8468-9392, aXIV/9393-9407, XIV/9408-9447; 15. Otp. 13.6.42 Majdanek/Sobibór, 748, XV/9448-9683; 16. Otp. 26.6.42 Minsk, 201/202, XVI/9684-9830; 17. Otp. 11.7.42 Warschauer Ghetto, 210, XVII/ 9831-9953). Die Zuordnungen der Gruppen der Vermögenseinziehungsakten und die Kriterien der Zusammensetzung der Deportationen sind bisher nicht eindeutig ermittelt und systematisch aufgeklärt; zu Deportiertenzahlen und Zielorten inzwischen Alfred Gottwaldt, Diana Schulle, Die „Judendeportationen" aus dem Deutschen Reich 1941–1945, Wiesbaden 2005.

895 Im Juni und Juli 1942 wurden insgesamt 2.858 Berliner Juden Opfer der sogenannten Alterstransporte nach Theresienstadt, die Berlin als 1. – 14. Atp., darunter 4.a und 4.b, seit 2.6.42 drei- bis fünfmal wöchentlich verließen, und seit 6.7.42 fünfmal in der Woche als 15. – 34. Atp., täglich montags bis freitags.

verwiesen. Behörden, Verbände und Konzerne, die durch Sonderräumungen von Grundstücken aus dem Hauseigentum von Juden in derselben Zeit ihren kriegswichtigen Raumbedarf stillten, vervielfachten die Zahl der Umquartierungen von Juden innerhalb Berlins. Am 1. August 1942 lag der Wohnungsmangel unter der verbliebenen jüdischen Wohnbevölkerung etwa beim Achtfachen des allgemeinen Berliner Wohnungsmangels. Die 46.000 bis 47.500 Berliner Juden belegten 7.275 Wohnungen.[896] Das Wohnungselend, in das der GBI die Juden in Berlin durch Wohnungsräumungen und Deportation gestürzt hatte, wird jedoch erst vor dem Hintergrund der Speerschen Wohnungsmarktpolitik deutlich: Von den 7.275 Wohnungen, die Berliner Juden bis Ende Juli 1942 noch nutzten, bildeten 1.831 Wohnungen in Häusern von Juden den Rest des dritten Wohnungsmarkts zur Unterbringung exmittierter Juden. In diesem sogenannten Schachtelraum hausten im August 1942 wahrscheinlich zwei Drittel der noch nicht deportierten Berliner Juden, durchschnittlich und ungeachtet der Wohnungsgrößen 16 oder 17 Bewohner je Wohnung. Die vom GBI herbeigeführte Verelendung der Wohnverhältnisse Berliner Juden durch deren innerstädtische Konzentration eskalierte parallel zu den Deportationen. Die innerstädtische Konzentration machte das Wohnungselend der noch in Berlin lebenden Juden für Außenstehende unsichtbar; die Deportation der exmittierten Berliner Juden verschob das vom GBI in Berlin für die Neugestaltung erzeugte Wohnungselend in die Ghettos und Vernichtungslager.[897]

---

896 Vergleichszahlen zum Wohnungsmangel in Berlin, LA Bln Pr.Br.Rep. 107 Nr. 310/3 (Ausarbeitung Petrick zu den Berliner Wohnverhältnissen, vor dem 15.11.40 abgeschlossen, 45 S. und Anlagen, nebst Begleitschreiben Petrick an Clahes v. 20.11.40). Das statistische Mittel der Wohnungsbelegzahl, reichsweit 2,8, betrug für Berlin 3,3 Personen je Wohnung. Die JKV ging bei den in der I. und II. Aktion zu räumenden Wohnungen von einer unterdurchschnittlichen Belegzahl von 2,3 Personen je Wohnung aus. Durch mehr als verdoppelte durchschnittliche Wohnungsbelegung stieg der Wohnungsmangel innerhalb der jüdischen Bevölkerungsgruppe auf mindestens 100 Prozent der am 1.8.42 noch genutzten Wohnungen, wobei die Belegzahl die steigende Zahl der Haushaltungen von Untermietern nicht berücksichtigt; der für Berlin nach Haushaltungen, einschließlich der von Untermietern, berechnete Wohnungsfehlbestand von 218.000 Wohnungen bei einem Bestand von 1,349 Mio Wohnungen in Berlin, Stand: 15.11.40, ergebe rund 15 Prozent.

897 BAP 75 C Re 1 Nr. 26, Bl. 1-16 (JKV, Bevölkerungsstatistik, Lfzt. 1.6.41–31.3.43, keine Angaben für die Monate 12/41 bis 11/42), die Bevölkerungszahl Anfang August 1942 läßt sich mittels der vorhandenen Daten nur abschätzen: am 1.1.42 lebten lt. Statistik 61.947 Juden in Berlin, am 1.12.42 waren es noch 35.246; von den Anfang August 1942 in Berlin lebenden Juden wurden mit dem 18. – 23. Otp. am 15.8., 5., 26.9., 3., 19., 26.10. u. 29.11.42 nach Riga, Raasiku, Auschwitz 5.345/5.395 Menschen deportiert, mit dem 35. – 76. Atp. 4.044 und am 17.8., 14.9. und 14.10.42 mit dem 1., 2. und 3. großen Atp. 2.951 Menschen nach Theresienstadt deportiert, insgesamt wurden zwischen

Von den in der Grundkartei des GBI im Oktober 1939 verzeichneten 23.765 Wohnungen waren am 1. Oktober 1942 noch 8.025 im Hauseigentum von Nichtjuden und 8.004 im Hauseigentum von Juden nicht dauerhaft vermietet. Auch bei Verzicht auf die bis 1943 vom städtischen Hauptplanungsamt als sogenannte Bombenreserve zurückgehaltenen 2.500 Wohnungen blieb der GBI mit annähernd 13.300 verfügbaren Wohnungen Berliner Juden als Angebot des zweiten Wohnungsmarkts für die Neugestaltung nach Kriegsende gerüstet. Seit September 1942 ermittelte die Neugestaltungsbehörde zusätzlich die etwa 13.700 seit Februar 1939 genehmigt vermieteten oder freigegebenen Wohnungen Berliner Juden, die künftig bei jeder Neuvermietung vom GBI besetzt werden konnten. Alle Wohnungen waren in eine neue Kartei, die „gelbe Judenkartei", aufzunehmen, die Formulare der Wohnungsabteilung sahen Eintragungen darüber vor, ob Hauptmieter „evakuiert" waren, Wohnungen „noch bewohnt", diese „versiegelt" oder „entsiegelt" waren.[898] Die bereits vermieteten Wohnungen Berliner Juden ergänzten das Angebot der leerstehenden Wohnungen deportierter Juden dauerhaft um eine fluktuierende Ersatzreserve, womit Speer auch die großzügig der amtlichen Wohnungsfürsorge und aus Gefälligkeit überlassenen Wohnungen Berliner Juden wieder unter seine Kontrolle brachte.[899]

1.8.42 und 1.12.42 von den Berliner Juden 12.340/12.390 deportiert; unter Berücksichtigung des wahrscheinlichen Sterbeüberschusses von statistisch etwa 1.500 Personen und des Bevölkerungsverlusts durch Binnenwanderung von etwa 850 Personen ist eine Bevölkerungszahl am 1.8.42 von 49.936/49.986 wahrscheinlich. Ausgehend von der Bevölkerungszahl am 1.1.42 von 61.947 und dem Bevölkerungsverlust durch Deportation, Sterbeüberschuß und Binnenwanderung ergibt sich eine Bevölkerungszahl von 48.597 am 1.8.42. In Heimen lebten 3/42 2.305 Personen, 387 Neuaufnahmen bis 5/42, BAP 75 C Re 1 Nr. 484, Bl. 90-94 (RV, Abt. Fürsorge, Karminski, Aufstellungen und Berechnungen zu Unterhaltskosten Alters- und Siechenheime Berlin, 1. Quartal 42 und beispielhaft 3/42, hs. datiert 5.5.42; RV, Abt. Fürsorge, Simonis, Übersicht Heimunterbringungsgesuche, v. 6.5.42).

898 BAK R 120 Nr. 1976 (Formulare zur Bestandsaufnahme über Wohnungen von Juden seit Beginn der Deportationen).

899 LA Bln Pr.Br.Rep. 107 Nr. 401, Bl. 1-27, 1f. (GBI, statistischer Wohnungsnachweis, getrennt nach Hauseigentum, Bezirken, Zimmerzahl, Nr. 20, Stand: 30.9.42, v. 1.10.42). Erfassung der vermieteten Wohnungen bei Anlage der „gelben Judenkartei" zur Kontrolle jeder Neuvermietung gem. 3. VO über die Neugestaltung Berlins und Münchens v. 12.6.42, RGBl. I, S. 392, Arbeitsanweisung v. 11.9.42, Vorschlag v. 24.9.42, Übersicht zum Stand der Arbeiten, o.D., gestempelt 1.11.42, BAK R 120 Nr. 1976. Die Gesamtzahl 23.765 Wohnungen Berliner Juden ist der Speer-Chronik für 1942, dort nach verlorenem Bericht Clahes', Stand: 15.11.42, entnommen, BAK NL 318, Nr. 2, Bl. 108; berücksichtigt für die Zahl der Wohnungen im Hauseigentum von Juden sind die 76 nachgemeldeten und 698 durch Scheidung, Tod, Unbrauchbarkeit oder genehmigungslose Vermietung verlorenen Wohnungen, lt. Bericht, GBI, II/4, Stand: 1.7.42, v. 11.7.42, LA Bln Pr.Br.Rep. 107 Nr. 401, Bl. 13.

Dritte Verordnung über die Neugestaltung der Reichshauptstadt Berlin und der Hauptstadt der Bewegung München. Vom 12. Juni 1942.

Auf Grund des Gesetzes über die Neugestaltung deutscher Städte vom 4. Oktober 1937 (Reichsgesetzbl. I S. 1054) wird für die Reichshauptstadt Berlin und für die Hauptstadt der Bewegung München zur Durchführung und Ergänzung des Gesetzes im Einvernehmen mit den beteiligten Reichsministern verordnet:

§ 1

(1) Außer der erstmaligen Wiedervermietung bedarf auch jede weitere Wiedervermietung einer ursprünglich aus einem Mietverhältnis mit einem jüdischen Mieter frei gewordenen Wohnung der Genehmigung durch die im § 1 der Verordnung über die Neugestaltung der Reichshauptstadt Berlin und der Hauptstadt der Bewegung München vom 25. April 1941 (Reichsgesetzbl. I S. 219) bezeichnete Stelle. Für die weitere Wiedervermietung gelten die Vorschriften jener Verordnung über die Meldung und erstmalige Wiedervermietung entsprechend.

(2) Die im Abs. 1 bezeichnete Stelle kann im Einzelfalle Befreiung von den Vorschriften des Abs. 1 bewilligen.

(3) Die vorstehenden Vorschriften gelten in den Fällen des § 1 der Zweiten Verordnung über die Neugestaltung der Reichshauptstadt Berlin und der Hauptstadt der Bewegung München vom 1. September 1941 (Reichsgesetzbl. I S. 548) sinngemäß.

§ 2

(1) Hat der Vermieter eine ursprünglich aus einem Mietverhältnis mit einem jüdischen Mieter frei gewordene Wohnung vor Inkrafttreten der Verordnung über die Neugestaltung der Reichshauptstadt Berlin und der Hauptstadt der Bewegung München vom 25. April 1941 (Reichsgesetzbl. I S. 219) ohne die nach der Verordnung über die Neugestaltung der Reichshauptstadt Berlin und der Hauptstadt der Bewegung München vom 8. Februar 1939 (Reichsgesetzbl. I S. 159) erforderliche Genehmigung wiedervermietet, so ist er verpflichtet, auf Aufforderung der im § 1 Abs. 1 bezeichneten Stelle die nächste in seinem Grundbesitz aus einem Rechtsverhältnis mit einem nicht jüdischen Nutzungsberechtigten freiwerdende mindestens gleichwertige Wohnung zu melden. Über die Gleichwertigkeit der Wohnung entscheidet die im § 1 Abs. 1 bezeichnete Stelle endgültig. Eine Wohnung, die ein Nutzungsberechtigter im Tausch gegen eine andere Wohnung aufgibt, gilt nicht als freiwerdend im Sinne der Bestimmungen dieses Absatzes.

(2) Für die Meldung und die Wiedervermietung gelten die Vorschriften der Verordnung über die Neugestaltung der Reichshauptstadt Berlin und der Hauptstadt der Bewegung München vom 25. April 1941 (Reichsgesetzbl. I S. 219) und dieser Verordnung entsprechend.

§ 3

Diese Verordnung tritt mit dem Tage der Verkündung in Kraft.

Berlin, den 12. Juni 1942.

Der Reichsarbeitsminister
In Vertretung
Dr. Engel

Herausgegeben vom Reichsministerium des Innern — Verlag: Reichsverlagsamt — Druck: Reichsdruckerei
Das Reichsgesetzblatt erscheint in zwei gesonderten Teilen, Teil I und Teil II.
Laufender Bezug nur durch die Post. Bezugspreis: vierteljährlich für Teil I 2,70 RM, für Teil II 1,60 RM. Einzelbezug jeder (auch jeder älteren) Nummer vom Reichsverlagsamt, Berlin NW 40, Scharnhorststr. 4 (Fernsprecher: 42 92 65 — Postscheckkonto: Berlin 96200), oder von der Staatsdruckerei in Wien III, Rennweg 12a. Preis für jeden angefangenen achtseitigen Bogen 15 Rpf, aus abgelaufenen Jahrgängen 10 Rpf (ausschl. Postgebühr); bei größeren Bestellungen 10 bis 60 v. H. Preisnachlaß.

Speers letzter Zugriff – auf alle von Juden noch 1938/39 bewohnten Wohnungen

Meldung freiwerdender ehemal. Judenwohnungen
laut Verordnung vom 12. 6. 42 — R.G.B. I. Seite 392
arischer, jüdischer Besitz. (Nichtzutreffendes ist zu streichen.)

Verwaltungsbezirk: ....

1. Lage der Wohnung: Ort: ....
Straße: .... Nr. .... Vordhs. Seitenfl. Quergb. .... Stock
2. Anzahl der Räume: .... Zimmer, ... Küche,
.... Kammer, ... Mädchenzimmer, ... Bad,
.... Toilette, ... Boden, ... Keller, sonstiges
Zubehör: Ofenhzg. Warmw. Zentralhg. Fahrst.
3. Monatl. Miete: .... RM.
4. Räumungs- bzw. Vermietungstermin: ....
5. Name des ehem. jüd. Mieters: ....
6. Name des jetzigen arischen Mieters: ....
laut Mietvertrag vom: ....
7. Anschrift des Vermieters: ....
.... Fernruf: ....

Berlin, den ....

....
Unterschrift des Vermieters.

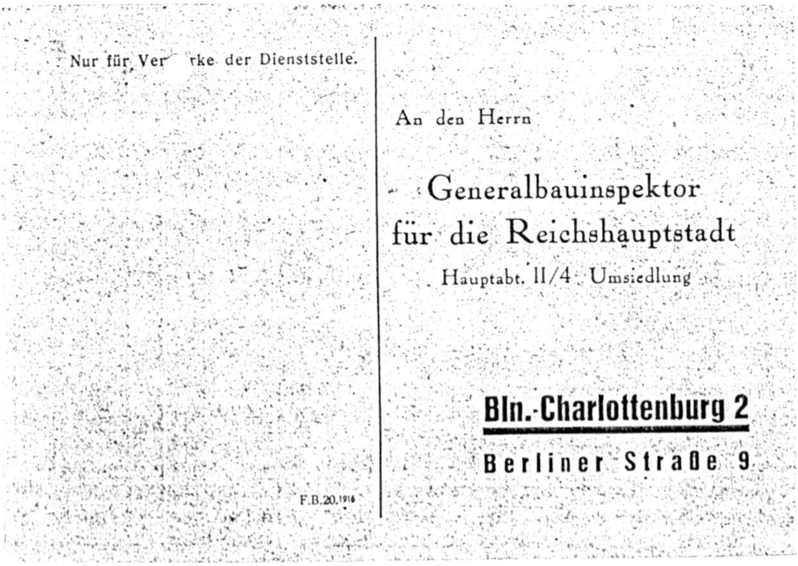

Nur für Ver[illegible]rke der Dienststelle.

F.B.20.1916

An den Herrn

Generalbauinspektor
für die Reichshauptstadt
Hauptabt. II/4 Umsiedlung

Bln.-Charlottenburg 2
Berliner Straße 9

Meldekarte für jede künftige Wiedervermietbarkeit von „Judenwohnungen“

Verw.-Bezirk: ....

Lage der Wohnung: Ort: ....

Straße: .... Nr. .... Vordh. / Seitfl. / Qugeb. .... Stock links / rechts / mitte

Judenwohnung: ....

Art der Wohnung:

Anzahl der Räume: ...... Zimmer, ... Küche, ... Kammer, ... Mädchenzimmer,

...... Bad, ... Toilette, ... Boden, ... Keller, sonst. Zubehör: ....

Ww. Zhzg. Ofhzg. Fahrst.

Monatliche Miete: ....

Anschrift des Vermieters: ....

.... Telefon: ....

....

Wohnung endgültig freigegeben am:	Wohnung verbleibt meldepflichtig

8228-FB.21.1916

1. Genehmigung zur Wiedervermietung am: .... an: ....

1. Freigabe " " " " ....

lt. Meldung vom .... Wohnung frei zum ....

2. Genehmigung zur Wiedervermietung am: .... an: ....

2. Freigabe " " " " ....

lt. Meldung vom .... Wohnung frei zum ....

3. Genehmigung zur Wiedervermietung am: .... an: ....

3. Freigabe " " " " ....

lt. Meldung vom .... Wohnung frei zum ....

Bemerkungen:

Als „gelbe Judenkartei" registrierte Speers Behörde zuletzt den Bestand der Reserve an Ersatzwohnungen für den ewigen Berliner Hauptstadtbau

Den Berliner Hauptstadtbau hatte Speer mit der Stornierung aller weiteren Bereichsräumungen am 29. Januar 1942 keineswegs aufgegeben. Das Reichssicherheitshauptamt bereitete die Deportationen der dritten Großaktion des GBI vor.[900] Die Deportationen der „III. Aktion" dauerten noch an, als die Rüstungsinspektion Mitte Januar 1942 für einen vorläufigen Deportationsstop zugunsten der Kriegsproduktion plädierte.[901] Daraufhin wurde noch im Januar 1942 „die vorgesehene weitere Umsiedlung der Juden" ausgesetzt: die Deportationen der dritten und letzten Großaktion des GBI – während die Berliner Gestapo mit den Deportationen im März und April 1942 den Räumauftrag der „III. Aktion" abschloß.[902]

Die Berliner Rüstungsinspektion hatte Mitte November 1941 erwartet, daß von der geplanten Deportation aller 75.000 Berliner Juden jene etwa 20.000, die in kriegswichtigen Produktionen zwangsbeschäftigt waren, bis zur Ersatzbeschaffung zurückgestellt würden.[903] Die Gestapo suchte nach einem Kompromiß zwischen dem Deportationsauftrag des GBI und dem Bedarf der Berliner Rüstungsbetriebe: Damit die als Zwangsarbeiter noch nicht entbehrlichen Juden keinen Wohnraum in Berlin in Anspruch nahmen, sollten sie in geschlossene Lager gesperrt werden. Am 9. Februar 1942 kündigte der Leiter des Amts IV D der Stapoleitstelle, Regierungsrat Dr. Edwin Kunz, den Vertretern aller Rüstungsfirmen, die mehr als 100 Juden in Zwangsarbeit einsetzten, die kommende Wohnungsräumaktion des GBI mit den Worten an: „Deshalb ist beabsichtigt, sämtliche Wohnungen, in welchen sich noch Juden befinden, zu räumen, nicht arbeitseinsatzfähige Juden, wie Kinder, Greise und Gebrechliche zu evakuieren, während die im Arbeitsprozeß befindlichen Familienangehörigen in geschlossenen Lagern untergebracht werden sollen", was „von Seiten der Industrie für vorteilhaft gehalten" wurde.[904] Am 11. März 1942 bestätigte die Gestapo die Vereinbarungen

900 Kurt Pätzold und Erika Schwarz, „Auschwitz war für mich nur ein Bahnhof". Franz Novak – der Transportoffizier Adolf Eichmanns, Berlin 1994, S. 123ff., Dokument 8 (Stapo Düsseldorf, Bericht über die Besprechung beim RSHA am 6.3.42, v. 9.3.42).

901 Gruner, Der Geschlossene Arbeitseinsatz, a.a.O., S. 292, dort nach Bericht Rüstungsinspektion III Berlin v. 15.1.42.

902 Bericht der Rüstungsinspektion III Berlin für die Zeit vom 1.10.40 bis 31.12.41, v. 30.6.42, zit. nach Maier, Arbeitseinsatz und Deportation, a.a.O., S. 150. Dimension des Völkermords, a.a.O., S. 48, Anmerkung 123 (Speer an RMin Rosenberg v. 26.1.42).

903 Bericht der Rüstungsinspektion III Berlin v. 15.11.41, zit. nach Maier, Arbeitseinsatz und Deportation, a.a.O., S. 145, demnach das Arbeitsamt mit der Gestapo entsprechende Vereinbarungen bereits getroffen hatte.

904 Anatomie des Krieges. Neue Dokumente über die Rolle des deutschen Monopolkapitals bei der Vorbereitung und Durchführung des zweiten Weltkrieges, hrsg. und eingeleitet von Dietrich Eichholtz und Wolfgang Schumann, Berlin/DDR 1969, Dokument 195, S. 380f. (Aktennotiz, Aceta GmbH, IG Farben, zur Besprechung auf Einladung Stapo IV D, RegRat Dr. Kunz, am 9.2.42).

und sicherte den Rüstungsfirmen zu, daß die jüdischen Zwangsarbeiter in Berlin blieben, solange „ein Austausch gegen Arbeitskräfte aus dem Osten wegen Transportschwierigkeiten in großem Umfang nicht erfolgen kann".[905]

Zu einer Kasernierung der zur Zwangsarbeit eingesetzten Berliner Juden in betriebseigenen Lagern kam es im Jahr 1942 nicht mehr. Ende Dezember 1941 übernahm Speer „Einsatzaufgaben im Osten", einen Teil seiner Baugruppen etablierte er als „Baustab Speer – Ostbau" in Rußland und der Ukraine. Die Deportationen der dritten Großaktion wurden im Januar 1942 ausgesetzt, Speer weitete die Bereichsräumungen nicht mehr nach Plan aus.[906] Am 8. Februar als Nachfolger Todts zum Reichsminister ernannt, arrondierte Speer in den folgenden Wochen seine Vollmachten als designierter „Rüstungsdiktator".[907] Darüber hatte Speer sein bis Jahresende 1941 noch vorhandenes

---

905 Gruner, Der Geschlossene Arbeitseinsatz, a.a.O., S. 292ff., 293f. (Vermerk, Aceta GmbH, IG Farben, zur Besprechung am 11.3.42 v. 12.3.42).

906 BAK R 120 Nr. 3985, Bl. 21-25 (Speer, Aufzeichnung zur Stillegung der Neugestaltung wegen der mit allen verfügbaren Arbeitskräften durchzuführenden Einsatzaufgaben im Osten nach Hitler-Beauftragung v. 27.12.41, an Bormann z.K. am 23.1.42, v. 22.1.42). Auf den Deportationsstop bezieht sich Speer im Schreiben an RMin Rosenberg v. 26.1.42: „die Evakuierung von Juden [ist] aus eisenbahntechnischen Gründen bis etwa April abgestoppt", zit. nach Dimension des Völkermords, a.a.O., S. 48, Anm. 123 (Nürnberger Dokument PS-1738). BAK R 120 Nr. 3905c (Hausliste für Bereichsmieter, Vermerke „gestoppt 29. Jan. 1942"). Die von der Reichskanzlei dem GBI Anfang April 1942 übersandte Umsetzung der Speer-Aufzeichnung zur Stillegung von Januar enthält die Anordnung, Vorbereitungs- und Planungsarbeiten einzustellen, „soweit sie nicht auf Grund besonderer Weisung des Führers fortgesetzt werden", BAP 46.06 Nr. 370, Bl. 22 (RMin u. Chef der Reichskanzlei Lammers an GBI betr. Planungsarbeiten für die Neugestaltung der Städte Berlin, München, Linz, Hamburg und Nürnberg, v. 2.4.42). Der Leiter der Hauptabteilung Umsiedlung, Werner Pohl, argumentierte in einer Vorlage für Speer am 15.4.42, mit Deportationen könnte zur Zeit nicht gerechnet werden und auch politisch wichtige Umsiedlungen wären zur Zeit gestoppt, BAK R 120 Nr. 1976 (Ds., II/4 - 00/Hl/Er., Hauptabt. Umsiedlung, nicht gez. (Werner Pohl, vgl. dessen Zeichen auf Schreiben v. 10.3., 13.3. und 29.4.42 LA Bln Rep. 58 StA LG Bln 6 P.Js. 799/42, Bl. 26, 25, 6), an Herrn Reichsminister Speer, betr. Einrichtung Tropenlazarett des OKH in bisherigen Räumen des RfSS, „Haus Grunewald", Hagenstr. 39/47, dessen Hauptamt daher in der Marburger Str. 5 Ersatz suchte, v. 15.4.42).

907 Binnen drei Wochen nach seiner Ernennung zum RMinBuM am 8.2.42, RGBl. I, S. 80 v. 15.2.42, verschaffte sich Speer als Nachfolger Todts die Verteilungsgewalt über Arbeitskräfte und Baustoffe in der gesamten Kriegswirtschaft: Speer übernahm sofort Todts Ämter als Leiter der OT, GBBau, Generalinspektor für das deutsche Straßenwesen, Generalinspektor für Wasser und Energie, wurde am 11.2.42 Leiter des Hauptamts Technik des NSDAP und des NS-Bunds Deutscher Technik als „Reichswalter", erhielt am 15.2.42 alle Vollmachten der DAF auf dem Gebiet der Rationalisierung und Leistungssteigerung, am 18.2.42 die Anerkennung der uneingeschränkten Führungsrolle des RMinBuM durch Vereinbarung mit VjPlan, Wehrwirtschafts- und Rüstungsamt des OKW und der „Selbstverantwortungsorganisation der Wirtschaft", und ließ sich am

Interesse an der schnellen Verfügbarkeit vermietbarer Wohnungen Berliner Juden zunächst hintangesetzt. Die Rüstungsbetriebe waren zufriedengestellt, solange die Gestapo den Abtransport der zur Deportation erfaßten jüdischen Zwangsarbeiter, falls sie von ihnen reklamiert wurden, aufschob. Speer hingegen hielt an der Deportation aller Berliner Juden fest, weil ihm bei Kriegsende einzig die Wohnungen der Deportierten als Ersatzwohnungsangebot für die Neugestaltung zur Verfügung stehen würden.

Als Speer am 13. März 1942 Martin Bormann, den Leiter der Parteikanzlei, veranlaßte, ein Rundschreiben an die Gauleiter aufzusetzen, das Speer auch über sein Ministerium und von der Deutschen Arbeitsfront reichsweit verbreiten ließ, erhob er sich zum Herrscher über das Los aller zwangsbeschäftigten deutschen Juden: Die Leiter „von Rüstungsbetrieben, die weisungsgemäß noch Juden beschäftigen," waren einerseits „gegen Angriffe und den Verdacht der Judenfreundlichkeit in Schutz zu nehmen". Andererseits legte Speer die Regeln des Austauschs von Zwangsarbeitern fest, so daß der Einsatz von Juden in der Rüstungsproduktion in Berlin keine seiner noch ausstehenden Wohnungsräumungen behindern würde: „Der Reichsminister für Bewaffnung und Munition wird im übrigen, sobald die Arbeitseinsatzlage es gestattet, die Juden in Rüstungsbetrieben durch andere Arbeitskräfte ersetzen und dafür die Juden zum Abtransport freigeben."[908]

In Fehleinschätzung der militärischen Stärke der Sowjetunion hatte die Wehrmacht bis Dezember 1941 vorgehabt, den gesamten Kräftebedarf der Rüstungsindustrie von 1,1 Millionen Arbeitern bis April 1942 durch Entlassungen aus dem Kriegsdienst zu decken. Stattdessen begann sie Anfang 1942 fast ebenso viele Arbeiter aus der Produktion zusätzlich in den Kriegsdienst zu rekrutieren. Der soeben berufene Generalbevollmächtigte für den Arbeitseinsatz, Fritz Sauckel, ließ in den Monaten April bis Juli 1942 mehr als 1,6 Millionen Zwangsrekrutierte nach Deutschland verschleppen, davon mehr als 1,3 Millionen aus den besetzten Territorien der Sowjetunion. Doch ersetzten diese allenfalls die Rekrutierungen der Wehrmacht, deckten aber nicht die Kräfteanforderungen der Rüstungsindustrie, die ihren Bestand 1942 um 1,5 Millionen Arbeiter zu vermehren plante.[909]

Am 29. Mai 1942 – die Deportationen aus Berlin waren noch immer unterbrochen – präsentierte Speer seinen ersten Austauschplan, der Berliner

---

1.3.42 zum GBRüst in der VjPlan-Behörde Görings ernennen, nach Eichholtz, Geschichte der deutschen Kriegswirtschaft, Bd. II, a.a.O., S. 58–64.

908 Gruner, Der Geschlossene Arbeitseinsatz, a.a.O., S. 295 (Bormann an die Gauleiter der NSDAP, auch verbreitet vom RMin Speer und der DAF, v. 13.3.42, BAP 62 DAF 3 Nr. 2251, Bl. 56: AO 3/42).

909 Zum Dilemma der faschistischen Arbeitskräftepolitik Eichholtz, Geschichte der deutschen Kriegswirtschaft, Bd. II, a.a.O., Kapitel II, S. 74–79, Kapitel IV, S. 190–210.

Juden als Zwangsarbeiter in Rüstungsfirmen entbehrlich machen sollte und besorgte sich Hitlers Auftrag, jüdische Zwangsarbeiter in Berlin durch ausländische Deportierte zu ersetzen.[910] Ab Mitte Juni 1942 deportierte die Gestapo wieder Berliner Juden aufgrund der Wohnungskündigungen des GBI. Da der Zwangsarbeiteraustausch sich als illusorisch erwies, stellte die Gestapo die von Rüstungsfirmen und Arbeitsverwaltung reklamierten Zwangsarbeiter weiterhin von der Deportation zurück.

Am 15. September 1942 – die dritte Großaktion war zur Hälfte umgesetzt, die Rückstellungspraxis der Berliner Gestapo ins Gerede geraten – versuchte Speer für seinen zweiten Austauschplan Oswald Pohl, den Chef des Wirtschafts- und Verwaltungshauptamts der SS, als geschäftlich interessierten Verbündeten zu gewinnen. Pohl berichtete Himmler am folgenden Tag über Speers Vorstellungen: Speer wollte von den seit März 1942 deportierten slowakischen, französischen, polnischen, holländischen, jugoslawischen und belgischen Juden 50.000 arbeitsfähige von der SS „in Auschwitz aus der Ostwanderung abschöpfen“ und als Sklavenarbeiter für die Rüstung in stillgelegten Fabriken oder neuen KZ-Betrieben auf der grünen Wiese von der SS zu Tode arbeiten lassen.[911] Parallel schlug Speer der Rüstungsindustrie am 17. September 1942 vor, in Kooperation mit der SS an vorhandenen Produktionsstandorten Konzentrationslager zu errichten. WVHA-Chef Pohl hatte zu Speers Expansionsplan für die SS einschränkend angemerkt, daß Deportierte keinesfalls zur Sklavenarbeit in die Nähe ihrer Herkunftsorte zurückverbracht werden dürften. Die Rüstungsindustrie ging gleich davon aus, daß dieser Austauschplan an den Interessen des Reichssicherheitshauptamts scheitern müßte: Anfragen von Rüstungsfirmen, die auf den Speer-Vorschlag reagierten, jüdische Deportierte aus Auschwitz als Zwangsarbeiter in betriebsnahe Konzentrationslager zu sperren, hatten örtliche Gestapostellen, die die Massendeportationen deutscher Juden organisierten, bereits zurückgewiesen.[912]

---

910 Gruner, Der Geschlossene Arbeitseinsatz, a.a.O., S. 298ff., Anmerkungen 139–142, dort nach Tagebucheintragung Goebbels' v. 30.5.42 zu Auftrag Hitlers an Speer v. 29.5.42; Eichmann lud Repräsentanten der Berliner RV und der Gemeinden in Wien und Prag ins RSHA vor und kündigte ihnen am 29./30.5.42 die Wiederaufnahme der Deportationen „nach Osten“ und den Beginn der Deportationen nach Theresienstadt an, Safrian, a.a.O., S. 175, dort nach Aktennotiz Dr. Josef Löwenherz zur Vorsprache beim RSHA IV B 4.

911 Bericht Pohl zur Besprechung mit Speer am 15.9.42 an Himmler v. 16.9.42, auszugsweise wiedergegeben in Falk Pingel, Häftlinge unter SS-Herrschaft. Widerstand, Selbstbehauptung und Vernichtung im Konzentrationslager, Hamburg 1978, S. 276f. (BAK NS 19 Nr. 14).

912 Maier, Arbeitseinsatz und Deportation, a.a.O., S. 168ff., 169 (Vermerk Reichsver-

Für seinen zweiten Austauschplan konnte Speer Hitler nicht gewinnen, und dies nicht, weil Hitler – wie Speer als Memoirenschreiber zu seinen „Führerbesprechungen" an den Tagen vom 20. bis 22. September 1942 behauptet hat – nicht gegen Goebbels entscheiden wollte, sondern weil er sich mit Speer und Goebbels einig war, „unter allen Umständen" – also auch ungeachtet des Arbeitermangels in der Rüstungsproduktion – sämtliche Berliner Juden zu deportieren. Goebbels' und Speers Zielsetzungen waren identisch, verschieden waren nur noch ihre Motive für die schnelle Deportation aller Berliner Juden: Goebbels forderte diese als judenfeindlicher Agitator, Speer wollte sie, weil Juden Wohnungen belegten, die er als Ersatz für Neugestaltungsabrisse requirierte.

Der Interessenkonflikt zwischen dem Wohnungen raubenden GBI und den Arbeitskraft ausbeutenden Berliner Rüstungsfirmen verwandelte sich ab Februar 1942 in einen zwischen Speer als GBI und Speer als Rüstungsminister, dessen Erfolg von den Steigerungen der Rüstungsproduktion abhängig war, die er mit seinen als GBI veranlaßten Deportationen untergrub. Ohne den Konflikt zu lösen, setzte Speer gewohnheitsmäßig auf Expansion: er entwarf Zwangsarbeiteraustauschprogramme. Wie die Berliner Rüstungsfirmen wird Speer bedauert haben, daß der kompromißtaugliche „ursprüngliche Vorschlag, ihnen die Juden als Arbeitskräfte zu belassen, und sie zu diesem Zweck zu kasernieren und genau wie ausländische Arbeiter in Läger zu überführen, nicht durchgeführt worden ist".[913] Doch scheiterten diese Planungen nicht an dem angeblich von Hitler verlangten „familienweisen Abtransport". Diese Chiffre vernebelte lediglich, daß Speers Räumauftrag über ganze Wohnungen die Deportation der in einer Wohnung zusammenlebenden Juden zur Konsequenz hatte, was zudem die Verwertung ihres Vermögens ungemein erleichterte. Im Sommer 1943 veranlaßte Speer zur Vorbereitung der Deportation der bislang per rassistischer Definition geschützten Juden die Rüstungsfirmen, alle zwangsbeschäftigten Juden, „a) In Lagern bereits zusammengezogene Juden" und „b) Noch in freien Wohnungen befindliche Juden", getrennt nach Inländern, Ausländern und Kriegsgefangenen zu erfassen.[914]

Dem Speerschen Plan vom September 1942, Auschwitz zur Drehscheibe des europäischen Sklavenmarkts deportierter Juden zu machen, folgte die gesamte deutsche Industrie, als das Reichssicherheitshauptamt seit April 1944 Juden aus Ungarn zu Hunderttausenden nach Auschwitz deportierte.

---

einigung Eisen, Hauptabteilung Sozialwesen und Arbeitseinsatz, Kahlert, v. 23.9.42).

913 Bericht des Rüstungskommandos II Berlin für die Zeit vom 1.9.42 bis 31.12.42, zit. nach Maier, Arbeitseinsatz und Deportation, a.a.O., S. 173.

914 Gruner, Der Geschlossene Arbeitseinsatz, a.a.O., S. 326, Anmerkung 306 (Rds. Rüstungskommando Halle v. 18.6.43).

Als Albert Speer das Amt des Reichsministers für Bewaffnung und Munition antrat, hatte er in seiner Funktion als Generalbauinspektor binnen weniger Jahre ein Desaster von in der Stadtmodernisierung unbekanntem Ausmaß und von nie dagewesener verbrecherischer Dimension angerichtet: Im Geschäft mit der SS ließ Speer politische Gefangene in den Steinbrüchen und Steinfabriken der Konzentrationslager für seine Neugestaltungsbauten zu Tode schinden, er machte Tausende jüdische Familien wohnungslos und löschte die Existenz Zehntausender Juden in Berlin aus, denen – von der Speerschen Neugestaltungsbehörde der Gestapo zur Deportation „nach Osten" ausgeliefert – in der Hand der SS die Vernichtung drohte. Auch als Rüstungsminister verfolgte Speer seine spezifischen Interessen als Architektur-, Stadtplanungs- und Baumagnat. Die Räumungen der Neugestaltungsbereiche gab Speer erst auf, nachdem die Deportation aller Berliner Juden im Oktober 1942 beschlossene Sache war.[915] Sein Amt befaßte sich auch nicht mehr mit der Vergabe von Wohnungen Berliner Juden an privilegierte Mietinteressenten, denn diese hatte, wie Speer am 12. November 1942 seinen Ministerkollegen Rosenberg wissen ließ, „die von mir gesteckten Ziele erreicht".[916] Das Reichssicherheitshauptamt beorderte Eichmanns brutalste Garde nach Berlin, um die Deportationen durchzusetzen, die als sogenannte Straßen- und Fabrikaktionen bis März 1943 die Wohnungsräumungen für den Berliner Hauptstadtbau abschlossen.

---

915 Gruner, Der Geschlossene Arbeitseinsatz, a.a.O., S. 307f., dort nach RSHA, Kaltenbrunner, an GBA Sauckel, v. 6.10.42 und Nachricht über Speers RMin an Krupp v. 21.10.42 (Nürnberger Dokument NI-7267), zit. bei Adler, Der verwaltete Mensch, a.a.O., S.232.

916 Speer an Rosenberg v. 12.11.42, zit. nach Kwiet, Nach dem Pogrom, a.a.O., S. 638 (Nürnberger Dokument PS-1738).

Zeittafel der Neugestaltungsräumungen 1941–1943 (nach dem Bauplan für Berlin von 1940)

30. Mai 1940	Räumungsplan über 1.175 Wohnungen in Abrißbereichen der Neugestaltung		
Januar 1941	Räumungsaufforderungen an ca. 500 Bereichsmieter		
Januar 1941	„I. Aktion“: Etwa 800 Wohnungsräumungen nach Räumungslisten für Bereichsmieter bis Ende September 1942 und etwa 1.400 Wohnungsräumungen nach Räumungslisten der Serie „a“ wegen Kontingenten, Sonderräumungen und aus Gefälligkeit bis Ende Oktober 1942 bei Einquartierung der wohnungslosen Juden in Berlin		
Mai 1941	„II. Aktion“ / 1. Großaktion: 1.000 Wohnungsräumungen nach „W.B.-Verzeichnissen“ und vorübergehende Einquartierung der Exmittierten bei anderen Berliner Juden		
1. Juni 1941	Räumungsplan über 8.567 Wohnungen in Abrißhäusern bis Anfang 1943		
Juli 1941	Räumungsaufforderungen an ca. 500 Bereichsmieter		
August 1941	„III. Aktion“ / 2. Großaktion: 5.000 Wohnungsräumungen nach Kündigungsanordnungen bis April 1942		
ab Okt. 1941	Deportationen aus Berlin zum Räumauftrag der „III. Aktion“ Erster Deportationsschub des RSHA	1. 18.10.41 Łódź 2. 24.10.41 Łódź 3. 27.10.41 Łódź 4. 1.11.41 Łódź	
Nov. 1941	Zweiter Deportationsschub des RSHA	5. 14.11.41 Minsk 6. 17.11.41 Kowno 7. 27.11.41 Riga	
Nov. 1941	3. Großaktion: Räumung aller noch von Juden bewohnten Wohnungen bis März 1943		
Dez. 1941	Räumungsaufforderungen an ca. 375 Bereichsmieter		
Jan. 1942	Trotz „Deportationsstop“ weitere Transporte	8. 13.1.42 Riga 9. 19.1.42 Riga 10. 25.1.42 Riga	
29. Jan. 1942	Stornierung von Räumungsaufforderungen		
28. März 1942	Deportationen zum Abschluß der „III. Aktion“	11. 28.3.42 Piaski über Trawniki 12. 2.4.42 Warschau 14. 14.4.42 Warschau	
ab Juni 1942	Deportationen zum Räumauftrag der 3. Großaktion:	Osttransporte des RSHA	Alterstransporte (Theresienstadt)
			1.– 5. 2.06. bis 12.6.42
		15. 13.6.42 Sobibór	6.–11. 16.06. bis 26.6.42
		16. 24.6.42 Minsk	12.–19. 30.06. bis 10.7.42
		17. 11.7.42 Warschau	20.–44. 20.07. bis 14.8.42
		18. 15.8.42 Riga	1. gr. A. 17.8.42
			45.–55. 19.08. bis 2.9.42
		19. 5.9.42 Riga	56.–62. 5.9. bis 11.9.42
			2. gr. A. 14.09.42
29. Sept. 1942	Trennung vom Leiter der Wohnungsabteilung	20. 26.9.43 Raasiku	63.–67. 21. bis 25.9.42
		21. 19.10.42 Riga	3. gr. A. 14.10.42
1. Okt. 1942	Abbruch der Bereichsräumungen		
Okt. 1942	Personal-Auswechslung im Staporeferat IV D1	22. 26.10.42 Riga	68.–70. 28. bis 30.10.42
1. Nov. 1942	Stop der Wohnungsvermittlungen		71.–75. 4. bis 23.11.42
ab Nov. 1942	„Straßenaktion“		
29. Nov. 1942	Deportationen zum Abschluß der 3. Großaktion	23. 29.11.42 Auschwitz	
		24. 9.12.42 Auschwitz	76. 13.12.42
		25. 14.12.42 Auschwitz	77. + 78. 16. und 17.12.42
		26. 12.1.43 Auschwitz	79.–83. 12. bis 28.1.43
		27. 29.1.43 Auschwitz	84. 29.1.43
		28. 3.2.43 Auschwitz	85. 2.2.43
		29. 19.2.43 Auschwitz	
		30. 26.2.43 Auschwitz	
März 1943	„Fabrikaktion“	31. 1.3.43 Auschwitz 32. 2.3.43 Auschwitz 33. 3.3.43 Auschwitz 34. 4.3.43 Auschwitz 35. 6.3.43 Auschwitz	
		36. 12.3.43 Auschwitz	4. gr. A. 17.3.43
bis März 1945	Weitere Deportationen von etwa 2.000 Berliner Juden nach Auschwitz, Bergen-Belsen, Sachsenhausen und Ravensbrück		86.–117. Deportation von 2.783 Berliner Juden nach Theresienstadt

TEIL DREI

Wohnen auf Zeit – die Fiktion des Wohnens im dritten Wohnungsmarkt

VII Selbsthilfe in der Verelendung

Alle mehr als 23.000 Wohnungen, die Juden bei Kriegsbeginn in Berlin bewohnten, hatte der GBI als Ersatzwohnungen für die Berliner Neugestaltung eingeplant. Die mehr als 70.000 zu Beginn des Jahrs 1941 noch in Berlin wohnenden Juden fungierten als Platzhalter für die in Abrißbereichen der Neugestaltung Räumungspflichtigen und des GBI sonstige in Berlin wohnungssuchende Klientel. Seit 1940 umfaßte das Segment des Berliner Altbaubestands, das der GBI als zweiten Wohnungsmarkt oder „Abrißwohnungsmarkt" kontrollierte, alle von Juden bewohnten Wohnungen oder anderweitig genutzten Räume und das gesamte Hauseigentum von Juden oder deren Nacheigentümern.[917] Mit den gesetzwidrigen und rechtsgrundlosen Räumungsverfügungen gegen Berliner Juden seit der Wiederaufnahme der Neugestaltungsräumungen im Januar 1941 verschaffte sich der GBI ein optimales Wohnungsangebot für Abrißmieter und Begünstigte. Die Ersatzwohnungsnachfrage im zweiten Wohnungsmarkt regulierte die Neugestaltungsbehörde mit der Umsetzung des 1940 und 1941 mehrfach revidierten Räumungsplans.

Die seit Februar 1941 durch Neugestaltungsräumungen erzeugte Wohnungsnot traf ausschließlich Berliner Juden. In dem gesetzlich zur Vermeidung von Obdachlosigkeit der Unterbringung wohnungsloser Juden vorbehaltenen Segment des Altbaubestands aus dem Eigentum von Juden verschärfte der GBI den Wohnungsmangel und das Wohnungselend. Die Exmittierungen des GBI bei Wohnungsräumungen gegen Juden und Sonderräumungen ganzer Grundstücke aus jüdischem Eigentum reduzierten deren Bestand und führten zur Überbelegung der Wohnungen Berliner Juden im Juden noch verbliebenen Hauseigentum. Dieser planvoll geschrumpfte dritte Wohnungsmarkt oder „Schachtelraum" war der Rest des vom GBI noch nicht für die Neugestaltung oder von kriegswichtigen Büroraumnutzern mit Billigung des GBI in Anspruch genommenen zweiten Wohnungsmarkts. Seit seinem ersten Zugriff auf den Wohnraum von Juden im Jahr 1938 existierte ein dritter Wohnungsmarkt in den Planungen des GBI allenfalls auf Zeit.

Der GBI diktierte die sukzessive Einengung des dritten Wohnungsmarkts und die fortschreitende Verelendung der Wohnverhältnisse der

---

917 Gesetz über Mietverhältnisse mit Juden v. 30.4.39, RGBl. I, S. 864, und gesetzändernde VO zum GMietV v. 10.9.40, RGBl. I, S. 1235, i.V.m. VO über die Neugestaltung Berlins und Münchens v. 25.4.41, RGBl. I, S. 219, und 2. VO über die Neugestaltung Berlins und Münchens v. 1.9.41, RGBl. I, S. 548. Bei nach dem Stichtag 5.5.39 übernommenen Hauseigentum von Juden galten die Meldepflichten und die das Vermietungs- und Kündigungsrecht des Eigentümers einschränkenden Befugnisse der Kommune aus dem GMietV v. 30.4.39, in Berlin die des GBI, unverändert gegen jeden Nacheigentümer, es sei denn, die Kommune bzw. der GBI verzichteten.

Berliner Juden. Der Wohnungsberatungsstelle der Jüdischen Kultusvereinigung wies der GBI die Funktion zu, im Rahmen ihrer Wohnungsfürsorge einen kleinen Teil der in Berlin exmittierten Juden in Wohnungen anderer Juden einzuquartieren. Die vom GBI bevorzugte Alternative zur Einquartierung wohnungsloser Juden in Berlin war deren Deportation aus Berlin. Sie veränderte die der Jüdischen Kultusvereinigung zugewiesene Funktion. Seit Dezember 1942 hieß deren Wohnungsberatungsstelle auch ganz offiziell „Wohnungsstelle und Abwanderungsvorbereitung". Die Funktionäre der Zwangsgemeinschaft wurden unter Morddrohung an Maßnahmen der Existenzzerstörung beteiligt und betrieben eine existenzbewahrende Selbsthilfe, ohne dem oktroyierten System der Vernichtung zu entrinnen. Wie ein Mikrokosmos spiegelt die von der Fiktion des Wohnens geleitete Heimfürsorge in Berlin den Untergang des jüdischen Abwehrkampfs wider.

1. *Die Wohnungsfürsorge der Jüdischen Kultusvereinigung*

Seit 1933 wuchsen die Anforderungen an die gemeindliche Wohnungsfürsorge mit der Verarmung und Vertreibung der Juden und ihrer verstärkten Binnenwanderung nach Berlin. Im Rahmen organisierter Auswanderung wurden Jugendliche und Alleinstehende in Ausbildungslagern und Heimen aufgenommen. Die Gestapo konnte Zuzugsgenehmigungen nach Berlin verweigern oder von der Zustimmung der Meldebehörden abhängig machen, die ihrerseits den Nachweis ausreichender Unterkunft verlangten.[918] Vielfach ist von Notlagen berichtet worden, in die Flüchtende gerieten, wenn sich die vorbereitete Ausreise, nachdem alles Vermögen liquidiert war, Woche um Woche und Monat um Monat verzögerte oder im letzten Augenblick scheiterte.[919] Wie viele Berliner Juden durch Vermieterkündigungen wohnungslos wurden und die Unterstützung der gemeindlichen Wohnungsfürsorge suchten, ist nicht bekannt.

Juden waren vor und seit Geltung des Gesetzes über Mietverhältnisse mit Juden gesetzwidrigen Kündigungen und richterlicher Rechtsbeugung

918 Vgl. Ezra BenGershom, David. Aufzeichnungen eines Überlebenden. Mit einem Vorwort von Primo Levi, Frankfurt/M., erweiterte Neuausgabe, 1993 (Erstausgabe Joel König, Den Netzen entronnen, Göttingen 1967), S. 100f.

919 Vgl. Gross, Versteckt, a.a.O., S. 28f.; Berichte in den bezirklichen Studien zur Geschichte der Berliner Juden. Trotz gescheiterter Flucht brauchte die Charlottenburger Familie Kübler keine Unterstützung bei der Wohnungssuche, als sie nach 37tägiger Odyssee auf dem am 13.5.39 in Hamburg ausgelaufenen Flüchtlingsschiff St. Louis nach Berlin zurückkehrte: Nicht „wie durch ein Wunder", sondern weil kein Abrißmieter genau diese der mehr als 90 im Verwaltungsbezirk angebotenen Wohnungen vor dem Wiedervermietungstermin passend fand, war ihre Wohnung in der Mommsenstraße 27 noch frei; Wyden, Stella, a.a.O., S. 89ff. BAP 46.06 Nr. 3445 (Wohnungsliste Nr. 16 v. 30.5.39) und ebenda Nr. 3443 (Wohnungsnachweis Nr. 1 bis Nr. 11).

schutzlos ausgeliefert. Nachdem die Verbände der Wohnungswirtschaft seit Jahren für die Aufhebung des Mieterschutzes von Juden agitiert hatten, paßte sich die Rechtsprechung dem publizistischen Trend an.[920] Die Reichsvertretung der Juden legte im Oktober 1938 dem Reichsjustizminister eine Zusammenstellung gegensätzlicher Entscheidungen der Gerichte vor, empfahl aber gleichzeitig den auf gesetzwidrigem Weg in die Wohnungslosigkeit gedrängten Juden, von zivilrechtlichen Klagen abzusehen, da sie nurmehr eine Verfestigung der diskriminierenden Rechtsprechung erwartete.[921]

Bezirkliche Wohnungsämter schufen durch Zuweisung wohnungslos gewordener Juden in Häuser von Juden sogenannte Judenhäuser, von denen manche Abbruchhäuser in Bereichen der Neugestaltung waren. Im April 1940 hatte die Berliner Gestapo beanstandet, große Berliner Altbauwohnungen von sechs bis acht Zimmern würden lediglich von zwei bis drei Personen genutzt. Vorstandsmitglieder der Jüdischen Gemeinde berichteten der Gestapo am 20. April 1940, „dass diese Frage die Wohnungsberatungsstelle der Gemeinde sehr stark beschäftige und dass bereits eine Erhebung über den jüdischen Wohnraum in jüdischen Häusern und in den sogenannten Judenhäusern durchgeführt sei, die jedoch nicht viel ergeben habe. Viel wichtiger sei es, in der Frage der besseren Ausnutzung jüdischen Wohnraumes in arischen Häusern voranzukommen."[922] Langfristig sollten sich, so die Amtliche Begründung zum Gesetz über Mietverhältnisse vom 30. April 1939, die noch nicht auswandernden Juden in den von Juden genutzten Wohnraum in Häusern von Juden teilen, soweit diese bereits überwiegend von Juden bewohnt wurden. In Berlin jedoch prägten die gesetzlich zulässigen Untermietverhältnisse zwischen Juden, gleich in wessen Hauseigentum, deren kaum sichtbare innerstädtische Konzentration.[923]

---

920 Führer, Mit Juden unter einem Dach?, a.a.O.

921 BAK R 22 Nr. 1921, Bl. 77-214 (Eingabe Reichsvertretung der Juden in Deutschland, (u) Dr. Lilienthal, betr. Kündigung von Wohnraum jüdischer Mieter, Anlage u.a. 15 Gerichtsurteile und 2 Aufsätze, v. 28.10.38).

922 BAP 75 C Re 1 Nr. 47, Bl. 32 (Bericht JKV Berlin, gez. Brasch, zur Vorladung bei der Gestapo, Stapoleitstelle Berlin, am 20.4.40). Die erwähnte Erhebung, „die jedoch nicht viel ergeben habe", war keine interne der JKV, wie Wolf Gruner, Die Reichshauptstadt und die Verfolgung der Berliner Juden 1933–1945. Eine Chronologie der Behördenmaßnahmen in der Reichshauptstadt, Berlin 1996, S. 243, annimmt. Sie beruhte auf Angaben von bezirklichen Wohnungsämtern über Mietverhältnisse im Hauseigentum von Juden, soweit Juden Hauptmieter waren. Die Mietverhältnisse in Grundstücken von Juden waren durch RdVfg. des OBM v. 19.5.39 zum GMietV mit Juden v. 30.4.39 den städtischen Ämtern bis zum 10.6.39 und fortlaufend meldepflichtig. Die Gestapo war an der innerstädtischen Konzentration der Berliner Juden nicht beteiligt und verlangte einen Bericht der JKV, um mit der Stadtverwaltung zu verhandeln.

923 Das GMietV v. 30.4.39 untersagte nichtjüdischen Hauseigentümern nicht den Abschluß

Im Frühjahr 1939, nach Inkrafttreten des antijüdischen Mietgesetzes und im Zusammenhang mit den innerstädtischen Umsetzungen des GBI, hatte die Jüdische Gemeinde die Wohnungsberatungsstelle eingerichtet, die Dr. Martha Mosse leitete. Auf Verlangen des GBI hatte die Wohnungsberatungsstelle für die Unterbringung wohnungslos werdender Juden in Berlin zu sorgen, eine Aufgabe, deren Erfüllung gesetzlich der Kommune oblag. Die Wohnungsfürsorge der Jüdischen Kultusvereinigung fungierte in der Zeit der Neugestaltungsräumungen des GBI seit Februar 1941 als Selbsthilfe, indem sie wohnungslose Juden bei der Quartiersuche in Berlin unterstützte. Diese Selbsthilfe war jedoch bar aller Möglichkeiten, die Wohnsituation Berliner Juden erträglich zu gestalten, geschweige denn zu verbessern; sie erschöpfte sich in der Administration des Wohnungselends der Berliner Juden. Die Beschneidung der Selbsthilfe wie den gesamten Verelendungsprozeß forcierte der GBI durch systematische Verminderung des Juden in Berlin auf Zeit zugestandenen Wohnraums.

Der GBI, der die Wohnungsräumungen gegen Berliner Juden anordnete, wünschte als die verantwortliche Behörde ungenannt zu bleiben. Denn alle Unternehmungen des GBI, die Juden ihrer Wohnungen beraubten, waren rechtsgrundlos und gesetzwidrig. Auch das antijüdische Gesetz über Mietverhältnisse hatte kein behördliches Kündigungsrecht oder Räumungsrecht gegen Juden etabliert. Im Gegenteil, es schränkte das Kündigungsrecht gegen Juden ein, indem es die Kündigung von behördlicher Genehmigung abhängig machte. Alle vom GBI durch Räumungslisten oder Auflistungen von Kündigungsanordnungen veranlaßten Wohnungsräumungen waren de jure und de facto kündigungslose Räumungen. Um diesen Rechtsbruch zu verdecken, mußte die Wohnungsberatungsstelle Räumungsaufforderungen zustellen und gegen die betroffenen Juden durchsetzen.

Wohnungsräumungen der „I. Aktion" und der „II. Aktion" des GBI gab die Wohnungsberatungsstelle Berliner Juden, die als Untermieter bei anderen Juden in Berlin Quartier finden konnten, unter Mitteilung des Räumungstermins bekannt: „Die zuständigen Behörden haben uns mitgeteilt, daß Sie Ihre Wohnung [...] bis zum [...] räumen müssen."[924] Von dieser Formulierung kaum unterscheidbar hieß es in dem Vorladungsschreiben zum Termin in der

von Mietverträgen mit Juden, wie Hildesheimer, Jüdische Selbstverwaltung unter dem NS-Regime, a.a.O., S. 174, annimmt. Die geringe Zahl von 76 in der Neugestaltungsbehörde statistisch ausgewiesenen Nachmeldungen zeigt, daß solche Fälle Ausnahmen waren. Der Mieter, der einen anderen Juden als Untermieter aufnahm, bedurfte lt. § 3 GMietV im Hauseigentum von Juden nicht der Erlaubnis des Vermieters.

924 BAK R 120 Nr. 2909 (Abs., Theodor Fröhlich an BezBM Tiergarten v. 24.3.42). Der Text des in der „II. Aktion" verwendeten Benachrichtigungsschreibens ließ sich bisher nicht auffinden.

Wohnungsberatungsstelle, der in der „III. Aktion“ der Wohnungsräumungen des GBI der Erfassung zur Deportation diente: „Auf behördliche Anordnung teilen wir Ihnen mit, daß Ihre Wohnung zur Räumung bestimmt ist.“[925]

Alle Wohnungsräumungen gegen Berliner Juden gingen von der Neugestaltungsbehörde aus, deren Mitarbeitern wie denen des städtischen Hauptplanungsamts die langjährige Leiterin der Wohnungsberatungsstelle, Martha Mosse, die Mitte Juni 1943 selbst nach Theresienstadt deportiert wurde, Ende der fünfziger Jahre bescheinigte, daß sie „bei der Erörterung von Wohnungsräumungen sich nicht rigoros und in der Form einwandfrei verhielten“. Nach Mosses Erinnerung konnte bis in das Jahr 1943 „verhältnismäßig günstig entschieden werden, wenn auch die ganze Aktion einen sehr harten und bis dahin unbekannten Eingriff in die Privatsphäre bedeutete. Differenzen zwischen den erzwungenen Mietparteien kamen verhältnismäßig selten vor und wurden von der Wohnungsberatungsstelle soweit möglich geschlichtet. Auch schickten sich die meisten Parteien in ein friedliches Zusammenleben.“ Von Mosse ist auch der Ausspruch des Leiters des Stapoleitstellenreferats IV D1, Franz Prüfer, überliefert, der am 1. Oktober 1941 die Berliner Deportationen ankündigte: Die Jüdische Gemeinde müßte mitwirken, andernfalls würden sie durch SA und SS durchgeführt werden, und „man weiß ja, wie das dann werden würde“. Im Hinausgehen soll Prüfer außerdem gesagt haben: „Ja, das ist nun nicht schön, daß ich Ihnen das gerade am Versöhnungstage sagen muß“.[926]

Gegenüber der seit Januar 1941 laufenden „I. Aktion“ verkürzte der GBI im Mai 1941 bei der „II. Aktion“ der Wohnungsräumungen die den betroffenen Juden gesetzten Räumungsfristen erheblich. Nicht bis zu sechs, sondern allenfalls zwei Wochen blieben den als Bewohnern von tausend Wohnungen betroffenen Juden für Quartiersuche und Umzug. Seit Februar 1941 hatte die Wohnungsberatungsstelle mit Beginn der „I. Aktion“ der Neugestaltungsräumungen wöchentlich den Bewohnern von bis zu 30 Wohnungen bei der Quartiersuche zu helfen. Weil durch die tausend Wohnungsräumungen der bevorstehenden „II. Aktion“ des GBI zusätzlich Woche für Woche Juden aus Hunderten von Wohnungen unterzubringen waren, wurde

---

925 LA Bln Rep. 58 Acc. 4005 Nr. 6161, Bl. 131 i.V.m. Bl. 101 (Schreiben JKV an Moritz Schwarzschild v. 1.11.41) sowie desgl. an Kurt Aron, Datum des Poststempels, Faksimile in: Jüdische Geschichte in Berlin, a.a.O., S. 315. Dieselbe Formulierung wurde bis 10/42 genutzt, LA Bln A Rep. 358-02 Nr. 5334 (2 P.K.Ms. 20/42, Bd. II, Bl. 96, Umschlag mit Anlagen zum Sitzungsprotokoll v. 26.10.42, darin Abs., Formular des Anschreibens JKV).

926 Germania Judaica Köln, Kb/Mos, 69-471 (Kopie, Erinnerungen, (u) Dr. Martha Mosse, 13 Seiten ms., dort S. 8-13, Anlage 2, Bericht v. 23./24.7.58). Yom Kippur fiel 1941 auf den 30.9./1.10., das Neujahr auf den 21./22./23.9.41.

die Wohnungsberatungsstelle ab Mai 1941 zentrale Wohnungsvermittlung für Juden in Berlin.

Die widerrechtlich geräumten Wohnungen von Juden wollte der GBI seiner Klientel instandgesetzt übergeben. Um möglichen Auseinandersetzungen um die Instandsetzungskosten in tausend Einzelfällen vorzubeugen, belastete der GBI seit April 1941 die Jüdische Kultusvereinigung quasi gesamtschuldnerisch mit den Anteilen exmittierter jüdischer Hauptmieter. Über den daraufhin eingerichteten Wohnungs-Fonds zahlte die Jüdische Kultusvereinigung bis 31. März 1943 insgesamt 903.112,71 Reichsmark an den GBI und zog von den zahlungsfähigen früheren Wohnungsmietern 492.230,22 Reichsmark ein.[927] Erstattungen der Instandsetzungskosten für die Wohnungen deportierter Juden schöpfte der GBI aus dem geraubten Vermögen der deportierten Hauptmieter ab.[928] Die Jüdische Kultusvereinigung hatte ab Oktober 1941 die bei der Berliner Stapoleitstelle anfallenden administrativen Kosten für die Wohnungsräumaktion des GBI zu erstatten, beglich die Kosten des dritten und vierten Osttransports aus Berlin in das Ghetto Łódź am 27. Oktober und 1. November 1941 per Scheck über jeweils 100.000 Reichsmark und wandte bis Ende November 1941 für die Deportationen Berliner Juden insgesamt 650.000 Reichsmark auf. Das Reichssicherheitshauptamt genehmigte die Ausgabe unter der Voraussetzung, „dass seitens der Staatspolizeileitstelle Berlin die Gewähr dafür übernommen werde, dass eine Rückzahlung aus baren Mitteln der Transport-Teilnehmer erfolge“.[929]

---

927 BAP 75 C Re 1 Nr. 125, Bl. 140ff., 140 (Bericht, RV, Abt. Zweig- und Bezirksstellen, gez. Dr. Arthur Lilienthal, betr. Saldierungseinrichtungen, o.D., zwischen 6. und 8.10.41). Ebenda Nr. 129, Bl. 54f., 55 (Bericht der Bezirksstelle Berlin an RV v. 28.4.43 an RSHA auf Anforderung v. 9.4.43 lt. Aktennotiz F 152 überreicht am 29.4.43).

928 Die Formulare des GBI zu „Reparatur-Verpflichtung des evakuierten Juden“ und zu der des „evakuierten Juden und des Hauseigentümers“ sind in den Vermögensverwertungsakten als Vertrag zwischen dem GBI, dem Hauseigentümer, dem Bund der Berliner Haus- und Grundbesitzervereine und „der Finanzbehörde“ überliefert, ebenso Erstattungsvorgänge.

929 BAP 75 C Re 1 Nr. 46, Bl. 184ff., 183, 170-173, Bl. 168f., 152-155, 149ff., 145-148, (Aktennotizen F 14 v. 8.10.41, F 15 v. 10.10.41, F 21 v. 30.10.41, F 22 v. 1.11.41, F 27 am 15. und 17.11.41 v. 18.11.41, F 28 v. 21.11.41, F 29 am 28.11.41 v. 1.12.41). Im Oktober und November 1941 wurden für die von der örtlichen Stapo verlangten Abschlagszahlungen auf das Sonderkonto W, wie Wohnungsräumungen, der RV 880.000 RM, bis auf die ersten 80.000 RM ausschließlich aus dem Sonderkonto G, Grundstückserlöse, bereitgestellt. Darin enthalten die bis zum 29.11.41 von der Reichsbahn in Rechnung gestellten Kosten für Fahrkarten und Gepäckfracht in Höhe von 231.217,95 RM. Die RV trat für Transportkosten aus Köln, Düsseldorf und Hamburg,

Die Neugestaltungsräumungen seit Januar und insbesondere seit Mai 1941 verschärften mit den nachfolgenden Einquartierungen die Wohnungsnot von weit über zehntausend Berliner Juden. Der Kreis vergrößerte sich noch wesentlich, wenn Räumungen und Einquartierungen Juden trafen, die infolge von Verarmung, gescheiterter Flucht oder Zuzug nach Berlin seit Jahren ihre Wohnungen bereits mit Angehörigen, Verwandten und Untermietern teilten.[930] Die Inanspruchnahme privater und gemeindlicher Grundstücke für den Bedarf von Behörden und Konzernverwaltungen in Berlin hatte mit Billigung des GBI und entsprechender städtischer Genehmigung das ohnehin nicht mehr als 8.400 Wohnungen umfassende Segment des von Juden genutzten Wohnraums im Hauseigentum von Juden graduell verkleinert. Auch über die dem schrumpfenden dritten Wohnungsmarkt verbliebenen Wohnungen, die gesetzlich alle zur Unterbringung wohnungsloser Juden vorgesehen waren, konnte die Wohnungsberatungsstelle nur insoweit verfügen, als die GBI-Verzeichnisse diese Wohnungen als „Schachtelraum" aufführten. Ende März 1941 hatte der GBI der Wohnungsberatungsstelle nur für die Stadtteile Charlottenburg, Wilmersdorf und Schöneberg Wohnungsdaten überlassen.[931] Ab Mai 1941 waren Woche für Woche Einquartierungen vieler hundert wohnungsloser Juden nur zu vermeiden, wenn von Räumungsverfügungen des GBI Betroffene aus eigener Kraft Quartier bei Berliner Juden fanden, was an der wachsenden Verelendung ebenso wenig änderte wie die geordnete Verteilung der Exmittierten durch die Wohnungsberatungsstelle: „Acht Wochen lang bin ich als Rechercheur durch alle jüdischen Wohnungen Schönebergs gezogen, mit Metermaß, Bleistift und einem gewissen autoritären Druck, und habe jüdische Familien, die vorher nur provisorisch untergekommen waren, richtig unter Dach und Fach gebracht."[932]

Die Wohnungsberatungsstelle unterstand im hauptamtlichen Vorstand der Jüdischen Kultusvereinigung zunächst Martin Brasch, später seinem Nachfolger Philipp Kozower.[933] Zum Auftakt der Wohnungsräumungen der

---

die vor Ort zu begleichen waren, in Vorleistung.

930 Die Abweichung von dem unterstellten statistischen Mittel einer Wohnungsbelegzahl von 3,3 für Berlin (reichsweit 2,8) geben die im Bundesarchiv aufbewahrten Ergänzungsbogen zur Volkszählung am 19.5.39 wieder.

931 BAP 75 C Re 1 Nr. 45, Bl. 4f. (Aktennotiz Nr. 36, gez. Dr. Eppstein, Punkt 1 betr. „Meldung der jüdischen Wohnungen in arischen Häusern", zum Anruf RSHA Untersturmführer Hartmann, darin Bericht über Rücksprache mit Brasch, am 29.3.41).

932 Kwiet, Nach dem Pogrom, a.a.O., S. 638f. (Bericht einer Lehrerin und damaligen Mitarbeiterin der WbSt der JKV, Wiener Library, ohne Signatur, nach Kopie im Besitz von Konrad Kwiet).

933 BAP 75 C Re 1 Nr. 45, Bl. 54ff., 51ff. (Aktennotiz JKV Berlin, gez. Moritz Henschel,

„II. Aktion“ opponierte Martin Brasch als Vorstandsmitglied gegen die Willkür des GBI. Der fünfunddreißigjährige Jurist wurde verhaftet, in das Berliner Lager Wuhlheide verschleppt und am 22. Juni 1941 ermordet.[934] Das terroristische Exempel, das der GBI die Berliner Gestapo an Martin Brasch statuieren ließ, stabilisierte die Mitwirkung der Jüdischen Kultusvereinigung und ihrer Wohnungsberatungsstelle an allen folgenden Räumaktionen. Das Verfahren des GBI, Räumungsanordnungen gegen Juden von der Wohnungsberatungsstelle übermitteln zu lassen und damit diese Selbsthilfeeinrichtung exekutiv in die Neugestaltungsräumungen einzubinden, übernahm die Berliner Gestapo zur Durchsetzung der Deportationen. Die Wohnungsräumungen zur Deportation führten GBI und Stapoleitstelle arbeitsteilig durch. Der Berliner Gestapo bediente sich der GBI auch, weil er über keine eigenen Zwangsmittel gegen die Jüdische Kultusvereinigung gebot.

Stellte die Gestapo bei Wohnungsräumungen des GBI einzelne Bewohner von der Deportation zurück, mußten sie dennoch räumen. Wurden Hauptmieter deportiert, während Untermieter zurückgestellt blieben, hatte der Oberfinanzpräsident die vom GBI verlangte Räumung der gesamten Wohnung durchzusetzen: Dann erhielten Hausverwalter per Formschreiben Nachricht, daß alle Untermieter vom Oberfinanzpräsidenten gekündigt wurden. Alleinstehende hatten zum nächsten gesetzlichen Termin die Wohnung zu räumen; nicht-jüdische Untermieter mit eigenem Familienhaushalt sollten sich an die Umsiedlungsabteilung des GBI wenden; „[jüdische Untermiet]er werden von der Jüdischen Kul[tusvereinigung auf] Veranlassung des Generalbauin[spektors für die R]eichshauptstadt anderweitig unter[gebracht.]“[935] Das Kündigungsrecht, das der Oberfinanzpräsident gegen alle verbliebenen

zur Besichtigung d. d. Vertreter des RSHA und der Stapoleitstelle Berlin am 6.3.41, v. 6.3.41 als Anlage zur Aktennotiz Nr. 17, RV, gez. Dr. Eppstein, zu o.g. Termin am 6.3.41). Braschs Zuständigkeit erstreckte sich auf die Hauptverwaltung einschließlich Rechtsabteilung und Wohnungswesen.

934 Als Zwangsarbeiterin 1941 in Berlin. Die Aufzeichnungen der Volkswirtin Elisabeth Freund, hrsg. von Carola Sachse, Berlin 1987, S. 82.

935 BAK R 120 Nr. 3905b, 3905c (2 Ausrisse eines min. 3 Seiten umfassenden Vordrucks, der außerdem erläutert: OFP hebt Untermietverhältnisse auf und ist mit Verrechnung eingehender Untermietzahlungen gegen Mietschulden des deportierten Hauptmieters einverstanden; Instandsetzungsbedarf wird durch Kommission des GBI festgestellt; Beschlagnahme der Wohnung durch OBM HPla, das die Mietzahlung übernimmt; etwaige Erstattungen sind mit der Vermögensverwertungsstelle des OFP in Berlin NW 40, Alt-Moabit 143, zu regeln; o.D., nach Wechsel des Sitzes der Vermögensverwertungsstelle von der Münzstr. 12, nach 2/42). Demnach hatte das Mietverhältnis rechtlich Bestand und blieb ungekündigt, weshalb den Untermietern einzeln und nachträglich gekündigt wurde. Wohnungsräumaktionen des GBI trafen hingegen mit dessen kündigungslosen Räumungsverfügungen regelmäßig auch alle Untermieter.

Untermieter ausübte, galt als Bestandteil des eingezogenen Vermögens des deportierten Hauptmieters.[936] Die Finanzbehörde ging demnach davon aus, daß die Mietverträge über Wohnungen, die der GBI in der „III. Aktion" zur Deportation räumen ließ, nicht gekündigt waren.

Wie die Wohnungsräumungen des GBI seit Januar 1941 und im Mai 1941 intensivierten auch die Deportationen die Verelendung der Wohnverhältnisse Berliner Juden in dem verbliebenen Segment des dritten Wohnungsmarkts. Anfang August 1942 lebten noch annähernd 50.000 Juden in Berlin, etwa 2.500 von ihnen in Heimen. Die Wohnungsräumungen des GBI hatten die individuellen Wohnverhältnisse von mehr als 15.000 Berliner Juden in 5.444 Wohnungen in nicht-jüdischem Hauseigentum noch nicht tangiert; der Bestand des dritten Wohnungsmarkts war bis zu diesem Zeitpunkt durch rund 6.500 Räumungen gegen Juden, die Hauseigentümer oder Mieter von Juden waren, auf 1.831 Wohnungen reduziert, die sich wahrscheinlich 30.000 in Berlin lebende Juden teilen mußten. Als kriegswichtig geltende Behörden, Verbände und Konzerne hatten rund 3.500 Wohnungen in Anspruch genommen; seit Juni 1942 waren annähernd 3.000 Wohnungen durch Deportation geräumt und zur Sicherung der staatlichen Vermögensverwertung versiegelt worden.[937] Ab 1. März 1943 beschlagnahmte das städtische Hauptplanungsamt diese Wohnungen sofort nach dem Reichsleistungsgesetz, „weil es ausgeschlossen ist, dass die Reichsvereinigung der Juden in Deutschland eine Wiederbesetzung dieser Wohnungen mit jüdischen Mietern in nennenswertem Umfange durchführen kann", wie Martha Mosse nach Rücksprache mit der Stadt protokollierte. „Dadurch entfällt in Zukunft die Verpflichtung", schloß sie ihren Vermerk für den Vorstand der Kultusvereinigung vom 8. März 1943, „zur Tragung von Mietausfällen in freigewordenen Wohnungen in jüdischem Grundbesitz".[938]

---

936 LA Bln A Rep. 092 Nr. 7093, Bl. 13 (OFP, Formular, hekt., Verm.Verw. Vordruck 22).

937 Alle Berechnungen und Schätzungen aufgrund der statistischen Nachweise des GBI und der folgenden Quellen: BAP 75 C Re 1 Nr. 352, 353 (JKV, Aufstellung zu Wohnungsräumungen seit 2/41, Stand: 1.8.42, v. 24.8.42), vgl. Jüdisches Leben in Pankow, a.a.O., S. 209, und Hildesheimer, Jüdische Selbstverwaltung unter dem NS-Regime, a.a.O., S. 176. BAP 75 C Re 1 Nr. 484, Bl. 90-94 (RV, Abt. Fürsorge, Karminski, Aufstellungen und Berechnungen zu Unterhaltskosten Alters- und Siechenheime Berlin, 1. Quartal 42 und beispielhaft 3/42, hs. datiert 5.5.42; RV, Abt. Fürsorge, Simonis, Übersicht Heimunterbringungsgesuche, v. 6.5.42). BAP 75 C Re 1 Nr. 26, Bl. 1-16 (JKV, Bevölkerungsstatistik 6/41 – 3/43). Die Grunewald-Rampe. Die Deportation der Berliner Juden, Hrsg. Zentrum für audio-visuelle Medien, Landesbildstelle Berlin, bearbeitet von Annegret Ehmann, Wolf Kaiser, Christiane Klingspor, Michael Metto, Horst Neumann, Pim Richter und Martina Voigt, Berlin 1993, S. 76 - 79.

938 BAP 75 C Re 1 Nr. 762, Bl. 60f. (Abs., Vermerk, gez. Dr. Martha Mosse, v. 8.3.43, der RV mit Schreiben von Moritz Henschel v. 10.3.43 übersandt).

Die Wohnungsberatungsstelle rechnete seither nur noch mit Zimmern, die in Wohnungen jüdischer Hauptmieter zusätzlich belegt werden konnten. Bis Kriegsende hatte die Wohnungsberatungsstelle Obdach für Berliner Juden zu beschaffen, die seit Oktober 1943 in durchschnittlich zehn Fällen pro Woche mit Angehörigen und Verwandten ihre Wohnungen räumen mußten. „In behördlichem Auftrag" quartierte die Wohnungsberatungsstelle diese Wohnungslosen in Wohnungen anderer Juden ein.[939] Versuchten Wohnungsmieter die Aufnahme Einquartierter zu verweigern, drohte Ihnen die Wohnungsberatungsstelle an, sie der Gestapo zu melden.[940]

Weil die Wohnungsberatungsstelle bei allen Wohnungsräumungen des GBI gegen Berliner Juden, gleich ob die Exmittierten in Berlin blieben oder deportiert wurden, den Betroffenen die Räumungsverfügung mitzuteilen hatte, entstand der trügende Eindruck, die Jüdische Kultusvereinigung hätte Berliner Juden zur Deportation ausgewählt. Doch gerade zu Beginn der Deportationen der Berliner Juden im Oktober 1941 war es nicht die Jüdische Kultusvereinigung, die „umfangreiche Listen" vorlegte, „anhand derer die Gestapo ihre Auswahl traf".[941] Alle Bewohner der für die „III. Aktion" zur Räumung aufgelisteten Wohnungen waren dem Staporeferat IV C3 bereits bekannt, ehe die Wohnungsberatungsstelle die von der Gestapo aufgesetzten Personenfragebogen mit den zu deportierenden Berliner Juden aufnahm. Bereits im September 1941 hatte die Stapoleitstelle über die polizeilichen Melderegister zu Tausenden die Mitbewohner der vom GBI benannten Wohnungsmieter samt aller Geburtsangaben ermittelt. Die Jüdische Kultusvereinigung benachrichtigte die Hauptmieter von der behördlich verfügten Wohnungsräumung und lud diese mit ihren Untermietern in die Wohnungsberatungsstelle vor. In Berlin traf – jedenfalls bis Ende Januar 1942 und vermutlich bis März 1943 – die Gestapo keine Auswahl, sondern nahm nach den von Heydrich genehmigten Richtlinien Zurückstellungen vor[942] oder gestattete solche eventuell, wenn Sprecher der Jüdischen Kultusver-

939 BAP 75 C Re 1 Nr. 755 (Ds., Wohnungseinweisungen, L-P, 160 Bl., Lfzt. 10/43–3/45), ebenda Nr. 756 (desgl., R-Z, 213 Bl., Lfzt. 10/43 - 3/45). Vermutlich waren auch für die Buchstabengruppen von A bis K ähnlich viele Vorgänge vorhanden, so daß etwa 800 Umquartierungen jüdischer Mietparteien behördlich veranlaßt wurden, möglicherweise alle noch in Berlin verbliebenen Juden betreffend.

940 BAP 75 C Re 1 Nr. 756, Bl. 34 (Ds., JKV, Wohnungsberatungsstelle, (u) i.V. Siegbert Kleemann, an Dr. Otto Michaelis für Familie Fritz Loeser, v. 9.10.43).

941 Hilberg, Die Vernichtung der europäischen Juden, a.a.O., S. 319.

942 Protokoll der Wannsee-Konferenz am 20.1.42, S. 14, zit. nach Faksimile der in Akten des AA überlieferten 16. von 30 Ausfertigungen, in Documents of the persecution of Dutch Jewry 1940 – 1945, a.a.O, S. 13–28. Die Zustimmung Heydrichs zu den Kriterien der in Berlin entwickelten Rückstellungspraxis wurden von den reichsweit geltenden

einigung oder Außenstehende intervenierten, und generell, wenn der GBI dies tat oder Rüstungsfirmen im Einvernehmen mit der Arbeitsverwaltung ihre Zwangsarbeiter reklamierten.

Die willkürliche Auswahl unter den Berliner Juden traf der GBI per Auflistung von Wohnungen, deren Bewohner die Gestapo zu deportieren hatte. Die Fragebogen zu allen Bewohnern der zu räumenden Wohnungen verwendete die Gestapo für ihre Entscheidungen über Zurückstellungen und zur Vorbereitung der Deportationen nach Theresienstadt. Die Fragebogen der Gestapo verwaltete die Wohnungsberatungsstelle mit den eingehenden Vermögenserklärungen. Mit den wegen der Wohnungsräumungen des GBI zur Deportation erfaßten Berliner Juden füllte die Gestapo die Deportationszüge, indem sie aus der Registratur der Wohnungsberatungsstelle die Wiedervorlage einer entsprechenden Anzahl von Fragebogen verlangte, für die Deportationen nach Theresienstadt ab Juni 1942 die der wegen hohen Alters zurückgestellten Berliner Juden.

Nach Abschluß der Deportationen, mit denen die Berliner Gestapo die 5.000 Wohnungsräumungen der „III. Aktion" des GBI ausführte, wuchs der Einfluß der Stapoleitstelle auf die Reihenfolge, in der Berliner Juden deportiert wurden, weil der GBI mit der dritten und letzten seiner Großaktionen im November 1941 befohlen hatte, alle von Juden in Berlin noch bewohnten Wohnungen zu räumen. Das die weiteren Erfassungsvorgänge der Berliner Juden zur Deportation prägende primäre Kriterium war und blieb indessen die Wohnung. Nach Aussage von Martha Mosse übersandte die Stapoleitstelle der Jüdischen Kultusvereinigung die Listen, aufgrund derer Berliner Juden zunächst angeschrieben und vorgeladen oder aufgesucht wurden, damit Fragebogen aufgenommen und Vermögenserklärungen abgegeben wurden. Mosse erwähnte ferner Listen, die die Gestapo wahrscheinlich für die Erfassung von Berliner Juden zur Deportation nach Theresienstadt verlangt hatte: „Darüber hinaus hat die Jüdische Kultusvereinigung an Hand ihres Katasters aber auch einige Listen aufgestellt und bearbeitet, welche die Erfassung bestimmter Altersgruppen bezweckten."[943]

Die Jüdische Kultusvereinigung besaß mehrere Karteien über unter-

---

Richtlinien abgelöst, abgedruckt im Wortlaut bei Adler, Der verwaltete Mensch, a.a.O., S. 188ff. (Runderlaß, RSHA IV B4, gez. Eichmann, v. 31.1.42).

943 LA Bln 358-02 Nr. 6161, Bl. 99-101, 99 (3 P.K.Ms. 8/42, Stapo IV D1, Vernehmung Mosse, (u) Markart, v. 19.8.42). Vorstandsmitglied Philipp Kozower erklärte, daß auf Verlangen der Gestapo von diesen Listen „nur diejenigen zur Stapo geschickt werden, die wirklich für eine Evakuierung in Frage kommen", wobei Kozower und Mosse sich genau an die Richtlinien für die Evakuierung zu halten hatten, ebenda Nr. 5334 (2 P.K.Ms. 20/42, Bd. I zu 3 P.K.Ms. 5/42, Bl. 86, Stapo IV D1, Vernehmung Kozower, (u) Markart, v. 22.5.42).

schiedliche Gruppen Berliner Juden. Doch wie die 1933 und 1934 angelegten Mitgliederkarteien der Synagogengemeinden und das nach Registrierung der Zwangsmitglieder der Reichsvereinigung seit Juli 1939 nach Möglichkeit korrigierte und ergänzte Kataster waren diese Karteien als Erfassungsgrundlage für die mit Wohnungsräumungen verbundenen Deportationen ungeeignet. Zum einen wurden bei der Neuaufnahme des Katasters der Jüdischen Kultusvereinigung im November und Dezember 1942 mehr als 10.000 Personen nicht mehr registriert, die in dem seit 1939 fortgeschriebenen Kataster noch verzeichnet waren; Ende 1942 war mithin jede dritte oder vierte Angabe falsch. Zum anderen war das Kataster wie alle anderen Karteien alphabetisch nach Familiennamen sortiert, so daß es unbrauchbar war, um die Bewohner einer Straße, eines Gebäudes oder einer Wohnung zu identifizieren.[944]

Als die Jüdische Kultusvereinigung den Auftrag des Reichssicherheitshauptamts an die Reichsvereinigung vom 9. Juli 1942 zu erledigen hatte, alle

---

944 BAP 75 C Re 1 Nr. 32, Bl. 7-10, 11f. (JKV Berlin, Rechtsabteilung, gez. Dr. jur. Ernst Rosenthal, Die katastermässige Erfassung der Juden in Berlin, 3 S., v. 23.12.42; Splitter, Abs., Statistische Erfassung der Juden in Berlin, 4 Bl., S. 1 und 2, o.D., ca. 10/42). An Karteien existierten: Mitgliederkartei, erstellt nach Angaben der Finanzämter über steuerpflichtige Gemeindemitglieder seit 1933, auf freiwilliger Basis 1934 ergänzt, seit 28.3.38 keine Meldungen der Finanzämter, da Status als Körperschaft öffentlichen Rechts verloren; Kataster, Registrierung der Zwangsmitglieder der RV seit 4.7.39, gelegentliche Korrektur und Ergänzung, unklar, ob statistische Fortschreibung oder Korrektur seit Deportationsbeginn, keine monatlichen Angaben in der Bevölkerungsstatistik der JKV 12/41 bis 11/42, Stand 12/42: 35.000 Berliner Juden; Kartei der Personen, die nach dem 1.9.41 Kennzeichen in Empfang genommen hatten, durch Rundfragen nachträglich ergänzt; Kartei der Hilfsbedürftigen, die Leistungen der Jüdischen Winterhilfe bezogen. Korrekturen und Ergänzungen waren möglich: bis 28.3.38 aufgrund der Meldungen der Finanzämter; seit 2/41 und insbesondere 5/41 gelegentlich der Wohnungsvermittlung an Räumungspflichtige; die WbSt der JKV war seit 8/42 offizielle Meldestelle für Juden und erhielt das 4. Exemplar der polizeilichen Meldezettel. Die Registratur der Fragebogen und zu diesen eingehenden Vermögenserklärungen wurde offenbar für die Gestapo getrennt von den vorhandenen Karteien geführt und wahrscheinlich nur statistisch abgeglichen. Die Neuaufnahme des Katasters war seit 7/42 geplant und wurde mehrfach verschoben, (Ds. für Eppstein einer Aufzeichnung von Moritz Henschel v. 29.7.42, Akten der RV im Leo Baeck Institut, Mikrofilm Rolle 66, zit. nach Hilberg, Die Vernichtung der europäischen Juden, a.a.O., S. 324; desgl. als Aufzeichnung von Henschel und Kozower zit., Hildesheimer, Jüdische Selbstverwaltung unter dem NS-Regime, a.a.O., S. 210). Hildesheimer geht davon aus, die Gestapo hätte jederzeit über vollständige Dateien zur Deportationserfassung verfügt und hält daher die Neuaufnahme des Katasters für Schikane. Nach Abschluß der vom GBI vorbereiteten Wohnungsräumungen durch Deportation war diese jedoch Voraussetzung der Erfassung zur Deportation, Stand zum Stichtag 1.12.42: 24.873 Berliner Juden.

in Berlin an Eisenbahnstrecken liegenden Wohnungen von Juden ausfindig zu machen, benötigten die Bearbeiter der Katasterstelle eine Woche. Nachdem sie die 206 Straßen an innerstädtischen Bahnstrecken eruiert hatten, vermochten sie binnen zwei Tagen anhand einer dort geführten Straßenkartei in 280 Häusern die Wohnungen von Juden mit insgesamt 528 Hauptmietern und 238 Untermietern nachzuweisen. Diese Straßenkartei entstand nach Karteiauszügen, die der GBI als Verzeichnisse des „Schachtelraums“ der Wohnungsberatungsstelle zur Einquartierung exmittierter Juden im Hauseigentum von Juden ausgehändigt hatte. Die Personalien aller Bewohner ergänzte die Jüdische Kultusvereinigung anhand ihres namentlichen Katasters. Um den Auftrag vollständig zu erledigen, mußten die Bearbeiter in der Katasterstelle auf Adreßbücher zurückgreifen, um in den 206 Straßen an Eisenbahnstrecken nachträglich auch die 72 Häuser im Eigentum von Nichtjuden herauszufinden, in denen 156 jüdische Hauptmieter und 116 Untermieter lebten. Über das Namenskataster ließen sich 531 mitwohnende Angehörige ermitteln.[945]

Nach ihren Erinnerungen hatte niemand unter den überlebenden Mitarbeitern der Jüdischen Kultusvereinigung, die in der Wohnungsberatungsstelle, der Meldestelle, der Katasterstelle oder unmittelbar für die Gestapo im Lager Große Hamburger Straße Karteiarbeiten ausführen mußten, selbst mit einer Kartei zu tun, nach der Berliner Juden zur Deportation erfaßt wurden. Der Verdacht, an einer solchen Kartei zu arbeiten, fiel jeweils auf den anderen. Verlangte die Gestapo Nachweise aus Karteien, die in der Jüdischen Kultusvereinigung oder von deren Mitarbeitern im Behördendienst für die Gestapo geführt wurden, waren diese nach Listen herauszuziehen und die Ergebnisse auf Listen zusammenzustellen. Mitarbeiter der Jüdischen Kultusvereinigung, die Listen entgegennahmen, anfertigten oder übergaben, gerieten in den Verdacht, damit der Gestapo Berliner Juden zur Deportation auszuliefern; jede Liste konnte für die berüchtigte Liste gehalten werden, nach der Berliner Juden zur Deportation erfaßt oder aufgegriffen wurden.

Im November 1942 änderte die Berliner Gestapo das Erfassungsverfahren: Alois Brunner räumte zuerst die vom GBI aufgelisteten Wohnungen, indem er Juden zu Hause aufgreifen ließ. Nach der Festsetzung der verhafteten Juden im Sammellager Große Hamburger Straße holte die Gestapo

945 BAP 75 C Re 1 Nr. 8, Bl. 125,127, 341f. (JKV, Erklärungen zum Bearbeitungsweg des Auftrags v. 10.7.42, (u) Bruno Mannheim, (u) Gustav Francke, v. 12.7.42; RV an RSHA, Entwurf des Berichts zum Auftrag v. 9.7.42 v. 14.7.42; Ds., RV an RSHA, Bericht v. 17.7.42). Den Hinweis auf diesen Vorgang verdanke ich Norbert Stein, vgl. Thea Koberstein und Norbert Stein, Juden in Lichtenberg mit den früheren Ortsteilen in Friedrichshain, Hellersdorf und Marzahn, hrsg. vom Kulturbund e.V., Berlin 1995.

unter Mitarbeit der Jüdischen Kultusvereinigung alle Verwaltungsarbeiten für den Abtransport und die Vermögensverwertung nach. Die Aushebungen unter Brunners Kommando in Berlin seit Ende November 1942 weckten den Eindruck purer Willkür, „wo er auf den Strassen und aus den Wohnungen wahllos Juden festnahm und sie in die Grosse Hamburger Straße einwies. Er bediente sich bei seinen ‚wilden Aktionen' auch jüdischer Ordner, die er zum Teil aus Wien mitgebracht hatte."[946] Auf Personendaten aus Karteien der Jüdischen Kultusvereinigung konnte auch Brunners Kommando nicht verzichten, denn seine „Methode zeigte sich bald als in Berlin undurchführbar, umsomehr, als verschiedene Fehlgriffe vorkamen, die zu wütenden Vorstellungen von Nichtjuden Veranlassung gaben".[947]

Martha Ehrlich war seit November 1942 zu Karteiarbeiten im Lager Große Hamburger Straße eingeteilt und hatte im Gestapoauftrag Karteikarten mit den Personalia der eingelieferten Juden anzulegen. Sie erinnerte sich, daß solche Karten je nach rassistischer Zuordnung farblich unterschieden waren.[948] Gelegentlich mußte sie auch in der Rosenstraße Karteikarten aufnehmen. „Die ausgefüllten Karten wurden laufend abgeholt. Wer sie abgeholt hat und wohin sie gebracht wurden, weiß ich nicht." Diese Karteikarten entstanden nach Listen der Wohnungsabteilung:[949] Nach den ersten Razzien hatte sich die Gestapo „Straßenzüge mit den Wohnungen von Juden angeben lassen".[950] Martha Ehrlich mußte immer wieder auch Listen nach einer von der Gestapo getroffenen Auswahl von Karteikarten schreiben. Sie erinnerte sich, lediglich die Namen, vielleicht auch die Geburtsdaten übertragen zu haben.[951]

946 StA beim LG Berlin Archiv 2667 Zeugenheft lila 27, Bl. 6-13, 10 (Generalkonsulat der BRD, New York City, Aussage Dr. Hans Erich Fabian v. 5.7.66).

947 Germania Judaica Köln, Kb/Mos, 69-471 (Kopie, Erinnerungen, (u) Dr. Martha Mosse, 13 Seiten ms., dort S. 8–13, Anlage 2, Bericht v. 23./24.7.58).

948 StA LG Berlin Archiv 2667 Zeugenheft lila 26, Bl. 1-3, Bl. 4-9 (Aussagen Martha Ehrlich v. 2.4.65 und v. 22.12.65). Vgl. ebenda Beistück 23 (darin Transportlisten des 80. – 85. Atp., die in der letzten Spalte vergleichbar gekennzeichnet sind, je Transport mit „rot" „grün" oder „blau" und lfd. Nr. 1 bis 100).

949 StA LG Berlin Archiv 2667 Zeugenheft lila 26, Bl. 15 - 19, 16 (Aussage Martha Ehrlich v. 4.7.67), gemeint hier: Wohnungsabteilung der JKV, gegründet als WbSt, ab 12/42 „Wohnungsstelle und Abwanderungsvorbereitung".

950 Germania Judaica Köln, Kb/Mos, 69-471 (Kopie, Erinnerungen, (u) Dr. Martha Mosse, 13 Seiten ms., dort S. 8–13, zitiert bei Auflösung von Abkürzungen, Anlage 2, Bericht v. 23./24.7.58). Vgl. StA LG Berlin Archiv 2667 Beistück 23 (darin Transportlisten des 26., 27. und 28. Otp. am 12.1.43, 29.1.43 und 3.2.43, in der letzten Spalte mit „E" gekennzeichnet, gefolgt von Ziffernfolgen zwischen 84 – 1.800er, 1 – 1.200er und 1 – 1024).

951 StA LG Berlin Archiv 2667 Zeugenheft lila 26, Bl. 1-3, 2, Bl. 15-19, 19 Rs. (Ver-

In der Meldestelle der Jüdischen Kultusvereinigung in der Oranienburger Straße führte seit Mitte Dezember 1942 Lieselotte Pereles Karteiarbeiten nach Listen aus, von denen sie wiederum nicht wußte, woher sie stammten. „Diese uns übergebenen Listen mußten mit der sogenannten Meldekartei verglichen und der Wohnort übertragen werden." Anhand dieser Listen ließ sich feststellen, „welche Straßen in nächster Zeit von jüdischen Bürgern geräumt werden sollten". Lieselotte Pereles handelte: „Da ich als Angestellte der Jüdischen Kultusvereinigung eine allgemeine Fahrerlaubnis für alle Strecken innerhalb Berlins hatte, bin ich abends oft in die Straßen gefahren und habe mit einer kleinen Zettelnotiz die jüdischen Bewohner gewarnt."[952]

Curt Naumann war im Sammellager Große Hamburger Straße unter unmittelbarem Befehl der Gestapo als Ordner eingesetzt und hatte beobachtet, daß jeweils vor den Deportationen aus einer von der Gestapo verwalteten Kartei nach einem ihm unbekannten System Karten gezogen wurden.[953] Naumann hatte die Ordner einzuteilen und erhielt die zuletzt ausgefertigten Abholzettel, nach denen Berliner Juden aus ihren Wohnungen

---

nehmung Ehrlich v. 2.4.65 und 4.7.67). Martha Ehrlich hielt, bis ihr bei der letzten Vernehmung Transportlisten vorgelegt wurden, diese Listen möglicherweise selbst für Transportlisten: „Die mir jetzt gezeigten Transportlisten entsprechen nicht den Listen, die ich geschrieben habe. Einmal wäre das Format nicht in meine gewöhnliche Büroschreibmaschine gegangen und zum anderen habe ich keine Ziffern geschrieben, wie sie hier in der letzten Spalte enthalten sind."

952 StA LG Berlin Archiv 2667 Bd. XXII, Bl. 86-99, 90f. (Vernehmung Lieselotte Pereles v. 18.10.66). Von der Kartei in der Meldestelle Oranienburger Straße nahm Pereles an, „daß es sich um eine Meldekartei handelte, in der alle jüdischen Bürger Berlins registriert waren". Auch sie hielt die ihr bekannten Listen für Transportlisten: „Ich nehme stark an, daß solche Listen nur bei der Gestapo geschrieben worden sind, denn so viel Vertrauen hat man uns seinerzeit nicht entgegengebracht."

953 StA LG Berlin Archiv 2667 Zeugenheft lila 98, Bl. 7-9, 7f. (Aussage Curt Naumann v. 22.11.68). Martha Ehrlich unterstand dem Gestapobeamten Hermann Titze, der eine im Gestapo-Referat IV D1 geführte Kartei im Sammellager Große Hamburger Straße verwaltete. Curt Naumann hielt Titzes Kartei für „die große Juden-Kartei", ein – als Mitgliederkartei 1938 übernommenes und entsprechend veraltetes – Doppel des Katasters der Jüdischen Kultusvereinigung, über das die Gestapo in der Burgstraße verfügte. Beate Meyer, Gratwanderung zwischen Verantwortung und Verstrickung, a.a.O., S. 291–337, 314f., nimmt an, die von Ehrlich bearbeitete Kartei wäre die als „kleine Kartei" in die Große Hamburger Straße verlegte Kartei der JKV; die „große Kartei" das oben erwähnte Doppel eben jener. Von derselben Kartei, an der Martha Ehrlich arbeitete, die nach Naumann „die große" mit den Angaben aller noch in Berlin lebender und der deportierten Juden, nach Meyer „die kleine" der JKV war, sagte Heinz Paul Meissl, sie habe mehrere 1000 Karteikarten in 4 bis 6 langen Karteitrögen umfaßt. StA LG Berlin Archiv 2667 Zeugenheft lila 89 (Ds., GStA Kammergericht, z.Zt. München, Vernehmung Meissl, nicht gez., v. 12.6.67).

„ohne Vorbereitung abgeholt und im Durchgangslager in der Großen Hamburger Straße bis zum Transport untergebracht“[954] wurden.

Auch unter Alois Brunner war die Berliner Stapoleitstelle darauf angewiesen, die Ausgangskartei zu ergänzen, nach der sie zunächst versucht hatte, Berliner Juden Straße für Straße und Haus für Haus in deren Wohnungen zur Deportation aufzugreifen. Curt Naumann berichtete, es hätten „auch die Brunnerleute eine Kartei geführt, die jedoch unvollständig war“.[955] Diese Kartei umfaßte einerseits nicht alle Berliner Juden, die deportiert werden durften, andererseits aber auch solche, die nach den Richtlinien des Reichssicherheitshauptamts nicht deportiert werden sollten. Martha Mosse erinnerte sich, daß „Brunner und seine Leute verschwanden. Immerhin blieb einiges von der Praxis Brunners übrig. [...] Auch wurden, soweit ich mich entsinne, die Transporte nicht mehr individuell an Hand der Fragebogen zusammengestellt, sondern nach Straßenzügen.“[956] Brunners Praxis blieb, und Curt Naumann erklärte warum: „Die Brunnerkartei erbten Dobberke und Lachmuth“, seine Nachfolger.[957]

Als Brunner im Oktober 1942 die Organisation der Berliner Deportationen übernahm, hatte Speers Behörde die Wohnungsvermittlung eingestellt. Den Rest der Kartei der von Juden bewohnten Wohnungen benötigte der GBI seither weder, um Mietberechtigten Wohnungen nachzuweisen, noch, um nach Meldung von Räumungsdaten durch die Wohnungsberatungsstelle der Jüdischen Kultusvereinigung die Kartei zu bereinigen. Mit dem Stop der Wohnungsvermittlungen der „I. Aktion“ an räumungspflichtige oder wohnungssuchende Klientel des GBI erübrigte sich jede karteimäßige Abgrenzung zwischen parallelen Räumverfahren. Der GBI erwartete die den Vermietern durch die Neugestaltungsverordnung vorgeschriebene erneute Meldung der Wohnungen von Juden nach deren Deportation.

---

954 Germania Judaica Köln, Kb/Mos, 69-471 (Kopie, Erinnerungen, (u) Dr. Martha Mosse, 13 Seiten ms., dort S. 8–13, zitiert bei Auflösung von Abkürzungen, Anlage 2, Bericht v. 23./24.7.58).

955 StA LG Berlin Archiv 2667 Zeugenheft lila 98, Bl. 7-9, 8 (Aussage Curt Naumann v. 22.11.68).

956 Germania Judaica Köln, Kb/Mos, 69-471 (Kopie, Erinnerungen, (u) Dr. Martha Mosse, 13 Seiten ms., dort S. 8–13, Anlage 2, Bericht v. 23./24.7.58).

957 StA LG Berlin Archiv 2667 Zeugenheft lila 98, Bl. 7-9, 8 (Aussage Curt Naumann v. 22.11.68). Die von Naumann als Brunnerkartei bezeichnete war nach dem Bombenschaden in der Burgstraße im November 1943 die letzte Kartei, über die die Gestapo verfügte: „Mit Hilfe der sogenannten Brunnerkartei, die ergänzt wurde, stellte die Gestapo eine neue Juden-Kartei, wenn auch mit Mängeln, zusammen.“ Die Kartei ist vermutlich mit den gesamten in dem Lager Schulstraße vorhanden gewesenen Akten im April 1945 „auf dem Hof des jüdischen Krankenhauses Iranische Strasse verbrannt worden“, ebenda, Zeugenheft lila 89 (Darstellung Heinz Paul Meissl v. 4.11.53).

War Brunners Kartei die Restkartei der Speerschen Behörde, verzeichnete sie die straßenweise sortierten Wohnungsangaben, benannte einerseits zwar alle Haupt- und Untermieter, nicht aber deren Angehörige, und enthielt andererseits auch die Wohnungen von Juden, deren nicht-jüdische Ehefrau den Mietvertrag geschlossen hatte. Die Kriterien der Verordnung über die Neugestaltung Berlins vom 8. Februar 1939 für die vom GBI erfaßten Wohnungen von Berliner Juden stimmten nicht mit den Kriterien des Reichssicherheitshauptamts vom 31. Januar 1942 überein. Deshalb verhaftete die Berliner Stapoleitstelle für die Massendeportationen, die im Februar und März 1943 die dritte und letzte Großaktion der Speerschen Wohnungsräumungen abschlossen, auch „in deutsch-jüdischer Mischehe lebende Juden", obgleich diese von der Erfassung zur Deportation ausgenommen waren.[958] Die Inkongruenz von wohnungsbezogener Erfassung zur Deportation durch die Speersche Behörde und den personenbezogenen Deportationsrichtlinien machte die von der Berliner Stapoleitstelle verlangten Arbeiten an Karteien und Listen in der Jüdischen Kultusvereinigung nötig, derentwegen sich die zu diesen Tätigkeiten gezwungenen Juden verdächtigten und bis heute verdächtigt werden, Berliner Juden eigenhändig zur Deportation ausgeliefert zu haben.

Die Jüdische Kultusvereinigung hatte ihre Wohnungsberatungsstelle als verlängerten Arm der Neugestaltungsbehörde einrichten müssen: Mit jeder Wohnungsräumaktion nahmen die Anforderungen des GBI zu. Bei den Deportationen übte die Wohnungsberatungsstelle dieselbe Mittlerfunktion aus und agierte als verlängerter Arm der Gestapo.

Die Wohnungsberatungsstelle baute bis zu den letzten, die Wohnungsräumungen des GBI abschließenden Deportationen, der „Straßenaktion" und der „Fabrik-Aktion", denen im Februar und März 1943 jeweils Tausende Berliner Juden zum Opfer fielen, ihren Personalbestand kontinuierlich aus. Im Laufe des Jahrs 1941 übernahm die Wohnungsberatungsstelle Mitarbeiter anderer Einrichtungen der Jüdischen Kultusvereinigung in Berlin, die Personal abbauen mußten.[959] Ab Oktober 1941 beschäftigte die Wohnungsberatungsstelle auch die Angestellten des im September aufgelösten Jüdischen Kulturbunds.[960] Zur Wohnungsberatungsstelle gehörten im März 1942

958 VO v. 8.2.39, RGBl. I, S. 159, § 5 (2), ebenso GMietV mit Juden v. 30.4.39, RGBl. I, S. 864, § 7. Adler, Der verwaltete Mensch, a.a.O., S. 188f. (Erlaß RSHA IV B 4 v. 31.1.42, Ausnahme Nr. 1 wie zitiert).

959 Vgl. Hertha Feiner, Vor der Deportation. Briefe an die Töchter Januar 1939 – Dezember 1942, hrsg. und eingeleitet von Karl Heinz Jahnke, Frankfurt/M. 1993, S. 79.

960 BAP 75 C Re 1 Nr. 46, Bl. 183 (Aktennotiz F 15, gez. Dr. Eppstein, betr. Rücksprache mit RSHA, Gutwasser am 9.10.41, Übernahme der Angestellten und Rückerstattung der Gehälter aus liquidiertem Vermögen des Kulturbundes, v. 10.10.41), ebenda Bl. 170-

wenigstens 40 Mitarbeiter, davon 25 als „Vermittler“ im Außendienst.[961] Eine Gesamtübersicht zur Entwicklung der Wohnungsberatungsstelle ist möglich, soweit Personalkosten aus dem Sonderkonto W erstattet wurden. Die Anzahl derer, die im Büro, zum Transport, in den Sammellagern und seit Februar 1943 als Abholer direkt an Deportationen mitwirken mußten, stieg bis November 1942 auf 104 und bis Januar 1943 auf 136 und betrug im April 1943 noch 57.[962] Die Wohnungsberatungsstelle der Jüdischen Kultusvereinigung hieß bereits „Wohnungsstelle und Abwanderungsvorbereitung“,[963] wo für die „Wohnungsräumungen in behördlichem Auftrag“ zuletzt noch ein Sachbearbeiter und eine Stenotypistin bezahlt wurden. Im Januar 1943 wurden beide ins Sammellager Große Hamburger Straße versetzt.[964]

Die Mittlertätigkeit der Wohnungsberatungsstelle, deren Mitarbeiter seit Jahresbeginn 1941 eine obdachgebende und insofern existenzbewahrende Selbsthilfe nach Kräften verwirklichten, ohne die Regeln der vom GBI erzwungenen Verelendung durchbrechen zu können, ersparte es dem GBI, in dem Dreivierteljahr vor Beginn der Massendeportationen den Berliner Juden sein wahres Gesicht zeigen zu müssen. Keine der vom GBI ausnahmslos gesetzwidrig gegen Berliner Juden verhängten Wohnungsräumungen wäre ohne den terroristischen staatspolizeilichen Zwang durchzusetzen gewesen.

2. *Die Heimfürsorge der Reichsvereinigung der Juden*

Die Liegenschaften, die die Jüdischen Kultusvereinigungen aus dem Eigentum früherer Synagogengemeinden und jüdischer Organisationen nach und nach zugunsten der Reichsvereinigung der Juden in Deutschland zu liquidieren hatten, weckten die Begier von Behörden, Verbänden und Konzernen, die ihren mit kriegsbedingten Aufgaben wachsenden Raumbedarf in Berlin kostengünstig zu decken trachteten. Der GBI billigte die Verdrängung, förderte Sonderräumungen und reduzierte damit den Raum, den die Jüdische Kultusvereinigung im „Schachtelraum“ des dritten Wohnungs-

---

173 (Aktennotiz F 21, desgl. am 29.11.41, Weiterbeschäftigung „im Hinblick auf die im November zu bearbeitenden Wohnungsräumungen“, v. 30.11.41).

961 BAP 75 C Re 1 Nr. 19, Bl. 55ff. (Bericht Dr. Heinz Löwenstein, hier betr. beantragte Fahrbefugnisse für 25 Vermittler der Wohnungsberatungsstelle, v. 15.4.42).

962 BAP 75 C Re 1 Nr. 65, 66, 67 (namentliche Aufstellungen als Bestandteil der Erläuterungen zu den aus dem Sonderkonto „W“ erstatteten Personalkosten).

963 BAP 75 C Re 1 Nr. 65, 66, 67 i.V.m. ebenda Nr. 32, Bl. 11 Rs., Nr. 47, Bl. 33f., 27f. und Nr. 762, Bl. 61, 51-55 (darin Briefbogen, v. 25.3.43).

964 BAP 75 C Re 1 Nr. 65 (besoldete Mitarbeiter im Behördeneinsatz, Berichte v. 7.12.42, 9.1.43 und 9.2.43). Asta Jacob wurde im Februar 1943 deportiert; Werner Simon wurde noch im April 1943 als Sachbearbeiter im Sammellager Große Hamburger Straße geführt (ebenda Nr. 67, Bericht v. 7.5.43).

markts belegen konnte. Inanspruchnahmen und Kaufanträge von Büroraumnutzern und Übernahmebegehren der NSV erzwangen Schließungen und Zusammenlegungen jüdischer Fürsorgeeinrichtungen, während die Verarmung der jüdischen Bevölkerung die Anforderungen an die jüdische Selbsthilfe kontinuierlich steigerte.

Im April 1940 sollten die Juden aus Schneidemühl in Berlin aufgenommen werden, die, anders als geplant, nicht – wie wenige Wochen zuvor die Juden Stettins – nach Lublin deportiert wurden, aber einmal exmittiert nicht in ihre Wohnungen zurückkehren durften. Am 4. April trug die Berliner Gestapo der Jüdischen Kultusvereinigung auf, für die Schneidemühler Juden 150 Heimplätze bereitzustellen, und zwar insbesondere im Jüdischen Altersheim Berkaer Straße.[965] Noch am selben Tag schlug die Fürsorgeabteilung deren Verteilung auf etwa zehn verschiedene Heime vor.[966] Vier Tage darauf erfuhren Vertreter der Jüdischen Kultusvereinigung, daß die Berliner Gestapo nunmehr das Grundstück Berkaer Straße beanspruchte. Ein Teil dieser zum 25. April verlangten Räumung ließ sich zwar bis zum 31. Mai 1940 hinausschieben. Doch die Aufnahmeplanungen für die aus Schneidemühl ausgewiesenen Juden waren obsolet; jetzt waren kurzfristig auch noch die 218 Bewohner des Altersheims Berkaer Straße unterzubringen.[967]

Im Jahr 1941 wurde wegen behördlicher Inanspruchnahme das Altersheim in der Lützowstraße 48/49 aufgelöst. Das Heim „Grunewald" in der Taunusstraße 1 mit etwa 70 Insassen, so die Forderung des GBI, war bis zum 15. April 1941 etagenweise zu räumen, „so daß mit den Instandsetzungsarbeiten schnellstens begonnen werden kann".[968] Anfang August 1941 ordnete der GBI die Räumung der früheren Lehranstalt für die Wissenschaft des Judentums in der Artilleriestraße 14 an. Das vierstöckige Gebäude war der Universität zu übergeben; sämtliche Räume dienten, wie beim GBI bekannt war, „als Durchgangslager der jüdischen Gemeinde und sind täglich wechselnd belegt".[969] Erst kurz zuvor, im Frühsommer 1941, hatte die Berliner Jugend-Alija-Schule nach einem Bombenschaden am Schulgebäude in der

965 BAP 75 C Re 1 Nr. 45, Bl. 229 (Aktennotiz Dr. Eppstein, Vorladung Gestapa, RegAss. Jagusch, am 4.4.40).

966 BAP 75 C Re 1 Nr. 483, Bl. 222 (Aufstellung zur möglichen Unterbringung von 150 Schneidemühler Juden in 8 Heimen in Berlin, v. 4.4.40).

967 BAP 75 C Re 1 Nr. 45, Bl. 225f. (Aktennotiz Dr. Eppstein, Vorladung Gestapa, RegAss Jagusch, mit Moritz Henschel und Dr. Lilienthal, am 8.4.40).

968 LA Bln Pr.Br.Rep. 107 Nr. 144/3 (Räumungsliste Nr. 6a v. 3.3.41), ohne Angabe des späteren Nutzers.

969 LA Bln Pr.Br.Rep. 107 Nr. 144/3 (Rl. 27a v. 8.8.41), Räumung für die Universität zum 1.9.41.

Choriner Straße 74 Räume in der Artilleriestraße 14 als Ausweichquartier bezogen.[970]

Zwischen Januar und Oktober 1941 sank die Zahl der von der Reichsvereinigung direkt oder durch die 17 Bezirksstellen und 13 Jüdischen Kultusvereinigungen betriebenen Altersheime von 150 auf 120. Ihres Räumungserfolgs in Berlin rühmten sich Speers Vertreter und Eichmann in gemeinsamer Sitzung mit Goebbels' Staatssekretär Gutterer am 20. März 1941: „Von 22 jüdischen Altersheimen sind die größten und modernsten geräumt worden, so daß augenblicklich noch 15 jüdische Altersheime existieren."[971] Am 1. Oktober 1941 fungierten sechs der 26 Alters- und Siechenheime in Berlin als „Notheime" und gaben vermutlich auch denjenigen letztes Obdach, die nach Wohnungsräumungen des GBI in Berlin kein Quartier fanden.[972]

Die Nachfrage nach zusätzlichen Raumkontingenten ließ auch im dritten Kriegsjahr 1941/42 nicht nach. Neben der Neugestaltungsbehörde war das Reichssicherheitshauptamt, gelegentlich direkt die Berliner Gestapo, Anlaufstelle für Grundstücksinteressenten. Zwischen Mitte September 1941 und Mitte Februar 1942 standen auf der Grundstückswunschliste des RSHA für Geschäftsräume, betriebliche Wohnheime und gewerbliches Gelände ein Dutzend Interessenten für mehrere hundert Büroräume, drei Wohngrundstücke, einen Sammelnachweis „wegen einer Reihe von Anfragen von Firmen" für „Gefolgschaftsheime" und einen Lagerplatz mit Gleis- oder Schiffsanschluß.[973] Das RSHA ließ sich über den Stand der Verwertung der Berliner Liegenschaften aus dem Eigentum jüdischer Organisationen und Gemeinden gesondert informieren.[974] Ende Oktober 1941 verlangte das RSHA – unter dem Gesichtspunkt der Zusammenlegung – einen Bericht

---

970 Schwersenz, Die versteckte Gruppe, a.a.O., S. 63-88, 75f.

971 Protokoll der Beratung GBI, RSHA, RMinProp am 20.3.41 im RMinProp, abgedruckt in: Adler, Der verwaltete Mensch, a.a.O., S. 152f., v. 21.3.41.

972 BAP 75 C Re 1 Nr. 484, Bl. 117ff. (JKV Köln, (u) Siegfried Bernhard, an RV, Abt. Fürsorge, v. 11.4.42). Während Berliner Heime geschlossen wurden, richtete die JKV in Köln im Sommer 1941 zusätzliche Heime ein. Die Kölner Stadtverwaltung machte Juden zu Wohnungslosen, die dann in das Barackenlager Köln-Müngersdorf oder in Heime eingewiesen wurden, Altersheime, die „in Köln auf Grund ganz besonderer Verhältnisse entstanden sind" und auch junge Menschen aufnahmen: „Mann, Frau und Säugling sind z.B. im Altersheim."

973 BAP 75 C Re 1 Nr. 46 (Aktennotizen F 7, 12, 26, 40, 44, 49 und 50, gez. Eppstein, Rücksprache RSHA, Gutwasser, zwischen 16.9.41 und 12.2.42).

974 BAP 75 C Re 1 Nr. 46, Bl. 215ff. (Aktennotiz F 1, gez. Eppstein, Rücksprache RSHA, Gutwasser, betr. Synagogengrundstücke, am 3.9.41, v. 3.9.41), ebenda Bl. 211ff. (Aktennotiz F 3, desgl., Berichtsübergabe, Stand 1.9.41, am 5.9.41, v. 5.9.41).

über alle Grundstücke der Einrichtungen für Kinder und Alte nebst Angaben über die Zahl der Insassen, Plätze, Räume und deren derzeitige Belegung.[975]

Als die Volksdeutsche Mittelstelle Anfang November 1941 Kaufinteresse am Grundstück Iranische Straße 3 bekundete und das dortige Jüdische Altersheim im letzten Monatsdrittel zu räumen war, schlug Vorstandsmitglied Dr. Paul Eppstein vor, „diejenigen Heim-Grundstücke zu bezeichnen, die bis auf weiteres im Eigentum der RV verbleiben sollen, damit Klarheit darüber geschaffen wird, in welchen Grundstücken weitere Zusammenlegungen von Heiminsassen vorgenommen werden können". Der Vertreter des RSHA war grundsätzlich einverstanden, behielt sich aber die Entscheidung nach Vorlage des Berichts über die Heimgrundstücke im einzelnen vor.[976] Eppstein brachte die Zusage, „diejenigen Grundstücke festzulegen, die zunächst als Bestand erhalten bleiben sollen", einen Monat später in Erinnerung und argumentierte, daß „bei weiteren Räumungen doppelte Umzüge vermieden werden können".[977] Die Grundstücksübersicht übergab Eppstein mit 80 Formblättern zur Auskunfterteilung und Besichtigung und notierte die neuerliche Variante der Zusage des RSHA, Grundstücke, „die für die nächste Zeit weiter benötigt werden", zu kennzeichnen, um Kaufinteressenten auf die Alternative der Eintragung eines Vorkaufsrechts hinzuweisen, die im Liquidationsgeschäft jedoch bedeutungslos blieb.[978]

Makler empfahlen sich für die beschleunigte Liquidierung des Immobilienvermögens in Berlin; auf Verlangen des RSHA händigte die Reichsvereinigung Anfang Dezember 1941 einem Makler eine Übersicht der Ertragsgrundstücke aus.[979] Das RSHA wollte dem Kreis der Interessenten mit der Einführung einer „Besichtigungsgenehmigung" für Immobilien entgegenkommen und mißbilligte ausdrücklich, daß ein Beamter der Bezirks-

---

975 BAP 75 C Re 1 Nr. 46, Bl. 170-173 (Aktennotiz F 21, gez. Eppstein, Rücksprache RSHA, Gutwasser, am 29.10.41, v. 30.10.41).

976 BAP 75 C Re 1 Nr. 46, Bl. 165ff. (Aktennotiz F 23, gez. Eppstein, Rücksprache RSHA, Gutwasser, am 4.11.41, v. 4.11.41). Weil vertraglich das Grundstück Iranische Str. 3 nach Ende der Nutzung an den OBM als Altersheim zurückfallen würde, übernahm die Behörde stattdessen das Grundstück Jungfernstieg 14 in Berlin-Lichterfelde-Ost, wo das Jüdische Siechenheim 70 bis 80 Räume in 2 Gebäuden bis zum 6. und 15.12.41 räumen mußte, BAP 75 C Re 1 Nr. 46 (Aktennotizen F 27, 29 und 48).

977 BAP 75 C Re 1 Nr. 46, Bl. 139 (Aktennotiz F 32, gez. Eppstein, Rücksprache RSHA, Gutwasser, am 9.12.41, v. 9.12.41).

978 BAP 75 C Re 1 Nr. 46, Bl. 136ff. (Aktennotiz F 33, gez. Eppstein, Rücksprache RSHA, Gutwasser, am 10.12.41, v. 10.12.41).

979 BAP 75 C Re 1 Nr. 46, Bl. 139 (Aktennotiz F 32, gez. Eppstein, Rücksprache RSHA, Gutwasser, am 9.12.41, v. 9.12.41), Übergabe an den Makler Habel; Gebühren durften auf Weisung des RSHA von der RV als Verkäuferin nicht entrichtet werden.

verwaltung Mitte an drei Tagen gleich zehn Gebäude von Einrichtungen der Jüdischen Kultusvereinigung in Augenschein nahm, nachdem das Luftgaukommando III sich Ende November 1941 für eine Übersicht aller Schulgrundstücke interessiert hatte.[980]

Im Januar 1942 nutzten die Reichsvereinigung und die Jüdische Kultusvereinigung in Berlin 22 angemietete Grundstücke und verfügten als Eigentümer noch über 32 benötigte Zweckgrundstücke, 40 verkäufliche und zwölf bereits von Behörden in Anspruch genommene Immobilien.[981] Seit Ende 1941 kollidierten die Vorstellungen der Miet- und Kaufinteressenten über Räumungstermine mit begonnenen oder geplanten Umsetzungen von Fürsorgeeinrichtungen oder Verwaltungsstellen der Reichsvereinigung, deren Grundstücke Dritte in Anspruch genommen oder gekauft hatten. Drei Herren vom Oberfinanzpräsidenten Berlin hatten nach dem 4. November 1941 die Jüdische Blindenanstalt in der Wrangelstraße 6/7 in Berlin-Steglitz besichtigt und mitgeteilt, sie würden die leerstehenden Räume im Gebäude zum 10. November belegen. Von der Heimleiterin auf die bereits erfolgte Inanspruchnahme und laufende Räumung für Dienststellen des RSHA hingewiesen, hinterließen sie sicherheitshalber ein Pappschild an der Tür: „Finanzamt für Liegenschaften".[982] Die Kaufverhandlungen mit einem privaten Interessenten über das Grundstück Elsässer Straße 85 wurden im Januar 1942 eingestellt: Ein Siechenheim mit 83 Insassen war gerade erst unter erheblichen Kosten in Räume des Altersheims aufgenommen worden, und es gab keine Ausweichmöglichkeiten.[983] Wenige Tage darauf hatte die Reichsvereinigung auf Weisung des RSHA Verhandlungen mit einem an-

---

980 BAP 75 C Re 1 Nr. 46, Bl. 145-148 (Aktennotiz F 29, gez. Eppstein, Rücksprache RSHA, Gutwasser, betr. Anfrage Luftgaukommando III v. 26.11.41, am 28.11.41, v. 1.12.41) und ebenda Bl. 77-81, Bl. 75f. (Aktennotizen F 51 und 52, gez. Eppstein, Rücksprachen RSHA, Gutwasser, am 14. und 27.2.42, v. 16. bzw. 27.2.42).

981 BAP 75 C Re 1 Nr. 46, Bl. 119-125 (Aktennotiz F 38, gez. Eppstein, Rücksprache RSHA, Gutwasser, betr. Übergabe Grundstücksübersicht, am 6.12.42, v. 7.12.42), ebenda Bl. 69-74, 65-68, 61-64 (Aktennotizen F 53, 54 und 55, desgl., betr. in die Übersicht einzuarbeitende gemietete Grundstücke, am 20., 24. und 26.2.42, v. 23., 24. bzw. 27.2.42).

982 BAP 75 C Re 1 Nr. 46, Bl. 161ff. (Aktennotiz F 25, gez. Eppstein, Rücksprache RSHA, Gutwasser, am 7.11.41, v. 8.11.41).

983 BAP 75 C Re 1 Nr. 46, Bl. 99-102 (Aktennotiz F 45, gez. Eppstein, Rücksprache RSHA, Gutwasser, am 28.1.42, v. 29.1.42). Kaufinteressent war Landgerichtsrat a.D. Kruspi. Vermutlich wurde das Siechenheim, das bis 15.12.41 vom Jungfernstieg 14 für das RSHA, Volksdeutsche Mittelstelle, weichen mußte, in der Elsässer Str. 85 und benachbarten Mieträumen, Elsässer Str. 84, aufgenommen, BAP 75 C Re 1 Nr. 46, Bl. 188f. (Aktennotiz F 13, gez. Eppstein, Rücksprache RSHA, Gutwasser, am 30.9.41, v. 30.9.41).

deren privaten Interessenten aufzunehmen, der ein Kaufangebot unterbreitet hatte, allerdings die weitere Nutzung des Gebäudes als Altersheim bis zum 31. März 1942 zusagen sollte.[984]

Als „Sonderauftrag Reichspost“ bearbeitete die Wohnungsabteilung des GBI seit August 1941 die Räumung des Grundstücks der Victoria Versicherungsgesellschaft in der Kantstraße 158.[985] Die Reichsvereinigung sollte ihre dort in Mieträumen untergebrachten Büros in die Oranienburger Straße 31 verlegen, da sich die Reichspostbaudirektion für das Bürohaus interessierte. Am 10. Dezember 1941 bat das RSHA wegen der in der Kantstraße 158 beabsichtigten Räumung „um Mitteilung derjenigen Dienststelle bei dem Herrn Generalbauinspektor, die über die anderweitige Zuweisung der Mieträume im Hause Kantstr. 158 zu entscheiden hat, damit dort Rückfrage gehalten werden kann“.[986] Da die Reichspost dann für das Gebäude in der Rosenstraße 2/4 optierte und von dort das Wohlfahrtsamt der Jüdischen Kultusvereinigung in die Oranienburger Straße 31 weichen sollte, verlangte das RSHA dennoch Umzugsvorbereitungen der Reichsvereinigung in die Artilleriestraße 31. Doch konnten nur entweder die Büros der Reichsvereinigung oder die drei bis spätestens zum 31. März 1942 zu räumenden Altersheime das am 1. Oktober 1941 noch als „Notheim“ ausgewiesene Gebäude in der Artilleriestraße 31 beziehen: Das Altersheim in der Klopstockstraße 58 hatte das Luftgaukommando III mit Beschlag belegt, das in der Mahlsdorfer Straße 94 die Ortskommandantur sichergestellt und das Grundstück Weinbergsweg 13 die Volksdeutsche Mittelstelle gekauft.[987]

Die NSV übernahm Grundstücke von Kindertagesstätten und Kinderheimen. Die Jüdische Kultusvereinigung hatte gerade ein Heim aus der Moltkestraße 8/11 in die Gipsstraße 3 verlegt, als die NSV Ende März 1942 auch dieses Grundstück akquirieren wollte. Der Räumungstermin für die Gipsstraße 3 wurde auf Ende Mai festgelegt, nachdem das RSHA vorgeschlagen hatte, vorübergehend Räume in der Rosenthaler Straße zu nutzen, solange diese nach der Zusammenlegung zweier Wohnheime in der Lützowstraße leerstanden.[988] Mit der Übernahme des Kinderheims in der Fehrbel-

984 BAP 75 C Re 1 Nr. 46, Bl. 98 (Aktennotiz F 46, gez. Eppstein, Rücksprache RSHA, Gutwasser, am 30.1.41, v. 30.1.41). Kaufinteressent war Dr. Fritz Doepner.

985 BAK R 120 Nr. 2947. Das dortige Aktenstück trug den rot unterstrichenen handschriftlichen Vermerk: „Juden 70 Räume“.

986 BAP 75 C Re 1 Nr. 46, Bl. 136ff. (Aktennotiz F 33, gez. Eppstein, Rücksprache RSHA, Gutwasser, am 10.12.41, v. 10.12.41).

987 BAP 75 C Re 1 Nr. 46 (Einzelheiten in Aktennotizen F 2, 21, 25a, 26, 32, 33, 35, 38, 39, 40, 41, 43, 44, 45, 46a, 47, 48, 51, 55, 56, 57, 65, 66, 67, 70, gez. Eppstein, Rücksprachen RSHA, Gutwasser, zwischen 4.9.41 und 20.4.42).

988 BAP 75 C Re 1 Nr. 125, Bl. 124 (Veränderungsanzeige saldierender Fürsorgeein-

liner Straße 92 mußte die NSV sich nach Intervention des RSHA bis Ende Juni 1942 gedulden, nachdem dessen Vertreter eingesehen hatte, daß eine dritte Kinderheimräumung binnen weniger Wochen nicht zu bewerkstelligen war.[989]

Zwischen Oktober 1941 und Juni 1942 mußten zehn der 47 Berliner Fürsorgeeinrichtungen der Jüdischen Kultusvereinigung aufgelöst werden. Die verbliebenen teilten sich nach Umzügen und Zusammenlegungen wenige Immobilien. Für zwei formal neu errichtete Altersheime hatten andere Einrichtungen im Januar aus der Marburger Straße 5 und im April 1942 aus der Artilleriestraße 31 weichen müssen. Die beiden Neugründungen dienten der Aufnahme von Heimbewohnern bei Verlegungen und Auflösungen anderer Altersheime.[990] Im Zuge der Deportationen im Oktober und November 1941 und im Januar 1942 wurden in Altersheimen Plätze frei, weil manche der durch die Wohnungsräumungen des GBI zur Deportation erfaßten Juden ihre Angehörigen nicht in Heimen in Berlin zurücklassen wollten.[991] Bereits Anfang 1942 gingen wahrscheinlich durch Inanspruchnahme und Grundstückskauf veranlaßte Heimräumungen mit Deportationen von Heimbewohnern oder Bewohnern von „Notheimen“ in Ausweichgrundstücken einher.[992]

Bei der Förderung von Sonderräumungen kalkulierte der GBI als Alternative zur Einquartierung in Berlin die Deportation wohnungslos werdender Juden ein. Die 120 Räume, die ein Hauptamt des Reichsführers SS im März 1942 in der Marburger Straße 5 als Ausweichquartier übernehmen wollte, weil das Tropenlazarett der Wehrmacht die 80 Räume in der Hagenstraße 39/47 angefordert hatte, beherbergten Einrichtungen der Jüdischen Kultus-

---

richtungen, RV, (u) Karminski, dem RSHA am 16.6.42 z.K. überreicht, für 5/42 v. 15.6.42). Das Kinderheim Gipsstraße 3 wurde mit dem Kinderheim in der Schönhauser Allee 162 zusammengelegt.

989 BAP 75 C Re 1 Nr. 46 (Einzelheiten in Aktennotizen F 13, 27, 31, 38, 39, 41, 47, 53, 61, 62, 63, 64, 65, 67, 68 und 69, gez. Eppstein, Rücksprachen RSHA, Gutwasser, zwischen 5.10.41 und 15.4.42). Die Verlegung der 50 Kinder des Heims und der Kindertagesstätte für 150 Kinder in die Schönhauser Allee 22 fand im Juni 1942 statt. Die bisherigen Bewohner des dortigen Altersheims wurden deportiert, LA Bln Rep. 92 Acc. 3924 Nr. 614-621 (Wohnungslisten des OFP).

990 BAP 75 C Re 1 Nr. 125, Bl. 122-152 (Übersicht über die Saldierungseinrichtungen der RV, Abt. Fürsorge, zum Stand 1.10.41 v. 31.10.41 und monatliche Veränderungsmeldungen bis 6/42 v. 14.7.42).

991 BAP 75 C Re 1 Nr. 46, Bl. 99-102 (Aktennotiz F 44, gez. Eppstein, Rücksprache RSHA, Gutwasser, betr. Räumung Altersheim Klopstockstr. 58 für Luftgaukommando III, dessen Insassen, da Artilleriestr. 31 noch nicht als Altersheim freigegeben, auf „durch Abwanderung“ freien Plätzen anderer Altersheime untergebracht werden sollten, am 28.1.42, v. 29.1.42).

992 LA Bln Rep. 92 (OFP, Wohnungslisten und Transportlisten zu den Deportationen Berliner Juden ab Januar 1942).

vereinigung, darunter ein Altersheim, das gerade die aus der Klopstockstraße 58 vertriebenen Heimbewohner aufgenommen hatte. Nachdem Mitarbeiter des GBI und Polizeibeamte das Gebäude Ende März 1942 besichtigt hatten,[993] legte die Umsiedlungsabteilung des GBI wegen der höchstrangigen Befürwortungen der künftigen Grundstücksnutzung durch Ämter Himmlers die Angelegenheit am 15. April 1942 Speer persönlich zur Ablehnung vor: Durch die Umsetzungen entfielen insgesamt 39 Wohnungen Berliner Juden für Zwecke des GBI. Außerdem würde zur Unterbringung der in 28 Wohnungen untergebrachten Juden in Berlin „entsprechender, zurzeit recht knapper Schachtelraum benötigt, da mit einem direkten Abtransport der Juden nicht gerechnet werden kann."[994]

Die Wohnungsräumungen gegen Berliner Juden erhöhten die Zahl der auf Heimunterkunft angewiesenen Hilfsbedürftigen, während gleichzeitig durch Sonderräumungen Heime aufgelöst und zusammengelegt werden mußten. Lange vor Beginn der Deportationen nach Theresienstadt im Juni 1942 hatten die Altersheime den früheren Charakter von Ruhesitzen vollends eingebüßt. Sparmaßnahmen hatten die Selbsthilfe der Reichsvereinigung in die Zange genommen: Die Betriebskosten waren zu senken, die Einnahmen zu steigern. Alters- und Siechenheime hatten trotz erhöhter Anforderungen an die Heimfürsorge und trotz der Verarmung der Heimbewohner kostendeckend zu arbeiten. Ein Schreiben der Fürsorgeabteilung der Reichsvereinigung an alle 8.000 Bewohner der 150 Altersheime von Anfang Januar 1941 reflektiert die drastische Verschlechterung der Lebensverhältnisse infolge des Sparzwangs seit 1940 und veranschaulicht das Dilemma einer Selbsthilfe, die existenzbewahrende Ressourcen nur noch innerhalb der in die Verelendung getriebenen Zwangsgemeinschaft mobilisieren kann.

„Wir wenden uns heute direkt an Sie, weil wir Ihnen dafür danken möchten, daß Sie uns im vergangenen Jahr mit großem Verständnis und wirklichem Verantwortungsgefühl geholfen haben, unsere Verpflichtungen gegen jüdische Menschen, soweit es uns möglich war, zu erfüllen. [...]

Sie werden vielleicht manchmal gedacht haben: früher haben wir es besser gehabt! Wir hatten unser Zimmer für uns allein, unser gutes Essen, wir konnten uns ausruhen, jeder Wunsch wurde uns erfüllt. Aber als wir Sie

---

993 BAP 75 C Re 1 Nr. 46, Bl. 24-28 (Aktennotiz F 65, gez. Eppstein, Rücksprache RSHA, Gutwasser, am 30.3.42, v. 31.3.42).

994 BAK R 120 Nr. 1976 (Ds., Vermerk, nicht gez., Verfasser OMagRat Werner Pohl, Hauptabt. Umsiedlung, II/4-00/Hl/Er., für Speer v. 15.4.42). Über den Ausgang ist den Akten des GBI nichts zu entnehmen; das Altersheim Marburger Str. 5 bestand noch in 6/42. Die Deportationen aus Berlin wurden nach dem Osttransport am 14.4.42 in das Warschauer Ghetto ausgesetzt und am 13.6.42 mit dem 15. Otp. und seit 2.6.42 mit den Alterstransporten nach Theresienstadt fortgesetzt.

darum bitten mußten, sind Sie zusammengerückt. Sie haben Ihr Zimmer mit einem, mit mehreren Menschen geteilt, denn Sie wußten, diese Menschen haben sonst kein Obdach, oder sie müssen sich mit einer Unterbringung begnügen, die wir nicht dulden können, solange wir selbst es noch so viel besser haben.

Sie hatten auch Verständnis dafür, daß die Verpflegung in unsern Heimen viel einfacher werden mußte. [...]

Viele von Ihnen, die wissen, daß heute jede Arbeitskraft gebraucht wird und daß auch draußen alte Menschen sich nicht mehr zur Ruhe setzen können, haben sich freiwillig im Heim zur Mitarbeit gemeldet. [...]

Es warten – das wissen Sie – noch viele Menschen auf ihre Aufnahme ins Altersheim: neue Heime können wir aber kaum noch errichten. Wenn wir daher bestehende Heime bitten müssen, ihre Bettenzahl nochmals zu erhöhen, erleichtern Sie es der Heimleitung, dieser Aufforderung Folge zu leisten, rücken Sie nochmals zusammen! [...]

Sie wissen: jeder arbeitsfähige Mensch – die Altersgrenze liegt jetzt recht hoch – wird heute draußen im Arbeitseinsatz gebraucht. Wir müssen daher versuchen, in Zukunft unsere Heime mit unseren Heiminsassen zu bewirtschaften und nur für ganz schwere Arbeit jüngere Menschen anzustellen. [...] Jetzt müssen wir auch von Ihnen einen Arbeitseinsatz fordern, und wir sind sicher, daß die Insassen der Altersheime es begrüßen, daß auch sie zu einer wichtigen Gemeinschaftsleistung herangezogen werden [...].

Dann werden wir Ihnen wieder einen Dankbrief schreiben, denn wir sind ganz sicher, daß Sie wieder mit Verständnis und mit Verantwortungsgefühl helfen werden, zu helfen, – so wie immer, zu jeder Zeit, ein Jude dem anderen geholfen hat.“[995]

Der Sparzwang war der Reichsvereinigung vom RSHA auferlegt, das als gesetzliche Aufsichtsbehörde die Haushalts- und Finanzführung der Reichsvereinigung kontrollierte. Die Reichsvereinigung konnte über ihr Wertpapiervermögen und über ihre – mit der verlangten Liquidation des Immobilienvermögens wachsenden – Geldbestände nur insoweit verfügen, wie das RSHA den Mittelabruf mit den monatlich zu aktualisierenden Voranschlägen oder im Einzelfall genehmigt hatte. Die von der Reichsvereinigung für die Aufgaben der Selbsthilfe aus ihrem eigenen Vermögen zugestandenen Mittel unterlagen pauschalen Kürzungen. Außerdem bedurfte jeder Geldtransfer der Reichsvereinigung, der das beim Bankhaus Heinz & Tecklenburg in Berlin auf Sonderkonten festgelegte Vermögen minderte, eines sogenannten Bankfreigabebriefs des RSHA.

995 BAP 75 C Re 1 Nr. 484, Bl. 154ff., Bl. 157 (Merkblatt RV, Abt. Fürsorge, gedruckt, gez. Johanna Karminski, Januar 1941, Anlage zu Rds. v. 9.1.41).

Die verlangten Ausgabenkürzungen verband die Reichsvereinigung 1941 mit der Verringerung des Etatvolumens. Auch für die Heimeinrichtungen setzte sie die Saldierung von Einnahmen und Ausgaben durch, so daß die Aufwendungen nicht mehr in ihren zentralen monatlichen Voranschlägen erschienen. Damit übertrug die Reichsvereinigung den Sparzwang auf die einzelnen Heimbetreiber. Sie konnten fortan die realisierten Einnahmen nur dann selbst einsetzen, wenn im Laufe des Haushaltsjahrs absehbar kostendeckend gewirtschaftet, das Heim also nicht zuschußbedürftig würde. Andernfalls war die Saldierung unzulässig. Überschüsse mußten am Ende des Rechnungsjahrs an die Reichsvereinigung abgeführt werden und wurden auf Sonderkonten festgelegt. Die Verelendung der in der Zwangsgemeinschaft isolierten jüdischen Bevölkerungsgruppe zeichnete sich als Zerrbild in den Bilanzen der Reichsvereinigung als kontinuierlicher Vermögenszuwachs ab.[996]

Im Januar 1941 legte die Fürsorgeabteilung der Reichsvereinigung den Betreibern der Alters- und Siechenheime dar, woran sie sparen mußten: „Kosten, die durch die Art und Belastung der Gebäude entstehen, sind in der Regel unabänderlich. Hingegen müssen die Kosten für die Verpflegung sowie Zahl und Besoldung der Angestellten einheitlich für alle Heime gelten und künftig genau innegehalten werden."[997] Fixe Kosten waren die objektbezogenen der Immobilie, variable Kosten die der menschlichen Versorgung. Die Betriebskosten wurden durch Reduzierung des monatlichen Versorgungsregelsatzes gesenkt, auf dessen Grundlage die Heime seither ihre Etats zu führen hatten. Personal war zu entlassen, die Verpflegung zu verringern. Der durchschnittlich zulässige Aufwand für die Verpflegung eines Heimbewohners wurde auf 90 Pfennig und im März 1941 auf 75 Pfennig pro Tag heruntergesetzt, wobei ein Zuschlag von 15 Pfennig für rituelle Verpflegung gestattet blieb. Der insgesamt zulässige Tagessatz wurde von 1,85 auf 1,73 Reichsmark, der monatliche Regelsatz für hilfsbedürftige Heiminsassen von 55,– auf 51,90 Reichsmark reduziert.[998]

Die Verelendung erhöhte vordergründig die Effizienz der fixen Kosten des Objekts. Die Zusammenlegungen und Auflösungen von Fürsorgeeinrichtungen erforderten wie die Aufnahme der zusätzlich auf Heimunterbringung

---

996 Der Vermögenszuwachs, vom 1.1.40 zum 1.1.41 mehr als 15 %, wurde durch die Entnahmen gesondert kontierter Einnahmen für Konten der Ghettos Lublin, Łódź und Theresienstadt vermindert.

997 BAP 75 C Re 1 Nr. 484, Bl. 154ff. (Rds. RV, Abt. Fürsorge, (u) Johanna Karminski, an Bezirksstellen, JKVen, die Heime verwalten, und Heime, die unmittelbar der RV unterstehen, v. 9.1.41).

998 BAP 75 C Re 1 Nr. 484, Bl. 154ff. (Rds. RV, Abt. Fürsorge, (u) Johanna Karminski, v. 9.1.41), ebenda Bl. 151f. (desgl. (u) Karminski und Kurt Dresdner, v. 19.2.41), ebenda Bl. 148ff. (desgl. (u) Dr. Conrad Cohn und Karminski, v. 12.4.41). Das monatliche

angewiesenen Menschen eine dichtere Belegung der Heime. „Zu diesem Zweck müssen sich die Heiminsassen von allem irgendwie entbehrlichen Mobiliar trennen.“ Schränke waren, „falls irgend möglich, in den Gängen aufzustellen“.[999] Im Mai 1941 erinnerte die Fürsorgeabteilung die Heimleitungen an die Anweisung, „dass den Insassen unserer Altersheime lediglich ein Bett, ein Stuhl und ein Schrank verbleibt; das übrige Mobiliar ist zu entfernen, um eine dichtere Belegung der Heime zu ermöglichen. Je nach den räumlichen Verhältnissen ist entweder in den Schlafräumen eine Wohnecke mit Tisch und Stühlen einzurichten oder für ausreichende Gemeinschaftsräume ausserhalb der aufs engste zu belegenden Schlafräume zu sorgen.“ Bis zum Monatsende war der Berliner Zentrale die Zahl der dadurch gewonnenen, der davon bereits belegten und der für dringende Einweisungen zur Verfügung stehenden Heimplätze zu melden.[1000]

Um die Einnahmen der Altersheime zu steigern, empfahl die Fürsorgeabteilung im Januar 1941 den Heimleitungen, bei Neuaufnahmen den monatlichen Pflegesatz auf 120 bis 160 Reichsmark festzusetzen.[1001] „Um überflüssige Bargeldüberweisungen zwischen der Zentrale der Reichsvereinigung und ihren Bezirks- und Zweigstellen zu vermeiden“, sollten die Unterhaltskosten für Hilfsbedürftige künftig mit den Einnahmen der Heime

---

Taschengeld für unterstützungsabhängige Heimbewohner betrug 3 RM. Eine Dokumentation weiterer Reduzierung des Verpflegungssatzes fehlt; lt. Monatsabrechnung 3/42 für Berliner Alters- u. Siechenheime betrugen die Verpflegungskosten 80 Pfg., wobei keine Differenzierung für rituelle Verpflegung ausgewiesen ist, ebenda Bl. 91ff. v. 5. u. 6.5.42. Der Satz lag damit unterhalb der für die Mangelernährung im KZ durch RdErl. des preußischen Innenministeriums v. 4.4.33 vorgesehenen RM 1,10. Gefangene berechneten, daß 1936 nicht mehr als 20–30 Pfg. aufgewandt wurden. Klaus Drobisch und Günther Wieland, System der NS-Konzentrationslager 1933–1939, Berlin 1993, S. 82, 207, 337f. Die SS veranschlagte lt. Haushaltsplan für 1939 jene 60 Pfg., die auch das als Rentabilitätsberechnung der SS über Ausnützung der Häftlinge in den Konzentrationslagern überlieferte Dokument als täglichen Aufwand für Ernährung ausweist. Reimund Schnabel, Macht ohne Moral. Eine Dokumentation über die SS, Frankfurt am Main 1957, S. 203. Im Ghetto Theresienstadt begrenzte die SS den gesamten Unterbringungssatz auf 43 Pfg., Adler, Theresienstadt, a.a.O., S. 413.

999 BAP 75 C Re 1 Nr. 484, Bl. 148 (Rds. RV, Abt. Fürsorge, (u) Dr. Conrad Cohn und Karminski, an Bezirksstellen, JKVen, die Heime verwalten, und Heime, die unmittelbar der RV unterstehen, v. 12.3.41).

1000 BAP 75 C Re 1 Nr. 484, Bl. 146 (Rds. RV, Abt. Fürsorge, (u) Dr. Cohn und Karminski, an JKVen und Bezirksstellen v. 15.5.41); ebenda Bl. 20 (Rs., Formular Monatsmeldung betr. Heimbelegung, zahlenmäßig nach Gruppen, Geschlecht, Abgängen, Vormerkungen, sowie Belegungsfähigkeit und Veränderung der Angestelltenzahl, 1941).

1001 BAP 75 C Re 1 Nr. 484, Bl. 154ff. (Rds. RV, Abt. Fürsorge, (u) Johanna Karminski, an Bezirksstellen, JKVen, die Heime verwalten, und Heime, die unmittelbar der RV unterstehen, v. 9.1.41).

aus Beiträgen von Bewohnern, die die Pflegesätze vollständig oder teilweise selbst aufbrachten, verrechnet werden. Etwaige Defizite würden die Reichsvereinigung oder die Kultusvereinigungen weiterhin begleichen.[1002]

Im April 1941 führte die Reichsvereinigung zur „Erhöhung und Vereinheitlichung der Pflegegeldsätze in Alters- und Siechenheimen" ein neues Vertragssystem für Heimbewohner ein: „Verminderung der Ausgaben und Steigerung der Einnahmen mit dem Ziel eines Ausgleichs von Einnahmen und Ausgaben ist das Gebot, unter dem auch die Arbeit auf dem Gebiet der geschlossenen Fürsorge steht." Fortan wurde eine Aufnahmegebühr von 2.000 Reichsmark erhoben, das Pflegegeld für Altersheime einheitlich auf 150 und das für Siechenheime auf 180 Reichsmark im Monat festgesetzt. Die Pflegesätze betrugen annähernd das Dreifache der zulässigen Versorgungssätze, um den zentralen Fürsorgeetat von den Kosten der Heimunterbringung mittelloser Bewohner zu entlasten: „Wer infolge hohen Alters oder körperlicher oder geistiger Gebrechlichkeit der Aufnahme in ein Alters- oder Siechenheim bedarf, wird – selbstverständlich bei Anlegung eines strengen Maßstabs – nach wie vor auch dann in ein Heim aufgenommen werden müssen, wenn er oder seine Angehörigen die Kosten nicht oder nicht voll tragen können. Um dies zu ermöglichen, ist es die Pflicht aller derjenigen Heiminsassen, die noch über ausreichende Mittel verfügen, durch ihre Pflegegelder nicht nur die Kosten ihres eigenen Heimaufenthalts zu decken, sondern darüber hinaus zu dem Unterhalt ihrer bedürftigen Mitinsassen beizutragen."[1003] Diese erzwungenermaßen auf Binnensolidarität beschränkte Selbsthilfe hielt die fortschreitende Verelendung nicht auf.

Ab Mai 1941 hatten die Heimleitungen bei Neuaufnahmen Heimeinkaufverträge abzuschließen: „Die Einkaufssumme wird mindestens so bemessen, dass sie die Aufnahmegebühr und das Pflegegeld für die nach der allgemeinen Lebenserwartung zu Grunde zu legende voraussichtliche Lebensdauer deckt." Alle bestehenden Verträge mit Heimbewohnern wurden zum 1. Juli 1941 umgestellt, wenn nicht bereits höhere Pflegegelder vereinbart waren. Überstieg das Vermögen eines künftigen Heimbewohners die aus Aufnahmegebühr und Pflegegeld bestehende Einkaufssumme erheblich, fiel

---

1002 BAP 75 C Re 1 Nr. 484, Bl. 153 (Rds. RV, Abt. Fürsorge, an Bezirksstellen, JKVen, die Heime verwalten, und Heime, die unmittelbar der RV unterstehen, (u) Karminski und (u) Paul Meyerheim, Finanz-Abt., v. 13.2.41). Ausgabe neuer Vordrucke für Quartalsabrechnungen an die Heimleitungen, die seither die Einnahmen und Ausgaben einem sogenannten Normal-Etat rubrikenweise gegenüberzustellen hatten, woraus sich die „Wirtschaftlichkeit" des Heims ablesen ließ, ebenda Bl. 151f. (desgl. (u) Karminski und Dresdner, v. 19.2.41).

1003 BAP 75 C Re 1 Nr. 484, Bl. 147 (Rds. RV, Abt. Fürsorge, (u) Dr. Cohn, an Bezirksstellen und JKVen, die Mitgliedsbeiträge selbst einziehen, v. 30.4.41).

die Einkaufssumme entsprechend höher aus, soweit der Antragsteller keine in Deutschland lebende nahe Angehörige zu versorgen hatte. Jeder Einzelfall war der Berliner Zentrale der Reichsvereinigung vorzulegen. Mit künftigen Heimbewohnern ohne ausreichendes Vermögen wurden Heimaufnahmeverträge geschlossen, nach denen die Aufnahmegebühr und das Pflegegeld aus monatlichen Einkünften zu begleichen waren.[1004]

Ende Mai 1941 gab die Abteilung Fürsorge Muster der künftig abzuschließenden Heimeinkauf- oder Heimaufnahmeverträge, Fragebogen zur Person, zu den wirtschaftlichen Verhältnissen und zum Gesundheitszustand aus.[1005] Mit den neuen Heimverträgen verpflichteten sich die Heimbewohner, „durch ihre Pflegegelder nicht nur die Kosten ihres eigenen Heimaufenthalts zu decken, sondern darüber hinaus zu dem Unterhalt ihrer bedürftigen Mitinsassen beizutragen“. Weigerten sich Heimbewohner, Veränderungen bestehender Verträge zu ihren Lasten zu akzeptieren, sollten sich die Heimleitungen auf den Rechtsgrundsatz von Treu und Glauben[1006] berufen, der die Vertragsumstellung „durch die nachträglich eingetretene Veränderung der Umstände, die eine Berufung auf frühere Vereinbarungen unstatthaft erscheinen lasse“, rechtfertigte. Nötigenfalls wurde Heimbewohnern nach einwöchiger Bedenkfrist ein Bericht an die Reichsvereinigung angedroht, um sie zur Vertragsänderung zu pressen. Der Fragebogen zur wirtschaftlichen Lage, nach dem die Vertragsart, die Höhe der Aufnahmegebühr und des Pflegegelds sowie deren Zahlungsweise entschieden wurden, stand den Erklärungen zur Vermögensanmeldung und den späteren Vermögenserklärungen bei der Erfassung zur Deportation in nichts nach.

1004 BAP 75 C Re 1 Nr. 484, Bl. 147 (Rds. RV, Abt. Fürsorge, an Bezirksstellen und JKVen, die Mitgliedsbeiträge selbst einziehen, (u) Dr. Cohn, v. 30.4.41). Die Berichtspflicht an den Reichskommissar für die Preisbildung umging die RV auf Weisung des RSHA; im Zweifelsfall mußte vor Ort die Erklärung genügen, daß weder die Aufsichtsbehörde Bedenken erhoben hätte, noch eine besondere Genehmigung der Preisüberwachungsbehörde erforderlich wäre, ebenda Nr. 46, Bl. 184ff. (Aktennotiz F 14, gez. Eppstein, zur Rücksprache mit RSHA, Gutwasser, am 8.10.41, v. 8.10.41).

1005 BAP 75 C Re 1 Nr. 484, Bl. 136f., 138f., 140f., 142f., 144, 145 (Rds. RV, Abt. Fürsorge, (u) Dr. Cohn, an JKVen und Bezirksstellen, v. 26.5.41 nebst Anlagen: 1. Heimeinkaufvertrag, 2. Heimaufnahmevertrag, 3. Allgemeiner Fragebogen, 4. Ärztlicher Fragebogen, 5. Erläuterungen) i.V.m. ebenda Bl. 134 (Rds. desgl. betr. Schreibfehlerberichtigung und Formblatt zur Verzeichnung der aus Heimeinkaufverträgen vorab eingehenden Beträge, die auf ein Insassensonderkonto, später Heiminsassen-Sonderkonto oder Sonderkonto HS, zu verbuchen und dem laufenden Heim-Etat bei Fälligkeit des jeweiligen Pflegegelds zuzuführen waren, v. 30.5.41).

1006 § 242 BGB: Der Schuldner ist verpflichtet, die Leistung so zu bewirken, wie Treu und Glauben mit Rücksicht auf die Verkehrssitte es erfordern.

Der Mindestbetrag für Heimeinkaufverträge, der das Eintrittsgeld von 2.000 Reichsmark einschloß, lag bei 11.000 Reichsmark: „Zugrunde zu legen ist als voraussichtliche Lebensdauer die Vollendung des 85. Lebensjahres, wenn beim Eintritt in das Heim das 80. Lebensjahr noch nicht vollendet ist. Erfolgt der Eintritt nach Vollendung des 80. Lebensjahres, so wird eine voraussichtliche weitere Lebensdauer von 5 Jahren zugrundegelegt." Der Gesamtbetrag der Heimeinkaufverträge ging in das Eigentum der Reichsvereinigung über und war möglichst vor der Aufnahme in bar oder durch amtlich notierte Wertpapiere zum Tageskurs zu begleichen. Die Reichsvereinigung verpflichtete sich, auf Lebenszeit Heimunterkunft und Verpflegung zu gewähren. Sie behielt sich das Recht vor, Bewohner in andere Heime zu verlegen. Aus einer Veränderung der Unterbringungsform konnte der Heimbewohner keine Ansprüche ableiten.[1007] Rückzahlungen bei Tod oder vorzeitiger Vertragsauflösung waren ausgeschlossen. Auch das von Heimbewohnern eingebrachte Mobiliar ging ins Eigentum der Reichsvereinigung über, die es seinen bisherigen Eigentümern leihweise überließ. Mit Abschluß dieser seit Mai 1941 ein Jahr lang unveränderten Heimverträge[1008] enteignete die Reichsvereinigung die Bewohner ihrer Alters- und Siechenheime.

Der Beginn der Deportationen im Oktober 1941 machte viele Menschen gegen ihren Willen zu Heimbewohnern. Allein in Berlin wurden 1.100 ältere Menschen im vierten Quartal 1941 in Alters- und Siechenheime aufgenommen, während in den 26 Einrichtungen mehr als 350 Stellen zur Senkung der Betriebskosten abgebaut wurden.[1009] Die Wohnungsräumungen des GBI wan-

---

1007 Unabhängig davon war die RV auch durch den bisherigen Heimvertrag berechtigt, bei persönlichen Veränderungen, insbesondere des gesundheitlichen Zustands, eine Unterbringung in einem Siechen- oder Sonderheim oder einer Pflegestelle zu veranlassen.

1008 BAP 75 C Re 1 Nr. 484, Bl. 95f. (Ds., Bericht, nicht gez., vermutlich Abt. Fürsorge für Vorstand der RV, betr. Heimverträge, die Regelungen v. 30.4., 26. und 30.5.41 auch zur Höhe der Eintritts- und Pflegegelder als geltend referierend, v. 21.4.42). Ein in späterem Rds. zit. Rds. Nr. 42/133/224 v. 18.4.42 konnte demnach keine diesbezügliche Veränderung bewirkt haben, sondern betraf möglicherweise die Überweisung von Geldern, die auf Heiminsassen-Sonderkonten verbucht waren, auf das Sonderkonto „HS" der Zentrale. Anfang 10/41 erwog die Fürsorgeabt. ein Nachtrags-Rds. wegen Zweifelsfragen, die sich auf die Rückgabe eingebrachten Eigentums an Angehörige, die Verzögerung der Fürsorgezuständigkeit durch Senkung der Pflegesätze und die möglichen Zwangsmittel gegen Heimbewohner, die Vertragsänderungen nicht hinnehmen wollten, bezogen, ebenda, Bl. 105 (Ds., Vermerk Simonis für Dr. Cohn, betr. Nachtrags-Rds., v. 2.10.41).

1009 BAP 75 C Re 1 Nr. 46, Bl. 77-81 (Aktennotiz F 51, gez. Eppstein, Rücksprache RSHA, Gutwasser, am 14.2.42, v. 16.2.42). 26 Alters- und Siechenheime, Stand: 1.10.41; 488 Mitarbeiter schieden aus, 127 andere wurden übernommen; weitere 47 Mitarbeiter wurden 1/42 entlassen.

delten die Alters- und Siechenheime, die im März 1942 2.305 Berliner Juden beherbergten, zu Stätten vorübergehenden Obdachs für wohnungslose Juden. Viele waren wegen Gebrechlichkeit oder hohen Alters zunächst von der Deportation zurückgestellt; in den Heimen waren sie nur sicher, solange weder Sonderräumungen noch Alterstransporte nach Theresienstadt stattfanden.

Im Mai 1942 bereitete die Reichsvereinigung Veränderungen der Handhabung und des Inhalts der Heimverträge vor. Behörden oder Treuhänder weigerten sich, die von Heimbetreibern festgesetzten Vertragssummen aus dem Vermögen von Juden freizugeben.[1010] Die Fürsorgeabteilung legte Entwürfe zweier Rundschreiben vor: Der Abschluß von Heimeinkaufverträgen war dem von Heimaufnahmeverträgen vorzuziehen, und zwar auch dann, wenn das vorhandene Vermögen künftiger Heimbewohner das Eintrittsgeld und das Pflegegeld für fünf Jahre nicht deckte. Auch bei behördlich angeordneter nicht freiwilliger Heimaufnahme, bei Obdachlosigkeit oder aus anderen zwingenden Gründen sollten Heimverträge geschlossen werden. Um bei Verlegung eines Heimbewohners oder nach dessen Tod Auseinandersetzungen um das Verfügungsrecht an persönlichsten Dingen zu vermeiden, sollten – wie seit Mai 1941 das Mobiliar – auch Leibwäsche, Kleider und Schuhzeug in das Eigentum der Reichsvereinigung übergehen. Zuletzt wollte die Fürsorgeabteilung zum vertraglichen Recht der Reichsvereinigung, Heimbewohner unter Ausschluß von Ersatzansprüchen in andere Heime zu verlegen und die Unterbringungsform zu verändern, noch klarstellen: „Die Heimverträge sind auch dann aufrecht zu erhalten, wenn die Leistungen z.B. durch Verlegung in Wohngemeinschaften, Baracken usw. herabgesetzt werden müssen."[1011] In der Zwangsgemeinschaft regulierten Zwangsverträge auch das Binnenverhältnis der aufeinander angewiesenen Juden.

Im Juni 1942 waren die Entwurfsfassungen der Fürsorgeabteilung überholt. Das Rundschreiben vom 30. Juni zum „Abschluß von Heimeinkaufverträgen für eine Gemeinschaftsunterbringung" zeichnete auch der Vorstand der Reichsvereinigung.[1012] Zur sogenannten Gemeinschaftsunterbringung konnten sowohl Heimbewohner als auch Personen, die bis zu ihrer

---

1010 BAP 75 C Re 1 Nr. 484, Bl. 102ff. (Vermerk Simonis für Karminski, mit hs. Vermerken zurück an Simonis, v. 11.5.42).

1011 BAP 75 C Re 1 Nr. 484, Bl. 83, 79 (Ds., Rds., 1. und 2. v. 2 Seiten, Entwurf, RV, Abt. Fürsorge, zu zeichnen Karminski, an JKVen und Bezirksstellen, betr. Ergänzungen und Änderungen zu Rds. v. 26.5.41 betr. Erhöhung der Pflegegeldsätze in Alters- und Siechenheimen, v. 29.5.42). Der Vorentwurf, ebenda Bl. 100f. (Ds., desgl., hs. dat. 22.5.42), enthielt bereits die gleiche Klarstellung, allerdings wurden nur „Wohngemeinschaften", nicht aber „Baracken usw." erwähnt.

1012 BAP 75 C Re 1 Nr. 484, Bl. 71 (Rds. RV, Vorstand und Abt. Fürsorge, (u) Dr. Paul Eppstein und Karminski, an JKVen und Bezirksstellen, v. 30.6.41).

Gemeinschaftsunterbringung privat wohnten, genötigt werden. Heimaufnahmeverträge waren grundsätzlich sofort auf Heimeinkaufverträge umzustellen. Für den Abschluß von Heimeinkaufverträgen reichte nunmehr ein liquides oder liquidierbares Vermögen von mindestens 1.000 Reichsmark aus. Die Übertragung von Vermögenswerten an die Reichsvereinigung war auf sofort realisierbare Forderungen zu beschränken: Wertpapiere waren dem Depot der Reichsvereinigung zu überschreiben, beleihbare Ansprüche gegen Lebensversicherungsgesellschaften an die Reichsvereinigung abzutreten. Die Einbeziehung von Vermögenswerten in den Heimeinkaufvertrag, deren Realisierung eine Anmeldung bei der Finanzbehörde erfordert hätte, die zugunsten des Reichs eingezogenes Vermögen verwaltete, hatte grundsätzlich zu unterbleiben.[1013] Einnahmen aus Heimeinkaufverträgen waren vor Ort auf die Heiminsassen-Sonderkonten zu buchen, „jedoch zu dem Zeitpunkt der Gemeinschaftsunterbringung auf das bei der Zentrale der Reichsvereinigung geführte Sonderkonto H“ zu überweisen.[1014]

Mit wenigen textlichen Änderungen und dem maschinenschriftlich einzutragenden Zusatz „H“ wurde der seit Mai 1941 geltende Heimeinkaufvertrag darauf abgestellt, die Deportation nach Theresienstadt vorzubereiten und ihr vorgreifend mit größter Beschleunigung alle liquidierbaren Vermögenswerte auf die Reichsvereinigung zu übertragen. Die Passagen zum Übergang mitgebrachter persönlicher Habe in das Eigentum der Reichsvereinigung wurden ersetzt durch die neue Bestimmung zum Verfügungsrecht über Mobiliar und Kleidung: „In das Heim können nur Gegenstände nach Massgabe behördlicher Weisung eingebracht werden.“ Das vertraglich der Reichsvereinigung vorbehaltene Recht der Unterbringung in einem anderen Heim erhielt den Zusatz „bezw. in einer sonstigen Gemeinschaftswohnung auch ausserhalb des Altreichs“.[1015] Die Fürsorgeabteilung erwartete auf das Rundschreiben vom 30. Juni 1942 eine Fülle von Anfragen und ließ sich von Vorstandsmitglied Dr. Eppstein, der ständig Rücksprache mit den Vertretern des RSHA halten mußte, zugestehen, in Einzelbriefen erwähnen zu dürfen, „daß die Verträge für eine Gemeinschaftsunterbringung in Theresienstadt bestimmt sind“.[1016]

1013 RGBl. I 1941 S. 722 (11. VO zum RbürgG v. 26.11.41, Anmeldung gem. § 7 Abs. 2) oder RGBl. I 1937 S. 1333 (Gesetz über die Gewährung von Entschädigungen bei der Einziehung oder dem Übergang von Vermögen v. 9.12.37, Anmeldung gem. § 39).

1014 BAP 75 C Re 1 Nr. 484, Bl. 71 (Rds. RV, Vorstand und Abt. Fürsorge, (u) Dr. Eppstein und Karminski, an JKVen und Bezirksstellen, v. 30.6.41).

1015 BAP 75 C Re 1 Nr. 484, Bl. 71 (Rds. an JKVen und Bezirksstellen v. 30.6.41).

1016 BAP 75 C Re 1 Nr. 484, Bl. 70 (Ds., Vermerk, gez. Karminski und Simonis, für Dr. Eppstein betr. Heimeinkaufs-Verträge, hs. Zusatz (p) Karminski am 1.7.42 über Zustimmung Eppsteins, v. 1.7.42)

Mit der Senkung der Mindestsumme vorhandener Vermögenswerte auf 1.000 Reichsmark paßte die Fürsorgeabteilung Anfang Juli 1942 die Heimeinkaufverträge für Altersheime, die seit August 1942 auch mit den in Siechenheime aufgenommenen Bewohnern abzuschließen waren,[1017] bereits dem bevorstehenden Transfer möglichst jeder Mark noch des geringsten Vermögens nach Theresienstadt an.[1018] Besaßen künftige Heimbewohner größere Vermögenswerte, so gingen diese weiterhin in Form eines Zuschlags zur Einkaufssumme in das Eigentum der Reichsvereinigung über. Die Einkaufssumme setzte sich, seit Mai 1941 unverändert, aus 2.000 Reichsmark Eintrittsgeld und dem nach der unterstellten Lebenserwartung anfallenden monatlichen Pflegegeld von 150 Reichsmark zusammen.

Mitte Juli 1942 legte die Fürsorgeabteilung der Reichsvereinigung nach Beratungen mit den für die Fürsorgearbeit der Jüdischen Kultusvereinigung in Berlin Zuständigen fest, daß „Restvermögen" zwischen mindestens 10.000 und mehr als 200.000 Reichsmark mit einer Progression von 25 auf 80 Prozent als Zuschlag auf die Einkaufssummen zugunsten der Reichsvereinigung einzukassieren waren. Die Pflegesätze, mit 150 Reichsmark ohnehin schon fast das Dreifache des zulässigen monatlichen Versorgungssatzes in Altersheimen, sollten der Berechnung der Einkaufssumme nicht mehr zugrunde gelegt werden, da sich sonst „bei den grösseren Vermögen Beträge von monatlich RM 500.–, 700.–, 800.–, 1.000.– und noch weit darüber" ergeben hätten: „Sowohl in Berlin wie im Reich verlangen die Heimanwärter genaueste Aufklärung der Berechnung. Es ist aber nach den Erfahrungen sowohl in Berlin wie im Reich unmöglich, den Anwärtern klarzumachen, dass solche monatlichen Pflegesätze eingesetzt werden müssen."[1019]

Vom 2. Juni 1942 bis Monatsende waren aus Berlin 769 Menschen mit 13 sogenannten Alterstransporten nach Theresienstadt deportiert worden, als von der Reichsvereinigung die Vorgaben für den künftig abzuschließenden

---

1017 BAP 75 C Re 1 Nr. 484, Bl. 56-60 (Rds. RV an Bezirksstellen und JKVen betr. Anwendung von Heimeinkaufverträgen auf Siechenheiminsassen, o.D., Entwurf v. 8.8.42, zugehörige Vermerke, (u) bzw. gez. Karminski, v. 6. bzw. 7.8.42, Entwurf, Schreiben, vermutlich Eppstein, an Dr. Lustig, JKV Berlin, betr. Siechenheimeinkauf-Verträge, o.D., auf dessen Vorschlag und Anfrage v. 16.7.42).

1018 BAP 75 C Re 1 Nr. 484, Bl. 70 (Ds., Vermerk, gez. Karminski und Simonis, für Eppstein betr. Heimeinkaufs-Verträge, hs. Zusatz (p) Karminski am 1.7.42 über Zustimmung Eppsteins, v. 1.7.42), ebenda Bl. 77 (Rds., Entwurf, zu zeichnen Karminski, dessen Existenz aus späterer Bezugnahme auf Rds. des Inhalts eindeutig ist, v. 1.7.42).

1019 BAP 75 C Re 1 Nr. 484, Bl. 68f. (Vermerk, (u) Simonis, für Dr. Braun, Dr. Freund, Kreindler und Kozower für deren Beratung mit Eppstein, Karminski und Henschel, v. 17.7.42).

Heimeinkaufvertrag H eintrafen. Drei bis fünf Transporte mit jeweils 50 Personen verließen Berlin jede Woche in das Ghetto Theresienstadt. Insgesamt 53 Deportationen von jeweils 100 Menschen folgten, wöchentlich montags bis freitags, zwischen Anfang Juli und Ende September 1942, abgelöst vom ersten und zweiten großen Alterstransport mit jeweils 1.000 Menschen am 17. August und am 14. September 1942.[1020] Seit Anfang Juli 1942 hatten Mitarbeiter der JKV Berlin vor den Deportationen nach Theresienstadt Woche für Woche mehrere hundert bestehende Heimaufnahme- oder Heimeinkaufverträge umzuschreiben oder Heimeinkaufverträge H neu zu schließen.

Anfang Juli 1942 machte Dr. David Braun vom Vorstand der Berliner Jüdischen Kultusvereinigung die Reichsvereinigung darauf aufmerksam, daß Entscheidungsbedarf bestünde, „nach welchen Gesichtspunkten das Vermögen der Betreffenden auf diese beiden Sonderkonten verteilt werden soll. Die JKV Berlin ist nach Aussage von Herrn Dr. Braun auch daran interessiert, daß das Sonderkonto W zwecks Finanzierung der Abwanderung Mittel erhält; andererseits ist für die Versorgung der Alten in Theresienstadt das Sonderkonto H wichtig."[1021] Um zu vermeiden, „dass weder das Konto „W", noch das Konto „H" zu schlecht wegkommen",[1022] wurden die nach der Deportation aus den Heimeinkaufverträgen verbliebenen Summen von den Betreibern der Alters- und Siechenheime zu 75 Prozent auf das Sonderkonto HS der Berliner Zentrale der Reichsvereinigung überwiesen. Den Bezirksstellen und Jüdischen Kultusvereinigungen blieben 25 Prozent für die örtlich geführten Sonderkonten W, aus denen der administrative Aufwand für die Vorbereitung der Deportationen einschließlich der Transportkosten bestritten wurde.

Im September 1942 lag der Reichsvereinigung daran, größtmögliche Anteile der Heimvertragssummen, die für den kostendeckenden Betrieb der Alters- und Siechenheime auf Sonderkonten vor Ort verwahrt wurden, zügig auf das für den Geldtransfer nach Theresienstadt eingerichtete Sonderkonto H zu übernehmen. Bei der Umstellung der Heimaufnahme- auf Heimein-

---

1020 Die Grunewaldrampe, a.a.O., S. 77 ff. Nach einem 3. großen Alterstransport am 14.10.42, ein 4. folgte am 17.3.43, wurden bis 27.3.45 mit weiteren 50 Alterstransporten insgesamt 14.797 Berliner Juden nach Theresienstadt deportiert. Mehrere tausend setzten vor der Abholung zum Transport ihrem Leben selbst ein Ende.

1021 BAP 75 C Re 1 Nr. 484, Bl. 76 (Ds., Vermerk, gez. Karminski und Simonis, für Eppstein, Ds. an Dr. Braun, Simonis, Meyerheim, betr. von Dr. Braun gelegentlich eines Besuchs zu Heimeinkaufsverträgen H vorgetragene Zweifelsfragen, v. 7.7.42).

1022 BAP 75 C Re 1 Nr. 484, Bl. 70 (Ds., Vermerk, gez. Karminski und Simonis, für Dr. Eppstein betr. Heimeinkaufs-Verträge, hs. Zusatz (p) Karminski am 1.7.42 über Zustimmung Eppsteins, v. 1.7.42)

kaufverträge H sollte auch der zuletzt fällig werdende monatliche Pflegesatz von 150 Reichsmark in den neuen Vertrag einbezogen werden. Intern wurde als „zweckmäßigere Lösung" ein Vorschlag unterbreitet, „wonach der gesamte Bestand des Kontos an uns gezogen wird und wir den Heiminsassen [...] so behandeln, als wenn er kein Vermögen mehr besässe. Die Frage dürfte von grundsätzlicher Bedeutung sein, denn bei 1000 Personen würde sich bereits ein Betrag von 150.000.– ergeben, falls die von mir vorgeschlagene Lösung angenommen wird."[1023]

In den zu Sammellagern umgewandelten Altersheimen schlossen die Jüdischen Kultusvereinigungen mit ihren Heimbewohnern seit Anfang Oktober 1942 Heimeinkaufverträge H bereits über Vermögenswerte von 150 Reichsmark ab, falls mindestens diese nach Abzug von „Heimkosten [...] zur Bestreitung der Ausgaben für den Abwanderungstransport und für eigene Rechnung der JKV" übrig blieben. Als „Heimkosten" fielen vor der Deportation ein monatlicher Pflegesatz von 150 Reichsmark und 50 Reichsmark Fahrtkosten an. Geringere Summen nahm die Jüdische Kultusvereinigung Berlin als Sonderspende an, um diese wie die Heimeinkaufvertragssummen dem Sonderkonto H zuzuführen. „Ebenso kommen sämtliche Gelder, die sonst noch – z.B. bei der Durchschleusung – abgenommen werden, auf Sonderkonto H."[1024]

Zwischen Juli 1942 und Juni 1943 schlossen Bezirksstellen der Reichsvereinigung und Jüdische Kultusvereinigungen vor den Deportationen nach Theresienstadt etwa 9.000 Heimeinkaufverträge H. Die vermögensrechtlichen Richtlinien für diese Verträge hatte die Reichsvereinigung in einem Rundschreiben zur „Wohnsitzverlegung nach Theresienstadt" am 17. Oktober 1942 zusammengefaßt.[1025] Die Heimeinkaufverträge H hatten einen Vertragswert von etwa 125 Millionen Reichsmark. Rund 110 Millionen waren bis Mitte 1943 realisiert worden. Ende 1943 waren noch 1.604 Verträge mit einem Wert von rund 17,4 Millionen Reichsmark zugunsten des Reichs abzuwickeln, nachdem das Reichsfinanzministerium das Vermögen der Reichsvereinigung im Juni 1943 eingezogen hatte.[1026] Nach der

---

1023 BAP 75 C Re 1 Nr. 484, Bl. 32f. (Vermerk, (u) Dr. Herrmann Krebs, für Karminski und Simonis, betr. Prüfung der Heimeinkaufverträge, nach tel. Rücksprache mit Simonis und Glässner, Aussig, v. 19.9.42).

1024 BAP 75 C Re 1 Nr. 484, Bl. 13 (Vermerk, (u) Simonis, für Eppstein, betr. Heimeinkaufverträge H mit Beträgen unter 100,– RM, v. 14.10.42).

1025 BAP 75 C Re 1 Nr. 14, Bl. 168-172 (Rds. RV, (u) Eppstein, an Bezirksstellen und JKVen, betr. Wohnsitzverlegung nach Theresienstadt, v. 17.10.42).

1026 BAP 75 C Re 1 Nr. 14, Bl. 151-159 (Entwurf, Bericht, Dr. Königsberger, zu Außenständen und Forderungen gegen das Vermögen der RV, v. 10.7.44). Ebenda Bl. 141ff.

damit einhergehenden Auflösung ihrer regionalen Struktur war die Reichsvereinigung vor Ort nur noch durch sogenannte Vertrauensmänner vertreten.

Die seit Juli 1942 auf das Sonderkonto H der Zentrale überwiesenen Beträge leitete die Reichsvereinigung unverzüglich an den „Jüdischen Auswanderungsfonds für Böhmen und Mähren" weiter. Der Fonds unterstand der Zentralstelle, einer Einrichtung im Bereich des Chefs der Sicherheitspolizei und des Sicherheitsdiensts der SS in Prag. Die transferierten Gelder sollten angeblich für die Ausstattung des Ghettos Theresienstadt und zugunsten der Deportierten eingesetzt werden. Die Vertragssummen der Heimeinkaufverträge H machten wahrscheinlich nur ein Sechstel des Transfers über das Sonderkonto H auf Konten der Prager Zentralstelle für das Ghetto Theresienstadt aus.[1027] Im übrigen stammten die auf das Sonderkonto H der Zentrale der Reichsvereinigung umgebuchten und nach Theresienstadt transferierten Gelder aus den vor Ort auf den Sonderkonten HS und Si liegenden Zuschlägen und Restbeträgen der Heimaufnahme- und Heimeinkaufverträge für Alters- und Siechenheime.

Zwei Formen der Enteignung der Juden konkurrierten vor den Deportationen miteinander: die Vermögenseinziehung des Reichs, abgelöst vom gesetzlichen Vermögensverfall, mit anschließender Vermögensverwertung durch die Finanzbehörden und die Vermögensübertragung an die Reichsvereinigung, die über ihr Vermögen nur mit Zustimmung des RSHA verfügen konnte.[1028] Die Reichsvereinigung hatte die Vermögensübertragung auf kurzfristig liquidierbare Werte beschränkt und griff der Zustellung der – in Berlin von der örtlichen Gestapo, nicht der Finanzverwaltung vorgefertigten – Verfügung über die Vermögenseinziehung entweder durch lange bestehende Heimeinkaufverträge oder zuletzt im Sammellager durch Abschluß von Verträgen nach dem Muster H allenfalls um Stunden vor.

Für die Reichsvereinigung war der Abschluß der Heimeinkaufverträge H vor der Deportation praktizierte Selbsthilfe. Das RSHA schrieb die Formen dieser Selbsthilfe in der Zwangsgemeinschaft nicht im einzelnen vor, sondern billigte oder ermöglichte Initiativen der Reichsvereinigung, im

---

(Vermerk, gez. Dr. Dr. Lustig, v. 14.1.44 nebst Übersicht über noch abzuwickelnde Verträge, Stand 31.12.43). Nicht realisierbar waren für die RV wegen diesbezüglichen Verbots die mit 410 Verträgen übertragenen Hypothekenforderungen im Wert von etwa 1,7 Mio RM, die auf einem Treuhandkonto des Bankhauses Heinz, Tecklenburg & Co, Berlin, geführt wurden.

1027 Der Kontenbestand des Ghettos betrug am 28.2.45 mehr als 90 Mio RM, Adler, Theresienstadt, a.a.O., S. 432.

1028 Adler, Der verwaltete Mensch, a.a.O., S. 571, betont diese Konkurrenz als eine zwischen dem RFM und dem RSHA, das sich mittels der RV an der staatlichen Finanzverwaltung vorbei an dem Vermögen der Juden bereicherte.

Fall der Finanzierung des Prager „Auswanderungsfonds“ bei garantiertem Gewinn für die SS. Wann immer seit 1940 Deportierte liquidierbares Vermögen zurückließen, bemühte sich die Reichsvereinigung um einen schnellen Transfer von Barvermögen, um die Lage der Deportierten am Zielort zu bessern.[1029] Seit Oktober 1941 versuchte die Reichsvereinigung, Werkstätten im Ghetto Łódź auszustatten, dem Zielort der Deportationen im Oktober und November 1941: Werkstatt-Einrichtungen der in Berlin aufgelösten „Ort“-Gesellschaft sollten dem Ghetto überlassen werden. Auch die Verbindungen zum Ghetto Theresienstadt waren früheren Datums als die Deportationen ab Juni 1942. Spätestens seit Anfang 1942 übergab die Reichsvereinigung Ausstattungen der im Reichsgebiet zu schließenden Werkstätten und überwies Verkaufserlöse aus Maschinen an den „Auswanderungsfonds“.

Diese über mehrere Jahre in der Zwangsgemeinschaft entwickelte Selbsthilfe der Reichsvereinigung war eine Etappe auf dem Weg in die Vernichtung. Die mehrjährige Praxis der Selbsthilfe wird zu Beginn der Deportationen nach Theresienstadt die Reichsvereinigung veranlaßt haben, Transferwege für bewegliche Vermögen der Deportierten zu finden. Um unter dem Druck des Sparzwangs die Heime kostendeckend betreiben zu können, war die Reichsvereinigung zudem seit Mai 1941 durch die regulären Heimaufnahme- und Heimeinkaufverträge Eigentümerin des größten Teils der Vermögen der Bewohner der Alters- und Siechenheime geworden. Auch diese Werte an die SS als Betreiber des Ghettos Theresienstadt zu übergeben, um die Lage der Deportierten zu bessern, erschien im Rahmen der praktizierten Selbsthilfe folgerichtig. Verwalteten die Finanzbehörden die Vermögen deportierter Juden, war der Einsatz auch nur eines Bruchteils zugunsten der Deportierten ausgeschlossen. Mit Vertretern des RSHA und korrumpierbarer SS ließ sich hingegen um ein Weniges handeln.

Seit Anfang 1940 hatte die Zentrale der Reichsvereinigung auf Räumungen, Ausweisungen und Deportationen gegen Juden außerhalb Berlins reagieren müssen. Mit dem RSHA verhandelten Vorstandsmitglieder regelmäßig „Wohnungsfragen“. Die Reichsvereinigung besorgte selbständig Unterkunft für Exmittierte, griff Deportationen durch selbstorganisierten Umzug in andere Regierungsbezirke vor, suchte Unterbringungsbedingungen vor Ort durch Intervention beim RSHA zu verbessern und finanzierte in Köln das Müngersdorfer Barackenlager vor, nicht ohne von Vertretern der Berliner Zentrale ein baufachliches Gutachten anfertigen zu lassen. Jeden

1029 Dies gilt für das Einschreiten der RV als sie von der Not der im Februar 1940 aus Stettin nach Lublin Deportierten erfuhr, bei den folgenden Ausweisungen aus Schneidemühl und nach den Deportationen aus Baden und der Pfalz nach Gurs und in andere Lager im Machtbereich des Vichy-Regimes im Oktober 1940.

existenzbewahrenden Schritt der Wohnungs- und Heimfürsorge hatten Reichsvereinigung und Jüdische Kultusvereinigung in Berlin dem GBI, der Gestapo oder dem RSHA abgehandelt.

Die Fürsorgeabteilung der Reichsvereinigung berichtete nach Abschluß des ersten Quartals 1942 über die Finanzlage der Alters- und Siechenheime in Berlin. Eine Berechnung von Anfang Mai 1942 wies einen monatlichen Zuschußbedarf von 30.000 Reichsmark aus, 360.000 Reichsmark im Jahr. Die monatlichen Ausgaben je Heimbewohner lagen mit 56,06 Reichsmark über dem vorgeschriebenen Versorgungssatz des Normal-Etats von 51,90 Reichsmark. Die aus Heimaufnahme- und Heimeinkaufverträgen realisierten Einnahmen deckten nur einen Versorgungssatz von 43,38 Reichsmark der 2.305 Heimbewohner im Monat. Von diesen galten 1.058 als Selbstzahler. Doch das eingebrachte Kapital von 270 Selbstzahlern war bereits aufgebraucht, so daß aus den monatlichen Pflegegeldern der 788 zahlenden Heimbewohner die Kosten des Heimaufenthalts von 1.517 nichtzahlenden Bewohnern mitgetragen wurden. Eine Übersicht der Heimunterbringungsgesuche vom 6. Mai 1942 wies Deckungsmöglichkeiten auf: Für 387 künftige Heimbewohner lagen 90 Heimaufnahme- und 23 Heimeinkaufverträge vor. Allein an Eintrittsgeldern würden kurzfristig 216.750 Reichsmark anfallen. Die Einkaufssumme betrug im übrigen 327.800 Reichsmark. Aus neuen Heimaufnahmeverträgen summierten sich die für drei Monate im voraus zu bezahlenden Pflegegelder auf 213.351 Reichsmark. Das bisherige monatliche Defizit ließ sich trotz der Versorgungskosten für zusätzliche 387 Personen decken.[1030]

Im Sommer 1942 waren die Möglichkeiten der Wohnungsberatungsstelle der Jüdischen Kultusvereinigung, die von Sonder- und Wohnungsräumungen des GBI betroffenen Juden in Berlin als Untermieter unterzubringen, erschöpft. Von den etwa 8.400 Wohnungen, die zu Kriegsbeginn Juden bei Juden gemietet hatten, gab es am 1. August 1942 noch 1.831 Wohnungen, die sich zwei Drittel der Berliner Juden teilen mußten. Anfang Juli 1942 berichtete Vorstandsmitglied Dr. Braun der Fürsorgeabteilung der Reichsvereinigung über die Wohnungsnot unter Berliner Juden: „In der JKV Berlin bewohnen zurzeit noch zahlreiche, alleinstehende Personen, die über 65 Jahre alt sind, jüdischen Wohnraum. Aus Raumgründen ist die JKV Berlin an diesem Wohnraum interessiert, bevor die Betreffenden zur Abwanderung bestimmt werden, damit es zu keiner Versiegelung dieser

---

1030 BAP 75 C Re 1 Nr. 484, Bl. 90-94 (RV, Abt. Fürsorge, Karminski, Aufstellungen und Berechnungen zu Unterhaltskosten Alters- und Siechenheime Berlin, 1. Quartal 42 und beispielhaft 3/42, hs. datiert 5.5.42; RV, Abt. Fürsorge, Simonis, Übersicht Heimunterbringungsgesuche, v. 6.5.42).

Zimmer kommt. Man überführt daher alleinstehende über 65 Jährige zwecks Freimachung jüdischen Wohnraums wieder in stärkerem Masse in die Altersheime.“[1031]

Die Fürsorgeabteilung ersuchte den Vorstand der Reichsvereinigung um Stellungnahme zu dieser Praxis und empfahl aus zwei Gründen, in solchen Fällen Heimverträge abzuschließen: „a) damit wir die Eintritts- und Pflegegelder als saldierungsfähige Einnahmen verbuchen können, und b) weil dann Möbel, Kleidungsstücke usw., die die Betreffenden einbringen, in das Eigentum der RV übergehen.“[1032] Die Reichsvereinigung bestätigte die Praxis der Jüdischen Kultusvereinigung in Berlin und befürwortete Mitte August 1942, daß „für diejenigen Personen über 65 Jahre, die zunächst in Altersheimen aufgenommen werden, Heimeinkauf-Verträge nach dem bisher üblichen Muster abgeschlossen werden“. Mit Berliner Juden, „die in Privatwohnungen leben und nur für wenige Tage vor der Abwanderung in die Altersheime kommen“, sollten allerdings „sofort Heimverträge nach dem Muster H abgeschlossen“ werden. „Die für Unterbringung und Verpflegung im Altersheim benötigte Summe“ war „von der JKV Berlin diesem Personenkreis gesondert in Rechnung“ zu stellen.[1033]

Eine Woche später waren die Heimeinkaufverträge für Altersheime und die Heimeinkaufverträge H für Theresienstadt nicht mehr unterscheidbar. Seit dem 24. August 1942 wurde regelmäßig vertraglich besiegelt, daß Altersheime Sammellager waren. Mit allen über 65 Jahre alten Berliner Juden wurden bei der Aufnahme in Altersheime Heimeinkaufverträge H für die Gemeinschaftsunterbringung in Theresienstadt abgeschlossen.[1034] Theresienstadt, Ghetto und Durchgangslager für Vernichtungstransporte nach Auschwitz, umschrieben die Heimeinkaufverträge H als „Gemeinschaftswohnung auch ausserhalb des Altreichs“.[1035]

1031 BAP 75 C Re 1 Nr. 484, Bl. 76 (Vermerk, Abt. Fürsorge, gez. Karminski und Simonis, für Eppstein mit der Bitte um Stellungnahme, Ds. an Dr. Braun, Simonis, Meyerheim, v. 7.7.42, Schreibfehler „IKV“ zu „JKV“ korrigiert).

1032 Ebenda.

1033 BAP 75 C Re 1 Nr. 484, Bl. 67 (Ds., Vermerk, gez. Karminski, für Herrn Meyerheim und Simonis betr. Heimverträge Berlin, v. 17.8.42). Verbliebene Gelder waren nach Rds. Nr. 42/224/373 auf Konten H und HS der JKV auszubuchen, und dann von Konto H zu 100 % und von Konto HS zu 75 % auf das Sonderkonto „H“ der Zentrale der RV zu überweisen.

1034 BAP 75 C Re 1 Nr. 484, Bl. 66 (Ds., Vermerk, gez. Karminski, für Herrn Meyerheim und Simonis betr. Altersheimverträge der JKV Berlin, v. 24.8.42).

1035 BAP 75 C Re 1 Nr. 484, Bl. 71 (Rds. RV, Vorstand und Abt. Fürsorge, (u) Dr. Eppstein und Karminski, an JKVen und Bezirksstellen, v. 30.6.41) i.V.m. Heimeinkaufvertrag v. 23.9.42, abgedruckt in: Adler, Der verwaltete Mensch, a.a.O., S. 830f.

Am 30. August 1942 verpflichtete sich Georg Basch, zehn Tage vor seinem 68. Geburtstag: „für mich als Pflegegeld für das Altersheim der Jüdischen Kultusvereinigung Berlin an die Jüdische Kultusvereinigung zu Berlin e.V. monatlich – je – RM 150,-- zu zahlen".[1036] Erst im Vorjahr hatte Georg Basch wegen der Wohnungsräumungen des GBI seine Charlottenburger Wohnung in der Knesebeckstraße 64 räumen müssen und bezog als Untermieter ein Zimmer bei Nelly Schwalbe, einer Pension in der Mommsenstraße 55. Am 1. August 1942 hatte ihn die Berliner Gestapo zur Deportation erfaßt und die Transportnummer O 8096 zugeteilt, die Vermögenserklärung gab Georg Basch am 25. August ab. Den 30. August 1942 und den folgenden Tag verbrachte er im Sammellager Große Hamburger Straße und unterschrieb, bevor er am Morgen des 1. September mit dem 54. Alterstransport aus Berlin nach Theresienstadt deportiert wurde, den Heimeinkaufvertrag H: „Da der Reichsvereinigung die Aufbringung der Mittel für die Gesamtheit der gemeinschaftlich (in Theresienstadt) unterzubringenden, auch der hilfsbedürftigen, Personen obliegt, ist es Pflicht aller für die Gemeinschaftsunterbringung bestimmten Personen, die über Vermögen verfügen, durch den von ihnen an die Reichsvereinigung zu entrichtenden Einkaufbetrag nicht nur die Kosten ihrer eigenen Unterbringung zu decken, sondern darüber hinaus soweit als möglich auch die Mittel zur Versorgung der Hilfsbedürftigen aufzubringen."[1037]

Wie die durch Heimeinkaufverträge H fundierte Irreführung auf die Deportierten wirkte, hat H.G. Adler berichtet: „bei allem, was man ihnen vorgeschwindelt hatte, schöpften sie keinen Verdacht, sondern vertrauten bereitwillig und vertrauten immer wieder. Das ging aus der Art des Gepäcks hervor, soweit man den Opfern dafür freie Wahl gelassen hatte. Da man ihnen über die bequemen und gemütlichen Verhältnisse im ‚Reichsaltersheim', im ‚Theresienbad', im ‚Kurort Theresienstadt' mit seinen freundlichen Villen, Hotelpensionen und angenehmen Altersheimen das Blaue vom Himmel vorgefabelt hatte, brachten sie Gardinen, Vasen, Familienandenken und die für ein Lager unsinnigsten Geräte mit, an denen ihr Herz hing, und mit denen sie ihre neue Umgebung wohnlicher gestalten wollten. [...] Nur was das Lager erforderte, was sie mit Nutzen hätten brauchen können, das fehlte oft ganz. Es mangelte ihnen an Decken und warmen praktischen Sachen. Den einen hatte man verboten, Messer oder andere hier unerläßlich wichtige Dinge mitzunehmen.

1036 BAP 75 C Re 1 Nr. 529, Bl. 204 (hekt. Vordruck, Erklärung, (u) Georg Basch, v. 30.8.42), hs. gestrichen die Paranthese des Vordrucks „und meine Ehefrau", nicht aber „je".

1037 BAP 75 C Re 1 Nr. 529, Bl. 191-204, 218-223, 225 sowie LA Bln Rep. 92 (OFP, Kartei und Vermögenseinziehungsakte; Georg Basch lebte seit dem 4.7.41 in der Pension Schwalbe).

Andere hatten keinen Löffel – das Universalinstrument in jedem Lager –, sie hatten kein Gefäß zum Empfang des Essens".[1038]

Der Vorsitzende Moritz Henschel und Vorstandsmitglied Dr. Braun unterschrieben Georg Baschs Heimeinkaufvertrag H im September 1942 und verpflichteten die Jüdische Kultusvereinigung, wie bei Aufnahmen in Altersheime, „dem Vertragspartner auf Lebenszeit Heimunterkunft und Verpflegung zu gewähren, die Wäsche waschen zu lassen, ihn erforderlichenfalls ärztlich und mit Arzneimitteln zu betreuen und für notwendigen Krankenhausaufenthalt zu sorgen". Das Recht einer „anderweitigen Unterbringung" blieb unter Ausschluß von Ersatzansprüchen vorbehalten. „Bei Eintritt einer körperlichen oder geistigen Erkrankung des Vertragspartners sowie eines sonstigen Zustandes, der das dauernde Verbleiben in der Gemeinschaftsunterbringung ausschließt und eine anderweitige Unterbringung geboten erscheinen läßt, ist die Reichsvereinigung berechtigt, die erforderlichen Maßnahmen zu treffen. Entsprechendes gilt bei wiederholten groben Verstößen gegen die Ordnung der Gemeinschaftsunterbringung."[1039]

Als Judenältester in Theresienstadt berichtete Jakob Edelstein dem Lagerkommandanten von dem „Betrug, dem die deutschen Juden durch ihre ‚Heimeinkaufverträge' erlegen waren": „Nun waren sie auf dem Bahnhof, erschöpft und zernichtet, angebrüllt von SS, Gendarmen und Juden, mit verwirrten Mienen, mit verzweifelt verständnislosen Blicken und ängstlich beklommenen Handbewegungen. [...] Die Ankömmlinge fragten manchmal schon auf dem Bahnhof oder in der ‚Schleuse', ob ein oder zwei Zimmer für sie reserviert wären oder wünschten sich Südseite und einen Balkon. Sie zeigten Bestätigungen über große Beträge, selbst über 500 000 RM, mit denen sie sich für einen lebenslänglichen Aufenthalt samt Verpflegung in Theresienstadt eingekauft hatten."[1040]

Mit Abschluß des Heimeinkaufvertrags für Theresienstadt hatte Georg Basch am 30. August 1942 sein gesamtes bewegliches Vermögen der Reichsvereinigung übereignet. Als monatlichen Bedarf trug er in die spezielle Heimeinkauf-Vermögenserklärung den Regelsatz des Pflegegelds im Altersheim von 150 Reichsmark ein. Als Georg Basch am 30. August 1942

1038 Adler, Theresienstadt, a.a.O., S. 108f.

1039 BAP 75 C Re 1 Nr. 529, Bl. 219 (hekt. Vordruck, Heimeinkaufvertrag H, Muster 2, (u) Basch am 30.8.42, für JKV Berlin (p) am 2.9.42, (u) Henschel, Braun in 9/42).

1040 Adler, Theresienstadt, a.a.O., S. 108f., S. 109, 108. Edelstein berichtete darüber dem Lagerkommandanten: „Seidl meinte: ‚Ich werde es nach Berlin berichten und Ihnen Bescheid geben.' Schließlich wurde versprochen, aus den entlockten Geldern monatlich 5 Mark pro Person zur Verfügung zu stellen – und bei diesem Versprechen blieb es." Ebenda S. 109.

im Sammellager Große Hamburger Straße eintraf, verfügte er über ein Vermögen von fast 30.000 Reichsmark, das er für die Aussicht, 16 Jahre nicht hilfsbedürftig zu werden, verwenden wollte: „Ich bemerke, dass ich heute morgen der Jüd. Kultusvereinigung zu Berlin e.V. für Wohnungsbau RM 10.000,– zur Verfügung gestellt habe, da ich von dem Heimeinkaufvertrag nichts wußte. Ich möchte, dass dieser Betrag ebenfalls für den H-Vertrag verwendet wird.“[1041]

Die in der Zwangsgemeinschaft illusorische Selbsthilfe prägte in ihrem eigenen Untergang den der Juden, die in Berlin erst in die Wohnungslosigkeit getrieben und dann deportiert wurden. Die Fiktion des Wohnens überdauerte die Wohnungslosigkeit, die Einquartierung zur Untermiete, die Aufnahme in den zu Sammellagern umfunktionierten Altersheimen oder sogar die Deportation. Noch die geringsten Zugeständnisse mußte die jüdische Selbsthilfe, die der eigenen Ressourcen beraubt die Binnensolidarität mobilisierte, in Berlin dem Generalbauinspektor, der Gestapo und dem Reichssicherheitshauptamt abringen. Die existenzbewahrende Wohnungs- und Heimfürsorge verbarg die Systematik der Verelendung und schirmte deren Urheber gegen die Verelendeten ab. Weil die Selbsthilfe in der Logik der Verelendung gefangen war, vermochte sie das System der Verelendung nicht zu durchbrechen.

1041 BAP 75 C Re 1 Nr. 529, Bl. 220f. (hekt. Vordruck, Heimeinkauf-Vermögenserklärung, (u) Basch am 30.8.42). Die Heimeinkauf-Vermögenserklärung schließt mit dem Passus: „Es ist mir bekannt, daß die in dieser Heimeinkauf-Vermögenserklärung enthaltenen Angaben über Vermögenswerte, die nach Abschluss des Heimeinkaufvertrags als Einkaufbetrag auf die Reichsvereinigung der Juden in Deutschland übertragen werden, in die vor der Abwanderung abzugebende amtliche Vermögenserklärung nicht aufgenommen werden dürfen.“

Am 8. Februar 1942 stürzte die Maschine ab, die meinen Vorgänger im Amt des Rüstungsministeriums, Dr. Fritz Todt, vom Führerhauptquartier nach Berlin bringen sollte. Für mich änderte dieser 8. Februar alles. Als Architekt Hitlers wäre mir nach einem verlorenen Krieg nichts geschehen, noch nicht einmal ein ernsthaftes Verfahren durch die deutschen Entnazifizierungsbehörden hätte mir bevorgestanden. Niemand hätte einen Architekten vor Gericht gestellt.

Feinderklärung und Interesse

Der Internationale Militärgerichtshof in Nürnberg verurteilte Albert Speer wegen Kriegsverbrechen und Verbrechen gegen die Menschheit zu 20 Jahren Haft. Die milde Strafe verdankte der Hauptkriegsverbrecher Speer der erfolgreichen Strategie seiner Verteidigung, einerseits sein Wirken als Architekt als unpolitische Tätigkeit herunterzuspielen und andererseits eine vage Gesamtverantwortung für den verbrecherischen Weg des Regimes zu beteuern. Diese ließ er als persönliche Verantwortung nur für die Zeit ab Februar 1942 gelten, nachdem er das Rüstungsministerium übernommen hatte. Wie alle Mitangeklagten erklärte Speer sich im Sinne der Anklage als „nicht schuldig". Speer hat zeitlebens an dem Lügengebäude weitergebaut, das ihn in Nürnberg vor dem Strick bewahrt hatte, und zum Beweis seiner Unkenntnis des Völkermords an den Juden Europas den letzten Zeugen gebeugt.[1042]

1042 Sereny, a.a.O., S. 452–466, 465, analysiert die eidesstattlichen Erklärungen, die zur Widerlegung des Befunds von Erich Goldhagen, Albert Speer, Himmler, and the Secrecy of the Final Solution, in: Midstream, Oktober 1971, S. 43–50, Speers Abwesenheit bei Himmlers Posener Rede am 6.10.43 belegen sollten, als Himmler vor den Reichs- und Gauleitern den Völkermord an den europäischen Juden offenlegte und Speer als einen seiner Vorredner direkt ansprach: Walter Rohland, Stahlmagnat, war

Die Reflexionen und Widerlegungen der Lebenslügen Speers füllen Tausende Seiten. Speers Vertreter Karl Maria Hettlage kleidete die Lüge in den Halbsatz seiner biographischen Notiz, er hätte sich „mit den nationalsozialistischen Machthabern überworfen".[1043] Er gab zu rätseln auf, ob sich dies im Augenblick seines Karrieresprungs vom Berliner Stadtkämmerer zum Präsidenten der Speerschen Neugestaltungsbehörde zugetragen hatte oder zuvor bei seiner Berufung in den Vorstand der Commerzbank. Im Rüstungsministerium leitete Hettlage, Wehrwirtschaftsführer und ehrenhalber Mann der SS, das Generalreferat Wirtschaft und Finanzen und dirigierte die Ausplünderung Europas.

Während Speer im Spandauer Gefängnis für die nächste Karriere als Memoirenschreiber seine Erinnerungen ordnete, brachte es Hettlage zum Staatssekretär im Bundesfinanzministerium und ordnete in den fünfziger und sechziger Jahren die Finanzen des westdeutschen Nachkriegsstaats. Speer, der Architekt, Stadtplaner und Rüstungsminister, und Hettlage, sein Verwaltungs- und Finanzchef, gerierten sich als Experten ihres Fachs; man attestierte ihnen organisatorisches Talent. Seit 1942 ließen sie in konzertierter Aktion die deutsche Wirtschaft alle Potentiale für den Krieg, die Plünderung, die Versklavung und Vernichtung entfesseln. Ihrer beider Gesellenstück, die Politik für den Berliner Hauptstadtbau bis 1943, kostete etliche zehntausend Berliner Juden zuerst die Wohnung, dann das Leben.

Menschen die Wohnung zu nehmen gilt nicht als Straftat. Doch als Speer am 1. Oktober 1966 wieder auf freiem Fuß war, ermittelte die Staatsanwaltschaft gegen Angehörige der Berliner Stapoleitstelle wegen Beihilfe zum Mord. Sie wurden verdächtigt, „den Haupttätern Hitler, Himmler etc. bei der Ausrottung der Berliner Juden dadurch behilflich" gewesen zu sein, daß unter ihrer Verantwortung die Deportationen der Juden erfolgen konnten, „wodurch die Betroffenen [...] ihrer Vernichtung zugeführt wurden".[1044] Wegen solcher „Hexenprozesse gegen sogenannte Schreibtischtäter" hatte Speers Hauschronist Rudolf Wolters 1964 vorsorglich entschieden, in der Abschrift seines Exemplars der Speer-Chronik „einige ganz wenige Stellen" zu unterschlagen: alle Erwähnungen der Wohnungsräumungen gegen Berliner Juden, „die zeitgeschichtlich", wie Wolters Anfang 1970 dem soeben zum Bestsellerautor avancierten Speer in

ein guter Freund Speers, und Harry Siegmund, Organisator der Tagung, räumte – nur telefonisch zur Auskunft bereit – ein, er habe Speer schließlich gegeben, was er wollte. Als Sereny Siegmund darauf ansprach, daß er einen Nichtanwesenden zum Zeugen der Abwesenheit Speers machte, brach Siegmund das Gespräch ab.

1043 Munzinger's Archiv der Gegenwart, Loseblattsammlung, 1989.

1044 LG Berlin Archiv 2667, Personenstück 2, Otto Bovensiepen, Bl. 1 (Haftbefehl Untersuchungsrichter IV beim LG Berlin gegen Otto Bovensiepen v. 8.3.67).

Erinnerung rief, „leider nicht unbedingt unwichtig sind“. Wolters wollte nicht dazu beitragen, daß die Staatsanwaltschaften Speer „noch einen zusätzlichen Prozeß machten unter dem Vorwand, daß dieses ‚Delikt‘ nicht Gegenstand der Nürnberger Anklage“ war. Das Original der Chronik sollte der Öffentlichkeit erst bekanntwerden, „sobald keinem mehr ein Schaden daraus erwachsen kann“.[1045] Der Berliner Gestapo-Prozeß verging, ohne daß ein Angeklagter, ein Zeuge, ein Staatsanwalt die Aufmerksamkeit der Ermittlungsbehörden auf die behilfliche Instanz gelenkt hätte, die Wohnungskündigungen anordnend der Stapoleitstelle die Berliner Juden zur Deportation auslieferte.

Der Gestapo-Prozeß endete nach mehrfachen Reduktionen der Strafverfolgung durch die Gesetzgebungen des Bonner Parlaments zur Verjährung von Tatbeteiligungen an Naziverbrechen mit zwei Freisprüchen. Alle Schreibtischtäter waren wieder sicherer, daß bundesdeutsche Staatsanwaltschaften sie nicht mehr behelligen würden. Kurt Venter, dem promovierten Juristen und stellvertretenden Leiter der Stapoleitstelle in der Zeit der Massendeportationen, bescheinigte das Berliner Landgericht am 7. April 1971 trotz eines bestehenbleibenden erheblichen Tatverdachts: „Die Tatsache, daß der Angeklagte als leitender Verwaltungsbeamter und Vertreter des Chefs [...] <u>ganz allgemein</u> mitgeholfen hat, die Organisation der Stapoleitstelle Berlin als solche aufrecht zu erhalten und diese Behörde ‚funktionieren‘ zu lassen, kann nach der Überzeugung des Gerichts nicht als objektive Beihilfehandlung an der Ermordung der deportierten jüdischen Bürger Berlins angesehen werden, denn hier handelt es sich nicht um ein <u>konkretes</u> Fördern der Haupttat“.[1046] Leichter fiel es einzelnen Gerichten unmittelbar nach dem Krieg, Verfolgte zu verurteilen, die – bereits in der Hand der

1045 Zur Geschichte der Speer-Chronik Matthias Schmidt, a.a.O. und Sereny, a.a.O., S. 260–269, Briefwechsel Speer und Wolters v. 1.1.70 bis 22.1.70, Speer an Bundesarchiv Koblenz v. 13.2.70. Speer erwiderte Wolters auf dessen Schreiben v. 10.1.70 postwendend: „Ich schlage vor: Die entsprechenden Stellen existieren nicht mehr. Allerdings dann, im Gegensatz zu Deinem Brief, überhaupt nicht mehr. Eine Verschiebung auf spätere historische Zeiten würde ungünstig sein; wer beantwortet eine verdrehte Auslegung, die durch die Tatsache der vieljährigen Zurückhaltung nur gefördert wird?“ Nach Speers Tod übergab Wolters das Original der Chronik dem Bundesarchiv, das auch den Nachlaß Wolters verwahrt.

1046 LG Berlin Archiv 2667, Urteilsband II, Bl. 68 (Urteil v. 7.4.1971, S. 133). Das LG Berlin bezog sich insoweit auf die Entscheidung des Bundesgerichtshofs v. 20.2.1969, abgedruckt in der Neuen Juristischen Wochenschrift, Heft 69, S. 2056. Nach den anfänglichen Ermittlungen gegen 28 Mitarbeiter der Berliner Stapoleitstelle wurden von den Voruntersuchungen gegen 17 Verdächtige 9 nicht zu Ende geführt, von 8 Angeklagten schieden 6 aus dem Verfahren aus gesetzlichen Gründen und von Todes wegen aus. Dr. jur. Kurt Venter und Max Bernhard Grautstück wurden freigesprochen.

Gestapo – untergetauchte Juden aufgespürt hatten, um ihre eigene Existenz in Berlin zu retten. Anders als ihre Opfer handelten Speer und die leitenden Mitarbeiter seiner Neugestaltungsbehörde unter keinem Zwang, als sie der Gestapo die Berliner Juden zur Deportation auslieferten. Keiner von ihnen hat sich wegen auch nur eines in Berlin in der Falle seiner Wohnung zum Selbstmord getriebenen Juden verantworten müssen.

Um Speers Verurteilung wegen Verbrechen gegen den Frieden zu vereiteln, spitzte sein Verteidiger vor dem Nürnberger Gerichtshof das Bild des unpolitischen Architekten zu und argumentierte, Speers Tätigkeit hätte „mit irgendwelchen Verbrechen gegen den Frieden nicht das geringste zu tun, im Gegenteil, sein Wirken war eher als eine Behinderung der Kriegsvorbereitungen anzusehen, da diese seine Aufgabe Rohstoffe und Materialien in großem Umfange in Anspruch nahm, die andernfalls vielleicht mittelbar oder unmittelbar der Aufrüstung hätten zugute kommen können. Die Speer übertragenen Bauvorhaben waren überdies auf lange Sicht berechnet und geplant; sie konnten in Speer nur den Eindruck erwecken, daß Hitler mit einer langen Friedensperiode rechnete.“[1047] Speer lag es völlig fern, die Kriegsvorbereitung „zu behindern“. Jahrzehnte später gestand er seine volle Übereinstimmung mit Hitlers Expansionsprogramm ein: „Das war doch der ganze Sinn meiner Bauten. Sie hätten grotesk ausgesehen, wenn Hitler in Deutschland sitzengeblieben wäre. Mein ganzes Wollen war darauf gerichtet, daß dieser große Mann den Erdball beherrschen würde.“[1048] Zwar gab Speer vor, die damals übliche kunst- und architekturhistorische Kritik seiner Repräsentationsbauten als „Ornament der Gewalt“ zu teilen, doch von der Gewalttätigkeit seiner Politik als erster und oberster Neugestalter des Regimes schwieg er.

Speers Politik für den Berliner Hauptstadtbau im Jahr 1938 war ebenso verbrecherisch wie die des Regimes, das den Krieg nach innen führte und Deutschland für den Krieg nach außen rüstete. Wer wie Speer die Steinproduktion in Konzentrationslagern kreditierte und Lieferverträge über zehn Jahre schloß, wollte den KZ-Staat dauerhaft ausbauen. Wer wie Speer für seine Baustellen Menschen aus der zerschlagenen Tschechoslowakei als berufsfremde Hilfsarbeiter herbeischaffte, stabilisierte das militärisch gesicherte Gewaltverhältnis. Und wer wie Speer Juden ihrer Wohnungen berauben wollte, entwarf und forcierte die Politik der Judenverfolgung des Regimes. All diese politischen Entscheidungen traf Speer, um die Berliner

---

1047 Der Prozeß gegen die Hauptkriegsverbrecher vor dem Internationalen Militärgerichtshof. Nürnberg 14. November 1945 bis 1. Oktober 1946, Nürnberg 1948, Reprint München und Zürich 1984, Bd. 19, S. 201f. (184. Verhandlungstag, 23.7.46).

1048 Sereny, a.a.O., S. 220f.

Neugestaltung durchzusetzen. Keine seiner Maßnahmen war geeignet, den gesamten Hauptstadtbau – wie projektiert – zu verwirklichen, doch reagierte er mit jeder auf einen seit 1938 bekannten Mangel: Mangel an Arbeitskräften, an Baumaterial und daraus resultierend an Ersatzwohnungen. Speer bemühte sich nie um einen Nachweis, daß der geplante Stadtumbau überhaupt oder unter welchen Bedingungen er realisierbar sein würde. Die verbrecherische Politik des Regimes machte Speer sich zu eigen, weil er alle Ressourcen, auch die nur durch Terror und militärische Aggression greifbaren, abschöpfen und die Blockade des Einstiegs in das Neugestaltungsbauen keinesfalls hinnehmen wollte. Speer erhielt die Verknüpfung des Berliner Hauptstadtbaus mit der verbrecherischen Politik des Regimes aufrecht, auch wenn diese ihm weniger als den erwarteten Zugewinn und nie mehr als eine teilweise Deckung des berechneten Bedarfs an Baustoffen, Arbeitskräften und Ersatzwohnungen verschaffte.

Als Architekt hatte Speer von Anfang an die ökonomischen Rahmenbedingungen seiner gigantischen Planungen ignoriert und so einer Politik des Rechtsbruchs den Weg vorgezeichnet, die die mißachteten Rahmenbedingungen im Interesse der Neugestaltung gewaltsam verändern würde. Mit seinen Bauvorhaben eröffnete Speer der SS die Option, an der sie ab 1936 die Reorganisation der Konzentrationslager ausrichtete: die Neugestaltungsbaustellen über Jahre und Jahrzehnte mit Baumaterial zu beliefern und als Sklavenhalterfirma vom künftigen Bauboom zu profitieren. Als Generalbauinspektor monopolisierte Speer die Auftragsvergabe für die Berliner und Nürnberger Bauplanungen; Speer war der initiative Geschäftspartner der SS, er war ihr erster und größter Auftraggeber. Die Verträge der Speerschen Neugestaltungsagentur mit den Unternehmen der SS erhöhten die Sollzahlen der Sklavenarbeiter, die Gestapo und Sicherheitsdienst für die Konzentrationslager einzufangen hatten. Die Ausweitung und Verstärkung des Terrors durch den staatspolizeilichen Arm der SS resultierten auch aus den Aufträgen des Speerschen Architekturimperiums an die SS als Unternehmer. Speer war von den Lieferungen der SS nicht abhängig, aber die SS von Speers Bestellungen. Speers Interesse, die Kapazität der Baustoffindustrie für seinen gigantischen Bedarf langfristig zu erweitern, machte ihn im Geschäft mit der SS zum Interessenten an der Politik des Terrors und der militärischen Aggression.[1049] Innerhalb der Berliner Stadtgrenzen organisierte Speer mit der Wohnungsmarktpolitik gegen die Berliner Juden den Raub für den Berliner Hauptstadtbau.

1049 Zum Verhältnis von Neugestaltungsplanungen und Entwicklung der SS im Bausektor: Jaskot, Architecture of Oppression, a.a.O.

Die Verantwortlichen der Berliner Wohnungsmarktpolitik, die Juden das unverzichtbare Recht auf Wohnung nahm, sind bekannt: Sie waren Architekten, Juristen und Kommunalbeamte; ihr Wirken in der Speerschen Neugestaltungsbehörde war ein politisches. Die politisch nachhaltigste Entscheidung traf Speer selbst im Augenblick des absehbaren Scheiterns seines Stadtumbaus, als er Mitte September 1938 beschloß, die Blockade der Neugestaltung auf Kosten von Berliner Juden zu durchbrechen. Mit seinem Zugriff auf eine begrenzte Zahl großer Wohnungen Berliner Juden reagierte Speer auf den quantitativ kleinsten Mangel, weil dieser in allen Wohnvierteln den Abriß und den Einstieg in das Neugestaltungsbauen versperrte. Die Aussicht, diesen spezifischen Engpaß zu überwinden, motivierte Speer, eine Juden entrechtende Politik zu initiieren. Die zweieinhalbtausend von Speer begehrten großen Wohnungen Berliner Juden hätten nicht den Mangel an fünfzehntausend kleinen Ersatzwohnungen behoben, die im Laufe eines Jahrs gleichfalls benötigt, im brachliegenden Berliner Wohnungsbau aber ohnehin nicht erstellt wurden. Auch das absurde quantitative Verhältnis, in dem der beabsichtigte Zugriff bei Verlust von mehr als hundertzwanzigtausend Wohnungen durch Neugestaltungsabrisse zum Gesamtbedarf an Ersatzwohnungen stand, hinderte Speer nicht, die Blockade seines Berlin-Umbaus an einem überschaubaren Engpaß demonstrativ zu durchbrechen.

Mit seiner politischen Initiative gegen Berliner Juden brachte Speer das Verdrängungspotential des Stadtumbaus am schmalsten Engpaß zum Durchbruch. Speers Interesse an der Politik des Rechtsbruchs und der Willkür gegen Berliner Juden fußte nicht auf einem dem Gesamtbedarf adäquaten Zugewinn, sondern auf dem erwarteten Effekt, nach Aneignung großer Wohnungen Berliner Juden den Einstieg in die Neugestaltung sichtbar zu machen, so als wäre das Gesamtprojekt realisierbar.

Speers im September 1938 entworfenes Projekt „Judensiedlung“ gefährdete die Existenz aller Juden in Berlin, weil die an fiktivem Aufwand errechnete Ersparnis für die öffentliche Hand mit der Einsparung von Aufwand für die Behausung der zu exmittierenden Juden korrelierte. Fortan konzipierten Speers Fachmänner für den Berliner Hauptstadtbau abseits traditioneller Koordinaten der Stadterneuerung eine Wohnungsmarktpolitik, die mit dem Zugriff auf alle Wohnungen Berliner Juden den größtmöglichen Zugewinn konsequent nachholte. Entlang rassistischer Trennlinien teilten sie den bewohnten Altbaubestand in Segmente auf und steuerten in separierten Wohnungsmärkten die Verdrängung. Zur Legitimation ihrer Wohnungsmarktpolitik mußten sie nichts beitragen, denn die öffentliche Feinderklärung gegen Juden – seit 1933 in der staatlichen Politik der Entrechtung und Enteignung der Juden verfestigt – fanden sie für ihre Zwecke passend vor.

Die mit dem Hauptstadtbau in Berlin erzeugte Wohnungsnot traf in jedem Fall und ausschließlich Berliner Juden.

Nicht der getätigte, sondern der unterlassene Aufwand drückt den Stellenwert aus, der der antijüdischen Politik Speers für den Berliner Hauptstadtbau zukam: Juden ihrer Wohnungen zu berauben und die wohnungslosen Juden von der Gestapo aus Berlin deportieren zu lassen, sparte Neugestaltungsmittel in der Größenordnung eines Jahreswohnungsbauprogramms ein. Weil die vorgeblich unpolitischen Akteure der Neugestaltung, die Speers Wohnungsmarktpolitik durchsetzten, unablässig den Berliner Hauptstadtbau vorantrieben, mußten sie keine judenfeindliche Gesinnung zu erkennen geben. Um ihr eigenes Handeln legitim erscheinen zu lassen und jedem Zweifel an ihrer Politik zu begegnen, von der sie nie hätten leugnen können, daß sie die Existenz der Juden in Berlin zerstörte, mobilisierten sie von allen angehäuften Vorurteilen die judenfeindlichen. Die Wohnungsmarktpolitik gegen Berliner Juden hatten sie hingegen mit dem Rechenschieber konzipiert, als Einsparung öffentlicher Mittel angepriesen und mit aller juristischen Raffinesse in Paragraphen gegossen. Ihre dennoch allesamt rechtswidrigen behördlichen Wohnungskündigungen gegen Berliner Juden ließen sie die Gestapo mit terroristischer Gewalt durchsetzen.

Seit 1938 machte Speer das politische Ziel des Regimes, alle Juden aus Deutschland zu vertreiben, zur Vorbedingung seiner Politik des Hauptstadtbaus. Räumungen in Abrißvierteln setzten die Übernahme der Wohnungen verarmter und geflüchteter Berliner Juden voraus. Den Anspruch auf deren sämtliche Wohnungen manifestierte die Speersche Behörde mit ihrer Politik der „judenreinen Gebiete", Berliner Juden zu exmittieren und innerstädtisch zu konzentrieren, was neue Fluchtentscheidungen provozieren mußte. Als der Kriegsbeginn der staatlichen Politik der Zwangsauswanderung ebenso enge Grenzen setzte wie den Verfolgten, durch Flucht der Naziherrschaft zu entkommen, strebten Speer und seine leitenden Mitarbeiter 1940 zunächst an, alle Berliner Juden unmittelbar nach Kriegsende abzuschieben. Ab September 1940 richtete Speer sein Interesse auf Massendeportationen der Berliner Juden während des Kriegs, weil er für die Abriß- und Baufreiheit bei Kriegsende die Räumungen der Areale des Hauptstadtbaus unbedingt noch im Krieg fortsetzen wollte und Abrißmieter Zug um Zug die Wohnungen deportierter Juden übernehmen sollten.

Nachdem sich bis Mitte Januar 1941 keine Deportationen aus Berlin durchsetzen ließen, spannten Speer und Heydrich im März Goebbels ein. Mit der von Himmler Mitte September erwirkten Einwilligung Hitlers deportierte das Reichssicherheitshauptamt ab Oktober 1941 Juden aus Berlin. Als Interimslösung hatte Hettlage Ende Januar 1941 für die Neugestaltung die Bereichs- und Wohnungsräumungen in Gang gesetzt, die in Berlin Tausende jüdische Familien wohnungslos machten und die Wohnverhältnisse Zehntausender Juden ruinierten, zusammengepfercht im unsichtbaren Ghetto des ihnen auf Zeit noch zugestandenen „Schachtelraums".

Die in jeder erdenklichen Hinsicht Recht brechenden Räumungs- und Kündigungsanordnungen gegen Berliner Juden setzte Speers Behörde mittels eines Verfahrens durch, das den Rechtsbruch zu verdecken und möglichst die offene Anwendung des – nie verzichtbaren und stets abrufbaren – staatspolizeilichen Zwangs zu vermeiden hatte. In Berlin mißbrauchte zuerst die Speersche Behörde Anfang 1941 die Wohnungsberatungsstelle der Jüdischen Kultusvereinigung, eine Einrichtung der Selbsthilfe, als Werkzeug der wohnungsmarktpolitischen Willkür gegen Berliner Juden. Ab Oktober 1941 erfüllte die Berliner Staatspolizeileitstelle als verlängerter Arm des Generalbauinspektors den Räumauftrag Speers. Die Berliner Gestapo beteiligte nun ihrerseits die Jüdische Kultusvereinigung an den bürokratischen Deportationsvorbereitungen. Die Selbsthilfe der Jüdischen Kultusvereinigung fungierte stets als Mittler der terroristischen staatlichen Gewalt gegen die Berliner Juden, schirmte Speers Behörde als Urheber ihrer Verelendung ab und enthob die Neugestaltungsbürokraten der Konfrontation mit den Opfern der Speerschen Wohnungsmarktpolitik, die sie umsetzten. Die Jüdische Kultusvereinigung konnte in Einzelfällen der Berliner Gestapo vorläufige Zurückstellungen von der Deportation abringen. Gegen die von Speer angeordnete Wohnungsräumung hatte auch die Gestapo keine Handhabe; hingegen nahm sie selbstverständlich von Speers Behörde nachträglich erbetene Zurückstellungen einzelner Juden von der Deportation vor.

Die Jüdische Kultusvereinigung und ihre Mitarbeiter trafen weder die Auswahl Berliner Juden zur Deportation, noch konnten sie die Systematik der Berliner Deportationen beeinflussen. Bei allen Bemühungen, existenzbewahrend zu wirken und die Lebensbedingungen der Verfolgten zu bessern, mobilisierte die Selbsthilfe die Binnensolidarität in der Zwangsgemeinschaft, ohne jedoch das von Speers Wohnungsmarktpolitik diktierte Geschäft der Verelendung zu unterlaufen. Schon ein Brandanschlag auf die Registratur der Wohnungsabteilung des Hauptamts Verwaltung und Wirtschaft des Generalbauinspektors in der Berliner Straße 4–9, dem Haus des Deutschen Gemeindetags, Westflügel, Eingang Salzufer, für den eine der antifaschistischen Widerstandsgruppen Berliner Juden um den Jungkommunisten Herbert Baum gewiß zu gewinnen gewesen wäre, hätte noch zu Beginn des Jahrs 1942 das Berliner Instrumentarium der Verfolgung zerstören können.

Im Januar 1942 wurde Speer, als die Berliner Stapoleitstelle noch die Deportationen seiner „III. Aktion" durchführte, erneut mit einer Blockade der Neugestaltung konfrontiert: Die Deportationen seiner im November 1941 in Auftrag gegebenen dritten und letzten Großaktion der Wohnungsräumungen gegen Berliner Juden waren ausgesetzt worden. Das Wehrwirtschafts- und Rüstungsamt hatte interveniert, weil es befürchtete, bei Abtransport der jüdischen Zwangsarbeiter könnten die Berliner Rüstungsbetriebe die Wehrmachtsaufträge nicht erfüllen.

Seine Verteidigungsstrategie in Nürnberg baute Speer nicht nur auf den Schwindel vom unpolitischen Wirken als Architekt bis 1942, sondern untermauerte sie mit einer zweiten Legende: der Interessengegensatz zwischen der Rüstungsindustrie und der SS in der Frage der Deportation der jüdischen Zwangsarbeiter wäre unüberbrückbar gewesen. Den Vorwurf des amerikanischen Hauptanklägers Robert H. Jackson, an der Durchführung der Deportationen teilgenommen zu haben, überging Speer mit einem knappen „Nein". Der Gerichtshof bezog sich auf ein Beweisdokument, das das Einverständnis des Rüstungsministers Speer mit den Massendeportationen der Ende 1942 noch als Zwangsarbeiter eingesetzten deutschen Juden belegt. Die Lage der im Februar und März 1943 aus Berlin deportierten Juden kommentierte Speer mit den Worten: „Diese Juden waren noch völlig frei, und ihre Familien waren noch in ihren Wohnungen." Speer behauptete, ihm wäre es 1942 – gegen Goebbels und Hitler – gelungen, die Berliner Juden in den Rüstungsbetrieben zu halten, und „erst im März 1943" wäre „dieser Widerstand erfolglos gewesen".[1050]

Speer unterschlug seine damalige Interessenlage als Generalbauinspektor. Auf die neuerliche Blockade der Nachkriegsneugestaltung seit Januar 1942 reagierte Speer mit einem Projekt, das die durchaus kontroversen Interessen der SS und der Industrie wieder in Übereinstimmung brachte, woran Speer auch persönlich viel lag: Das Interesse der SS, alle Juden aus Berlin zu deportieren, war mit seinem eigenen als Generalbauinspektor identisch; von der Erfüllung des Interesses der Industrie hingen seine Akzeptanz und Effizienz als Rüstungsminister ab. Speer harmonisierte die im aktuellen Konflikt gegenläufigen Interessen in seinem Programm der Expansion des Verbrechens, das er Hitler etappenweise unterbreitete: im Mai 1942, um die gestoppten Deportationen aus Berlin wieder in Gang zu bringen, und im September 1942, um die SS in die Lage zu versetzen, den Räumauftrag seiner dritten Großaktion mit dem Abtransport der jüdischen Zwangsarbeiter bis März 1943 abzuschließen.

Nach Speers erstem Austauschplan vom Mai 1942 sollten ausländische Deportierte die jüdischen Zwangsarbeiter in Berliner Rüstungsbetrieben ersetzen. Statt dessen stellte die Gestapo von den Deportationen ab Mitte Juni 1942 die reklamierten Zwangsarbeiter weiterhin zurück, solange das

---

1050 Der Prozeß gegen die Hauptkriegsverbrecher, a.a.O., Bd. 16, S. 567–570, 568f. (160. Verhandlungstag, 21.6.46).

Arbeitsamt den Betrieben keinen im Einzelfall geeigneten Ersatz zuweisen konnte. Speers zweiter Austauschplan, von den deportierten Juden die arbeitsfähigen als Sklavenarbeiter in der Rüstungsproduktion zu verschleißen, stammte nicht erst vom September 1942, als Speer Oswald Pohl, Himmlers Wirtschafts- und Verwaltungshauptamtsleiter, informierte und außerplanmäßige Baukontingente für den Lagerausbau in Auschwitz-Birkenau bewilligte.[1051] Im September 1942 setzte Speer den Schlußstein zu seinem Programm, über Himmlers Konzentrationslagerimperium – wie seit 1938 in der Steinproduktion – nun den Arbeitskräftebestand in der Rüstungsproduktion zu erhöhen: Die von Heydrich und Eichmann angeleiteten Menschenjäger hatten die Massendeportationen aller europäischen Juden im März 1942 mit dem Abtransport der arbeitsfähigen aus der Slowakei und aus Frankreich begonnen. Speer hatte, auch im März 1942, die Regeln des Zwangsarbeiteraustauschs festgelegt und sich dabei ermächtigt, über den Zeitpunkt der Deportation der noch zwangsbeschäftigten deutschen Juden zu entscheiden.[1052] Er schlug der Industrie vor, Produktionsstätten in bestehende Konzentrationslager zu verlegen.[1053] Da nur einzelne Konzerne Interesse zeigten, bot Speer im September 1942 der Industrie darüber hinaus an, in Absprache mit der örtlichen Gestapo betriebsnahe Konzentrationslager zu errichten und deportierte Sklavenarbeiter anzufordern.[1054] Der SS

1051 Bericht Pohl zur Besprechung mit Speer am 15.9.42 an Himmler v. 16.9.42, auszugsweise wiedergegeben in Pingel, a.a.O., S. 276f. (BAK NS 19 Nr. 14): „Reichsminister Prof. Speer hat die Vergrößerung des Barackenlagers Auschwitz im vollen Umfang genehmigt und ein zusätzliches Bauvolumen für Auschwitz in Höhe von 13,7 Millionen Reichsmark bereitgestellt."

1052 Gruner, Der Geschlossene Arbeitseinsatz, a.a.O., S. 295 (Bormann an die Gauleiter der NSDAP, auch verbreitet vom RMin Speer und der DAF, v. 13.3.42, BAP 62 DAF 3 Nr. 2251, Bl. 56: AO 3/42). Initiative Speers nach eigener Aussage Speers in Nürnberg am 21.6.46, Der Prozeß gegen die Hauptkriegsverbrecher, a.a.O., Bd. 16, S. 568.

1053 Speer benannte im März 1942 als Leiter des Maschinellen Berichtswesens den Staatsrat Schmeer (Aly und Roth, Die restlose Erfassung, a.a.O., S. 122) und als Verantwortlichen für den Einsatz der Konzentrationslager in der Rüstungsproduktion Staatsrat Dr. Ing. Walther Schieber, Leiter des Rüstungslieferungsamts seit 1942, früher IG-Farben Werk Dormagen, Vorstandsvorsitzender der Wilhelm-Gustloff-Werke, Weimar (Der Dienstkalender Heinrich Himmlers 1941/42, a.a.O., S. 716). Schieber waren die Reichsvereinigung Eisen und zahlreiche Hauptringe und Hauptausschüsse u.a. der erzeugenden und verarbeitenden Produktion der Eisen-, Chemie- und Elektroindustrie zugeordnet (Eichholtz, Geschichte der deutschen Kriegswirtschaft, Bd. II, a.a.O., Beilage: Aufgabenverteilung beim RMinRuK und GBRüst im VjPlan nach Erlaß v. 29.10.43). Den einzelnen Industriebetrieben übermittelten die Hauptausschüsse das Angebot des RMinBuM.

1054 Maier, Arbeitseinsatz und Deportation, a.a.O., S. 168f., belegt die reichsweite Verbreitung des Speerschen Angebots, das die Gummiwerke Fulda und die Fa. Voltahm

eröffnete Speer gleichzeitig die Option, als Sklavenhalterfirma in stillgelegten Fabrikanlagen und in Werksneubauten auf der grünen Wiese Rüstungsgüter zu produzieren. Speer wollte kurzfristig nichtausgelastete Rüstungsbetriebe durch Umschichtung der Belegschaften schließen und der SS für „den Einsatz von zunächst 50 000 arbeitsfähigen Juden" übergeben.[1055]

Nach diesem Speer-Programm gab die Auftragslage der deutschen Industrie die Sollzahlen der Deportationen nach Auschwitz vor, und weil von den Deportierten nur die arbeitsfähigen für die Sklavenarbeit in Frage kamen, war die Selektion aller anderen in die Gaskammern Bedingung des Projekts, Auschwitz zur Drehscheibe des europäischen Sklavenmarkts auszubauen. Das Volumen der Mitte September 1942 von Speer zugesagten Baukontingente entsprach den Ende Oktober 1942 von der SS im einzelnen festgestellten Kosten für den Ausbau des Lagers in Birkenau, und erst Speers Freigabe der Baumaterialien ermöglichte es der SS, Auschwitz-Birkenau mit Gleisanlagen, vier Krematorien mit angeschlossenen Gaskammern für den Massenmord durch Zyklon-B und einem zentralen

---

in Frankfurt a.M. (nach Kriegstagebuch Rüstungskommando Kassel v. 18.9.42 bzw. Rüstungskommando Frankfurt v. 22.9.42) ebenso erreichte, wie den Krupp-Konzern in Essen durch Fernschreiben des Hauptausschusses Munition, im RMinBuM Karl Otto Saur, dem Leiter des Technischen Amts seit 1942, zugeordnet, v. 17.9.42, 9.48 Uhr (Nürnberger Dokumente NIK 5856, 5858, deren Antworten v. 18.9.42, NIK 5859, 5860). Offenbar unterrichteten alle Hauptausschüsse die einzelnen Betriebe ihrer Sparte von der Option Speers, so der Hauptausschuß Waffen die Fa. Krupp in Magdeburg am 29.9.42, zitiert nach Adler, Der verwaltete Mensch, a.a.O., S. 232 (Nürnberger Dokument NI-5856): „Vom Ministerium wird mitgeteilt, daß ausländische Juden im Alter von 18 bis 35 Jahren, unter denen sich auch viele gute Facharbeiter befinden, in großer Zahl für den Arbeitseinsatz zur Verfügung gestellt werden können. Ich bitte um möglichst schnelle Mitteilung, ob ihr Werk im Zuge des Hochlaufs der Programme mit Juden belegt und in welchen Betriebsabteilungen Kz.-Lager zwecks Unterbringung der Juden in geschlossenen Lagern beschleunigt errichtet werden können."

1055 „Reichsminister Prof. Speer will auf diese Weise den Einsatz von zunächst 50 000 arbeitsfähigen Juden in geschlossenen vorhandenen Betrieben [...] gewährleisten. Die für diesen Zweck notwendigen Arbeitskräfte werden wir in erster Linie in Auschwitz aus der Ostwanderung abschöpfen [...]. Die für die Ostwanderung bestimmten arbeitsfähigen Juden werden also ihre Reise unterbrechen und Rüstungsarbeiten leisten müssen." Bericht Pohl zur Besprechung mit Speer am 15.9.42 an Himmler v. 16.9.42, auszugsweise wiedergegeben in: Pingel, a.a.O., S. 276f. (BAK NS 19 Nr. 14). Am 19.9.42 beriet Himmler mit Pohl zu „Rüstungsbetriebe – Speer", am 22.9.42 trug er Hitler zu „Judenauswanderung wie soll weiter verfahren werden?" vor und hielt am 22.9.42 auch noch mit Bormann zu „Juden in Rüstungsbetrieben" Rücksprache, Der Dienstkalender Heinrich Himmlers 1941/42, a.a.O., S. 557f., S. 562–568, 566 und 568.

Aufnahmegebäude für die in Birkenau zur Sklavenarbeit selektierten Deportierten auszustatten. Dieses erst nach Mitte August 1942 veränderte Ausbauprogramm für das Konzentrations- und Vernichtungslager nannte die SS in Berlin und Auschwitz „Sonderprogramm Prof. Speer".[1056]

Bei seinem ersten Projekt zur Deblockade der Neugestaltung verknüpfte Speer die Politik der Judenverfolgung mit der des Hauptstadtbaus. Seine antijüdische Politik hatte die Funktion, einen spezifischen Mangel zu dekken, der die Neugestaltung blockierte: den Mangel an Ersatzwohnungen. Als Speer als letzte Blockade die des Deportationsstops von Januar 1942 durchbrach, war seine antijüdische Politik nicht mehr allein von der Nachkriegsneugestaltung bestimmt. Für Speer hatten sich die Rahmenbedingungen seiner Deblockade-Politik Anfang Februar 1942 durch den historischen Zufall seines Aufstiegs zum Rüstungsminister erheblich verschoben. Die Deportation aller Berliner Juden betrieb Speer nun im Spannungsfeld von Arbeitskräftemangel und Kriegsaufwand. Ziel seines Handelns wurde es, bei der Deportation aller jüdischen Zwangsarbeiter aus Berlin – statistisch – keinen Rüstungsarbeiter zu verlieren. In den Handel mit der SS brachte Speer außer Wohnungskontingenten in Berlin als designierter „Rüstungsdiktator" kraft seines rasanten Machtzuwachses als Reichsminister Baumaterialkontingente ein. Im Tausch gegen Arbeitssklaven für die Rüstungsbetriebe ermöglichte Speer den KZ-Ausbau. Speer hat keinen Mangel je überwunden, sondern stets Teile des Mangels durch Verbrechen überbrückt, das größeren Mangel erzeugte.

Speer entwarf und beförderte das Programm, in dem die Massendeportationen der europäischen Juden unter deutscher Herrschaft in das zentrale Konzentrations- und Vernichtungslager Auschwitz für die Rüstungsproduktion ebenso funktional erschienen wie für die künftigen Friedensbauauf-

---

1056 Susanne Willems, Auschwitz. Die Geschichte des Vernichtungslagers. Mit Illustrationen von Frank und Fritz Schumann, Berlin 2015, 2. Auflage 2017. Zum Forschungsstand im Jahr 2005 Heinrich Breloer in Zusammenarbeit mit Rainer Zimmer, Die Akte Speer. Spuren eines Kriegsverbrechers, München 2005. Zum früheren Stand der Forschung insbesondere Rainer Fröbe, Bauen und Vernichten. Die Zentralbauleitung Auschwitz und die "Endlösung", in Beiträge zur Geschichte des Nationalsozialismus Bd. 16, Durchschnittstäter. Handeln und Motivation, Berlin 2000, S. 155-209; Bertrand Perz und Thomas Sankühler, Auschwitz und die "Aktion Reinhard" 1942-45. Judenmord und Raubpraxis in neuer Sicht, in: zeitgeschichte 5, 26. Jg., 1999, S. 283-316; Florian Freund, Bertrand Perz und Karl Stuhlpfarrer, Der Bau des Vernichtungslagers Auschwitz-Birkenau. Die Aktenmappen der Zentralbauleitung Auschwitz "Vorhaben: Kriegsgefangenenlager Auschwitz (Durchführung der Sonderbehandlung)" im Militärhistorischen Archiv in Prag, in: zeitgeschichte 5/6, 20. Jg., 1993, S. 187-214.

gaben.[1057] Es kam Speer in Nürnberg gelegen, daß mehrere Zeugen und Kontrahenten seiner Geschäfte auf Gegenseitigkeit in der Politik des Völkermords die militärische Zerschlagung ihrer Herrschaft nicht überlebt hatten; auf der Nürnberger Anklagebank fehlten zumindest Hitler, Himmler, Heydrich, Goebbels und Bormann. Vielleicht wird sich deshalb auch nicht mehr aufklären lassen, über welche Aspekte der Politik des Völkermords Speer und Heydrich sich am 4. Dezember 1941 in Prag einigten, als sie ihren von Heydrich so bezeichneten „Teufelspakt" schlossen, über den er nach Berlin nicht schriftlich berichten wollte.[1058] Wenige Tage zuvor, am Morgen des 30. November, waren binnen 45 Minuten alle 1.035 am 27. November aus Berlin nach Riga deportierten Juden bei ihrer Ankunft erschossen worden. Bekümmerte es Heydrich etwa, daß die Intervention gegen die Liquidation der Berliner Juden zu spät kam?[1059] Teilte Heydrich sein Wissen mit seinem Berliner Gast und Auftraggeber Speer? War es Speer, der im eigenen Interesse Heydrich vorschlug, ihm einen Teil des Mordgeschäfts

---

1057 Pohl und Kammler reisten am 23./24.9.42 nach Auschwitz; Pohls Beratung am 23.9.42 mit Verwaltung und Industrie, u.a. IG Farben, „über den geplanten großflächigen Ausbau des Lagers, darunter der ‚Station 2 der Aktion Reinhardt', gemäß der Absprachen mit Speer" (Der Dienstkalender Heinrich Himmlers 1941/42, a.a.O., S. 558, Anmerkung 89), deutet darauf hin, daß SS und Speer zu diesem Zeitpunkt, ihre – den Völkermord an den nach Auschwitz deportierten Juden Europas befördernden und prägenden – Interessen einerseits an der Verwertung der Habe Deportierter und der Körper der Ermordeten und andererseits an der Verwertung der Arbeitskraft aufeinander abgestimmt hatten. Zur „Aktion Reinhard" in Auschwitz Andrzej Strzelecki, Der Raub des Besitzes der Opfer des KL Auschwitz, in: Hefte von Auschwitz 21, Oswiecim 2000, S. 7–99, ders., Die Verwertung der Leichen, ebenda, S. 101–164. Nach den Aufzeichnungen von Rudolf Höß, Lagerkommandant in Auschwitz, hatte der Sonderbeauftragte des RfSS für den Zwangsarbeitseinsatz in Oberschlesien, Albrecht Schmelt, schon im Sommer 1942 „auf Drängen des Rüstungsministeriums (Speer) beim RfSS (Reichsführer-SS) die Genehmigung erhalten 10 000 Juden aus den Transporten aus dem Westen (aus Drancy, Malines und Westerbork) zu entnehmen für die Auffüllung der Arbeitslager bei den wichtigsten Rüstungsvorhaben. Die Aussortierung geschah in Cosel O/S", zit. nach Alfred Konieczny, Die Zwangsarbeit der Juden in Schlesien im Rahmen der „Organisation Schmelt", in: Beiträge zur nationalsozialistischen Gesundheits- und Sozialpolitik Bd. 5, Sozialpolitik und Judenvernichtung. Gibt es eine Ökonomie der Endlösung?, Berlin 1987, S. 91–110, 105.

1058 Deutsche Politik im „Protektorat Böhmen und Mähren" unter Reinhard Heydrich 1941–1942. Eine Dokumentation, hrsg. von Miroslav Kárny, Jaroslava Milotova und Margita Kárná, Berlin 1997, S. 67 und S. 201–208, 203f., Dokument 65 (Heydrich als stv. Reichsprotektor, 17. Bericht an Bormann über die Lage im Protektorat, Prag am 30.12.41).

1059 Der Dienstkalender Heinrich Himmlers 1941/42, a.a.O., S. 277ff., Anmerkung 104,

abzunehmen, die arbeitsfähigen deportierten Juden im Straßenbau zu Tode zu schinden, statt sie ausnahmslos sofort zu liquidieren? Hatten die Kontrahenten bereits die Konzentrationslager als Umschlagplätze im Blick, wo den Deportierten alle mitgebrachte Habe geraubt, Alte, Kranke und Kinder vernichtet und die übrigen als Sklavenarbeiter an die Industrie ausgeliehen werden sollten? Jedenfalls beeinflußte Speer mit dem Ausbau von Auschwitz-Birkenau zur Drehscheibe des europäischen Sklavenmarkts deportierter Juden nicht zum ersten Mal maßgeblich die Politik des Völkermords.

Als am 20. Januar 1942 die Wannsee-Konferenz stattfand, waren von den Berliner Neugestaltungsbaustellen 30.000 Bauarbeiter als Baugruppen des „Baustabs Speer – Ostbau" bereits zu ihrem neuen Einsatzort in der Ukraine unterwegs[1060]: Einheiten der Hettlage unterstehenden Transportstandarte Speer, militärisch geleitet vom Speer-Adjutanten und NSKK-Brigadeführer Will Nagel, und ein Teil der Berliner Baugruppen mit Speers Hauptamtschef Professor Walter Brugmann als Leiter des Einsatzstabs in Dnjepropetrowsk; Speers Referent Gerhard Fränk leitete den Nachschubstab.[1061] Die in die Ukraine verlegten Neugestaltungsbaugruppen hatten den militärisch wichtigen Auftrag, Transportwege des Schienen- und Straßennetzes herzurichten und auszubauen. Dazu gehörte die annähernd zweitausend Kilometer lange Straßenverbindung von Polen über die Ukraine nach Rußland an das Asowsche Meer, die „Durchgangsstraße IV" von Kraków bis Rostow am Don, die über den Kaukasus bis ans Kaspische Meer verlängert werden sollte. Als Plünderungsstraße führte sie in das Eisenerzrevier von Kriwoj Rog und das Kohlen- und Industrierevier des Donezbeckens, zuletzt sollte sie die Erdölquellen in Baku erreichen.[1062]

Eintragungen zum 30.11.41. Ob Heydrich aus eigener Initiative intervenierte und Himmler informierte oder Himmler dessen Intervention verlangte, ist bisher nicht geklärt. An den Massenerschießungen von 14.000 Juden des Rigaer Ghettos tags darauf nahmen weder Himmler noch Heydrich Anstoß.

1060 Eichholtz, Geschichte der deutschen Kriegswirtschaft, Bd. II, a.a.O., S. 58, lt. Speer-Chronik 1942 wurden die Baugruppen ab Mitte Januar 1942 verlegt.

1061 BAK R 120 Nr. 10 Bl. 345, 346ff. (GBI Organisationsübersicht als Anlage zu Schreiben Speer betr. Ermächtigung der Hauptamts- und Hauptabt.leiter zur selbständigen Führung der Geschäfte v. 26.2.42). Im Anschluß an die Hauptämter I, II und III, unter IV, Sondereinrichtungen des GBI, die Transportstandarte Speer und die NSKK-Transportflotte Speer, unter V, Sonderaufgaben, neben dem Luftrüstungsbau unter Leitung von Fränk und dem Luftschutzraumbau unter Leitung von Brugmann der OT-Einsatzstab Gruppe Rußland-Süd. Zum ständigen Vertreter Brugmanns als Hauptamtsleiter III, Generalbauleitung, und Leiter des Berliner Bunkerbaus berief Speer Stadtbaudirektor Helmcke.

1062 An der Durchgangsstraße IV wurde als „Durchzugsstraße" der Wehrmacht, „Roll-

Der Generalbauinspektor für die Reichshauptstadt

Berlin, den 13. Mai 1942

282

Hauptamt Verw.u.Wirtsch.
II/1 A 41/0 Bh

Rechnungsjahr 1942

Durchschlag für die Akten

~~Kap.~~ ~~Tit.~~ ~~Nr.~~

Nr. ~~der Anforderung~~ / ~~des Bauvorhabens~~: Vorschußkonto OT, Nachschubstab Rußland-Süd

der fortdauernden / ~~einmaligen~~ Ausgaben

Haush.-Ueberw.-Liste S. – Nr. 1

Auszahlungsanordnung

Die Amtskasse wird angewiesen, an

Kap. I 8a Tit. 4

– Bank – oder Girokonto:
Postscheckkonto:
den Betrag von

243.415 -- RM -- Rpf.

buchstäblich: „Zweihundertdreiundvierzigtausendvierhundertfünfzehn - - - - - - - - - - - - - - - - - RM -- Rpf."

~~für~~/ als anteilige Dienstbezüge auf die Zeit vom 1.1. - 31.3.1942 für das im Osteinsatz tätige Personal des Generalbauinspektors für die Reichshauptstadt lt. anliegender Berechnung

auszuzahlen und, wie oben angegeben, zu buchen.
Der Betrag wird bei der OT angefordert.

Sachlich richtig:
Festgestellt:

Speers Neugestaltungsagentur im Okkupationsgeschäft ab Januar 1942

Von den unterschiedlichen Programmen zur Vernichtung der europäischen Juden, über die Heydrich auf der Wannsee-Konferenz referierte, wurde nur eines protokolliert: „Unter entsprechender Leitung sollen nun im Zuge der Endlösung die Juden in geeigneter Weise im Osten zum Arbeitseinsatz kommen. In großen Arbeitskolonnen, unter Trennung der Geschlechter, werden die arbeitsfähigen Juden straßenbauend in diese Gebiete geführt, wobei zweifellos ein Großteil durch natürliche Verminderung ausfallen wird.“ Wer den vernichtenden Arbeitseinsatz überlebte, sollte umgebracht werden.[1069] Himmler beauftragte seinen Höheren SS- und Polizeiführer erst,

---

1069 Protokoll der Besprechung am 20.1.42 in Berlin, Am Großen Wannsee Nr. 56/58, über die Endlösung der Judenfrage, S. 7f., a.a.O. Speers Bauvorhaben hoben den Zielkonflikt zwischen Vernichtung der ukrainischen Juden und deren Zwangsarbeitseinsatz für den Krieg durch die „Vernichtung durch Arbeit“ im Straßenbau auf. Dem RSHA lag der Bericht der in der Ukraine mordenden Einsatzgruppe C v. 17.9.41 vor, die sich auf die „Vernichtung des kommunistischen Apparates“ konzentrieren wollte und empfahl, auf die als Industriearbeiter und Handwerker ausgebildeten Juden als Arbeitskräfte nicht in vollem Umfang zu verzichten: „Lösung der Judenfrage durch umfassenden Arbeitseinsatz der Juden. Das würde eine allmähliche Liquidierung des Judentums zur Folge haben – eine Entwicklung, die den wirtschaftlichen Gegebenheiten des Landes entspricht.“ Zit. nach Hilberg, Die Vernichtung der europäischen Juden, a.a.O., S. 244 (Nürnberger Dokument PS-3151). Dem Chef des Wehrwirtschafts- und Rüstungsamts, General Thomas, wurde mit dem Bericht der Rüstungsinspektion Ukraine v. 2.12.41 vertraulich das Gutachten des Peter Heinz Seraphim vorgelegt, der von 150.000 bis 200.000 Einsatzgruppen-Morden ausging und zu dem Schluß kam: „Wenn wir die Juden totschießen, die Kriegsgefangenen umkommen lassen, die Großstadtbevölkerung zum erheblichen Teile dem Hungertode ausliefern, im kommenden Jahr auch einen Teil der Landbevölkerung durch Hunger verlieren werden, bleibt die Frage unbeantwortet: Wer denn hier eigentlich Wirtschaftswerte produzieren soll.“ Zit. nach Hilberg, ebenda, S. 268 (Nürnberger Dokument PS-3257); zu Seraphims Tätigkeit für den Völkermord Götz Aly und Susanne Heim, Vordenker der Vernichtung. Auschwitz und die deutschen Pläne für eine neue europäische Ordnung, Hamburg 1991; zur Wannsee-Konferenz Christian Gerlach, Die Wannsee-Konferenz, das Schicksal der deutschen Juden und Hitlers politische Grundsatzentscheidung, alle Juden Europas zu ermorden, in: Werkstatt Geschichte Heft 18, 6. Jg. 1997, S. 7–44. Die Wannsee-Konferenz war zum 8.12.41 eingeladen, wurde am 7.12.41 abgesagt und am 8.1.42 erneut eingeladen; die unabhängig voneinander – und unabhängig von Hitlers den Funktionären der Nazipartei am 11.12.41 mitgeteilter Entschlossenheit, alle Juden unter deutscher Herrschaft zu vernichten – beförderten, aber zur Wannsee-Konferenz nicht protokollierten Varianten der Völkermordpolitik: die Massenerschießungen sowjetischer Juden, das „Platzschaffen“ in den Ghettos und die Räumung der Ghettos durch Massenerschießungen, Vernichtung in Gaswagen und Vernichtungsstätten, die direkten Massendeportationen in die Vernichtungsstätten, die Vernichtung durch Arbeit im Straßenbau auf besetztem polnischem und sowjetischem Territorium und – ab Juli 1942 – die Selektion der deportierten Juden bei der Ankunft in Majdanek und Auschwitz zur Ermordung in den Gaskam-

als Speers Einsatzstab vor Ort war, mit dessen Bauleitungen und Baugruppen beim Ausbau des Straßen- und Eisenbahnnetzes eng zusammenzuarbeiten.[1070] Speziell für die Bewachung der Speerschen Baustellen und der heranzuschaffenden Arbeitskräfte richteten SS und Polizei ab März 1942 dezentrale Führer- und Standortführer-Stellen entlang der Strecke ein.[1071]

---

mern und zum Arbeitseinsatz, der Vernichtung durch Arbeit bei kontinuierlicher Selektion der nicht mehr arbeitsfähigen, deren Rücküberstellung oder Deportation in andere Todeslager und Vernichtungsstätten.

1070 Der Dienstkalender Heinrich Himmlers 1941/42, a.a.O., zitiert die frühesten Aufforderungen an den HSSPF Rußland-Süd, den Baustab Speer in dessen Sondereinsatz Rußland-Süd mit allen Kräften zu unterstützen, v. 18.1., 28.1. und 2.2.42. Die Aufforderung an den HSSPF v. 11./12.1.42 verlangte auf Anfrage von Reichenaus die Zusammenarbeit mit der Wehrmacht; am 17.2.42 sprach sich Speer wahrscheinlich mit Himmler und Kammler ab; am 19.2.42 waren Fränk als Leiter des Nachschubstabs und Landrat Adam als einer der Bauleiter mit HSSPF Prützmann, dessen Leiter des Einsatzstabs Geibel und Kammler zur Besprechung bei Himmler, ebenda, S. 313ff., 339ff., 355f. Offensichtlich ist es den Beteiligten Anfang der 60er Jahre gelungen, die westdeutschen Staatsanwaltschaften davon zu überzeugen, daß die SS den Straßenbau leitete, von der OT kontraktierte private Baufirmen bauten und die NSKK-Transportstandarte Speer die Lastwagen stellte, gelegentlich auch für Abtransporte von Juden zu Massenerschießungen, so – wenn auch skeptisch – 1996 Hermann Kaienburg, Jüdische Arbeitslager an der „Straße der SS", a.a.O., aufgrund der Ermittlungsakten der Zentralstelle der Landesjustizverwaltungen in Ludwigsburg. Nach organisatorischen Veränderungen zwischen 10/41 und 2/42 übernahm entlang der Durchgangsstraße IV die SS die Sicherung der Speerschen Baustellen und die Zwangsrekrutierung der Bevölkerung für den Streckenbau, vgl. Dieter Pohl, Schauplatz Ukraine: Der Massenmord an den Juden im Militärverwaltungsgebiet und im Reichskommissariat 1941–1943, in: Ausbeutung, Vernichtung, Öffentlichkeit. Neue Studien zur Nationalsozialistischen Lagerpolitik, hrsg. im Auftrag des Instituts für Zeitgeschichte von Norbert Frei, Sybille Steinbacher und Bernd C. Wagner, München 2000, S. 135–173. Wie Kaienburg übersieht auch Pohl die Arbeitsteilung zwischen Speers Bautruppen und der SS.

1071 Dieter Pohl, Die Einsatzgruppe C 1941/42, in: Die Einsatzgruppen in der besetzten Sowjetunion 1941/42. Die Tätigkeits- und Lageberichte des Chefs der Sicherheitspolizei und des SD, hrsg. von Peter Klein, Berlin 1997, S. 71–87, 81f. Über die zur Sicherungsaufgabe gehörenden Morde an Kommunisten und Juden bereits der Bericht der Geheimen Feldpolizei in Strishawka beim OT-Einsatz Eichenhain in Winniza v. 13.1.42 im Tätigkeitsbericht der Feldkommandantur v. 15.7.42 (Nürnberger Dokument NOKW-1595), zitiert in: Helmut Krausnick und Hans-Heinrich Wilhelm, Die Truppen des Weltanschauungskrieges. Die Einsatzgruppen der Sicherheitspolizei und des SD 1938–1942, Stuttgart 1981, S. 275f. Anmerkung 703. Bericht Major Müller an Habt. II im RMinfdbO v. 27.11.43 über die Aktion ukrainischer Widerstandskämpfer, die in Kirowograd in der Nacht v. 13./14.10.43 – von einem NSKK-Scharführer Otto Simon unterstützt – eine NSKK-Unterkunft überfallen hatten, um an Waffen, Uniformen und Lastwagen zu gelangen, in: Die faschistische Okkupationspolitik in den zeitweilig besetzten Gebieten der Sowjetunion (1941–1944). Dokumentenauswahl und

Wie SS und Polizei in der besetzten Sowjetunion mußten alle Himmlerschen Hauptämter „diesen Straßenbau unter Ausschaltung aller Bedenken, Kompetenzen und sonstigen Schwierigkeiten mit allen nur erdenklichen Mitteln fördern".[1072] Speer und Himmler übten sich wiederum in engster Kooperation: die mobilen Konzentrationslager an den Baustellen der von Speers Neugestaltungsimperium kontraktierten Privatfirmen entlang der „Durchgangsstraße IV" waren Vorläufer der im September 1942 von Speer für Aufräumarbeiten an Verkehrswegen und Industrieanlagen in bombenzerstörten Städten verlangten drei „SS-Baubrigaden" mit jeweils tausend Gefangenen der Konzentrationslager Neuengamme, Sachsenhausen und Buchenwald.[1073] Speer förderte die Politik des Völkermords, die das Regime propagierte: „Bei der öffentlichen Behandlung der Judenfrage" hatte zwar jede Erörterung des Völkermords an den Juden Europas zu unterbleiben; es konnte „jedoch davon gesprochen werden, dass die Juden geschlossen zu zweckentsprechendem Arbeitseinsatz herangezogen werden".[1074]

Auch als Speer, der sich schon im Milliardengeschäft des Rüstungsausbaus und des Bunkerbaus etabliert hatte, die noch an Berliner Neugestaltungsbauten tätigen Baugruppen an Kriegsbauprojekte in Rußland und in der Ukraine umdirigierte, gab er den Neugestaltungsanspruch nicht auf. Speer blieb Generalbauinspektor, denn das Amt war die Basis seines unter-

---

Einleitung von Norbert Müller. Unter Mitarbeit von Uwe Löbel und Ulrich Freye (Europa unterm Hakenkreuz, Bd. V), Berlin 1991, Dokument Nr. 226, S. 502f.

1072 Kaienburg, Jüdische Arbeitslager an der „Straße der SS", a.a.O., S. 21, Schreiben Himmlers an alle Hauptamtschefs zur Beauftragung des HSSPF Rußland-Süd, Adolf Prützmann, v. 7.2.42, dort zit. nach Ruth Bettina Birn, Die Höheren SS- und Polizeiführer. Himmlers Vertreter im Reich und in den besetzten Gebieten, Düsseldorf 1986, S. 131. Die Besatzungsorgane hatten auf Zwangsrekrutierungen von Arbeitskräften zur Verschleppung nach Deutschland in dem 50-km-Umgebungsgebiet entlang der Durchgangsstraße IV zu verzichten, ebenda, S. 25. Bauaufgaben der OT hatten generell Vorrang vor Zwangsrekrutierungen nach Deutschland, Weisung RMinfdbO Rosenberg an Erich Koch als Reichskommissar für die Ukraine bezugnehmend auf Erlaß VjPlan, Geschäftsgruppe Arbeitseinsatz, v. 24.2.42, v. 6.3.42, in: Die faschistische Okkupationspolitik in den zeitweilig besetzten Gebieten der Sowjetunion (Europa unterm Hakenkreuz, Bd. V) a.a.O., Dokument Nr. 82, S. 263ff., 263.

1073 Der Dienstkalender Heinrich Himmlers 1941/42, a.a.O., S. 557f., Besprechungspunkte Himmlers mit Pohl am 19.9.42 nach Bericht Pohl an Himmler v. 16.9.42, BAK NS 19 Nr. 4, Einsatzbeginn am 18.9.42 in Köln. Grundlegend Karola Fings, Die Kommunen, der Krieg und die Konzentrationslager – Himmlers SS-Baubrigaden (Diss. phil. Heinrich-Heine-Universität Düsseldorf 2002).

1074 BAK NS 6 Nr. 344 Bl. 97 (Partei-Kanzlei Rundschreiben Nr. 33/43 g., Geheim, betr. Behandlung der Judenfrage, gez. Bormann, an: Reichsleiter, Gauleiter, Verbändeführer, v. 11.7.43), dok. in: Herrschaftsalltag im Dritten Reich, a.a.O., S. 485.

nehmerischen Erfolgs. Nie vergaß er die für die Neugestaltung ausgehaltenen Architekten, Ingenieure und Künstler, und so ersann er mitten im Krieg eine passende Beschäftigungsidee für seinen Berliner Planungsstab. Als sich am 18. Oktober 1941 mit der Abfertigung des ersten Deportationszugs Berliner Juden Speers innerer Raubzug erwartungsgemäß zu verwirklichen begann, eröffnete er Hitler, wie er künftig an der Beute der kriegerischen Expansion teilzuhaben gedachte: Speer wollte in der besetzten Sowjetunion deutsche Städte klonen.

Am 27. Januar 1942 weihte Speer Alfred Rosenberg, den Reichsminister für die besetzten Ostgebiete, in sein Programm für die „Neugründung deutscher Städte im Osten" ein. Speer hatte tags zuvor bei der Zuteilung von 15 Wohnungen gewiß darauf vertraut, Rosenberg seinem städtebaulichen Ostprogramm gewogen zu stimmen. Dessen Grundsätze legte Speer am 11. Februar schriftlich nieder,[1075] nachdem er seine einwöchige Inspektionsreise nach Dnjepropetrowsk absolviert hatte und auf dem Rückweg von Hitler zum Reichsminister ernannt worden war. Speer wollte verhindern, daß Reichsbehörden oder die Rosenberg unterstehenden Besatzungsorgane sich an seinem Berliner Monopol vorbei am Städtebau salvierten. Speer polemisierte vordergründig gegen eine „Uniformierung" der künftigen „Stadtgründungen des Führers", um die noch nicht hinreichend abhängig gemachten städtischen Bauverwaltungen durch kontrollierte Teilhabe am Geschäft der städtebaulichen Kolonisierung Osteuropas an sein Imperium zu binden, und zwar so:

„Jede wichtige deutsche Stadt hat ihr eigenes Gepräge, das auch heute noch im Charakter ihrer Bauten, ganz besonders im Wohnungsbau zum Ausdruck kommt. So ist das Bauen in Stuttgart von dem Bauen in Königsberg oder in Hamburg in wesentlichen Charakterzügen verschieden.

Es wäre daher richtig, den Neubau deutscher Städte im Osten grundsätzlich in der Planung und Durchführung großen deutschen Städten im Einzelnen zu übertragen.

So könnte z.B. Stuttgart ein neues Stuttgart, Augsburg ein neues Augsburg, aber auch Nürnberg, Hamburg, Köln, Bremen, Königsberg, Danzig, Leipzig, Dresden, Wien usw. je eine neue Stadt ‚übernehmen'. [...]

Die Planung müßte so ausgerichtet werden, daß tatsächlich die neuen

---

1075 Michael Hepp, Fälschung und Wahrheit: Albert Speer und der „Sklavenstaat", in: Mitteilungen der Dokumentationsstelle zur NS-Sozialpolitik, 1. Jg. 1985, Heft 3, Mai 1985, S. 1–68, Dokument 14 (Faksimiles der Abs. GBI Speer an RMinfdbO betr. Neugründung deutscher Städte im Osten, nebst Abs. Übersendungsschreiben Speer an Rosenberg – mit dem Verweis auf Vortrag bei Hitler am 18.10.41 – im Anschluß an Besprechung am 27.1.42 v. 11.2.42, 4 S., v. 11.2.42, und des Vermerks RMinfdbO, (u) RegRat Disch, v. 21.3.42).

Städte vom Charakter der alten wesentliche Züge miterhalten. Das könnte bis zur Straßenbepflanzung mit für die alte Stadt charakteristischen Bäume[n], bis zur Gartengestaltung, bis zur Dachdeckung und dergleichen mehr durchgesetzt werden."[1076]

Bezeichnend für dieses Speer-Programm war dessen mit Einfalt gepaarter städtebaulicher Gigantismus, eine Unternehmung, die Hitler, obwohl sie in Rosenbergs Stab auf Skepsis stieß, in den Tagen vom 20. bis 22. September 1942 in vollem Umfang gebilligt haben soll.[1077] Nur die „erstklassigen" und „tüchtigsten" Kräfte sollten die städtischen Bauverwaltungen zum Neubau der geklonten „Patenstädte" abstellen, denn Speer wünschte eine Entwicklung, die „später zwischen der alten und der neuen Stadt zur Pflege eines regen kulturellen Austausches führen würde, – durch gastweises Ansetzen der in der alten Stadt vorhandenen Künste in der neuen Stadt (Maler, Bildhauer, Theater usw.)". Die Rolle, „für die Planung der Städte im Osten einzelne Grundsätze auszuarbeiten" und die Planung „laufend zu beaufsichtigen und auszurichten", hatte Speer ohne Zweifel seinem eigenen Amt zugedacht, schließlich mußte diese Aufgabe „mit Gefühl und ohne Willen, seine eigene Note allem aufprägen zu wollen, durchgeführt werden".[1078] Speers Berliner Agentur hätte als federführende Auftragsvergabe-, Prüfungs- und Aufsichtsbehörde für die städtebauliche Kolonisierung Osteuropas für alle Zeiten ausgesorgt.

Speer riet zur dezentralen städtischen Organisation der Planungs- und Baustäbe, damit sich für jede „Patenstadt" auf besetztem sowjetischem Territorium „eine wirkliche reibungslos arbeitende Behörde entwickelt". Speer erträumte für sein Neubauprogramm, es würde „ein eingespielter Apparat eingesetzt, der ohne längeren Zeitanlauf reibungslos und sofort arbeiten kann, in dem sich alle Mitarbeiter von vornherein gegenseitig kennen, und bei dem sie voneinander wissen, wie weit sie sich auf die Arbeitsleistung ihres Partners verlassen können".[1079] Doch zum Neubau deutscher Städte kamen Speers „eingearbeitete aufeinander eingespielte Einheiten an Technikern und Betriebspersonal zusammen mit den Firmen,

---

1076 Hepp, Fälschung und Wahrheit, a.a.O., Dokument 14 (Faksimile der Abs. GBI Speer an RMinfdbO betr. Neugründung deutscher Städte im Osten, 4 S., v. 11.2.42).

1077 Hepp, Fälschung und Wahrheit, a.a.O., Dokument 14 (Faksimile des Vermerks RMinfdbO, (u) RegRat Disch, v. 21.3.42) und S. 23, nach Punkt 46 der Aufzeichnungen Speers zu seinen „Führerbesprechungen" zum 20./22.9.42, BAK R 3 Nr. 1507–1511.

1078 Hepp, Fälschung und Wahrheit, a.a.O., Dokument 14 (Faksimile der Abs. GBI Speer an RMinfdbO betr. Neugründung deutscher Städte im Osten, 4 S., v. 11.2.42).

1079 Hepp, Fälschung und Wahrheit, a.a.O., Dokument 14 (Faksimile der Abs. GBI Speer an RMinfdbO betr. Neugründung deutscher Städte im Osten, 4 S., v. 11.2.42).

mit denen sie seit langem gewöhnt waren zu arbeiten“[1080], erst nach dem Krieg. Der Vormarsch der Roten Armee zwang sie, ihre Planungsarbeiten von der Ostkolonisation auf die innere städtebauliche Kolonisierung zurückzuverlagern, was – dank Speers Idee, in Osteuropa deutsche Städte zu klonen – seinen Neugestaltern noch nicht einmal die Mühe bereitete, ihren Planungsgegenstand revidieren zu müssen.

Für die städtebauliche Binnenkolonisierung nach Kriegsende besorgte sich Speer für sein künftig als „Wiederaufbaustab“ firmierendes Neugestaltungskonsortium eine Beauftragung zur „Vorbereitung des Wiederaufbaues bombengeschädigter deutscher Städte“.[1081] Hitlers Erlaß vom 11. Oktober 1943 brachte den von Speers Neugestaltungsagentur in Beschäftigung gehaltenen Architekten, Modellbauern, Juristen und Kommunalbeamten einen erheblichen Startvorteil für ihre Nachkriegskarrieren ein. Noch während des Kriegs konnte Speer in die Besetzung der örtlichen Bauverwaltungen eingreifen und die Neugestalter seines „Wiederaufbaustabs“ dezentral plazieren. Indem Speer durch Verschleppung und Versklavung von Millionen Menschen die Rüstungsproduktion auf Hochtouren brachte, verlängerte er den Krieg, der auch die deutschen Kommunen in Schutt und Asche fallen ließ – eine optimale tabula rasa für seine Neugestalter des Wiederaufbaus.

Weil Hettlage es verstand, rechtzeitig vor Eintreffen der künftigen Besatzungsmächte mit dem Verkauf von Ausrüstungen an Privatfirmen, eilends zu gründende Tochtergesellschaften, Pächter oder Betriebsleiter die „Entstaatlichung von Fahrzeugen und Anlagen“[1082] zu organisieren, gewannen Speers „eingespielte Einheiten“ zusammen mit den privat firmierenden Baugruppen, „mit denen sie seit langem gewöhnt waren zu arbeiten“, das Rennen um die öffentlichen Wiederaufbaukontrakte in Westdeutschland. Im Nachkriegswiederaufbau konnten Speers Neugestalter zeigen, daß sie eine der von Speer aus Anlaß seines Ostprogramms observierten „Schwierigkeiten bei dem Neubau grösserer Städte“ meisterten, nämlich „daß auch ihren grösseren Entwicklungsmöglichkeiten der notwendige Raum gegeben ist. Hier können bei der Anlage der Stadtkerne Fehler gemacht werden, die nach Jahrhunderten schwer zu beseitigen sind.“[1083]

1080 Hepp, Fälschung und Wahrheit, a.a.O., Dokument 14 (Faksimile der Abs. GBI Speer an RMinfdbO betr. Neugründung deutscher Städte im Osten, 4 S., v. 11.2.42).

1081 RGBl. 1943 I, S. 569 (Erlaß Hitlers zur Vorbereitung des Wiederaufbaues bombengeschädigter deutscher Städte v. 11.10.43).

1082 LA Bln Pr.Br.Rep. 107 Nr. 144/2 (GBI, Hettlage, an Transportkorps Speer in Kreuzbruch, betr. Entstaatlichung von Fahrzeugen und Anlagen, bezugnehmend auf Schreiben v. 18.9.44, v. 3.10.44).

1083 Hepp, Fälschung und Wahrheit, a.a.O., Dokument 14 (Faksimile der Abs. GBI Speer an RMinfdbO betr. Neugründung deutscher Städte im Osten, 4 S., v. 11.2.42).

In Berlin überdauerte das für die Bauten an der Speerschen Nord-Süd-Achse in der Nazizeit geräumte und nach Bombenschäden nicht wiederherzurichtende[1084] zentrale Neugestaltungsareal zwischen Lehrter Stadtbahnhof im Norden und Bahnhof Papestraße im Süden die Nachkriegszeit. Die bis auf das sowjetische Ehrenmal für die Befreier Berlins im Tiergarten, das Kulturforum nach Plänen Hans Scharouns im Westen und die Wohnungsneubauten des Luisenblocks auf DDR-Seite noch brachliegenden Vorhalteflächen verwerten seit 1991 Berliner Senat und Bundesregierung, Deutsche Bahn, Verbände und Konzerne in der „Aktion Bundeshauptstadt", deren Regierungsviertel-Implantat den fünfundvierzig Jahre lang aufgehaltenen Berliner Hauptstadtbau beherrscht. Nachdem das „Ende der Nachkriegszeit" ausgerufen ist, richtet sich die von Bonn gekommene gesamtdeutsche Republik mit Parlament und Regierung auf dem historischen Terrain ein, das Albert Speers Wohnungsmarktpolitik für den Berliner Hauptstadtbau freigelegt hat.

Wann immer Speer antijüdische Politik initiierte oder eskalierte und zu einem neuen Raubzug ansetzte, hatte er die vernünftige und völlig normale Alternative verworfen, den Berliner Hauptstadtbau zu verlangsamen oder von diesem ganz abzulassen, was keinen Menschen existentiell gefährdet hätte. Trotz Ressourcenmangel und Blockaden hielt Speer an dem Vorhaben der Neugestaltung ununterbrochen fest, weil nur dieses die für ihn als Architekt sonst unerreichbare Macht begründete. Jede traditionelle Behörde – korruptionsfreie Außenbeziehungen unterstellt – gäbe ein scheiterndes Bauprojekt auf, statt es um den Preis von Verbrechen fortzusetzen. Der Kanzlergünstling Speer hatte jedoch kraft seiner Vollmacht als Generalbauinspektor eine im Herrschaftsgefüge privilegiert plazierte Sonderbehörde errichtet, die als Agentur des ‚public-private-partnership' die prototypische Behördenform des Übergangs zur Auflösung öffentlicher Verwaltung bildete.

Beginnend mit dem Berliner Baugeschehen zentralisierte Speer alles Neugestalten und dessen bedenkenlose Akteure in seinem Architektur-, Stadtplanungs- und Bauimperium, das öffentliche Aufgaben privatisierte. Als Generalinvestor monopolisierte Speer die Auftragsvergabe, formierte als Generalbauleiter wirtschaftlich aktive Verwaltungseinheiten und etablierte private Gesellschaften im Transport- und Bauwesen. Neben der Finanzierung aus Reichsmitteln entlehnte Speer von der öffentlichen Verwaltung die

1084 BAP 46.06 KS 3557, 1-12 (Geheime Reichssache, Kartierung der Total- und Schwerstschäden für Berlin, die Wiederaufbau ausschließen, lt. Vermerk OBM, HPla, v. 13.1.44), BAP 46.06 KS 3558, 1-4 (Wiederaufbauplanung für Berlin, o.D., nach Planungsgebieten und für die Neugestaltung bereits beauftragten Architekten). LA Bln Kartensammlung (Schadenskartierung für Berlin, Stand: Mai 1944).

bürokratische Verfahrensweise, von der Privatwirtschaft übernahm er die Orientierung auf finanziellen Gewinn und das Streben nach wirtschaftlicher Expansion.

Die Auftragsvergabe des Generalbauinspektors Speer an das private Architekturbüro Speer bildete den Kern institutionalisierter Korruption. Speer definierte und vergab die öffentlichen Aufträge, die allen privaten Gewinn ausschließlich an sein Imperium abwarfen. Das Prinzip der Selbstbeauftragung festigte Speers behördliches Konglomerat staatlicher und privater Interessen. Die Expansion der Kriegstätigkeit des Speerschen Neugestaltungskonsortiums resultierte aus Speers Selbstbeauftragungen beim Gang durch den Selbstbedienungsladen der Kriegserfordernisse. Die mehr oder weniger zitierfähigen „Führer-Befehle" und Erklärungen Hitlers, er wäre einverstanden, er bestätigte oder billigte Speers Vorhaben oder hätte deren Durchführung ausdrücklich befohlen, holte Speer bei Bedarf nachträglich ein. Auch die Räumungen der Areale des Hauptstadtbaus, für die er die Existenz der Juden in Berlin zerstörte, gab Speer als ausschließlich kriegsbedingt aus.

Das von Speer entfesselte Potential für verbrecherische Politik hielt dessen behördliche Agentur des Stadtumbaus bereit, deren korrumptive Struktur jede rationale Revision des öffentlichen Auftrags unterband, soweit diese private Gewinnerwartungen schmälern würde. Zwar scheiterte die Berliner Neugestaltung, ohnehin ein Projekt der Verschwendung, an der vorrangigen Aufzehrung aller Ressourcen durch Aufrüstung und Krieg. Und die Neugestaltung, die nie ohne Heimlichkeit und Zwang auskam, scheiterte auch am Unwillen der Mieter in Abrißvierteln, ihre Wohnungen für den Hauptstadtbau aufzugeben. Doch trotz des ökonomischen und politischen Scheiterns des Berliner Hauptstadtbaus blieb Speers am Tropf des Reichshaushalts genährtes Architektur-, Stadtplanungs- und Bauimperium bis zur militärischen Zerschlagung des Regimes unternehmerisch erfolgreich.

Erinnerung

Am Schiffbauerdamm 29 räumungspflichtige Mieter wählten zwischen Februar und Mai 1941 eine der behördlich nachgewiesenen Ersatzwohnungen aus:

(1) ein Mieter übernahm eine an Juden vermietete Wohnung in der Borkumer Straße 5

(2) ein anderer übernahm die Wohnung von Juden Vorderhaus 4. Stock links Lübecker Straße 11

(3) zwei vom Schiffbauerdamm 29 blieben ohne neue Wohnung:
(4) der Mieter Thiele war verstorben und der Mieter Hirsch war Jude

in Mitte

(5) Goldbrenner
Invalidenstraße 2
Vorderhaus 3. Stock rechts
3 Zimmer

(6) ein Mieter übernahm eine an Juden vermietete Wohnung in der Krausnickstraße 19

(7) Jacob Schwarz
Lothringer Straße 59
1. Stock rechts
3 Zimmer

in Tiergarten

(8) Rynarcenski
Siegmundshof 7
Quergebäude 1. Stock links
3 Zimmer

(9) Lippmann
Bachstraße 2
Quergebäude 1. Stock links
4 Zimmer

(10) Wolff
Rathenower Straße 42
1. Stock rechts
2 Zimmer

(11) Scheuer
Bachstraße 2
Vorderhaus 1. Stock rechts
5 Zimmer

(12) ein Mieter übernahm eine an Juden vermietete Wohnung in Alt-Moabit 85a

(13) Silberberg
Calvinstraße 9
Vorderhaus 3. Stock links
5 Zimmer

(14) ein Mieter übernahm eine an Juden vermietete Wohnung in der Elberfelder Straße 24

(15) Schlossmann
Claudiusstraße 5
Vorderhaus 1. Stock links
5 Zimmer

im Friedrichshain

(16) Goetz
Wilhelm-Stolze-Straße 43
Vorderhaus 3. Stock links
2 Zimmer

in Charlottenburg

(20) Aschheim
Leibnizstraße 62
Gartenhaus 2. Stock links
2½ Zimmer

(21) A. Angress
Joachimsthaler Straße 7/8
Vorderhaus 4. Stock links
4 Zimmer

(22) Dr. Pinner
Schlüterstraße 31
Vorderhaus 2. Stock links
5 Zimmer

(23) Stern
Bleibtreustraße 4
Vorderhaus 4. Stock links
3 Zimmer

(24) Wolkenberg
Mommsenstraße 6
Vorderhaus Parterre links
5 Zimmer

(25) ein Mieter übernahm eine an Juden vermietete Wohnung in der Eosanderstraße 28

in Treptow

(17) übernahm ein Mieter eine an Juden vermietete Wohnung in der Hainstraße 34

in Neukölln

(18) Selma Cohn
Anzengruberstraße 2
Vorderhaus 3. Stock rechts
3 Zimmer

(19) Rieß
Flughafenstraße 7
Quergebäude 1. Stock rechts
2 Zimmer

in Schöneberg

(26) Muskat
Akazienstraße 25
Vorderhaus 1. Stock links
2 Zimmer

(27) Lichtenstein
Gleditschstraße 26
Vorderhaus 2. Stock rechts
2 Zimmer

(28) und ein Mieter übernahm noch eine an Juden vermietete Wohnung in der Meraner Straße 42

in Wilmersdorf

(29) übernahm ein Mieter die Wohnung von Oscher in der Nachodstraße 11, Vorderhaus, 1. Stock links

Juden mußten ihre Wohnungen räumen; sie wurden, wenn sie keine Aufnahme bei Verwandten oder Freunden fanden, zwangsweise bei anderen Juden einquartiert.

Wohnungselend – der verdrängte Preis des Berliner Hauptstadtbaus am Beispiel eines Grundstücks

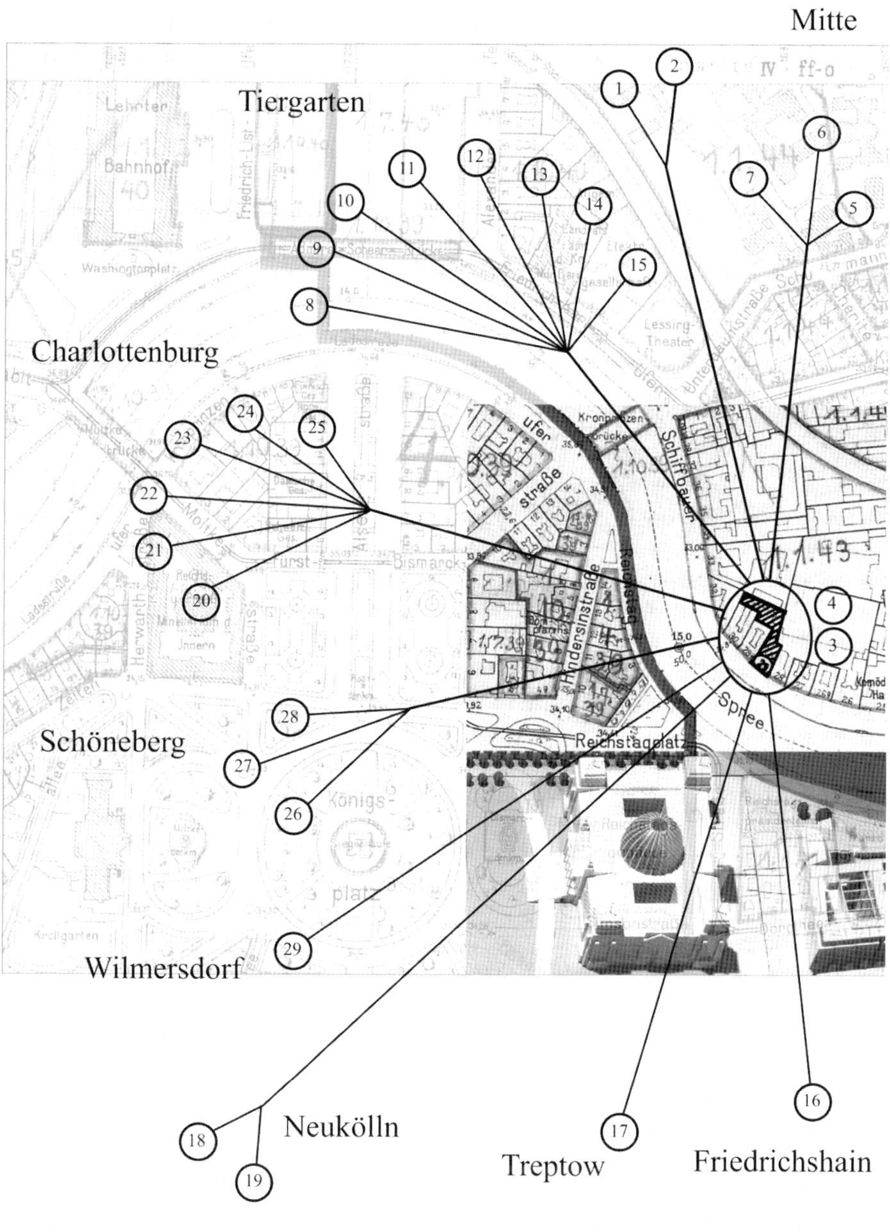

Die Räumung des Grundstücks am Schiffbauerdamm 29 stieß ab Februar 1941 binnen kurzem 28 Berliner jüdische Familien in die Wohnungslosigkeit

Anhang

1. *Abkürzungen*

AA	Auswärtiges Amt
Abs., abs.	Abschrift, abschriftlich
Abt., -abt.	Abteilung, -abteilung
AdPkz.	Akten der Parteikanzlei
Atp.	Alterstransport, Deportation
AVO	Ausführungsverordnung
AWI	Arbeitswissenschaftliches Institut der Deutschen Arbeitsfront
BAK	Bundesarchiv Berlin (Altbestand Koblenz)
BAP	Bundesarchiv Berlin (Altbestand Potsdam)
Bd.	Band
Bde.	Bände
Bez	Bezirk, Verwaltungsbezirk der Stadt Berlin
Bez.Amt	Bezirksamt
BezBM	Bezirksbürgermeister
BGB	Bürgerliches Gesetzbuch
Bl.	Blatt, Blätter
Bl.mfs.	Blattzahl microfiches
BM	Bürgermeister
DAF	Deutsche Arbeitsfront
DfAO	Durchführungsanordnung
DfErl.	Durchführungserlaß
DfSt	Durchführungsstelle für die Neugestaltung
DfVO	Durchführungsverordnung
dok.	dokumentiert
Ds.	Durchschrift, Durchschlag
eing.	eingegangen
GBBau	Generalbevollmächtigter für die Regelung der Bauwirtschaft
GBI	Generalbauinspektor für die Reichshauptstadt
GBRüst	Generalbevollmächtigter für Rüstungsaufgaben
gem.	gemäß
ges.	gesehen
GMietV	Gesetz über Mietverhältnisse mit Juden vom 30.4.39
GStA	Generalstaatsanwaltschaft
GSW	Gemeinnützige Siedlungs- und Wohnungsbaugesellschaft Berlin
hekt.	hektographiert
Hrsg., hrsg.	Herausgeber, herausgegeben
HLieg	Hauptliegenschaftsamt der Stadt Berlin
HPla	Hauptplanungsamt der Stadt Berlin

hs.	handschriftlich
HSSPF	Höherer SS- und Polizeiführer
HTO	Haupttreuhandstelle Ost
i.d.F.	in der Fassung
i.V.m.	in Verbindung mit
IMT	Internationales Militärtribunal in Nürnberg, 14.11.45 – 1.10.46
Jg.	Jahrgang
JKV	Jüdische Kultusvereinigung
KSSchVO	Kriegssachschädenverordnung
Lfzt.	Laufzeit
lt.	laut
LA Bln	Landesarchiv Berlin
LG Bln	Landgericht Berlin
MagRat	Magistratsrat
MbS	Mietberechtigungsschein
Min.Dir.	Ministerialdirektor
MinRat	Ministerialrat
MOBR.	Magistratsoberbaurat
MRK	Allgemeine Erklärung der Menschenrechte von 1948, Menschenrechtskonvention
ms.	maschinenschriftlich
MSchG	Gesetz über Mieterschutz und Mieteinigungsämter vom 1.6.23
NAW	National Archives Washington D.C.
Nds.	Niederschrift
NSKK	Nationalsozialistisches Kraftfahrerkorps
NSV	Nationalsozialistische Volkswohlfahrt
OBM	Oberbürgermeister der Reichshauptstadt Berlin
OFP	Oberfinanzpräsident Berlin-Brandenburg
OKH	Oberkommando des Heeres
OKM	Oberkommando der Marine
ORegRat	Oberregierungsrat
Orig.	Original
OT	Organisation Todt
Otp.	Osttransport, Deportation
(p)	paraphiert
pers.	persönlich
PolPräs.	Polizeipräsident
Rabt.	Rechtsabteilung der Durchführungsstelle
RbürgG	Reichsbürgergesetz vom 15.9.35
Rbahn	Reichsbahn
RdErl.	Runderlaß
Rds.	Rundschreiben

RdVfg.	Rundverfügung
RegAss	Regierungsassessor
RegRat	Regierungsrat
RFM	Reichsfinanzminister(ium)
RfSS	Reichsführer SS
RGBl.	Reichsgesetzblatt
RJM	Reichsjustizminister(ium)
Rkt.	Räumungskartei des GBI
Rl.	Räumungsliste
RLG	Reichsleistungsgesetz
RLM	Reichsluftfahrtminister(ium)
RMBl.	Reichsministerialblatt
RMBliV.	Reichsministerialblatt innere Verwaltung
RMdI	Reichsminister(ium) des Innern
RMin	Reichsminister(ium)
RMinBuM	Reichsminister(ium) für Bewaffnung und Munition
RMinfdbO	Reichsminister(ium) für die besetzten Ostgebiete
RMinProp	Reichsminister(ium) für Volksaufklärung und Propaganda
RMinRuK	Reichsminister(ium) für Rüstung und Kriegsproduktion
RMinVerkehr	Reichsverkehrsminister(ium)
RPostMin	Reichspostminister(ium)
Rs.	Rückseite
RSHA	Reichssicherheitshauptamt
RV	Reichsvereinigung der Juden in Deutschland
RWM	Reichswirtschaftsminister(ium)
SD	Sicherheitsdienstes der SS
StA LG Bln	Staatsanwaltschaft beim Landgericht Berlin
StA	Staatsanwalt(schaft)
StS	Staatssekretär
Stv.	Stellvertreter
Stv.d.F.	Stellvertreter des Führers der Nazipartei
Tp.Nr.	Transportnummer
T.St.Sp.	Transportstandarte Speer
(u)	unterschrieben
Verw. Bez.	Verwaltungsbezirk der Stadt Berlin
Vfg.	Verfügung
VjPlan	Vierjahresplan
VO	Verordnung
Wabt.	Wohnungsabteilung des GBI
WbSt	Wohnungsberatungsstelle der JKV
W.f.L.	Wohnungen für Luftgeschädigte, Ausgebombte
WVHA	Wirtschafts- und Verwaltungshauptamt

2. *Archivalien*

Bundesarchiv Berlin, Altbestand Bundesarchiv Koblenz (BAK)
R 120 (neu: R 4606 / alt R 120) – *Generalbauinspektor für die Reichshauptstadt*: 10 / 120 / 123 / 124 / 281 / 317 / 393 / 679 / 704 / 705 / 728 / 729 / 730 / 731 / 741 / 853 / 895 / 1211 / 1434 / 1562 / 1954 / 1955 / 1956 / 1957 / 1958 / 1959 / 1970 / 1971 / 1972 / 1973 / 1974 / 1975 / 1976 / 2710 / 2736 / 2742 / 2784 / 2856 / 2909 / 2974 / 3004 / 3014 / 3032 / 3065 / 3093 / 3125 / 3871 / 3894 / 3895 / 3905 / 3905 a bis i / 3906 / 3909 / 3944 a und b / 3961 / 3961 g / 3962 / 3962 a bis d / 3978 a bis g / 3985 / 3985
R 2 – *Reichsfinanzministerium*: 55 / 553 / 4185 b / 4815 / 4817 / 5056 / 9132 / 9172 b / 9173 a / 9174 / 11848 / 11848 / 12222 / 12984 / 12984 / 14000 / 19850 / 26633 / 30115 / 31097 / 31098 / 32065
R 3 Anhang (neu: R 4603 Anh. / alt R 3 Anh.) – *Abwicklung Geschäftsbereich Speer*: 54 / 341
R 18 (neu: R 1501) - *Reichsministerium des Innern*: 8 / 14
R 22 (neu: R 3001 / alt R 22) – *Reichsjustizministerium*: 385 bis 394 / 426 / 1918 / 1920 bis 1924 / 4082
R 43 / II – *Reichskanzlei*: 1171a (Film 624) / 1172 (Film 625)
NL 318 – *Nachlaß Rudolf Wolters*: 1 / 2 / 3 / 4 / 5 / 6

Bundesarchiv Berlin, Altbestand Bundesarchiv Abteilungen Potsdam (BAP)
46.06 (neu: R 4606) – *Generalbauinspektor für die Reichshauptstadt*: 58 / 59 / 60 / 61 / 62 / 63 / 64 / 110 / 111 / 122 / 157 / 158 / 228 / 229 / 230 / 231 / 241 / 242 / 243 / 290 / 291 / 292 / 349 / 356 / 358 / 359 / 361 / 362 / 364 / 366 / 367 / 368 / 369 / 370 / 385 / 392 / 475 / 476 / 494 / 495 / 496 / 497 / 499 / 500 / 501 / 502 / 638 / 655 / 677 / 678 / 700 / 701 / 702 / 703 / 704 / 705 / 706 / 862 / 864 / 865 / 871 / 890 / 2139 / 2235 / 3436 / 3437 / 3438 / 3440 / 3441 / 3442 / 3443 / 3444 / 3445 / 3446 / 3447 / 3448 / 3452 / 3558 / 3559 / KS 3557 / KS 3558 / KS 3559 / KS 3560
51.01 – *Reichsstelle für Raumordnung*: Filme Nr. 53438 / 53439 / 53444 / 53445
75 C Re 1 – *Reichsvereinigung der Juden in Deutschland*: 8 / 13 / 14 / 15 / 16 / 17 / 18 / 19 / 25 / 26 / 27 / 28 / 29 / 30 / 31 / 32 / 33 / 34 / 35 / 36 / 37 / 38 / 39 / 40 / 41 / 42 / 43 / 44 / 45 / 46 / 47 / 48 / 64 / 65 / 66 / 67 / 68 / 69 / 112 / 113 / 114 / 115 / 116 / 123 / 124 / 125 / 126 / 127 / 128 / 129 / 483 / 484 / 485 / 486 / 487 / 488 / 489 / 529 / 530 / 734 / 735 / 736 / 750 / 751 / 752 / 753 / 754 / 755 / 756 / 760 / 761 / 762

Landesarchiv Berlin (LA Bln)
Pr.Br.Rep. 107 – *Generalbauinspektor für die Reichshauptstadt*: 53 a / 54 / 59, 1 bis 6 / 61 / 67, 1 bis 3 / 144, 1 bis 3 / 151, 1 / 169 / 172, 1 bis 5 / 173, 1 bis 6 / 186, 1 bis 3 / 195 / 198 / 199 / 212 / 219 / 220 / 221 / 222 / 223 / 224 / 225 / 226 / 232, 2 / 233 / 234 / 235, 1 bis 7 / 256, 4 und 5 / 259, 5 / 276, 1 und 5 / 277, 1 bis 7 / 278, 1 bis 5 / 279, 1 bis 4 / 280, 2, 3, 6, 7, 10, 14, 20 / 293, 1 bis 4, 7 / 294, 2, 5, 6, 7 / 309 / 310 / 311, 1 bis 7 / 314, 1 und 2 / 379 / 382, 2 und 3 / 383 / 384 / 386, 1 bis 3 / 397, 2 / 401 / 405
Pr.Br.Rep. 57 – *Stadtpräsident der Reichshauptstadt*: 477 / 1217, 3 / 1220, 1
Rep. 58 (neu: A Rep. 358-02) – *Staatsanwaltschaft beim Landgericht Berlin*: Nr. 5334 (Az. 2 P.K.Ms. 20/42, darin 3 P.K.Ms. 5/42), Nr. 5445 (Az. 3 P.K.Ms. 1/42), Nr. 6161 (Az. 3 P.K.Ms. 8/42), Acc. 4005 (Az. 6 P.Js. 799/42), Nr. 80073 (Az. 1 Gew.K.Ms. 12/42)
Rep. 92 (neu: A Rep. 092) – *Oberfinanzdirektion*: Acc. 3924: Nr. 614 bis 621 / 685 bis 702 / *Personenkartei der Vermögensverwertungsstelle und Einzelakten*: V/3092 / VI/3633 / VIII/5016 / VIII/5634 / IX/6116 / XI/7526 / XVI/9726 / XX/11036 / XXVI/13428 /

XXVII/14319 / XXVII/14573 / XXX/16180 / XXX/16181 / 32/18105 / 37/20612 / 49/31532 / 326 / 1270 / 1618 / 2290 / 2584 / 2611 / 2698 / 2724 / 3000 / 3143 / 3543 / 3968 / 3968 / 5373 / 5380 / 6536 / 7093 / 7992 / 8118 / 9578 / 10305 / 11157 / 12338 / 14011 / 14015 /15127 / 15797 / 17214 / 17473 / 19869 / 20901 / 20903 / 21042 / 21128 / 21440 / 21581 / 21948 / 21988 / 22038 / 23016 / 23312 / 23643 / 23901 / 23944 / 24057 / 26012 / 26359 / 27233 / 27392 / 28834 / 29033 / 29445 / 29462a / 29465 / 29612 / 29880 / 30353 / 30871 / 31627 / 31760 / 31835 / 32302 / 32887 / 32895 / 33114 / 33354 /33969 / 35028 / 35138 / 35685 / 36030 / 37492 / 37506 / 38397 / 38991 / 39099 / 39108 / 40594 / 41053 (Die Akten hat das Brandenburgische Landeshauptarchiv Potsdam in den Bestand Pr.Br.Rep. 36 A *Oberfinanzpräsident* übernommen).
STA Rep. 01-02 (neu: B Rep. 01-02) – *Generalbüro*: Nr. 695 bis 703 (Hauptluftschutzstelle)
STA Rep. 09 (neu: B Rep. 09) – *Deputation für das Siedlungs- und Wohnungswesen*: 28594 / 28622 / 28625 / 28628 / 28891 / 30501 / 31366 / 31367 / 31368 / 31379 / 31405 / 31406 / 31414 / 31415 / 31416 / 31419 / 31421 / 31425 / 31426 / 31427 / 31750 / 32130 / 32354
LA Bln – *Kartenabteilung*

Archiv des Landgerichts Berlin (LG Berlin)
Staatsanwaltschaft beim Landgericht Archiv 2267 (Az. 3.P.(K)Ks. 1/71; Verfahren gegen Bovensiepen u.a., Stapoleitstelle Berlin)

Document Center Berlin
Personenbezogene Akten von Mitarbeitern der Stapoleitstelle Berlin

Publizierte Archivalien
Akten der Parteikanzlei: Regest-Nummern 15524 / 23105 / 23800 / 25718 / 23495 / 23996 / 26759 / 24935 / 23445 / 41753 / 42626 / 43695
Akten des Arbeitswissenschaftlichen Instituts der Deutschen Arbeitsfront: 217 / 269 / 323 / 350 / 371 / 374 / 376 / 1097 / 1139 / 1140

3. *Fundstellen*

30.01.37 RGBl.I S. 103
Erlaß über einen Generalbauinspektor für die Reichshauptstadt · Zeichnung: Reichskanzler, Chef der Reichskanzlei
20.01.38 RGBl.I S. 35
2. Erlaß über einen Generalbauinspektor für die Reichshauptstadt (Ausweitung außerhalb Berlins, soweit erforderlich) · Reichskanzler, Chef der Reichskanzlei
18.10.40 RGBl.I S. 1387
3. Erlaß über einen Generalbauinspektor für die Reichshauptstadt (Ermächtigung zur Durchführung städtebaulicher Maßnahmen in anderen Städten soweit entsprechende AO, zur Errichtung öffentlicher Bauvorhaben in Zusammenhang mit der Neugestaltung soweit einzeln bestimmt und zur Bewirtschaftung der Etatmittel anderer Bauträger auf Anforderung des GBI; Auflösung der Durchführungsstelle für die Neugestaltung der Reichshauptstadt durch Aufhebung der 2. AVO) · Reichskanzler, Chef der Reichskanzlei
20.01.38 RGBl.I S. 35
1. AVO des Erlasses über einen GBI für die Reichshauptstadt (Bauplatzzuweisung bei Vorhaben von min. 50.000m3 durch GBI) · Reichskanzler, Chef der Reichskanzlei
16.06.38 RGBl.I S. 635
2. AVO des Erlasses über einen GBI für die Reichshauptstadt (Einrichtung der Durchführungsstelle für die Neugestaltung) · Reichskanzler, Chef der Reichskanzlei

01.08.39 RGBl.I S. 1336
3. AVO des Erlasses über einen GBI für die Reichshauptstadt (Kostenverteilungsverordnung oder Finanzierungsverordnung; AO-Befugnis des GBI für letztstellige Hypothek durch den Bauträger für Ersatzraum, max. 25 % mit 4 % Zins) · Reichskanzler, Chef der Reichskanzlei
24.06.38 RMBl. S. 387
1. DfAO zur Neugestaltung der Reichshauptstadt · PräsDfSt
24.06.38 RMBl. S. 388
2. DfAO zur Neugestaltung der Reichshauptstadt · PräsDfSt
08.02.39 RMBl. S. 138
3. DfAO zur Neugestaltung der Reichshauptstadt · PräsDfSt
09.06.39 RMBl. S. 1252
1. Verwaltungsanordnung des GBI · GBI
09.06.39 RMBl. S. 1252
2. Verwaltungsanordnung des GBI · GBI
22.08.39 RMBl. S. 1370
3. Verwaltungsanordnung des GBI · GBI
30.10.40 RMBl. S. 286
4. Verwaltungsanordnung des GBI · GBI

04.10.37 RGBl.I S. 1054
Gesetz über die Neugestaltung deutscher Städte · Reichskanzler, RAM, RMdI, RFM, RWM
05.11.37 RGBl.I S. 1162
VO über die Neugestaltung der Reichshauptstadt Berlin (Bestätigung des GBI als Beauftragter i.S.d. Gesetzes über Neugestaltung deutscher Städte) · RAM
25.01.38 RGBl.I S. 46
2. VO über die Neugestaltung der Reichshauptstadt Berlin (zuständige Behörden für Aufsicht, Entschädigung außerhalb Berlins) · RAM
23.04.38 RGBl.I S. 410
3. VO über die Neugestaltung der Reichshauptstadt Berlin (Verfahren bei der Aufhebung von Friedhöfen) · RAM
30.01.39 RGBl.I S. 106
4. VO über die Neugestaltung der Reichshauptstadt Berlin (Grundstücks- und Bauordnungsrecht, Fluchtlinien, Enteignung zugunsten GBI vereinfacht, Offenlegung des Plans durch Benachrichtigung des Eigentümers ersetzbar) · RAM
22.08.39 RGBl.I S. 1442
5. VO über die Neugestaltung der Reichshauptstadt Berlin (Schutz von Pachtverhältnissen für sportliche Zwecke in Neugestaltungsbereichen) · RAM
03.11.38 RGBl.I S. 1553
DfVO zum Gesetz über die Neugestaltung deutscher Städte (Grundstücksgeschäfte, Befreiung von Urkunden-, Grunderwerbs- und Wertzuwachssteuer) · RAM
04.08.39 RGBl.I S. 1349
2. DfVO zum Gesetz über die Neugestaltung deutscher Städte (Beurkundungsgebühren bei Grundstücksgeschäften entfallen, allgemeine Regelung analog der für Berlin) · RAM
04.11.41 RGBl.I S. 685
3. DfVO zum Gesetz über die Neugestaltung deutscher Städte (§§ 1–21, analog zu Berlin für

Preußen, Oldenburg, Westmark und eingegliederte Ostgebiete Eingriffe in Grundstücks- und Bauordnungsrecht) · RAM
04.11.37 bis 7.3.42 RMBl. 1937-1942
1. bis 109.AO über die Neugestaltung der Reichshauptstadt Berlin (Bereichsanordnungen) · GBI

25.07.38 RGBl.I S. 953
Gesetz über Reichsbürgschaften für Wohnungsbauten aus Anlaß der Neugestaltung deutscher Städte (Reichsbürgschaften zulässig, jeweilige Höhe durch RFM festzusetzen, zunächst 100 Mio RM) · Reichskanzler, RAM, RFM

08.02.39 RGBl.I S. 159
VO über die Neugestaltung der Reichshauptstadt Berlin und der Hauptstadt der Bewegung München · RAM
25.04.41 RGBl.I S. 219
VO über die Neugestaltung der Reichshauptstadt Berlin und der Hauptstadt der Bewegung München (spezifische Strafbewehrung bis 150 RM bei Verstoß gegen Meldepflicht, bis 5000 RM bei genehmigungsloser Wiedervermietung) · RAM
01.09.41 RGBl.I S. 548
2. VO über die Neugestaltung der Reichshauptstadt Berlin und der Hauptstadt der Bewegung München (Eigenbedarf des Vermieters nachrangig, Geltung der NeugestaltungsVO bei allen Raumüberlassungen an Juden, ungeachtet der Form des Rechtsverhältnisses) · RAM
12.06.42 RGBl.I S. 392
3. VO über die Neugestaltung der Reichshauptstadt Berlin und der Hauptstadt der Bewegung München (Ausdehnung Meldepflicht auf alle seit 8.2.39 meldepflichtig gewordenen Wohnungen und Genehmigungserfordernis für jede Wiedervermietung; für vor 25.4.41 genehmigungslos wiedervermietete Wohnung ist, strafbewehrt, nächste freiwerdende gleichwertige Wohnung aus dem Grundbesitz meldepflichtig, Tauschwohnungen ausgeschlossen) · RAM
11.11.42 RGBl.I S. 644
4. VO über die Neugestaltung der Reichshauptstadt Berlin und der Hauptstadt der Bewegung München (Meldung Räume an OBM, Wohnungsamt, OBM AO-befugt) · RAM

30.04.39 RGBl.I S. 864
Gesetz über Mietverhältnisse mit Juden · Reichskanzler, RJM, RAM, StvdF, RMdI
10.09.40 RGBl.I S. 1235
VO zur Änderung und Ergänzung des Gesetzes über Mietverhältnisse mit Juden (in Berlin, München und Wien kann sich jüdischer Mieter auch gegenüber jüdischem Vermieter nicht auf Kündigungsschutz berufen und jüdischer Vermieter kann vorzeitig kündigen, soweit anderweitige Unterbringung nachgewiesen; entsprechende AO-Befugnis für RAM im Einvernehmen mit RMdI für Neugestaltungsstädte) · RJM, RAM
19.05.39 Plakatanschlag
AO über die Anmeldung von Räumen nach Maßgabe des Reichsgesetzes über Mietverhältnisse mit Juden vom 30. April 1939 · OBM

4. *Literatur*

Adam, Uwe Dietrich, Judenpolitik im Dritten Reich, Düsseldorf 1972.
Adler, H. G., Theresienstadt 1941–1945. Das Antlitz einer Zwangsgemeinschaft. Geschichte. Soziologie. Psychologie, Tübingen 1955, 2., verbesserte und ergänzte Auflage 1960.
Adler, H. G., Der verwaltete Mensch. Studien zur Deportation der Juden aus Deutschland, Tübingen 1974.
Als Zwangsarbeiterin 1941 in Berlin. Die Aufzeichnungen der Volkswirtin Elisabeth Freund, hrsg. von Carola Sachse, Berlin 1997.
Altstadtsanierung mit Reichshilfe 1934–1938. Eine Untersuchung auf Grund amtlichen Materials veranstaltet von der Deutschen Gesellschaft für Wohnungswesen, Forschungsstelle beim Reichsarbeitsministerium für Fragen des Wohnungs- und Siedlungswesens, Berlin 1940.
Aly, Götz, „Endlösung". Völkerverschiebung und der Mord an den europäischen Juden, Frankfurt/M. 1995.
Aly, Götz, und Karl Heinz Roth, Die restlose Erfassung. Volkszählen, Identifizieren, Aussondern im Nationalsozialismus, Berlin 1984 (überarbeitete Neuausgabe Frankfurt/M. 2000).
Aly, Götz, und Susanne Heim, Vordenker der Vernichtung. Auschwitz und die deutschen Pläne für eine neue europäische Ordnung, Hamburg 1991 (Neuausgabe Frankfurt/M. 1994).
Anatomie des Krieges. Neue Dokumente über die Rolle des deutschen Monopolkapitals bei der Vorbereitung und Durchführung des zweiten Weltkrieges, hrsg. und eingeleitet von Dietrich Eichholtz und Wolfgang Schumann, Berlin/DDR 1969.
Andreas-Friedrich, Ruth, Der Schattenmann. Tagebuchaufzeichnungen 1938–1945, Berlin 1947, Neudruck Frankfurt 1983.
Arendt, Hannah, Eichmann in Jerusalem. Ein Bericht von der Banalität des Bösen. Aus dem Amerikanischen von Brigitte Granzow. Mit einem einleitenden Essay von Hans Mommsen, Neuausgabe München 1986, 6. Auflage 1987.
Arndt, Ino, und Heinz Boberach, Deutsches Reich, in: Dimension des Völkermords. Die Zahl der jüdischen Opfer des Nationalsozialismus, hrsg. von Wolfgang Benz, München 1991, S. 23–65.
Barkai, Avraham, Vom Boykott zur „Entjudung". Der wirtschaftliche Existenzkampf der Juden im Dritten Reich. 1933–1943, Frankfurt/M. 1988.
BenGershom, Ezra, David. Aufzeichungen eines Überlebenden. Mit einem Vorwort von Primo Levi, Frankfurt/M., erweiterte Neuausgabe (Erstausgabe Joel König, Den Netzen entronnen, Göttingen 1967) 1993.
Benz, Wolfgang, Theresienstadt und der Untergang der deutschen Juden. Versuch einer Ortsbestimmung, in: Der Nationalsozialismus. Studien zur Ideologie und Herrschaft, hrsg. von Wolfgang Benz, Hans Buchheim und Hans Mommsen, Frankfurt/M. 1993.
Berlin 1945. Eine Dokumentation, hrsg. von Reinhard Rürup, Berlin 1995.

Birn, Ruth Bettina, Die Höheren SS- und Polizeiführer. Himmlers Vertreter im Reich und in den besetzten Gebieten, Düsseldorf 1986.
Bodenschatz, Harald, Platz frei für das neue Berlin! Geschichte der Stadterneuerung in der „größten Mietskasernenstadt der Welt" seit 1871, Berlin 1987.
Boelcke, Willi, Kriegspropaganda. Geheime Minister-Konferenzen, Stuttgart 1966.
Botz, Gerhard, Wohnungspolitik und Judendeportation in Wien 1938 bis 1945. Zur Funktion des Antisemitismus als Ersatz nationalsozialistischer Sozialpolitik (Veröffentlichungen des Historischen Instituts der Universität Salzburg), Wien und Salzburg 1975.
Buchholz, Marlis, Die hannoverschen Judenhäuser. Zur Situation der Juden in der Zeit der Ghettoisierung und Verfolgung 1941 bis 1945 (Quellen und Darstellungen zur Geschichte Niedersachsens, Hrsg. Historischer Verein für Niedersachsen, Bd. 101), Hildesheim 1987.
Czech, Danuta, Kalendarium der Ereignisse im Konzentrationslager Auschwitz-Birkenau 1939–1945. Mit einem Vorwort von Walter Laqueur. Deutsch von Jochen August, Nina Kozlowski, Silke Lent und Jan Parcer. Gesamtredaktion Gabriele Born und Nina Kozlowski, Reinbek bei Hamburg 1989.
Das Braunbuch. Kriegs- und Naziverbrecher in der Bundesrepublik und Berlin (West), Reprint der 3. Auflage 1968, hrsg. von Norbert Podewin, Berlin 2002.
Das Diensttagebuch des deutschen Generalgouverneurs in Polen 1939–1945, hrsg. von Werner Präg und Wolfgang Jacobmeyer, Stuttgart 1975.
Demps, Laurenz, Die Luftangriffe auf Berlin. Ein dokumentarischer Bericht, Teil I–III, in: Jahrbuch des Märkischen Museums, Berlin/DDR, IV/1978, S. 27–68, VIII/1982, S. 7–44, IX/1983, S. 19–48.
Der Dienstkalender Heinrich Himmlers 1941/42, bearbeitet, kommentiert und eingeleitet von Peter Witte, Michael Wildt, Martina Voigt, Dieter Pohl, Peter Klein, Christian Gerlach, Christoph Dieckmann und Andrej Angrick. Mit einem Vorwort von Uwe Lohalm und Wolfgang Scheffler, Hamburg 1999.
Der „Generalplan Ost". Hauptlinien der nationalsozialistischen Planungs- und Vernichtungspolitik, hrsg. von Mechtild Rössler und Sabine Schleiermacher unter Mitarbeit von Cordula Tollmin, Berlin 1993.
Der Prozeß gegen die Hauptkriegsverbrecher vor dem Internationalen Militärgerichtshof. Nürnberg 14. November 1945 bis 1. Oktober 1946, Nürnberg 1948, Reprint München und Zürich 1984.
Deutsche Politik im „Protektorat Böhmen und Mähren" unter Reinhard Heydrich 1941–1942. Eine Dokumentation, hrsg. von Miroslav Kárny, Jaroslava Milotova und Margita Kárná (Reihe Nationalsozialistische Besatzungspolitik in Europa 1939–1945, hrsg. von Wolfgang Benz, Johannes Houwink ten Cate und Gerhard Otto in Verbindung mit J.T.M. Bank, Francois Bédarida, Wacław Długoborski, Hagen Fleischer, Peter Sipos, Hermann Graml, Richard Overy, Aage Trommer und Erika Weinzierl, Bd. 2), Berlin 1997.
Deutschkron, Inge, Ich trug den gelben Stern, Köln 1978.

Deutschland im zweiten Weltkrieg, hrsg. von einem Autorenkollektiv unter Leitung von Wolfgang Schumann und Gerhart Hass, Bde. 1–6, Berlin/DDR 1974–1985.
Die Einsatzgruppen in der besetzten Sowjetunion 1941/42. Die Tätigkeits- und Lageberichte des Chefs der Sicherheitspolizei und des SD, hrsg. und eingeleitet von Peter Klein. Mit Beiträgen und Kommentaren von Andrej Angrick, Christian Gerlach, Dieter Pohl und Wolfgang Scheffler (Publikation der Gedenk- und Bildungsstätte Haus der Wannsee-Konferenz, hrsg. von Norbert Kampe, Wolfgang Scheffler und Gerhard Schoenberner, Bd. 6), Berlin 1997.
Die Ermordung der europäischen Juden. Eine umfassende Dokumentation des Holocaust 1941–1945, hrsg. von Peter Longerich, München 1989.
Die faschistische Okkupationspolitik in den zeitweilig besetzten Gebieten der Sowjetunion (1941–1944). Dokumentenauswahl und Einleitung von Norbert Müller. Unter Mitarbeit von Uwe Löbel und Ulrich Freye (Europa unterm Hakenkreuz. Die Okkupationspolitik des deutschen Faschismus (1938–1945). Achtbändige Dokumentenedition, hrsg. von einem Kollegium unter Leitung von Wolfgang Schumann und Ludwig Nestler. Herausgeberkollegium: Elisabeth Brachmann-Teubner, Gerhart Hass, Helma Kaden, Norbert Müller, Ludwig Nestler, Fritz Petrick, Werner Röhr, Wolfgang Schumann, Martin Seckendorf, Bd. V), Berlin 1991.
Die Grunewald-Rampe. Die Deportation der Berliner Juden, Hrsg. Zentrum für audio-visuelle Medien, Landesbildstelle Berlin, bearbeitet von Annegret Ehmann, Wolf Kaiser, Christiane Klingspor, Michael Metto, Horst Neumann, Pim Richter und Martina Voigt, Berlin 1993.
Die Juden in Deutschland 1933–1945. Leben unter nationalsozialistischer Herrschaft, hrsg. von Wolfgang Benz unter Mitarbeit von Volker Dahm, Konrad Kwiet, Günter Plum, Clemens Vollnhals und Juliane Wetzel, München 1988.
Die Juden im Nationalsozialistischen Deutschland. The Jews in Nazi Germany 1933–1945, hrsg. von Arnold Paucker mit Sylvia Gilshrist und Barbara Suchy, Tübingen 1986.
Diekmann, Irene, Boykott – Entrechtung – Pogrom – Deportation. Die „Arisierung“ jüdischen Eigentums während der NS-Diktatur. Untersucht und dargestellt an Beispielen aus der Provinz Mark Brandenburg, in: Brandenburg in der NS-Zeit, hrsg. von Dietrich Eichholtz unter Mitarbeit von Almuth Püschel, Berlin 1993, S. 207–229.
Dimension des Völkermords. Die Zahl der jüdischen Opfer des Nationalsozialismus, hrsg. von Wolfgang Benz, München 1991
Documents of the persecution of Dutch Jewry 1940–1945, Hrsg. Joods Historisch Museum Amsterdam, Amsterdam 1979.
Drobisch, Klaus, „Kriegsschauplatz Innerdeutschland“. Sicherheitspolizeiliche Vorbereitungen und Einübungen seit 1935/36, in: Der Weg in den Krieg. Studien zur Geschichte der Vorkriegsjahre (1935/36 bis 1939), hrsg. von Dietrich Eichholtz und Kurt Pätzold, Berlin/DDR 1989.
Durth, Werner und Niels Gutschow, Träume in Trümmern. Stadtplanung 1940–1950, München 1993.

Eichholtz, Dietrich, Geschichte der deutschen Kriegswirtschaft 1939–1945, Band I und II (Forschungen zur Wirtschaftsgeschichte, hrsg. von Jürgen Kuczynski, Hans Mottek und Helga Nussbaum, Band 1), Band I Berlin/DDR 1969, Band II, mit einem Kapitel von Joachim Lehmann, Berlin/DDR 1985, Band III, unter Mitarbeit von Hagen Fleischer, Manfred Oertel, Berthold Puchert und Karl Heinz Roth, Berlin 1996 (um ein Vorwort, Kritische Randbemerkungen und ein Gesamtregister ergänzter Nachdruck, 5 Bde., München 1999).
Faschismus – Getto – Massenmord. Dokumentation über Ausrottung und Widerstand der Juden in Polen während des zweiten Weltkrieges, hrsg. vom Jüdischen Historischen Institut Warschau, ausgewählt, bearbeitet und eingeleitet von Tatiana Berenstein, Artur Eisenbach, Bernard Mark und Adam Rutkowski. Mit 231 Abbildungen und Faksimiles und 1 Karte, Berlin/DDR 1960, Lizenzausgabe Frankfurt/M. mit einem Vorwort von Siegfried Einstein von September 1962.
Fings, Karola, Die Kommunen, der Krieg und die Konzentrationslager – Himmlers SS-Baubrigaden (Diss. phil. Heinrich-Heine-Universität Düsseldorf 2002).
Friedländer, Saul, Das Dritte Reich und die Juden. Die Jahre der Verfolgung 1933–1939, München 2000.
Feiner, Hertha, Vor der Deportation, Briefe an die Töchter Januar 1939 – Dezember 1942, hrsg. und mit einer Einleitung versehen von Karl Heinz Jahnke, Frankfurt/M. 1993.
Fröbe, Rainer, Bauen und Vernichten. Die Zentralbauleitung Auschwitz und die „Endlösung", in: Beiträge zur Geschichte des Nationalsozialismus Bd. 16, Durchschnittstäter. Handeln und Motivation, hrsg. von Christoph Dieckmann, Christian Gerlach, Wolf Gruner, Anne Klein, Beate Meyer, Armin Nolzen, Babette Quinkert und Thomas Sandkühler, Berlin 2000, S. 155–209.
Führer, Karl Christian, Mit Juden unter einem Dach? Zur Vorgeschichte des nationalsozialistischen Gesetzes über Mietverhältnisse mit Juden, in: 1999. Zeitschrift für Sozialgeschichte des 20. und 21. Jahrhunderts, hrsg. von der Hamburger Stiftung für Sozialgeschichte, Heft 1/1992, S. 51–61.
Führer, Karl Christian, Mieter, Hausbesitzer, Staat und Wohnungsmarkt. Wohnungsmangel und Wohnungszwangswirtschaft in Deutschland 1914 bis 1960 (Vierteljahresschrift für Sozial- und Wirtschaftsgeschichte, Beiheft Nr. 119), Stuttgart 1995.
„Führer-Erlasse" 1939 – 1945. Edition sämtlicher überlieferter, nicht im Reichsgesetzblatt abgedruckter, von Hitler während des Zweiten Weltkrieges schriftlich erteilter Direktiven aus den Bereichen Staat, Partei, Wirtschaft, Besatzungspolitik und Militärverwaltung. Zusammengestellt und eingeleitet von Martin Moll, Stuttgart 1997.
Geist, Johann Friedrich, und Klaus Kürvers, Das Berliner Mietshaus 1862–1945, Bd. 1, 1740–1862, Bd. 2, 1862–1945, Bd. 3, 1945–1989, München 1980, 1984 und 1989.
Geist, Johann Friedrich, und Klaus Kürvers, Tatort Berlin, Pariser Platz. Die Zerstörung und „Entjudung" Berlins, in: Jörn Düwel, Werner Durth, Niels Gutschow und

Jochem Schneider, 1945. Krieg, Zerstörung, Aufbau. Architektur und Stadtplanung 1940–1960. Mit einem Vorwort von Walter Jens (Schriftenreihe der Akademie der Künste Bd. 23), Berlin 1995, S. 55–118.
Genschel, Helmut, Die Verdrängung der Juden aus der Wirtschaft im Dritten Reich (Göttinger Bausteine zur Geschichtswissenschaft Bd. 38), Göttingen, Berlin, Frankfurt/M. und Zürich 1966.
Gerlach, Christian, Die Wannsee-Konferenz, das Schicksal der deutschen Juden und Hitlers politische Grundsatzentscheidung, alle Juden Europas zu ermorden, in: Werkstatt Geschichte Heft 18, 6. Jg. 1997, S. 7–44.
Geschichte Berlins von den Anfängen bis 1945, Autorenkollektiv Laurenz Demps, Ingo Materna (Leitung), Eckhard Müller-Mertens, Helga Schultz, Heinz Seyer und Wolfgang Gottschalk (Bildredaktion), Berlin/DDR 1987.
Goldhagen, Erich, Albert Speer, Himmler, and the Secrecy of the Final Solution, in: Midstream, Oktober 1971, S. 43–50.
Grabitz, Helge, und Wolfgang Scheffler, Letzte Spuren. Ghetto Warschau. SS-Arbeitslager Trawniki. Aktion Erntefest. Fotos und Dokumente über Opfer des Endlösungswahns im Spiegel der historischen Ereignisse. Begleitband zur Ausstellung „Letzte Spuren", Heimatmuseum Charlottenburg, 3. November 1988 – 22. Januar 1989, Berlin 1988.
Gross, Leonard, Versteckt. Wie Juden in Berlin die Nazi-Zeit überlebten, Reinbek bei Hamburg 1983.
Gruner, Wolf, Die Reichshauptstadt und die Verfolgung der Berliner Juden 1933–1945, in: Jüdische Geschichte in Berlin. Essays und Studien, hrsg. von Reinhard Rürup, Berlin 1995, S. 229–266.
Gruner, Wolf, Der Deutsche Gemeindetag und die Koordinierung antijüdischer Kommunalpolitik. Zum Marktverbot für jüdische Händler und zur Verwertung jüdischen Eigentums, in: Archiv für Kommunalwissenschaften, hrsg. vom Deutschen Institut für Urbanistik Berlin, 37. Jahrgang/1998, S. 261–291.
Gruner, Wolf, Der Geschlossene Arbeitseinsatz deutscher Juden. Zur Zwangsarbeit als Element der Verfolgung 1938–1943, Berlin 1997.
Gruner, Wolf, Judenverfolgung in Berlin 1933–1945. Eine Chronologie der Behördenmaßnahmen in der Reichshauptstadt (Eine Veröffentlichung der Stiftung Topographie des Terrors, hrsg. von Reinhard Rürup), Berlin 1996.
Gruner, Wolf, Die Arbeitslager für den Zwangseinsatz deutscher und nichtdeutscher Juden im Dritten Reich, in: Gedenkstättenrundbrief Nr. 78, 79, 80 und 81, hrsg. von der Stiftung Topographie des Terrors, Berlin 1997 und 1998.
Gruner, Wolf, Die Entwicklung der Judenverfolgung im NS-Staat und der Beitrag der deutschen Kommunen und Gemeinden zur wechselseitigen Dynamisierung von zentraler und lokaler Politik 1933 bis 1941, in: Vierteljahreshefte für Zeitgeschichte, 48. Jg., Heft 1/2000, S. 75–126.
Hefte von Auschwitz 21, hrsg. vom Staatlichen Museum Auschwitz – Birkenau, Oświęcim 2000.

Heilen und Vernichten im Mustergau Hamburg. Bevölkerungs- und Gesundheitspolitik im Dritten Reich, hrsg. von Angelika Ebbinghaus, Heidrun Kaupen-Haas und Karl Heinz Roth, Hamburg 1984.
Heim, Susanne, und Götz Aly, Staatliche Ordnung und „organische Lösung". Die Rede Hermann Görings „über die Judenfrage" vom 6. Dezember 1938, in: Jahrbuch für Antisemitismusforschung 2, hrsg. von Wolfgang Benz für das Zentrum für Antisemitismusforschung der Technischen Universität Berlin, Frankfurt/M. 1993, S. 378–404.
Henschel, Hildegard, Aus der Arbeit der Jüdischen Gemeinde Berlin während der Jahre 1941–1943. Gemeindearbeit und Evakuierung von Berlin. 16. Oktober 1941 – 16. Juni 1943, mit einer Vorbemerkung von Dr. K. J. Ball-Kaduri, in: Jahrbuch für die Geschichte der Juden, hrsg. von Hugo Gold, IX/1972, Heft 1/2, S. 33–52.
Hepp, Michael, Fälschung und Wahrheit: Albert Speer und der „Sklavenstaat", in: Mitteilungen der Dokumentationsstelle zur NS-Sozialpolitik, 1. Jg. 1985, Heft 3, Mai 1985, S. 1–68.
Herbert, Ulrich, Nationalsozialistische Vernichtungspolitik 1939–1945. Neue Forschungen und Kontroversen, hrsg. von Ulrich Herbert, Frankfurt/M. 1998.
Herman-Friede, Eugen, Für Freudensprünge keine Zeit. Erinnerungen an Illegalität und Aufbegehren 1942–1948, mit einem Nachwort von Barbara Schieb-Samizadeh, Berlin 1991, 2. Auflage 1992.
Herrschaftsalltag im Dritten Reich. Studien und Texte, hrsg. von Hans Mommsen und Susanne Willems, Düsseldorf 1988.
Hilberg, Raul, Die Vernichtung der europäischen Juden. Die Gesamtgeschichte des Holocaust, (Originalausgabe 1961) Berlin 1982 (erweiterte Neuausgabe, 3 Bde., Frankfurt/M. 1990).
Hildesheimer, Esriel, Jüdische Selbstverwaltung unter dem NS-Regime. Der Existenzkampf der Reichsvertretung und Reichsvereinigung der Juden in Deutschland (Schriftenreihe wissenschaftlicher Abhandlungen des Leo Baeck Instituts 50), Tübingen 1994.
Hinz, Hans-Joachim, Mieterschutz und Wohnungsbau am Beginn der Weltwirtschaftskrise. Zur staatlichen Wohnungspolitik der Weimarer Republik 1929/30, in: Zeitschrift für Geschichtswissenschaft, 39. Jg., 1991, Heft 3, S. 231–249.
Hitlers Städte. Baupolitik im Dritten Reich. Eine Dokumentation von Jost Dülffer, Jochen Thies und Josef Henke, Köln und Wien 1978.
Jaskot, Paul B., Anti-Semitic Policy in Albert Speer's Plans for the Rebuilding of Berlin, in: Art Bulletin, 1996, Bd. 77, Nr. 4, S. 622–632.
Jaskot, Paul B., The Architecture of Oppression. The SS, forced labor and the Nazi monumental building economy, London und New York 2000.
Juden im Widerstand. Drei Gruppen zwischen Überlebenskampf und politischer Aktion. Berlin 1939–1945, hrsg. von Wilfried Löhken und Werner Vathke, Berlin 1993.
Juden in Kreuzberg. Fundstücke ... Fragmente ... Erinnerungen, hrsg. von der Berliner Geschichtswerkstatt, Berlin 1991.

Juden in Berlin 1938–1945. Begleitband zur gleichnamigen Ausstellung in der Stiftung Neue Synagoge Berlin – Centrum Judaicum, hrsg. von Beate Meyer und Hermann Simon, Berlin 2000.
Jüdische Geschichte in Berlin. Bilder und Dokumente, hrsg. von Reinhard Rürup, Berlin 1995.
Jüdisches Leben in Pankow. Eine zeitgeschichtliche Dokumentation, hrsg. vom Bund der Antifaschisten Berlin-Pankow e.V., Idee und Konzeption Dr. Inge Lammel und Marianne Wilczynski, Berlin 1993.
Kaienburg, Hermann, „Vernichtung durch Arbeit". Der Fall Neuengamme. Die Wirtschaftsbestrebungen der SS und ihre Auswirkungen auf die Existenzbedingungen der KZ-Gefangenen (zugleich Dissertation, Universität Hamburg 1989), Bonn 1990.
Kaienburg, Hermann, Jüdische Arbeitslager an der „Straße der SS", in: 1999. Zeitschrift für Sozialgeschichte des 20. und 21. Jahrhunderts, hrsg. von der Hamburger Stiftung für Sozialgeschichte, Heft 1/1996, S. 13–39.
Kein abgeschlossenes Kapitel: Hamburg im „Dritten Reich", hrsg. von Angelika Ebbinghaus und Karsten Linne (Schriften der Hamburger Stiftung für Sozialgeschichte des 20. Jahrhunderts), Hamburg 1997.
Kennzeichen J. Bilder, Dokumente, Berichte zur Geschichte der Verbrechen des Hitlerfaschismus an den deutschen Juden 1933–1945, hrsg. von Helmut Eschwege, mit einem Geleitwort von Arnold Zweig, einer Einleitung von Rudi Goguel und einer Chronik der fasch. Judenverfolgungen von Klaus Drobisch, Berlin/DDR 1966.
Klemperer, Victor, LTI, (Originalausgabe Berlin 1947) Neuausgabe nach der 3. Auflage Halle 1957, Leipzig 1970.
Klemperer, Victor, Ich will Zeugnis ablegen bis zuletzt. Tagebuchaufzeichnungen aus den Jahren 1933 bis 1945, Reinbek 1995.
Klepper, Jochen, Unter dem Schatten deiner Flügel. Aus den Tagebüchern der Jahre 1932–1942, Stuttgart 1956, 1976.
Koberstein, Thea, und Norbert Stein, Juden in Lichtenberg mit den früheren Ortsteilen in Friedrichshain, Hellersdorf und Marzahn, hrsg. v. Kulturbund e.V., Berlin 1995.
Konieczny, Alfred, Die Zwangsarbeit der Juden in Schlesien im Rahmen der „Organisation Schmelt", in: Beiträge zur nationalsozialistischen Gesundheits- und Sozialpolitik Bd. 5, Sozialpolitik und Judenvernichtung. Gibt es eine Ökonomie der Endlösung?, hrsg. von Götz Aly, Jochen August, Peter Chroust, Klaus Dörner, Matthias Hamann, Hans-Dieter Heilmann, Susanne Heim, Franz Koch, Christian Pross, Ulrich Schultz und Christine Teller, Berlin 1987, S. 91–110.
Krakauer, Max, Lichter im Dunkel. Flucht und Rettung eines jüdischen Ehepaares im Dritten Reich, Stuttgart 1975, 10. Auflage, Hrsg. Otto Mörike mit einem Geleitwort von Freya von Moltke, Stuttgart 1991.
Krausnick, Helmut, und Hans-Heinrich Wilhelm, Die Truppen des Weltanschauungskrieges. Die Einsatzgruppen der Sicherheitspolizei und des SD 1938–1942 (Quellen und Darstellungen zur Zeitgeschichte Bd. 22), Stuttgart 1981.
Kriegstagebuch des Oberkommandos der Wehrmacht (Wehrmachtsführungsstab)

1940–1945, geführt von Helmuth Greiner und Percy Ernst Schramm, hrsg. von Percy Ernst Schramm im Auftrag des Arbeitskreises für Wehrforschung, Bde. I–IV, München, Studienausgabe in 8 Bänden, Herrsching 1982.
Kuczynski, Jürgen, Geschichte des Alltags des deutschen Volkes, Band 5, 1918 bis 1945, Berlin/DDR und Köln 1982.
Kuhlmann, Bernd, Eisenbahn-Größenwahn in Berlin. Die Planungen von 1933 bis 1945 und deren Realisierung (Verkehrsgeschichtliche Blätter der Gesellschaft für Verkehrspolitik und Eisenbahnwesen e.V.), Berlin 1996.
Kwiet, Konrad, Nach dem Pogrom: Stufen der Ausgrenzung, in: Die Juden in Deutschland 1933–1945. Leben unter nationalsozialistischer Herrschaft, hrsg. von Wolfgang Benz unter Mitarbeit von Volker Dahm, Konrad Kwiet, Günter Plum, Clemens Vollnhals und Juliane Wetzel, München 1988, S. 545–659.
Kwiet, Konrad, und Helmut Eschwege, Selbstbehauptung und Widerstand, Deutsche Juden im Kampf um Existenz und Menschenwürde 1933–1945, Hamburg 1948, 2. Auflage 1986.
Lösener, Bernhard, Als Rassereferent im Reichsministerium des Innern, Manuskript von 26.6.50, verfaßt nach Handakten aus dem RMdI, in: Dokumentation. Das Reichsministerium des Innern und die Judengesetzgebung, eingeleitet von Walter Strauß mit einer Vorbemerkung des Herausgebers, in: Vierteljahreshefte für Zeitgeschichte 9/1961, S. 262–313.
Longerich, Peter, Die Wannsee-Konferenz vom 20. Januar 1942: Planung und Beginn des Genozids an den europäischen Juden (Publikationen der Gedenk- und Bildungsstätte Haus der Wannsee-Konferenz, hrsg. von Norbert Kampe, Bd. 7), Berlin 1998.
Longerich, Peter, Politik der Vernichtung. Eine Gesamtdarstellung der nationalsozialistischen Judenverfolgung, München 1998.
Maier, Dieter, Arbeitseinsatz und Deportation. Die Mitwirkung der Arbeitsverwaltung bei der nationalsozialistischen Judenverfolgung in den Jahren 1938–1945 (Publikation der Gedenkstätte Haus der Wannsee-Konferenz, hrsg. v. Wolfgang Scheffler und Gerhard Schoenberner, Bd. 4), Berlin 1994.
Meersmann, Sonja, Wohnraumversorgung und Bevölkerungspolitik in Hamburg während des Nationalsozialismus. Am Beispiel der jüdischen Bevölkerung Hamburgs (Diplomarbeit an der HWP Hamburg, 1989).
Metzger, Karl-Heinz, Monika Schmidt, Herbert Wehe, Martina Wiemers, Kommunalverwaltung unterm Hakenkreuz. Berlin-Wilmersdorf 1933–1945, hrsg. vom Bezirksamt Wilmersdorf von Berlin, Berlin 1993.
Meyer, Beate, Gratwanderung zwischen Verantwortung und Verstrickung – Die Reichsvereinigung der Juden in Deutschland und die Jüdische Gemeinde zu Berlin 1938–1945, in: Juden in Berlin 1938–1945, hrsg. von Beate Meyer und Hermann Simon, Berlin 2000, S. 291–337.
Meynert, Joachim, und Arno Klönne, Hrsg., Verdrängte Geschichte. Verfolgung und Vernichtung in Ostwestfalen 1933–1945, Bielefeld 1986.

Mommsen, Hans, Der Nationalsozialismus und die deutsche Gesellschaft. Ausgewählte Aufsätze, Zum 60. Geburtstag hrsg. von Lutz Niethammer und Bernd Weisbrod, Reinbek 1991.
Mommsen, Hans, Spandauer Tagebücher – Bemerkungen zu den Aufzeichnungen Albert Speers im Internationalen Militärgefängnis 1946–1966, in: Politische Vierteljahresschrift 17/1976, S. 108–114.
Mommsen, Hans, Der Nationalsozialismus. Kumulative Radikalisierung und Selbstzerstörung des Regimes, in: Meyers Enzyklopädisches Lexikon Bd. 16, Stuttgart 1976, S. 785–790.
Münk, Dieter, Die Organisation des Raumes im Nationalsozialismus. Eine soziologische Untersuchung ideologisch fundierter Leitbilder in Architektur, Städtebau und Raumplanung des Dritten Reiches (Pahl-Rugenstein Hochschulschriften 284), Bonn 1993.
Nationalsozialistisches Vernichtungslager, hrsg. v. Staatlichen Museum Auschwitz-Birkenau, Redaktion: Franciszek Piper und Teresa Swiebocka, Autoren: Danuta Czech, Tadeusz Iwaszko, Helena Kubica, Aleksander Lasik, Franciszek Piper, Kazimierz Smoleń, Irena Strzelecka, Andrzej Strzelecki und Henryk Świebocki, Übersetzungen: Jochen August, Sibylle Goldmann, und Jürgen Pagel, Oświęcim 1997.
Offenberg, Mario, Die Vernichtung von Menschen und die Verwaltung ihrer Sachen: Legal und korrekt, in: Mario Offenberg, Hrsg., Adass Jisroel. Vernichtet und vergessen. Die Jüdische Gemeinde in Berlin (1869–1942), anläßlich der gleichnami - gen Ausstellung, veranstaltet gemeinsam vom Berlin Museum, Landesarchiv Berlin und dem Museumspädagogischen Dienst im Landesarchiv Berlin, Berlin 1986.
Ortland, Barbara, Der Zwiespalt zwischen Politik und Technik – Ein kulturelles Phänomen in der Vergangenheitsbewältigung Albert Speers und seiner Rezipienten (1944–1981), in: Technische Intelligenz und Kulturfaktor Technik vom Kaiserreich bis zur BRD, hrsg. von Burkard Dietz, Michael Fessner und Helmut Maier, Bochum 1994.
Pätzold, Kurt, Hrsg., Verfolgung, Vertreibung, Vernichtung. Dokumente des faschistischen Antisemitismus, Leipzig 1983, 4. Auflage 1991.
Pätzold, Kurt, und Irene Runge, „Kristallnacht". Zum Pogrom 1938, Köln 1988.
Pätzold, Kurt, und Erika Schwarz, Tagesordnung: Judenmord. Die Wannsee-Konferenz am 20. Januar 1942. Eine Dokumentation zur Organisation der „Endlösung", Berlin 1992.
Pätzold, Kurt, und Erika Schwarz, „Auschwitz war für mich nur ein Bahnhof". Franz Novak – der Transportoffizier Adolf Eichmanns, Berlin 1994.
Petsch, Joachim, Baukunst und Stadtplanung im Dritten Reich. Herleitung – Bestandsaufnahme – Entwicklung, München und Wien 1976.
Petz, Ursula von, Stadtsanierung im Dritten Reich dargestellt an ausgewählten Bei - spielen (Dortmunder Beiträge zur Raumplanung, hrsg. von Institut für Raumplanung, Fachbereich Raumplanung, Universität Dortmund, Bd. 45), Dortmund 1987.
Petzina, Dietmar, Autarkiepolitik im Dritten Reich. Der nationalsozialistische

Vierjahresplan (Schriftenreihe der Vierteljahreshefte für Zeitgeschichte Nr. 16), Stuttgart 1968.
Piper, Franciszek, Rezension von Jean-Claude Pressac, Die Krematorien von Auschwitz. Technik des Massenmordes, München und Zürich 1995, in: Hefte von Auschwitz 21, hrsg. vom Staatlichen Museum Auschwitz – Birkenau, Oświęcim 2000, S. 374–402.
Pingel, Falk, Häftlinge unter SS-Herrschaft. Widerstand, Selbstbehauptung und Vernichtung im Konzentrationslager (Reihe Historische Perspektiven 12, hrsg. von Bernd Martin, Hans-Jürgen Puhle, Wolfgang Schieder, Gottfried Schramm und Heinrich August Winkler), Hamburg 1978.
Pohl, Dieter, Die Einsatzgruppe C 1941/42, in: Die Einsatzgruppen in der besetzten Sowjetunion 1941/42. Die Tätigkeits- und Lageberichte des Chefs der Sicherheitspolizei und des SD, hrsg. von Peter Klein, Berlin 1997, S. 71–87.
Pohl, Dieter, Nationalsozialistische Judenverfolgung in Ostgalizien 1941–1944. Organisation und Durchführung eines staatlichen Massenverbrechens (Studien zur Zeitgeschichte, hrsg. vom Institut für Zeitgeschichte, Bd. 50), 2. Auflage München 1997.
Pohl, Dieter, Schauplatz Ukraine: Der Massenmord an den Juden im Militärverwaltungsgebiet und im Reichskommissariat 1941–1943, in: Ausbeutung, Vernichtung, Öffentlichkeit. Neue Studien zur Nationalsozialistischen Lagerpolitik, hrsg. im Auftrag des Instituts für Zeitgeschichte von Norbert Frei, Sybille Steinbacher und Bernd C. Wagner (Darstellungen und Quellen zur Geschichte von Auschwitz, hrsg. vom Institut für Zeitgeschichte, Bd. 4), München 2000, S. 135-173.
Poliakov, Léon, und Joseph Wulf, Das Dritte Reich und die Juden (Originalausgabe Berlin 1955), Reprint Wiesbaden 1989.
Pressac, Jean-Claude, Die Krematorien von Auschwitz. Technik des Massenmordes, München und Zürich 1995.
Rabinovici, Doron, Instanzen der Ohnmacht. Wien 1938–1945. Der Weg zum Judenrat, Frankfurt/M. 2000.
Reichhardt, Hans J., und Wolfgang Schäche, Von Berlin nach Germania. Über die Zerstörungen der Reichshauptstadt durch Albert Speers Neugestaltungsplanungen (Eine Ausstellung des Landesarchivs Berlin. Organisation und Ausstellung Klaus Dettmer und Gerd Müller), Berlin 1984, 5. Auflage 1990, völlig überarbeitete und erweiterte Neuauflage 1998.
Ribbe, Wolfgang, Berlin, Bd. 2, Berlin in der NS-Zeit, Kommunale Entwicklung bis zum Kriegsbeginn und Die Stadt im Zweiten Weltkrieg, Berlin 1987, S. 973–1024.
Richter, Jörn, Die antijüdische Wohnungspolitik der faschistischen Stadtverwaltung in Chemnitz von 1939 bis 1945, in: Nachrichtenblatt des Verbandes der Jüdischen Gemeinden in der Deutschen Demokratischen Republik, Dresden, September 1989, S. 10ff.
Roth, Karl Heinz, Städtesanierung und „ausmerzende“ Soziologie. Der Fall Andreas Walther und die „Notarbeit 51“ der „Notgemeinschaft der Deutschen Wissenschaft“ 1934–1935 in Hamburg, in: Carsten Klingemann, Hrsg., Rassenmythos und Sozial-

wissenschaften in Deutschland. Ein verdrängtes Kapitel sozialwissenschaftlicher Wirkungsgeschichte (Beiträge zur sozialwissenschaftlichen Forschung, Bd. 85), Opladen 1987, S. 370–393.
Ruck, Michael, Die öffentliche Wohnungsbaufinanzierung in der Weimarer Republik. Zielsetzungen, Ergebnisse, Probleme, in: Axel Schildt und Arnold Sywottek, Hrsg., Massenwohnung und Eigenheim. Wohnungsbau und Wohnen in der Großstadt seit dem Ersten Weltkrieg, Frankfurt 1988, S. 150–200.
Safrian, Hans, Die Eichmann-Männer, Wien und Zürich 1993 (Neuausgabe unter dem Titel: Eichmann und seine Gehilfen, Frankfurt/M. 1995).
Sandkühler, Thomas, „Endlösung" in Galizien. Der Judenmord in Ostpolen und die Rettungsinitiativen von Berthold Beitz 1941–1944, Bonn 1996.
Schäbitz, Michael, „Wir waren Ausgestoßene im eigenen Vaterland". Überleben in der NS-Zeit. Das Beispiel Hans Rosenthal, in: Juden in Berlin 1938–1945, hrsg. von Beate Meyer und Hermann Simon, Berlin 2000, S. 280–289.
Schäche, Wolfgang, Architektur und Städtebau in Berlin zwischen 1933 und 1945. Planen und Bauen unter der Ägide der Stadtverwaltung (Die Bauwerke und Kunstdenkmäler von Berlin, hrsg. von der Senatsverwaltung für Stadtentwicklung und Umweltschutz. Landeskonservator, Beiheft 17), Berlin 1991.
Scheel, Klaus, Ziele und Ergebnisse der faschistischen Wohnungsbaupolitik in Berlin 1933–1939, in: Bulletin des Arbeitskreises „Zweiter Weltkrieg", hrsg. i.A. des Direktors des Zentralinstituts für Geschichte der Akademie der Wissenschaften der DDR, Nr. 1–2, Berlin/DDR 1987.
Scheer, Regina, Ahawah. Das vergessene Haus. Spurensuche in der Berliner Auguststraße, Berlin und Weimar 1992.
Barbara Schieb, „Wir hatten gar nichts geplant – wir wußten nur, daß wir nicht mitgehen werden." Vom Überleben der Familie Frankenstein in der Illegalität 1943–1945, in: Juden in Berlin 1938–1945, hrsg. von Beate Meyer und Hermann Simon, Berlin 2000, S. 259–279.
Schildt, Axel, und Arnold Sywottek, Hrsg., Massenwohnung und Eigenheim. Wohnungsbau und Wohnen in der Großstadt seit dem Ersten Weltkrieg, Frankfurt 1988.
Schmidt, Matthias, Albert Speer. Das Ende eines Mythos. Speers wahre Rolle im Dritten Reich, Bern und München 1982.
Schmidt, Monika, „Arisierungspolitik" des Bezirksamtes, in: Karl-Heinz Metzger, Monika Schmidt, Herbert Wehe und Martina Wiemers, Kommunalverwaltung unterm Hakenkreuz. Berlin Wilmersdorf 1933–1945, hrsg. vom Bezirksamt Wilmersdorf von Berlin, Berlin 1992, S. 169–228.
Schnabel, Reimund, Macht ohne Moral. Eine Dokumentation über die SS, Frankfurt/M. 1957.
Schubert, Dirk, Stadterneuerung in London und Hamburg. Eine Stadtbaugeschichte zwischen Modernisierung und Disziplinierung, Braunschweig und Wiesbaden 1997.
Schwersenz, Jizchak, Die versteckte Gruppe. Ein jüdischer Lehrer erinnert sich an Deutschland, Berlin 1988, 2., überarbeitete Auflage 1990.

Sereny, Gitta, Das Ringen mit der Wahrheit. Albert Speer und das deutsche Trauma, München 1995.
Sozialstrategien der Deutschen Arbeitsfront, Hrsg. von der Hamburger Stiftung für Sozialgeschichte des 20. Jahrhunderts, Abteilungen 1, 2 und 3 bearbeitet und eingeleitet von Michael Hepp und Karl Heinz Roth, Abteilung 2a bearbeitet und eingeleitet von Karsten Linne und Karl Heinz Roth, Microfiches-Ausgabe, München, London, New York, Oxford und Paris 1987 und 1988.
Speer, Albert, Erinnerungen, Frankfurt/M. und Berlin 1969.
Statistik des Deutschen Reiches 1938, hrsg. von Statistischen Reichsamt, Berlin.
Strzelecki, Andrzej, Der Raub des Besitzes der Opfer des KL Auschwitz, in: Hefte von Auschwitz 21, Oświęcim 2000, S. 7–99.
Strzelecki, Andrzej, Die Verwertung der Leichen, in: Hefte von Auschwitz 21, Oświęcim 2000, S. 101–164.
Vierteljahreshefte zur Statistik des Deutschen Reichs, hrsg. vom Statistischen Reichsamt, Berlin.
Walk, Joseph, Hrsg., Das Sonderrecht für die Juden im NS-Staat. Eine Sammlung der gesetzlichen Maßnahmen und Richtlinien – Inhalt und Bedeutung, Heidelberg und Karlsruhe 1981.
Willems, Susanne, Bilan des différentes interprétations des génocides commis par les nazis, in: Révision de l'histoire. Totalitarismes, crimes et génocides nazis, hrsg. von Yannis Thanassekos und Heinz Wismann (Actes du colloque international organisé à l'initiative de la Fondation Auschwitz, Bruxelles 1988), Paris 1990, S. 97–106.
Willems, Susanne, Lothar Kreyssig. Vom eigenen verantwortlichen Handeln. Eine biographische Studie zum Protest gegen die Euthanasieverbrechen in Nazi-Deutschland, Berlin 1995.
Witte, Peter, Zwei Entscheidungen in der Endlösung der Judenfrage: Deportationen nach Łódź und Vernichtung in Chełmno (Erstveröffentlichung in Holocaust and Genocide Studies, vol. 9, no. 3, 1995), in: Theresienstädter Studien und Dokumente, 1995.
Wyden, Peter, Stella, Göttingen 1993.
Zehn Brüder waren wir gewesen ... Spuren jüdischen Lebens in Berlin-Neukölln, hrsg. von Dorothea Kolland u.a., Berlin 1988.
Zimmermann, Clemens, Von der Wohnungsfrage zur Wohnungspolitik. Die Reformbewegung in Deutschland 1845–1914 (Kritische Studien zur Geschichtswissenschaft Bd. 90, Hrsg. Helmut Berding, Jürgen Kocka und Hans-Ulrich Wehler), Göttingen 1991.
Alfred Gottwaldt und Diana Schulle, Die „Judendeportationen" aus dem Deutschen Reich 1941-1945. Eine kommentierte Chronologie, Wiesbaden 2005, in dieser Ausgabe für Abgangsdaten und Zielorte der Deportationen aus Berlin, Zeittafel S. 374 und Anmerkungen 873, 894 und 897.

5. *Abbildungen*

Seite	
18	Brandenburgisches Landeshauptarchiv Potsdam, OFP, Rep. 36A II Nr. 685-702, Abrechnungslisten des Städtischen Pfandleihamts, vgl. Anmerkung 802, hier Nr. 689 (Altpapier, Rs. 1942/43 verwendeter hekt. Vordrucke, hier hekt. Vordruck eines Formschreibens von ca. 11/41 bis 1/42).
24	Berliner Wirtschaftsberichte hrsg. vom Statistischen Amt der Reichshauptstadt 1939, Nr. 10, S. 88.
30	Berliner Lokal-Anzeiger v. 5.5.39.
35	Bundesarchiv, GBI, BAP 46.06 Nr. 369, Bl. 8, vgl. Anmerkung 98.
41	Grafik nach Entwurf der Autorin, vgl. Anmerkung 521.
46	oben: Berliner Wirtschaftsberichte hrsg. vom Statistischen Amt der Reichshauptstadt 1939, Nr. 7, S. 63. unten: Berliner Lokal-Anzeiger, Nr. 112, 1. Beiblatt, v. 11.5.39.
51	Grafik nach Entwurf der Autorin, vgl. S. 48-52.
53	Grafiken nach Entwurf der Autorin, vgl. Anmerkungen 168, 169.
56	Grafik nach Entwurf der Autorin, vgl. Anmerkung 174.
74	Bundesarchiv, GBI, BAP 46.06 Nr. 865, Bl. 30, vgl. Anm. 239-241.
87	Bundesarchiv, GBI, BAP 46.06 Nr. 157, Bl. 144, vgl. Anmerkung 273.
99	Reichsgesetzblatt I 1939, S. 159.
109	Bundesarchiv, GBI, BAK R 120 Nr. 1976.
110	Landesarchiv Berlin, GBI, Pr.Br.Rep. 107 Nr. 235/6, vgl. Anmerkung 331, 327.
136f.	Bundesarchiv, GBI, BAP 46.06 Nr. KS 3560, Bl. 1-4, vgl. Anmerkung 422, S. 136 oben Bl. 3, unten Bl. 1, S. 137 oben Bl. 4, unten Bl. 2.
138f.	Reichsgesetzblatt I 1939, S. 864.
142	Berliner Lokal-Anzeiger v. 5.5.39.
143	Berliner Lokal-Anzeiger v. 25.5.39, vgl. Anmerkung 435.
155	Landesarchiv Berlin Kartenabteilung Nr. 277, Generalbebauungsplan, ohne Reichsbahnausbau, 1942.
156f.	Landesarchiv Berlin Kartenabteilung Nr. B 1649, Grundkarte erstellt am 7.2.40, letzte Datierung hs. 14.9.40; Foto: Antonia Weiße, Berlin. Der Bauplan bezeichnet Straßensperrungen und veränderte Linienführungen der Straßenbahn. Zu diesem Bauplan gehört der Räumungsplan vom 30.5.40; erhalten ist auch der im Jahr 1940 erstellte Bauterminplan für mehrere hundert Bauabschnitte nebst Bedarfsplänen für Baumaterial und Arbeitskräfte.
165	Reichsgesetzblatt I 1940, S. 1235.
189f.	Bundesarchiv, Reichspropagandaleitung, BAK NS 18 Nr. 1134 (Notiz RMinProp zur Besprechung RMinProp, StS Gutterer, RSHA, Eichmann, GBI, vermutlich Clahes, am 20.3.41 v. 21.3.41), vgl. Anmerkung 530. Die Akten wurden in den 80er Jahren von den USA in die BRD zurückgegeben. Die Mappen und Schriftstücke haben eine andere

Reihenfolge als der von diesen Dokumenten erstellte Film in den National Archives Washington (T 81 Rolle 676 FT 5485604f.); seit den 60er Jahren im Institut für Zeitgeschichte München (MA-423) in Kopie, die H. G. Adler nutzte, dessen Wortwahl hier aufgenommen ist, vgl. Adler, Der verwaltete Mensch, a.a.O., S. 153. Das Bundesarchiv hat in den 90er Jahren eine weitere Kopie des Films aus der DDR übernommen (BAP Bestandsergänzungsfilm, neu: NS 18 Film Nr. 3911).

194f. Bundesarchiv, GBI, BAK R 120 Nr. 3962d, vgl. Anmerkung 537.

201 Bundesarchiv, GBI, BAK R 120 Nr. 3909, vgl. Anmerkung 555.

202 Bundesarchiv, GBI, BAK R 120 Nr. 3909, vgl. Anmerkung 555, 709.

206 Bundesarchiv, GBI, BAK R 120 Nr. 1976, vgl. Anmerkung 566.

209ff. Landesarchiv Berlin, GBI, Pr.Br.Rep. 107 Nr. 144/3, vgl. Anm. 570.

216-219 Bundesarchiv, GBI, BAK R 120 Nr. 1976, vgl. Anmerkungen 618, 722.

227 Bundesarchiv, RSHA, R 58 Nr. 484, Bl. 155, vgl. Anmerkung 601.

233 Landesarchiv Berlin, StA beim LG Berlin, Rep. 58, vgl. Anm. 617.

238 Bundesarchiv, GBI, BAK R 120 Nr. 3905d, vgl. Anmerkung 638.

239f. Bundesarchiv, GBI, BAK R 120 Nr. 3905d, vgl. Anmerkung 640.

242 Bundesarchiv, GBI, BAK R 120 Nr. 3905d.

243 Landesarchiv Berlin, GBI, Pr.Br.Rep. 107 Nr. 144/3, vgl. Anm. 642.

244 Bundesarchiv, GBI, BAK R 120 Nr. 3905d, vgl. Anmerkung 643.

247f. Landesarchiv Berlin, GBI, Pr.Br.Rep. 107 Nr. 212, vgl. Anmerkung 646.

249 Landesarchiv Berlin, GBI, Pr.Br.Rep. 107 Nr. 144/3, vgl. Anm. 650.

260f. Reichsgesetzblatt I 1941, S. 219, vgl. Anmerkung 692.

262 Bundesarchiv, GBI, BAK R 120 Nr. 3125, Bl. 4, vgl. Anm. 695, 698.

265 Bundesarchiv, GBI, BAK R 120 Nr. 3909, vgl. Anmerkung 710.

267 Bundesarchiv, GBI, BAK R 120 Nr. 3909, vgl. Anmerkung 720.

268 Bundesarchiv, GBI, BAK R 120 Nr. 3909, vgl. Anmerkung 720.

269 Bundesarchiv, GBI, BAK R 120 Nr. 3909, vgl. Anmerkung 720.

271f. Landesarchiv Berlin, GBI, Pr.Br.Rep. 107 Nr. 144/3, vgl. Anm. 717.

275 Bundesarchiv, GBI, BAK R 120 Nr. 1976, vgl. Anmerkung 722.

288ff. Landesarchiv Berlin, GBI, Pr.Br.Rep. 107 Nr. 144/3, vgl. Anmerkungen 753, 754, 755, 756.

293* Landesarchiv Berlin, OFP, A Rep. 092, vgl. Anmerkung 762.

294* Landesarchiv Berlin, OFP, A Rep. 092, vgl. Anmerkungen 764, 765.

295 Landesarchiv Berlin, OFP, A Rep. 092, vgl. Anmerkung 769.

296* Landesarchiv Berlin, OFP, A Rep. 092, vgl. Anmerkung 770.

297* Landesarchiv Berlin, OFP, A Rep. 092, vgl. Anm. 763, 761, 770.

299 Staatsanwaltschaft beim Landgericht Berlin Archiv 2267, vgl. Anmerkungen 772, 786.

307f. Landesarchiv Berlin, OFP, A Rep. 092, vgl. Anmerkungen 795, 770.

311 oben: Das Grundeigentum. Allgemeine Deutsche Haus- und Grundbesitzer-Zeitung, 60. Jg., Nr. 45/46, S. 391, v. 16.11.41.

unten: Landesarchiv Berlin, OFP, A Rep. 092, vgl. Anmerkung 765, Abbildung S. 290.

312	Landesarchiv Berlin, OFP, A Rep. 092, vgl. S. 309f.
313	Landesarchiv Berlin, OFP, A Rep. 092, vgl. S. 309f.
314	Landesarchiv Berlin, OFP, A Rep. 092, vgl. S. 309f.
317	Landesarchiv Berlin, OFP, A Rep. 092, vgl. Anmerkungen 807-811.
318	Landesarchiv Berlin, OFP, A Rep. 092, vgl. Anmerkungen 807-811.
319	Landesarchiv Berlin, OFP, A Rep. 092, vgl. Anmerkung 812.
321	Landesarchiv Berlin, OFP, A Rep. 092, vgl. Anmerkung 816.
322	Landesarchiv Berlin, OFP, A Rep. 092, vgl. Anmerkung 816.
334	Landesarchiv Berlin, A Rep. 358-02 Nr. 5445, vgl. Anmerkung 832.
335f.	Landesarchiv Berlin, A Rep. 358-02 Nr. 5445, vgl. Anmerkung 832.
342*	Landesarchiv Berlin, OFP, A Rep. 092, vgl. Abbildung S. 335 oben.
343	Brandenburgisches Landeshauptarchiv Potsdam, OFP, Rep. 36A II Nr. 37506, vgl. Abbildung S. 334, 335 unten.
345	Staatsanwaltschaft beim Landgericht Berlin Archiv 2267, vgl. Anmerkungen 829, 854.
365	Reichsgesetzblatt I 1942, S. 392.
366	Bundesarchiv, GBI, BAK R 120 Nr. 1976.
367	Bundesarchiv, GBI, BAK R 120 Nr. 1976.
374	Ergänzend zu den Deportationen: Anmerkungen 749, 815, 894, 873, 897, 950 zu Osttransporten, 895, 873, 897, 948 zu Alterstransporten.
419	Albert Speer, Spandauer Tagebücher, Frankfurt am Main, Berlin und Wien 1975, [S. 594], wiederaufgelegt 1980 und unverändert nachdrüklich mit einem Vorwort von Joachim Fest vom Propyläen Verlag, Berlin und München 2002.
435	Bundesarchiv, GBI, BAK R 120 Nr. 157, Bl. 282.
444f.	Grafik nach Entwurf der Autorin nach den Angaben in Akten des GBI, LA Bln Pr.Br.Rep. 107 Nr. 144/3 und BAK R 120 Nr. 3004 und Nr. 3905g. Kartengrund: LA Bln Kartenabteilung A 2000 Nr. 4233. Fotos: Antonia Weiße, Berlin. Gestaltung: Asok Punnamparambil www.Kulturrevolution.com.
467	Landesarchiv Berlin, OFP, A Rep. 092 Nr. 32302.

* Vor Abgabe an das Landesarchiv von den ersten Seiten der abgebildeten Vermögenserklärungen zu nicht bekanntem Zeitpunkt und Zweck weggeschnittenes Formularstück.

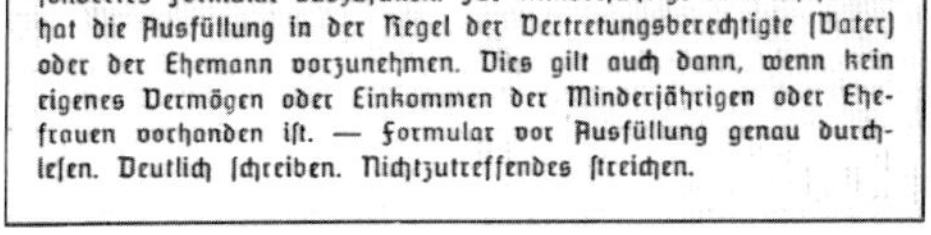
Sachen, die anordnungsgemäß mit-enommen werden, sind nicht einzutragen. Für jede Person (auch Kinder und Ehefrauen) ist ein gesondertes Formular auszufüllen. Für Minderjährige oder Ehefrauen hat die Ausfüllung in der Regel der Vertretungsberechtigte (Vater) oder der Ehemann vorzunehmen. Dies gilt auch dann, wenn kein eigenes Vermögen oder Einkommen der Minderjährigen oder Ehefrauen vorhanden ist. — Formular vor Ausfüllung genau durchlesen. Deutlich schreiben. Nichtzutreffendes streichen.

6. *Register*

Orte

Personen